Katholisch in Hannover

Quellen und Studien zur Geschichte und Kunst
im Bistum Hildesheim 11

Herausgegeben von Thomas Scharf-Wrede
im Auftrag des Vereins für Geschichte und Kunst im Bistum Hildesheim

Hans-Georg Aschoff/Thomas Scharf-Wrede (Hg.)

Katholisch in Hannover

Menschen – Geschichten – Lebenswelten

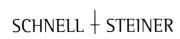 

Umschlagabbildung: Hannover, St. Clemens-Basilika, Blick in die Kuppel
Foto: Manfred Zimmermann, Euromediahouse GmbH

Bibliografische Information der Deutschen Nationalbibliothek:
Die Deutsche Nationalbibliothek verzeichnet diese Publikation in
der Deutschen Nationalbibliografie; detaillierte bibliografische Daten
sind im Internet über <http://dnb.dnb.de> abrufbar.

1. Auflage 2019
© 2019 Verlag Schnell & Steiner GmbH, Leibnizstr. 13, D-93055 Regensburg
in Zusammenarbeit mit Bernward Mediengesellschaft mbH, Hildesheim 2019
Umschlaggestaltung: Anna Braungart, Tübingen
Satz: Vollnhals Fotosatz, Neustadt a. d. Donau
Druck: optimal media GmbH, Röbel/Müritz
ISBN 978-3-7954-3305-5

Alle Rechte vorbehalten. Ohne ausdrückliche Genehmigung des Verlages ist es nicht gestattet,
dieses Buch oder Teile daraus auf fotomechanischem oder elektronischem Weg zu vervielfältigen.

Weitere Informationen zum Verlagsprogramm erhalten Sie unter: www.schnell-und-steiner.de

Inhalt

Propst Dr. Christian Wirz
Geleitwort 7

Thomas Scharf-Wrede und Hans-Georg Aschoff
Vorwort 9

Hans-Georg Aschoff
Die Katholische Kirche in der Region Hannover vom Mittelalter
bis zur Gegenwart 11

Bernward Kalbhenn
Eine Italienerin an der Leine. Die Basilika St. Clemens – Eine Führung
durch Hannovers katholische Hauptkirche 15

*Hans-Georg Aschoff, Felix Bernard, Kurt Bliefernicht, Bettina Bommer,
Markus Breuckmann, Alexander Dylong, Johannes Ebbersmeyer, Michaela Golnik,
Benno Haunhorst, Thea Heusler, Christian Hoffmann, Jutta Johannwerner,
Bernward Kalbhenn, Christina Kalloch, Maria Kapp (†), Ewa Karolczak, Marie Kleine,
Hans-Georg Koitz, Wolfgang Langer, Sr. Regina-Maria Lührsen, Melanie Mahn,
Jürgen Manemann, Karl-Heinz Meilwes, Nico Miller, Anja Peycke, Michael Sackmann,
Paul Sander, Thomas Scharf-Wrede, Sr. Sara Schlegel OCD, Felizitas Teske,
Horst Vorderwülbecke*
Menschen und Orte des Glaubens 169

Hans-Georg Aschoff
Caritasarbeit in der Stadt und Region Hannover 329

Horst Vorderwülbecke
Gremienarbeit in der Katholischen Kirche in der Region Hannover –
Verfasste Laienmitverantwortung 369

Manfred Köhler
Geschichte der katholischen Schulen Hannovers 373

Joanna Konopinska
Basilika St. Clemens – Eine Kirche für Migranten in Hannover
„Unam sanctam catholicam et apostolicam ecclesiam" 413

Tadeusz Kluba
Polnische Katholische Mission Hannover 423

Anja Peycke
Ökumene in Hannover 429

Hans-Georg Aschoff
Ordensgemeinschaften und Ordensleben in der Stadt Hannover
und Umgebung 441

Martin Tenge
Die Krypta von St. Clemens, Hannover
Geschichtliche Einschätzungen und Fragestellungen 455

Martin Tenge
Übermorgenkirche – Herausforderungen und Anregungen
für den Weg der Katholischen Kirche in der Region Hannover in
die Zukunft der nächsten Jahre 465

Anhang

Abbildungsnachweise 475

Literaturhinweise (Auswahl) 477

Geleitwort

300 Jahre Basilika St. Clemens bedeuten auch drei Jahrhunderte katholischer Kirche in Hannover. Wo immer die Kirche präsent ist, „inkarniert" sie sich und nimmt eine konkrete Gestalt an – eng verbunden mit dem bunten Reigen anderer Formen und Gesichter der großen Weltkirche und zugleich doch unverwechselbar und einmalig. Diese Kirche ist allgemein und ganz speziell, römisch und hannoversch, sie ist katholisch und norddeutsch, und sie ist noch viel mehr: sehr Verschiedenes in vielfarbiger Einheit.

Die an diesem Band mitgearbeitet haben, zeigen uns in einer Fülle von Facetten, was es bedeutet, in Hannover katholisch zu sein. In den Rahmen eines umfassenden geschichtlichen Überblicks fügen sich die Köpfe und Orte ein, die das kirchliche Leben zu verschiedenen Zeiten geprägt haben. Zuvörderst steht da die architektonische Gestalt der Basilika, deren Weihetag uns das Jubiläum bescherte. Es wird deutlich, dass ihre Steine eben nicht tot sind, sondern eine geistliche Botschaft vermitteln, für die all jene stehen, an die wir in Form kurzer „Biogramme" erinnert werden. Sie sind die Menschen gewesen, die Orte mit Leben erfüllt haben, so dass sie bedeutsam wurden für (die Katholiken in) Hannover. Wir werden eingeführt in die unterschiedlichen Kontexte, in denen sich der katholische Glaube entfaltet hat.

Es versteht sich, dass die Geschichte des hannoverschen Katholizismus von Anfang an international und multikulturell war, wie es unsere Kirche nunmal wesentlich auszeichnet. Nicht zuletzt dieser weite Horizont machte sie zu einer bedeutenden Bildungsträgerin. Auch die Spuren, die sie als solche in unserer Stadt hinterlassen hat, kommen auf den folgenden Seiten zur Sprache. Wie in jedem großen Gemeinwesen war kirchliches Leben auch hier mit den sozialen Fragen konfrontiert, auf die hin bewusstseins-, friedens- und gerechtigkeitsbildende Antworten aus dem Glauben gefunden werden mussten und müssen. Die Frage nach der Einheit der Christen ist darunter nicht die unbedeutendste. Gerade im protestantischen Hannover spielt sie eine eminent wichtige Rolle. Als qualifizierte Minderheit haben Katholiken nicht nur das eigene Profil, sondern auch das Gemeinsame gesucht und mit den Brüdern und Schwestern aus der Reformation bekannt.

Ich danke all denen, die durch ihre Beiträge ihre spezifischen Kenntnisse diesem instruktiven Überblick zur Verfügung gestellt haben. Mein ganz besonderer Dank gilt Herrn Prof. Dr. Hans-Georg Aschoff und Herrn Dr. Thomas Scharf-

Wrede, die nicht nur einen starken Teil der Inhalte beigesteuert, sondern auch die konzeptionelle Arbeit geleistet haben, so dass aus einer Schachtel Fotos gleichsam ein Fotoalbum werden konnte, das uns etwas besser verstehen lässt, was es vorgestern, gestern und heute hieß, in Hannover katholisch zu sein. Wenn uns dieses Werk dann auch noch als Hilfe dienen kann, aus dem Erfahrungsschatz von 300 Jahren Ideen zu gewinnen, wie die *Catholica* auch morgen und übermorgen in dieser Stadt segensreich wirken kann, so hätte der beeindruckende persönliche Einsatz all jener, die an diesem Band gearbeitet haben, sich mehr als gelohnt.

Propst Dr. Christian Wirz

Vorwort

Vor gut 300 Jahren wurde die St. Clemens-Kirche errichtet: als erste katholische Kirche nach der Reformation in der Stadt und der Region Hannover, von der ausgehend sich im Laufe der Jahrhunderte ein insgesamt doch sehr lebendiges kirchliches resp. katholisches Leben entwickelte.

Das vorliegende Buch will dem Weg der katholischen Kirche in der Stadt und der Region Hannover nachspüren, will von den ihn ihr beheimateten Menschen erzählen und die Bedeutung und Funktion ihrer Einrichtungen skizzieren – und will einige Themen und Herausforderungen benennen, denen sie sich in ihrer Geschichte gestellt hat und auch weiterhin stellen muss.

Das vorliegende Buch ist – trotz seines beachtlichen Umfangs und trotz seines komplexen Inhalts – nicht „die" Geschichte der Katholischen Kirche in der Stadt und der Region Hannover: viele – auch wichtige – Themen sind hier nicht in der eigentlich notwendigen Weise dargestellt, etliche noch nicht einmal angesprochen. Und natürlich sind auch längst nicht alle Kirchengemeinden und kirchlichen Einrichtungen und erst recht nicht alle Menschen, die sich im Laufe der Jahrhunderte in besonderer Weise in die Katholische Kirche Hannovers eingebracht haben, erwähnt oder gar vorgestellt – wobei die Auswahl der auf den nachfolgenden Seiten vorgestellten Personen und Einrichtungen und Themen natürlich nicht zufällig oder gar willkürlich ist, wie hier auch keine „Erfolgsbilanz" der Katholischen Kirche in der Stadt und der Region Hannover aufgezeigt wird…

Das vorliegende Buch über die Katholische Kirche in der Stadt und in der Region Hannover ist in drei Teile untergliedert: Den ersten Teil bildet eine detaillierte Darstellung ihrer Geschichte, im zweiten Teil finden sich Kurzbeiträge zu „einschlägigen" Personen, Einrichtungen und Ereignissen und im dritten Teil werden einige Themen der Geschichte, Gegenwart und Zukunft der Katholischen Kirche in der Stadt und in der Region Hannover noch einmal ein wenig fokussiert.

Unser Dank gilt in besonderer Weise den vielen Autorinnen und Autoren, die sich in ihrer je eigenen Weise an diesem Buch beteiligt haben: Prof. Dr. Felix Bernard, Kurt Bliefernicht, Dr. Bettina Bommer, Markus Breuckmann, Dr. Alexander Dylong, Johannes Ebbersmeyer, Michaela Golnik, Benno Haunhorst, Thea Heusler, Dr. Christian Hoffmann, Jutta Johannwerner, Bernward Kalbhenn, Prof. Dr. Christina Kalloch, Dr. Maria Kapp (†), Ewa Karolczak, Marie Kleine, Pfarrer Tadeusz Kluba, Manfred Köhler, Weihbischof Hans-Georg Koitz, Joanna Konopinska,

Pfarrer Wolfgang Langer, Sr. Regina-Maria Lührsen, Melanie Mahn, Prof. Dr. Jürgen Manemann, Karl-Heinz Meilwes, Nico Miller, Anja Peycke, Michael Sackmann, Dr. Paul Sander, Sr. Sara Schlegel OCD, Domkapitular Propst em. Martin Tenge, Felizitas Teske und Horst Vorderwülbecke.

Unser Dank gilt darüber hinaus dem Verlag Schnell und Steiner (Regensburg), und hier insbesondere seiner Lektorin Dr. Simone Buckreus, sowie dem Grafiker Martin Vollnhals, ohne die dieses Buch sicherlich nicht zu einem so guten Abschluss gekommen wäre.

Möge dieses Buch viele Leserinnen und Leser finden – und möge der Blick in die Geschichte der Katholischen Kirche in der Stadt und der Region Hannover für ihren Weg ins Morgen hilfreich sein.

Prof. Dr. Hans-Georg Aschoff   Dr. Thomas Scharf-Wrede

Hans-Georg Aschoff

Die Katholische Kirche in der Region Hannover vom Mittelalter bis zur Gegenwart

Kirchliches Leben vor der Reformation

Die politische Entwicklung im Raum Hannover

Die kirchliche Region Hannover bzw. das Dekanat Hannover als Teil des Bistums Hildesheim ist in etwa identisch mit der politischen Region Hannover und umfasst außerdem Teile der Landkreise Nienburg und Schaumburg.[1] In drei Phasen unterwarfen die Franken zwischen 772 und 804 das sächsische Stammesgebiet, zu dem auch die spätere Region Hannover gehörte, und versuchten, es durch die Errichtung von Gauen als räumliche und gerichtliche Einheiten, die Grafen unterstanden und königlicher Kontrolle unterlagen, in das Frankenreich einzugliedern. Auf die Region erstreckten sich der Marstemgau, der Gudingau, der Grindergau, der Loingau, der Gau Flutwidde und der Gau Astfalia. Häufig erhoben die Grafen mehr Anspruch auf rechtliche Hoheit, als dass sie diese tatsächlich ausüben konnten. Zu einer Konzentration herrschaftlicher Gewalt kam es im 12. Jahrhundert, als Herzog Heinrich der Löwe († 1195) 1142 das Herzogtum Sachsen übertragen wurde. Während dieser Zeit des Hochmittelalters entwickelte sich das bis dahin nur locker besiedelte und extensiv landwirtschaftlich genutzte Gebiet aufgrund der Bevölkerungsvermehrung und wirtschaftlicher Intensivierung zu einer Landschaft mit etlichen Städten, Dörfern, Rittergütern und Klöstern und einer erstarkenden Landesherrschaft. Der Sturz Heinrichs des Löwen 1180 begünstigte zunächst die Konsolidierung der Macht verschiedener Grafengeschlechter; in der

---

1 Carl-Hans Hauptmeyer, Calenberg. Geschichte und Gesellschaft einer niedersächsischen Landschaft, Hannover 1983; Willi Stoffers (Red.), Handbuch des Bistums Hildesheim, T. 2: Region Hannover, Hildesheim 1995; Ernst Schubert (Hg.), Geschichte Niedersachsens, Bd. 2,1: Politik, Verfassung, Wirtschaft vom 9. bis zum ausgehenden 15. Jahrhundert, Hannover 1997; Josef Dolle, Niedersächsisches Klosterbuch. Verzeichnis der Klöster, Stifte, Kommenden und Beginenhäuser in Niedersachsen und Bremen von den Anfängen bis 1810, 4 Bde., Bielefeld 2012.

Region Hannover übten am tatkräftigsten die Grafen von Roden im Norden und die Grafen von Hallermunt im Süden ihre Herrschaft aus. Stützpunkte der Grafen von Roden waren Wunstorf, Limmer und seit 1215 Lauenrode vor den Toren Hannovers, das sie bis 1241 als Stadtherren kontrollierten. Als weitere Herrschaftsinhaber sind die Grafen von Schaumburg, von Schwalenberg, von Spiegelberg und von Wölpe zu nennen.

Seit dem 13. Jahrhundert gelang es den welfischen Herzögen,[2] den Nachfahren Heinrichs des Löwen, die von ihrem ausgedehnten Erb- und Eigengut um die Städte Braunschweig und Lüneburg aus ein beachtliches Territorium zwischen Elbe und Weser aufbauten und 1235 in den Reichsfürstenstand erhoben wurden, ihren Herrschaftsbereich auf den Raum um Hannover auszudehnen; hier verdrängten sie die Grafen von Roden und von Hallermunt, schoben die Grafen von Schaumburg und Spiegelberg aus dem Gebiet hinaus und erhielten Zugriff auf die Grafschaft Wölpe nordwestlich von Hannover. Durch eine „zielgerichtete Politik der Territorialabrundung"[3] bauten die welfischen Herzöge bis zum Ende des Mittelalters ein fast geschlossenes Herrschaftsgebiet auf, das von der Elbe bis an den Oberlauf der Weser reichte, durch das Hochstift Hildesheim allerdings in einen größeren nördlichen und einen kleineren südlichen Teil getrennt wurde. Eine Schwäche welfischer Herrschaft, die trotz umfangreichen Territorialbesitzes zu ihrer relativ geringen reichspolitischen Bedeutung führte, waren die häufigen Teilungen dieser Ländermasse unter verschiedene Linien. Zeitweise war der welfische Territorialkomplex in vier oder fünf Linien aufgeteilt. Dabei blieb das Herzogtum rechtlich eine Einheit; als Reichslehen gab es nur ein Herzogtum Braunschweig-Lüneburg, dessen Teile bis ins 17. Jahrhundert als „Fürstentümer" zu bezeichnen waren. Zu Beginn der Frühen Neuzeit gehörte der Raum Hannover in seinem westlichen Teil zum welfischen Fürstentum Calenberg, in seinem östlichen zum Fürstentum Lüneburg. Calenberg umfasste in dieser Region die Ämter Blumenau, Calenberg, Koldingen, Langenhagen, Neustadt a. Rbge., Springe, Rehburg und Ricklingen sowie die Klöster und Stifte Barsinghausen, Loccum, Mariensee, Marienwerder, Wennigsen, Wülfinghausen und Wunstorf; der Lüneburger Teil bestand aus dem Amt Burgdorf und den Amtsvogteien Burgwedel und Ilten.[4]

---

2 Hans-Georg Aschoff, Die Welfen. Von der Reformation bis 1918, Stuttgart 2010; Bernd Schneidmüller, Die Welfen. Herrschaft und Erinnerung (819–1252), Stuttgart 2014; Thomas Vogtherr, Die Welfen. Vom Mittelalter bis zur Gegenwart, München 2014.

3 Walter Ziegler, Braunschweig-Lüneburg, Hildesheim, in: Anton Schindling und Walter Ziegler (Hg.), Die Territorien des Reichs im Zeitalter der Reformation und Konfessionalisierung. Land und Konfession 1500–1650, Bd. 3: Der Nordwesten, Münster 1995, S. 8–43, hier S. 11.

4 Stoffers, Handbuch (wie Anm. 1), S. 9.

An ihrem nordwestlichen Rand ragte die Grafschaft Hoya mit dem Amt Nienburg in die Region Hannover hinein; das Grafenhaus teilte sich um 1350 in eine Ober- und Niedergrafschaft, die 1503 wieder zusammenfielen. Im Südwesten gehörten die schaumburgischen Amtsbezirke Bokeloh und Sachsenhagen der heutigen Region an, während diese im Süden Teile des stifthildesheimischen Amtes Ruthe einbezog.

Mission und Bistumsgründungen

Bereits in vorkarolingischer Zeit gab es vermutlich vereinzelte Missionsversuche angelsächsischer Mönche im sächsischen Raum. Eine gezielte Christianisierung im Gebiet zwischen der mittleren Weser und der Leine setzte wahrscheinlich erst mit der endgültigen Unterwerfung Sachsens gegen Ende des 8. Jahrhunderts ein, die von Mönchen aus dem von Sturmius im Auftrag des hl. Bonifatius gegründeten Kloster Fulda getragen wurde. Um 777 entstand in Hameln[5] die dem hl. Romanus von Caesarea geweihte Missionszelle; sie wurde zum Mittelpunkt des Wirkens des Mönches Erkanbert de Saxonia, einem Bruder des Fuldaer Abtes Baugulf. Erkanbert wurde wohl um 790 zum Bischof des Missionsbezirkes geweiht und nach der Gründung des Bistums Minden zu dessen ersten Oberhirten bestellt. Es ist nicht auszuschließen, dass von Hameln aus auch Missionare in den Marstemgau (um Hannover) und in das Gebiet an der unteren Aller um Ahlden kamen. Denn in Hameln hatte die Abtei Fulda unter Anknüpfung an die Missionszelle und die 802 oder 812 von dem sächsischen Grafenpaar Bernhard und Christina eingerichtete Eigenkirche St. Romanus 851 ein Nebenkloster gegründet, das Kleriker für die Missionsarbeit ausbildete. Das Hamelner Kloster wurde um die Jahrtausendwende in ein Kollegiatstift umgewandelt, das weiterhin der Abtei Fulda unterstand, bis es 1259 an den Bischof von Minden verkauft wurde, in dessen Diözese es als das vornehmste nach dem Domstift galt. In dieser Zeit erhielt das Stift den hl. Bonifatius zum Patron, während sich das Romanuspatrozinium auf die Krypta der Stiftskirche beschränkte.

Die Missionierung und der Aufbau der Kirchenverfassung galten Karl d. Gr. als wichtige Mittel zur Eingliederung der Sachsen in das Frankenreich. In diesem Zusammenhang entstanden im sächsischen Gebiet die Bistümer Münster,

---

5   Rudolf Feige, Geschichte der Stadt Hameln, in: Rudolf Feige u. a., Heimatchronik der Stadt Hameln und des Landkreises Hameln-Pyrmont, Köln 1961, S. 9–154, hier S. 10–18; Daniel Berger u. Waldemar Könighaus, Hameln – Benediktiner, später Kollegiatstift St. Bonifatius (851 bis 1863), in: Dolle, Klosterbuch II (wie Anm. 1), S. 550–562.

Paderborn, Osnabrück, Bremen, Halberstadt und Minden sowie mit einer gewissen Verzögerung Verden und Hildesheim. Minden[6] wurde um 803/804 gegründet und der Kirchenprovinz Köln angegliedert; die Diözese erstreckte sich im Westen bis an die Hunte, reichte im Osten über die Aller hinaus und umfasste unter Bischof Konrad von Rüdenberg (1209–1237)[7] etwa 200 Pfarrkirchen in 12 Archidiakonaten. Seine Blütezeit erreichte das Bistum vom 11. bis 13. Jahrhundert; in dieser Zeit wurde unter Bischof Sigeward (1120–1140) die Kirche in Idensen mit ihrem berühmten Freskenzyklus erbaut. Zur Sicherung der Seelsorge hatte Bischof Dietrich (853–880) um 865 auf seinem Erbgut das Kanonissenstift Wunstorf[8] gegründet, das das Patrozinium des hl. Petrus, später der hll. Cosmas und Damian trug und einen wichtigen Beitrag zur Missionierung des Marstemgaues leistete. Dem Stift war ein 1181 erstmals erwähnter Männerkonvent angegliedert; er diente der geistlichen Versorgung und der rechtlichen Vertretung der Kanonissen; seine Mitglieder nahmen auch seelsorgliche Funktionen in den dem Stift angeschlossenen Pfarreien wahr. In der Regel gehörten die Kanonissen dem Adel an.

Für den ostfälischen Raum hatte Karl d. Gr. Elze als Bischofssitz vorgesehen. Auch in diesem Gebiet waren vermutlich Fuldaer Mönche als Missionare tätig. In Elze kam es zur Gründung einer Kirche und einer Missionsstation auf Königsgut, von der aus ein Missionsbischof, vermutlich der aus Reims stammende spätere Hildesheimer Bischof Gunthar tätig war; allerdings erfolgte noch nicht die Einrichtung eines festen Bischofssitzes. Erst unter Karls Nachfolger, Kaiser Ludwig dem Frommen, wurde das Bistum im Sommer 815 auf der Reichsversammlung in Paderborn konstituiert und als Sitz der heutige Domhügel in Hildesheim festgelegt; dieser lag verkehrsgünstiger als Elze, das seine strategisch wichtige Lage nach Beendigung der Sachsenkriege eingebüßt hatte.[9] Das Hildesheimer Bistum,

---

6   Wilhelm Kohl, Bistum Minden, in: Erwin Gatz (Hg.), Die Bistümer des Heiligen Römischen Reiches. Von ihren Anfängen bis zur Säkularisation, Freiburg u. a. 2003, S. 469–478; Ludwig August Theodor Holscher, Beschreibung des vormaligen Bisthums Minden nach seinen Grenzen, Archidiaconaten, Gauen und alten Gerichten, Münster 1877, Neudruck Osnabrück 1978.

7   Karl Hengst, Konrad, Graf von Rüdenberg, in: Erwin Gatz (Hg.), Die Bischöfe des Heiligen Römischen Reiches 1198 bis 1448, Berlin 2001, S. 454.

8   Sven Mahmens, Wunstorf – Kanonissenstift mit angeschlossenem Kanonikerstift, später ev. Damen- und Männerstift (865 bis nach 1848), in: Dolle, Klosterbuch III (wie Anm. 1), S. 1576–1590; Achim Gercke, Aus der Geschichte berichtet, in: Edfried Bühler u. a., Heimatchronik des Kreises Neustadt a. Rbge., Köln 1974, S. 39–110, hier S. 76–79.

9   Ulrich Faust, Bistum Hildesheim, in: Gatz, Bistümer (wie Anm. 6), S. 258–266; Hans-Georg Aschoff, Das Bistum Hildesheim von seiner Gründung bis zur Säkularisation. Ein Überblick, in: Ulrich Knapp (Hg.), Ego sum Hildensemensis. Bischof, Domkapitel und Dom in Hildesheim 815 bis 1810, Petersberg 2000, S. 11–24; Thomas Scharf-Wrede, Kleine Hildesheimer Bistumsgeschichte, Regensburg 2014; Hans Goetting (Bearb.), Das Bistum Hildesheim. Die Hildesheimer Bischöfe von 815 bis 1221 (1227) (Germania

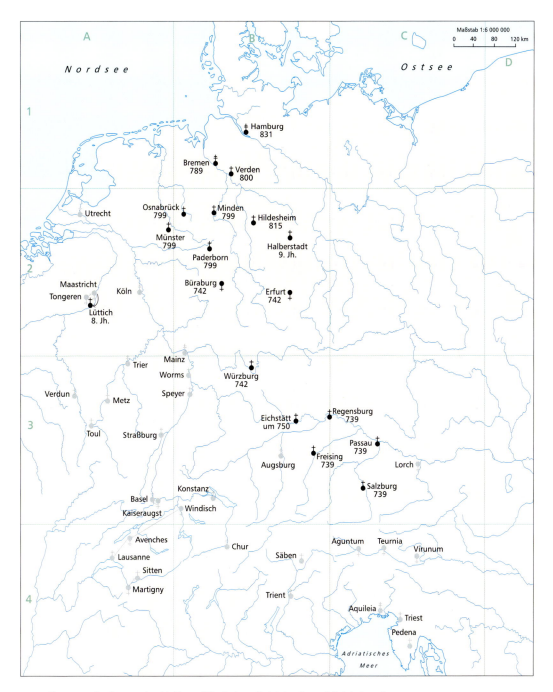

Bistumsgründungen im Heiligen Römischen Reich im 8. und 9. Jahrhundert

das der Mainzer Kirchenprovinz angehörte, wurde im Westen durch die Leine und im Osten durch die Oker begrenzt; es reichte im Norden bis zur Aller und im Süden bis an den Harzrand. Die Grenze zwischen den Diözesen Minden und Hildesheim blieb längere Zeit unbestimmt, bis sie zwischen 983 und 993 festgeschrieben wurde. Sie verlief durch die heutige Region Hannover entlang der Leine im Süden und der Wietze im Norden; die westlichen Gebietsteile gehörten zum Bistum Minden und die östlichen zu Hildesheim.

Das Niederkirchenwesen

Über die Entstehung des Niederkirchenwesens in der Frühzeit der Bistümer sind wegen des Fehlens von Gründungsdaten kaum zuverlässige Angaben zu machen. Urpfarreien oder Taufkirchen konnten als sogenannte Gaukirchen für die einzelnen Gaue zuständig gewesen sein, oder sie entstanden vorwiegend an den frühen und bedeutenden Verkehrswegen.

An den Taufkirchen war eine Anzahl von Priestern angesiedelt, deren Aufgabe darin bestand, an Sonn- und Feiertagen den Gottesdienst in den in den Dörfern des Taufkirchenbezirks errichteten Kirchen zu versehen. Zu den ältesten Taufkirchen in der Region Hannover gehörte Pattensen (9. Jahrhundert). Möglicherweise gab es auch in Wunstorf bereits eine Taufkirche, bevor dort das Kanonissenstift im letzten Drittel des 9. Jahrhunderts gegründet wurde. In Eldagsen befand sich bereits um 775 ein hölzerner Kirchenbau; vermutlich wurde Ende des 10. Jahrhunderts in Ronnenberg eine Missionskapelle eingerichtet und nach der Jahrtausendwende in Gestorf eine erste Kirche erbaut. Bedingt durch die fortschreitende Missionierung und den weiteren Siedlungsausbau entstand um die Urkirchen ein Kranz von Pfarrkirchen und Kapellen, die von den Bischöfen und adeligen Grundbesitzern sowie den Klöstern und Stiften gegründet und ausgestattet waren, so dass spätestens im 13. Jahrhundert eine flächendeckende geistliche Versorgung erreicht war. Die Zunahme der Zahl der Kirchen und der weltlichen Aufgaben der Bischöfe machte eine Untergliederung der Diözesen nach der Jahrtausendwende erforderlich. Diese erfolgte in Form von Archidiakonaten oder Bannbezirken, die häufig mit den alten Taufkirchenbezirken identisch waren

Sacra, N.F. 20: Die Bistümer der Kirchenprovinz Mainz. Das Bistum Hildesheim, 3: Die Hildesheimer Bischöfe von 815 bis 1221 (1227)), Berlin/New York 1984; Nathalie Kruppa u. Jürgen Wilke (Bearb.), Das Bistum Hildesheim. Die Hildesheimer Bischöfe von 1221 bis 1398 (Germania Sacra, N.F. 46: Die Bistümer der Kirchenprovinz Mainz. Das Bistum Hildesheim, 4: Die Hildesheimer Bischöfe von 1221 bis 1398) Berlin/New York 2006.

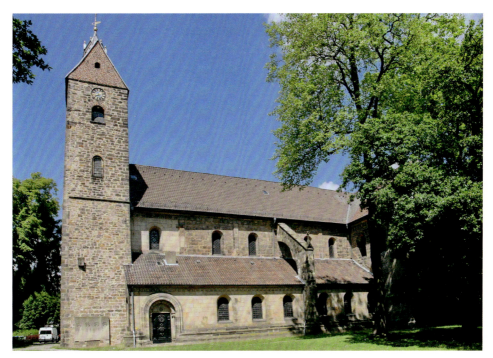

Stiftskirche in Wunstorf

und in denen eine unterschiedliche Anzahl von Kirchspielen zusammengefasst wurde; dem Archidiakon oblag als Vertreter des Bischofs die Disziplinaraufsicht über die Geistlichen sowie die Abhaltung des Send- und Synodalgerichtes; häufig besaß er das Besetzungsrecht von Pfarreien.[10]

Der Mindener Diözesananteil des Raumes Hannover verteilte sich auf die Archidiakonate Pattensen, Wunstorf, Ahlden, Mandelsloh, Apelern und Lohe (Marklohe). Der Bannbezirk Pattensen umfasste 21 Pfarrkirchen.[11] Dazu gehörten neben Pattensen (St. Lukas) die Pfarreien in der Stadt Hannover, in Bennigsen (St. Bartholomäus), Hiddestorf (St. Nikolaus), Jeinsen (St. Georg), Schulenburg (St. Thomas ?), Gestorf, Springe (St. Andreas), Völksen, Leveste (St. Agatha), Gehrden (St. Margaretha ?), Ronnenberg (St. Michael), Holtensen (St. Maria ?),

---

10 Gercke, Aus der Geschichte (wie Anm. 8), S. 41–45, 76; Hauptmeyer, Calenberg (wie Anm. 1), S. 29f.
11 Das Folgende basiert auf der Grundlage: Holscher, Beschreibung (wie Anm. 6); Stoffers, Handbuch (wie Anm. 1); Hans-Walter Krumwiede (Hg.), Die mittelalterlichen Kirchen- und Altarpatrozinien Niedersachsens, Göttingen 1960.

Wilkenburg (St. Vitus), Lüdersen, Linden (St. Petrus ?), Limmer (St. Nikolaus), Engelbostel (St. Martin) und Adensen (St. Dionysius oder Maria). Das Archidiakonat Wunstorf, dessen Leiter Kanoniker und Domherr in Minden war, reichte vom Steinhuder Meer bis an die Grenze des Kirchspiels Ronnenberg, von Altenhagen nach Garbsen und weiter bis nach Neustadt a. Rbge. und wies 15 Kirchspiele auf; es umfasste u. a. die Pfarreien Wunstorf, Groß Goltern (St. Blasius), Nienstedt bei Wunstorf (Wüstung), Groß Munzel (St. Michael), Landringhausen (St. Severin), Kirchdorf (Hl. Kreuz), Altenhagen (St. Nikolaus), Bergkirchen (St. Katharina), Hemmendorf (St. Gertrude, Wüstung), Seelze (St. Medarnus), Osterwald, Kirchwehren (Hl. Dreifaltigkeit) und Horst.

Zum Archidiakonat Ahlden gehörte die Pfarrei Neustadt a. Rbge. (Hl. Maria und Hl. Petrus), während dem Archiakonat Mandelsloh, das von Ahlden getrennt worden war und 17 Pfarreien (1529) zählte, neben Mandelsloh (St. Osdag) die Kirchspiele Niedernstöcken (St. Gorgonius), Basse (St. Simon und Judas, St. Cyriakus), Leese, Landesbergen, Hagen (St. Vitus), Rodewald (St. Aegidien), Husum und Brelingen (St. Martin) zugewiesen waren; der Archidiakon von Mandelsloh war gleichzeitig Propst des Mindener St. Johannesstiftes. Das 1393 an der Archidiakonatskirche eingerichtete Kanonikerstift St. Osdag wurde 1415 mit dem Stift St. Marien auf der Neustadt Hannover vereinigt; von den zwölf Kanonikern sollten zehn in Hannover und zwei in Mandelsloh residieren.[12] Zum Archidiakonat Apelern zählten die Pfarreien Apelern, Hohenbostel (St. Laurentius), Hohnhorst (St. Martin), Idensen (St. Virginius) und Münchhausen (Wüstung). Die Pfarrei der Stadt Nienburg (St. Martin, zuvor St. Maria, Hl. Kreuz), die das gesamte Stadtgebiet umfasste, war Bestandteil des Archidiakonates Lohe (Marklohe). Ein Pfarrer wird in Nienburg erstmals 1237 bezeugt. 1345 erhoben die Grafen von Hoya die Stadt zu ihrer Residenz. Dies wirkte sich auch auf den Bau der Martinskirche aus; es entstand eine dreischiffige spätgotische Hallenkirche, die in der zweiten Hälfte des 15. Jahrhunderts zur Grablege des Grafenhauses ausgebaut wurde und eine reiche Innenausstattung erhielt. Ausdruck eines aktiven kirchlichen Lebens in der Stadt waren die Bruderschaften des Hl. Kreuzes, des Hl. Leichnams und der Hll. Drei Könige sowie der Kaland, der unter dem Patronat Marias und der Apostel stand und 1475 vom Bischof von Minden kanonisch bestätigt wurde.[13]

Die Diözese Hildesheim bestand im 12. Jahrhundert aus rund 40 Archidiakonaten, die bis zum Beginn der Frühen Neuzeit z. T. durch Zusammenlegung auf

---

12 Gaby Kuper, Mandelsloh – Kollegiatstift St. Osdag (1393 bis nach 1588), in: Dolle, Klosterbuch II (wie Anm. 1), S. 984–988.

13 Bernd Ulrich Hucker, Die Zeit des Früh- und Hochmittelalters, in: Mark Feuerle, Nienburg. Eine Stadtgeschichte, Bremen 2010, S. 79–185, hier S. 113, 160–167.

zwölf reduziert wurden.[14] Der Raum Hannover war Teil der Archidiakonate Sarstedt, Sievershausen/Schmedenstedt, Lühnde und Eldagsen. Zu den größten Kirchspielen des Bannbezirkes Sarstedt gehörte die 1259 erstmals erwähnte Pfarrei St. Jakobus in Roden bzw. Kirchrode, die im Westen bis vor die Tore der Altstadt Hannovers reichte; ihr unterstanden nicht weniger als 17 Siedlungen, darunter Bemerode, Wülfelrode, Höver, Ahlten, Misburg und Bothfeld; das Patronat lag anfangs beim Hildesheimer Bischof, der es 1296 dem Zisterzienserkloster Marienrode abtrat. Im 14. Jahrhundert wurden von Kirchrode die Pfarreien St. Peter in Döhren mit der Marienkapelle in Laatzen und der Matthäuskapelle in Wülfel sowie St. Nikolaus in Bothfeld mit der Kapelle St. Antonius in Bothfeld abgetrennt. Die Kirche St. Gertrud in Gleidigen war ursprünglich Filiale der Haupt- und Taufkirche St. Nikolaus in Sarstedt, wurde im 13. Jahrhundert selbständige Pfarrei und 1331 dem Mauritiusstift in Hildesheim inkorporiert. Dem Bann Sievershausen, dem die Pfarreien zwischen dem Nordwald, dem Großen Moor und der Grenze zum Bistum Minden unterstanden und der im 14. Jahrhundert infolge der Neuordnung der Archidiakonatsstrukturen im Bistum Hildesheim dem Bann der St. Georgs-Kirche in Schmedenstedt einverleibt wurde, unterstanden die Pfarrkirchen St. Pankratius in Burgdorf, die zu den ältesten des Bezirkes zählte und deren Sprengel rund zwanzig Dörfer umfasste, St. Johannes in Uetze und St. Petrus in Großburgwedel mit der Kapelle in Fuhrberg. 1305 schieden Wettmar (St. Magnus), Thönse und Engensen, 1329 Kirchhorst (St. Nikolaus) und Altwarmbüchen und 1355 Immensen (St. Antonius?), Steinwedel (St. Nikolaus) und Aligse aus der Pfarrei Burgdorf aus und wurden selbständig. Lehrte (St. Nikolaus), wo 1302 eine unter dem Patronat des Michaelklosters in Hildesheim stehende Kapelle nachgewiesen ist, war Filiale von Steinwedel und erhielt 1366 Pfarrrechte. Zum Archidiakonat Lühnde (St. Martin) gehörten die Pfarreien Sehnde (Hl. Kreuz), Bolzum (St. Nikolaus) und Evern (St. Georg) mit den Orten Haimar (St. Ulrich), Dolgen und Gilgen (Wüstung), von denen Haimar später Pfarrrechte erhielt und dem Archidiakonat Hohenhameln eingegliedert wurde. Im Süden ragte das Archidiakonat Eldagsen in die Region Hannover hinein. Vermutlich wurde im gleichnamigen Ort im 9. Jahrhundert die Haupt- und Taufkirche St. Alexander eingerichtet; 1289 werden der Pfarrgeistliche und 1324 der Archidiakon urkundlich greifbar, als die Kirche dem Augustinerchorfrauenstift Wülfinghausen inkorporiert wurde.

---

14 Joseph Machens, Die Archidiakonate des Bistums Hildesheim im Mittelalter. Ein Beitrag zur Rechts- und Kulturgeschichte der mittelalterlichen Diözesen, Hildesheim/Leipzig 1920. Das Folgende basiert auf der Grundlage: Machens, Archidiakonate; Stoffers, Handbuch (wie Anm. 1); Krumwiede, Kirchen- und Altarpatrozinien (wie Anm. 11).

Klöster und Stifte

Gegen Ende des 12. und zu Beginn des 13. Jahrhunderts erfolgte im Raum Hannover eine Welle von Klostergründungen. Diese entstanden in der Regel auf einem vom bischöflichen oder adeligen Grundherrn zur Verfügung gestellten Grundstück und wurden von diesen mit einem Hofkomplex, den dazu gehörenden untertänigen Bauernfamilien und mit Naturaleinkünften in Gestalt von Zehnten und Dienstleistungen ausgestattet. Durch eine Vielzahl von Stiftungen erhöhten sich in der Folgezeit der Grundbesitz und die Einnahmen der monastischen Einrichtungen. Ihnen fielen wichtige Aufgaben bei der kirchlichen Versorgung des Landes zu, indem sie die am Ort bestehende Gemeinde und die benachbarten Dörfer mit und ohne Kirchen seelsorglich betreuten; auch in weiter entfernten Ortschaften nahmen sie oftmals das Patronat und damit das Recht der Pfarrerwahl wahr und waren bei inkorporierten Kirchen für deren Unterhalt verantwortlich.

Die bedeutendste monastische Einrichtung in der Region war das Zisterzienserkloster Loccum.[15] Es trug das Patrozinium Marias und des hl. Georg und wurde 1163 von Graf Wilbrand von Hallermund, seiner Frau Beatrix und seinen Söhnen Burchard, Ludolf und Wilbrand ins Leben gerufen. Die ersten Mönche kamen aus dem Mutterkloster Volkenroda in Thüringen. Formal war Loccum direkt dem König unterstellt und von der Jurisdiktion des Mindener Bischofs befreit; im Spätmittelalter geriet es jedoch faktisch unter die Landesherrschaft der Herzöge von Braunschweig-Lüneburg. Die Abtei verfügte über erheblichen Grundbesitz in der Gegend um das Kloster, im Gebiet am Deister und in der östlich davon gelegenen Leineebene; bedeutende Grangien befanden sich in Lahde, Oedelum bei Hildesheim, Ruggenloge (bei Schessinghausen), Kolenfeld und Hamelspringe. Wirtschaftliche und politische Bedeutung besaßen die mit Kapellen versehenen Stadthöfe in Hannover und Minden; über städtischen Besitz verfügte die Abtei auch in Bremen, Hildesheim, Goslar, Herford und Osnabrück. Das Patronat übte sie u. a. über die Kirchen in Oedelum, Wiedensahl, Gestorf, Lüdersen und Lahde aus. Im Kloster befand sich ein beachtlicher Reliquienschatz, als dessen herausragendes Stück der ungenähte Leibrock Christi galt.

1214 gründete Graf Bernhard II. von Wölpe in Vornhagen (Gemeinde Lüdersfeld, Kreis Schaumburg) ein Nonnenkloster, das im folgenden Jahr nach Marien-

---

15 Gerd Steinwascher, Loccum – Zisterzienser, später ev. Männerkloster […] (1163 bis zur Gegenwart), in: Dolle, Klosterbuch II (wie Anm. 1), S. 924–933.

16 Annette von Boetticher, Mariensee – Zisterzienserinnen, später ev. Damenstift (Vor 1214 bis zur Gegenwart), in: Dolle, Klosterbuch II (wie Anm. 1), S. 1015–1021.

see verlegt wurde.¹⁶ Es entwickelte sich zum Hauskloster der Grafenfamilie; nach deren Aussterben geriet es Anfang des 14. Jahrhunderts unter den Einfluss der welfischen Herzöge. Das Kloster St. Maria und St. Johannes Ev. unterstand der Jurisdiktion des Bischofs von Minden. Obwohl die Ordensfrauen, die anfangs aus adligen und edelfreien Familien der Umgebung, später auch aus dem Bürgertum kamen, formal nicht dem Zisterzienserorden angehörten, lebten sie nach der Zisterzienserregel. Das Kloster übte das Patronatsrecht in Basse und Kirchwehren aus und unterhielt enge Beziehungen zu Loccum, von wo die Beichtväter der Nonnen kamen. Eine in der Klosterkirche aufbewahrte gotische Madonna war Anlass für Wallfahrten von Gläubigen aus der Umgebung.

Neben Mariensee gab es im Raum Hannover vier weitere Nonnenklöster mit Augustinerchorfrauen. In geistlichen und weltlichen Angelegenheiten wurden sie nach außen durch einen Propst vertreten, dem auch die Seelsorge oblag und der nach Abstimmung mit dem Konvent vom Bischof bestellt wurde. Das älteste war das der Gottesmutter geweihte Kloster in Barsinghausen,¹⁷ das zwischen 1185 und 1193 von Graf Wedekind IV. von Schwalenberg gegründet und mit umfangreichem Stiftungsgut im umliegenden Marstemgau ausgestattet worden war. Ursprünglich war ein Doppelkloster geplant, dessen Realisierung unklar ist. Bereits vor 1216 war Barsinghausen nur noch von Augustinerchorfrauen besetzt. Pfarrrechte nahm das Kloster in Barsinghausen wahr, später wurden ihm die Kirchen in Hohenbostel und Luttringhausen (St. Alexander) inkorporiert. Die Konventualinnen entstammten zunächst aus den Grafen- und kleineren Adelsgeschlechtern der Umgebung, seit dem 15. Jahrhundert aus dem Bürgertum Hannovers, Hamelns und Stadthagens.

Um 1200 gründete vermutlich der Bischof von Minden das Augustinerchorfrauenstift St. Maria und St. Petrus in Wennigsen,¹⁸ das vornehmlich Töchter des calenbergischen Ritteradels aufnahm und zum reichsten der calenbergischen Klöster aufstieg. Die Klosterkirche diente auch als Pfarrkirche, in die die benachbarten Dörfer eingepfarrt waren, und war seit 1267 Ziel einer Marienwallfahrt; der Reliquienschatz beherbergte Überreste der 11.000 Jungfrauen. Das Kloster übte das Patronat über die Kirche in Holtensen und die Kapelle St. Bonifatius in Ronnenberg aus.

---

17 Achim Bonk, Barsinghausen – Augustiner-Doppelkloster, später Augustiner-Chorfrauen, dann ev. Damenstift (Zwischen 1185–1193 bis zur Gegenwart), in: Dolle, Klosterbuch I (wie Anm. 1), S. 45–56.

18 Uwe Hager, Wennigsen – Augustiner-Chorfrauen, später ev. Damenstift (Ca. 1200 bis zur Gegenwart), in: Dolle, Klosterbuch III (wie Anm. 1), S. 1505–1512.

Klosterkirche Marienwerder

Zum Hauskloster der stadthannoverschen Oberschicht entwickelte sich Marienwerder,[19] das ursprünglich wohl 1196 von Graf Konrad von Roden als Konvent für Regularkanoniker gegründet, zwischen 1216 und 1223 in ein Augustinerchorfrauenstift umgewandelt worden war; die ersten Ordensfrauen kamen aus dem Stift in Obernkirchen. Die Marienwerder Nonnen, deren Zahl auf 60 beschränkt war, entstammten in der Regel den hannoverschen Ritter- und Bürgerfamilien, die die Möglichkeit besaßen, sich in der Kirche bestatten zu lassen. Die Klosterkirche, die unter dem Patrozinium St. Maria, St. Johannes d. T, St. Johannes d. Ev. und St. Augustinus stand, war von Anfang an auch Gemeindekirche für Stöcken und Havelse; zu unterschiedlicher Zeit waren die Ortskirchen in Engelbostel, Garbsen, Leveste, Limmer und Linden dem Kloster inkorporiert.

Das Kloster Wülfinghausen,[20] das im Unterschied zu den anderen calenbergischen Augustinerchorfrauenstiften zur Diözese Hildesheim gehörte, war

---

19 Uwe Hager, Marienwerder – Augustiner-Chorherren, später Augustiner-Chorfrauen, später ev. Damenstift (Ca. 1196 bis zur Gegenwart), in: Dolle, Klosterbuch III (wie Anm. 1), S. 1036–1044.

20 Uwe Hager, Wülfinghausen – Augustiner-Chorfrauen, später Damenstift (Vor 1236 bis zur Gegenwart), in: Dolle, Klosterbuch III (wie Anm. 1), S. 1567–1576.

ursprünglich in Engerode (heute Stadtteil von Salzgitter) von dem Dienstadligen Dietmar von Engerode errichtet worden; 1236 wurde es nach Wülfinghausen verlegt. Bis Anfang des 15. Jahrhunderts kam ein großer Teil der Nonnen, deren Anzahl 1323 auf 60 begrenzt werden musste, aus dem Gebiet östlich und südöstlich von Hildesheim; aber auch Bürgertöchter aus den benachbarten Kleinstädten gehörten zum Konvent. Das Kloster besaß die Patronatsrechte über die Kirche in Nordstemmen, die 1324 gegen das Patronat über die Pfarrkirche in Eldagsen eingetauscht wurden. Eldagsen wurde wie später Adensen dem Kloster inkorporiert. Möglicherweise war das um 1255 gegründete Augustinerchorfrauenstift in Pyritz (heute Pyrzyce, 30 km südöstlich von Stettin) ein Tochterkloster von Wülfinghausen. Im Spätmittelalter und in der Frühen Neuzeit war Wülfinghausen überregional als Zentrum der Heilkunde bekannt. Wie die verlassene Kapelle in Engerode war es darüber hinaus Ziel regionaler Marienwallfahrten.

Um die Mitte des 15. Jahrhundert wurden die calenbergischen Frauenklöster von der Windesheimer Reformbewegung erfasst, deren Anliegen es war, die Ordensregel in den Konventen wieder voll zur Geltung zu bringen und das asketische Ideal eines gemeinsamen Lebens in Gehorsam und persönlicher Armut wiederherzustellen.[21] Eine entscheidende Rolle bei der Rückführung der Konvente zur strikten Regelobservanz spielte der Niederländer Johannes Busch (1399–1479/80), der als Subprior der Augustinerchorherrenstifte Wittenburg (seit 1437) und zur Sülte vor Hildesheim (seit 1439) sowie als päpstlicher Visitator der norddeutschen Klöster im Sinne der Windesheimer Reform tätig war und gegen die Verweltlichung des Klosterlebens, das nachlässige Abhalten des Gottesdienstes, die Bewahrung persönlichen Besitzes und die Mängel im Gehorsam vorging. Dabei stieß er z. T. auf erheblichen Widerstand der Konvente, die in ihrer Opposition häufig von ihrer adligen Verwandtschaft und auch vom Mindener Bischof unterstützt wurden. Einen frühen Erfolg erzielte Busch mit Hilfe des Hildesheimer Bischofs Magnus und des Wittenburger Priors Rembert in Wülfinghausen. Während Marienwerder keinen Widerstand leistete, musste sich Busch in den Klöstern Mariensee und Barsinghausen der Unterstützung Herzog Wilhelms d. Ä. bedienen und kam es in Wennigsen sogar zum Einsatz von Militär, um das Reformvorhaben zu verwirklichen.

Als letzte klösterliche Einrichtung vor der Reformation entstand 1437 das Schwesternhaus Marienthal in Eldagsen,[22] in dem die Frauen nach der Augus-

---

21 Hans-Georg Aschoff, Netzwerke Hildesheimer Klöster vom 13. bis 15. Jahrhundert, in: Monika E. Müller u. Jens Reiche (Hg.), Zentrum oder Peripherie? Kulturtransfer in Hildesheim und im Raum Niedersachsen (12. -15. Jahrhundert), Wiesbaden 2017, S. 231–248, hier S. 245–247.

22 Uwe Hager, Eldagsen – Augustinerinnen (1437 bis 1647), in: Dolle, Klosterbuch I (wie Anm. 1), S. 382–386.

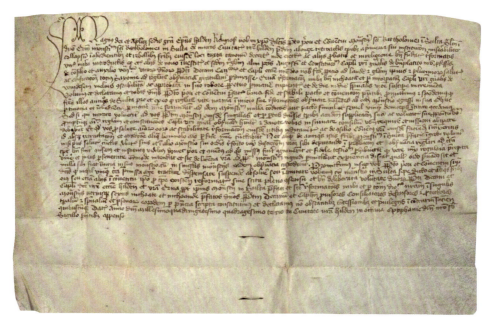

Anweisungen von Bischof Magnus zur Durchführung der von Johann Busch begonnenen Reformen über das Hildesheimer Sültekloster hinaus in der gesamten Diözese Hildesheim; Urkunde vom 13. Januar 1443

tinerregel lebten. Die Initiative zu seiner Gründung ging vom Stift Wittenburg aus; als Mutterkloster gilt das Schwesternhaus in Schüttorf. Eine Leitungsfunktion übernahmen die Fraterherren des Hildesheimer Lüchtenhofes, von denen ein Bruder als Beichtvater im Schwesternhaus in Eldagsen tätig war. Von hier aus wurden Tochterniederlassungen u. a. in Herford und in Badersleben bei Wernigerode ins Leben gerufen. Ihren Lebensunterhalt verdienten sich die Schwestern vornehmlich durch die Ausübung des Wandschneideramtes; sie stellten Stoffe her, schnitten sie zu und verkauften fertige Kleidung. Trotz der geringen materiellen Ausstattung übte das Schwesternhaus, in dem keine strenge Klausur herrschte, große Anziehungskraft aus; 1452 soll der Konvent über 60 Frauen gezählt haben.

Kirchliches Leben in der Stadt Hannover

Bereits im 1. und 3. Jahrhundert befand sich auf dem Gebiet der heutigen Altstadt Hannovers eine Siedlung, die ihren Ursprung wahrscheinlich der Leinefurt zwischen dem „Hohen Ufer" und dem Lindener Berg verdankte.[23] Im frühen 11. Jahrhundert ist in unmittelbarer Nähe das Dorf Tigislege als Rastplatz an der Fernhandelsstraße Hildesheim – Bremen und nordöstlich davon ein gutsherrlicher Hof auf dem Gebiet des heutigen Ballhofgeländes belegt. An diese frühmittelalterlichen Siedlungsstellen gliederte sich der „vicus honovere" an, der um 1150 zum ersten Mal in den „Miraculi sancti Bernwardi" als Heimatort eines Mädchens erwähnt wird, das nach einer Wallfahrt zum hl. Bernward in Hildesheim von einem schweren Augenleiden geheilt wurde. Die Verkehrslage, der Schnittpunkt der Handelsstraße, die durch das Leinetal nach Lüneburg und Lübeck führte, mit dem Verkehrsweg von Goslar über Hildesheim nach Bremen, begünstigte die Entwicklung dieses Ortes zu einem bedeutenden Markt- und Handelsplatz. Sein Zentrum besaß diese Siedlung in der St. Georgskirche. Möglicherweise verlieh ihr Heinrich der Löwe Stadtrechte; 1189 wurde sie als „civitas" und 1202 als „oppidum" bezeichnet, was auf Befestigung und eine Stadt im Rechtssinn schließen lässt. Unterhalb der von den Grafen von Roden auf dem linken Ufer der Leine errichteten Burg Lauenrode entstand eine Siedlung, die den Kern der späteren Calenberger Neustadt bildete.

Im 13. Jahrhundert erhielt Hannover seine geographische Gestalt und seine Rechtsgrundlagen, die es bis zum Ende des Mittelalters im Wesentlichen behalten sollte. Das Gebiet der Stadt erstreckte sich vom heutigen Steintor im Nordwesten bis zum Aegidientorplatz im Südosten; im Westen wurde es durch die Leine begrenzt, im Osten lag seine Grenze östlich der Osterstraße. Nach Bestätigung und Vermehrung seiner Rechte durch den Landesherrn, Herzog Otto das Kind (1204–1252), im Jahr 1241 – dem Jahr, das allgemein als Stadtgründungsdatum angegeben wird – gelang es Hannover in der Folgezeit, aufgrund einer geschickten Bündnispolitik und unter Ausnutzung der Schwächen der welfischen Landesherrschaft die städtische Autonomie auszuweiten. Am Ende des Lüneburger Erbfolgekrieges wurden 1371 im Großen Privileg Herzog Albrechts III. von Sachsen-Wittenberg († 1385) Hannovers Rechte erneut bestätigt sowie die Freiheit der Leineschifffahrt bis Bremen und sein Eigentum am Stadtwald, der Eilenriede, garantiert. Außerdem erhielt die Stadt die Genehmigung zum Abbruch der landesherrlichen Zwingburg „Lauenrode". Die folgenden Jahre waren für Hannover eine Blütezeit bürgerlicher Machtentfaltung. Die wirtschaftliche Grundlage der Stadt, die zu den frühen Mitgliedern der Hanse gehörte, ohne hier allerdings

---

23 Zur Geschichte Hannovers: Helmut Plath u. a., Heimatchronik der Hauptstadt Hannover, Köln 1956; Klaus Mlynek u. Waldemar R. Röhrbein (Hg.), Geschichte der Stadt Hannover, 2 Bde., Hannover 1992/94; Dies. (Hg.): Stadtlexikon Hannover. Von den Anfängen bis in die Gegenwart, Hannover 2009; Waldemar Röhrbein, Hannover. Kleine Stadtgeschichte, Regensburg 2015.

eine herausgehobene Rolle zu spielen, bildeten der Handel, vornehmlich mit Tuchen, der bis nach Flandern, Norwegen und Russland ging, das Handwerk und im späten Mittelalter zunehmend auch das Braugewerbe. Hannover besaß um 1500 ca. 5000 Einwohner und zählte damit zu den mittleren Städten in den welfischen Territorien. Die planmäßig angestrebte Reichsunmittelbarkeit erreichte es zwar nicht; dennoch hatte die Stadt zu Beginn des 16. Jahrhunderts ein hohes Maß an Selbstverwaltung und Unabhängigkeit vom Landesherrn, dem Herzog für das Teilfürstentum Calenberg, erlangt.[24]

Kirchlich gehörte Hannover zum Archidiakonat Pattensen und damit zur Diözese Minden.[25] Bis unmittelbar vor das südliche Stadttor reichte das Hildesheimer Diözesangebiet, so dass das Aegidienfeld bereits Teil des Hildesheimer Bistums war. Die Stadt war in drei Pfarreien eingeteilt, für deren Pfarrstellen der Landesherr bzw. der Rat das Besetzungsrecht besaß. Der südliche Teil der Stadt war der St. Aegidien-Kirche zugewiesen. Auf ihrem Pfarrgebiet hatte sich die älteste gottesdienstliche Stätte des späteren Hannover befunden; diese war vermutlich eine Kapelle aus dem 10. Jahrhundert für den Ort Tigislege. An ihre Stelle trat um 1160 die querhauslose dreischiffige Basilika „St. Aegidii", die wiederum ab 1347 durch einen dreischiffigen gotischen Hallenbau ersetzt wurde.

Der mittlere und nördliche Teil der Stadt gehörte zur Pfarrkirche „St. Georgii", die sich auf dem Marktplatz befand. Die bereits erwähnte erste St. Georgskirche stammte aus der Zeit um 1125 und war ein bescheidener romanischer Bau. Sein allmählicher Verfall, aber auch das Bestreben, dem wachsenden bürgerlichen Macht- und Selbstbewusstsein würdigen Ausdruck zu verleihen, waren die Gründe für einen Neubau der Marktkirche. Um 1350 entstand eine stattliche dreischiffige Hallenkirche; sie ist das südlichste Beispiel der norddeutschen Backsteingotik. Diese Kirche erhielt in dem Apostel Jakobus d. Ä. einen weiteren Patron, der an erster Stelle genannt wurde; das Patrozinium der neuen Marktkirche lautete demnach „SS. Jacobi et Georgii".

1284 wurde im Norden der Stadt vom Mindener Bischof Volkwin von Schwalenberg die dritte Pfarre errichtet, der anfangs die Kapelle des 1258 gegründeten

---

24 Siegfried Müller, Leben im alten Hannover. Kulturbilder einer deutschen Stadt, Hannover 1986.
25 Ernst Büttner, Die Kirche im spätmittelalterlichen Hannover. Organisation und Geist, in: Zeitschrift der Gesellschaft für niedersächsische Kirchengeschichte 38, 1933, S. 10–139; Hans-Georg Aschoff, Kirchliches Leben in Hannover vor der Reformation, in: Katholische Informationen für die Region Hannover 20, 1991, Hildesheim [1991], S. 6–12; Siegfried Müller, Die Bürgerstadt. Von 1241 bis zur Residenznahme 1636, in: Mlynek/Röhrbein, Geschichte I (wie Anm. 23), S. 67–135, hier S. 119–126; Herbert Mundhenke, Die Entwicklung des Gemeinwesens Hannover, in: Plath, Heimatchronik (wie Anm. 23), S. 7–135, hier S. 32–41; Krumwiede, Kirchen- und Altarpatrozinien (wie Anm. 11), S. 183–187.

Hannover, Aegidienkirche; Ansicht nach ihrer Zerstörung im Zweiten Weltkrieg

Hl. Geist-Hospitals als Gotteshaus diente. 1333 wurde die Parochie auf die im gleichen Jahr konsekrierte Kirche „in honorem St. Spiritus et St. Crucis" übertragen. Ursprünglich war die Kreuzkirche, wie sie später genannt wurde, einschiffig. Erst im 16. Jahrhundert erhielt sie ein nördliches Seitenschiff, während bereits Ende des 15. Jahrhunderts eine Sakristei angefügt worden war, die sich mit ihrer Treppengiebelfassade den umliegenden Bürgerhäusern anpasste. Dem Pfarrer der Kreuzkirche unterstanden weiterhin die Kapellen der beiden hannoverschen Hospitäler Hl. Geist und St. Nicolai sowie seit Anfang des 15. Jahrhunderts die Wallfahrtskapelle „Beatae Mariae Virginis" in der nordöstlich der Stadt gelegenen Siedlung Hainholz.

Die Bewohner der westlichen Vorstadt besuchten ursprünglich den Gottesdienst in der St. Gallus-Kapelle innerhalb der Burg Lauenrode. Nach deren Abbruch ließ Cord von Alten hier eine neue Maria und dem hl. Gallus geweihte

Hannover, Marktkirche

Kapelle errichten, die Bischof Otto von Minden 1389 zur Pfarrkirche erhob und der er die Bewohner der Neustadt, des Brühl und des Gebietes von Lauenrode zuwies. Mit dieser Marienkirche waren ein Kaland, eine Bruderschaft und das von den Herzögen Bernhard († 1434) und Heinrich von Braunschweig-Lüneburg († 1416) dotierte Kollegiatstift verbunden, das 1415 mit dem Kanonikerstift in Mandelsloh vereinigt wurde.

Neben den Pfarrkirchen gab es in Hannover noch eine Reihe von Kapellen. Hierzu gehörte die St. Gallus-Kapelle in der Altstadt.[26] Sie galt als Ersatz für die 1371 zerstörte gleichnamige Kapelle in der Burg Lauenrode und wurde 1446 auf

---

26 Ulrich Schwarz, Hannover – Stift St. Galli (1463 bis 1533/34), in: Dolle, Klosterbuch II (wie Anm. 1), S. 581–584.

Hannover, Kreuzkirche

einem Hof aus der Dotation des Hauptaltars der ehemaligen Burgkapelle an der Ecke Burg- und Ballhofstraße errichtet. Der Stifter der Kapelle war der aus Hannover stammende Halberstädter Dompropst und Archidiakon von Stöckheim, Ludolf Quirre. Auch an der neuen St. Gallus-Kapelle, der der Landesherr die Güter und das weitere Zubehör der alten Burgkapelle überwies, bestand eine Stiftsgemeinschaft aus sechs Vikaren. Nach dem Willen des Stifters spielte die Marienfrömmigkeit mit täglichen Marienmessen und Marienhoren im Stift eine besondere Rolle. Kurze Zeit nach Errichtung dieser Kapelle stiftete der Hildesheimer Domherr Arnold von Heysede auf dem Neuen Saal des Rathauses eine Kapelle, die St. Jakobus geweiht war, über die allerdings nähere Nachrichten fehlen. Weitere Kapellen befanden sich in den beiden städtischen Hospitälern, dem Hl. Geist-Stift und dem Nikolaistift. Das Hl. Geist-Stift war die reichste Stiftung der Stadt. Auf die Initiative Bischof Wedekinds von Minden hin wurde 1256 mit dem

Bau an der Schmiedestraße begonnen, der 1302 einen gewissen Abschluss erreichte. Ursprünglich sollte das Stift Sieche und Kranke bis zu deren Genesung aufnehmen; in der Folgezeit diente das Hospital immer mehr zur Unterbringung alter und verarmter Bürger, wobei verarmte Ratsherren einen besonderen Anspruch auf Versorgung hatten. Das Nikolaistift vor dem Steintor wurde wahrscheinlich Ende des 13. Jahrhunderts als Heim für Aussätzige errichtet. Seine Kapelle wurde 1284, deren Patrozinium St. Nikolaus 1323 erstmals erwähnt. Außerhalb der Kapelle befand sich ein kleines Oratorium mit einem als wundertätig verehrten Christusbild, für dessen Besuch 1369 ein Ablass gewährt wurde. Als Herzog Wilhelm von Braunschweig-Lüneburg (um 1300–1369) dem Rat der Stadt Hannover 1354 in dieser Gegend zwei Grundstücke für den Bau eines Hospitals zur Aufnahme von Armen, Kranken und wandernden Fremden übereignete, wurden diese Plätze zur Erweiterung des Nikolaistiftes benutzt, das in der Folgezeit weiter als Leprosen- und Armenhaus fungierte. Die Hospitäler erfreuten sich auch reicher Stiftungen der Bürger.

Ein drittes Hospital sollte nach den Vorstellungen des Rates zur Zeit der Pest in der Mitte des 14. Jahrhunderts vor dem Aegidientor entstehen. Er verhandelte mit den Grafen von Roden und Wunstorf und dem hannoverschen Bürger Johannes von Eddingerode, die hier eine Kapelle dotieren wollten. Während der Bau des Hospitals unterblieb, wurde die Kapelle 1334 errichtet und Maria geweiht. Eine weitere Marienkapelle befand sich in der Bauerschaft Hainholz, in der Bannmeile Hannovers; dieser Bau geht möglicherweise schon in das 13. Jahrhundert zurück und erhielt zu Beginn des 15. Jahrhunderts einen neuen gotischen Chor. In der Hainhölzer Kapelle befand sich eine kleine thronende Madonna aus Holz, die als Gnadenbild verehrt wurde und Ziel von Wallfahrern aus Hannover und Umgebung war. Die reichen Einnahmen aus dieser Wallfahrt fielen zu gleichen Teilen an den Landesherrn, an den Pfarrer der Kreuzkirche in Hannover, der die Wallfahrtskapelle inkorporiert war, und an den Rat der Stadt, der für die Instandhaltung der Kapelle und der zu ihr führenden Wege zu sorgen hatte. Die Hauptwallfahrtstage waren vermutlich die Woche nach Fronleichnam und Maria Himmelfahrt. Die sich in Hannover aufhaltenden Augustiner und Karmeliter sorgten für den Gottesdienst. Auch nach der Einführung der Reformation in Hannover dauerte die Wallfahrt an; das Gnadenbild blieb weiterhin in der evangelischen Hainhölzer Kirche, bis es aufgrund von Verhandlungen des zum Katholizismus konvertierten Herzogs Johann Friedrich 1672 in die dem katholischen Kultus zugewiesene Schlosskirche in Hannover gelangte. Nach der Wiedereröffnung der Schlosskirche für den protestantischen Gottesdienst nach Johann Friedrichs Tod kam das Gnadenbild 1680 in die Hildesheimer Kapuzinerkirche, wo es 1761 bei einem Brand vernichtet wurde.

Etliche Klöster der Umgebung Hannovers unterhielten Niederlassungen in der Stadt, die in den meisten Fällen nicht monastischen, sondern wirtschaftlichen Zwecken dienten; hier sollten die Produkte der klösterlichen Ländereien um Hannover eingebracht und dann verkauft werden. Die Zisterzienser aus Loccum besaßen seit dem 13. Jahrhundert einen Hof an der Osterstraße, wo sie in spätgotischer Zeit eine Kapelle errichteten. Ebenso entstand auf dem Anwesen der Marienröder Zisterzienser an der Köbelingerstraße 1439 eine den Aposteln Philippus und Jakobus geweihte Kapelle. Seit dem 14. Jahrhundert hatten die Augustinerchorfrauen aus Marienwerder, Barsinghausen und Mariensee sowie die Augustinereremiten aus Herford, die Dominikaner aus Hildesheim und die Karmeliter aus Marienau bei Coppenbrügge Niederlassungen in der Stadt.[27] Über die Größe der Konvente der Bettelorden ist fast nichts bekannt; die Bescheidenheit ihrer Stadthäuser verbietet es, diese als regelrechte Klöster zu bezeichnen.

Da der Rat hinsichtlich der Genehmigung klösterlicher Einrichtungen äußerst restriktiv war, gab es in Hannover als eigenständiges Männerkloster lediglich das der Franziskaner, die der Ordensprovinz Saxonia angehörten.[28] Dieses befand sich in der Leinstraße auf dem Gelände des heutigen Niedersächsischen Landtages. Seine Gründung erfolgte 1291, möglicherweise bereits 1288. Der Initiator der Gründung ist unbekannt. Das Kloster entstand auf Baugrund, der den Mönchen von den Herren von Alten überlassen worden war. Eine Schenkung des Bischofs von Ösel, Ludolf Grove (um 1390–1458), eines gebürtigen Hannoveraners, ermöglichte um die Mitte des 15. Jahrhunderts eine Ausdehnung des Klosters. Ansonsten verfügte es nur über geringen städtischen Grundbesitz. Die Herkunft der ersten Franziskaner ist unbekannt; möglicherweise stammten sie aus Hildesheim. Um die Mitte des 15. Jahrhunderts bestand der Konvent aus ca. zehn Mönchen; er rekrutierte sich aus verschiedenen Landesteilen Niedersachsens, nur vereinzelt traten gebürtige Hannoveraner bei ihm ein. Zusammen mit den Laienbrüdern dürfte das Kloster zu dieser Zeit 30 bis 40 Personen beherbergt haben. Die Franziskaner, die bei der städtischen Bevölkerung äußerst beliebt waren, entfalteten eine rege seelsorgliche und caritative Tätigkeit, was u. a. im Unterhalt eines Siechenhauses Ausdruck fand. Sie gerieten deshalb zuweilen mit dem städtischen Weltklerus in Konflikt, der meinte, sich gegen Übergriffe in seine Kompetenzen zur Wehr setzen zu müssen. Die Klosterkirche diente auch als Begräbnisstätte von Angehörigen angesehener Familien.

---

27 Stoffers, Handbuch (wie Anm. 1), S. 23.
28 Karljosef Kreter, Hannover – Franziskaner (Vor 1291 bis 1533), in: Dolle, Klosterbuch II (wie Anm. 1), S. 571–575; J. Studtmann, Geschichte des Franziskaner-Klosters in Hannover, in: Zur Einweihung von Kirche und Kloster der Franziskaner St. Antonius in Hannover, am Sonntag, 17. Juni 1928 (Unsere Diözese in Vergangenheit und Gegenwart 2, 1928), S. 45–80.

Ein Nonnenkloster war in Hannover nicht vorhanden. Es existierte allerdings ein seit 1357 bezeugtes Beginenhaus.[29] Die Beginen waren ein klosterähnlicher Zusammenschluss von Frauen; sie lebten in Gemeinschaft, verpflichteten sich zur Ehelosigkeit und zum Gehorsam, ohne dass sie dauernde Gelübde ablegten. Möglicherweise lebten seit dem 15. Jahrhundert die meisten von ihnen nach der „Dritten Regel" der Franziskaner. Über ihr Wirken ist wenig bekannt; vermutlich erteilten sie Stadtkindern Unterricht und waren caritativ tätig. Der hannoversche Beginenkonvent, über den der Rat umfangreiche Aufsichtsrechte ausübte und dessen Mitgliederzahl Anfang des 16. Jahrhunderts auf 20 Personen festgelegt wurde, nahm in dieser Zeit immer mehr den Charakter einer Versorgungsanstalt für Witwen und unverheiratete Töchter hannoverscher Bürger an.

Über die Zahl der Priester, die an kirchlichen Einrichtungen wirkten, fehlen genaue Angaben; sie wird im 15. Jahrhundert bei 100 Geistlichen gelegen haben, die mit hoher Wahrscheinlichkeit zu 80 Prozent aus hannoverschen Bürgerfamilien kamen; ein Drittel der Geistlichen lässt sich dem Honoratiorentum zuordnen.[30] Die materielle Grundlage ihrer Tätigkeit bildete eine Vielzahl von Stiftungen. Diese waren ein charakteristischer Ausdruck spätmittelalterlicher Frömmigkeit; sie nahmen vor allem im Jahrhundert vor der Reformation ein gewaltiges Ausmaß an und umfassten außer Kirchen und Kapellen u. a. Altarbenefizien zum Unterhalt eines Messpriesters, Messpfründen und Memorien, Mittel für Gedächtnismessen am Todestag eines Verstorbenen. Neben der Ehre Gottes war die Sorge für das eigene Seelenheil und das von Verwandten und Freunden ein wesentliches Motiv für derartige Stiftungen, die auch bürgerliche Repräsentationsbedürfnisse widerspiegelten und zur Versorgung von Verwandten dienen konnten, die in den geistlichen Stand eingetreten waren. Stiftungen gaben dem Inneren von Kirchen ein charakteristisches Aussehen; allein in der Marktkirche befanden sich zwölf Altäre, die mit vielen Vikarien und Memorienstiftungen verbunden waren.

Ein weiterer charakteristischer Ausdruck spätmittelalterlicher Frömmigkeit war das Bruderschaftswesen, das allerdings in Hannover im Vergleich zu anderen Städten Norddeutschlands eher bescheiden war.[31] Bruderschaften waren von der kirchlichen Obrigkeit genehmigte Gemeinschaften von Laien, aber auch von Klerikern oder von Laien und Klerikern; ihr Vermögen galt als Kirchengut und unterlag damit nicht der Besteuerung. Ein wesentliches Anliegen der Bruder-

---

29 Jörg Voigt, Hannover – Beginen, später Franziskaner-Terziarinnen (Vor 1309 bis 1534), in: Dolle, Klosterbuch II (wie Anm. 1), S. 589f.
30 Müller, Bürgerstadt (wie Anm. 25), S. 124.
31 Müller, Bürgerstadt (wie Anm. 25), S. 125f.; Krumwiede, Kirchen- und Altarpatrozinien (wie Anm. 11), S. 187.

Hannover, sog. Beginenturm

schaften, die auch der bürgerlichen Geselligkeit dienten, war die Sorge für verstorbene Mitglieder, denen ein würdiges Begräbnis und ein regelmäßiges Totengedenken garantiert sein sollten. Etliche Bruderschaften unterhielten eigene Kapellen und Altäre. Es gab zunftgebundene Bruderschaften und solche ohne Beziehung zu einer Zunft, über deren soziale Zusammensetzung wenig zu ermitteln ist. Zuweilen lässt der Name des Patrons auf die Mitgliederschaft schließen, so dass sich in der St. Nikolai-Bruderschaft, der ältesten bekannten in Hannover, wahrscheinlich vorrangig Schiffer und Kaufleute zusammenfanden, deren Schutzheiliger der hl. Nikolaus war. Die Bruderschaft der Kramer, die 1448 gegründet wurde, hatte den hl. Bernhardin von Siena zum Patron und umfasste etwa 400 Mitglieder. Bereits erwähnt wurde der Kaland, den 1378 der Propst von Marienwerder, Johann Wedewing, ins Leben gerufen hatte und der mit der Marienkirche in der westlichen Vorstadt verbunden war. Sein Name leitete sich von den „Kalenden" her, den Monatsersten, an denen der Gottesdienst für die Lebenden und Verstorbenen der Bruderschaft gehalten wurde. Der Kaland, der zeitweise in enger organisatorischer Verbindung mit dem Kollegiatstift der Marienkirche stand, galt als besonders exklusiv. Neben Priestern nahm er auch Laien meist aus den angesehenen Familien auf; zu einem späteren Zeitpunkt gehörte ihm sogar der gesamte Konvent der Augustinerchorfrauen von Marienwerder an. In der Marktkirche findet man im 15. Jahrhundert eine Bruderschaft „St. Olai", in der Aegidienkirche die „fraternitas S. Viti" und in der Kreuzkirche die Bruderschaft „S. Katherine und S. Anne". Der Bruderschaft „S. Trinitatis", die 1449 entstand, gehörte neben den drei Pfarrern der gesamte Stadtklerus an, während sich in der 1434 gegründeten „Almosenbruderschaft" in der Marktkirche, die sich der Unterstützung der Armen widmete, unterschiedliche Stände und Berufsgruppen, neben Geistlichen Vertreter des Adels, des Rates und auch des Beginenkonvents, zusammenfanden.

Zu den wesentlichen Inhalten spätmittelalterlicher Frömmigkeit gehörte die Heiligenverehrung, in deren Zentrum Maria stand. Neben der vorstädtischen Marienkirche, der Franziskanerkirche und der Liebfrauenkapelle vor dem Aegidientor, die der Gottesmutter geweiht waren, gab es in jeder der hannoverschen Kirchen und Kapellen einen Marienaltar. Eine besondere Verehrung erfuhren die Mutter Mariens, die hl. Anna, der eine Kapelle in der Kreuzkirche geweiht war, sowie die Heiligen Nikolaus, Andreas, Katharina, Maria Magdalena, Matthäus, Petrus und Paulus. Stark verbreitet war auch die Verehrung der Leiden Christi. Beispiele hierfür waren das Patrozinium der Kreuzkirche und eine Reihe von Kreuzaltären in verschiedenen Kirchen. In engem Zusammenhang mit der Heiligenverehrung stand der Reliquienkult; für Hannover besonders erwähnenswert ist der Leichnam eines der von Herodes ermordeten unschuldigen Kinder, der im Franziskanerkloster verehrt wurde, und seit 1289 Reliquien der 11.000 Jungfrauen, die zusammen mit der hl. Ursula in Köln das Martyrium erlitten hatten.[32]

Auch in Hannover kann man im Spätmittelalter eine Ausweitung des Prozessionswesens feststellen.[33] Im Laufe des Kirchenjahres, besonders an hohen Festtagen und Festen der Heiligen, speziell der Kirchenpatrone, fanden Umgänge statt. Eine besonders prachtvolle Ausgestaltung erfuhr dabei die Fronleichnamsprozession, die unter Teilnahme der gesamten Einwohnerschaft und des gesamten Klerus durch das ganze Gebiet der Stadt führte. Der Rat hatte eine Prozessionsordnung erlassen, die auch die ständische Gliederung der damaligen hannoverschen Bevölkerung widerspiegelte. Die Prozession wurde von den Kaufleuten angeführt, denen die vier ratsfähigen Zünfte und dann die Zünfte in der Reihenfolge ihrer sozialen Geltung folgten.

Die Frömmigkeit der hannoverschen Bürger im Spätmittelalter wies im Großen und Ganzen keine gravierenden Unterschiede zu der in anderen deutschen

---

32 Siegfried Müller, Frömmigkeit im spätmittelalterlichen Hannover. Ein Beitrag zu den Beziehungen zwischen Stadt und Kirche, in: Hannoversche Geschichtsblätter 34, 1980, S. 100–117, hier S. 102f.

33 Müller, Frömmigkeit (wie Anm. 32), S. 105f.

Städten auf. Auffallend ist der tiefreligiöse Zug in der Bevölkerung. Die Vielzahl und die Ausgestaltung der Prozessionen zeigen, welche herausragende Rolle das religiöse Brauchtum spielte; sie kamen dem Schaubedürfnis der Menschen entgegen. Dagegen trat der Opfer- und Mahlcharakter der Eucharistie in den Hintergrund. Überhaupt verlor die Messe zunehmend ihren Gemeinschaftscharakter; die Liturgie konzentrierte sich auf das Handeln des Priesters; auch in Hannover erhielt die Privatmesse immer größere Bedeutung, wofür die Vielzahl von Altären und Messpfründen einen Beweis liefert. Hinsichtlich des hannoverschen Klerus muss man wohl auch von einer unzureichenden Bildung und ungenügenden Vorbereitung auf sein Amt ausgehen. Seine Haupttätigkeit bestand im Zelebrieren der Messe, während religiöse Unterweisung der Gläubigen und die Pastoral im Sinne einer bewussten Sorge für den einzelnen Gläubigen nur schwach ausgeprägt waren. Vor diesem Hintergrund ist die Popularität der Bettelorden, in Hannover die der Franziskaner, zu verstehen, die einen Schwerpunkt ihrer Seelsorge auf Predigt und Beichte legten.

Trotz mancher Verfallserscheinungen beim Klerus kennzeichnete den Raum Hannover, wie die welfischen Territorien generell, ein lebendiges religiös-kirchliches Leben, das seinen markanten Ausdruck in einer Vielzahl von Stiftungen, Wallfahrten und Prozessionen und einer weiten Verbreitung von Bruderschaften fand. Wenn auch mehrere Klöster unter dem Verfall des religiösen und geistigen Lebens gelitten hatten, was häufig von wirtschaftlicher Schwäche begleitet wurde, verhinderte nicht zuletzt der Erfolg kirchlicher Reformbewegungen, wie die Windesheimer Reform, einen allgemeinen Niedergang des Klosterwesens.

Die Reformation

Die Reformation in der Stadt Hannover

Die Rahmenbedingungen für die Reformation waren in Hannover ungünstig.[34] Der Rat kam de facto durch eine Art Selbstergänzung zustande, die die Herrschaft der traditionellen politischen Führungsschicht sicherte. In ihm hatten die

---

34 Siegfried Müller, Stadt, Kirche und Reformation. Das Beispiel der Landstadt Hannover, Hannover 1987; Ders. Bürgerstadt (wie Anm. 25), S. 126–135; Ders., Die Reformation in Hannover, in: Waldemar R. Röhrbein (Hg.), Reformation und Kirchentag. Kirche und Laienbewegung in

Kaufleute das Übergewicht, die Gilden waren nicht vertreten. Im Laufe des Mittelalters hatte er durch die Kontrolle des Kirchenvermögens, die Kommunalisierung der Armenfürsorge und die Beaufsichtigung des Spitalwesens die Kirchenhoheit in der Stadt erworben. Außerdem hatte er damit begonnen, die Steuer- und Gerichtsprivilegien der Kleriker abzubauen. Dies wurde vom hannoverschen Klerus infolge der engen verwandtschaftlichen Beziehungen zwischen Rat und Geistlichkeit akzeptiert. Die zahlreichen Benefizien, die der Rat verlieh, waren zu einem großen Teil mit Söhnen der einflussreichen Ratsfamilien besetzt. Das Verhältnis zum katholischen Landesherrn Erich I. (1470–1539)[35] war spannungsarm, die städtische Autonomie in weitem Rahmen anerkannt. Durch die Reformation, die das Verhältnis zum Herzog beeinträchtigen konnte, „hatte die politische Elite […] nichts zu gewinnen, wohl aber alles zu verlieren".[36] Die gemeinsame Gegnerschaft von Rat und Landesherrn zur neuen Lehre verzögerte die Durchsetzung der Reformation in Hannover. Hinzu kam, dass der Antiklerikalismus in der Stadt nur schwach ausgeprägt war. Humanistische Kreise und Intellektuelle als Rezipienten und Multiplikatoren reformatorischen Gedankengutes fehlten weitgehend. Somit fand die neue Lehre bis Mitte der 1520er Jahre bei der städtischen Bevölkerung nur geringe Resonanz. Gegen die ersten evangelischen Äußerungen in Form von Flugschriften und Liedern ging der Rat mit drakonischen Strafen vor. Reformatorische Schriften wurden auf dem Marktplatz öffentlich verbrannt. Die städtische Geistlichkeit musste sich eidlich zum Kampf gegen die „verdammte ketzerische aufrührerische Lehre Martin Luthers"[37] verpflichten. Der Rat schwor dem Landesherrn, das katholische Kirchenwesen in der Stadt aufrechtzuerhalten. Trotz der unnachgiebigen Haltung der städtischen Obrigkeit wuchs bis zum Sommer 1532 auch in Hannover die reformatorische Bewegung an und entwickelte sich zu einer breiten, äußerst heterogenen Bürgeropposition, die sich hauptsächlich aus den nicht im Rat vertretenen Zünften rekrutierte. Der Anteil der überzeugten Lutheranhänger ist nicht festzustellen.

Der Kirchenstreit brach aus, als der Rat im August 1532 die Liebfrauenkapelle vor dem Aegidientor abreißen lassen wollte. Diese Kapelle befand sich auf Hildesheimer Diözesangebiet und im Hoheitsbereich des protestantischen Herzogs Ernst des Bekenners von Lüneburg. Der Rat rechtfertigte seine Absicht mit Gründen der Verteidigung. In Wahrheit befürchtete er, dass die Kapelle zum Treffpunkt

---

Hannover, Hannover 1983, S. 22–41; Mundhenke, Entwicklung (wie Anm. 25), S. 41–53; allgemein: Arnd Reitemeier, Reformation in Norddeutschland. Gottvertrauen zwischen Fürstenherrschaft und Teufelsfurcht, Göttingen 2017.

35 Aschoff, Welfen (wie Anm. 2), S. 27–29.
36 Müller, Bürgerstadt (wie Anm. 25), S. 126.
37 Zitiert nach Müller, Reformation (wie Anm. 34), S. 28.

der Lutheranhänger werden und Herzog Ernst hier einen evangelischen Prediger anstellen könnte. Mit dem Abriss der Kapelle wollte der Rat eine lutherische Gemeindebildung verhindern, die auch die reformatorische Bewegung in der Stadt gestärkt hätte. Die Vertreter der Bürgerschaft nahmen den Abbruch zum Anlass, um die Einberufung der Bürgerschaftsversammlung und eine grundsätzliche Regelung der Religionsfrage zu fordern. In den folgenden Monaten verhandelte ein Bürgerausschuss mit dem Rat. Bereits am 15./16. August 1532 legte er dem Rat ein „Artikelbuch" vor, das im großen Ganzen recht gemäßigte politische, wirtschaftliche und religiöse Forderungen der „Gemeinde" enthielt, wie eine stärkere Beteiligung der Bürgerschaftsgremien an der städtischen Politik. In kirchlicher Hinsicht verlangte man die Verkündigung des „lauteren Evangeliums" und die Anstellung „gelehrter Prediger" sowie die Bestrafung von Geistlichen, die mit „losen Frauen" zusammenlebten.[38] Die Forderungen der Bürgerschaft weiteten sich in den folgenden Monaten aus.

Im August 1532 erschien Herzog Erich I. selbst in der Stadt und forderte sie auf, bis zum Konzil im alten Glauben zu verharren. Als Reaktion verlangte man im Oktober vom Rat u. a. die Aussetzung der „Ketzerverfolgung", die Aufhebung des Zölibats und die Ausstellung eines Rezesses, in dem der Landesherr zusichere, es jedem einzelnen zu überlassen, „in der evangelischen Lehre fortzufahren oder nicht".[39] Der Rat behandelte die Forderungen der Bürgerschaft dilatorisch und zeigte vor allem in der Religionssache nur geringes Entgegenkommen. Die altkirchliche Seite diskreditierte sich, als eine vom Rat angeordnete theologische Disputation wegen der Flucht des Franziskanerpaters Eberhard Runge, der bereits in Braunschweig als Verteidiger der alten Kirche aufgetreten war, nicht zustande kam. Daraufhin stellte der evangelische Prediger Georg Scharnekau (Scarabaeus), der sich bereits seit August 1532 in Hannover aufhielt, eindeutige reformatorische Forderungen, wie die Abschaffung der im Widerspruch zu Gottes Wort stehenden Missbräuche, die Zulassung des Laienkelches, der deutschen Taufliturgie, der Priesterehe und die Berufung eines gelehrten Geistlichen zur Abfassung einer Kirchenordnung. Als der Rat ablehnte, fand am 26. Juni 1533 eine Versammlung auf dem Markt statt, während der sich die Anwesenden unter der Führung des Worthalters Dietrich Arnsborch eidlich verpflichteten, „ein evangelischer Bruder" sein und für das Wort Gottes Gut und Blut lassen zu wollen.[40] Am 20. August kam es erneut zu einem Schwurverband. Da die Ratsmitglieder den

---

38 Müller, Stadt (wie Anm. 34), S. 94–97.
39 Müller, Stadt (wie Anm. 34), S. 104f.
40 Hans-Walter Krumwiede, Kirchengeschichte. Geschichte der evangelischen Kirche von der Reformation bis 1803, in: Hans Patze (Hg.), Geschichte Niedersachsens, Bd. 3,2: Kirche und Kultur von der Reformation bis zum Beginn des 19. Jahrhunderts, Hildesheim 1983, S. 1–216, hier S. 16.

Eid verweigerten und um ihr Leben fürchteten, flohen sie im September in das katholische Hildesheim. Mit diesem Auszug des Rates, der an ähnliche Vorgänge während der mittelalterlichen Bürgerkämpfe erinnerte und als Strafe gedacht war, weil mit dem Rat auch die Kenntnisse, eine Stadt zu regieren, verloren gingen,[41] büßten die hannoverschen Kleriker und die altgläubigen Bürger ihren Rückhalt ein. Die Flucht des Rates verhalf der Reformation in Hannover endgültig zum Durchbruch.

Bereits im Sommer 1532 war es zu Übergriffen auf altgläubige Bewohner Hannovers gekommen, um sie zum Übertritt zum Protestantismus zu bewegen. Geistliche wurden beschimpft, Kirchen verunreinigt und die Bilder und Kruzifixe der Nikolaikapelle, die sich auf dem Hoheitsgebiet Erichs I. befand, zerstört.[42] Der Landesherr reagierte auf diese Vorgänge mit Zwangsmaßnahmen, wie die Sperrung der Lebensmittelzufuhr für die Stadt. Hannover fand während dieser Zeit Unterstützung bei Herzog Ernst dem Bekenner. Nach einer kurzen Interimsregierung wurde im April 1534 ein neuer Rat gewählt, der durch die Berücksichtigung der bisher nichtratsfähigen Ämter und die Abschaffung der Kooptation eine neue Zusammensetzung erhielt. Als erster protestantischer Bürgermeister amtierte Anton von Berckhusen; Stadtsyndikus wurde Autor Sander, der bereits in Braunschweig für die Reformation gekämpft hatte. Der neue Rat kam sowohl mit den alten Ratsherren als auch mit dem Landesherrn zu einer Einigung. Der Vertrag vom 15. Juli 1534 gestattete den alten Ratsherren die Rückkehr nach Hannover; sie wurden allerdings auf die evangelische Kirchenordnung verpflichtet. In der Einigung vom 31. Juli 1534 duldete Erich I. das evangelische Kirchenwesen in der Stadt; der Rat verpflichtete sich, dem Herzog eine Summe von 4000 Gulden zu überweisen.

Einen ersten Abschluss fand die Reformation in Hannover durch die Annahme einer evangelischen Kirchenordnung, die auf der Grundlage der evangelischen Lehre Richtlinien für den Kult, die innere Organisation, für Recht, Verwaltung und Disziplin, aber auch für Schule und Sozialfürsorge enthielt. Ein Entwurf des Braunschweiger Reformators Heinrich Winkel und des hannoverschen Predigers Scharnekau fand zwar eine positive Beurteilung seitens Martin Luthers und Philipp Melanchthons, wurde aber vom Rat abgelehnt. Für Hannover wurde die Kirchenordnung des Urbanus Rhegius verbindlich, die 1536 in Kraft trat und als „theologisch wohl bedeutendste […] Niedersachsens" gilt.[43] Die Aufnahme Hannovers

---

41 Ernst Schubert, Die Reformation und ihre Folgen, in: Bernd Ulrich Hucker u. a. (Hg.), Niedersächsische Geschichte, Göttingen 1997, S. 274–280, hier S. 276.

42 Müller, Stadt (wie Anm. 34), S. 117.

43 Hans-Walter Krumwiede, Kirchengeschichte Niedersachsens, Bd. 1: Von der Sachsenmission bis zum Ende des Reiches 1806, Göttingen 1995,

1536 in den Schmalkaldischen Bund, dem Schutzbündnis evangelischer Reichsstände, festigte die städtische Reformation. Der neue Rat konnte sein Kirchenregiment ausbauen und untersagte den katholisch gebliebenen Bürgern jegliche weitere Religionsausübung. Bereits 1534 hatte der Rat die Beginen angewiesen, das Ordenskleid abzulegen und der Franziskanerregel nicht mehr zu folgen. Zwei Jahre später folgte die Aufhebung des Franziskanerklosters; die Mönche hatten am 14. September 1533 Hannover verlassen müssen und siedelten nach Hildesheim über; das liturgische Gerät wurde für die Vergrößerung der Marktkirchenorgel versilbert. Das Klostergebäude wurde wie das Beginenhaus z. T. profanen Zwecken zugeführt bzw. als Armenheim eingerichtet. Das Kollegiatstift St. Marien in der Neustadt erhielt die Verbindung mit dem Stift in Mandelsloh bis 1543 aufrecht, während die Pfarrei schon 1533 evangelisch und ihr Kirchenschatz vor 1539 dem hannoverschen Rat übergeben worden war. Im Kollegiatstift St. Gallus erlosch nach dem Auszug der Vikare 1533 das geistliche Leben; die Paramente und Kleinodien gingen im folgenden Jahr an die Marktkirche; die Kirche und die Güter wurden 1546 dem späteren Kanzler Justus von Walthausen verliehen.[44] Weitere geistliche Einrichtungen erfuhren im Zuge der Reformation Veränderungen. So verlor die Marienkapelle vor dem Aegidientor ihre Funktion und verfiel. Die Häuser der auswärtigen Klöster gingen in ihrer Mehrheit in den Besitz des Rates über. Ein großer Teil des ehemaligen kirchlichen Besitzes, wie die Messpfründen, wurde im „Geistlichen Lehnregister" zusammengefasst, das unter städtischer Verwaltung stand und vornehmlich der Armenpflege diente. Der altgläubige Klerus blieb einstweilen ohne geistliche Betätigung im Besitz seiner Pfründen. Die evangelischen Prediger mussten deshalb anfangs aus dem Stadthaushalt besoldet werden. Der landesherrlichen Visitation von 1542/43 konnte sich Hannover entziehen und damit seine kirchliche Autonomie sichern. Nach Zahlung einer hohen Geldsumme garantierte Herzog Erich II. (1528–1584) Hannover 1549 die freie Religionsübung und gewährleistete damit den Bestand des lutherischen Protestantismus. 1574 trat Erich II. auch die landesherrlichen Patronatsrechte an der Markt- und der Aegidienkirche dem Rat ab. Dieser erließ 1588 ein Edikt, nach dem nur Anhänger der „Augsburgischen Konfession" in der Stadt geduldet wurden.[45]

S. 125; Text: Emil Sehling (Hg.), Die evangelischen Kirchenordnungen des 16. Jahrhunderts, Bd. VI,1,2: Die welfischen Lande. Die Fürstentümer Calenberg-Göttingen und Grubenhagen mit den Städten Göttingen, Northeim, Hannover, Hameln und Einbeck, Tübingen 1957, S. 944–1017.

44 Siehe die einzelnen Kapitel in: Dolle, Klosterbuch II (wie Anm. 1), S. 571–584, 589f.
45 Stoffers, Handbuch (wie Anm. 1), S. 24.

Die Reformation im Fürstentum Calenberg-Göttingen

Das Fürstentum Calenberg-Göttingen unterstand seit 1495 Herzog Erich I., der eine kaisertreue Politik verfolgte und am katholischen Glauben festhielt. Allerdings beruhte sein Katholizismus weniger auf einer echten religiösen Gesinnung. Für seine konfessionelle Orientierung waren in erster Linie politische Motive bestimmend. Es galt, die ihm infolge der Hildesheimer Stiftsfehde 1530 vom Kaiser übertragenen Gebiete des Hochstiftes zu sichern. Erichs Religionspolitik fehlte der entschiedene Charakter.[46] Der Herzog ging zwar seit 1523 mit Mandaten gegen die lutherische Lehre vor und schloss sich 1525 unter dem Einfluss Herzog Heinrichs d. J. von Braunschweig-Wolfenbüttel (1489–1568)[47] dem Dessauer Fürstenbündnis an, das sich gegen die Ausbreitung der Reformation richtete. Als Folge seiner chronischen Finanznot musste er aber den Übergang der größeren Städte seines Fürstentums, Hannover, Göttingen und Hameln, zum Luthertum gegen umfangreiche Geldzahlungen tolerieren. In den 1530er Jahren veranlassten Erich I. die Furcht vor kriegerischen Auseinandersetzungen mit dem Schmalkaldischen Bund und die Rücksichtnahme auf die Landstände, in deren Abhängigkeit er wegen seiner hohen Schulden geraten war, von einer entschieden katholischen Politik abzusehen. Außenpolitisch neigte der Herzog einem Neutralitäts- und Vermittlungskurs zwischen den konfessionellen Parteien zu.

Entscheidenden Einfluss auf Erichs I. Religionspolitik übte seine zweite Ehefrau Elisabeth von Brandenburg (1510–1558) aus,[48] die er 1525 geheiratet hatte. Sie schenkte ihm drei Töchter und den „für den Fortbestand des Fürstentums wichtigen Erben", Erich II. Die zielstrebige junge Frau verstand es, „sich gegenüber dem älteren Ehemann, der als gutmütig, in Finanzfragen gleichgültig und in Liebesdingen großzügig geschildert wird", durchzusetzen.[49] Elisabeth wird als „willensstarke Frau von ausgeprägtem Charakter" beschrieben, die sich als „begabte Regentin" erwies, eine Eigenschaft, die „ihrem Mann und ihrem Sohn fehlte".[50]

---

46 Krumwiede, Geschichte (wie Anm. 40), S. 33–37; Ziegler, Braunschweig-Lüneburg (wie Anm. 3), S. 21–24; Michael Streetz, Das Fürstentum Calenberg-Göttingen (1495/1512–1584), in: Niedersächsisches Jahrbuch für Landesgeschichte 70, 1998, S. 191–235.

47 Aschoff, Welfen (wie Anm. 2), S. 45–52; Ders., Herzog Heinrich der Jüngere und Herzogin Elisabeth von Braunschweig-Lüneburg, in: Jahrbuch der Gesellschaft für niedersächsische Kirchengeschichte 82, 1984, S. 53–75; Rainer Täubrich, Herzog Heinrich der Jüngere von Braunschweig-Wolfenbüttel (1489–1568). Leben und Politik bis zum Primogeniturvertrag von 1535, Langenhagen 1991.

48 Aschoff, Welfen (wie Anm. 2), S. 29–32; Eva Schlotheuber u. a. (Bearb.), Herzogin Elisabeth von Braunschweig-Lüneburg (1510–1558). Herrschaft – Konfession – Kultur, Hannover 2011.

49 Wolfgang Kunze, Leben und Bauten Herzog Erichs II. von Braunschweig-Lüneburg, Hannover 1993, S. 32.

50 Streetz, Das Fürstentum (wie Anm. 46), S. 199.

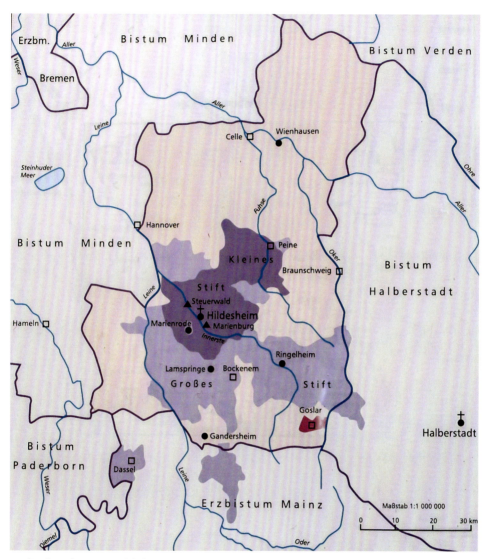

Hochstift und Diözese Hildesheim im 16. Jahrhundert

Bereits Anfang der 1530er Jahre glaubte man, bei ihr protestantische Neigungen zu erkennen, die durch häufige Besuche bei ihrer in Wittenberg lebenden evangelischen Mutter Elisabeth von Dänemark gefördert wurden. Hier lernte sie auch Martin Luther kennen, gegen den die humanistisch gebildete Herzogin wegen seiner derben Sprache anfangs Vorbehalte geäußert hatte. Am 6. April 1538 vollzog sie den öffentlichen Übertritt zum Luthertum, als sie mit einigen Frauen ihrer Umgebung im Mündener Schloss das Abendmahl unter beiden Gestalten empfing. Dem Bekenntniswechsel lag ein echtes religiöses Anliegen zugrunde; der Zeitpunkt der Konversion stand allerdings in einem größeren politischen Zusammenhang. Mit ihrem Übertritt zum Protestantismus wollte Elisabeth dem Schmalkaldischen Bund die Möglichkeit einer Intervention verschaffen, ihn geradezu verpflichten und die Einflussnahme Heinrichs d. J., eines der entschiedensten Anhänger des alten Glaubens, auf das Fürstentum Calenberg-Göttingen ausschließen.

Für die Durchsetzung der Reformation in Calenberg-Göttingen war entscheidend, dass Elisabeth nach dem Tod Erichs I. 1539 die Regentschaft für den noch unmündigen Erich II. führte. Versuche Heinrichs d. J., ihr die Regentschaft zu entziehen, scheiterten am Widerstand der calenbergischen Landstände. Seine Übergriffe auf das Fürstentum Calenberg-Göttingen schufen eine gemeinsame Abwehrfront der Herzogin und der Stände. Diese erkannten auf den Landtagen in Pattensen 1541 das vormundschaftliche Regiment Elisabeths an und verpflichteten sich ihr gegenüber durch Treueerklärungen. Gleichzeitig räumten sie der Herzogin die Möglichkeit ein, die Reformation durchzuführen. Sie ließen ihr weitgehende Aktionsfreiheit, solange nicht ihre unmittelbaren Interessen berührt wurden. Entscheidende Schritte bei der Einführung der Reformation waren 1542 die Inkraftsetzung der von Antonius Corvinus verfassten Calenberger Kirchenordnung[51] sowie die vom 17. November 1542 bis 30. April 1543 durchgeführte Visitation, die die Beachtung der Kirchenordnung überprüfte. Die Pfarrer wurden auf das neue Bekenntnis verpflichtet. Die Synoden von Pattensen (1544 für Calenberg) und Münden (1545 für Göttingen) sollten nicht nur die bei der Visitation festgestellten Mängel beheben, sondern auch die Gleichheit in der Lehre und den Zeremonien in beiden Fürstentümern herstellen; ihre Beschlüsse wurden als „Constitutiones aliquot synodales" mit den Unterschriften der Regentin, Erichs II., der staatlichen Kommissare und der Präsidenten der Synoden veröffentlicht.

Auf dem Gebiet der Fürstentümer Calenberg-Göttingen befanden sich zur Zeit der Reformation gut 20 Klöster und Stifte. Die Grundlage für ihre Reform war die von Corvinus verfasste und von Elisabeth am 2. November 1542 erlassene Klosterordnung.[52] Sie sah keine direkte Auflösung der Konvente vor, sondern versuchte, das Konventsleben mit reformatorischen Vorstellungen in Einklang zu bringen. Eine herausragende Bedeutung wies sie dabei den evangelischen Predigten zu, die vier Mal in der Woche gehalten werden sollten und dem Chorgebet übergeordnet wurden. Seel- und Privatmessen waren streng untersagt, das

---

51 Sehling, Kirchenordnungen VI, 1, 2 (wie Anm. 43), S. 708–843.

52 Sehling, Kirchenordnungen VI, 1, 2, (wie Anm. 43), S. 844–854

Elisabeth von Calenberg (1510–1558)

Abendmahl sollte entsprechend den agendarischen Bestimmungen der Kirchenordnung gespendet werden. Die Lesungen im Refektorium wurden beibehalten, aber auf biblische Texte beschränkt. Den Ordensmitgliedern wurde aufgetragen, den klösterlichen Habit abzulegen; während die Mönche sich wie Weltgeistliche zu kleiden hatten, sollten die Nonnen in Zukunft einfache schwarze Kleider tragen. Alle Konventualen besaßen das Recht zum Verlassen des Klosters. Wenn die Klöster einstweilen auch als Körperschaften bestehen blieben, so zielte Elisabeths Politik auf „einen geregelten Ausklang des Klosterwesens".[53] Das Vermögen der Klöster wurde nicht sequestriert, es wurde der landesherrlichen Aufsicht und Lenkung unterstellt. Die Rücksicht auf den Adel, der vor allem in den Frauenklöstern Versorgungseinrichtungen seiner unverheirateten Töchter sah, veranlasste

---

53 Manfred Hamann, Zur Geschichte der Calenberger Klöster, in: Manfred Hamann u. Erik Ederberg, Die Calenberger Klöster, Hannover 1977, S. 9–58, hier S. 37.

Elisabeth, bei der Durchsetzung der Klosterordnung mit Vorsicht vorzugehen. Die Reaktion der Konvente auf die Reformation war unterschiedlich. Vor allem einige der Frauenklöster setzten den landesherrlichen Reformationsabsichten energischen Widerstand entgegen.

Im Kanonissenstift Wunstorf hielt die Reformation Einzug, nachdem Herzogin Elisabeth zwei ihrer unmündigen Töchter, Anna Maria (1536–1549) und Katharina (1550), zu Äbtissinnen bestimmt hatte. Dies wurde durch die Bestellung der katholischen Äbtissin Magdalena von Chlum (1549–1553) rückgängig gemacht; jedoch konnte diese sich nicht halten, so dass nach 1553 der Konvent allmählich evangelisch wurde. Letztlich verfügte der Landesherr über das Stift; er übertrug einen Teil der Kanonikate an landesherrliche Bedienstete und an Wunstorfer Kirchen- und Schuldiener.[54] In den Klöstern Mariensee, Barsinghausen und Wennigsen scheint sich die neue Lehre nach 1543 anscheinend widerstandslos durchgesetzt zu haben, wenn auch Mariensee 1558 wieder zum katholischen Glauben zurückkehrte und erst nach dem Tod Erichs II. endgültig evangelisch wurde.[55] In Marienwerder leisteten die Nonnen der Einführung der Reformation ebenfalls keinen nennenswerten Widerstand; dennoch hielten sich hier katholische Traditionen, wie die lateinische Messe, das Stundengebet und das Totengedenken; erst Herzog Friedrich Ulrich (1591–1634) gelang es 1626, den Konvent auf ein streng lutherisches Leben zu verpflichten.[56] Auch in Wülfinghausen beachteten die Ordensfrauen noch längere Zeit katholische Rituale, nachdem die reformatorische Visitation im April 1543 durch nachhaltigen Widerstand des Propstes Valentin Burkhard und der Priorin Beata von Bothmer verhindert worden war und erst im Oktober 1543 durchgeführt wurde.[57] Während die calenbergischen Frauenklöster im Laufe der Zeit in evangelische Damenstifte umgewandelt wurden und als solche bis in die Gegenwart existieren, bestand auch das Schwesternhaus in Eldagsen bis zum Tod der letzten Nonne 1647 weiter; die Schwestern besuchten nach der Reformation den evangelischen Gottesdienst in der Stadtkirche.[58]

Eine Sonderrolle kam dem Zisterzienserkloster Loccum zu, dem Kaiser Karl V. die Reichsunmittelbarkeit zusprach. Dennoch geriet es während der Reformation durch die umliegenden evangelischen Territorien in arge Bedrängnis; seine Besitzrechte wurden durch die welfischen Herzöge sowie die Grafen von Hoya und Schaumburg und den Bischof von Minden beschnitten. 1585 erzwang Herzog Julius von Braunschweig-Wolfenbüttel (1528–1589) die Huldigung und die Inkorporation in das Fürstentum Calenberg, verzichtete jedoch auf eine Annahme der

---

54 Mahmens, Wunstorf (wie Anm. 8), S. 1578.
55 Gercke, Aus der Geschichte (wie Anm. 8), S. 81.
56 Hager, Marienwerder (wie Anm. 19), S. 1038.
57 Hager, Wülfinghausen (wie Anm. 20), S. 1570.
58 Hager, Eldagsen (wie Anm. 22), S. 383.

lutherischen Konfession. Diese erfolgte erst 1593/94 und wurde 1613 erneut durch den Landesherrn festgeschrieben, ohne dass die Abtei ihre Beziehungen zum Zisterzienserorden auflöste. Das Kloster blieb als Korporation bei relativer Autonomie mit vier bis acht Konventualen bestehen; sein Abt vertrat es auf dem Calenberger Landtag und nahm dort auch den Vorsitz ein.[59]

1546 ging Elisabeth mit Graf Poppo von Henneberg ihre zweite Ehe ein; entsprechend dem Testament Erichs I. war damit ihre Regentschaft beendet. Erich II.[60] trat die Regierung in Calenberg-Göttingen an und konvertierte kurz darauf aus politischen Rücksichten zum Katholizismus, um seine Beziehungen zum Kaiser zu intensivieren. Diese Konversion wirkte sich allerdings nicht zugunsten des Katholizismus in seinem Territorium aus. Der Herzog nahm zwar das von Karl V. auferlegte Augsburger Interim an, das den Protestanten den Laienkelch und die Priesterehe einräumte, aber ansonsten am katholischen Glauben und Kultus festhielt. Daraufhin begann Erich II. mit Maßnahmen zur Rekatholisierung seines Fürstentums, bei denen er auch vor dem Einsatz spanischer Truppen nicht zurückschreckte; diese Maßnahmen beschränkten sich vornehmlich auf die Klöster, die kleinen Städte und die Dörfer in seinem unmittelbaren Herrschaftsbereich. Hier vertrieb der Herzog die Pfarrer, die die Annahme des Interims verweigerten. Dagegen waren die großen Städte von der Rekatholisierung ausgenommen; auch dem Adel blieb weitgehende Freiheit in dieser Frage erhalten. Einen deutlichen Ausdruck fand die Wende in der Religionspolitik in der Verhaftung Corvinus', der zusammen mit Elisabeth und einer Reihe von Pfarrern dem Interim entschiedenen Widerstand entgegengesetzt hatte. Erich II. setzte den Reformator in der Feste Calenberg gefangen. Wachsender Widerstand der Landstände machte eine erfolgreiche Rekatholisierungspolitik unmöglich. Wie sein Vater geriet Erich II. wegen finanzieller Schwierigkeiten in immer größere Abhängigkeit von den Ständen, die 1553 auf dem Landtag zu Hannover nachdrücklich die Freiheit der evangelischen Lehre forderten. Die Erfahrung, dass unter einem lutherischen Regiment die adligen Vorrechte erhalten und insbesondere die Versorgungs- und Eigentumsrechte weitgehend unangetastet geblieben waren, begünstigte diese Entscheidung für den Protestantismus. Dem gemeinsamen Drängen Elisabeths und der Stände entsprach Erich und sagte in einem Mandat (20. Mai 1553) die Sicherung der evangelischen Lehre zu.

---

59 Steinwascher, Loccum (wie Anm. 15), S. 926.
60 Aschoff, Welfen (wie Anm. 2), S. 32–40; Ders., Erich II. von Calenberg-Göttingen – Condottiere und Grandseigneur, in: Schlotheuber, Herzogin Elisabeth (wie Anm. 48), S. 195–206; Wolfgang Kunze, Welfenross und schwarze Reiter. Herzog Erich II. von Braunschweig-Lüneburg. Militärunternehmer in der Epoche Philipps II., Hannover 2012; Ders., Leben (wie Anm. 49).

Erich II. war nicht imstande, das den Landesherren im Augsburger Religionsfrieden von 1555 zuerkannte „ius reformandi" zugunsten des alten Glaubens gegen den Widerstand der Landstände durchzusetzen, die zu den entschiedenen Trägern des Protestantismus geworden waren. Begünstigt durch Erichs schwaches Regiment, das Fehlen jeglicher reformkatholischer Impulse und seine häufige Abwesenheit machte der Protestantismus unter der Regierung dieses katholischen Fürsten weitere Fortschritte. Aufgrund von Erbverträgen fiel das Fürstentum Calenberg-Göttingen nach dem Tod Erichs II. 1584 an Herzog Julius von Braunschweig-Wolfenbüttel.[61] Dieser machte die Wolfenbütteler Kirchenordnung von 1569 auch für die neuen Länder verbindlich und führte 1588 eine Generalkirchenvisitation durch. Unter der Wolfenbütteler Herrschaft setzte sich der Protestantismus im Fürstentum Calenberg-Göttingen vollständig durch.

Die Reformation im Fürstentum Lüneburg

Früher als im Fürstentum Calenberg hatte sich die Reformation im Fürstentum Lüneburg durchgesetzt, das den östlichen Teil des Raumes Hannover umfasste. Hierbei war Herzog Ernst[62] die entscheidende Kraft. Nach seinem Studium von 1512 bis 1518 in Wittenberg vollzog er 1526 den offenen Übertritt zum Protestantismus. Auf dem Reichstag zu Speyer gehörte er 1529 zu den „protestierenden" Reichsständen und unterzeichnete im folgenden Jahr in Augsburg das von Philipp Melanchthon verfasste Bekenntnis, was ihm im 18. Jahrhundert den Beinamen „der Bekenner" verlieh. Neben echter Reformgesinnung waren für Ernsts reformatorisches Engagement wirtschaftliche und politische Überlegungen bestimmend. Die Aufhebung von Klöstern und die Überführung von Klostergut in Staatseigentum sollten die chronische Verschuldung des Fürstentums mildern. Die Ausschaltung der auswärtigen bischöflichen Gewalt und die Schaffung einer dem Fürsten unterstehenden Landeskirche stärkten die landesherrliche Stellung.

Auf die Empfehlung Luthers hin nahm Herzog Ernst den Braunschweiger Prediger Gottschalk Kruse als herzoglichen Kaplan in seine Dienste und ernannte ihn zum Prediger an der Stadtkirche in Celle. Unter Kruses Leitung verfasste man die

---

61 Aschoff, Welfen (wie Anm. 2), S. 52–58.
62 Aschoff, Welfen (wie Anm. 2), S. 19–24; Adolf Wrede, Ernst der Bekenner, Herzog von Braunschweig und Lüneburg, Halle 1888; Hans-Jürgen Vogtherr, Herzog Ernst der Bekenner und seine Zeit. Beiträge zur Geschichte des ersten protestantischen Herzogs von Braunschweig-Lüneburg anlässlich der 500jährigen Wiederkehr seines Geburtstages in Uelzen im Jahre 1497, Uelzen 1998; Dieter Brosius u. a., Reformation im Fürstentum Lüneburg. 450 Jahre Augsburger Bekenntnis, Celle 1979; Krumwiede, Geschichte (wie Anm. 40), S. 29–33; Ziegler, Braunschweig-Lüneburg (wie Anm. 3), S. 18–21.

erste Kirchenordnung für das Fürstentum Lüneburg, „das Artikelbuch", das in 21 Artikeln u. a. die schriftgemäße Predigt, die Aufhebung des Zölibats und die Einführung der deutschsprachigen Taufe und Liturgie forderte. Zwar erhielt das Artikelbuch nicht die offizielle Anerkennung als Kirchenordnung; es nahm aber faktisch diesen Charakter an und war die Richtschnur und Grundlage für Ernsts Reformationswerk.[63]

Die lüneburgischen Landstände nahmen in der Religionsfrage eine „erstaunlich indifferente Haltung"[64] ein, solange ihre kirchlichen Rechte, vor allem das Patronatsrecht, berücksichtigt wurden und die Klöster als Versorgungseinrichtungen ihrer Nachkommen erhalten blieben. Auf dem Landtag in Scharnebeck im August 1527 erklärten sie sich mit der Einführung der Reformation in den vom Herzog, aber auch von anderen auswärtigen Fürsten abhängigen Kirchen einverstanden. Damit eignete sich der Herzog praktisch das Patronatsrecht der zuständigen Bischöfe von Bremen, Verden, Minden und Hildesheim an. Zwar blieben seine Einwirkungsmöglichkeiten hinsichtlich der adligen Patronatsstellen eingeschränkt; aber auch diese Pfarreien wurden der Reformation geöffnet. Denn die Landstände fassten generell den Beschluss, in allen Stiften, Klöstern und Pfarreien des Fürstentums das Evangelium „rein, klar und ohne menschlichen Zusatz" predigen zu lassen.[65] Ein herzogliches Mandat verpflichtete 1529 alle Pfarrer des Fürstentums auf die darin vorgeschriebene Form und den Inhalt der evangelischen Predigt. Ohne erheblichen Widerstand breitete sich die Reformation unter der Mitwirkung des 1531 zum Superintendenten ernannten Urbanus Rhegius in den Landpfarreien aus. Die meisten Geistlichen traten zum Luthertum über und hielten sich an die Vorschriften des Artikelbuches. Widerstrebende Geistliche wurden von Ernst durch lutherische ersetzt. So wurden Burgdorf bereits 1526/27 und Lehrte anscheinend 1531 evangelisch. Die unter der Leitung des Superintendenten Martin Ondermark 1543 durchgeführte Visitation ergab, dass das Luthertum im Land dominierte. Die Veröffentlichung der Lüneburger Kirchenordnung von 1564[66] unter Ernsts Söhnen Heinrich und Wilhelm d. J. und des „Corpus doctrinae Wilhelmium" von 1576, das den Bekenntnisstand des Territoriums bestimmte, bedeutete den Abschluss der Reformation im Fürstentum Lüneburg.

---

63 Text: Emil Sehling (Hg.), Die evangelischen Kirchenordnungen des 16. Jahrhunderts, Bd. VI,1,1: Die welfischen Lande. Die Fürstentümer Wolfenbüttel und Lüneburg mit den Städten Braunschweig und Lüneburg, Tübingen 1955, S. 492–521.

64 Ernst Schubert, Ernst der Bekenner als Landesherr, in: Vogtherr, Herzog Ernst (wie Anm. 62), S. 25–62, hier S. 54.

65 Wrede, Ernst der Bekenner (wie Anm. 62), S. 53.

66 Text: Sehling, Kirchenordnungen VI,1,1 (wie Anm. 63), S. 533–575.

Die Reformation in den Grafschaften Hoya und Schaumburg

Relativ früh setzte sich die Reformation in der Grafschaft Hoya unter Jobst II. (1493–1545) durch, der 1511 die Regierung angetreten hatte.[67] Jobst wandte sich unter dem Einfluss seiner Ehefrau Anna von Gleichen und des benachbarten Herzogs Ernst des Bekenners dem Luthertum zu; allerdings sah er wie Herzog Ernst in der Säkularisation der Klöster ein Mittel, die Schulden der Grafschaft zu reduzieren. Auf seine Bitte hin sandte Martin Luther 1525 den wortgewaltigen Prediger Adrian Buxschot, einen ehemaligen Augustiner aus Antwerpen, nach Nienburg, der die Kirchenordnung für die Grafschaft verfasste. In seinem Wirken wurde er von dem Reformator Bremens Johann Tiemann unterstützt. In der Residenzstadt Nienburg wurde mit Johann Cramm 1526 der erste evangelische Pfarrer an der städtischen St. Martinskirche eingesetzt, der auch als gräflicher Hofkaplan fungierte; 1542 wechselte er in das Amt des Pfarrers an der Marktkirche in Hannover. In der Teilgrafschaft Stolzenau, die Jobsts Bruder Erich als Apanage unterstand, spielte der Hofprediger Nikolaus Krage seit 1526 bei der Ausbreitung der neuen Lehre eine entscheidende Rolle. Eine Festigung erfuhr die Reformation in der wiedervereinigten Grafschaft 1545 nach dem Regierungsantritt Graf Albrechts II. (1526–1563) und nach dem Aussterben der Dynastie 1582 durch Übergang an die welfischen Herzöge.

Das Fehlen eines selbstbewussten Städtebürgertums trug dazu bei, dass sich die Reformation in der Grafschaft Schaumburg verspätet und dann nur zögerlich ausbreitete.[68] Erst das landesherrliche Engagement verhalf ihr zum Durchbruch. Die Schaumburger Grafen hielten zunächst am katholischen Glauben fest. Dies änderte sich unter Graf Otto IV. (1517–1576),[69] der 1544 die Regierung übernahm und im gleichen Jahr Maria von Pommern heiratete. Durch seine Ehefrau lernte er die lutherische Lehre kennen, die er mit Rücksicht auf seine älteren Brüder, die Kölner Erzbischöfe Adolf und Anton, offiziell zwar nicht duldete, deren Ausbreitung in der Grafschaft er allerdings auch keinen energischen Widerstand entgegensetzte. Erst nach dem Tod seiner Brüder und nach seiner Vermählung mit Elisabeth Ursula von Braunschweig-Lüneburg, einer Tochter Herzog Ernsts des Bekenners, trat Otto 1559 öffentlich zum Protestantismus über. Die Reformation wurde auf der Grundlage der mecklenburgischen Kirchenordnung von 1552 in Schaumburg eingeführt.

---

67 Krumwiede, Geschichte (wie Anm. 40), S. 49; Stoffers, Handbuch (wie Anm. 1), S. 297f.
68 Krumwiede, Geschichte (wie Anm. 40), S. 50.
69 Hans-Georg Aschoff, Otto, Graf von Schaumburg, in: Erwin Gatz (Hg.), Die Bischöfe des Heiligen Römischen Reiches 1448 bis 1648, Berlin 1996, S. 513f.; Gudrun Husmeier, Graf Otto IV. von Holstein-Schaumburg (1517–1576). Landesherrschaft, Reichspolitik und Niederländischer Aufstand, Bielefeld 2002.

Während die neue Lehre in den drei schaumburgischen Städten Stadthagen, Bückeburg und Rinteln rasche Aufnahme fand, herrschte bei der konservativen, religiös eher indifferenten ländlichen Bevölkerung, beim Landklerus und beim Adel, der durch eine Aufhebung von Klöstern die Versorgungsmöglichkeiten für seine Nachkommen gefährdet sah, größere Zurückhaltung.[70] Als Otto 1576 starb, war die neue Kirchenorganisation über erste Ansätze nicht hinaus gekommen. Die Errichtung des Konsistoriums als oberste Kirchenbehörde 1594 und die Kirchenordnung des Grafen Ernst (1569–1622) von 1614 brachten die organisatorische und dogmatische Festigung der Landeskirche Schaumburgs.

Von der Wiederbegründung der katholischen Gemeinde in der Stadt Hannover bis zur preußischen Annexion des Königreiches Hannover (1665–1866)

Die Wiederbegründung der katholischen Gemeinde in Hannover

Gegen Ende des 16. Jahrhunderts hatte sich die Reformation in den Territorien der Herzöge von Braunschweig-Lüneburg durchgesetzt. Ansätze zu einer Auflockerung der konfessionellen Homogenität waren in den welfischen Territorien nach dem Dreißigjährigen Krieg festzustellen. Es bildeten sich in Hannover, Celle, Braunschweig und Wolfenbüttel katholische Gemeinden; ihre Mitglieder, wie das Personal katholischer Gesandtschaften, Handwerker und Künstler, waren meist italienischer oder französischer Herkunft und standen in einer engen Beziehung zum Hof.[71] Begünstigt wurde das Entstehen dieser Gemeinden durch eine Generation von Fürsten, die weniger mit antikatholischen Ressentiments behaftet waren als ihre Vorgänger. Nicht zuletzt führten die häufigen Italienreisen welfischer Fürsten zum Abbau antikatholischer Vorbehalte.[72] Bei Herzog Johann Friedrich hatten diese Aufenthalte in Italien 1651 sogar den Übertritt zum Katholizismus zur Folge.

---

70 Husmeier, Graf Otto IV. (wie Anm. 69), S. 196.
71 Hans-Georg Aschoff, Stütze der Gemeinde und Brücke in die Gesellschaft: Katholische Laien in der norddeutschen Diaspora im 18. und 19. Jahrhundert, in: Historisches Jahrbuch 130, 2010, S. 125–156, hier S. 132–137.

72 Hans-Georg Aschoff, Italienfahrten welfischer Fürsten in der Frühen Neuzeit, in: Hannoversche Geschichtsblätter 69, 2015, S. 140–161, bes. S. 143–152.

Herzoglicher Palast mit Schlosskirche (links) in Hannover, Zeichnung von Johann Joachim Zeuner, um 1675

Als Johann Friedrich (1625–1679)[73] 1665 weitgehend unerwartet an die Regierung im Fürstentum Calenberg gelangte und die Feier katholischen Gottesdienstes für seine Person einforderte, führte dies zur Wiederbegründung der katholischen Gemeinde in seiner Residenzstadt Hannover.[74] Am Weihnachtstag 1665 wurde in einem Saal des Schlosses die erste katholische Messe nach der Refor-

---

73 Georg Schnath, Geschichte Hannovers im Zeitalter der neunten Kur und der englischen Sukzession 1674–1714, 5 Bde., Hildesheim/Leipzig 1938–1982, bes. I, S. 1–128; Annette v. Stieglitz, Landesherr und Stände zwischen Konfrontation und Kooperation. Die Innenpolitik Herzog Johann Friedrichs im Fürstentum Calenberg 1665–1679, Hannover 1994; Aschoff, Welfen (wie Anm. 2), S. 132–142; Hans-Georg Aschoff, Rückkehr nach Rom – Konversionen im Welfenhaus, in: Die Diözese Hildesheim in Vergangenheit und Gegenwart 70, 2002, S. 175–250, hier S. 186–204; siehe in diesem Band: Hans-Georg Aschoff, Johann Friedrich, Herzog zu Braunschweig und Lüneburg, und Herzogin Benedikta Henriette.

74 Franz Wilhelm Woker, Geschichte der katholischen Kirche und Gemeinde in Hannover und Celle. Ein weiterer Beitrag zur Kirchengeschichte Norddeutschlands nach der Reformation, Paderborn 1889, S. 18–39; Hans-Georg Aschoff, Um des Menschen willen. Die Entwicklung der katholischen Kirche in der Region Hannover, Hildesheim [1983], S. 11–39; Ders., Die katholische Kirche in der Stadt Hannover und ihrem Umland von der Reformation bis zur preußischen Annexion des Königreichs Hannover (1543–1866), in: Christian Hoffmann u. Thomas Scharf-Wrede (Hg.), Katholische Kirche und katholische Gemeinde in Bothfeld in Mittelalter und Neuzeit. Festschrift zum 50-jährigen Weihejubiläum der

Ehemalige Kapuzinerniederlassung in Hannover, Zeichnung von Johann Joachim Zeuner, um 1675

mation in Hannover gefeiert. „Abgesehen von den vielen nur vorübergehend für den Hof tätigen, meist italienischen Baukünstlern und -handwerkern, Hofmalern, Sängern, Sängerinnen und Musikern", gab es eine Reihe bestallter ausländischer katholischer Diener.[75] Johann Friedrich selbst führte gegenüber den kurialen Behörden aus, dass sein Hof „fast ganz katholisch"[76] sei. Zu den Katholiken in der unmittelbaren Umgebung des Herzogspaares gehörten Sekretäre, Kammerherren und Kammerfrauen. Es sprach für Johann Friedrichs Toleranz, dass er vom Hof und von seiner Beamtenschaft keinen Glaubenswechsel verlangte.[77] Als kirchliches und kultisches Zentrum räumte er den Katholiken die Schlosskapelle ein, die am 20. Juli 1668 konsekriert wurde. Der glanzvollen Ausstattung der Kirche und des Gottesdienstes wandte der Herzog seine besondere Aufmerk-

Heilig-Geist-Kirche in Hannover-Bothfeld, Hannover 2013, S. 23–46.

75 Schnath, Geschichte Hannovers II (wie Anm. 73), S. 384f.; Hans-Georg Aschoff, Katholiken im Dienst der welfischen Höfe in Celle und Hannover zwischen 1665 und 1714, in: Markus A. Denzel u. a. (Hg.), Religiöse und konfessionelle Minderheiten als wirtschaftliche und geistige Eliten (16. bis frühes 20. Jahrhundert), St. Katharinen 2009, S. 85–118.

76 Woker, Geschichte (wie Anm. 74), S. 28.

77 Schnath, Geschichte Hannovers I (wie Anm. 73), S. 28.

Die Katholische Kirche in der Region Hannover vom Mittelalter bis zur Gegenwart · **51**

samkeit zu. Auf dem Hochaltar befand sich ein Triptychon von Lucas Cranach, das aus der Stiftskirche St. Alexander in Einbeck stammte. Auf einem der Nebenaltäre wurde das wundertätige Marienbild aus Hainholz aufgewahrt. Zur Ausschmückung der Kirche gehörte auch der Reliquienschatz Heinrichs des Löwen, den Johann Friedrich nach der Eroberung Braunschweigs 1671 als Erstattung seiner Kriegskosten erhalten hatte und der bis 1867 in einer mit einem Gitter verschlossenen Kapelle unter der Orgel aufbewahrt wurde. Großen Wert legte der Herzog auf die feierliche musikalische Gestaltung des Gottesdienstes, für die die vornehmlich aus Italienern bestehende Hofkapelle, der man einen hohen künstlerischen Rang bescheinigte, unter der Leitung des Venezianers Antonio Sartorio[78] verantwortlich war. Seit 1670 wurden in der Karwoche und am Fronleichnamstag wieder öffentliche Prozessionen durchgeführt, an denen der Herzog mit der Herzogin und dem Hofstaat teilnahm; sie fanden auf dem inneren Schlossplatz statt und hinterließen wegen der Teilnahme des Landesherrn bei den Untertanen einen tiefen Eindruck.

Die seelsorgliche Betreuung übernahmen Kapuzinerpatres,[79] während die geistliche Leitung beim herzoglichen Geheimsekretär Valerio Maccioni (1622–1676)[80] lag; ihm wurde 1667 auf Betreiben des Herzogs das Amt eines Apostolischen Vikars für die Nordischen Missionen übertragen, d. h. die bischöfliche Jurisdiktion über die wenigen katholischen Gemeinden in den weiten Diasporagebieten Norddeutschlands und Skandinaviens, die sich nach der Reformation dort gebildet hatten und wegen des Wegfalls der katholischen Bischofssitze keiner ordentlichen bischöflichen Gewalt unterstanden.[81] 1668 erfolgte Maccionis Ernennung zum Weihbischof und Titularbischof von Marocco. Aufgrund von Religionsreversalien und mit Rücksicht auf die protestantische Mehrheit sah sich der persönlich fromme und der Katholischen Kirche eng verbundene Herzog veranlasst, die Ausübung des katholischen Bekenntnisses auf die Stadt Hannover zu beschränken, so dass die Geistlichen außerhalb der Stadtmauern nur im Verborgenen priesterliche Handlungen vornehmen durften. Nach Maccionis Tod im September 1676 setzte sich Johann Friedrich für die Berufung des dänischen

---

78 Siehe in diesem Band: Hans-Georg Aschoff, Hieronymo und Antonio Sartorio.

79 J. Studtmann, Geschichte des Konventes der Kapuziner zu Hannover, in: Hannoversche Geschichtsblätter 32, 1929, S. 111–159; Karljosef Kreter, Hannover – Kapuziner (1668 bis 1680), in: Dolle, Klosterbuch II (wie Anm. 1), S. 586–589.

80 Hans-Georg Aschoff, Maccioni, Valerio, in: Erwin Gatz (Hg.), Die Bischöfe des Heiligen Römischen Reiches. 1648 bis 1803, Berlin 1990, S. 288–290; siehe in diesem Band: Hans-Georg Aschoff, Valerio Maccioni.

81 Johannes Metzler, Die Apostolischen Vikariate des Nordens. Ihre Entstehung, ihre Entwicklung und ihre Verwalter. Ein Beitrag zur Geschichte der nordischen Missionen, Paderborn 1919, S. 30–49; Hans-Georg Aschoff, Das Apostolische Vikariat der Nordischen Missionen, in: Gatz, Bistümer (wie Anm. 6), S. 498–502.

Konvertiten Niels Stensen[82] zum Apostolischen Vikar in Hannover ein, den der Herzog während eines Aufenthaltes in Kopenhagen kennengelernt hatte, wo Stensen in den Jahren 1672 bis 1674 am „Theatrum anatomicum" lehrte.

Die katholische Gemeinde zur Zeit der Apostolischen Vikare Niels Stensen und Agostino Steffani

Im November 1677 traf Stensen in Hannover ein, wo er sich vornehmlich der Seelsorge an der Hofgemeinde widmete. Mit seinen Bemühungen, den Apostolischen Vikar für sein früheres Arbeitsgebiet als Anatom und Naturforscher zurückzugewinnen und seine Aufmerksamkeit vor allem auf Probleme der Grenzbereiche zwischen Theologie und Naturwissenschaft zu lenken, hatte der in Hannover lebende Universalgelehrte Gottfried Wilhelm Leibniz (1646–1716) wenig Erfolg. Auch die theologische Diskussion zwischen beiden stellte ihn nicht zufrieden. Stensen zeigte eine tolerante Grundhaltung, übte aber gegenüber den damaligen Projekten zur Wiedervereinigung der getrennten Konfessionen Zurückhaltung.[83]

Mit dem Tod Johann Friedrichs am 28. Dezember 1679 und dem Regierungsantritt seines protestantischen Bruders Ernst August (1629, 1679–1698)[84] verlor die katholische Gemeinde in Hannover ihren Rückhalt am Hof. Diese Entwicklung, die für die Katholiken sich ungünstiger gestaltende Gesamtsituation, mögliche Einschränkungen in der Verrichtung seiner Aufgaben als Apostolischer Vikar und wahrscheinlich auch finanzielle Rücksichten bewogen Stensen, im Sommer 1680 Hannover zu verlassen und als Weihbischof nach Münster überzusiedeln. Weitere Stationen seiner Tätigkeit waren Hamburg und Schwerin, wo er am 25. November/5. Dezember 1686 starb.

Herzog Ernst August behinderte die Ausübung des katholischen Kultus in Hannover nicht. Die Katholiken mussten allerdings die Schlosskapelle als Gottesdienstraum aufgeben und versammelten sich in der Folgezeit in Privathäusern

---

82 Gustav Scherz, Niels Stensen. Eine Biographie, 2 Bde., Leipzig 1987/88; Hans-Georg Aschoff, Stensen, Niels, in: Gatz, Bischöfe 1648 (wie Anm. 80), S. 486–488; siehe in diesem Band: Hans-Georg Aschoff, Niels Stensen.

83 Über die verschiedenen Reunionsverhandlungen: Hans Otte u. Richard Schenk (Hg.), Die Reunionsgespräche im Niedersachsen des 17. Jahrhunderts. Rojas y Spinola – Molan – Leibniz, Göttingen 1999; Hans-Georg Aschoff, Die Reunionsgespräche zwischen Katholiken und Protestanten in Niedersachsen im 17. Jahrhundert, in: Heide Barmeyer (Hg.), Hannover und die englische Thronfolge, Bielefeld 2005, S. 179–197.

84 Schnath, Geschichte Hannovers (wie Anm. 73), vor allem Bde. 1 u.2; Aschoff, Welfen (wie Anm. 2), S. 142–166.

zur Feier der Messe. Auch verließen die Kapuziner 1680 Hannover und wurden anfangs durch Jesuiten aus Hildesheim, ab 1711 durch Weltpriester ersetzt. Ein Grund für Ernst Augusts tolerante Haltung war sein Bemühen um die Kurwürde, die ihm Kaiser Leopold I. (1640–1705) am 19. Dezember 1692 gegen erhebliche Geldzuwendungen und die Zusage militärischer Unterstützung verlieh. Ihre Anerkennung vor allem durch die katholischen Kurfürsten musste noch erstritten werden und wurde in den folgenden Jahren ein zentraler Inhalt hannoverscher Politik. In einem Separatartikel zum Kurkontrakt hatte sich Ernst August verpflichten müssen, den Katholiken in den Städten Hannover und Celle die freie Ausübung ihrer Religion sowie den Bau einer Kirche und die Einrichtung einer Schule zu gewähren.

Der Bau der katholischen Kirche wurde nach Überwindung erheblicher Schwierigkeiten erst nach der Jahrhundertwende unter dem Apostolischen Vikar Agostino Steffani (1654–1728)[85] verwirklicht, der nach der Ausgliederung des Vikariates von Ober- und Niedersachsen aus dem Vikariat der Nordischen Missionen die Leitung des ersteren am 6. April 1709 übernahm und Hannover als Residenz wählte, wo er im November 1709 eintraf und am ersten Adventssonntag nach einer Unterbrechung von dreißig Jahren wieder das Sakrament der Firmung spendete.

Durch sein Verhandlungsgeschick konnte Steffani in den ersten Monaten seiner Vikarstätigkeit einige rechtliche Verbesserungen für die hannoverschen Katholiken erreichen. Diese betrafen vornehmlich die Taufe und Erziehung von Kindern aus konfessionell gemischten Ehen; aufgrund eines staatlichen Dekretes sollten Kinder eines katholischen Vaters in dessen Konfession getauft werden; bei einem katholischen Bräutigam durfte ein katholischer Geistlicher die Trauung vornehmen. Trotz seiner guten Beziehungen zum Hof gelang es Steffani allerdings nicht, 1713 ein kurfürstliches Dekret abzuwenden, das die rechtliche Lage der katholischen Einwohner umfassend regelte, den Freiheitsraum der Katholischen Kirche in Hannover aber erheblich einengte und empfindliche Eingriffe in die freie Religionsausübung vornahm. Dazu gehörten u. a. das Verbot oder die erhebliche Einschränkung verschiedener Kulthandlungen, wie Glockengeläut, Prozessionen und Beerdigungen, die eindeutige Bevorzugung der evangelischen Seite bei der Kindererziehung in konfessionsverschiedenen Ehen, die Zuweisung aller Ehesachen

---

85 Hans-Georg Aschoff, Steffani, Agostino, in: Gatz, Bischöfe 1648 (wie Anm. 80), S. 483–485; Woker, Geschichte (wie Anm. 74), S. 77–205; Claudia Kaufold, Ein Musiker als Diplomat. Abbé Agostino Steffani in hannoverschen Diensten (1688– 1703), Bielefeld 1997; Dies. u. a. (Hg.), Agostino Steffani. Europäischer Komponist, hannoverscher Diplomat und Bischof der Leibniz-Zeit, Göttingen 2017; siehe in diesem Band: Hans-Georg Aschoff, Agostino Steffani.

der Katholiken an das evangelische Konsistorium als landesherrlicher Behörde, die Bestrafung von „Proselytenmacherei", worunter man Konversionsversuche der katholischen Seite verstand, sowie die Untersagung jeglicher geistlicher Jurisdiktion durch auswärtige kirchliche Obrigkeiten und die Beschränkung der den Katholiken eingeräumten Rechte auf das Stadtgebiet. Steffanis gutem Verhältnis zu Kurfürst Georg Ludwig (1660–1727)[86] und zur Regierung war es zu verdanken, dass eine eidliche Verpflichtung der Geistlichen auf diese Verordnung abgewendet werden konnte. Dies hätte zu deren Wegzug aus Hannover und möglicherweise zum Niedergang der Gemeinde geführt. Die Regierung ließ in der Folgezeit auch bisweilen in Einzelfällen eine großzügigere Beobachtung der Bestimmungen des Reglements zu, wenn dies ohne öffentliches Aufsehen geschah. So wurde zeitweise die seelsorgliche Betreuung von Katholiken in den nördlichen Gebieten des Kurfürstentums durch hannoversche Missionare von der Regierung geduldet. Dennoch hing das Edikt „weiterhin wie ein Damoklesschwert über den Häuptern der katholischen Gemeinde in Hannover".[87]

Der Bau der St. Clemens-Kirche in Hannover

Mit großem Engagement setzte sich Steffani dafür ein, dass die im Kurvertrag von 1692 zugesicherte Errichtung einer katholischen Kirche in Hannover vorangetrieben und schließlich vollendet wurde.[88] Sowohl Ernst August als auch sein Nachfolger Georg Ludwig zögerten den Bau von Jahr zu Jahr hinaus. Schließlich nahm die katholische Gemeinde die Bauplatzfrage selbst in die Hand und erstand über Mittelsmänner ein Grundstück vor dem Clevertor. Steffani hielt den Bau einer Kirche zur Sicherung des Bestandes der Gemeinde für unabdingbar. Vor allem bemühte er sich um die Aufbringung des Kapitals zur Finanzierung des Gebäudes und zur Fundierung der Stellen der Geistlichen. Er bezeichnete sich als den „berühmtesten infulierten Bettler-Bischof" des Jahrhunderts[89] und erbat in Rom eine Reihe päpstlicher Breven für die geistlichen und katholischen weltlichen Fürsten Deutschlands, die ihnen den Kirchenbau auf das Dringlichste empfahlen. Aufgrund des starken Engagements des regierenden Papstes Clemens XI.

---

86 Schnath, Geschichte Hannovers (wie Anm. 73), vor allem Bde. 3 u. 4; Aschoff, Welfen (wie Anm. 2), S. 166–184.
87 Schnath, Geschichte Hannovers III (wie Anm. 73), S. 70.
88 Hans-Georg Aschoff, St. Clemenskirche, in: Wolfgang Puschmann (Hg.), Hannovers Kirchen. 140 Kirchen in Stadt und Umland, Hannover 2005, S. 23–25; siehe in diesem Band: Bernward Kalbhenn, Eine Italienerin an der Leine.
89 Woker, Geschichte (wie Anm. 74), S. 155.

(1649; 1700–1721), der selbst 6.000 Gulden überwies, beteiligten sich u. a. das Kaiserhaus, das über 10.000 Gulden spendete, die Kurfürsten von Mainz und der Pfalz sowie etliche Reichsbischöfe und Domkapitel an der Spendenaktion, so dass bis Ende 1711 ein Fonds von etwa 40.800 Gulden angesammelt war.[90] Dies ermöglichte den Beginn des Baus, dessen Vollendung sich nicht zuletzt aufgrund des ungünstigen Baugrundes, der erst durch Pilotierung einer großen Anzahl von Baumstämmen nutzbar gemacht werden musste, mangelnder finanzieller Mittel sowie Streit und Wechsel in der Bauleitung über sieben Jahre hinzog. Am 4. November 1718 konnte Steffani die nach den Plänen des venezianischen Architekten Tommaso Giusti ausgeführte St. Clemens-Kirche konsekrieren, deren Patron, der Papst und Märtyrer Clemens I., auch den damaligen Papst wegen seiner Verdienste um den Bau ehren sollte.

Nach 1713 hielt sich Steffani nicht zuletzt wegen finanzieller Engpässe nur noch sporadisch in Hannover auf. Ohne dass ein Nachfolger bestimmt worden war, verließ er im Juli 1722 die Stadt und begab sich nach Italien. Als die hannoversche Regierung jedoch die Anstellung neuer Missionare untersagte, seit 1724 wieder auf der Eidesleistung der Geistlichen bestand und im folgenden Jahr mit der Ausweisung der Eidesverweigerer drohte, falls Steffani nicht zurückkehrte, erschien er im Oktober 1725 wieder in Hannover. Es gelang ihm, die Eidesformel in einer Weise zu ändern, die die Bedenken der Geistlichen ausräumte. Darüber hinaus gehörten die Berufung neuer Missionare und die Regelung ihres Zusammenlebens zu seinen letzten Handlungen, um den Bestand der hannoverschen Mission zu sichern.

Die katholische Gemeinde im 18. Jahrhundert

Von 1714 bis 1837 waren das Kurfürstentum Hannover und das Königreich Großbritannien in Personalunion verbunden. Der Kurfürst/König residierte in London. Dies wirkte sich auf die Zusammensetzung und die Größe der katholischen Gemeinde in Hannover aus.[91] Die Gemeindemitglieder hatten sich bis dahin zu einem großen Teil aus einem Personenkreis rekrutiert, der mit dem Hof in Verbindung stand.[92] Bis zum Ende des Jahrhunderts (1789) sank die Zahl der Gemeinde-

---

90 Aschoff, Um des Menschen (wie Anm. 74), S. 33.
91 Woker, Geschichte (wie Anm. 74), S. 206–218; Aschoff, Um des Menschen (wie Anm. 74), S. 38f.
92 Über herausragende Persönlichkeiten der hannoverschen Gemeinde: Aschoff, Katholiken im Dienst (wie Anm. 75), S. 99–118; siehe in diesem Band Hans-Georg Aschoff, Martin Charbonnier; Hortensio Mauro; Benedikt Nomis; Hieronymo und Antonio Sartorio; Francesco Maria Capellini, gen. Stechinelli; Bernward Kalbhenn, Louis Remis de La Fosse; Tommaso Giusti.

Ansicht der St. Clemens-Kirche in Hannover im 19. Jahrhundert

mitglieder, die 1713 noch 1200 betragen haben soll,[93] auf ca. 900.[94] Die Zahl der vom Hof abhängigen Katholiken und der katholischen Ausländer ging zurück. Durch Zuwanderung aus den katholischen Nachbarländern, wie dem Eichsfeld, den Hochstiften Hildesheim und Paderborn, und durch die Eindeutschung zugewanderter Ausländer nahm die Gemeinde allmählich einen stärkeren homogenen nationalen Charakter an. In der Regel wurde sie von drei Geistlichen betreut, die häufig wechselten. Da St. Clemens formal noch nicht zur Pfarrei erhoben war, wurden diese als „Missionare" bezeichnet, was 1765 aufgrund eines Regierungsdekretes allerdings untersagt wurde.[95] In der zweiten Hälfte des 18. Jahrhunderts ließ der häufige Wechsel der Geistlichen nach; so wirkten Pastor Heinrich Vering von 1753 bis 1790 und Pastor Edmund Wilhelm Miehe sogar von 1764 bis 1817 in Hannover.[96] Dadurch wurde in der Seelsorge eine stärkere Kontinuität gewahrt, was von Bedeutung war, weil die Einwirkungsmöglichkeiten der Apostolischen

---

93 Woker, Geschichte (wie Anm. 74), S. 89f.
94 Aschoff, Um des Menschen (wie Anm. 74), S. 38.
95 Woker, Geschichte (wie Anm. 74), S. 212.
96 Woker, Geschichte (wie Anm. 74), S. 212.

Vikare außerordentlich beschränkt blieben. Dieses Amt war nach Steffanis Tod Hildesheimer Geistlichen und Prälaten übertragen worden; seit 1780 leitete der Hildesheimer Fürstbischof Franz Wilhelm von Westphalen[97] das wiedervereinigte Vikariat. Trotz der Bestimmungen des Dekretes von 1713 wurde die seelsorgliche Betreuung der außerhalb der Stadt Hannover lebenden Katholiken etwas erleichtert; vor allem gestand die Regierung die Spendung der Sterbesakramente ohne ausdrückliche vorherige Genehmigung zu.[98]

Durch eine Reihe von Stiftungen war die materielle Grundlage der Gemeinde gesichert. Sie besaß neben der Kirche und dem Gebäude, in dem die Geistlichen wohnten, noch zwei weitere Häuser. An Kapitalien standen ihr 37.605 Gulden zur Verfügung, die in der Wiener Bank angelegt waren; 12.000 Gulden hatte Kaiser Karl VI. 1726 gestiftet; 12.000 Gulden stammten von Reichsvizekanzler Friedrich Karl von Schönborn und von Reichshofrat von Glandorff sowie 6.000 Gulden von Kaiserin Maria Theresia, die diese Summe 1773 gewährte, als die Zinsen der Bank von fünf auf vier Prozent sanken. Außerdem hatte die hannoversche Gemeinde ein eigenes Kapital in Höhe von 7.605 Gulden in der Wiener Bank angelegt, das aus verschiedenen privaten Stiftungen stammte. Ab 1752 zahlte Maria Theresia noch eine jährliche Summe von 700 Gulden zur Aufbesserung der Gehälter der Geistlichen. Aus diesen jährlichen Einnahmen von 1.552 Rthl. wurden 1.000 Rthl. zur Besoldung der Geistlichen und der Rest für die Gehälter des Küsters, Schullehrers, Organisten sowie für Kultuskosten verwandt.[99] Aufgrund verschiedener Vermächtnisse verfügte die Gemeinde noch über eine Reihe von Pretiosen und über kostbares Kultgerät. Über die Verwaltung des Kirchenvermögens entstand seit dem Ende des 18. Jahrhunderts zwischen den Geistlichen und dem Kirchenvorstand ein jahrelanger Streit; der Kirchenvorstand wollte als gewählte Vertretung der Gemeinde sich die Verwaltung des Vermögens allein vorbehalten und die Geistlichen auf die Seelsorge und den Unterricht beschränken.[100] Eine befriedigende Regelung fand sich erst unter der westfälischen Regierung, in der auch dem Apostolischen Vikar als zuständige geistliche Obrigkeit neben der Regierung ein Oberaufsichtsrecht eingeräumt wurde.

Im Verlauf des Krieges zwischen England und dem napoleonischen Frankreich besetzten französische Truppen 1803 das Kurfürstentum und die Stadt Hannover. Die französische Besatzungszeit dauerte mit kurzen Unterbrechungen bis zum Jahreswechsel 1809/10, als die mittelhannoverschen Landesteile

---

97 Hans-Georg Aschoff, Westphalen, Friedrich Wilhelm Freiherr von, in: Gatz, Bischöfe 1648 (wie Anm. 80), S. 567f.
98 Woker, Geschichte (wie Anm. 74), S. 214f.
99 Aschoff, Um des Menschen (wie Anm. 74), S. 39; Woker, Geschichte (wie Anm. 74), S. 217f.
100 Woker, Geschichte (wie Anm. 74), S. 219–226.

Friedrich Wilhelm Freiherr von Westphalen (1727–1789), 1763–1789 Fürstbischof von Hildesheim sowie 1773–1782 Koadjutor des Fürstbischofs von Paderborn, 1775–1780 Apostolischer Vikar des Nordens, 1780–1789 Apostolischer Vikar der wiedervereinigten Vikariate des Nordens und 1782–1789 Fürstbischof von Paderborn

zusammen mit der ehemaligen Hauptstadt dem von Napoleon geschaffenen und seinem Bruder Jérôme übertragenen Königreich Westfalen mit der Residenz im Kassel zugeschlagen wurden. Die französisch-westfälische Zeit brachte eine allgemeine Verbesserung der rechtlichen Lage der Katholischen Kirche Hannovers, weil die Kasseler Regierung die Prinzipien von Toleranz und Parität zu verwirklichen suchte.[101] In Hannover verlor das Reglement von 1713 seine Gültigkeit, die Mission wurde staatlicherseits als Parochie mit allen Rechten anerkannt. Als die Zinszahlung aus dem Kapital, das in der Wiener Bank angelegt war, stockte und dann in ziemlich wertlosem Papiergeld vorgenommen wurde, setzte die westfälische Regierung 1.250 Rthl. für die Katholische Kirche in Hannover auf den Staatsetat. Die Tatsache, dass der Apostolische Vikar, Fürstbischof Franz Egon von Fürstenberg von Hildesheim und Paderborn (1737–1825),[102]

---

101 Hans-Georg Aschoff, Staat und Katholische Kirche im Königreich Westfalen, in: Thomas Scharf-Wrede (Hg.), Umbruch oder Übergang? Die Säkularisation von 1803 in Norddeutschland, Hildesheim 2004, S. 131–177, hier S. 159f.

102 Karl Hengst, Fürstenberg, Franz Egon Freiherr von, in: Erwin Gatz (Hg.), Die Bischöfe der deutschsprachigen Länder 1785/1803 bis 1945, Berlin 1983, S. 221–223; Christian Hoffmann, Ein Kirchenfürst der Übergangszeit. Franz Egon

westfälischer Landesuntertan war, erleichterte es der Regierung, ihn als zuständige geistliche Obrigkeit für die hannoversche Gemeinde anzuerkennen und ihm größere Einwirkungsmöglichkeiten einzuräumen, als sie zur Zeit des Kurfürstentums bestanden hatten.

Die katholische Gemeinde während der Restaurationszeit

Nach dem Sieg über Napoleon bei Leipzig im Oktober 1813 übernahm die hannoversche Regierung wieder die Leitung der Staatsgeschäfte. Auf dem Wiener Kongress (1814/15), der über die Neugestaltung Europas entschied, wurde das Kurfürstentum Hannover zum Königreich erhoben und erhielt aufgrund früherer Abkommen zwischen Großbritannien und Preußen (Vertrag von Reichenbach 14. Juni 1813) erhebliche Gebietsgewinne.[103] Mit den Fürstentümern Hildesheim und Osnabrück, dem nördlichen Teil des Eichsfeldes, der Niedergrafschaft Lingen, dem Herzogtum Arenberg-Meppen und der Vogtei Emsbüren wurden dem neuen Königreich Gebiete einverleibt, die entweder geschlossen katholisch waren oder bedeutende katholische Minderheiten aufwiesen. Kirchlich gehörten sie verschiedenen Diözesen an. Das zuvor rein protestantische Hannover wurde zu einem konfessionell gemischten Staat, in dem gut ein Siebtel der Bevölkerung katholisch war. Eine Neuordnung der kirchlichen Verhältnisse lag im Interesse des Staates; sie konnte ein Mittel sein, um die neuerworbenen Gebiete in den hannoverschen Staatsverband zu integrieren. Deshalb war die Anpassung der Diözesangrenzen an die Landesgrenzen ein wichtiges Ziel der Regierung, um Einwirkungsmöglichkeiten kirchlicher Stellen auszuschalten, die sich außerhalb des Staatsgebietes befanden. Ein weiteres staatliches Anliegen bestand in der Sicherung von Mitwirkungsrechten bei der Besetzung geistlicher Stellen, vor allem der Bischofsstühle. Da für die Neuordnung der katholisch-kirchlichen Verhältnisse das Einverständnis des Papstes notwendig war, führte die hannoversche Regierung seit dem Frühjahr 1817 Verhandlungen mit der Römischen Kurie zur Regelung der Beziehungen zwischen Staat und Kirche. Der zwischen der hannoverschen Regierung und dem Hl. Stuhl vereinbarte Vertrag, die Zirkumskriptionsbulle „Impensa Romanorum Pontificum"

---

von Fürstenberg als Fürstbischof von Hildesheim (1789–1825), in: Hans-Martin Arnoldt u. a. (Hg.), Die topographisch-militärische Karte des Bistums Hildesheim von 1798, Göttingen 2015, S. 25–45

103 Hans-Georg Aschoff, Der Wiener Kongreß und die norddeutschen Staaten, in: Niedersächsisches Jahrbuch für Landesgeschichte 71, 1999, S. 111–128.

Essen 1: Kartoffeleintopf mit Frühlingsgemüse und Wiener Würstchen
Essen: Frischer Blumenkohl mit Schinken an Sauce Hollandaise, dazu Salzkartoffeln
Dessert: Frischobst

Donnerstag, 19.03.2020
Suppe: Rinderbrühe
Essen 1: Fischfilet gedünstet mit Schwarzwurzeln in Kräuterrahm, Gurkensalat und Kartoffeln
Essen 2: Großer Salatteller mit Schinken und Käsestreifen, Gurke, Tomaten, Mais und Baguette
Dessert: Grießpudding

Freitag, 20.03.2020
Unser Mittagstisch beginnt heute aufgrund einer Veranstaltung um **12:30 Uhr**.
Grillbuffet mit verschiedenen Salaten

Samstag 21.03.2020
Suppe: Kartoffelsuppe
Essen 1: Rosenkohleintopf mit Rindfleisch
Essen 2: Pasta mit Pesto und Tomatengemüse
Dessert: Götterspeise Waldmeister

Sonntag 22.03.2020
Suppe: Gemüsebrühe
Essen 1: Schweineschulter mit Meerrettichsauce, Fingermöhren und Butterkartoffeln
Essen 2: Überbackene Gnocchipfanne mit buntem Mischgemüse
Dessert: Vanilleeis

Änderungen sind möglich!

vom 26. März 1824, entzog das Königreich der Jurisdiktion ausländischer Bischöfe und teilte es in die Bistümer Hildesheim und Osnabrück, deren Grenze die Weser bildete.[104]

Die katholische Gemeinde in der Stadt Hannover wurde durch diese Neuordnung aus der Jurisdiktion des Vikariates der Nordischen Missionen herausgenommen und der Diözese Hildesheim einverleibt; am 18. Juli 1825 wurde die Mission zur Pfarrei erhoben.[105] In den ersten Jahren des Königreiches machten hannoversche Söldner und Personen, die der Krieg nach Hannover verschlagen hatte, einen wesentlichen Bestandteil der kleinen Gemeinde aus. Sie wies während dieser Zeit ca. 250 Kommunikanten auf und besaß neben einem hohen Anteil von Mischehen nur 20 rein katholische Familien. In der ersten Hälfte des 19. Jahrhunderts stieg die Zahl der Gläubigen zwar wieder auf über 1.000 an; an der sozialen Zusammensetzung änderte sich kaum etwas. Die hannoverschen Katholiken gehörten vornehmlich den unteren Schichten an; Soldaten und kleine Handwerker waren unter ihnen besonders stark vertreten. Die Zahl von Zugehörigen der oberen Schichten war außerordentlich gering, so dass einer der Pastoren seine Pfarrei als „Bettelgemeinde" bezeichnen konnte.[106]

Die Heterogenität, die Fluktuation und das Wachstum der Gemeinde förderten Tendenzen zur Gruppenbildung und Uneinigkeit, die darüber hinaus noch durch die Organisation der Pfarrseelsorge verstärkt wurden. Die hannoversche Gemeinde wurde von zwei Geistlichen betreut, die den Titel „Pastor" führten und ihre Tätigkeit ausschließlich auf das Stadtgebiet beschränkten. Beide Geistlichen empfingen den größten Teil ihrer Besoldung aus staatlichen Kassen, einen geringeren Teil aus dem unter der Verwaltung des Bischofs von Hildesheim stehenden Kartausfonds. Die Gemeindemitglieder konnten wegen ihrer Armut keine Zuschüsse zu den Gehältern der Geistlichen leisten. Bei der Besetzung der geistlichen Stellen präsentierte der Hildesheimer Bischof den Kandidaten der hannoverschen Regierung, die die landesherrliche Genehmigung aussprach. Diese widmete der Besetzung der Pfarrstellen in der Residenzstadt im allgemeinen besondere Aufmerksamkeit; sie erwartete, dass ein „anständig gesitteter, verträglicher und duldsamer Mann" vorgeschlagen wurde, dem es nicht „an aller wissenschaftlichen Bildung und Neigung" fehlte, damit „auch die Mitglieder der Gemeinde aus den höheren Ständen an seinem näheren Umgange Gefallen finden, sich zu ihm hingezogen fühlen und ihm ihr Vertrauen schenken". Auch die

---

104 Hans-Georg Aschoff, Das Verhältnis von Staat und katholischer Kirche im Königreich Hannover (1813–1866), Hildesheim 1976, bes. S. 55–117.

105 Aschoff, Um des Menschen (wie Anm. 74), S. 41–53; Woker, Geschichte (wie Anm. 74), S. 219–237.

106 Aschoff, Um des Menschen (wie Anm. 74), S. 43.

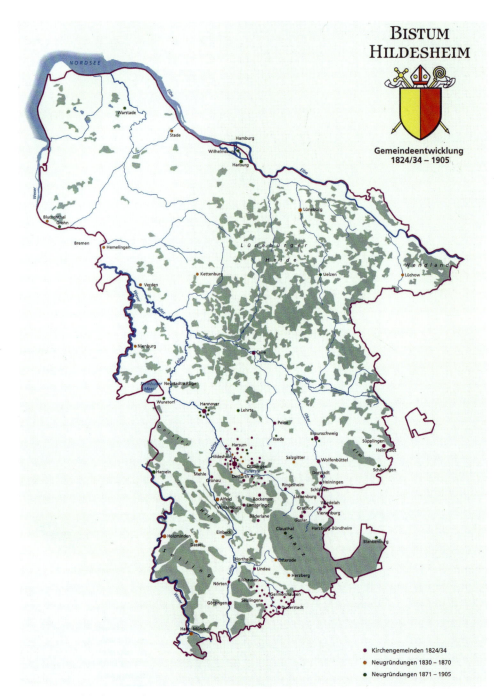

Das Bistum Hildesheim nach seiner Neuumschreibung durch die Päpstliche Bulle „Impensa Romanorum Pontificum" 1824

kirchliche Leitung in Hildesheim maß der Besetzung der Pfarrei in Hannover „als wichtigster katholischer Pfarrstelle" besondere Bedeutung bei und versuchte, den Forderungen der Regierung nachzukommen.[107]

Aufgrund von Streitigkeiten zwischen den beiden hannoverschen Pastoren zog man zu Beginn der 1830er Jahre den Schluss, dass die Verhältnisse grundsätzlich neu geordnet werden müssten. Künftig sollten nur noch ein Pastor und ein Kaplan in Hannover angestellt sein. Um die Differenzen zu vermeiden, die durch den doppelten Haushalt im Pfarrhaus entstanden waren, wurde das Gehalt des Pfarrers, das sich auf 600 Rthl. belief, um einen Zuschuss von 175 Rthl. vermehrt, wofür er dem Kaplan „völlig freie Station" gewähren musste. Die Dienstaufgaben wurden in der Art geregelt, dass an Sonn- und Feiertagen abwechselnd einer der beiden Geistlichen die Frühmesse und die Predigt und der andere das Hochamt und den Nachmittagsgottesdienst übernahm. Ebenso sollten auch die Pfarrfunktionen, wie Taufen, Hochzeiten, Beerdigungen, Krankenbesuche und Beichthören, untereinander aufgeteilt werden.[108] Die neue Regelung brachte vor allem den Vorteil mit sich, dass bei Konflikten zwischen den Geistlichen der Kaplan ohne größere Schwierigkeiten versetzt werden konnte. Die Neuordnung der Pfarrverhältnisse in Hannover schien sich in den folgenden Jahren bewährt zu haben, so dass eine Beruhigung eintrat. Eine zweite Kaplanstelle wurde wegen des Wachstums der Gemeinde 1853 eingerichtet.

Die katholische Gemeinde zur Zeit König Georgs V.

Nach der Revolution von 1848 trat in der hannoverschen Kirchenpolitik ein Wandel ein, der in einem engen Zusammenhang mit dem Thronwechsel im Jahr 1851 stand. Das traditionelle Misstrauen der Regierung gegenüber der Katholischen Kirche und der katholischen Bevölkerung nahm ab.[109] Der neue König, Georg V. (1819, 1851–1866, 1878), war von echter religiöser Toleranz durchdrungen, was angesichts seiner Unduldsamkeit gegenüber abweichenden politischen Meinungen überraschen mag. Gegenüber der katholischen Bevölkerung zeichnete er sich durch ein besonderes Wohlwollen aus, so dass ihm eine innere Nähe zum Katholizismus nachgesagt wurde.[110] Die neue Kirchenpolitik war eine wichtige

---

107 Zitiert nach Aschoff, Um des Menschen (wie Anm. 74), S. 44.
108 Aschoff, Um des Menschen (wie Anm. 74), S. 47.
109 Aschoff, Verhältnis (wie Anm. 104), S. 248–252.
110 Dieter Brosius, Georg V. – der König des „monarchischen Prinzips", in: Niedersächsisches Jahrbuch für Landesgeschichte 51, 1979, S.253–291, hier S. 265; Aschoff, Welfen (wie Anm. 2), S. 251–263; Alexander Dylong, Hannovers letzter Herrscher. König Georg V. zwischen welfischer Tradition und politischer Realität, Göttingen 2012.

Eduard Jakob Wedekin (1796–1870), 1836–1849 Generalvikar in Hildesheim und 1850–1870 Bischof von Hildesheim sowie 1850–1857 Administrator des Bistums Osnabrück

Vorbedingung für die kirchliche Aufbauarbeit, die unter Bischof Eduard Jakob Wedekin (1796, 1850–1870)[111] einsetzte, der zu den bedeutendsten Hildesheimer Bischöfen des 19. Jahrhunderts gehörte. Mit Hilfe von Volksmissionen, Exerzitien und der Gründung kirchlicher Vereine versuchte er, das kirchliche und religiöse Leben seiner Diözesanen zu festigen. Durch die Einrichtung einer Reihe von Missions- und Gottesdienststationen und katholischer Schulen begann unter Wedekin die planvolle Erschließung der Diaspora; außerdem entstand etwa ein Dutzend neuer Kirchenbauten in den katholischen Gebieten der Diözese. Zur Förderung der Seelsorge, der Krankenpflege und des Schulunterrichtes gründete Wedekin die ersten klösterlichen Niederlassungen im Bistum. Einen besonders raschen Aufschwung nahm die Kongregation der Barmherzigen Schwestern vom hl. Vinzenz von Paul; nach der Abtrennung vom Paderborner Stammhaus bildete sie seit 1857 eine selbständige Gemeinschaft im Bistum Hildesheim.[112]

---

111 Hans-Georg Aschoff, Wedekin, Eduard Jakob, in: Gatz, Bischöfe 1785/1803 (wie Anm. 102), S. 798f.
112 Lieselotte Sterner, Die Kongregation der Barmherzigen Schwester vom hl. Vinzenz von Paul in Hildesheim von 1852 bis zum Zweiten Vatikanischen Konzil. Untersuchung einer karitativen Ordensgemeinschaft vor dem Hintergrund der sozialen und politischen Entwicklung im 19. und 20. Jahrhundert, Hannover 1999.

Dem seelsorglichen Eifer Wedekins entsprach in Hannover auf der Pfarrebene das Wirken des Pfarrers an St. Clemens, Joseph Schlaberg.[113] Mit seiner Berufung in dieses Amt im Jahr 1854 hat man den Beginn einer „neuen Zeit in der Geschichte der katholischen Kirche in Hannover" angesetzt, „eine Zeit ununterbrochenen Aufstiegs in der äußeren und inneren Entwicklung".[114] Die schwierigste Aufgabe, vor die Schlaberg und seine Nachfolger in den kommenden Jahrzehnten gestellt waren, bestand in der Anpassung der Seelsorge an das rasante Wachstum der hannoverschen Gemeinde. Die Zahl der Einwohner der Stadt Hannover, in die 1859 die Vorstadt (Steintor-, Aegidienfeld, Kleefeld) eingemeindet wurde, stieg von 45.000 (1852) auf 75.000 (1867). Die Zahl der von St. Clemens aus betreuten Katholiken wuchs von ca. 2.000 (1854) auf über 6.000 (1867); im eigentlichen Stadtgebiet nahm die Zahl der Katholiken von 1.884 (1852) auf 5.481 (1867) zu.[115] St. Clemens war zu dieser Zeit die einzige katholische Kirche im Gebiet der heutigen Region Hannover. Die nächsten katholischen Kirchen befanden sich in Celle, wo die Gemeinde hinsichtlich ihres Ursprungs, ihres Charakters und ihrer Rechtslage der hannoverschen ähnelte,[116] sowie in Hameln, wo seit den 1830er Jahren ein „Missionar" ständig stationiert war; die Mission Hameln gehörte seit 1851 zum Pfarrbezirk von St. Clemens und erhielt 1865/66 eine eigene Kirche.[117] In Nienburg entstand 1862 eine Missionskirche.[118] Auf dem Gebiet des ehemaligen Fürstbistums Hildesheim waren die Hannover nächstgelegenen katholischen Kirchen in Bolzum,[119] Ruthe[120] und Algermissen.[121]

Ein wichtiges Mittel zur Weckung und Erneuerung des religiösen Lebens sah Schlaberg in den Volksmissionen; ihre Bedeutung hatte er während seiner Tätigkeit in der Schweiz kennengelernt. Für die erste große Volksmission in Hannover 1860 gewann er den Jesuitenpater Peter Roh. Dessen Predigten wurden auch von Mitgliedern der königlichen Familie und von Nichtkatholiken besucht und hinterließen wegen ihrer Zeitkritik einen starken Eindruck. Neben der Einrichtung einer dritten Kaplanstelle, deren Dotation der Staat übernahm, nachdem Schlaberg staatliche und kirchliche Stellen auf die Notwendigkeit der seelsorglichen Betreuung der in der Hauptstadt stationierten Soldaten hingewiesen hatte,

---

113 Hermann Seeland, Pastor Joseph Schlaberg, Pfarrer an der St.-Clemens-Kirche zu Hannover, ein echter niedersächsischer Priester, in: Unsere Diözese in Vergangenheit und Gegenwart 31, 1962, S. 68–79; Aschoff, Um des Menschen (wie Anm. 74), S. 48–53; s. in diesem Band: Hans-Georg Aschoff, Joseph Schlaberg.
114 Seeland, Schlaberg (wie Anm. 113), S. 68.
115 Aschoff, Um des Menschen (wie Anm. 74), S 49.
116 Woker, Geschichte (wie Anm. 74), S. 238–263.
117 Karl Henkel, Handbuch der Diözese Hildesheim, Teil 1, Hildesheim 1917, S. 179f.
118 Stoffers, Handbuch (wie Anm. 1), S. 297–301.
119 Stoffers, Handbuch (wie Anm. 1), S. 164–167.
120 Willi Stoffers, Handbuch des Bistums Hildesheim, Teil 1: Region Hildesheim, Hildesheim 1992, S. 250–252.
121 Stoffers, Handbuch I (wie Anm. 120), S. 181f.

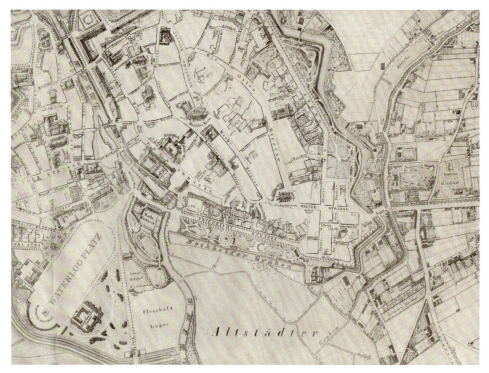

Stadtplan von Hannover, ca. 1826/31 (Ausschnitt)

gehörte die Berufung von Ordensleuten, von Ursulinen[122] und Vinzentinerinnen,[123] zu den wichtigsten Neuerungen des kirchlichen Lebens Hannovers.

Ein Ausdruck für Schalbergs ernstes Bemühen um die Seelsorge war auch sein Plan, eine zweite katholische Kirche in Hannover zu bauen. Dieses Projekt, das er 1852 zum ersten Mal vorstellte, fand sowohl beim Hildesheimer Bischof Wedekin als auch beim König reges Interesse. Georg V. stellte eine bedeutende Unterstützung des Baues in Aussicht und setzte eine Kommission ein, der außer Schlaberg die Minister Karl Ernst von Malortie und Ludwig Windthorst,[124] der spätere politische Führer der Katholiken Deutschlands und das prominenteste Mitglied der St. Clemens-Gemeinde, angehörten. Die Kommission beabsichtigte, die katholi-

---

122 Siehe in diesem Band: Manfred Köhler, Geschichte der katholischen Schulen Hannovers.
123 Siehe in diesem Band: Hans-Georg Aschoff, Caritasarbeit in der Stadt und Region Hannover.
124 Siehe in diesem Band: Hans-Georg Aschoff, Ludwig Windthorst.

schen Fürstenhäuser Europas um Spenden zu bitten. Zu den Spendern gehörten der österreichische Kaiser Franz Joseph und Kaiser Maximilian von Mexiko. Der Kölner Dombaumeister Vinzenz Staatz lieferte zwei Entwürfe für die Kirche; als Bauplatz wurde zuerst der katholische Friedhof an der heutigen Hildesheimer Straße in der Nähe des Aegidientorplatzes[125] in Aussicht genommen. Für diesen Platz verweigerte jedoch der Magistrat die Baugenehmigung. Die daraufhin eingeleiteten Verhandlungen über den Erwerb eines Grundstücks in derselben Gegend, die sich vor allem anbot, weil sich die Stadt nach Süden und Südosten auszuweiten schien, kamen wegen der kriegerischen Ereignisse des Jahres 1866 und der Verbannung Schlabergs nicht zu einem Abschluss.

Das Kaiserreich

Der „Kulturkampf"

Die Stadt Hannover erlebte nach der Annexion des Königreiches durch Preußen einen rasanten wirtschaftlichen Aufschwung, der in der Ansiedlung einer Vielzahl von Betrieben der Metall-, Maschinen-, Holz-, Nahrungs- und Genussmittel- sowie der chemischen Industrie und im Anstieg der Bevölkerungszahl deutlichen Ausdruck fand.[126] Zählte Hannover nach der Annexion knapp 75.000 Einwohner (1867), so wurde 1873/74 die Zahl von 100.000 überschritten. 1900 lebten 235.649 und 1914 324.700 Menschen in der Stadt. Dem entsprach die Zunahme der Katholiken, deren Zahl von 1871: 6.784 (7,7 Prozent) auf 1900: 21.853 (9,3 Prozent) und 1910: 31.294 (10,3 Prozent) stieg. Noch stärker wuchs der Anteil im benachbarten Industrieort Linden; hier gab es nach 1870 gut 1.000 Katholiken; 1885 waren es bereits 3.477 (13,7 Prozent) und 1905 9.575 (16,5 Prozent). Dieses Wachstum war vornehmlich ein Ergebnis der Zuwanderung. Das wichtigste Zuwanderungsgebiet stellte das Eichsfeld dar, ihm folgten Westfalen, das Rheinland, Oberschlesien und die polnischen Teile Preußens. Die Verteilung der Katholiken auf einzelne Stadtteile war unterschiedlich. 1910 waren die Katholiken in Döhren am

---

125 Siehe in diesem Band: Hans-Georg Aschoff, Der katholische Friedhof in Hannover.
126 Dieter Brosius, Die Industriestadt. Vom Beginn des 19. Jahrhunderts bis zum Ende des I. Weltkrieges, in: Mlynek/Röhrbein, Geschichte II (wie Anm. 23) S. 273–403, hier S. 340–399; Aschoff, Um des Menschen (wie Anm. 74), S. 55–92.

stärksten vertreten (31,3 Prozent); in Wülfel betrug ihr Anteil an der Bevölkerung 23,2 Prozent, in der Calenberger Neustadt 16,6 Prozent, in der Nähe von St. Marien, Engelbosteler Damm, Bahnseite, 15,3 Prozent und in der Altstadt 12,2 Prozent. In den übrigen Stadtteilen machten die Katholiken fünf bis acht Prozent aus. Die Mehrheit der hannoverschen Katholiken waren Handwerker und Arbeiter.[127]

Der durch das Wachstum der katholischen Bevölkerung notwendige Ausbau des Gemeindenetzes wurde einstweilen durch den Kultuskampf verzögert. Als „Kulturkampf" bezeichnet man die Auseinandersetzungen um die Säkularisierung von Staat und Gesellschaft, die in der zweiten Hälfte des 19. Jahrhunderts in verschiedenen europäischen Staaten zwischen den meist von Liberalen geführten oder von ihnen unterstützten Regierungen und der im Zeichen des Ultramontanismus hierarchisch und dogmatisch gefestigten Katholischen Kirche ausgetragen wurden. Besonders scharfe Formen nahm diese Auseinandersetzung nach der Reichsgründung in Deutschland und hier vornehmlich in Preußen an, wo sie das Bündnis zwischen dem Reichskanzler Otto von Bismarck und den Nationalliberalen festigte. Während die Liberalen dem Kulturkampf eine weltanschauliche Komponente verliehen und die Nationalisierung und Unterordnung der Katholischen Kirche unter den Staat zu erreichen suchten, sah Bismarck in ihm vor allem ein Mittel zur Neuordnung des Staat-Kirche-Verhältnisses zugunsten der staatlichen Seite und zur Schwächung der Zentrumspartei. Diese Partei, die nach der Reichsgründung zur Verteidigung katholischer Interessen in einem protestantischen und in einem von einem kirchenfeindlichen Liberalismus gefährdeten kleindeutschen Reich gegründet worden war, erregte Bismarcks Misstrauen, weil sich mit ihr Gruppen, wie die Welfen, die politische Gruppierung der Gegner der Annexion Hannovers, Polen, Dänen und später Elsässer verbanden, die der Reichsgründung zurückhaltend, wenn nicht sogar ablehnend gegenüberstanden, und weil das Zentrum deshalb den Anschein erhielt, Nährboden für reichsfeindliche Umtriebe zu sein. Das Zentrum, in dem der Hannoveraner Ludwig Windthorst eine entscheidende Führungsposition wahrnahm, stellte die frühe Form einer Volkspartei durch den Einschluss aller Klassen und Schichten des Volkes dar; als Massenpartei auf konfessioneller Grundlage ließ es sich nicht in das politische Konzept Bismarcks einordnen. Als dessen Bemühungen, das Zentrum in Rom als Verbündeten der Revolution zu denunzieren und den Papst zu seiner Desavouierung zu bewegen, ohne Erfolg blieben, leitete Bismarck einen verschärften Kampf gegen die Katholische Kirche ein. Denn durch

---

127 Aschoff, Um des Menschen (wie Anm. 74), S. 55f.

Grab Ludwig Windthorsts in der Kirche St. Maria in Hannover

die staatliche Oberaufsicht über die Kirche und ihre Beeinflussung im nationalen Sinn schien es möglich zu sein, katholische Wählerschichten vom Zentrum zu entfernen. Nationalisierung der Kirche und „Zertrümmerung des Zentrums" waren wesentliche Ziele, die Bismarck durch den Kulturkampf erreichen wollte.

Die Kulturkampfmaßnahmen zielten zuerst auf eine stärkere staatliche Einwirkung auf das Schulwesen durch die Aufhebung der geistlichen Schulaufsicht, auf die Ausbildung des Klerus im nationalen Sinne durch das Kulturexamen und auf die Anzeigepflicht und die staatliche Genehmigung bei der Besetzung geistlicher Stellen. Als die Bischöfe der Anzeigepflicht nicht nachkamen, weil sie in ihr einen tiefen Eingriff in den innerkirchlichen Bereich sahen, erließ der preußische Staat die „Strafgesetze", die eklatante Verletzungen der Grundrechte beinhalteten und im Expatriierungsgesetz, im Ordensauflösungsgesetz und in der Sperrung der staatlichen Leistungen an die Kirche ihre Höhepunkte erreichten. Wenn auch das Hildesheimer Priesterseminar geschlossen wurde, weil Bischof Daniel Wilhelm Sommerwerck sich weigerte, es der Staatsaufsicht zu unterstellen, wenn Pfarrstellen wegen Umgehung der Anzeigepflicht verwaisten und Sommerwerck deshalb mit Geldstrafen belegt wurde, wenn auch die staatlichen Leistungen an die Diözesanverwaltung und einige Pfarrer eingestellt, Bischof und Domkapitel aus ihren Kurien vertrieben wurden und alle nicht krankenpflegenden Orden ihre

Daniel Wilhelm Sommerwerck (1821–1905), 1863–1870 Generalvikar in Hildesheim und 1871–1905 Bischof von Hildesheim

Tätigkeit einstellen mussten, so ist in den Diözesen Hildesheim und Osnabrück der Kulturkampf nicht mit der gleichen Schärfe geführt worden wie in anderen preußischen Bistümern; vor allem kam es nicht zu einer Verhaftung oder Absetzung des Bischofs. Der Grund für die mildere Durchführung des Kampfes lag in der entgegenkommenden Haltung der provinzialen Regierung, besonders der Oberpräsidenten, die durch den Kulturkampf die Integration der Provinz in den preußischen Staat und in das Deutsche Reich gefährdet sahen, und auf der anderen Seite in der vorsichtig taktierenden Politik Sommerwercks und seines Generalvikars Georg Kopp, die der Tradition Wedekins folgten und Konflikte mit der Staatsgewalt möglichst zu vermeiden suchten.[128]

Eine staatsfreundliche Haltung nahm nach Ansicht des hannoverschen Oberpräsidenten Botho von Eulenburg der Pfarrer an St. Clemens, Franz Albrecht, ein,

---

128 Hans-Georg Aschoff, Der Kulturkampf in der Provinz Hannover, in: Blätter für deutsche Landesgeschichte 115, 1979, S. 15–67; Ders., Katholische Kirche, in: Stefan Brüdermann (Hg.), Geschichte Niedersachsens, Bd. 4: Vom Beginn des 19. Jahrhunderts bis zum Ende des Ersten Weltkriegs, Teil 2: Gesellschaft und Kultur, Göttingen 2016, S. 1063–1101; Ders., Kirchenfürst im Kaiserreich. Georg Kardinal Kopp, Hildesheim 1987, bes. S. 26–35; Thomas Scharf-Wrede, Das Bistum Hildesheim 1866–1914. Kirchenführung, Organisation, Gemeindeleben, Hannover 1995, S. 185–219.

Georg (von) Kopp (1837–1914),
1872–1881 Generalvikar in Hildesheim,
1881–1887 Bischof von Fulda,
1887–1914 Fürstbischof von Breslau,
seit 1893 Kardinal

während die beiden Kapläne der ultramontanen Richtung zuneigten. Albrecht sympathisierte mit dem „Hannoverschen Katholikenverein", in dem sich hauptsächlich liberal gesinnte Katholiken zusammenfanden; die Mehrheit der Gemeindemitglieder neigte allerdings dem Kurs der Kapläne zu. Eine stärkere Beeinträchtigung der Seelsorge in der Stadt wurde einstweilen dadurch verhindert, dass die Pfarrstelle an St. Clemens während des Kulturkampfes nicht vakant wurde. Durch die Sperrung der Staatsleistungen erlitten Albrecht und die Kapläne erhebliche Einbußen ihres Einkommens; wie in anderen Gemeinden wurde ihr Unterhalt durch Vorschüsse aus kirchlichen Fonds, durch Spenden außerpreußischer Diözesen, vor allem aber durch die Opferbereitschaft der Gemeindemitglieder gesichert. Beträchtliche Auswirkungen hatte das Ordensgesetz in der Stadt Hannover. Während die Vinzentinerinnen gezwungen wurden, ihre Tätigkeit auf die Krankenpflege zu beschränken, mussten die Ursulinen ihre Lehrtätigkeit in der katholischen Volksschule und in der Höheren Töchterschule einstellen und im Oktober 1875 die Stadt verlassen. Sie ließen sich in Bauffe, Belgien, nieder.[129]

---

129 Siehe in diesem Band: Manfred Köhler, Geschichte der katholischen Schulen Hannovers; Aschoff, Um des Menschen (wie Anm. 74), S. 59f.

Der Ausbau des Gemeindesystems

Im Frühjahr 1872 nahmen einige hannoversche Katholiken den Plan einer zweiten katholischen Kirche in Hannover erneut auf. Sie gründeten einen lokalen Bonifatiusverein mit dem Ziel, Geldmittel für die Errichtung einer eigenständigen Filialgemeinde in Linden zu beschaffen, wo aufgrund der demographischen und wirtschaftlichen Entwicklung der Bau einer Kirche besonders dringend war. Im folgenden Jahr konnte ein Bauplatz an der Posthornstraße aus dem Besitz des Baron von Alten günstig erworben werden und begann man mit dem Bau der Kirche, dem ein Entwurf des Architekten Christoph Hehl zugrunde lag. Am 4. Oktober 1874 wurde die Kirche durch Bischof Sommerwerck konsekriert und dem Patronat des hl. Godehard unterstellt. Ihr Seelsorgebezirk umfasste das gesamte Gebiet zwischen Deister und Leine.[130]

In Hannover konnte man den Bau einer weiteren Kirche erst in den 1880er Jahre während der Beilegungsphase des Kulturkampfes vorantreiben. Auch nach der Abtrennung der St. Godehard-Kuratie in Linden umfasste das restliche Gebiet der Pfarrei St. Clemens noch etwa 10.000 Katholiken. Wohl auf Initiative Wilhelm Schreibers,[131] der nach Albrechts Tod 1882 zum Pfarradministrator von St. Clemens ernannt worden war, und des Kirchenvorstandes gab man den ursprünglichen Plan eines zweiten Kirchenbaus im Süden Hannovers auf und kaufte einen Bauplatz im Norden der Stadt, wo sich in den Arbeiterwohngebieten eine größere Zahl von Katholiken angesiedelt hatte. Da der Kirchenbaufonds zur Finanzierung des Projektes nicht ausreichte und der Bischöfliche Stuhl in Hildesheim auch keine Unterstützung leisten konnte, wäre die Realisierung des Kirchenbaus um Jahre verzögert worden, wenn sich nicht Windthorst tatkräftig und uneigennützig für die Aufbringung der notwendigen Mittel eingesetzt hätte. Er verzichtete auf Geschenke zu seinen Ehrentagen und bat, stattdessen für die zweite katholische Kirche in Hannover zu spenden. Am 20. Mai 1890 konnte Bischof Sommerwerck die Weihe vornehmen. 1891 wurde die Spendenaktion vom Hildesheimer Bischof fortgesetzt, der sie als eine Anerkennung der Verdienste des Zentrumsführers und als eine letzte Dankesabstattung hinstellte. Der hohe Betrag, der aus den meisten deutschen Diözesen zusammenkam, verringerte die Schuldenlast erheblich und ermöglichte es, dass die in der hannoverschen

---

130 Aschoff, Um des Menschen (wie Anm. 74), S. 68f.; Stoffers, Handbuch (wie Anm. 1), S. 187–192; Elisabeth Krebs u. Josef Schlagheck, Kleine Chronik der katholischen Pfarrgemeinde St. Godehard, Hannover-Linden, Hannover 1974; siehe in diesem Band: Michaela Golnik, Hannover-Linden, St. Godehard.

131 Siehe in diesem Band: Hans-Georg Aschoff, Wilhelm Schreiber.

Hannover, St. Godehard

Gemeinde eingeführte Kirchensteuer zugunsten der St. Elisabeth-Kirche verwandt werden konnte.[132]

„Die ungeheure Dynamik des Wachsens der katholischen Kirche in Hannover" wurde in den folgenden Jahren an den neuerrichteten Gemeinden und den ausgeführten Kirchenbauten deutlich.[133] Von der Mutterpfarrei St. Clemens wurden vier Seelsorgebezirke in Hannover und zwei in Linden abgetrennt. Sie entwickelten schnell ein starkes Selbstbewusstsein, das durch die bald erfolgende Pfarrerhebung noch gefördert wurde. Nach St. Marien entstanden im Stadtgebiet die Kirchengemeinden St. Bernward (1893) in Döhren,[134] wo es vor allem durch die Gründung der „Döhrener Wollwäscherei und Kämmerei" im Mai 1873 zu einem starken Zuzug von Katholiken gekommen war, St. Elisabeth (1895) in

---

132 Siehe in diesem Band: Hans-Georg Aschoff, Hannover, St. Maria; Stoffers, Handbuch (wie Anm. 1), S. 77–82; Hans-Georg Aschoff u. a., 1890–1990. Sankt Maria. Festschrift Katholische Kirchengemeinde St. Maria Hannover-Nord, Hannover 1990; Andrea Elisabeth Giersbeck, Christoph Hehl (1847–1911). Ein Kirchenbaumeister zwischen Dogmatismus und Emanzipation, Regensburg 2014, S. 209–229.

133 Helmut Kulle, Katholische Kirche in Hannover. Ein Überblick von ihrer Wiederbegründung im Jahre 1665 bis hin zur Gegenwart, Hildesheim 1962, S. 39.

134 Stoffers, Handbuch (wie Anm. 1), S. 48–52; Giersbeck, Christoph Hehl (wie Anm. 132), S. 245–253; siehe in diesem Band: Hans-Georg Aschoff, Hannover, St. Bernward.

der Oststadt[135] und St. Joseph (1912) in der List.[136] Im nördlichen Teil Lindens erfolgte 1902 die Weihe der St. Benno-Kirche.[137] St. Maria, St. Bernward und St. Elisabeth wurden 1908, St. Benno 1912 und St. Joseph 1913 zu Pfarreien erhoben.

Die ältesten Gemeinden in der heutigen Region Hannover waren St. Bernward, Nienburg (1892 Pfarrei)[138] und St. Josef, Bolzum (1764 Pfarrei).[139] Sie waren neben den stadthannoverschen und vor allem den Lindener Gemeinden die Stützpunkte, von denen aus die Seelsorge in der Region betrieben und periodischer Gottesdienst an verschiedenen Orten gehalten wurde, wo sich in der Regel infolge des Entstehens industrieller Unternehmen Katholiken niedergelassen hatten. Der Geistliche in Nienburg übernahm ab 1881 die seelsorgliche Betreuung der Katholiken in Neustadt a. Rbge., wo 1900 ein eigener Pfarrvikar eingesetzt wurde, dem auch die Seelsorge in Wunstorf anvertraut war.[140] Die erste Neugründung von Bolzum aus war Lehrte; hier fand seit 1886 Gottesdienst in einem Gasthaussaal statt; 1895 wurde ein Missionshaus gebaut und ein eigener Geistlicher angestellt.[141] Die Geistlichen von St. Godehard, Linden feierten seit 1906 regelmäßig Gottesdienst in Gehrden, wo 1911 die St. Bonifatius-Kirche geweiht wurde, sowie in Steinkrug, später in Wennigsen und ab 1911 in Ricklingen.[142] In Seelze fand seit 1910 regelmäßig Gottesdienst statt, der von einem Geistlichen aus St. Benno gehalten wurde; drei Jahre später konnte hier die Dreifaltigkeitskirche geweiht werden.[143] 1905 erfolgte die Weihe der Herz-Jesu-Kirche in Misburg; die Gemeinde wurde 1910 zur Pfarrei erhoben und wies einen großen Anteil polnischsprachiger Katholiken auf.[144] Die Gottesdienste auf den Außenstationen fanden anfangs in Provisorien, vornehmlich in Gastwirtschaftsräumen statt, die kurz vor der Messe notdürftig eingerichtet wurden. Der heterogene Charakter der

---

135 Stoffers, Handbuch (wie Anm. 1), S. 37–42; Giersbeck, Christoph Hehl (wie Anm. 132), S. 253–265; Thomas Scharf-Wrede, Die Welt mit Christi Augen sehen. 100 Jahre St. Elisabeth Hannover, Hannover 1995; siehe in diesem Band: Thomas Scharf-Wrede, Hannover, St. Elisabeth.

136 Stoffers, Handbuch (wie Anm. 1), S. 69–72.

137 Stoffers, Handbuch (wie Anm. 1), S. 182–186; Giersbeck, Christoph Hehl (wie Anm. 132), S. 270–275; Pfarrchronik zum goldenen Jubiläum der katholischen Kirche St. Bennokirche Hannover-Linden 1902–1952, Hannover 1952.

138 Stoffers, Handbuch (wie Anm. 1), S. 297–301; 50 Jahre Pfarrkirche St. Bernward. Über 150 Jahre katholische Kirchengemeinde St. Bernward Nienburg/Weser. Festschrift zum Jubiläum, [Nienburg 2007]; siehe in diesem Band: Hans-Georg Aschoff, Nienburg, St. Bernward.

139 Stoffers, Handbuch (wie Anm. 1), S. 164–167.

140 Stoffers, Handbuch (wie Anm. 1), S. 273–277, 283–287; Hubert Höing, Das Eisenhüttenwerk und die katholische Missionsstation in Neustadt a. Rbge. Eine Diasporagemeinde im Auf und Ab der Hochindustrialisierung, in: Die Diözese Hildesheim in Vergangenheit und Gegenwart 52, 1984, S. 87–109.

141 Stoffers, Handbuch (wie Anm. 1), S. 155–159.

142 Stoffers, Handbuch (wie Anm. 1), S. 214–223.

143 Stoffers, Handbuch (wie Anm. 1), S. 200–203.

144 Stoffers, Handbuch (wie Anm. 1), S. 143–147; siehe in diesem Band: Hans-Georg Aschoff, Hannover-Misburg, Hl. Herz Jesu.

Gehrden, St. Bonifatius

sich bildenden Gemeinden, deren Gläubige aus den verschiedenen katholischen Gebieten Ost- und Westdeutschlands kamen, stellte eine besondere Herausforderung für die Seelsorge dar.

Durch Breve vom 10. Mai 1894 verlieh Papst Leo XIII. St. Clemens die Würde einer Propsteikirche; damit wurde das Gotteshaus als Mutterkirche der katholischen Gemeinden in Hannover ausgezeichnet und auch die Bedeutung Hannovers als kirchlicher Schwerpunkt im Bistum Hildesheim anerkannt. Der Pfarrer von St. Clemens führte den Titel eines Propstes und wurde zum Dechanten des 1895 gegründeten Dekanats Hannover bestellt; außer den Gemeinden in Hannover und Linden gehörten diesem Dekanat zum damaligen Zeitpunkt auch die Pfarreien in Hameln, Nienburg und Celle an; die beiden letzteren schieden 1910 aus dem Dekanat Hannover wieder aus. Erster Propst an St. Clemens wurde Wilhelm Schreiber, dem ein wesentliches Verdienst am kirchlichen Ausbau Hannovers zukam. Einen ähnlichen Eifer entwickelten auch die Pfarrer Adalbert Gerhardy von St. Marien und Friedrich Henniges von St. Godehard für den Bau neuer Kirchen in ihren Pfarrbezirken. Eines der Hauptprobleme, mit denen sie sich konfrontiert sahen, war die Beschaffung der finanziellen Mittel. Verantwortlich für die Finanzierung sowie die Unterhaltung neuer Kirchenbauten und anderer kirchlicher Einrichtungen war die Pfarrgemeinde, vertreten durch den Kirchenvorstand, auf deren Gebiet das Bauprojekt entstand. Man beschaffte sich die finanziellen Mittel durch Spendenaktionen, durch die Gründung von Kirchbauvereinen, durch Kollekten im Bistum und in anderen deutschen Diözesen, durch staatliche Zuschüsse, Darlehen und Unterstützungen des Bischofs. Sommerwerck stellte die ihm nachträglich ausgezahlten, im Kulturkampf gesperrten Bezüge für Kirchenbauten und milde Stiftungen zur Verfügung. Wesentliche Beiträge für die hannoversche Diaspora leisteten die Zentrale des Bonifatiusvereins und seine Komitees auf der lokalen und der Bistumsebene. Trotz dieser Unterstützungen und der Opferbereitschaft der Gemeindemitglieder führte der Ausbau des Kirchenwesens häufig zu einer starken Verschuldung der bereits eingerichteten Pfarreien. Um diese Schulden abzutragen und um die Gehälter der Geistlichen zu sichern, musste 1889 in Hannover und in den 1890er Jahren in Linden wie bereits in den evangelischen Gemeinden auch auf katholischer Seite eine Kirchensteuer der Gemeindemitglieder eingeführt werden, für die das Gesetz vom 20. Juni 1875 über „die Vermögensverwaltung in den katholischen Kirchengemeinden" die rechtliche Voraussetzung bot und die 20 Prozent der Staatsklassen- und Einkommensteuer betrug. 1908 schlossen sich die hannoverschen Pfarreien auf der Grundlage des „Gesetzes betr. die Bildung von Gesamtverbänden in der katholischen Kirche in Preußen" vom 29. Mai 1903 zu einem Gesamtverband zusammen, durch den das Steueraufkommen zentralisiert und effizienter verwaltet werden konnte sowie ein Ausgleich zwischen der Leistungsfähigkeit und den Bedürfnissen der einzelnen Kirchengemeinden ermöglicht wurde.[145]

Das Vereinswesen

Für den inneren Ausbau war neben der Ausweitung des Schulwesens[146] und dem zahlenmäßigen Anstieg caritativer Einrichtungen[147] das Aufblühen des Vereinslebens ein bemerkenswertes Kennzeichen. Deutschland kann als das klassische Land der katholischen Vereinsbewegung bezeichnet werden.[148] Sie verlieh dem

---

145 Aschoff, Um des Menschen (wie Anm. 74), S. 77.
146 Siehe in diesem Band: Manfred Köhler, Geschichte der katholischen Schulen Hannovers.
147 Siehe in diesem Band: Hans-Georg Aschoff, Caritasarbeit in der Stadt und Region Hannover.
148 Allgemein: Hans-Georg Aschoff, Von der Revolution 1848/49 bis zum Ende des Ersten Weltkrieges, in: Erwin Gatz (Hg.), Geschichte des kirchlichen Lebens in den deutschsprachigen Ländern seit dem Ende des 18. Jahrhunderts, Bd. 8: Laien in der Kirche, Freiburg u. a. 2008, S. 115–191, hier S. 125–150.

deutschen Katholizismus ein besonderes Gepräge. Die katholischen Vereine, die einen ungeheuren Aufschwung erlebten, als sich infolge der Revolution von 1848 die verfassungsrechtliche Absicherung der Versammlungs- und Vereinigungsfreiheit in den einzelnen deutschen Ländern durchsetzte, organisierten sich nach dem Prinzip des Standes, des Berufes und zur Erreichung bestimmter Zwecke. Wegen der religiösen Betreuung durch die geistlichen Präsides und des gemeinsamen Sakramentenempfanges, der mehrmals im Jahr erfolgte, war eine Reihe von ihnen ein wichtiges Mittel der Seelsorge; darüber hinaus gewährten sie den Mitgliedern selbst Möglichkeiten seelsorglicher und caritativer Betätigung. Die katholischen Vereine vermittelten Schutz und Geborgenheit in einer weltanschaulich anders denkenden, teilweise feindlich gesinnten Umwelt und vertraten häufig die Interessen ihrer Mitglieder im gesellschaftlichen, politischen und wirtschaftlichen Leben; durch Bildungs- und Kursusarbeit, die den Bereich religiöser Themen überschritt, übernahmen sie Aufgaben, die heute der Erwachsenenbildung zugewiesen werden. Eine eindeutige Einteilung der vielen katholischen Vereinigungen nach ihren spezifischen Funktionen ist nicht möglich. Etliche Vereine verfolgten mehrere Aufgaben oder änderten im Laufe der Zeit ihre Zielsetzungen. Dennoch lassen sich vier Hauptgruppen benennen: 1. Religiöse Vereine und Organisationen für das kirchliche Eigenleben; 2. Caritative Vereine; 3. Standes- und Berufsorganisationen; 4. Vereine für Kultur, Bildung und Geselligkeit. Die Gründung einer Reihe der katholischen Vereine ging in der Regel nicht auf die Initiative der Hierarchie zurück, sondern erfolgte spontan durch aufgeschlossene Laien und Priester, die sich dabei von konkreten religiösen, gesellschaftlichen, wirtschaftlichen und politischen Gegebenheiten leiten ließen. Viele Vereine blieben unter der eigenverantwortlichen Leitung von Laien. Sie standen in enger Beziehung zur Kirche und wurden kirchlicherseits empfohlen und gefördert.

In Hannover entfaltete sich in den 1860er Jahre ein reges Vereinsleben, das sich gleichzeitig mit der Bildung neuer Gemeinden und Pfarreien ausweitete.[149] Nahezu in jeder Gemeinde waren der Bonifatius- und der Borromäusverein vertreten, ebenso der Vinzenz- und der Elisabethverein, deren Mitglieder sich um finanzielle und praktische Hilfe für bedürftige Gemeindemitglieder bemühten. Stark ausgebaut war auch das Vereinswesen, das sich nach den Lebensständen organisierte. Die katholischen Männervereine traten häufig unter dem Namen „Kasino-Verein" auf; das erste Kasino wurde in Hannover unter der Bezeichnung „Constantia" 1865 durch Kaplan Bettels gegründet. Im Vergleich zu den Männer-

---

149 Aschoff, Um des Menschen (wie Anm. 74), S. 85–92; Scharf-Wrede, Bistum Hildesheim (wie Anm. 128), S. 346–383; Karl Henkel, Handbuch der Diözese Hildesheim, Teil 2, Hildesheim 1917, S. 89–109.

vereinen legte man in den Frauen- und Müttervereinen ein noch größeres Schwergewicht auf die religiöse Unterweisung und Betätigung. 1904 bildete sich einer der ersten Zweigvereine des im Jahr zuvor gegründeten „Katholischen Deutschen Frauenbundes", der sich die Förderung der geistigen Bildung und des sozialen Engagements der Frauen zum Ziel gesetzt hatte. Die schulentlassene Jugend bis zum 18. Lebensjahr versuchten die „Jünglings-" bzw. die „Jungfrauen-" oder „Marienvereine" zu erfassen. Ihnen schlossen sich altersmäßig die häufig überpfarrlich organisierten beruflichen Standesvereine an, wie der „Verein katholischer erwerbstätiger Mädchen und Frauen" (gegründet 1906), der „Verein katholischer kaufmännischer Gehilfinnen und Beamtinnen" (1904), der „Katholische Meisterverein St. Bernward" (1893) und der „Katholische Kaufmännische Verein" (1880). Den überpfarrlichen Vereinen stand das Katholische Vereinshaus in der Bäckerstraße neben der St. Clemens-Kirche als Versammlungsort zur Verfügung. In den Gemeinden mit einem hohen Arbeiteranteil bildeten sich Katholische Arbeitervereine. Als erster wurde 1874 der „St. Josephsverein" von Kaplan Adalbert Gerhardy in St. Clemens ins Leben gerufen. Ihm folgten die Vereine in St. Marien, St. Bernward, in Wülfel und Misburg. Ein Vorläufer des Arbeitervereins in Linden war der 1879 gebildete Gesangverein „St. Godehard"; von ihm ging die Initiative zum Bau des Katholischen Vereinshauses in der Konkordiastraße aus, das 1904 eingeweiht wurde und sich zu einem Mittelpunkt der katholischen Arbeiterbewegung im Raum Hannover entwickelte. Kaplan Bettels war 1865 auch entscheidend an der Gründung des „Katholischen Gesellenvereins" Adolf Kolpings beteiligt. 1893 eröffnete der hannoversche Verein ein von Vinzentinerinnen geführtes eigenes Vereinshaus in der Clemensstraße, das als Wohnheim diente, in dem aber auch den Zielsetzungen Kolpings entsprechend neben der religiösen Unterweisung die berufliche Fortbildung für die gut 300 Mitglieder stattfand.

Einen entscheidenden Beitrag zur Integration der Katholiken in die Gesellschaft des Kaiserreiches leistete der unter maßgeblicher Beteiligung Windthorsts 1890 gegründete „Volksverein für das Katholische Deutschland", der seine Zentralstelle in Mönchengladbach hatte. Er entwickelte sich zu einer der größten Mitgliederorganisationen des Deutschen Reiches und vereinigte die vor 1890 verstreuten Tendenzen der katholisch-sozialen Bewegung. Mit seinen Schriften, Schulungseinrichtungen, für die Vortragsmaterial zur Verfügung gestellt wurde, und seinen Beratungsstellen, den Volksbüros, entfaltete er eine intensive Tätigkeit, die mit ihrem reformerischen, entschieden sozialen Akzent den Einfluss der Sozialdemokratie auf die katholische Arbeiterschaft abzuwehren suchte und erheblich zur sozialpolitischen Ausbildung katholischer Gewerkschafter und Politiker bis in die Weimarer Republik hinein beitrug. In Hannover wirkte im Sinne des

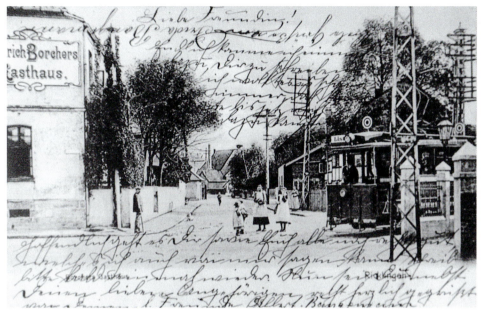

Gasthaus Borchers, auch „Tante Anna" genannt: Versammlungslokal des Gesellenvereins Hannover-Ricklingen

Volksvereins der Kaplan an St. Marien, Wilhelm Maxen,[150] der hier 1898 eine Niederlassung des Vereins ins Leben rief. Maxen, der zu den herausragenden Persönlichkeiten des hannoverschen Katholizismus zählte, prägte als Kaplan, als Caritassekretär (1903–1906), als Pfarrer an St. Godehard (1906–1917) und an St. Marien (1917–1938) durch eine Reihe weitreichender Initiativen und Neuerungen maßgeblich die Seelsorge sowie das soziale, caritative und politische Leben der Katholiken in Hannover. So ging auf ihn die Gründung eines katholischen Tageblattes, der „Hannoverschen Volkszeitung" (1896), zurück, mit deren Hilfe er eine stärkere Zusammenfassung der hannoverschen Gemeinden erreichen und Ansätze eines geistigen Mittelpunktes für die Katholiken Hannovers schaffen wollte. Die Zeitung beschäftigte sich eingehend mit sozialen Fragen und fand besonders in den Arbeiterkreisen guten Absatz. Verleger und Drucker war die Hildesheimer Firma Kornacker, die die der Zentrumspartei nahestehende „Hildesheimsche Zeitung" herausgab, an der sich auch die Hannoversche Volkszeitung orientierte.

---

150 Franz-Joseph Wothe, Wilhelm Maxen. Wegbereiter neuer Großstadtseelsorge, Hildesheim 1962; Thomas Scharf-Wrede, Wilhelm Maxen (1867–1946). Seelsorger – Publizist – Politiker, in: Jahrbuch für Geschichte und Kunst im Bistum Hildesheim 77/78, 2009/2010, S. 255–292; siehe in diesem Band: Thomas Scharf-Wrede, Seiner Zeit weit voraus: Pfarrer Wilhelm Maxen.

Pfarrer Wilhelm Maxen bei der Einweihung des Christus-Denkmals vor der St. Marien-Kirche in Hannover

Maxens Aufgeschlossenheit für die Soziale Frage machte ihn zu einem Förderer der Christlichen Gewerkschaftsbewegung in Hannover. Im „Gewerkschaftsstreit", der im deutschen Katholizismus in den Jahren vor dem Ersten Weltkrieg ausgetragen wurde und während dessen Verlaufes über die Frage nach der Erlaubtheit überkonfessioneller Gewerkschaften gestritten wurde, trat Maxen im Sinne des Volksvereins gegen die integralistische Richtung und für die Überkonfessionalität der Gewerkschaften auf. Die Mitglieder der Christlichen Gewerkschaften waren in den Betrieben häufig den Schikanen freier, der Sozialdemokratie nahestehender Gewerkschafter ausgesetzt. Bei Arbeitskämpfen konnte es aber auch zu einem Zusammengehen christlicher und freier Gewerkschaften kommen, wie der Maurerstreik von 1901 in Hannover-Linden zeigte. Unter den Christlichen Gewerkschaften nahm der „Zentralverband christlicher Bauarbeiter Deutschlands" mit 1023 Mitgliedern (1911) eine herausragende Stellung ein. Ihm folgten der „Zentralverband christlicher Textilarbeiter Deutschlands" (400), der „Zentralverband christlicher Fabrik-, Verkehrs- und Hilfsarbeiter Deutschlands" (390) und der „Christliche Metallarbeiterverband" (307).

Eine wichtige Rolle spielte Maxen auch im politischen Leben der Katholiken Hannovers. Hannover und Linden bildeten den VIII. Hannoverschen Reichstagswahlkreis, der bis in die 1880er Jahre hinein dem welfischen Kandidaten zufiel.[151] Für ihn stimmte vermutlich auch die Mehrheit der kirchlich gebundenen Katholiken. Denn nach der Reichsgründung war es in der Provinz Hannover unter dem entscheidenden Einfluss Windthorsts zu Wahlbündnissen zwischen der Deutschhannoverschen Partei (DHP), in der sich die Gegner der preußischen Annexion des ehemaligen Königreiches zusammenfanden, und den Katholiken gekommen, die sich in der Zentrumspartei organisierten. Die Katholiken und die oppositionellen Welfen trafen sich auf der Grundlage föderalistischer Vorstellungen, des christlichen Sittengesetzes und in dem Bestreben, den kirchlichen Einfluss auf die Gesellschaft zu sichern. Das Anwachsen der Arbeiterschaft führte dazu, dass von 1884 bis zum Ende des Kaiserreiches der sozialdemokratische Kandidat das Mandat für den Wahlkreis Hannover/Linden gewann. Wie in anderen Wahlkreisen kam es um die Jahrhundertwende auch hier zu einer Entfremdung zwischen den protestantischen Welfen und den Katholiken, die unter Maxens Beteiligung eine eigene Parteiorganisation auf der Grundlage eines Zentrumswahlvereins für Hannover, Linden und Umgebung aufbauten. Allerdings fungierten die Zentrumsbewerber bei den Wahlen als reine Zählkandidaten. So entfielen auf Maxen, der 1903 selbst zum Reichstag kandidierte, lediglich 2907 Stimmen (5,4 Prozent) und 1912 auf den späteren Reichskanzler Wilhelm Marx 3024 Stimmen (3,7 Prozent).

Die Weimarer Republik

Die Probleme, Strukturen und die Organisation der Seelsorge im Großraum Hannover während der Weimarer Republik entsprachen im Wesentlichen der Zeit des Kaiserreiches.[152] Allerdings war ein weiteres Wachstum der Zahl der Katholiken zu konstatieren. Diese stieg im Dekanat Hannover von 53.366 (1918) auf 70.835 (1940), wobei in der Stadt Hannover und in Misburg ca. 50.000 Katholiken (1925) lebten, was zehn Prozent der Einwohnerschaft ausmachte; 1939 war ihre Anzahl auf knapp 55.000 gestiegen. Wie im Kaiserreich konzentrierte sich die katholische Bevölkerung in den Stadtteilen Döhren (31 Prozent), Wülfel (22 Prozent)

---

151 Hans-Georg Aschoff, Welfische Bewegung und politischer Katholizismus 1866–1918. Die Deutschhannoversche Partei und das Zentrum in der Provinz Hannover während des Kaiserreiches, Düsseldorf 1987, S. 230–232.

152 Aschoff, Um des Menschen (wie Anm. 74), S. 93–100; Thomas Scharf, Katholische Kirche und Bistum Hildesheim im Spiegel der „Hannoverschen Volks-Zeitung" von 1918–1933, 2 Teile, Osnabrück 1986 (Staatsexamensarbeit Universität Osnabrück, Masch.sch.).

sowie in Linden, der Calenberger Neustadt und Teilen der Nordstadt (jeweils ca. 15 Prozent). Gemeinden mit einem starken Arbeiteranteil waren St. Benno, St. Godehard, St. Bernward, St. Michael und Hl. Herz Jesu in Misburg, wo wegen der starken Minderheit polnischsprachiger Katholiken Konflikte zwischen dem nationalpolnisch geprägten „St. Adalbert-Verein" und dem deutschen Männerverein nicht ausblieben. Zu diesen Gemeinden gehörten 1925 ca. 21.000 Katholiken, was deutlich macht, dass das soziale Profil des hannoverschen Katholizismus stark von der Arbeiterschaft geprägt wurde. Ein gehobenes bürgerliches Umfeld kennzeichnete die Gemeinden St. Elisabeth und St. Antonius (Kleefeld), während die Pfarreien St. Clemens, St. Marien und St. Joseph sozial durchmischt waren und die sich im Aufbau befindende St. Heinrich-Gemeinde (Südstadt) einen mittelständischen Charakter aufwies. Im lutherisch dominierten Hannover blieben die Aufstiegschancen auch für sozial besser gestellte Katholiken mit gehobener Schulbildung eingeschränkt; noch am Ende der Republik waren die höheren Posten im öffentlichen Dienst fast ausschließlich mit Protestanten besetzt.[153]

Die Zunahme der Zahl der Katholiken führte zur Gründung einer Reihe neuer Gemeinden und zum Bau neuer Kirchen. Bereits während des Kaiserreiches waren hierfür z. T. Grundstücke erworben und Baupläne ausgearbeitet worden. Der Erste Weltkrieg, die wirtschaftlichen Schwierigkeiten der Nachkriegszeit und die Inflation verzögerten deren Ausführung. 1922 wurde die Kirche St. Michael in Wülfel geweiht, die aus dem Umbau eines großen Gasthaussaales hervorging; dieses Provisorium wurde erst 1969 durch einen Neubau ersetzt.[154] 1925 wurde der Rektoratsbezirk St. Heinrich für die Südstadt geschaffen, der Teil der Pfarrei St. Clemens blieb. Die Kirchweihe erfolgte 1929; bei der Pfarrerhebung 1939 gehörten fast 6000 Gläubige zur Gemeinde. Auf dem Pfarrgebiet von St. Heinrich befand sich seit 1928 die Niederlassung der Jesuiten.[155] Für die östlichen Stadtteile Kleefeld und Kirchrode wurde die Kuratie St. Antonius von der Pfarrei St. Elisabeth abgetrennt und die Seelsorge Franziskanern der Thüringischen Provinz übertragen, die 1926 einen Bauplatz an der Kirchröder Straße zum Bau von Kloster und Kirche erwarben; die Kirchweihe erfolgte am 17. Juni 1928.[156]

---

153 Detlef Schmiechen-Ackermann, Kooperation und Abgrenzung. Bürgerliche Gruppen, evangelische Kirchengemeinden und katholisches Sozialmilieu in der Auseinandersetzung mit dem Nationalsozialismus in Hannover, Hannover 1999, S. 339–346.
154 Stoffers, Handbuch (wie Anm. 1), S. 56–58.
155 Stoffers, Handbuch (wie Anm. 1), S. 43–47; 50 Jahre St. Heinrichskirche Hannover, Hannover [1979]; Thomas Kellner (Hg.), 75 Jahre St. Heinrich Hannover 1929–2004, Hannover 2004; siehe in diesem Band: Hans-Georg Aschoff, Hannover, St. Heinrich; Ders., Ordensgemeinschaften und Ordensleben in der Stadt Hannover und Umgebung.
156 Stoffers, Handbuch (wie Anm. 1), S. 135–138; St. Antonius. Das christliche Leben in der katholischen Pfarrei St. Antonius. Pfarrchronik

Hannover, St. Elisabeth

Provisorien blieben einstweilen die Gottesdienststationen in Ricklingen und Herrenhausen. In Ricklingen stand seit 1921 die Edelhofkapelle des Baron von Alten für den Gottesdienst zur Verfügung. Zusammen mit den Vinzentinerinnen kaufte die zuständige Pfarrei St. Godehard das Grundstück und das Gebäude Ricklinger Turm. Der Gesellschaftssaal wurde in eine provisorische Kapelle umgebaut, die am 31. August 1930 geweiht und unter das Patronat des hl. Augustinus gestellt wurde. In den übrigen Gebäuden richteten die Vinzentinerinnen das

zum 25jährigen Bestehen von Kirche, Kloster und Gemeinde in Hannover-Kleefeld, Hannover 1953; Anna Maria Hauk u. a., St. Antonius Hannover-Kleefeld, Hannover 2016; siehe in diesem Band: Hans-Georg Aschoff, Ordensgemeinschaften und Ordensleben in der Stadt Hannover und Umgebung.

Hannover-Herrenhausen, St. Adalbert

„Monikaheim", ein Altenheim, ein.[157] Ab 1917 wurde für die Katholiken der Stadtteile Herrenhausen, Leinhausen und Stöcken, die zur Pfarrei St. Maria gehörten, in verschiedenen Gasthäusern Gottesdienst gefeiert, bis der Gesamtverband 1927 das Grundstück Stöckener Straße 43 erstand, auf dem sich einige feste Gebäude befanden. Aus dem Tanzsaal entstand der dem hl. Adalbert geweihte Gottesdienstraum. In einem anderen Gebäude richteten die Vinzentinerinnen eine Niederlassung und einen Kindergarten ein. Das St. Adalbert-Stift beherbergte den vierten Kaplan von St. Marien, dem die seelsorgliche Betreuung der gut 1200 Katholiken des Bezirkes oblag.[158]

Auf das kirchliche Leben wirkte sich die Liturgische Bewegung aus, deren Anliegen es war, die Gläubigen in verstärktem Maße aktiv am Gottesdienst zu beteiligen. Unter ihrem Einfluss wurden in den Gemeinden das „Deutsche Hochamt" mit dem Gesang deutscher Messlieder und die „Bet-Sing-Messe" eingeführt, bei der Laien Teile der Messe in deutscher Sprache vorbeteten. Mitte der 1920er Jahre können ca. 40 Prozent der Katholiken als praktizierend bezeichnet werden.[159] Zu den Großveranstaltungen im hannoverschen Katholizismus gehörten

---

157 Stoffers, Handbuch (wie Anm. 1), S. 214–218.
158 Stoffers, Handbuch (wie Anm. 1), S. 87–91.

159 Schmiechen-Ackermann, Kooperation (wie Anm. 153), S. 352.

Deutscher Katholikentag 1924, Festgottesdienst auf dem Schützenplatz Hannover

der regionale Katholikentag am 5. September 1920, bei dem sich nach den vormittäglichen Festgottesdiensten in den einzelnen Pfarrkirchen über 10.000 Katholiken an der Herrenhäuser Allee versammelten und sich von dort in einem Festzug unter Musikbegleitung zur Stadthalle begaben, wo P. Corbinian Wirz OSB in seiner Ansprache „Wir Katholiken und die neue Zeit" die Anwesenden aufforderte, sich aktiv an der politischen und gesellschaftlichen Willensbildung zu beteiligen.[160] Aufgrund eines Verbots der Besatzungsmächte konnte der deutsche Katholikentag 1924 nicht wie geplant in Köln durchgeführt werden, sondern fand vom 30. August bis 3. September in Hannover und damit zum ersten Mal in der Diaspora statt, nachdem die Bedenken des zuständigen Hildesheimer Diözesanbischofs, Joseph Ernst, ausgeräumt worden waren, der eine zu starke finanzielle Belastung befürchtete. Das Motto des Katholikentages lautete: „Hören wir auf die Kirche"; als Präsident fungierte der Aachener Oberbürgermeister Wilhelm Farwick, als Vizepräsidenten der Zentrumsfunktionär Franz Graf von Galen, der Gewerkschaftsführer Jakob Kaiser sowie die Ministerialrätin und Zentrumsabgeordnete des preußischen Abgeordnetenhauses Maria Heßberger; der Vorsitz des Lokalkomitees lag bei dem Reichstagsabgeordneten und späteren preußischen

---

160 Scharf-Wrede, Welt (wie Anm. 135), S. 68f.

Brief von Heinrich Steiger, Vorsitzender des hannoverschen Lokalkomitees für den Deutschen Katholikentag, an Bischof Joseph Ernst

Staatsminister Heinrich Steiger.[161] Neben den geschlossenen und öffentlichen Versammlungen sowie den Konferenzen der Verbände stellten der sternenförmige Festzug zum Schützenplatz und der Festgottesdienst, den der Apostolische Nuntius Eugenio Pacelli auf der Plattform des dortigen Musikpavillons zelebrierte und an dem rund 70.000 Gläubige teilnahmen, Höhepunkte des Katholikentages dar. Die Festpredigt hielt der Meißener Bischof Christian Schreiber. Unter den Ehrengästen befand sich Reichskanzler Wilhelm Marx. Für die Katholiken Hannovers bedeutete die Ausrichtung des Katholikentages nicht nur eine beachtliche organisatorische Leistung; er vermittelte ihnen auch das für die

---

161 Siehe in diesem Band: Hans-Georg Aschoff, Heinrich Steiger.

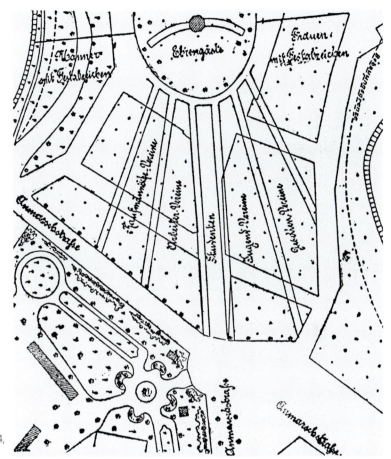

Deutscher Katholikentag 1924, Geländeplan

Diasporachristen besonders notwendige Gemeinschaftserlebnis.¹⁶² Im Anschluss an den Katholikentag wurden Haus- und Kapellenmissionen in den Pfarreien St. Marien, St. Joseph, St. Godehard und St. Benno durchgeführt.¹⁶³

Wie im Kaiserreich kennzeichneten den hannoverschen Katholizismus der Weimarer Zeit ein weitverzweigtes Vereinswesen. Die stadthannoverschen Vereine schlossen sich nach dem Ersten Weltkrieg im „Verband der katholischen Vereine Groß-Hannovers" zusammen; dadurch sollten die Koordination der Vereinsarbeit und der Informationsaustausch erleichtert und die Schulung der Vereinsmitglieder

---

162 Thomas Scharf, Die 63. Generalversammlung der Katholiken Deutschlands zu Hannover (30.8.–3.9.1924), in: Die Diözese Hildesheim in Vergangenheit und Gegenwart 55, 1987, S. 157–173.

163 Scharf-Wrede, Welt (wie Anm. 135), S. 70f.

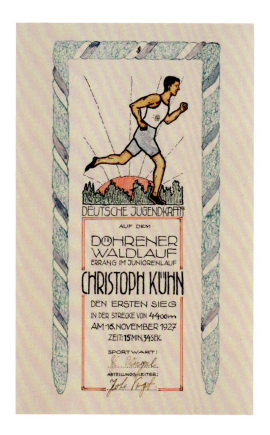

DJK-Siegerurkunde des „Döhrener Waldlaufs" 1927

verbessert werden. Vor allem in den Jugendgemeinschaften vollzogen sich einige Neuerungen. Sie verloren ihren kongregationsmäßigen Charakter als Zusammenschlüsse auf der Pfarrebene und wurden in die Großverbände, so in den von Carl Mosterts gegründeten „Katholischen Jungmännerverband", eingegliedert. Dies bedeutete auch einen verstärkten Einsatz von Jugendlichen als Leiter und Mitträger der ursprünglich seelsorglich konzipierten Gemeinschaften und eine stärkere Berücksichtigung des Eigenrechts und der Eigenart junger Menschen. Mosterts war 1920 maßgeblich an der Gründung der „Deutschen Jugendkraft" (DJK), dem katholischen Sportverband, beteiligt, der der Konkurrenz nichtkatholischer Vereine, die eine starke Anziehungskraft auf Jugendliche ausübten, entgegenwirken wollte. In den 1920er Jahren bestand in fast allen hannoverschen Gemeinden ein DJK-Verein.

Die Christlichen Gewerkschaften erlebten in den 1920er Jahren eine Zunahme ihrer Mitglieder, ohne allerdings mit den Freien Gewerkschaften in eine ernsthafte Konkurrenz eintreten zu können.[164] 1928 gehörten den zwölf branchenspe-

Wilhelm Offenstein (1889–1964), Priesterweihe 1914, 1915 Divisionspfarrer im Ersten Weltkrieg, 1919 Domlektor und Konviktsinspektor in Hildesheim, 1920 Kaplan in Göttingen, 1924 Mitarbeiter der „Katholischen Schulorganisation Deutschlands" in Düsseldorf, 1925 Pastor in Wilhelmsburg/ Hamburg, 1928 Pfarrer in Hannover-Linden, St. Benno, 1930–1933 Zentrumsabgeordneter im Deutschen Reichstag, 1936–1960 Generalvikar in Hildesheim

zifischen Einzelverbänden 4.708 Mitglieder an, während die 32 Einzelgewerkschaften des Ortskartells der Freien Gewerkschaften 67.370 Mitglieder zählten. Unter den christlichen Einzelverbänden war der „Zentralverband christlicher Bauarbeiter Deutschlands", der in der Tradition der zugewanderten Eichsfelder Bauhandwerker stand, mit 1.150 Mitgliedern der stärkste. Neben Hans Wellmann, dem Geschäftsführer der Christlichen Gewerkschaften in Hannover und Verbandsvorsitzenden, gehörte der Sekretär des Zentralverbandes christlicher Holzarbeiter, Anton Storch,[165] zu den profilierten Gewerkschaftsführern.

Für das Wiederaufleben der Zentrumsorganisationen in Hannover nach dem Ersten Weltkrieg spielte Wilhelm Maxen eine entscheidende Rolle. Er erkannte die Notwendigkeit einer Aktivierung der Katholiken, um die Ausgestaltung des neuen Staatswesens nicht ausschließlich linken Parteigruppierung zu überlassen. Diese Aktivierung gelang ihm durch seine Ansprachen vor mehreren Tausend Zuhörern. Die Schulerlasse des preußischen Kultusministers Adolph Hoffmann im November 1918, die die Gefahr einer Abschaffung der Bekenntnisschule und des konfessionellen Religionsunterrichtes heraufbeschworen, trugen erheblich zur politischen Mobilisierung der hannoverschen Katholiken bei und führten, unter Anknüpfung an die Tradition des Kaiserreiches, zu einer gemeinsamen Kandidatenliste von Zentrum und Deutschhannoverscher Partei. Maxen wurde über

---

164 Schmiechen-Ackermann, Kooperation (wie Anm. 153), S. 346–349.

165 Siehe in diesem Band: Hans-Georg Aschoff, Anton Storch.

> **Zentrumswähler!**
>
> Wir sind also jetzt und für die Folge auch hier in Hannover auf uns allein angewiesen und deshalb ist es unsere Pflicht, alle Anhänger und Freunde der Partei restlos um unsere Fahnen zu scharen, damit wir jetzt und später eine achtunggebietende und einflußreiche Stellung einnehmen. Ihr alle, Männer und Frauen, müßt die tiefinnerste Ueberzeugung haben, wie unbedingt nötig es ist, daß ihr in Hannover und Niedersachsen ein starkes Zentrum schafft und erhaltet, ein Zentrum, das über die Wahrnehmung eurer christlich-kulturellen Interessen wachen kann. Dies ist umso leichter, da das Zentrum ja auch ein freies Niedersachsen erstrebt und es deshalb völlig überflüssig ist, daß ein Zentrumswähler zur deutsch-hannoverschen Partei abschwenkt. Dadurch wird lediglich die Zentrumspartei geschwächt.
>
> Zentrumswähler! An der Spitze unseres Wahlvorschlages steht
>
> **Abgeordneter Dr. Maxen, Hannover.**
>
> Wie ist ihm zugejubelt worden, als er im letzten Wahlkampf in deutsch-hannoverschen Versammlungen sprach! Welcher Beifall wurde ihm zuteil, als er im vorigen Jahre in Hannover bei dem großen hannoverschen Landesfeste einem freien selbständigen Niedersachsen das Wort redete! In der ganzen Provinz Hannover dürfte es wohl niemand geben, der an der treu-hannoverschen Gesinnung dieses Abgeordneten zweifelt. Wer also Dr. Maxen am 6. Juni seine Stimme gibt, der wählt Zentrum und dient damit zugleich der hannoverschen Sache.

Wahlaufruf der Zentrumspartei für die „Liste Maxen"

diese Liste für den Wahlkreis 16 (Südhannover-Braunschweig) in die Nationalversammlung und den Reichstag (bis 1. Dezember 1921) sowie in die Verfassunggebende Preußische Landesversammlung (bis 10. September 1920) gewählt. Seine politische Aktivität war ein Ausdruck für die rasche Einfügung in die neuen staatlichen Verhältnisse, die allgemein die deutschen Katholiken und ihre politische Repräsentation, die Zentrumspartei, trotz einiger Vorbehalte gegen die demokratisch-republikanische Staatsform kennzeichnete; das Zentrum wurde durch seine Bereitschaft zur Übernahme von Verantwortung zu einer der wichtigsten Stützen der Weimarer Republik.[166]

Neben Maxen bestimmten während der Weimarer Zeit vor allem drei Persönlichkeiten in Hannover das Erscheinungsbild der Partei, die ansonsten nur über einen schwach ausgebauten Apparat verfügte: der Kommunalpolitiker und lang-

---

166 Aschoff, Um des Menschen (wie Anm. 74), S. 92.

jährige Senator Heinrich Dunkelberg, der Rechtsanwalt Bernhard Pfad[167] und Wilhelm Offenstein, seit 1928 Pfarrer an St. Benno und von 1930 bis 1933 Reichstagsabgeordneter, der meist als Hauptredner der lokalen Zentrumsveranstaltungen auftrat und ausdrücklich die Politik des Reichskanzlers Heinrich Brüning unterstützte; vehement warnte Offenstein vor dem übertriebenen Nationalismus der rechten Parteien. Von 1924 bis 1928 vertrat der Generalsekretär der Landwirtschaftskammer Hannover und spätere preußische Landwirtschaftsminister, Heinrich Steiger, als Zentrumsabgeordneter Wahlkreis 18 (Südhannover-Braunschweig).

In der Stadt Hannover entfielen in der Weimarer Zeit bei den Reichstagswahlen durchschnittlich 4,5 Prozent der abgegebenen Stimmen auf die Zentrumspartei; das entsprach etwa 40 Prozent der katholischen Bevölkerung (ca. 12.000) und lag wohl etwas über der Zahl der praktizierenden Katholiken. Einen ähnlichen Stimmenanteil erreichte das Zentrum auch bei den Kommunalwahlen. Bei der letzten Reichstagswahl vom 5. März 1933, die schon unter nationalsozialistischem Einfluss und unter Terrormethoden durchgeführt wurde, konnte die Zentrumspartei ihre Stimmenzahl in Hannover sogar noch absolut erhöhen. Aus dieser Tatsache darf man folgern, dass die hannoverschen Katholiken, die in der Weimarer Zeit Zentrum gewählt hatten, der Partei treu blieben und dass es den Nationalsozialisten nicht gelang, in diese Zentrumsfront einzubrechen.[168]

Die Zeit des Nationalsozialismus

Kirche und Nationalsozialismus

Erhebliche Beeinträchtigungen erfuhr das kirchliche Leben in der Stadt Hannover und ihrer Umgebung nach der nationalsozialistischen Machtergreifung 1933.[169] Im Vergleich zum Kulturkampf, den etliche kirchliche Amtsträger und

---

167 Siehe in diesem Band: Hans-Georg Aschoff, Bernhard Pfad.
168 Aschoff, Um des Menschen (wie Anm. 74), S. 101; Schmiechen-Ackermann, Kooperation (wie Anm. 153), S. 349–353.
169 Aschoff, Um des Menschen (wie Anm. 74), S. 100–109; Schmiechen-Ackermann, Kooperation (wie Anm. 153), S. 359–409; Hermann Engfer (Hg.), Das Bistum Hildesheim 1933–1945. Eine Dokumentation (Die Diözese Hildesheim in Vergangenheit und Gegenwart 37/38, 1970/71), Hildesheim 1971; allgemein: Heinz Hürten, Deutsche Katholiken 1918–1945, Paderborn u. a. 1992; Erwin Gatz, Die Katholische Kirche in Deutschland im 20. Jahrhundert, Freiburg u. a. 2009, S. 95–123.

katholische Politiker und Gewerkschafter noch miterlebt hatten, waren die kirchenpolitischen Ziele des nationalsozialistischen Regimes umfassender. Für viele Nationalsozialisten bestand der erhoffte Endzustand in einer Volksgemeinschaft ohne Kirche. Das methodische Vorgehen des Nationalsozialismus gegen die Katholische Kirche unterschied sich ebenfalls vom Kulturkampf: Der Nationalsozialismus griff die Hierarchie nicht direkt an und hütete sich im Allgemeinen vor Handlungen, die als Eingriffe in innerkirchliche Bereiche erscheinen konnten. Auf eine eigentliche kirchenpolitische Gesetzgebung konnte die nationalsozialistische Regierung verzichten; sie bediente sich auch gegenüber der Kirche der ihr durch die „Verordnung des Reichspräsidenten zum Schutz von Volk und Staat" (Reichstagsbrandverordnung) vom 28. Februar 1933 verliehenen Vollmachten, die die Aufhebung der Grundrechte ermöglichten und an die Stelle strafrechtlichen Vorgehens durch ordentliche Gerichte das staatspolizeiliche Vorgehen setzten. Der Absolutheits- und Totalitätsanspruch der nationalsozialistischen Bewegung beinhaltete die ausschließliche und uneingeschränkte Verfügungsgewalt über die gesamte menschliche Existenz bis in den Gewissensbereich hinein. Aufgrund dieses Anspruches mussten Organisationen und Einrichtungen zurückgedrängt werden, wenn sie Freiheitsräume begründeten oder Ansatzpunkte für Opposition gegen die nationalsozialistische Ideologie boten. Da die christliche Weltanschauung dieser Ideologie völlig entgegengesetzt war, galten die Kirchen als Hindernis für die vom Nationalsozialismus angestrebte totale Erfassung des Menschen. Die Eindämmung bzw. Ausschaltung des kirchlichen Einflusses war ein zentrales Anliegen des nationalsozialistischen Regimes. Der Erziehung und der Schule kam in dem Bestreben nach der totalen Erfassung des Menschen besondere Bedeutung zu. Deshalb bildete die Zurückdrängung der Kirche aus dem schulischen Bereich einen zentralen Bestandteil nationalsozialistischer Politik. Das allgemeine Ziel nationalsozialistischer Kirchenpolitik bestand in der „Privatisierung" der Kirche, d. h. in der Unterbindung kirchlichen Wirkens im politischen und gesellschaftlichen Leben und in der Beschränkung der Kirche auf den reinen Sakralbereich. Die Intensität staatlicher Maßnahmen gegen die Kirche war zeitlich und regional unterschiedlich. Der Kirchenkampf, der Mitte der 1930er Jahre in verstärktem Maße einsetzte, wurde auf verschiedenen Ebenen geführt und entbehrte vielfach einer einheitlichen Konzeption. Mit Hilfe staatlicher Propaganda wurde die Verbreitung der Ideen Alfred Rosenbergs, des „Chefideologen" der Partei, gefördert und für den Austritt aus der Kirche geworben. Mit Hilfe der Devisen- und Sittlichkeitsprozesse wollte man den Klerus diskreditieren und eine Kluft zwischen Geistlichen und Gläubigen schaffen. Der „Entkonfessionalisierung des Lebens" dienten die Aufhebung kirchlicher Vereine und Verbände, das Verbot katholischer Zeitungen, die Überführung kirchlicher Einrichtungen des Wohlfahrtswesens und der Krankenpflege auf weltliche Organisationen, die Besetzung und Aufhebung von Seminaren und Klöstern sowie die Beseitigung der konfessionellen Schulen und die Zurückdrängung des schulischen Religionsunterrichts. Das Regime richtete seine Angriffe vor allem auf Einzelpersonen, um durch Verhaftungen und Einschüchterungen kirchlichen Widerstand zu unterbinden. Auf den Kirchenkampf hatte das im Juli 1933 abgeschlossene Reichskonkordat nur eine retardierende Wirkung; es gewährte der Kirche erhebliche, seit langem erstrebte Zugeständnisse, vor allem in der Schulfrage, und trug anfangs durchaus zu einer Beruhigung der katholischen Bevölkerung bei. Durch das Konkordat erhielt die Kirche eine Absicherung ihres Rechtsstandpunktes, und es schuf bei Vertragsverletzungen eine solide Basis für den kirchlichen Protest.

Dem nationalsozialistischen Gleichschaltungswillen fiel unmittelbar nach der Machtergreifung eine Reihe katholischer „Milieuorganisationen" zum Opfer. Am 23. Juni 1933 wurde das Ortskartell Hannover der Christlichen Gewerkschaften in die Deutsche Arbeitsfront eingegliedert und seine Zentrale in der Steintorfeldstraße 2 von der Nationalsozialistischen Betriebszellenorganisation (NSBO) besetzt. Im August erfolgte die fristlose Entlassung Anton Storchs. Die Auflösung der Deutschen Zentrumspartei am 5. Juli 1933 hatte auch die Liquidierung der entsprechenden Unterorganisationen in Hannover zur Folge, die hier relativ ruhig und unspektakulär verlief. Der „Hannoverschen Volkszeitung", die ihre kritische Haltung dem Nationalsozialismus gegenüber auch nach der Machtergreifung beibehielt, erteilte man kurz vor der Wahl vom 5. März 1933 wie anderen Zentrumsblätter ein kurzfristiges Verbot wegen Veröffentlichung eines Aufrufes katholischer Verbände. Anfang 1934 verschmolz sie mit der „Hildesheimschen Zeitung" zur „Landespost. Tageszeitung für das Land Niedersachsen" und konnte bis zum Ausbruch des Krieges in dieser Form erscheinen; um einem Dauerverbot zu entgehen, gab sie allerdings ihren kirchlich-katholischen Charakter auf. Diese Funktion übernahm das 1933 von Bischof Bares[170] gegründete „Kirchenblatt für das Bistum Hildesheim"; es entwickelte u. a. anhand von kirchengeschichtlichen Abhandlungen und Berichten über ausländische Kirchenverfolgungen sowie durch die Auseinandersetzung mit dem „Neuheidentum" ein Instrumentarium, mit dem verdeckt Kritik am Regime geübt wurde. 1941 musste es aufgrund verweigerter Papierzuweisung sein Erscheinen einstellen.[171]

---

170 Manfred Clauss u. Erwin Gatz, Bares, Nikolaus (1871–1935), in: Gatz, Bischöfe 1785/1803 (wie Anm. 102), S. 23–26.

171 Manfred Hüsgen, Die Bistumsblätter in Niedersachsen während der nationalsozialistischen Zeit. Ein Beitrag zur Geschichte der katholischen Publizistik im Dritten Reich, Hildesheim 1975.

Das Reichskonkordat bot den katholischen Vereinen eine gewisse Bestandsgarantie, soweit sie ausschließlich rein religiösen, kulturellen und caritativen Zwecken dienten. Da in der Folgezeit jede Aktivität außerhalb des rein religiösen Bereiches als politisch und damit als unerlaubt erklärt wurde, trug das Konkordat zwar dazu bei, dass sich Staat und Partei beim Vorgehen gegen die katholischen Verbände zeitweilig Zurückhaltung auferlegten; es verhinderte aber auf Dauer nicht die staatlichen Zwangsmaßnahmen gegen die katholischen Organisationen. Die Vorgehensweise des Regimes gegen die katholischen Vereine reichte vom Verbot der Doppelmitgliedschaft, nach der ein Deutscher nicht gleichzeitig einer staatlich-nationalsozialistischen und einer ähnlichen kirchlichen Organisation angehören durfte, über berufliche Benachteiligungen für Mitglieder kirchlicher Vereine bis zur direkten Auflösungsorder. So wurden in Hannover im Oktober 1937 sechs Lehrerinnen aus dem Schuldienst entlassen, weil sie sich geweigert hatten, aus dem Katholischen Lehrerinnenverein auszutreten.[172] Der Männerverein St. Bernward, der 300 Mitglieder besaß, musste am 26. September 1937 seine Tätigkeit einstellen. Es fanden lediglich noch heimliche Treffen statt; die Vereinsutensilien, wie Protokollbücher und Mitgliedslisten, entgingen bei Hausdurchsuchungen der Beschlagnahme, weil sie in der Wohnung des Schriftführers eingemauert waren. Bereits 1934 hatte sich die Liedertafel des Männervereins mit der entsprechenden Gruppe des katholischen Männervereins St. Maria zur „Liedertafel von 1888 Hannover-Döhren" zusammengeschlossen; unter diesem Deckmantel konnten beide Vereine noch eine Zeitlang überleben.[173] In ähnlicher Weise mussten auch die anderen katholischen Vereine jede öffentliche Wirksamkeit einstellen; ihre Mitglieder trafen sich nur noch zu rein religiösen Veranstaltungen oder führten als privat bezeichnete Treffen in kleinerem Kreis durch. Zu den wenigen katholischen Standesorganisationen, die sich bis zum Ende des Dritten Reiches in ihrem Organisationskern erhalten konnten, zählte die „Deutsche Kolpingfamilie", die auf staatlichen Druck hin ihre Immobilien aufgeben musste. Dazu gehörten in Hannover das Katholische Gesellenhaus in der Clemensstraße sowie das Lehrlingsheim „Kolpinghaus" in der Escherstraße, die 1938 an die Stadt verkauft wurden.[174] Häufig übernahmen die Mitglieder der

---

172 Schmiechen-Ackermann, Kooperation (wie Anm. 153), S. 365.
173 Rudolf Heise, Männerverein St. Bernward, gegründet 1888 als St. Josephsverein, Döhren, in: Irene Kutschke u. a. (Hg.), Was ist das, St. Bernward? Auf der Suche nach einer katholischen Pfarrgemeinde. Die St. Bernwardsgemeinde, Döhren besteht hundert Jahre. 1893–1993, Hannover 1993, S. 140–143, hier S. 141; Frido Möller, 100 Jahre Katholischer Männerverein St. Marien, in: Festschrift Katholische Männergemeinschaft St. Maria 1888–1988, Hannover [1988], S. 13–20, hier S. 17.
174 Hilmar Mecke u. Dieter Dlugaiczyk, 100 Jahre Kolping in Hannover, [1965], S. 19.

alten Vereine während des Krieges die Aufgabe, schriftlichen Kontakt mit den im Felde stehenden Gemeindemitgliedern zu unterhalten, durch den man die gegenseitige Verbundenheit zeigen und Trost spenden wollte; den Pfarrern war ein derartiger Schriftverkehr von der Gestapo in der Regel untersagt worden. Pfarrer Alois Gödecke von St. Elisabeth missachtete dieses Verbot und sandte während des Krieges Schreiben an Soldaten und Evakuierte.[175] Die Gefährdung und spätere Auflösung der Vereine führte in einigen Gemeinden Hannovers zur Organisation der Laienarbeit im Sinne der Katholischen Aktion, wonach entsprechend den Vorstellungen Papst Pius' XI. die Katholiken unter Berufung auf das allgemeine Priestertum der Gläubigen am Apostolat der Kirche teilnehmen und gegen die Entchristlichung der Gesellschaft missionarisch tätig werden sollten. Damit schuf man einen „Paradigmenwechsel weg vom freien Laienengagement in den Vereinen und hin zur Teilhabe der Laien am hierarchischen Apostolat".[176] An die Stelle der Vereine trat die Zusammenfassung der Gläubigen nach den Naturständen der Jungmänner, der Jungmädchen, der Männer und Frauen.

Die katholischen Jugendverbände

Besondere Aufmerksamkeit widmete das nationalsozialistische Regime den kirchlichen Jugendverbänden. Im Unterschied zur evangelischen Jugendbewegung, die größtenteils in die Hitlerjugend überführt wurde, konnten die katholischen Jugendorganisationen einstweilen aufgrund der Konkordatsbestimmungen und der eindeutigen Haltung des Episkopates ihre Selbständigkeit bewahren. Sie waren jedoch häufigen Übergriffen untergeordneter Organe der NSDAP und der Hitlerjugend ausgesetzt. So besetzte im Sommer 1934 eine hannoversche HJ-Gruppe das Heim des katholischen Schülerbundes „Neudeutschland" und verweigerte trotz des Hinweises der Polizei auf die Widerrechtlichkeit der Aktion die Rückgabe. Der Leiter der hannoverschen „Neudeutschland"-Gruppe, Pater Hermann Grünewald,[177] musste der HJ das Heim gegen Zahlung einer Miete überlassen.[178]

---

175 Scharf-Wrede, Welt (wie Anm. 135), S. 92–94.
176 Bernhard Schneider, Kirchliches Leben, Frömmigkeit und Seelsorge im gesellschaftlichen Wandel, in: Bernhard Schneider u. Martin Persch (Hg.), Beharrung und Erneuerung 1881–1981 (Geschichte des Bistums Trier 5), Trier 2004, S. 263–387, hier S. 377f.; für Hannover vgl. Staatspolizeistelle Hannover an Gestapo Berlin, 4. Nov. 1934, 5. Febr. 1935, 4. März, 1935, in: Klaus Mlynek (Bearb.), Gestapo Hannover meldet … . Polizei- und Regierungsberichte für das mittlere und südliche Niedersachsen zwischen 1933 und 1937, Hildesheim 1986, S. 259, 305, 330.
177 Klaus Schatz, Geschichte der deutschen Jesuiten (1814–1983), Bd. 5: Glossar, Biogramme, Gesamtregister, Münster 2013, S. 188.

Trotz dieser Bedrängnisse blieben katholische Jugendgruppen weiterhin attraktiv. Noch im Frühjahr 1935 verzeichnete die Staatspolizeistelle Hannover eine starke Abwanderung vor allem vom BDM in die konfessionellen Jugendverbände, während die HJ selbst ihren Mitgliederbestand weitgehend halten konnte.[179] Einen Schwerpunkt kirchlicher Jugendarbeit bildete die Auseinandersetzung mit der NS-Ideologie; in den gut besuchten Veranstaltungen setzte man sich mit Rosenbergs „Mythos des 20. Jahrhunderts" und der von völkischem Gedankengut geprägten Deutschen Glaubensbewegung auseinander, die das Christentum durch einen „arisch-nordischen" Glauben ersetzen wollte.[180] Bischof Joseph Godehard Machens,[181] der die Diözese Hildesheim seit 1934 leitete, nahm die Firmungen zum Anlass, um vor der nationalsozialistischen Weltanschauung zu warnen. Am 30. Mai 1935 führte er vor den Firmlingen in der St. Clemens-Kirche aus: „Die größte Gefahr für Euch sind die Menschen, die für die Deutsche Glaubensbewegung Propaganda machen, darum meidet sie! Ihr müßt die Mutter Maria mehr lieben als alles andere. Die Heilige Messe ist für Euch das Wichtigste, was es gibt." Beim anschließenden Gottesdienst in St. Benno forderte er die Firmlinge auf, sich nicht weismachen zu lassen, „die christliche Religion sei jüdisch und dem deutschen Volke artfremd".[182] Besonders eindrucksvoll waren die mit einer gewissen Systematik durchgeführten Treuebekundungen der Jugend. Am 8. Januar 1835 versammelten sich in der bis auf den letzten Platz gefüllten St. Joseph-Kirche mehr als 2.000 Jugendliche zu einem Gottesdienst mit dem Bischof. Sie bereiteten ihrem Oberhirten schon beim Eintreffen einen begeisterten Empfang. Nach der kirchlichen Feier, in deren Mittelpunkt eine Ansprache Machens' und das Treuegelöbnis der Jugend zu Christus und seiner Kirche sowie zum Gehorsam gegen ihren Bischof standen, brachten ihm die Jugendlichen eine spontane Huldigung dar. Trotz Regen und Schnee harrten sie vor der Kirche und dem Pfarrhaus im Schein der Pechfackeln aus, bis Machens sich am Fenster

---

178 Staatspolizeistelle Hannover an Gestapo Berlin, 4. Aug. 1934, in: Engfer, Bistum Hildesheim (wie Anm. 169), S. 86f.

179 Staatspolizeistelle Hannover an Gestapo Berlin, 3. April 1935, in: Mlynek, Gestapo (wie Anm. 176), S. 340f.

180 Staatspolizeistelle Hannover an Gestapo Berlin, 4. Juli 1935, in: Mlynek, Gestapo (wie Anm. 176), S. 391.

181 Hans-Georg Aschoff, Machens, Joseph Godehard (1886–1956), in: Erwin Gatz (Hg.), Die Bischöfe der deutschsprachigen Länder 1945–2001. Ein biographisches Lexikon, Berlin 2002, S. 262–264; Thomas Flammer, „Wir wollen nur eines, die Seelen retten". Joseph Godehard Machens 1886–1956 – Bischof des Diasporabistums Hildesheim (1934–1956) im Nationalsozialismus, in: Maria Anna Zumholz und Michael Hirschfeld (Hg.), Zwischen Seelsorge und Politik. Katholische Bischöfe in der NS-Zeit, Münster 2018, S. 381–409; Gabriele Vogt, Streiter für Gott. Das bewegte Leben des Hildesheimer Bischofs Joseph Godehard Machens (1886–1956), Hildesheim 2018.

182 Staatspolizeistelle Hannover an Gestapo Berlin, 4. Juni 1935, in: Mlynek, Gestapo (wie Anm. 176), S. 367.

Joseph Godehard Machens (1886–1956), Priesterweihe 1910, 1911 Kaplan in Hasperde/Hameln, 1920 Professor am Hildesheimer Priesterseminar, 1934–1956 Bischof von Hildesheim

zeigte, sich für die Huldigung bedankte und ein begeistert aufgenommenes Heil auf Papst, Führer und Vaterland anstimmte.[183]

Die Aktivität der katholischen Jugendbewegung veranlasste das Regime, Maßnahmen zu ihrer Schwächung einzuleiten. Aufgrund der preußischen Polizeiverordnung vom 23. Juli 1935 wurde den katholischen Jugendgruppen jede nicht rein religiöse Betätigung untersagt; damit waren das Tragen von Bundestracht, Kluft oder Abzeichen, das Mitführen von Bannern sowie Wandern, Zeltlagern und jegliche Ausübung von Sport verboten. Nach dem Inkrafttreten des Hitlerjugendgesetzes vom 1. Dezember 1936 vollzog sich die schrittweise Auflösung der katholischen Jugendverbände. Die Liquidierung des Katholischen

---

183 Staatspolizeistelle Hannover an Gestapo Berlin, 5. Febr. 1935, in: Mlynek, Gestapo (wie Anm. 176), S. 305.

Jungmännerverbandes Deutschlands in Hannover erfolgte am 7. Februar 1939.[184] Die kirchliche Jugendarbeit wurde danach in verdeckter Form weitergeführt oder bestand nur noch in der reinen Seelsorgearbeit an der eigentlichen Pfarrjugend. Die „Deutsche Jugendkraft" wandelte sich zu eigenständigen Sportvereinen unter den Namen „Marathon" und „Saxonia" um, in denen sich mehrere Gemeindegruppen vereinigt hatten; diese Vereine waren von der Kirche unabhängig, aber weiterhin katholisch geprägt.[185] Jungschärler wurden in Messdienergruppen zusammengefasst.[186] In St. Elisabeth unternahmen Mitglieder der Jugendvereine trotz des Verbotes weiterhin die bis dahin üblichen, jetzt als „historische Fahrten" getarnten Ausflüge zu alten Kirchen, Klöstern und Burgen. Kurz vor Ausbruch des Zweiten Weltkrieges kamen noch über 100 Jugendliche in den Hansa-Festsälen an der Marienstraße anlässlich der Hochzeit zweier aktiver Gruppenmitglieder zusammen. Für manche Teilnehmer folgten stundenlange Verhöre durch die Gestapo.[187] Auch Geistliche mussten sich wegen der verdeckten Jugendarbeit Verhören durch die Gestapo unterziehen und wurden mit Strafen belegt. So wurde Kaplan Alois Spindler von St. Joseph 1940 wegen Gemeinde- und besonders Ministrantenausflügen, bei denen auch Fußball gespielt wurde, vom Amtsgericht Hannover zu 500,- RM Strafe verurteilt. Sein Mitbruder an St. Joseph, Kaplan Theodor Burchard, hatte als Beteiligter an der verbotenen Jugendarbeit eine Strafe von 250,- RM zu zahlen. Im Jahr zuvor war gegen den Franziskaner P. Hermann Herzig ein Strafbefehl in Höhe von 250,- RM ergangen, weil er mit Mitgliedern der Antoniusgemeinde mehrmals Tischtennis gespielt hatte; Herzig legte Widerspruch ein, woraufhin das Verfahren aufgrund des Amnestieerlasses vom September 1939 eingestellt wurde; eine Geldstrafe von 30,- RM, wurde ihm auferlegt, nachdem er in einer öffentlichen Versammlung seiner Gemeinde zu einer Sammlung aufgerufen hatte.[188]

Die katholischen Schulen

Ein Hauptziel der nationalsozialistischen Maßnahmen zur „Entkonfessionalisierung des Lebens" stellten die Konfessionsschulen und der Religionsunterricht dar.

---

184 Gestapo Hannover an Winter, 7. Febr. 1939, in: Hans Potthast, Katholische Jugend zur Zeit des Nationalsozialismus in der Diözese Hildesheim. Ausgewählte Beispiele aus der Stadt Hannover, Hannover 2000, S. 97 (Staatsexamensarbeit Universität Hannover, Fachbereich Erziehungswissenschaften, Masch.schr.).

185 Schmiechen-Ackermann, Kooperation (wie Anm. 153), S. 370.

186 Potthast, Jugend (wie Anm. 184), S. 98.

187 Scharf-Wrede, Welt (wie Anm. 135), S. 83.

188 Potthast, Jugend (wie Anm. 184), S. 98f.; Schmiechen-Ackermann, Kooperation (wie Anm. 153), S. 396f.

Gerechtfertigt wurde das Vorgehen gegen die Bekenntnisschule mit dem Argument, dass sie zur Spaltung der Volksgemeinschaft beitrügen. Diesen Maßnahmen setzte Bischof Machens beharrlichen Widerstand entgegen. Er hielt die Existenz der Konfessionsschulen für den Bestand des Katholizismus in der Diaspora für unentbehrlich; dies umso mehr wegen der wachsenden Durchdringung der Simultanschulen mit nationalsozialistischem Gedankengut. In seinem Kampf konnte sich Machens auf die einschlägigen Bestimmungen des geltenden Preußischen Volksschulunterhaltungsgesetzes von 1906 stützen, das die Konfessionsschule als Regelschule festlegte und nur bei Neugründungen Simultanschulen zuließ; außerdem gewährleistete § 23 des Reichskonkordates die Beibehaltung und die Neuerrichtung katholischer Bekenntnisschulen. In etlichen Hirtenbriefen und Flugblättern forderte der Bischof seine Diözesanen auf, für die Aufrechterhaltung der katholischen Schulen einzutreten. Sein Engagement führte letztlich zur Verzögerung ihrer Aufhebung.[189]

In Hannover begann die Kampagne des Regimes damit, dass 1936, ungeachtet einer langjährigen Tradition, den Geistlichen die Erteilung des Religionsunterrichts in den Elementarschulen unter Hinweis auf eine ausreichende Anzahl nichtgeistlicher Lehrkräfte untersagt wurde.[190] In den folgenden Jahren wurde der Religionsunterricht, der zwar ordentliches Lehrfach an den Schulen blieb, durch die Reduzierung der Stunden systematisch abgebaut, bis er 1943 aufgrund der Kriegssituation und der abnehmenden Zahl der Lehrkräfte gänzlich eingestellt wurde. Kirchlicherseits versuchte man, dem Abbau des schulischen Religionsunterrichtes durch die Einrichtung von außerschulischen Seelsorgestunden entgegenzuwirken. Bis 1939 waren die sechs städtischen katholischen Volksschulen und die katholische Sonderschule in Simultanschulen umgewandelt, was u. a. mit dem fadenscheinigen Argument gerechtfertigt wurde, dass man mit dieser Maßnahme die durch das hohe Verkehrsaufkommen gestiegenen Gefahren für die Schüler verringern wollte. Der hannoversche Oberbürgermeister Henricus Haltenhoff scheint die Umwandlung wegen rechtlicher und organisatorischer Bedenken eine Zeitlang hinausgezögert zu haben. Letztlich blieben alle Anstrengungen zur Rettung der Konfessionsschule, wie der energische Protest Propst Heinrich Leupkes[191] und die eindeutige Entscheidung der katholischen

---

189 Maria Krebs, Der Kampf um die konfessionelle Schule, in: Engfer, Bistum Hildesheim (wie Anm. 169), S. 135–285; Agnes Lange-Stuke, Die Schulpolitik im Dritten Reich. Die katholische Bekenntnisschule im Bistum Hildesheim von 1933 bis 1948, Hildesheim 1989.

190 Aschoff, Um des Menschen (wie Anm. 74), S. 104–107.

191 Siehe in diesem Band: Thomas Scharf-Wrede, Heinrich Leupke.

Elternschaft zugunsten der Bekenntnisschule, die am 26. März 1939 im Rahmen einer Befragung nach den Gottesdiensten ermittelt wurde, erfolglos. 1938 wurde die katholische Schule in Nienburg und im folgenden Jahr die katholische Schule in Lehrte aufgelöst.[192]

1939 fiel auch die St. Ursula-Schule in Hannover ebenso wie die Ursulinenschulen in Hildesheim und Duderstadt der Auflösung anheim, nachdem bereits zuvor jegliche staatliche Unterstützung eingestellt worden war und man katholische Beamte veranlasst hatte, ihre Kinder nicht auf eine katholische Privatschule zu schicken; dadurch ging der Schule eine wichtige Finanzquelle verloren. Die Schülerinnen wurden nach der Aufhebung der St. Ursula-Schule auf städtische Schulen verteilt; das Schulgebäude wurde z. T. vom Caritasverband übernommen und in einigen Räumen ein Heim für ältere Damen eingerichtet. Einige der in Hannover tätigen Ursulinen, unter ihnen Mater Cäcilia Arnemann, die ehemalige Leiterin des Lyzeums, ließen sich in Meersel-Dreef in Flandern nieder, wo sie auf Wunsch belgischer Eltern eine Mädchenschule eröffneten; andere Ordensfrauen wirkten als Seelsorgehelferinnen.

Das Verhalten der Gläubigen

Je stärker die Wirksamkeit der Kirche im öffentlichen Bereich eingeschränkt wurde, um so mehr verlagerte sich das seelsorgliche Bemühen auf die religiöse Erneuerung und Vertiefung. Dem dienten die von Bischof Machens geförderten eucharistischen Familien-, Ehe- und Jugendwochen, die Einkehrtage für Schulentlassene sowie seine zahlreichen Hirtenbriefe und Stellungnahmen zu Tagesfragen, besonders während der Wallfahrten nach Ottbergen und Germershausen, die den nationalsozialistischen Angriffen auf die Kirche entgegenwirken sollten. Den Klerus wollte Machens in seiner Widerstandskraft durch Dechanten-, Pastoral- und Priesterkonferenzen, bei denen er häufig anwesend war, und vor allem durch die Diözesansynode von 1937 unterstützen; diese Synode befasste sich mit „Kernfragen zeitnaher Seelsorge" und neuen Seelsorgemethoden. Ihr folgte die Gründung des Diözesanseelsorgeamtes.

Zu den verstärkten seelsorglichen Bemühungen, die die Gläubigen gegen die nationalsozialistische Ideologie immunisieren sollten, gehörten in Hannover die von Ordensgeistlichen durchgeführten Volksmissionen. Nachdem bereits 1933 in

---

192 50 Jahre Pfarrkirche St. Bernward (wie Anm. 138), S. 11.

St. Monika-Erholungsheim in Hannover-Ricklingen

einigen Pfarreien derartige Veranstaltungen stattgefunden hatten, an denen sich z. B. in St. Bernward 70 Prozent der Gemeindemitglieder beteiligten, wurden sie im folgenden Jahr vom 11. bis 28. Oktober auf Initiative des Pfarrers von St. Benno und Vorsitzenden des „Verbandes der katholischen Vereine Hannovers", Wilhelm Offenstein, auf die übrigen Gemeinden ausgedehnt und erfreuten sich einer guten Teilnahme.[193] Neben den Bekenntnisfeiern der Jugend stellten die seit 1933 jährlich durchgeführten „Glaubenswallfahrten" der katholischen Männer im Park des Monikaheimes in Hannover-Ricklingen ein deutliches Zeichen der Kirchentreue dar. 1934 nahmen 3.500, im folgenden Jahr sogar rund 5.000 Männer an der Wallfahrt teil, die dadurch einen betont demonstrativen Charakter erhielt.[194] Wie

---

193 Scharf-Wrede, Welt (wie Anm. 135), S. 86f.; Ders., Zur Geschichte der hannoverschen Marienkirche und Mariengemeinde, in: Aschoff, 1890–1990 (wie Anm. 132), S. 26–39, hier S. 38; Pfarrchronik zum goldenen Jubiläum (wie Anm. 137), S. 50; Irene Kutschke, Missionen in St. Bernward, in: Kutschke, Was ist das (wie Anm. 173), S. 98–104, hier S. 101f.

194 Potthast, Jugend (wie Anm. 184), S. 63–65; Schmiechen-Ackermann, Kooperation (wie Anm. 153), S. 371.

bei der Jugend kam es in einzelnen Pfarreien, häufig in Anwesenheit des Bischofs, zu Glaubenskundgebungen der katholischen Männer und Frauen. Im Allgemeinen waren die Sonntagsgottesdienste in den 1930er Jahren gut besucht, wenn es auch erhebliche Unterschiede zwischen einzelnen Gemeinden gab. In den Gemeinden St. Benno, Hl. Herz Jesu (Misburg), St. Bernward, St. Godehard, St. Heinrich und St. Elisabeth ging der Gottesdienstbesuch zwischen 1930 und 1939 um ein Drittel von 43 Prozent auf 30 Prozent der Gemeindemitglieder zurück; während 1939 in St. Bernward noch 46,5 Prozent der Pfarrangehörigen zur Sonntagsmesse kamen, waren es in St. Heinrich lediglich 28,2 Prozent und in St. Elisabeth 22 Prozent.[195] Trotz der Schikanen und der staatlich geförderten Kirchenaustrittsbewegung hielt sich die Zahl der Katholiken, die die Kirche verließen, in Grenzen. Zwischen 1921 und 1932 belief sich ihre Anzahl in der Stadt Hannover auf 3.958, zwischen 1933 und 1938 auf 3.376. Zwischen April 1937 und Dezember 1942 traten 3.631 Katholiken in Stadt und Landkreis Hannover aus der Kirche aus, wobei der Höhepunkt der Kirchenaustritte im Jahr 1938 lag. In der Stadt verließ in den 1920er und 1930er Jahren in etwa jeder siebte Katholik seine Glaubensgemeinschaft; dabei wiesen die bürgerlichen Wohngebiete höhere Quoten auf als die Arbeiterquartiere. Der Austritt erfasste insbesondere diejenigen, die keine innere Beziehung mehr zur Kirche besaßen.[196]

Die Mehrheit der kirchentreuen hannoverschen Katholiken wahrte eine gewisse Distanz zum Nationalsozialismus und entzog sich seinem Totalitätsanspruch, vor allem wenn kirchliche Angelegenheiten tangiert wurden; dabei wurde die staatliche Obrigkeit nicht in Frage gestellt. Die Lageberichte der Gestapo umschrieben dieses Verhalten als „versteckte Opposition".[197] Diese fand ihren Ausdruck u. a. in der Hilfe politisch Verfolgter oder in Not geratener Sozialisten oder Kommunisten durch Katholiken sowie in der Verbreitung der päpstlichen Enzyklika „Mit brennender Sorge" im März 1937 und der Verteilung von Abschriften der Predigten des Münsteraner Bischofs Clemens August Graf von Galen, in denen dieser im Sommer 1941 Protest gegen die Aufhebung von Klöstern, die Vertreibung von Ordensleuten und die Tötung von Geisteskranken erhob. Diese „Galen-Briefe" wurden von Jugendlichen heimlich auf dem Vervielfältigungsapparat einer Tischlerwerkstatt in der Kaplanstraße (nahe der

---

195 Schmiechen-Ackermann, Kooperation (wie Anm. 153), S. 367f.
196 Schmiechen-Ackermann, Kooperation (wie Anm. 153), S. 352f., 369; Christian Hoffmann u. Thomas Scharf-Wrede, Die Entwicklung der katholischen Kirche in der preußischen Provinzhauptstadt Hannover und ihrer Umgebung (1866–1945), in: Hoffmann/Scharf-Wrede, Katholische Kirche (wie Anm. 74), S. 47–70, hier S. 63.
197 Staatspolizeistelle Hannover an die Gestapo Berlin, 5. Febr. 1935, in: Mlynek, Gestapo (wie Anm. 176), S. 294.

Bischof Hermann Wilhelm Berning (Osnabrück), Bischof Joseph Godehard Machens (Hildesheim) und Bischof Clemens August von Galen (Münster), 1934

Godehardikirche) hergestellt und an zuverlässige Freunde verteilt. In der St. Joseph-Gemeinde wurden sie von einer Sekretärin abgeschrieben, die sie an ihrem Arbeitsplatz in einer Bank vervielfältigte; dabei wurde sie überrascht und von der Gestapo massiv unter Druck gesetzt, was möglicherweise zu ihrer Einlieferung in eine Nervenheilanstalt führte.[198]

Die hannoverschen Geistlichen hielten sich im Allgemeinen mit öffentlicher Kritik am System zurück. Das änderte nach Ansicht der Gestapo nichts an ihrer prinzipiell ablehnenden Haltung gegenüber dem Nationalsozialismus; vor allem in ihren Predigten grenzten sie sich von der nationalsozialistischen Weltanschauung ab.[199] Sympathisanten des NS-Regimes scheint es unter der hannoverschen

198 Schmiechen-Ackermann, Kooperation (wie Anm. 153), S. 371, 379.

199 Schmiechen-Ackermann, Kooperation (wie Anm. 153), S. 393f.

Geistlichkeit nicht gegeben zu haben; lediglich von einem der Kapläne an St. Benno wird berichtet, dass er sich der SA angeschlossen habe, es aber unterließ, in der Gemeinde im nationalsozialistischen Sinne zu wirken.[200] Abneigung gegen das System äußerte sich in den Anfangsjahren des Dritten Reiches in der Verweigerung des „Deutschen Grußes", den die Geistlichen, aber auch Führer und Mitglieder der katholischen Vereine fast durchweg mit den sonst üblichen Tageszeiten „Guten Tag", „Auf Wiedersehen" usw. erwiderten. Zahlreiche Pfarrer lehnten es ab, die Hakenkreuzflagge an den Kirchen zu zeigen, und rechtfertigten dies damit, dass sie noch nicht im Besitz einer solchen Fahne wären oder dass bezüglich der Beflaggung der Kirchen noch Verhandlungen zwischen dem Hl. Stuhl und der Reichsregierung schwebten.[201] Die Vertreter der Katholischen Kirche unterlagen der intensiven Beobachtungs- und Ermittlungstätigkeit der im Mai 1933 in Hannover eingerichteten Staatspolizeistelle. Eine Reihe von Geistlichen und in der Verbandsarbeit tätigen Laien wurde häufig mehrmals zu Vernehmungen vorgeladen, verwarnt oder mit geringfügigeren Strafen belegt. Die Gründe für die Verhöre bzw. Verurteilungen waren unterschiedlicher Art; sie betrafen Verstöße gegen das Sammlungsgesetz, die verbotene Fortführung der Jugendarbeit oder die Verbreitung „unwahrer Gerüchte" in den Predigten, aber auch die Nachprüfung der arischen Abstammung. Insgesamt gingen die Verfolgungsbehörden in der Stadt Hannover gegen die katholische Opposition zurückhaltend vor; möglicherweise sah man im Katholizismus der Diaspora keine nennenswerte Herausforderung für das NS-Regime. Von Verhaftungen über einen längeren Zeitraum waren die hannoverschen Geistlichen nicht betroffen.[202]

Maßnahmen machtpolitischer Art

Als profilierte weltanschauliche Gegner galten der Gestapo vor allem Propst Heinrich Leupke und der Pfarrer von St. Marien Wilhelm Maxen. Bereits vor der Machtergreifung war Leupke von der NS-Tagespresse als „Zentrumspropst" angegriffen worden, u. a. weil er in Kleefeld Schüler, die der HJ angehörten, vom Religionsunterricht ausgeschlossen hatte. Auch nach der Machtübergabe äußerte der Propst Kritik am Nationalsozialismus. Im September 1933 setzte er in einem

---

200 Schmiechen-Ackermann, Kooperation (wie Anm. 153), S. 382f.
201 Staatspolizeistelle Hannover an Gestapo Berlin, 4. Aug. 1834, 4. Nov. 1934, 4. Nov. 1935, in: Mlynek, Gestapo (wie Anm. 176), S. 187, 259, 446f.
202 Schmiechen-Ackermann, Kooperation (wie Anm. 153), S. 406f.

Artikel für die „Westdeutsche Arbeiterzeitung" Faschismus und Marxismus gleich, die beide zur Knechtung und zum Ruin der Völker führten und denen er keine lange Lebensdauer einräumte. Zwar sah die Zeitung von einer Veröffentlichung des Artikels ab; das Manuskript wurde aber bei einer Hausdurchsuchung gefunden und Leupke im Januar 1934 vom Sondergericht in Hannover zu einer zweimonatigen Gefängnisstrafe verurteilt, die dann in eine Geldstrafe von 1200,– RM umgewandelt wurde. Als Leupke im August 1934 die Anordnung nicht befolgte, anlässlich des Todes von Reichspräsident Paul von Hindenburg die Glocken zu läuten, und dies damit rechtfertige, dass er hierfür keine Anweisung des Hildesheimer Generalvikariates als vorgesetzter Behörde erhalten habe und der Staat gemäß dem Reichskonkordat eine derartige Verfügung nicht treffen könne, wurde er von der Staatspolizeistelle Hannover für 48 Stunden in „Schutzhaft" genommen, aufgrund einer Amnestie nach 24 Stunden wieder entlassen. Nach diesen Erfahrungen scheint sich Leupke hinsichtlich seiner Kritik am Nationalsozialismus größere Zurückhaltung auferlegt zu haben.[203] Im Dezember 1935 wurde gegen Maxen, den die Gestapo als „fanatischen Zentrumsmann" bezeichnete, der auch nach der Machtübernahme weiter rege im Sinne des Politischen Katholizismus gewirkt habe, und seinen Kaplan Franz Frese ein Sondergerichtsverfahren wegen Kanzelmissbrauchs eingeleitet, das man später wieder einstellte.[204] Als ehemaliger Reichstagsabgeordneter der Zentrumspartei (1930–1933) war auch Wilhelm Offenstein[205] strenger Überwachung und Schikanen durch die Gestapo ausgesetzt; hinzu kam, dass er nach anonymen Hinweisen jüdischer Abstammung sein sollte. Staatliche Stellen verhinderten seine Ernennung zum Regens des Hildesheimer Priesterseminars und 1940 zum Domkapitular; dennoch bestellte ihn Bischof Machens 1936 zum Nachfolger des inhaftierten Generalvikars Otto Seelmeyer.

Verfahren wegen Verstöße gegen das Sammlungsgesetz wurden gegen Pfarrer Joseph Ludewig von St. Elisabeth und Kaplan Joseph Winter von St. Clemens eingeleitet. Ludewig wurde mehrmals beschuldigt, gegen das Sammlungsgesetz verstoßen zu haben. 1935 wurde ein Verfahren gegen Zahlung einer Strafe von 80,- RM an die NSV eingestellt; ein zweites Verfahren, das sich auf das Sammeln

---

203 Staatspolizeistelle Hannover an Gestapo Berlin, 4. Dez. 1933, 4. Sept. 1834, in: Mlynek, Gestapo (wie Anm. 176), S. 82f., 211f.; Schmiechen-Ackermann, Kooperation (wie Anm. 153), S. 394–396.
204 Schmiechen-Ackermann, Kooperation (wie Anm. 153), S. 398.
205 Ulrich von Hehl u. a. (Bearb.), Priester unter Hitlers Terror. Eine biographische und statistische Erhebung, 2. Bde., Paderborn u. a. 1996, hier I, S. 692; vgl. auch Hans-Georg Aschoff, Offenstein, Wilhelm (1889–1964), in: Gatz, Bischöfe 1945 (wie Anm. 181), S. 271f.; Renate Kumm, Das Bistum Hildesheim in der Nachkriegszeit. Untersuchung einer Diaspora-Diözese vom Ende des Zweiten Weltkriegs bis zum Zweiten Vatikanischen Konzil (1945 bis 1965), S. 34–36.

Propst Joseph Ludewig

von Beiträgen für die „Männer-Sodalität" bezog, fiel unter die Amnestie des Straffreiheitsgesetzes vom 30. April 1938.[206] Von diesem Gesetz profitierte auch Winter, der Gemeindemitglieder um Spenden für ein Geschenk zum 40-jährigen Priesterjubiläum Leupkes gebeten hatte, was ihm einen Strafbefehl in Höhe von 400,- RM einbrachte.[207] Der Franziskaner P. Wendelin (Josef) Günther wurde zusammen mit zwei weiteren Mitbrüdern wegen Devisenvergehen vor dem Berliner Schöffengericht angeklagt, weil sie Gelder des Ordens nach Holland transferiert hatten. Während die beiden Hauptangeklagten zu vier Jahren Zuchthaus bzw. einem Jahr Gefängnis verurteilt wurden, blieb P. Wendelin wegen geringer Beteiligung an dem Vergehen aufgrund einer Amnestie straffrei.[208] Wegen Verstoßes gegen das „Heimtückegesetz" ermittelte man im Januar 1937 gegen P. Grünewald; er sollte sich in einem Vortrag in der Herz-Jesu-Kapelle im Januar 1937 vor 70 bis 80 Frauen staatsfeindlich geäußert haben. Er wurde von einer evangelischen Zuhörerin denunziert. Die Staatsanwaltschaft forderte lediglich eine eindringliche Verwarnung.[209]

---

206 Schmiechen-Ackermann, Kooperation (wie Anm. 153), S. 397.
207 Schmiechen-Ackermann, Kooperation (wie Anm. 153), S. 397; Engfer, Bistum Hildesheim (wie Anm. 169), S. 505f.
208 Schmiechen-Ackermann, Kooperation (wie Anm. 153), S. 397f.
209 Schmiechen-Ackermann, Kooperation (wie Anm. 153), S. 396.

Pfarrer Otto Bank

Härter traf es Otto Bank (1900–1983) aus Achtum, der nach seiner Priesterweihe von 1923 bis 1932 als Kaplan in St. Godehard/Linden und St. Clemens tätig war. Als zweiter Pastor an St. Godehard in Hildesheim äußerte er sich kritisch über den Anschluss Österreichs an das Deutsche Reich und wurde von einem Spitzel denunziert. Seit März 1938 saß er in Untersuchungshaft in den Gerichtsgefängnissen Hildesheim und Hannover und wurde im Sommer 1939 vom Sondergericht Hannover wegen Vergehens gegen das Heimtückegesetz zu einer einjährigen Gefängnisstrafe verurteilt, die er trotz ergangener Amnestie verbüßen musste. Erst im September 1940 wurde Bank aus der Haft entlassen und weiterhin von der Gestapo überwacht. Von 1941 bis 1943 war er Pastor an St. Konrad in Hannover, danach bis 1968 Pfarrer an St. Benno in Linden.[210]

Zu den Geistlichen, die in einem Konzentrationslager starben und zeitweise in Hannover gewirkt hatten, gehörte der Jesuit August Benninghaus (1880–1942).[211] Er war von 1936 bis 1938 in Hannover tätig. Seit 1934 war Benninghaus mehrfach wegen regimekritischer Äußerungen in Strafverfahren verwickelt, die jedoch aus

---

210 Hehl, Priester I (wie Anm. 205), S. 688; Engfer, Bistum Hildesheim (wie Anm. 169), S. 532–534.
211 Schatz, Geschichte V (wie Anm. 177), S. 104; Hehl, Priester II (wie Anm. 205), S. 1004; Helmut Moll (Hg.), Zeugen für Christus. Das deutsche Martyrologium des 20. Jahrhunderts, 2 Bde., Paderborn u. a. ³2001, hier II, S. 783–786.

Pfarrer Otto Bank mit Bischof Joseph Godehard Machens anlässlich des 50-jährigen Kirchweihjubiläums von St. Benno in Hannover-Linden am 26. Oktober 1952

Mangel an Beweisen oder wegen Führeramnestien eingestellt wurden. Im Juni 1941 wurde er wegen angeblich staatsfeindlicher Äußerungen bei Rekrutenexerzitien in Münster verhaftet und erst ins KZ Sachsenhausen und dann ins KZ Dachau eingeliefert, wo er im Juli 1942 infolge Hungers starb. Hier kam auch der Hannoveraner Christoph Hackethal (1899–1942)[212] ums Leben, der von 1924 bis 1928 Kaplan an St. Elisabeth gewesen war. 1934 wurde er Pfarrer in Bündheim.

---

212 Siehe in diesem Band: Thomas Scharf-Wrede, Christoph Hackethal.

Kaplan Christoph Hackethal (rechts) mit Pfarrer Maulhardt, Hildesheim St. Elisabeth, und einem Mitkaplan, um 1928

Wegen staatsabträglichen Verhaltens und defätistischer Äußerungen wurde er 1941 verhaftet und schließlich nach Dachau gebracht. 1943 wurde der hannoversche Jesuit P. Kurt Dehne (1901–1990)[213] ins KZ Dachau eingewiesen.

Von den katholischen Laien gerieten vor allem ehemalige Funktionäre der Zentrumspartei und der Christlichen Gewerkschaften ins Visier der Gestapo. Dazu gehörte Bernhard Pfad (1885–1966),[214] der sich 1914 als Rechtsanwalt in Hannover niedergelassen und 1927 den Vorsitz der lokalen Zentrumspartei übernommen hatte. Für die Nationalsozialisten galt er als typischer Vertreter des Politischen Katholizismus. Nach der Machtergreifung fungierte er häufig als Rechtsbeistand gemaßregelter oder verfolgter Katholiken und wurde selbst dreimal von der Gestapo verhaftet. 1935 saß er für zwei und 1937 für vier Tage in Haft; zuletzt war er im Zusammenhang mit der „Aktion Gewitter" auf Anordnung des

---

213 Siehe in diesem Band: Hans-Georg Aschoff, Kurt Dehne.

214 Siehe in diesem Band: Hans-Georg Aschoff, Bernhard Pfad.

Hannover, St. Bruder Konrad, Rückseite des Pfarrhauses, um 1940

Sicherheitsdienstes der SS vom 22. August bis zum 15. September 1944 im Polizei-Ersatzgefängnis Ahlem inhaftiert. Zusammen mit Freunden hatte er Kontakt zu dem Oppositionszirkel um den Sozialdemokraten und früheren Gewerkschaftsfunktionär Albin Karl, einer „Schlüsselfigur des aktiven Widerstands in Hannover".[215] Zu diesem Netz konspirativer Gruppen, die mit Karl in Verbindung standen, weniger aktiven Widerstand leisteten, aber Vorbereitungen für einen gesellschaftlichen Neuanfang nach der Befreiung vom Nationalsozialismus trafen, gehörten auch die ehemaligen christlichen Gewerkschaftler Anton Storch[216] und Hans Wellmann. Storch war 1921 Gewerkschaftssekretär des Zentralverbandes christlicher Holzarbeiter und 1931 Landesvorsitzender des christlichen Dachverbandes „Deutscher Gewerkschaftsbund" in der Provinz Hannover geworden.

215 Hans Günter Hockerts, Anton Storch (1892–1975), in: Jürgen Aretz u. a. (Hg.), Zeitgeschichte in Lebensbildern, Bd. 4, Mainz 1980, S. 250–266, hier S. 253.

216 Siehe in diesem Band: Hans-Georg Aschoff, Anton Storch.

Die Aufhebung der hannoverschen Gewerkschaften hatte seine fristlose Entlassung im August 1933 zur Folge. Mit Hilfe Pfads als Rechtsbeistand prozessierte Storch in drei Instanzen gegen die Deutsche Arbeitsfront, bis schließlich das Leipziger Reichsarbeitsgericht seine Ansprüche auf sechsmonatige Gehaltsfortzahlung und Rückerstattung der eingezahlten Beiträge für die Altersvorsorgekasse der Christlichen Gewerkschaften bestätigte. Während des Dritten Reiches war Storch als Versicherungsvertreter tätig und wurde nach Kriegsausbruch bei der hannoverschen Feuerschutzpolizei dienstverpflichtet. Mehrfach wurde er wegen angeblich staatsfeindlicher Reden denunziert, ohne dass man ihm etwas nachweisen konnte. Auch Wellmann,[217] der seit 1919 als Bezirksleiter und Verbandsvorsitzender hauptamtlich in der Christlichen Gewerkschaft in Hannover tätig war, wurde 1933 arbeitslos und arbeitete bis zum Kriegsende als Buchhalter und Lagerführer in der Bauindustrie. Er baute einen informellen Freundeskreis ehemaliger christlicher Gewerkschaftler auf und führte diesen gegen Ende des Krieges der Untergrundbewegung um Karl zu, dessen Wohnungsnachbar und Vertrauensmann Wellmann war. Dadurch wurde eine wichtige Grundlage für die lokale Gründung der Einheitsgewerkschaft nach dem Krieg geschaffen. Als entschiedener Gegner des Nationalsozialismus zeigte sich auch der Industrielle Friedrich Kochheim (1891–1955),[218] der nach dem Ersten Weltkrieg das „Tänzer-Gruden-Werk" in Hannover-Linden aufgebaut hatte und u. a. wegen staatsfeindlicher Äußerungen zu Zuchthausstrafen und Einweisung ins KZ verurteilt wurde.

Der Kirchenbau

Obwohl die Kirchentreue großer Teile der Gläubigen ungebrochen erschien, war man in kirchlichen Kreisen im Hinblick auf die weitere Entwicklung pessimistisch. Für weite Teile der Diaspora brachte die nationalsozialistische Herrschaft hinsichtlich des Kirchenbaus und der Gemeindegründungen eine Stagnation. Schon vor dem Krieg wurde die kirchliche Bautätigkeit wegen Verweigerung der staatlichen Genehmigung erheblich eingeschränkt und musste während des Krieges praktisch eingestellt werden. Dabei verhielten sich die staatlichen Behörden in den einzelnen Regionen unterschiedlich. Dies betraf auch jene Anordnung aus dem Jahre 1934, die die Überlassung von solchen Räumen untersagte, die der „Würde eines Gottesdienstes" nicht entsprachen. Damit geriet der Gottesdienst auf den

---

217 Schmiechen-Ackermann, Kooperation (wie Anm. 153), S. 348, 361f.

218 Siehe in diesem Band: Hans-Georg Aschoff, Friedrich Kochheim.

Hannover, St. Bruder Konrad, Weihnachten 1942

Außenstationen weiträumiger Pfarreien, der häufig in Schulräumen, Gasthäusern, Sälen usw. stattfand, in Gefahr und musste z. T. aufgegeben werden.

Innerhalb des Stadtgebietes war die St. Bruder-Konrad-Kirche der einzige katholische Kirchenneubau während der Zeit des Nationalsozialismus.[219] Bereits ab 1930 hielten Geistliche der St. Joseph- und der St. Elisabeth-Gemeinde in der Gastwirtschaft „Buchholzer Warte" an der Podbielskistraße Sonntagsgottes-

---

219 Stoffers, Handbuch (wie Anm. 1), S. 73–76; Hoffmann/Scharf-Wrede, Entwicklung (wie Anm. 196), S. 61–63.

Hannover, St. Bruder Konrad, Fronleichnamsprozession durch die Eilenriede 1942

dienste für die Katholiken der östlichen Stadtteile List, Bothfeld und Buchholz. Ende Dezember 1935 erwarb der Gesamtverband das Gelände einer stillgelegten Fabrik an der Overbeckstraße. Nach der Genehmigung des Regierungspräsidenten vom 17. Februar 1936 erfolgte die Grundsteinlegung am 24. Mai, die Weihe durch Bischof Machens am 22. November 1936. In der heutigen Region kam es darüber hinaus noch in Burgdorf, Laatzen und Gleidingen zu Kirchenbauten. Die wenigen Katholiken in Burgdorf[220] und Umgebung gehörten zur Pfarrei St. Bernward in Lehrte. Als im Ersten Weltkrieg eine größere Anzahl katholischer Kriegsgefangener aus Polen, Frankreich und Irland in dieser Gegend arbeitsverpflichtet wurde, beauftragte Bischof Ernst im August 1915 den Kaplan von Herz Jesu in Misburg, in Burgdorf den Sonntagsgottesdienst zu halten. Nach dem Krieg setzte der Zuzug fremder Arbeitskräfte ein; darunter befanden sich mehrere Hundert katholische Mädchen aus dem Eichsfeld, aus Oberschlesien und

---

220 Stoffers, Handbuch (wie Anm. 1), S. 151–154; Leo Beigel u. a., 1935–1995. 60 Jahre Katholische Kirchengemeinde Sankt Nikolaus Burgdorf. Ausstellung im Stadtmuseum Burgdorf. Dokumentation zur Geschichte der Gemeinde, Burgdorf [1995], bes. S. 4–16; Aschoff, Um des Menschen (wie Anm. 74), S. 97.

Westpreußen, die als Saisonarbeiterinnen auf den Spargelfeldern tätig waren und im Spätherbst wieder in ihre Heimat zurückkehrten. Regelmäßiger Gottesdienst fand zuerst in Gasthäusern, dann im Zeichensaal und in der Aula der Mittelschule in Burgdorf statt, wofür eine jährliche Gebühr von 300,- RM gezahlt werden musste. Nach den Misburger Kaplänen übernahmen Franziskaner aus dem Kloster in Ottbergen, dann aus Kleefeld die Seelsorge und den Gottesdienst. 1931 wurde die „Wohlfahrtspflegerin und Pfarrhelferin" Anna Feind, die Schwester des ersten Pastors, mit dem Auftrag zur Betreuung der „Spargelmädchen" und der ortsansässigen Katholiken in Burgdorf stationiert; sie setzte sich auch unermüdlich für den Bau einer Kirche ein. Nach den Plänen des Hildesheimer Dombaumeisters Wilhelm Fricke konnte dieser realisiert und am 7. April 1935 geweiht werden. Das Patrozinium St. Nikolaus sollte an Bischof Nikolaus Bares erinnern, der sich vor seiner Transferierung nach Berlin ebenfalls eifrig für den Kirchenbau engagiert hatte. Die finanziellen Mittel stammten aus einer diözesanweiten Kollekte für den scheidenden Bischof und aus Zuwendungen des Bonifatiusvereins in Paderborn. Etliche Gemeinden hatten sich über das Sammelverbot des hannoverschen Oberpräsidenten hinweggesetzt. Der Seelsorgebezirk von St. Nikolaus umfasste den Nordteil des Landkreises Burgdorf mit 36 Ortschaften und knapp 800 Katholiken. Neben der Kreisstadt wurden auch in Burgwedel, Engensen, Uetze und Hänigsen Gottesdienste gehalten. Als Pastor Alfons Padberg zu Beginn des Krieges die Benutzung eines PKW untersagt wurde, bewältigte er die Wege zu den Außenstationen mit dem Fahrrad und legte wöchentlich ca. 250 km zurück. Im Krieg beschlagnahmte die Wehrmacht das Pfarrheim. 1944 nahm die Zahl der zu betreuenden Katholiken durch das Einströmen von Evakuierten vor allem aus Holland und der Aachener Gegend erheblich zu; allein in Burgdorf waren über 300, in der näheren Umgebung etwa 450, in Uetze und Umgegend über 400 katholische Evakuierte in „Umschlaglagern" untergebracht. Nachdem die evangelische Kirche St. Pankratius durch Bomben beschädigt worden war, fand in St. Nikolaus zeitweise auch evangelischer Gottesdienst statt.

Der hannoversche Vorort Laatzen sollte während des Dritten Reiches als Standort der Leichtmetallindustrie ausgebaut werden.[221] Bereits 1926 hatte der Gesamtverband hier ein Gelände gekauft, das in den 1930er Jahren gegen ein Grundstück in der Eichstraße getauscht wurde. Zum Kuratiebezirk, der weiterhin Teil der Pfarrei St. Bernward/Döhren blieb, gehörten etwa 750 Katholiken in Laatzen und Grasdorf. Patronin der Kirche, die am 13. März 1938 konsekriert wurde,

---

221 Stoffers, Handbuch (wie Anm. 1), S. 59–63;
  Aschoff, Um des Menschen (wie Anm. 74),
  S. 97f.

Burgdorf, St. Nikolaus

war die hl. Mathilde, die Gemahlin König Heinrichs I.; mit diesem Patrozinium wollte man gegenüber den Nationalsozialisten auf die christliche Frühzeit der deutschen Geschichte hinweisen. Am Beginn der Gemeinde im benachbarten Gleidigen stand 1913 die Errichtung einer katholischen Schule an der Oesselser Straße für den Schulverband Ruthe-Gleidingen-Heisede. Der Schulraum wurde für die Sonntagsgottesdienste benutzt. Anfangs stellten polnische Landarbeiter und Katholiken aus Oberschlesien einen wesentlichen Teil der Gemeinde dar, die zur Pfarrei Hl. Dreifaltigkeit in Ruthe gehörte. Am 19. Februar 1939 benedizierte Bischof Machens die St. Josef-Kirche. Im gleichen Jahr wurde die katholische Schule aufgehoben

Der Bau einer Kirche in Langenhagen[222] scheiterte u. a. an der Verzögerungstaktik der lokalen Behörde. Die Gemeindebildung nahm hier wie in Burgdorf ihren Ausgang von der Unterbringung französischer und belgischer Gefangener während des Ersten Weltkrieges. Den Gottesdienst hielten in der Folgezeit Kapläne der hannoverschen Pfarrei St. Joseph in unterschiedlichen Provisorien, bis Mitte der 1920er Jahre eine Scheune am Pferdemarkt erworben und in eine Kapelle umgebaut werden konnte. Einen ersten Plan für einen Kirchenbau lehnte das Landratsamt des Landkreises Hannover ab, weil er den städtebaulichen Ansprüchen nicht genügte. Nachdem der Regierungspräsident 1938 die Genehmigung zum Kauf eines Grundstückes am Ziegeleiweg erteilt hatte, machte der Bürgermeister von Langenhagen gegen den Kirchenbau, den er aus politischen Gründen boykottierte, Bedenken geltend; angesichts knapper Baumaterialien hielt er die Errichtung einer Gemeinschaftshalle für notwendiger. Der Ausbruch des Zweiten Weltkrieges verhinderte schließlich den Kirchenbau. Am 21. Juli 1941 verfügte der Oberpräsident, dass für die gesamte Provinz Hannover keine Baugenehmigungen für kirchliche Neubauten erteilt werden dürften, „da es zur Zeit lebenswichtigere Bauten gibt".[223]

Die Wandernde Kirche, Zwangsarbeiter, Kriegsgefangene

Besonders schwere Belastungen erwuchsen der Diasporaseelsorge während des Dritten Reiches durch die großen Zwangswanderungen. Dabei ging es zunächst um die Vermittlung von Arbeitskräften in Gebieten mit Arbeitskräftemangel und um den Aufbau neuer Industriezentren; durch Reichsarbeitsdienst, Landjahr, Landdienst, Kinderlandverschickung, Dienstverpflichtungen und nach Kriegsbeginn durch Evakuierungen, Zwangsarbeit, Kriegsgefangenschaft und Umsiedlung wurden viele Menschen für kurze oder längere Zeit aus ihrer gewohnten Umgebung entfernt oder an fremden Orten angesiedelt. Für die von der Wanderung erfassten Gruppen und Personen, die der normalen, territorial geordneten Seelsorge nur schwer eingegliedert werden konnten, setzte sich die Bezeichnung „Wandernde Kirche" durch; ein eigenes Referat im Hildesheimer Diözesanseelsorgeamt nahm sich ihrer Probleme in besonderer Weise an.[224] Aufgrund der Diasporasituation, der großen Entfernungen zu den Gottesdienststationen und

---

222 Aschoff, Um des Menschen (wie Anm. 74), S. 98.
223 Hoffmann/Scharf-Wrede, Entwicklung (wie Anm. 196), S. 65.
224 Thomas Flammer, Die „Wandernde Kirche" und das Bistum Hildesheim in der Zeit des Nationalsozialismus, in: Jahrbuch für Geschichte und Kunst im Bistum Hildesheim 82/83, 2014/15,

Hannover-Döhren, St. Bernward

des Mangels an Geistlichen, der durch die Einberufung eines Teils der Kapläne zum Kriegsdienst noch vergrößert wurde, erschien eine ausreichende seelsorgliche Betreuung der „Wandernden Kirche" als ein unlösbare Aufgabe. Schikanöse Verordnungen der Behörden und die kirchenfeindliche Einstellung mancher Bezirksführer und Lagerleiter erschwerten die Seelsorge an Arbeitsverpflichteten und Kriegsgefangen. So hatte Pfarrer Matthäus May von St. Bernward in Nienburg einen Pfarrbezirk von 70 Ortschaften und eingemeindeten Wohnstellen zu betreuen und fungierte als Pfarrer seiner eigentlichen Gemeinde, als

S. 226–229; Thomas Scharf-Wrede, Caritas und „Wandernde Kirche" – Seelsorge vor Ort, in: Hans Otte u. Thomas Scharf-Wrede (Hg.), Caritas und Diakonie in der NS-Zeit. Beispiele aus Niedersachsen, Hildesheim u. a. 2001, S. 291–307.

Standortgeistlicher des Pionierbataillons und als Seelsorger der zahlreichen Arbeitsverpflichteten und Inhaftierten des Nienburger Kriegsgefangenenlagers.[225] In einigen Kirchen, wie in St. Bernward/Döhren, fanden Gottesdienste in polnischer Sprache statt, die von deutschen Gottesdiensten streng getrennt waren und von der Gestapo überwacht wurden.[226] Die seelsorgliche Betreuung der Insassen des Zwangsarbeiterlagers am Misburger Mühlenweg wurde zeitweise von den Franziskanern in Kleefeld wahrgenommen.[227] Mit weniger großen Schwierigkeiten war die seelsorgliche Betreuung der Evakuierten verbunden, die häufig aus den westlichen Teilen des Reiches stammten und unter denen sich auch Geistliche befanden. Im Laufe des Krieges wurden für die Evakuierten in der Region Hannover in Barsinghausen, Pattensen, Springe und Steinhude neue Gottesdienststationen eingerichtet.[228]

Die Auswirkungen des Zweiten Weltkrieges

Erhebliche Beeinträchtigungen erfuhr das kirchliche Leben in der Stadt Hannover durch den Zweiten Weltkrieg. Er bot einmal dem Regime weitere Möglichkeiten, das Wirken der Kirche einzuschränken. So wurden jetzt aus Gründen der Verkehrssicherheit und des Luftschutzes die Fronleichnamsprozessionen untersagt bzw. auf das kirchliche Gelände beschränkt, nachdem bereits 1936 die weltliche Feier des Festes verboten und in den folgenden Jahren der Prozessionsweg verkürzt worden war und nicht mehr mit Fahnen usw. ausgeschmückt werden durfte.[229] Als Industriezentrum war Hannover zwischen dem 1. August 1940 und dem 28. März 1945 über 80 Luftangriffen seitens der Alliierten ausgesetzt. Der schwerste Angriff erfolgte in der Nacht vom 8./9. Oktober 1943 und radierte praktisch die Innenstadt und die Südstadt zwischen dem Aegidientorplatz und der Geibelstraße aus; der Angriff vom 25. März 1945 zerstörte die Nordstadt. Insgesamt wurde mehr als die Hälfte der bebauten Fläche, das Zentrum zu 85 Prozent vernichtet. Am Ende des Krieges war die Einwohnerzahl von 472.000 (1939) auf weniger als die Hälfte, 217.000 (Mai 1945), gesunken.[230]

Von den neun katholischen Pfarrkirchen und den zehn Kuratien und Kapellen wurden St. Clemens, St. Godehard, St. Marien, St. Joseph, St. Heinrich, die Herz-

---

225 50 Jahre Pfarrkirche St. Bernward (wie Anm. 138), S. 12.
226 Kutschke, Was ist das (wie Anm. 173), S. 38.
227 Hoffmann/Scharf-Wrede, Entwicklung (wie Anm. 196), S. 70.
228 Aschoff, Um des Menschen (wie Anm. 74), S. 108f.
229 Hoffmann/Scharf-Wrede, Entwicklung (wie Anm. 196), S. 65.
230 Aschoff, Um des Menschen (wie Anm. 74), S. 109.

Jesu-Kapelle der Jesuiten sowie Hl. Herz Jesu und St. Anna in Misburg meist mit ihren Pfarrgebäuden mehr oder weniger vollständig zerstört. Andere Kirchen, auch außerhalb der Stadt, wurden durch die Luftangriffe in Mitleidenschaft gezogen; die Schäden konnten z. T. während des Krieges behoben werden. Auch eine Reihe der caritativen Einrichtungen wurde durch die Bombardierung beschädigt oder zerstört.[231]

Trotz der äußerst erschwerten Bedingungen wurde die Seelsorge in den Pfarreien fortgesetzt, die häufig auf wenige Hundert Gläubige zusammengeschrumpft waren. Die Teilnahme an den Gottesdiensten, die wegen der Schäden an den Kirchengebäuden zeitweise in Ausweichräumen stattfinden mussten, war angesichts der kriegsbedingten Belastungen zufriedenstellend; in einigen Gemeinden konstatierte man eine Zunahme des Sakramentenempfangs. Die gemeinsam erduldeten Bedrängnisse durch die staatliche Gewalt führten zu einer Annäherung der beiden großen Kirchen; in Hannover gewährte man Gemeinden der anderen Konfession, deren Gotteshäuser durch Luftangriffe zerstört worden waren, Gastrecht in der eigenen Kirche. Die zuvor im Alltagsleben vorhandene Distanz zwischen katholischen und protestantischen Quartiersbewohnern wurde eingeebnet. Geistliche beider Konfessionen fanden sich während des Krieges erstmalig in einem gemeinsamen Arbeitskreis zusammen.[232]

Die Zeit nach 1945

Wiederaufbau und die Gründung neuer Gemeinden

Die Zeit nach dem Zweiten Weltkrieg verlangte von der Katholischen Kirche in Hannover und vom Bistum Hildesheim nicht nur den Wiederaufbau zerstörter Kirchen und Institutionen sowie die Reaktivierung des Gemeindelebens, sondern auch die Lösung neuer Probleme, von denen vor allem die Integration Tausender Flüchtlinge und Vertriebener aus den deutschen Ostgebieten an erster

---

231 Hermann Seeland, Die im zweiten Weltkrieg zerstörten katholischen Kirchen und kirchlichen Anstalten von Hannover, in: Unsere Diözese in Vergangenheit und Gegenwart 21, 1952, S. 93–118; siehe in diesem Band: Hans-Georg Aschoff, Caritasarbeit in der Stadt und Region Hannover.
232 Schmiechen-Ackermann, Kooperation (wie Anm. 153), S. 402f.

Landesbischof Hanns Lilje, Evangelisch-lutherische Landeskirche Hannovers, und Bischof Joseph Godehard Machens, Bistum Hildesheim, um 1954

Stelle stand.[233] Zu den wichtigsten Auswirkungen der durch Flucht und Vertreibung hervorgerufenen Bevölkerungsverschiebung gehörte die Auflockerung bis dahin konfessionell einheitlicher Gebiete, die ihren konfessionellen Charakter seit der Reformation und Gegenreformation nicht wesentlich verändert hatten, dann aber durch den Zuzug andersgläubiger Flüchtlinge mit konfessionellen Minderheiten durchsetzt wurden. Von dieser Entwicklung war in besonderem Maße das Bistum Hildesheim betroffen, das aufgrund seiner geographischen Lage am Ostrand der britischen Zone einer starken Zuwanderung von Vertriebenen ausgesetzt war. Die Zahl der Katholiken stieg im Bistum von 263.800 (1939; neun Prozent der Gesamtbevölkerung) auf 662.000 (1948; 13,3 Prozent).[234]

Die katholischen Vertriebenen verteilten sich über das Gebiet des Bistums und schufen die Grundlage für die Errichtung neuer Gemeinden. Zusammen mit den

---

233 Allgemein: Kumm, Bistum Hildesheim (wie Anm. 205); Aschoff, Um des Menschen (wie Anm. 74), S. 111–117.

234 Aschoff, Um des Menschen (wie Anm. 74), S. 111.

Bischof Heinrich Maria Janssen, um 1968

Gläubigen kam eine größere Zahl Geistlicher in das Bistum (ca. 170), die sich für die Seelsorge in den neuen Gemeinden zur Verfügung stellten. Bis zum Tod Bischof Joseph Godehard Machens 1956 wurden im Bistum Hildesheim etwa 120 Seelsorgestellen neu errichtet, ca. 100 Kirchen und Kapelle neu- bzw. wiedererbaut. Unter Machens' Nachfolger, Bischof Heinrich Maria Janssen,[235] entstanden bis zu dessen Entpflichtung Ende 1982 weitere 250 Kirchenneubauten.[236]

---

235 Hans-Georg Aschoff, Janssen, Heinrich Maria, in: Gatz, Bischöfe 1945 (wie Anm. 181), S. 265–267; Thomas Scharf-Wrede (Hg.), Heinrich Maria Janssen. Bischof von Hildesheim 1957 bis 1982, Regensburg 2008; Kumm, Bistum Hildesheim (wie Anm. 205), S. 26–30.

236 Maria Kapp, Kirchenbau und Kirchenausstattung in der Amtszeit von Bischof Heinrich Maria Janssen, in: Scharf-Wrede, Janssen (wie Anm. 235), S. 64–81.

237 Waldemar R. Röhrbein, Hannover nach 1945: Landeshauptstadt und Messestadt, in: Mlynek/

Nach dem Zweiten Weltkrieg entwickelte sich die Region Hannover zu einem pastoralen Schwerpunkt des Bistums Hildesheim; erhebliches Gewicht kam der Stadt als Sitz der Landesregierung zu.[237] Ihre Einwohnerzahl stieg sprunghaft an und überschritt 1961 mit 577.619 Personen die Vorkriegshöhe. Der Zuzug in den Großraum Hannover wirkte sich auch auf die Anzahl der Katholiken aus. Vor allem die Zuwanderung von Vertriebenen ließ die Zahl der katholischen Bevölkerung absolut und relativ anwachsen. 1940 lebten im Dekanat Hannover 70.835 Katholiken (9,9 Prozent); 1948 waren es 126.997 (14,3 Prozent) und 1957 148.000 (13 Prozent).[238] Der Ausbau des Kirchengemeindesystems als Folge dieses Wachstums übertraf die Entwicklung bis zum Zweiten Weltkrieg bei weitem. Vor allem nach der Währungsreform gingen der Wiederaufbau der im Krieg zerstörten und die Reparatur der beschädigten Kirchen zügig voran; dies geschah häufig unter selbstloser Mitarbeit und großer Opferbereitschaft von Gemeindemitgliedern, weil öffentliche Mittel in der Regel nicht zur Verfügung standen. Bereits zu Beginn der 1950er Jahre war der Wiederaufbau der zerstörten Kirchen beendet, der im großen Ganzen nach den Plänen der Vorkriegszeit erfolgte. Die Herz-Jesu-Kirche in Misburg stand 1948 für den Gottesdienst wieder zur Verfügung; ein Jahr später folgten die Jesuitenkapelle und die St. Heinrich-Kirche; 1950 wurden St. Godehard und St. Joseph vollendet. Länger zogen sich die Bauarbeiten an St. Marien[239] und St. Clemens[240] hin. Bereits 1946 hatte die Vorbereitung für den Wiederaufbau der Propsteikirche begonnen, der nach den von Otto Fiederling, Professor an der Technischen Hochschule Hannover, ausgearbeiteten Plänen in freier Anlehnung an das Entwurfsmodell Tommaso Giustis erfolgen sollte. Die Kirche wurde als Zentralbau auf griechischem Kreuzgrundriss gebaut, dessen Chorschluss im Westen von zwei Türmen flankiert wurde; über der Vierung wurde die bereits von Giusti geplante Tambourkuppel in modifizierter Form ausgeführt. Die Weihe von St. Clemens erfolgte am 24. November 1957 durch den Apostolischen Nuntius in Deutschland, Aloys Muench. Am 12. März 1998 erhob Papst Johannes Paul II. die Kirche mit dem Apostolischen Schreiben „Inter sacras" zur „Basilica minor".

Neben dem Wiederaufbau zerstörter Kirchen vollzog sich in der Nachkriegszeit die Neuorganisation der Seelsorge im Großraum Hannover. Diese bestand hauptsächlich in der Neuerrichtung von Kirchengemeinden und im Bau neuer Kirchen. Dazu gehörte einmal, dass die Seelsorgebezirke, die bereits vor dem

---

Röhrbein, Geschichte II (wie Anm. 23), S. 579–800.

238 Aschoff, Um des Menschen (wie Anm. 74), S. 113.

239 Siehe in diesem Band: Hans-Georg Aschoff, Hannover, St. Maria.

240 Aschoff, Um des Menschen (wie Anm. 74), S. 114f.

Hannover, St. Clemens-Kirche:
Ansicht nach der Zerstörung
1943, um 1947

Krieg eingerichtet und mit einer Kirche versehen worden waren, in Kuratien, d. h. in selbständige Kirchengemeinden umgewandelt wurden. Diese Umwandlung erfuhren in der Stadt Hannover St. Bruder Konrad (1956), St. Antonius (1956) und St. Michael (1956) sowie St. Mathilde, Laatzen (1954), Hl. Dreifaltigkeit, Seelze (1954), und St. Nikolaus, Burgdorf (1956). Zu den neuen Kirchengemeinden, die an Gottesdienststationen der Vorkriegszeit anknüpfen konnten, nach dem Krieg aber erst eine eigene Kirche erhielten, gehörten im Stadtgebiet oder in unmittelbarer Nähe St. Adalbert, Hannover-Herrenhausen (1949 Erhebung zur Kirchengemeinde/1958 Bau der Kirche),[241] St. Augustinus, Hannover-Ricklingen (1950/55),

241 Siehe in diesem Band: Hans-Georg Aschoff, Hannover-Herrenhausen, St. Adalbert. Die erste Zahl bezeichnet das Jahr der Errichtung als selbständige Kirchengemeinde, die zweite Zahl das Weihejahr der Kirche; das Errichtungsdatum ist jeweils dem „Kirchlichen Anzeiger für das Bistum Hildesheim" entnommen.

Hannover, St. Clemens-Kirche, Ansicht von ca. 1952

Mariä Himmelfahrt, Langenhagen (1954/51; Änderung des Namens 1985 in „Liebfrauen"), St. Anna, Misburg (1960/56), Christ König, Hannover-Badenstedt (1965/65), und im Umland Hannovers St. Bonifatius, Wunstorf (1956/54), St. Peter und Paul, Neustadt (1956/65), sowie Maria v. d. Immerwährenden Hilfe, Bennigsen (1962/61).

Durch die Schaffung neuer Stadtteile entstanden in Hannover die Kirchengemeinden Hl. Geist, Hannover-Bothfeld (1956/52; zweiter Kirchenbau 1963), St. Eugenius, Hannover-Mittelfeld (1956/56), St. Franziskus, Hannover-Vahrenheide (1964/64), St. Christophorus, Hannover-Stöcken (1964/63), Hl. Engel, Hannover-Kirchrode (1964/64), und Maria Frieden, Hannover-Buchholz (1965/65). In den Wohngebieten unmittelbar am Stadtrand wurden als neue Gemeinden eingerichtet St. Maria Regina, Berenbostel (1956/54; zweiter Kirchenbau 1973), Maria Rosenkranz, Letter (1958/56), Hl. Familie, Empelde (1960/60), St. Hedwig, Vinnhorst (1960/61), Hl. Herz Mariä, Arnum bzw. Johannes Bosco, Hemmingen (1964/61; Jo-

Hannover, St. Clemens-Kirche, Ansicht nach Abschluss des Wiederaufbaus

hannes Bosco Bau 1973), Maria Trost, Ahlem (1965/64), Corpus Christi, Havelse (1964/61), St. Raphael mit St. Johannes, Garbsen (1970/68), Zwölf Apostel, Langenhagen (1973/73), St. Oliver, Laatzen (1982/77), St. Martin, Hannover-Roderbruch (1977/79), und St. Maximilian Kolbe, Hannover-Mühlenberg (1974/82). In einer Reihe dieser Stadtteile und Vororte wurde bereits seit 1946 Gottesdienst gehalten, waren provisorische Gottesdiensträume eingerichtet oder evangelische Kirchen in Anspruch genommen worden.

Auch im Großraum von Hannover war seit 1946 eine Reihe von Gottesdienststationen entstanden, deren Zahl in der Folgezeit allerdings zurückging, weil ein Teil der zugewanderten Katholiken nach einigen Jahren wegzog oder weil nach dem Ausbau der Infrastruktur Möglichkeiten geschaffen wurden, den Gottesdienst an einem zentralen Ort zu besuchen. Zur Errichtung neuer Kirchengemeinden im Umland Hannovers kam es an folgenden Orten: St. Maria

Hannover-Vahrenheide, St. Franziskus

Immaculata, Mellendorf (1957/59), St. Maria, Sehnde (1957/55), St. Matthias, Uetze (1958/56), St. Barbara, Barsinghausen (1957/51; zweiter Kirchenbau 1984), Christ König, Springe (1956/51; zweiter Kirchenbau 1980), St. Maria, Pattensen (1957/53), Allerheiligen, Eldagsen (1959/59), Hl. Kreuz, Schulenburg (1975/60), St. Matthias, Groß Munzel (1967/51), St. Thomas Morus, Ronnenberg (1975/72), St. Hedwig, Steinhude (1976/53; zweiter Kirchenbau 1980), Unbeflecktes Herz Mariä, Mandelsloh (1975/76), St. Petrus Canisius, Hohnhorst (1976/67), St. Paulus, Großburgwedel (1970/66), St. Maria, Rehburg (1976/71), und Hl. Kreuz, Isernhagen-Altwarmbüchen (1987/71).

Wegen der Entfernung zum Zentrum einiger dieser Kirchengemeinden wurden Filialkirchen eingerichtet; folgende Filialkirchen befanden sich im Großraum Hannover: St. Theresia, Ahlten (zu St. Bernward, Lehrte/1972),[242] St. Barbara, Hänigsen (St. Matthias, Uetze/1961), St. Magdalenen, Evern (St. Maria, Sehnde/1954), Herz Jesu, Neustadt-Hagen (Unbeflecktes Herz Mariä, Mandelsloh/1965), Hl. Familie, Rodewald (Unbeflecktes Herz Mariä, Mandelsloh/1962),

---

242 Die Jahreszahl bezeichnet das Weihejahr der Filialkirche.

Hannover-Vahrenheide, St. Franziskus

St. Johannes Ap., Poggenhagen (St. Peter und Paul, Neustadt/1970), Zum Hl. Kreuz, Luthe (St. Bonifatius, Wunstorf/1971), St. Konrad von Parzham, Bokeloh (St. Petrus Canisius, Hohnhorst/1960), St. Martin, Schneeren (St. Maria, Rehburg/1969), Liebfrauen, Münchehagen (St. Maria, Rehburg/1967), Herz Jesu, Sachsenhagen (St. Hedwig, Steinhude/1963), St. Antonius, Lathwehren (St. Matthias, Groß Munzel/1969), St. Josef, Gleidingen (St. Oliver, Laatzen/1939), St. Jakobus, Weetzen (St. Thomas Morus, Ronnenberg/1968), St. Bernward, Gestorf (Maria v. d. Immerwährenden Hilfe, Bennigsen/1975), St. Christophorus, Wennigsen-Holtensen (Maria v. d. Immerwährenden Hilfe, Bennigsen/1962), St. Hubertus, Wennigsen (St. Bonifatius, Gehrden/1961), und St. Hedwig, Völksen (Allerheiligen, Eldagsen/1982).

In den 1950er Jahren zwangen die bescheidenen finanziellen Mittel zum Bau sehr einfacher Kirchen und Kapellen und vereitelten Bemühungen um neue architektonische Formen.[243] So blieb die vor allem im Kölner Raum in der Zwi-

---

243 Joseph Fehlig, Neue Kirchen im Bistum Hildesheim nach dem Zweiten Weltkrieg, in: Die Diözese Hildesheim in Vergangenheit und Gegenwart 35, 1967, S. 60–69; Kumm, Bistum Hildesheim (wie Anm. 205); S. 119–121; Ulrich Knapp, Das Bistum Hildesheim und seine Kirchen,

Garbsen-Havelse, Corpus Christi

schenkriegszeit entwickelte „christozentrische Saalkirche" im Bistum Hildesheim maßgebend. Charakteristisch war für diesen Kirchentyp der längliche, rechteckige Saal, an den sich ein seitlich eingezogener und durch mehrere Stufen beträchtlich erhöhter Chorraum anschloss. Beispiele waren die erste Kirche in Berenbostel, St. Eugenius, St. Augustinus, St. Anna, Misburg, und Mariä Himmelfahrt, Langenhagen.

Dieser Kirchentypus wurde Ende der 1950er Jahre abgewandelt, indem der Chorraum durch ein Durchziehen der Decke und der Seitenwände bis nach vorn und durch die Reduzierung der Chorstufen seinen „bühnenartigen" Charakter verlor und dadurch eine größere Geschlossenheit zwischen dem Altarbereich und dem Gemeinderaum entstand. Begünstigt durch die Liturgische Bewegung und die vom Zweiten Vatikanischen Konzil eingeleitete Liturgiereform wurde in den 1960er Jahren dieser Typ der „Wegkirche" durch die „Gemeindekirche" abgelöst; die Gemeinde sollte sich nicht wie bisher *vor* dem Altar, sondern möglichst

Straßburg o. J., S. 44–50; Maria Kapp, Joseph Fehlig: Diözesanbaumeister der Nachkriegszeit, in: Jahrbuch für Geschichte und Kunst im Bistum Hildesheim 82/83, 2014/15, S. 276f.; Willi Stoffers (Hg.), Der Zukunft eine Heimat geben. Jubiläumsschrift des Bonifatiuswerkes der deutschen Katholiken im Bistum Hildesheim, Hildesheim 1999.

Garbsen-Havelse, Corpus Christi

um den Altar versammeln. In der „Gemeindekirche", deren Idee nachdrücklich von Bischof Janssen gefördert wurde, tritt an die Stelle des gerichteten Längsraumes mit dem langgestreckten Längsschiff und dem herausgezogenen Chor der *zentrierte* Raum, dessen Grundrissform das Trapez, das unregelmäßige Vieleck oder die Parabel ist. Der Altar ist in den gemeinsamen einheitlichen Raum einbezogen; er findet keine einheitliche bauliche Begrenzung und ist häufig nur noch um einige wenige Stufen erhöht. Beispiele dieses Bautyps in der Region Hannover sind u. a. Hl. Geist, Hannover-Bothfeld, Maria Trost, Ahlem, und St. Paulus, Großburgwedel. Erhebliche Veränderungen erfuhren viele Kirchen durch die Umsetzung der Liturgiereform des Zweiten Vatikanischen Konzils. Neben der Einführung der Volkssprache, wodurch die Gläubigen aktiver am Gottesdienst beteiligt werden sollten, trat eine wesentliche Veränderung durch die Bestimmung ein, dass die Hl. Messe vom Priester „versus populum", zum Volk hin, zelebriert werden sollte; dies hatte in den meisten Kirchen Hannovers die Umgestaltung

Wunstorf-Steinhude, St. Hedwig

des Chorraumes zur Folge, die Anfang der 1970er Jahre im allgemeinen abgeschlossen war.[244] Fast alle Kirchen der Stadt und des Großraumes weisen ein Pfarr- oder Gemeindezentren auf.

Bis Mitte der 1950er Jahre war die Zahl der Seelsorgestellen im Dekanat Hannover auf 46 angewachsen, so dass eine Teilung des Sprengels notwendig wurde.[245] Sie erfolgte zum 1. Februar 1959 im Zusammenhang mit der Neueinteilung der Dekanate im Bistum Hildesheim, deren Zahl von 19 auf 32 erhöht wurde. Das Gebiet der Landeshauptstadt und die nähere Umgebung wurden in drei Dekanate eingeteilt; die drei ältesten hannoverschen Gemeinden, St. Clemens, St. Marien und St. Godehard, bildeten mit ihren Tochtergemeinden je ein Dekanat. Das Dekanat Hannover Mitte, in dem der Propst von St. Clemens geborener Dechant war, umschloss das Zentrum sowie den Süden und

---

244 Maria Kapp, St. Petrus Canisius in Hohnhorst: ein nachkonziliarer Kirchenbau, in: Jahrbuch für Geschichte und Kunst im Bistum Hildesheim 82/83, 2014/15, S. 298f.

245 Wilhelm Stoffers, Die Neuorganisation der Diözese Hildesheim in den Jahren 1949–1959, in: Unsere Diözese in Vergangenheit und Gegenwart 28, 1959, H.2, S. 124–144; Ders., Die Neuorganisation der Diözese Hildesheim in den Jahren 1959 bis 1967 insbesondere die Neuerrichtung von Pfarreien, in: Die Diözese Hildesheim in Vergangenheit und Gegenwart 35, 1967, S. 120–135.

Hannover-Ahlem, Maria Trost

Osten der Stadt mit Laatzen und Misburg; das Dekanat Hannover-Nord erstreckte sich auf den nördlichen Teil der Stadt, einschließlich der Gemeinden Berenbostel, Langenhagen, Mellendorf und Vinnhorst; das Dekanat Hannover-Linden erfasste den westlichen Teil Hannovers unter Einschluss der Gemeinden zwischen Leine und Deister. Der bisher zum Dekanat Hannover gehörende Raum Neustadt wurde mit dem Kreis Nienburg zum Dekanat Nienburg zusammengeschlossen, während im Osten die Gemeinden des Kreises Burgdorf dem wiedererrichteten Dekanat Peine eingegliedert wurden. 1967 lebten in den drei hannoverschen Dekanaten in 39 Pfarreien und eigenständigen Kirchengemeinden rund 140.000 Katholiken; sie stellten 14 Prozent der Bevölkerung dieses Gebietes und knapp 20 Prozent der Diözesanen dar und wurden von etwa 80 Welt- und Ordenspriestern betreut.[246] Neben den Weltgeistlichen wirkten in Hannover weiterhin die Franziskaner (St. Antonius) und die Jesuiten (Friedrich-Spee-Haus); außerdem übernahmen seit 1950 Salesianer (St. Augustinus) und seit 1958 Pallottiner (St. Christophorus) Seelsorgeaufgaben. Außer

---

246 Bistumsarchiv Hildesheim, Personalakte Heinrich Pachowiak (Abkürzung: BAH, PA-HP), Presseverlautbarung, 8. Sept. 1967, „Die Ernennung von Weihbischof Heinrich Pachowiak zum Vicarius Episcopalis in Hannover".

den Vinzentinerinnen und den Ursulinen besaßen seit 1958 die Klarissen eine Niederlassung im Stadtgebiet.[247]

Einen gewissen Abschluss erhielt die kirchliche Neuorganisation durch die Schaffung der „Region Hannover" am 1. Oktober 1974. Die Region stellte eine Erweiterung des ursprünglichen Bereiches des Bischofsvikars von Hannover dar und deckte sich in etwa mit dem politischen Großraumverband Hannover. Diesem Gebiet wurden die Kirchengemeinden der drei hannoverschen Dekanate und die Randgemeinden der Dekanate Alfeld, Borsum, Bückeburg, Hameln, Nienburg und Peine zugeteilt; es wurde in sechs neue Dekanate gegliedert (Hannover Mitte/Süd, Nord, Ost, West, Süd/West und Nord/West). Die neue Region umfasste zum Zeitpunkt ihrer Gründung 55 Kirchengemeinden mit 167.000 Katholiken; das entsprach 14,4 Prozent der Gesamtbevölkerung im politischen Großraum Hannover und 23 Prozent der Katholiken im Bistum. Von den 107 Priestern in der Region waren 72 überwiegend in der Pfarrseelsorge tätig und 35 mit diözesanen, überpfarrlichen oder speziellen Aufgaben (z. B. Krankenseelsorge) betraut. 1986 war die Zahl der Katholiken auf 180.000, die der Gemeinden auf 57 angewachsen.[248]

Das Zweite Vatikanische Konzil betonte im Dekret über das Laienapostolat „Apostolicam actuositatem" die Berechtigung und Verpflichtung der Laien zur aktiven Teilnahme am Sendungsauftrag der Kirche. Dies führte in der zweiten Hälfte der 1960er Jahre zur Gründung einer Reihe neuer Gremien mit einer stärkeren Mitbestimmungsmöglichkeit der Laien. Es entstanden die Pfarrgemeinderäte, die die Pfarrausschüsse und Pfarrkomitees ablösten und sich von diesen u. a. dadurch unterschieden, dass ihre Mitglieder von der Gemeinde gewählt wurden.[249] Auf den Pfarrgemeinderäten bauten die Dekanatsräte und der Diözesanrat der Katholiken im Bistum Hildesheim auf als Gremien zur „Förderung und Koordinierung des Laienapostolates und der Mitverantwortung in der Seelsorge im Dekanat bzw. in der Diözese". Aufgabe dieser Gremien war es vor allem, sich zusammen mit den Inhabern des geistlichen Amtes mit den Problemen der Kirche auf den verschiedenen Ebenen zu befassen, um in gemeinsamen Überlegungen und Beratungen Lösungen zu finden. In der Region Hannover wurden das 1945 gegründete Kuratorium der Katholikenausschüsse und der ihm zeitlich folgende Stadtkatholikenausschuss zum Katholikenausschuss für den Großraum Hannover

---

247 Siehe in diesem Band: Hans-Georg Aschoff, Ordensgemeinschaften und Ordensleben in der Stadt Hannover und Umgebung.

248 Aschoff, Um des Menschen (wie Anm. 74), S. 148f.; etwas abweichende Zahlen bei Werner Benetz, Die Region Hannover in neuer Gestalt, in: Katholische Informationen für die Region Hannover 7, 1975, S. 6f.

249 Über die neuen Gremien siehe in diesem Band: Horst Vorderwülbecke, Gremienarbeit in der Katholischen Kirche in der Region Hannover. Verfasste Laienmitverantwortung.

weiterentwickelt, der sich seit der Änderung der Satzung im Jahr 1979 u. a. aus den Dechanten, Laienvertretern der Dekanate und Priestern mit Sonderaufgaben zusammensetzte.[250] Der Katholikenausschuss sollte die gemeinsamen Anliegen der Katholiken in der Öffentlichkeit vertreten und die Verbindung zu den kommunalen und anderen Institutionen in der Region pflegen sowie zur Integration der „Seelsorgeregion Hannover" beitragen. Im Zuge der Neuordnung des Dekanats Hannover 2007 gingen Aufgabe des Katholikenausschusses auf den neuen Dekanatspastoralrat über.[251]

Bischofsvikar Heinrich Pachowiak

Seit dem Katholikentag 1962 erwog Bischof Janssen den Plan einer Transferierung des Hildesheimer Weihbischofs Heinrich Pachowiak[252] als Bischofsvikar nach Hannover.[253] Als Vorbild galt die Einrichtung in der Osnabrücker Diözese, wo Weihbischof Johannes von Rudloff seinen Sitz in Hamburg hatte. Das Vorhaben des Bischofs wurde durch die Bestimmungen des Zweiten Vatikanischen Konzils über den Charakter und die Aufgaben des weihbischöflichen Amtes begünstigt. Das Konzilsdekret über die Hirtenaufgabe der Bischöfe „Christus Dominus" wertete die Stellung des Weihbischofs entsprechend seiner bischöflichen Würde auf und empfahl dem Diözesanbischof, ihn zum Generalvikar oder zum Bischofsvikar mit sachlicher und räumlicher Kompetenz zu bestellen; er sollte unter der Oberleitung des Diözesanbischofs bestimmte Aufgaben innerhalb des Bistums selbständig wahrnehmen.

Durch den Wechsel Propst Josef Krahes, der 1960 das Amt des Pfarrers von St. Clemens übernommen hatte, als Botschaftsrat an die deutsche Botschaft beim Hl. Stuhl erhielt der von Janssen verfolgte Plan 1967 neue Aktualität. Weihbischof Pachowiak äußerte erhebliche Vorbehalte und drang auf eine genaue

---

250 Werner Benetz, Katholikenausschuß für den Großraum Hannover in neuer Form, in: Katholische Informationen für die Region Hannover 12, 1980, S. 6–8.
251 Satzung für das Dekanat Hannover, 23. April 2007, in: Kirchlicher Anzeiger für das Bistum Hildesheim 2007, Nr. 4, S. 103–105; Ordnung für das Regionaldekanat Hannover im Bistum Hildesheim, 14. März 2011, in: Kirchlicher Anzeiger für das Bistum Hildesheim 2011, Nr. 2, S. 152–156.
252 Hans-Georg Aschoff, Pachowiak, Heinrich (1916–2000), in: Gatz, Bischöfe 1945 (wie Anm. 181), S. 268f.; Kumm, Bistum Hildesheim (wie Anm. 205), S. 31f., passim; Thomas Scharf-Wrede (Bearb.), Heinrich Pachowiak, Weihschof em., Erinnerungen. Hildesheim 2000; siehe in diesem Band: Hans-Georg Aschoff, Heinrich Pachowiak; Ders., Heinrich Pachowiak (1916–2000). Weihbischof in Hildesheim und Bischofsvikar in Hannover, in: Jahrbuch für Geschichte und Kunst im Bistum Hildesheim 86, 2018 (in Vorbereitung).
253 Aschoff, Um des Menschen willen (wie Anm. 74), S. 147f.

Weihbischof Heinrich Pachowiak bei der Weihe der Kirche Maria Frieden in Hannover-Buchholz am 8. Mai 1965

Festlegung seiner Kompetenzen und des Verhältnisses zum Generalvikar. Gemäß dem Konzilsdekret und dem Motu proprio „Ecclesiae Sanctae" (6. August 1966) ernannte Janssen Pachowiak zum 1. Oktober 1967 zum Bischofsvikar unter Beibehaltung der Aufgaben als Weihbischof in der Diözese und übertrug ihm als Wirkungsbereich das Gebiet der drei hannoverschen Dekanate.[254] Am 7. November 1967 zog Pachowiak in die Landeshauptstadt um und nahm in der Propstei von St. Clemens, Hannover, Goethestraße 33, seine Wohnung zusammen mit seiner Schwester Karla, die seinem Haushalt vorstehen sollte, später aber die Leitung der Familienbildungsstätte im Bischof-Steffani-Haus übernahm. Für fast zwei Jahrzehnte sollte Pachowiak das Gesicht des hannoverschen Katholizismus prägen.

---

254 BAH, PA-HP, Ernennungsurkunde, 8. Sept. 1967; Kirchlicher Anzeiger für das Bistum Hildesheim, Nr. 18, 1967, S. 289f.

Die Ernennungsurkunde und die Ergänzende Verordnung vom 8. September 1967[255] legten Pachowiaks Stellung und seine Kompetenzen fest. Ihm wurden die Verwaltung der Propsteigemeinde St. Clemens und der Vorsitz im „Gesamtverband der katholischen Kirchengemeinden in Hannover" übertragen. In den hannoverschen Dekanaten erhielt er als Bischofsvikar die „ordentliche, stellvertretende Gewalt" („potestas ordinaria vicaria") des Diözesanbischofs, dessen Autorität einzig und allein er unterstand. In der Region Hannover sollte der Hildesheimer Generalvikar von seiner Jurisdiktion keinen Gebrauch machen. Nur alle im Zusammenhang mit der Ehe zu regelnden Fragen, die kirchliche Gerichtsbarkeit und die haushaltsrechtlichen Aufsichtsbefugnisse über die Kirchengemeinden und den Gesamtverband wurden weiterhin durch den Generalvikar bzw. den Offizial wahrgenommen, um die Einheit der Diözesanverwaltung zu wahren. Der Bischofsvikar besaß die dem Diözesanbischof gemäß „Christus Dominus" verliehenen Dispensvollmachten. Zu seinen Aufgaben gehörten auch die Durchführung und Überwachung der Lebensordnung der Kleriker und Gläubigen; die Versetzung von Geistlichen und hauptamtlichen Laien wollte der Diözesanbischof nur nach Konsultation des Bischofsvikars vornehmen. Die Referenten des Seelsorgeamtes wurden angewiesen, Konferenzen und Kurse im Amtsbereich des Bischofsvikars nur im Benehmen mit ihm durchzuführen. Die Ernennung eines Bischofsvikars mit derartigen Kompetenzen „hatte damals in den deutschen Diözesen noch keine Parallele".[256] Bei Pachowiaks Ernennung für dieses Amt stand nicht der Gedanke einer Repräsentation der Kirche oder ihrer Vertretung gegenüber der Landesregierung im Vordergrund. Vielmehr erhoffte man sich von dieser Einrichtung eine seelsorgliche Zusammenfassung des Gebietes, die Förderung neuer seelsorglicher Initiativen und die Lösung spezifischer regionaler Probleme.

Pachowiak bekleidete das Amt des Pfarrverwalters an St. Clemens, während der mit der Kirche verbundene Titel eines Propstes ruhte, weil dessen Kompetenzen im Aufgabenbereich des Bischofsvikars aufgegangen waren. Zwar war an St. Clemens Stefan Peusen von 1965 bis 1969 als Kaplan tätig; bei Pachowiak lag aber die Verantwortung für die Pfarrgeschäfte. Seine durch die Wahrnehmung diözesaner Aufgaben bedingte häufige Abwesenheit an Sonntagen führte 1969 zur Anstellung eines eigenen Pastors in der Person Wolfgang Krzizanowskis, dem die Pfarrverwaltung mit Ausnahme der Vermögensverwaltung oblag; diese blieb

---

255 BAH, PA–HP, Ergänzende Verordnung betr. Amtsführung des Vicarius Episcopalis in den drei hannoverschen Dekanaten, 8. Sept. 1967; Kirchlicher Anzeiger für das Bistum Hildesheim, Nr. 18, 1967, S. 291f.

256 BAH, PA-HP, Bischöfliche Pressestelle Hildesheim, Nr. 5, 22. März 1976, „Weihbischof Heinrich Pachowiak, Bischofsvikar in Hannover vollendet das 60. Lebensjahr", S. 3.

Pachowiak vorbehalten. Unter Krzizanowskis Nachfolger, Paul Selke (1974–1981), führte diese Konstruktion zu Schwierigkeiten. Selke wurde daraufhin zum Pfarradjutor mit allen Rechten und Pflichten eines Pfarrers auch hinsichtlich der Vermögensverwaltung und des Vorsitzes im Kirchenvorstand bestellt; der Bischofsvikar blieb jedoch sein Dienstvorgesetzter.[257] Erst mit der Berufung Stefan Peusens erhielt St. Clemens 1981 einen eigenständigen Pfarrer.[258]

Als Bischofsvikar war Pachowiak geborenes Mitglied etlicher Gremien in Hannover. Dazu gehörten der Vorsitz im Stadtcaritasverband und im Kuratorium der St. Ursula-Schule sowie die Mitgliedschaft im Vorstand des Katholischen Bildungswerkes und des Katholikenausschusses für den Großraum Hannover, dessen Ausbau er sein besonderes Augenmerk widmete. Zur Wahrnehmung der vielfältigen Aufgaben des Bischofsvikars war der Aufbau einer Verwaltung unabdingbar. Pachowiak war es ein Anliegen, dass dieser Apparat auf ein Minimum beschränkt blieb. Das „Sekretariat des Bischofsvikars in Hannover", das seinen Sitz in dem 1972 erbauten Bischof-Steffani-Haus in der Goethestraße besaß, bestand im Wesentlichen aus dem „Referenten des Bischofsvikars" in der Person von Werner Benetz,[259] der dieses Amt seit 1970 bekleidete, und zwei Sekretärinnen. Die Aufgabenbereiche dieser Dienststelle betrafen Struktur- und Planungsfragen, Informations- und Öffentlichkeitsarbeit, die Geschäftsführung für den Katholikenausschuss und das Katholische Bildungswerk sowie für das ökumenische Kirchen-Center auf dem Messegelände Hannover. Benetz ging 1994 in den Ruhestand; ihm folgte als Referent des Regionaldechanten Horst Vorderwülbecke. Als 1975 der Stadtcaritasverband von der Ellernstraße in das ehemalige Verwaltungsgebäude der Preussag am Leibnizufer 13–15 zog, „entwickelte sich nach und nach um die St. Clemenskirche herum ein kleines katholisches Zentrum".[260]

Von seinen kirchlichen Kompetenzen hinsichtlich des hannoverschen Klerus machte Pachowiak nur selten und dann einen äußerst diplomatischen Gebrauch. Nur zweimal musste er einen Priester energisch anweisen; ansonsten versuchte er, Konflikte im brüderlichen Gespräch zu lösen.[261] Ein wichtiges Instrument in der Leitung der kirchlichen Region war das Dechantenkonveniat. Es war an die

---

257 BAH, PA-HP, Janssen an Selke, 1. Okt. 1975, Kopie.
258 Vgl. BAH, PA-HP, Homeyer an Pachowiak, 11. Nov. 1983, Kopie.
259 Eva Maria Bodmann u. a. (Hg.), Katholische Informationen für Werner Benetz Region Hannover 1970–1994, Hannover [1994]; siehe in diesem Band: Horst Vorderwülbecke, Werner Benetz, Verantwortung im kirchlichen Dienst.
260 Scharf-Wrede, Heinrich Pachowiak (wie Anm. 252), S. 93.
261 BAH, PAP-HP, Bischöfliche Pressestelle Hildesheim, Nr. 13, 20. März 1986, „Um Beziehungen zwischen Staat und Kirche verdient gemacht", S. 2.

P. Dr. Kurt Dehne SJ, um 1985

Stelle der Gesamtkonferenz der hannoverschen Geistlichen getreten, die wegen ihrer Größe Zeichen der Ineffektivität gezeigt hatte. Das Dechantenkonveniat war eher ein informelles Gremium, das in regelmäßigen Abständen ohne Protokoll und Tagesordnung zusammentrat. Es bestand neben dem Bischofsvikar aus den fünf Dechanten, dem Stadtjugendseelsorger, dem hannoverschen Caritasdirektor sowie Pater Kurt Dehne als Männerseelsorger und diente dem gegenseitigen Informationsaustausch, bemühte sich aber auch um die Entwicklung eines pastoralen Konzeptes. Es behandelte Grundfragen der Seelsorge, der Ausländer, der Jugendarbeit, der Priesterfortbildung und der Weiterbildung der Religionslehrer sowie Anliegen der Caritas. Dabei verhielt man sich bei allen Überlegungen „immer loyal zur Bistumsleitung", für Pachowiak eine Selbstverständlichkeit, die auch von der Diözesanleitung honoriert wurde.[262]

---

[262] Scharf-Wrede, Heinrich Pachowiak (wie Anm. 252), S. 91.

Pachowiak bemühte sich von Anfang an um ein gutes, unkompliziertes Verhältnis zu den kommunalen Stellen. Ihm war bewusst, dass die Katholische Kirche vor allem in den Bereichen Caritas und Jugend auf die Zusammenarbeit mit den Kommunen angewiesen war, dies nicht zuletzt mit Rücksicht auf die öffentlichen finanziellen Zuwendungen. Gute Beziehungen unterhielt er zu Beginn seiner Tätigkeit zu dem hannoverschen Oberbürgermeister August Holweg. Demgegenüber war das Verhältnis zu Herbert Schmalstieg, der 1972 mit knapp dreißig Jahren das Amt des Oberbürgermeisters übernahm, anfangs distanzierter. Erst nachdem Pachowiak die Leistungen der Katholischen Kirche für die Ausländer in der Landeshauptstadt, u. a. die Errichtung eigener Zentren für Spanier und Italiener, deutlich hervorgehoben hatte, „war der Bann zwischen uns mit einem Mal gebrochen".[263] Besondere Aufmerksamkeit widmete Pachowiak den ausländischen Katholiken in Hannover; dies waren hauptsächlich Italiener, Spanier, Portugiesen, Kroaten, Polen und Ukrainer. Plänen, für sie ein gemeinsames Zentrum zu errichten, widersetzte er sich und trug wesentlich zur Errichtung nationaler katholischer Ausländerzentren bei. Zuweilen traten Probleme mit den Pfarreien auf, in denen diese Zentren lagen und deren Kirchen z. T. mitbenutzt wurden.[264]

Das Gegenüber des Bischofsvikars auf evangelischer Seite war nicht der in Hannover residierende Landesbischof, sondern der Landessuperintendent für den Sprengel Hannover. Besonders harmonisch gestaltete sich Pachowiaks Verhältnis zu Landessuperintendent Hartmut Badenhop, der als Superintendent in Göttingen zusammen mit dem dortigen Dechanten Joop Bergsma auf ökumenischer Ebene eng zusammengearbeitet hatte. Pachowiaks gutes Verhältnis zu den Landessuperintendenten erleichterte die Verwirklichung einer Reihe ökumenischer Projekte, wie das ökumenische Messe-Center und das Ökumenische Zentrum auf dem Mühlenberg. Im Laufe der Zeit entwickelte sich zwischen den evangelischen und katholischen Behörden eine Atmosphäre, die dazu führte, dass „man unverkrampft miteinander reden [...], sich gegenseitig ohne Schwierigkeiten anrufen und dabei gegenteilige Ansichten besprechen und evtl. ausräumen" konnte.[265]

Pachowiak hatte sich vorgenommen, mit 70 Jahren seine Position in Hannover aufzugeben und als Weihbischof nach Hildesheim zurückzukehren. Dies geschah zum 1. Juli 1986. Sein Weggang wurde von vielen Priestern, deutschen und aus-

---

[263] Scharf-Wrede, Heinrich Pachowiak (wie Anm. 252), S. 92.
[264] Scharf-Wrede, Heinrich Pachowiak (wie Anm. 252), S. 92.
[265] Scharf-Wrede, Heinrich Pachowiak (wie Anm. 252), S. 95.

Propst Dr. Joop Bergsma, um 1990

ländischen Katholiken, evangelischen Christen, „den gesellschaftlich und politisch Verantwortlichen aller Schattierungen und auf allen Ebenen" bedauert, denn er galt als „ein ungewöhnlich angesehener, gern gesehener, gern gehörter, vielgefragter Mensch, Priester und Bischof, dessen Wort in Hannover Gewicht hat und dessen Rat man sucht".[266] Bischof Josef Homeyer,[267] der 1983 Janssen im Amt des Bischofs von Hildesheim nachgefolgt war, bestellte keinen neuen Bischofsvikar in der Landeshauptstadt, obwohl Pachowiak es für sinnvoll hielt, „einen städtischen Ballungsraum wie Hannover auch kirchlicherseits unter einer eigenen Spitze zusammenzufassen. [...] In meinen Jahren in Hannover habe ich begriffen, wie viele Dinge an Ort und Stelle gebündelt werden müssen".[268] Auch der Katholikenausschuss des Großraumes Hannover hatte versucht, den Bischof umzustimmen, und sprach von „irreparablen Schäden", weil die Katholische Kirche in der Landeshauptstadt so hochrangig wie möglich vertreten sein müsse

---

266 BAH, PA-HP, Bischöfliche Pressestelle Hildesheim, Nr. 13, 20. März 1986, „Um Beziehungen zwischen Staat und Kirche verdient gemacht", S. 1.
267 Hans-Georg Aschoff, Homeyer, Josef, in: Gatz, Bischöfe 1945 (wie Anm. 181), S. 267f.; Michael Lukas, Josef Homeyer (1929–2010). Priester – Bischof – Europäer, Regensburg 2012.
268 Scharf-Wrede, Heinrich Pachowiak (wie Anm. 252), S. 99.

Bischof Dr. Josef Homeyer bei seiner Amtseinführung im Hildesheimer Mariendom am 13. November 1983 mit Erzbischof Johannes Joachim Degenhardt (Paderborn) und Bischof em. Heinrich Maria Janssen

und ein Weihbischof auch ein geeigneterer Ansprechpartner für die Evangelische Kirche sei. Ähnlich äußerte sich Bürgermeister Walter König in einem Brief an den Diözesanbischof.[269] Homeyer rechtfertigte sein Vorgehen mit der Absicht, die Weihbischöfe in einem höheren Maß an der Leitung des Bistums zu beteiligen; er wandte sich gegen eine weitere Regionalisierung der Diözese und strebte eine stärkere Zentralisierung der Verwaltung an.[270] So bedeutete Pachowiaks

---

269 BAH, PA-HP, Hannoversche Allgemeine Zeitung, 6. Juni 1986, „Hildesheim sperrt sich gegen einen Bischof in Hannover".

270 BAH, PA-HP, Bischöfliche Pressestelle Hildesheim, Nr. 3, 24. Juni 1986, „Weihbischof Pachowiak mit Dank und Anerkennung verabschiedet", S. 2.

Abschied eine weitgehende Wiederherstellung der alten kirchlichen Verhältnisse, was viele Beobachter als eine Abwertung der Region Hannover betrachteten. Seine Nachfolger, Joop Bergsma, Klaus Funke und Martin Tenge, fungierten als Propst und Regionaldechant.

Kirchliche Entwicklungen in den letzten Jahrzehnten

Im letzten Viertel des 20. Jahrhunderts zeichneten sich der Priestermangel und die wachsende Entfernung weiter Teile der Katholiken vom kirchlichen Leben als herausragende Probleme ab. Letzteres fand in der zurückgehenden Teilnahme am Sonntagsgottesdienst deutlichen Ausdruck; besuchten im Gebiet der hannoverschen Dekanate 1948 noch 33,1 Prozent, 1957 sogar 34 Prozent regelmäßig die Sonntagsmesse, so fiel der Anteil 1967 auf 23,9 Prozent und 1975 auf 22,2 Prozent. 2016 lag der Anteil der Teilnehmer am Sonntagsgottesdienst im Bistum Hildesheim bei 7,8 Prozent; von einer ähnlichen Höhe ist auch für die Region Hannover auszugehen.[271] Trotz dieser negativen Entwicklung konnte man in den meisten Pfarreien von einem regen kirchlichen und Gemeindeleben sprechen, das vor allem von einem festen Stamm von Gemeindemitgliedern getragen wurde. Gemeindemitglieder wurden in verstärktem Maße zu gottesdienstlichen und seelsorglichen Aufgaben herangezogen, wie die Vorbereitung auf die Erstkommunion und Firmung, die Mitwirkung bei der Kommunionausteilung und die Tätigkeit aktiver Helferkreise zeigten, die im Sinne des Wohnviertelapostolates den Kontakt zu den Pfarreiangehörigen aufzunehmen und aufrechtzuerhalten versuchten.

Der wachsende Priestermangel wirkte sich anfangs dahingehend aus, dass in einer Reihe von Gemeinden die Stelle eines Kaplans nicht mehr besetzt werden konnte und mehrere Gemeinden nur noch von einem Priester seelsorglich betreut wurden. Die Schwierigkeiten, die sich aus dem Nachwuchsmangel im Priesterberuf ergaben, führten dazu, dass theologisch und religionspädagogisch ausgebildete Laien als Pastoralassistentinnen und -assistenten sowie Gemeindereferentinnen und -referenten in den einzelnen Gemeinden eingesetzt wurden. Letztere übernahmen Aufgaben, die zuvor von den Seelsorgehelferinnen wahrgenommen worden waren; zu deren Obliegenheiten hatten in der Regel die Erteilung von Seelsorgestunden, die Mitarbeit in der Kinder-, Jugend- und

---

271 Aschoff, Um des Menschen (wie Anm. 74), S. 149; Deutsche Bischofskonferenz, Katholische Kirche in Deutschland. Zahlen und Fakten 2016/17. Arbeitshilfe 294.

Frauenseelsorge sowie in der Gemeindecaritas, die Abstattung von Hausbesuchen, die Führung der Pfarrkartotek und die Leitung des Pfarrbüros gehört. Hinzu kam, dass auch in der Region Hannover seit den 1980er Jahren verstärkt Ständige Diakone eingesetzt wurden. Das Zweite Vatikanische Konzil hatte den Charakter des Diakonates als eigenen und bleibenden Dienst in der Kirche hervorgehoben. Den Diakonen, die ihr Amt hauptberuflich oder zusätzlich zu ihrem Zivilberuf ausüben, kommt vor allem die Mitwirkung in der Pfarrseelsorge zu; daraus ergeben sich als konkrete Aufgaben die feierliche Taufe, die Austeilung der Eucharistie, die Spendung des eucharistischen Segens, die Überbringung der Kommunion an Kranke und Sterbende, die Assistenz bei einer kirchlichen Eheschließung, die Leitung von Begräbnisfeiern, der Predigtdienst auch innerhalb einer Eucharistiefeier, die Katechese und der Religionsunterricht sowie die Leitung von Wortgottesfeiern.

Im Priestermangel lag auch der Grund für Modellversuche, wie die Gründung von Pfarrverbänden, die bereits in den 1970er Jahren einsetzten. In einem Pfarrverband blieben die einzelnen Pfarreien rechtlich selbständig; sie versuchten jedoch, durch eine intensivere Zusammenarbeit bessere Voraussetzungen für die Seelsorge zu schaffen. Insbesondere in Bereichen wie Erwachsenenbildung, Jugendarbeit, Caritas, Gottesdienstgestaltung, Predigeraustausch und Urlaubsvertretung, Verwaltungsarbeit und Religionsunterricht sollten die vorhandenen Kräfte gezielter eingesetzt und Vereinfachung, Entlastung und Intensivierung der seelsorglichen Arbeit erreicht werden. Nachdem der Plan, einen Pfarrverband der Gemeinden im Nordwesten der Region zu bilden, gescheitert war, wurde 1974 der Pfarrverband Hannover-Südwest gegründet; er umfasste die Kirchengemeinden St. Matthias (Groß Munzel), Maria Trost (Ahlem), Christ König (Badenstedt), St. Benno (Linden), Hl. Dreifaltigkeit (Seelze) sowie Maria Rosenkranz (Letter).[272]

Nach der Jahrtausendwende vollzogen sich im Rahmen des Konzentrationsprozesses im Bistum Hildesheim tiefgreifende Veränderungen im System der Kirchengemeinden. Am 15. Dezember 2003 setzte Bischof Homeyer die kurz- und mittelfristige Strukturplanung „Eckpunkte 2020" für die Diözese in Kraft.[273] Darin war u. a. festgelegt, dass die 280 Pfarreien und 70 Kuratien und Pfarrvikarien bis 2020 auf 120 vermindert werden sollten. Als eine erste Maßnahme wurde 2007 die Zahl der Dekanate von 31 auf 17 reduziert. Dies bedeutete für die Region Hannover, dass die bisherigen sechs Dekanate zum 1. Mai 2007 zum

---

272 Aschoff, Um des Menschen willen (wie Anm. 74), S. 149.

273 Bistum Hildesheim, Eckpunkte 2020. Kurz- und mittelfristige Strukturplanung für die Diözese Hildesheim.

Regionaldekanat Hannover zusammengelegt wurden.[274] Bereits zuvor hatte man mit der Aufhebung bzw. Zusammenlegung von Kirchengemeinden begonnen. 2010 bestanden in der Region Hannover folgende Kirchengemeinden (26 Pfarreien, eine Kuratie):[275] 1. St. Barbara, Barsinghausen (3.930 Katholiken; Pfarrer); 2. St. Nikolaus, Burgdorf (5.070; Filialkirchen: St. Barbara, Hänigsen, St. Matthias, Uetze; Pfarrer, Diakon); 3. St. Paulus, Burgwedel (3.766; Pfarrer); 4. St. Raphael, Garbsen (9.963; Filialkirchen: St. Maria Regina, G.-Berenbostel, Corpus Christi, G.-Havelse; Pfarrer, Pfarrvikar, zwei Diakone, Gemeindereferentin); 5. St. Bonifatius, Gehrden (3.626; St. Christophorus, Wennigsen-Holtensen, St. Hubertus, Wennigsen; Pfarrer, Pastoralreferent); 6. St. Heinrich, Hannover (10.318; St. Elisabeth, Hannover, St. Clemens, Hannover; Propst, Pfarrer, zwei Subsidiare, Diakon, Gemeindereferent); 7. St. Joseph, Hannover (5.520; Pfarrer, Diakon, Gemeindereferent); 8. St. Maria, Hannover (10.414; St. Adalbert, H.-Herrenhausen, St. Christophorus, H.-Stöcken, St. Hedwig, H.-Vinnhorst; Pfarrer, Pfarrvikar, zwei Gemeindereferentinnen); 9. Hl. Geist, Hannover (10.274; Hl. Kreuz, Isernhagen-Altwarmbüchen, St. Bruder Konrad, Hannover, St. Franziskus, H.-Vahrenheide; Pfarrer, Pfarrvikar, Diakon, Gemeindereferentin); 10. St. Bernward, Hannover (4.837; St. Eugenius, H.-Mittelfeld, St. Michael, H.-Wülfel; Pfarrer, Diakon); 11. Hl. Engel, Hannover-Kirchrode (4.817; Pfarrer, Gemeindereferentin); 12. St. Godehard, Hannover (10.162; Christ König, H.-Badenstedt, Maria Trost, H.-Ahlem, St. Benno, H.-Linden; Pfarrer, Pfarrvikar, Subsidiar, Diakon, zwei Gemeindereferenten); 13. St. Maximilian Kolbe, Hannover (6.560; Hl. Familie, Ronnenberg-Empelde, St. Thomas Morus, Ronnenberg; Pfarrer, Subsidiar, Diakon, zwei Gemeindereferent/in); 14. St. Augustinus, Hannover (6.461; St. Johannes Bosco, Hemmingen, St. Maria, Pattensen; Pfarrverwalter, zwei Diakone, Gemeindereferentin); 15. St. Martin, Hannover (11.114; St. Anna, H.-Misburg, St. Antonius, H.-Kleefeld; drei Pfarrer, zwei Diakone, drei Gemeindereferent/innen); 16. St. Oliver, Laatzen (5.890; St. Josef, L.-Gleidingen; St. Mathilde, Laatzen; Pfarrer, Gemeindereferentin); 17. Liebfrauen, Langenhagen (5.098; Zwölf Apostel, Langenhagen; Pfarrer, 2 Gemeindereferent/in); 18. St. Bernward, Lehrte (4.601; St. Theresia, Ahlten; Pfarrer, Diakon, Gemeindereferentin); 19. St. Peter und Paul, Neustadt a. Rbge. (4.823; Herz Jesu, N.-Hagen, St. Johannes Ap., N.-Poggenhagen; Pfarrer, Diakon, zwei Gemeindereferentin-

---

274 Urkunde über die Auflösung der Dekanate Hannover-Mitte/Süd, Hannover-Nord, Hannover-Ost, Hannover-West, Hannover-Süd/West und Hannover-Nord/West sowie über die Errichtung des Dekanates Hannover, 23. April 2007, in: Kirchlicher Anzeiger für das Bistum Hildesheim 2007, Nr. 4, S. 101f.; Christian Hoffmann, Das Dekanat Hannover – eine zentrale Region des Bistums, in: Jahrbuch für Geschichte und Kunst im Bistum Hildesheim 82/83, 2014/15, S. 274f.

275 Schematismus der Diözese Hildesheim 2011, Hildesheim 2011, S. 258–297.

nen); 20. St. Bernward, Nienburg (4.776; Hl. Familie, Rodewald; Pfarrer, Gemeindereferentin); 21. Hl. Geist, Schwarmstedt (Kuratie; 1040; Pfarrer von St. Maria Immaculata, Wedemark-Mellendorf); 22. Hl. Dreifaltigkeit, Seelze (3.823; St. Maria Rosenkranz, S.-Letter; Pfarrer); 23. St. Maria, Sehnde (1576; Seelsorgeeinheit: Sehnde St. Maria, S.-Bolzum St. Josef; Pfarrer); 24. St. Josef, Sehnde-Bolzum (477; Seelsorgeeinheit: Sehnde St. Maria, S.-Bolzum St. Josef; Pfarrer); 25. Christ König, Springe (3.302; Allerheiligen, S.-Eldagsen, St. Hedwig, S.-Völksen, St. Maria v. d. Immerwährenden Hilfe, S.-Bennigsen; Pfarrer); 26. St. Maria Immaculata, Wedemark-Mellendorf (2.971; Pfarrer; Gemeindereferent); 27. St. Bonifatius, Wunstorf (5.805; St. Hedwig, W.-Steinhude, St. Maria, Rehburg-Loccum, Treffpunkt St. Josef Hagenburg; Pfarrer, Pfarrvikar, Gemeindereferent). Bis 2018 reduzierten sich die Kirchengemeinden durch die Eingliederung von St. Barbara, Springe, in die Pfarrei St. Bonifatius, Gehrden, St. Maria, Sehnde, und St. Josef, Sehnde-Bolzum, in St. Bernward, Lehrte, sowie Hl. Geist, Schwarmstedt, in St. Maria Immaculata, Wedemark-Mellendorf. Die Region umfasste nun 23 Pfarreien und 59 Kirchorte.

Im Zuge der Dekanatsneuordnung war die Pfarrei St. Petrus Canisius, Hohnhorst aus dem Regionaldekanat Hannover ausgeschieden und bildete mit Sachsenhagen (Herz Jesu), Bokeloh (Konrad von Parzham) und Lindhorst (St. Barbara) im Dekanat Bückeburg eine Seelsorgeeinheit; nach deren Auflösung 2012 fiel die Filialkirche Konrad von Parzham in Bokeloh an die Pfarrei St. Bonifatius, Wunstorf. Die Kirchengemeinde Hl. Kreuz, Pattensen-Schulenburg, wurde der Pfarrei Hl. Geist, Sarstedt, zugewiesen und die Kirche Maria Frieden in Hannover-Buchholz vertraglich der Polnischen katholischen Mission übertragen, während man die Herz-Jesu-Kirche in Misburg in ein Kolumbarium[276] umwandelte. Bereits in den 1990er Jahren war die Kuratie Hl. Geist, Scharmstedt dem Dekanat Hannover Nord/West eingegliedert worden.

Parallel zur Neustrukturierung des Pfarreiensystems vollzogen sich die Schließung, Profanisierung oder der Abriss von Kirchen, was in den betroffenen Gemeinden z. T. größere Unruhe hervorrief als die Zusammenlegung von Kirchengemeinden. Die „Eckpunkte 2020" hatten festgehalten, dass wegen der nicht mehr finanzierbaren Sanierungs- und Erhaltungsmaßnahmen des großen Gebäudebestandes der Diözese die Kostenseite um 30 Prozent reduziert werden müsse. Homeyers Nachfolger, Bischof Norbert Trelle, entschied 2008, unter Berücksichtigung bestimmter Kriterien alle Kirchen des Bistums verschiedenen Kategorien zuzuordnen; dies sollte die Grundlage bilden, um sich von 20 Prozent der Kirchen zu trennen, „um die verbleibenden 80 Prozent auch auf Zukunft hin

---

276 Siehe in diesem Band: Hans-Georg Aschoff, Hannover-Misburg, Hl. Herz Jesu.

Hohnhorst, St. Petrus Canisius

in einem würdigen Zustand erhalten zu können". Nach einem anderthalbjährigen Dialogprozess, an dem auch die Dekanatspastoralräte, der Priesterrat und der Diözesanrat der Katholiken beteiligt waren, veröffentlichte die Bistumsleitung im September 2009 eine Liste, aus der die Entscheidungen über die Einstufung der einzelnen Kirchen des Bistums ersichtlich waren. Auf der Grundlage dieser Liste wurden bis 2015 mehr als 50 Kirchen im Bistum geschlossen. In Einzelfällen wurde von einer Schließung abgesehen, vor allem wenn dies aus seelsorglichen Gründen als sinnvoll erschien oder wenn die Gemeinden sich zum Unterhalt der Gebäude verpflichteten. 2015 wurde eine neue Kategorisierung der Kirchen vorgenommen, indem man zwischen „Pfarrkirche", „Filialkirche" und „Weitere Filialkirche" unterschied. Gleichzeitig trat ein neues Schlüsselzuweisungssystem in Kraft; danach wurde jede Kirche einer Pfarrei mit einer Pauschalsumme in Höhe von 7000 Euro zu ihrem laufenden Unterhalt berücksichtigt. „Pfarrkirchen" erhielten in ihrer Erhaltung den Vorrang vor allen anderen Kirchen; für sie waren nach Prüfung des Einzelfalles auch bauliche Investitionen möglich, die über den bloßen Erhaltungsbedarf hinausgingen. Letzteres traf auch auf die „Filialkirchen" zu, während für „Weitere Filialkirchen" über die jährliche Schlüsselzuweisung hinaus seitens des Bistums keine baulichen Investitionen mehr bezuschusst wurden und Renovierungs- und substanzerhaltende Maßnahmen von der jeweiligen

Hannover-Misburg, Hl. Herz Jesu

Pfarrei zu tragen waren. Bei einigen „Weiteren Filialkirchen" sollte 2018 eine endgültige Entscheidung hinsichtlich einer Bezuschussung erfolgen. Eine Garantie übernahm das Bistum für die Substanzerhaltung von Sonderkirchen (z. B. Wallfahrtskirchen) und denkmalgeschützte Kirchen.[277]

Bereits vor 2000 war es zur Schließung folgender Kirchen in der Region Hannover gekommen:[278] 1. St. Antonius, Lathwehren (1989, Verkauf, profane Nutzung); 2. St. Bernward, Gestorf (1994, Verkauf, profane Nutzung) und 3. St. Matthias, Groß Munzel (1999, Verkauf, profane Nutzung). Es folgten: 4. St. Johannes Ev., Garbsen (2007, Abriss, auf dem Grundstück Errichtung einer Seniorenwohnanlage);

---

277 Bistum Hildesheim, Einstufung der Kirchen im Bistum Hildesheim, Stand: 1. März 2015.

278 Wikipedia, Liste der profanierten Kirchen im Bistum Hildesheim.

Bischof Norbert Trelle bei seiner Amtseinführung im Hildesheimer Mariendom am 11. Februar 2006

5. Herz Mariä, Hemmingen-Arnum (2008, Abriss 2009, auf dem Grundstück Errichtung einer kommunalen Kinderkrippe); 6. St. Jakobus d. J., Weetzen (2009, Abriss, Errichtung eines Einfamilienhauses auf dem Grundstück); 7. Unbeflecktes Herz Mariä, Mandelsloh (2009, Verkauf an Privatperson); 8. St. Martin, Schneeren (2009, Abriss); 9. Liebfrauen, Münchehagen (2009); 10. Hl. Kreuz, Wunstorf-Luthe (2010, Abriss); 11. St. Magdalenen, Sehnde-Evern (2010, Nutzung durch Musikverein); 12. St. Barbara, Uetze-Hänigsen (2012, Abriss, Einfamilienhäuser auf dem Grundstück); 13. St. Bruder Konrad, Hannover-List (2013, Verkauf und Abriss); 14. St. Hedwig, Völksen (2014, Verkauf); 15. St. Christophorus, Holtensen (2014, Verkauf, Nutzung durch Nähmaschinen-Handelsunternehmen); 16. Hl. Familie, Rodewald (2015, Verkauf); 17. Hl. Kreuz, Altwarmbüchen (2015, Abriss); 18. Hl. Familie, Empelde (2016, Abriss). Unklarheiten bestehen hinsichtlich der Verwendung der Kirche St. Christophorus in Hannover-Stöcken, die nach dem Einstufungsplan von 2015 zu profanieren ist. Die seit 2009 zur Pfarrei Hl. Geist in Sarstedt gehörende Kirche Hl. Kreuz in Pattensen-Schulenburg wurde 2012 profaniert; das Grundstück wurde zwei Jahre später mit dem ehemaligen Kirchengebäude an private Eigentümer verkauft. Die abgerissene Kirche Hl. Kreuz in Altwarmbüchen erhielt auf der gegenüber liegenden Straßenseite einen Nachfolgebau, der am 8. Januar

Garbsen, St. Johannes Ev.

2017 von Bischof Trelle geweiht wurde und der nach über zwanzig Jahren der erste Kirchenneubau im Bistum Hildesheim war. Die neue Hl. Kreuz-Kirche ist eine Kombination von Gotteshaus und Pfarrheim; mit Schiebewänden können Teile des Kirchenschiffs für Veranstaltungen abgetrennt werden, statt Bänke gibt es eine mobile Bestuhlung. Große Fensterfronten öffnen sich zum Ortszentrum hin und sollen Offenheit signalisieren.[279]

2014 lebten in der Region rund 155.000 katholische Gläubige, von denen ca. 21.400 Angehörige anderer Muttersprache waren.[280] In Hannover belief sich der Anteil der Katholiken an der Gesamtbevölkerung auf 13,9 Prozent, in Gebie-

---

279 Siehe in diesem Band: Marie Kleine, Altwarmbüchen, Hl. Kreuz. Als „Weitere Filialkirchen", die nach dem Einstufungsplan von 2015 im Jahr 2015 bzw. 2018 einer Prüfung unterzogen werden sollen, gelten St. Elisabeth, Hannover-Mitte; St. Michael, H.-Wülfel; St. Eugenius, H.-Mittelfeld; St. Mathilde, Laatzen; St. Hedwig, H.-Vinnhorst; St. Franziskus, H.-Vahrenheide; Liebfrauen, Langenhagen; Zwölf Apostel, Langenhagen; St. Antonius, H.-Kleefeld; St. Anna, H.-Misburg; St. Theresia, Ahlten; St. Benno, H.-Linden; Christ König, H.-Badenstedt; St. Hubertus, Wennigsen; Maria Rosenkranz, Seelze-Letter; Maria v. d. Immerwährenden Hilfe, Bennigsen; Allerheiligen, Springe-Eldagsen; St. Maria Regina, Garbsen-Berenbostel; Corpus Christi, Garbsen-Havelse; St. Johannes Ap., Neustadt-Poggenhagen; St. Konrad v. Parzham, Wunstorf-Bokeloh; St. Hedwig, Wunstorf-Steinhude; St. Maria, Rehburg-Loccum.
280 www.kath-kirche-hannover.de/ueber-uns/zahlen-und-fakten/

Hannover-Altwarmbüchen, Heilig Kreuz

ten in unmittelbarer Nähe zum Stadtgebiet auf ca. 15 Prozent und in den restlichen ländlichen Kommunen auf zwei bis acht Prozent. In den 23 Kirchengemeinden und 41 weiteren Gottesdienststationen wirkten neben dem Regionaldechanten 33 Priester im Gemeindedienst; neun Priester übten die Seelsorge in den Missionen für Katholiken anderer Muttersprache und neun weitere Priester in besonderen Arbeitsfeldern (Kategorialseelsorge) aus. Außerdem waren 22 Gemeindereferentinnen und -referenten, 15 Pastoralreferentinnen und -referenten und neun Diakone (zum Teil mit Hauptberuf) im kirchlichen Dienst tätig; hinzu kamen noch je eine Mitarbeiterin und ein Mitarbeiter in besonderen pastoralen Arbeitsfeldern. Aufgrund des „Personalplans 2025" des Bistums Hildesheim stehen für die Zukunft weitere Veränderungen an. Nicht zuletzt als Folge des Priestermangels soll die Region Hannover in acht Pastoralbereiche eingeteilt werden, die mehrere Pfarreien umfassen, die von einem Pfarrer und einem ihm unterstellten Pastoralteam betreut werden.

Bernward Kalbhenn

Eine Italienerin an der Leine.
Die Basilika St. Clemens – Eine Führung durch Hannovers katholische Hauptkirche

Diese Kirchenführung müsste eigentlich im Kaiserdom in Frankfurt am Main beginnen. Dort ist an einer der Seitenwände aus rotem Sandstein eine große, dunkle Marmortafel angebracht, ein Epitaph, gestiftet von den „dankbaren Katholiken der Stadt Hannover". Mit diesem Grabdenkmal soll die Erinnerung an Agostino Steffani wachgehalten werden, „Hofmusikus und Staatsmann in Hannover, Erbauer der St. Clemenskirche daselbst". Vor 300 Jahren, im November 1718, hatte Bischof Agostino Steffani die Weihe des Gotteshauses im hohen Norden des „Heiligen Römischen Reiches" vollzogen, zehn Jahre später war der 73-jährige Italiener aus Venetien „auf der Reise in die Heimat in Frankfurt am Main" an den Folgen eines Schlaganfalls im dortigen Pfarrhaus gestorben und im Kaiserdom bestattet worden. Oberhalb dieser Grabinschrift auf der dunklen Marmortafel ist die Ansicht der Clemenskirche zu sehen.

Wer heute vor der Basilika St. Clemens steht, hat ein anderes Bild vor Augen. Denn beim Wiederaufbau des Gotteshauses nach dem Zweiten Weltkrieg erhielt die Kirche die ursprünglich geplante krönende Kuppel, die 250 Jahre zuvor wohl aus finanziellen Gründen nicht realisiert werden konnte. Aber auch damals schon nahm die erste katholische Gemeindekirche, die nach der Reformation in Hannover erbaut werden konnte, eine Sonderstellung ein; den im Mittelalter entstandenen Hallenkirchen in der Altstadt – mittlerweile evangelisch-lutherische Predigtkirchen – stellten die Katholiken einen Zentralbau im venezianischen Barockstil gegenüber. Als Vorbilder gelten Venedigs Zentralkirchen Santa Maria della Salute und Il Redentore.

Und so „glaubt man sich in Hannover für einen Augenblick in den Süden versetzt", bemerkte beispielsweise die hannoversche Kunsthistorikerin Lieselotte Vossnack. Die Professorin für Bau- und Kunstgeschichte an der damaligen Technischen Universität Hannover hatte vor sechzig Jahren die St. Clemens-Kirche für eine Fachzeitschrift begutachtet. Die Erklärung für den im Norden Europas ungewöhnlichen Baustil lag für sie auf der Hand: Schließlich seien „sowohl der Initiator als auch der ausführende Architekt venezianischer Herkunft gewesen, ein für Hannover erstaunliches Faktum". Vom Hofmusikus und Staatsmann Agostino Steffani war schon die Rede, nun kommt mit Tommaso Giusti ein weiterer Italiener hinzu, Hofmaler und Hofarchitekt in Diensten des hannoverschen Fürstenhauses.

Dass vor 300 Jahren an den Bau einer katholischen Kirche im protestantischen Norden überhaupt zu denken war, hatte einen besonderen Grund: Das Fürstenhaus der Welfen wollte die begehrte Kurwürde erlangen und Herzog Ernst August investierte viel, um dieses Ziel zu erreichen. Und mit Agostino Steffani hatte der Lutheraner nicht nur einen begnadeten Hofmusikus berufen, sondern auch einen hochbegabten Diplomaten. „Wenn trotz großer Schwierigkeiten die Erlangung der Kurwürde für Ernst August glückte, ist dies in nicht unbedeutendem Maße Steffanis Beziehungen zu den katholischen Fürstenhöfen Deutschlands zu verdanken und seiner direkten Verbindung mit Rom", stellt die Kunsthistorikerin Lieselotte Vossnack fest. Mit dem katholischen Kaiser in Wien schloss der Protestant Ernst August eine Allianz, unterstützte ihn mit Geld und Soldaten während der Türkenkriege und bekam im Gegenzug die Kurwürde zugesagt. In einem Separatartikel des Kontraktes musste der Herzog auf Betreiben Steffanis den Katholiken freie Religionsausübung und den Bau einer Kirche gestatten.

Doch der Bau dieser Kirche verzögerte sich immer wieder aus den verschiedensten Gründen, fast ein Vierteljahrhundert lang: Zunächst ließ sich angeblich kein geeignetes Grundstück finden, dann fehlte das erforderliche Geld. Agostino Steffani, zwischenzeitlich in Diensten des Kurfürsten von der Pfalz in Düsseldorf, war mittlerweile zum Bischof geweiht und dann vom Papst als „Apostolischer Vikar für Ober- und Niedersachsen" nach Hannover entsandt worden. An seiner ehemaligen Wirkungsstätte betrieb er nun in neuer Funktion sehr engagiert die Finanzierung und den Bau der katholischen Kirche in einem protestantischen Umfeld, auch um ein Zeichen zu setzen: „Wenn wir die Mittel nicht haben, eine prächtige Kirche zu bauen, so bauen wir eine solche, wie wir es können, und überlassen unseren Nachkommen, eine bessere zu bauen. Die Hauptsache ist, dass hier überhaupt eine Kirche gebaut und konsekriert wird, dass man die Glocken hört, wie sie den Reformierten in den Bart klingen, um ihnen, sowie auch den Lutheranern, alle Veranlassung zu nehmen, sich zu mokieren über uns." Als das Gotteshaus schließlich stand, machte das mittlerweile Hannoversch-Englische Königshaus Schwierigkeiten bei der Weihe: Gemäß eines königlichen Bescheids aus London sollte die Feier nur erlaubt sein, „wenn alles mit Bescheidenheit vor sich gehe, und ohne dass die Evangelischen ein Ärgernis daran nähmen".

Statt der ursprünglich geplanten „großen repräsentativen Kirche als Ausdruck der Existenz des Katholizismus in der Diaspora" mit herausragender Kuppel „schloss ein flaches Walmdach den Kirchenkörper ab und gab ihm bis 1943 das

Hannover, St. Clemens

traurige Aussehen eines großangelegten Provisoriums", urteilt die Kunsthistorikerin Lieselotte Vossnack. Es blieb, wie von Agostino Steffani vorhergesagt, den Nachkommen überlassen, „eine bessere Kirche zu bauen" – mehr als zweihundert Jahre später.

Das gelang dem Architekten des Wiederaufbaus (1945–1959), Prof. Dr.-Ing. Otto Fiederling. Der Inhaber des Lehrstuhls für Raumgestaltung und Entwerfen an der Technischen Universität Hannover entwarf eine zeitgenössische Variante

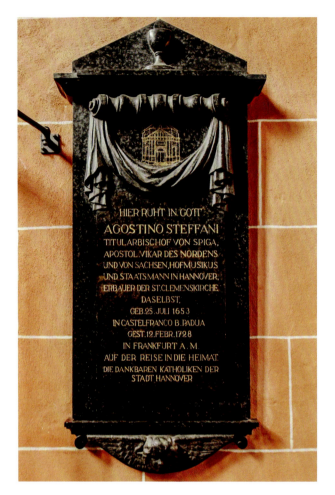

Grab- und Gedenktafel für Bischof Agostino Steffani im Kaiserdom St. Bartholomäus in Frankfurt/ Main

in Anlehnung an die Planungen Tommaso Guistis; er habe damit „ein Werk geschaffen, das sich fern jedes Historismus der architektonischen Gesetzmäßigkeit verpflichtet fühlt", wie die Kunsthistorikerin Lieselotte Vossnack anmerkte: mit einer auf Sichtbarkeit konstruierten Kuppel und einem hellen „Kirchenraum, dessen Weite und Klarheit reinster Ausdruck eines geistigen Prinzips" sei. Dem kann auch heute noch nachgespürt werden, vor allem beim Blick in die lichtdurchflutete Kuppel und den sie tragenden kreisrunden Tambour, an dessen Fuß in goldenen Lettern die Worte des Glaubensbekenntnisses stehen: „Credo in unam sanctam catholicam et apostolicam ecclesiam".

Aus einem Kreis entwickelt, der keinen Anfang und kein Ende kennt, einem Symbol des Vollkommenen, lenkt auch diese Kuppel den Blick nach oben, zum

Hauptportal der
St. Clemens-Basilika
(Heinrich Gerhard
Bücker, Beckum-Vellern,
1984)

Himmel, und zeichnet die Himmelswölbung nach, die wir in freier Natur am Horizont wahrnehmen können und aus einer alten Liedzeile kennen: „Der Himmel wölbt sich übers Land"; oder, wie es in der Schöpfungsgeschichte heißt: „Dann sprach Gott: Es entstehe ein festes Gewölbe inmitten der Wasser, und […] das Gewölbe nannte Gott Himmel". Die Kuppel, die ein Stück Himmel auf die Erde holt und damit bei jedem Kirchenbesuch Trost und Freude spenden und Hoffnung erwecken kann, wie es der Kunsthistoriker Peter Steiner ausdrückt.

Dass mit dem Wiederaufbau von St. Clemens auch die markante Kuppel auf diese Kirche kam, war ein in mehrfacher Hinsicht symbolischer Akt. Zum einen ist besonders bemerkenswert, dass dieses (katholische) Gotteshaus im mehrheitlich protestantisch geprägten Niedersachsen so schnell nach Ende des Krieges wie-

St. Clemens-Kirche Hannover, Ansicht von 1928

dererstehen konnte; schließlich ging es in der Zeit vor allem darum, wieder Wohnraum in der Stadt zu schaffen. Aber wohlwissend, dass die Menschen im kriegszerstörten Deutschland angesichts unübersehbarer Trümmerlandschaften Hoffnungszeichen brauchten, identitätsstiftende Orte, hatte die britische Militärregierung den damaligen Kunstkonservator und späteren Professor für Bau- und Kunstgeschichte an der TU Hannover, Hermann Deckert, gebeten, drei kunstgeschichtlich wertvolle, durch den Krieg zerstörte Bauwerke Niedersachsens zu benennen, die bevorzugt aufgebaut werden sollten; das Osnabrücker Rathaus gehörte dazu, von dessen Treppen 1648 nach dem Dreißigjährigen Krieg der Westfälische Frieden verkündet wurde, und zwei Kirchengebäude in Hannover – Marktkirche und Clemenskirche.

Gottesdienst in der kriegsbedingten Wiederaufbauphase der St. Clemens-Kirche, ca. 1950

Außerdem bemerkenswert: Die Stadtplaner achteten darauf, dass diese Gotteshäuser weithin sichtbar waren, die Sichtachsen beispielsweise vom Hauptbahnhof aus nicht verbaut wurden. So brachte Stadtbaurat Rudolf Hillebrecht einen Hausbesitzer dazu, sein bereits genehmigtes und im Bau befindliches Geschäftshaus am Kröpcke zwei Stockwerke niedriger zu bauen, damit der Marktkirchenturm als jahrhundertealtes Wahrzeichen der Stadt beim Verlassen des Hauptbahnhofs zu sehen war. Und damit auch die Clemenskirche von dort nicht zu übersehen ist, wurden Tambour und Kuppel entgegen der ursprünglichen Planung ein wenig in die Länge gezogen.

Wie schon bei der ersten Kirche im 18. Jahrhundert kam es auch beim Wiederaufbau immer wieder zum Stillstand auf der Baustelle; technische Schwierigkeiten

Blick in die Kuppel der St. Clemens-Basilika, Ansicht von ca. 1990

Nach ihrer Zerstörung im Zweiten Weltkrieg wurde die St. Clemens-Kirche von 1946–1957 wiederaufgebaut und am 24. November 1957 durch den Apostolischen Nuntius Aloysius Muench neu geweiht

und auch Geldmangel brachten Verzögerungen mit sich. Doch die kleine katholische Stadtgesellschaft stand eng zusammen, viele Freiwillige stellten sich zur Verfügung, katholische Gastronomen stifteten reihum das Mittagessen für die Belegschaft; und im Bericht vom Wiederaufbau der Clemenskirche findet sich auch dieser anrührende Satz: „Es sei hier eines unbekannten Mannes gedacht, der nach der Währungsreform das ganze Anfangsgeld für seine mehrköpfige Familie und seinen vollen ersten Wochenlohn in der neuen Währung stiftete".

Als der Apostolische Nuntius in Deutschland, Aloyisius Muench, die wiedererbaute St. Clemens-Kirche am 24. November 1957 weihte, waren nur noch wenige Ausstattungsgegenstände aus dem kriegszerstörten Vorgängerbau erhalten geblieben: Die beiden Heiligenfiguren auf der Altarwand, St. Clemens und St. Johannes Nepomuk, sind wahrscheinlich Mitte des 18. Jahrhunderts in der Werkstatt der hannoverschen Bildhauerfamilie Ziesenis entstanden; in der Bombennacht vom 8./9. Oktober 1943 hatte der damalige Küster sie aus dem brennenden Gotteshaus retten können. Auch die Ewig-Licht-Ampel (18. Jahrhundert) über dem Tabernakel stammt aus der Vorkriegskirche, gestiftet vom österreichischen Gesandten am hannoverschen Fürstenhof, außerdem die sechs silbernen Barockleuchter auf der Altarwand und der vor der Sängerempore hängende sechzehnarmige Gelbgussleuchter (18. Jahrhundert).

Mit der Liturgiereform nach dem Zweiten Vatikanischen Konzil rückte der Altar ins Zentrum der Kirche; dort, in der Vierung unter der Kuppel, sollte er schon 150 Jahre zuvor nach den Plänen des Architekten Tommaso Guisti platziert werden. Ludwig Baur aus Telgte schuf den Altartisch 1968 aus griechischem Alexander-Marmor und entwarf zudem die Kirchenfenster aus Ornament-Spiegelrohglas. Weitere Bildhauer aus dem Westfälischen sind mit ihren Arbeiten im Kirchenraum vertreten: Reinhold Schröder aus Altlünen mit den zwölf bronzenen Wandleuchtern, sogenannten Apostelleuchtern, und dem Ambo, dem Lesepult in Form eines stilisierten Baumes mit Verkündigungsszenen aus Altem und Neuem Testament. Die Bronzeleuchter neben dem Altartisch stammen von Otto Breuning aus Borghorst, ebenso die „Mutter Gottes mit dem Kinde" (1962) in der ehemaligen Taufkapelle.

Ungewöhnlich ist der Standort der Orgel zentral im Chorraum; die ursprüngliche Orgelempore über dem Hauptportal der Kirche war nachträglich nach oben versetzt worden, um den Eingangsbereich optisch zu vergrößern, und bot so keinen Raum mehr für das 1973 in die Clemens-Kirche gekommene Instrument der Bonner Orgelbaufirma Klais. Die Orgelempore wurde nun zur Sängerempore. Dort sind auch die beiden Apostelfiguren Petrus und Paulus zu finden, die wahrscheinlich aus der Bildhauerwerkstatt Ziesenis stammen und in den Nischen neben dem Hauptportal der Vorkriegskirche standen.

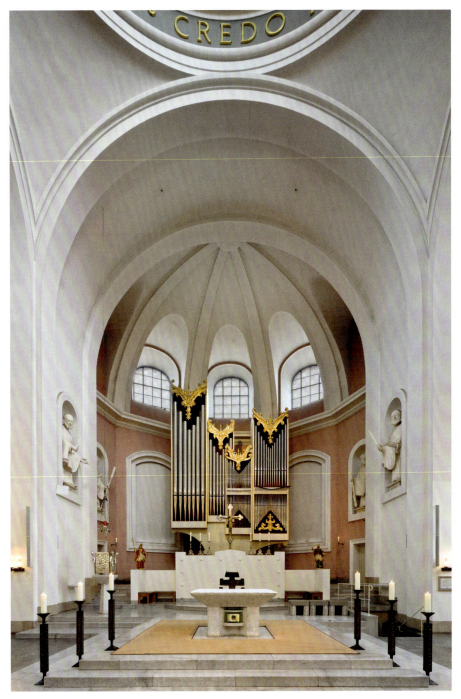

Altarraum der St. Clemens-Basilika, Ansicht von 2011/12

Madonna mit Kind (Otto Breuning, Borghorst, 1962)

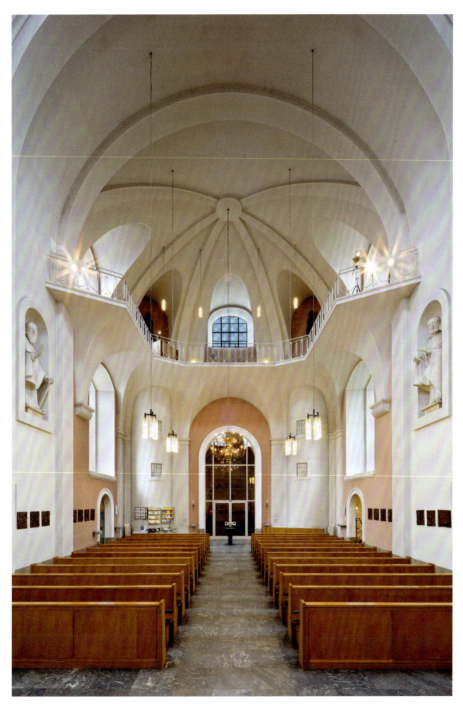

Innenraum der St. Clemens-Basilika, Ansicht von 2011/12

Oberhalb des Dreiecksgiebels über dem Hauptportal sind auf der Attika seit 1966 vier überlebensgroße Heiligenfiguren aus Obernkirchener Sandstein von Kurt Schwippert zu sehen: Kaiser Heinrich II., Altschüler der Hildesheimer Domschule und letzter ottonischer Kaiser; Clemens I., Bischof von Rom, dritter Nachfolger des Apostels Petrus und Patron der Basilika St. Clemens; Elisabeth von Thüringen (als Gruß über die damalige Zonengrenze) und Hedwig, die Schutzpatronin Schlesiens (zur Erinnerung an die Vertreibung). Aus Niederschlesien stammen zwei der vier Glocken im Geläut der Clemenskirche, gegossen von Christian Friedrich Seifert in Hirschberg; die Gemeinde erhielt sie 1952 als Dauerleihgabe vom sogenannten Glockenfriedhof in Hamburg-Harburg. Die beiden anderen Glocken kommen aus der Gießerei Petit und Edelbrock in Münster.

Über dem Portal mit dem Papstwappen als Ausweis einer „Basilica minor" ist die schwarze Marmorplatte aus der Vorgängerkirche angebracht mit einem Zitat aus der Offenbarung des Johannes bzw. der Apokalypse: „Siehe das Zelt Gottes unter den Menschen, und er wird mit ihnen wohnen, und sie werden sein Volk sein, und er selbst, Gott, mit ihnen, wird ihr Gott sein. Im Jahre des Herrn 1718".

Nach einer Renovierung der Fassade und des Kircheninnenraums in den Jahren 1981 bis 1984 bestimmen vor allem Werke des Bildhauers Heinrich Gerhard Bücker aus Beckum-Vellern das Erscheinungsbild von St. Clemens: Das Hauptportal mit Darstellungen aus der Geheimen Offenbarung des Johannes und das Nebenportal mit Szenen der Seligpreisungen der Bergpredigt, die zehn fast drei Meter hohen Apostelfiguren aus Alabasterstuck im Innenraum, der Osterleuchter, die Weihwasserbecken, das silberne Altarkreuz mit feuervergoldetem Korpus, die Tabernakelstele, die sogenannten Schleierbretter an der Orgel, die mit ihren Zimbelsternen und Pinienzapfen an die vormals barocke Ausstattung erinnern sollen, sowie der Kreuzweg, ein zweiter Abguss der vierzehn Stationen, deren Originale im Mindener Dom hängen. Den Tabernakel aus Silber mit Bergkristallen schuf Wilhelm Polders aus Kevelaer, eine Reminiszenz an die Bundeslade der Israeliten, hier von vier Cherubinen getragen.

Weitere Ausstattungsgegenstände aus den Werkstätten dieser Künstler finden sich auch in der Krypta, die beim Wiederaufbau der Kirche nach den Kriegszerstörungen zu einem Gottesdienstraum umgestaltet wurde. Ursprünglich war sie Begräbnisstätte für verdiente Gemeindemitglieder. Unter den dort bis zum Jahr 1774 Bestatteten ist auch der Architekt der Kirche, Tommaso Giusti. Weil die Gemeinde infolge der Verlagerung des hannoverschen Hofes nach London viele ihrer Mitglieder verlor und verarmte, war die Krypta Anfang des 19. Jahrhunderts an eine Weinhandlung vermietet worden. Die Särge wurden in den Seitengewölben hinter einer Mauer gestapelt. Während des Zweiten Weltkrieges diente die Krypta als Luftschutzkeller.

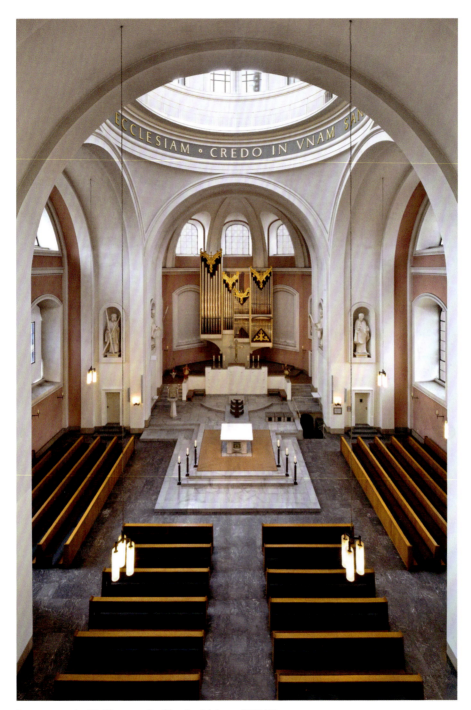
Innenraum der St. Clemens-Basilika, Ansicht von 2011/12

Reliquiar mit Reliquien des sel. Niels Stensen, 1957

Im Jubiläumsjahr 2018, als die Katholische Kirche in der Region Hannover mit der Basilika St. Clemens 300-jähriges Bestehen feierte, ist die Krypta nach einer erneut notwendig gewordenen Sanierung und damit einhergehenden Umgestaltung zu einem „Trauer- und Hoffnungsort in der Landeshauptstadt" geworden, wie es sich der damalige Rector ecclesiae der Basilika St. Clemens, Propst Martin Tenge, gewünscht hatte.

Und dabei gelang jetzt ein bemerkenswerter Brückenschlag zwischen analoger und digitaler Welt: Ein „Epitaph des 21. Jahrhunderts" hält die Erinnerung an die Verstorbenen wach, ein Grabdenkmal, das herkömmliche Symbolik mit digitaler Zeichenhaftigkeit verbindet. Die wuchtige Stele aus Stein, Symbol des Beständigen, trägt einen Computer-Monitor, dessen Bildhintergrund die Steinstruktur aufnimmt; in ständigem Wechsel werden darauf die Namen von Verstorbenen angezeigt und das jeweilige Todesjahr. Verzeichnet sind die Namen der in der Krypta Bestatteten aus dem 18. Jahrhundert sowie Namen und Daten, die Hinterbliebene handschriftlich in das „Buch der unvergessenen Verstorbenen" eintragen. Und damit eine überlieferte hebräische Weisheit beherzigen: „Solange wir leben, werden auch sie leben, denn sie sind ein Teil von uns, wenn wir uns an sie erinnern."

Eine Arbeitsgruppe der Fakultät für Architektur und Landschaft an der Leibniz Universität Hannover hatte vor einigen Jahren im Rahmen einer Untersuchung

Blick in die anlässlich des 300-jährigen Jubiläums der St. Clemens-Basilika neugestaltete Krypta

die Basilika St. Clemens als einen „gelungenen baukulturellen Beitrag" charakterisiert mit „architektonischen und kulturhistorischen Qualitäten". Dem Architekten Otto Fiederling sei es beim Wiederaufbau vor 60 Jahren gelungen, „einen Kompromiss (zu finden) zwischen den ursprünglichen Planungen" des Architekten Tommaso Guisti aus dem 18. Jahrhundert, „einer zeitgemäßen Architektursprache und einem angemessenen Umgang mit den finanziellen Nöten der damaligen Zeit". Inzwischen stelle sich „die Kirche im Innenraum heterogen dar. Verschiedene Materialien, im Laufe der Zeit angesammelte Ausstattung sowie kleinere bauliche Eingriffe (Treppenaufgänge zur Orgelempore, zugemauerte Fenster im Chorraum, Farbkonzept für den Innenraum, …) lassen die Ideen Fiederlings, für einen klaren Raum mit Betonung der Kuppel als zentrales Element, nicht gänzlich zur Geltung kommen. Es ist zu wünschen, dass im Zuge künftiger Restaurierungen die sinnvollen Absichten Fiederlings berücksichtigt werden".

Die Bedeutung der katholischen Hauptkirche in der Region Hannover, Heimat von rund 160.000 Katholiken und damit der größten katholischen Bevölkerungsgruppe im Bistum Hildesheim, ist 1998 in besonderer Weise gewürdigt worden: Mit der Verleihung des päpstlichen Ehrentitels „Basilica minor" sind gewisse Forderungen des Vatikans verbunden, beispielsweise die „personelle und bauliche Ausstattung für eine vorbildliche Feier der erneuerten Liturgie".

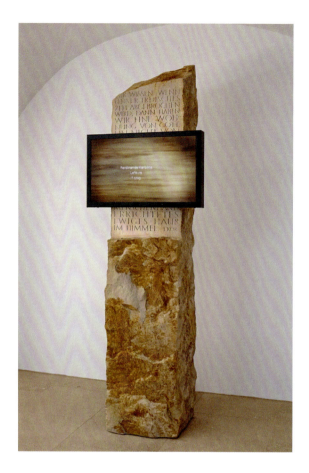

Krypta in der St. Clemens-Basilika:
„Epitaph des 21. Jahrhunderts"

Sonntag für Sonntag werden in der Basilika St. Clemens fünf Gottesdienste gefeiert, darunter die Eucharistiefeiern der Spanisch-Katholischen Mission, der Katholischen Hochschulgemeinde und eine tridentinische, eine „Heilige Messe in der außerordentlichen Form". Im Mittelpunkt jedes Gottesdienstes steht der Altartisch, darunter, in der Krypta, das Reliquiar des seligen Niels Stensen, dem Vorgänger von Bischof Agostino Steffani. Der zum Katholizismus konvertierte Herzog Johann Friedrich hatte Niels Stensen vom dänischen Königshof nach Hannover geholt. Der hochgeachtete Naturwissenschaftler und Mediziner wurde nach seiner Konversion Priester und Bischof und zu einem, den man heute als Mystiker bezeichnen würde: „Schön ist, was wir sehen, schöner, was wir erkennen, weitaus am schönsten aber, was wir nicht fassen können".

Menschen und Orte des Glaubens

August Wilhelm Julius Ahlborn

August Wilhelm Julius Ahlborn wurde als Landschaftsmaler von seinen Zeitgenossen sehr geschätzt; viele seiner Werke gingen in den Besitz der preußischen Königsfamilie. Seine Bilder zeigen norddeutsche und Tiroler, vor allem aber italienische Landschaften. In seinem Spätwerk, das als weniger wertvoll gilt, herrschen religiöse Themen vor.

Ahlborn wurde am 11. Oktober 1796 als Sohn des Schneidermeisters Christian Heinrich Ahlborn und Dorothea Elisabeth Rölleckes in streng protestantischen Verhältnissen in Hannover geboren. Nach dem Besuch der Pfarrschule und einer fünfjährigen Lehrzeit bei einem Zimmermaler nahm er 1816 das Studium der Malerei in Braunschweig auf und wechselte 1819 an die Berliner Kunstakademie, wo seine Lehrer Johann Erdmann Hummel, Peter Ludwig Lütke und Wilhelm Wach waren. Bestimmenden Einfluss übte auch die Landschaftsmalerei Karl Wilhelm Schinkels auf ihn aus, dessen Werke er kopierte. Sein Gemälde „Aussicht auf das Neue Palais in Potsdam" wurde 1826 mit dem Akademiepreis ausgezeichnet, was ihm im folgenden Jahr den ersehnten Italienaufenthalt ermög-

Grabmal von August Wilhelm Ahlborn (1796–1857) auf dem „Campo Santo" in Rom, Detail

lichte. Bis November 1831 hielt sich Ahlborn vornehmlich in Rom auf, von wo aus er Reisen nach Süditalien und Sizilien unternahm. In Rom gehörte Ahlborn zum deutschen Künstlerkreis um Johann Christian Reinhart, Joseph Anton Koch und Friedrich Overbeck, der nicht nur seine Kunstrichtung, sondern auch sein religiöses Leben beeinflusste. Er verkehrte regelmäßig im Zirkel der Nazarener, ohne aktives Mitglied zu werden. Besonders freundschaftlich waren seine Beziehungen zum hannoverschen Gesandten August Kestner.

Nach seiner Rückkehr nach Berlin wurde er in die Akademie der Künste aufgenommen. Nach langen Vorbereitungen, auch angeregt durch sein Italienerlebnis, trat er zusammen mit seiner Frau Therese, geb. Martin, die er 1832 geheiratet hatte, am 15. August 1838 in Berlin zum Katholizismus über. Einen zweiten Italienaufenthalt von 1840 bis 1845 verdankte Ahlborn einem Auftrag der Königin Friederike von Hannover, die das Schloss der Residenzstadt mit Wandbildern verschiedener Stätten der Welfen in Deutschland und Italien ausschmücken wollte, wofür Ahlborn die vorbereitenden Aquarelle anfertigte („Welfenalbum"). 1841 starb Ahlborns Frau Therese unerwartet in Assisi; Trost fand er bei Kestner in Rom, mit dem er 1845 an der Gründung des dortigen „Deutschen Künstlervereins" beteiligt war. Nach einem zweijährigen Aufenthalt in Hannover ließ sich Ahlborn 1847 endgültig in Rom nieder, wo er im Pfarrbezirk SS. Vincenzo ed Anastasio in der Nähe des Trevi-Brunnens wohnte. Bereits 1844 war er in die „Erzbruderschaft zur Schmerzhaften Mutter Gottes" am Campo Santo Teutonico aufgenommen worden, deren Vorstand er seit 1849 mit Unterbrechungen angehörte. 1851 führte er den Hildesheimer Bischof Eduard Jakob Wedekin bei dessen Ad-limina-Besuch durch Rom, der ihn mit der Anfertigung zweier Gemälde für die Kirche des Priesterseminars („Hl. Karl Borromäus" und „Hl. Vinzenz von Paul") beauftragte. Außerdem malte er Bilder für den Hildesheimer Dom und für die Kirche in Dinklar (jeweils „Unbefleckte Empfängnis"). Ahlborn, der in seinen letzten Lebensjahren unter einer Gemütskrankheit litt, starb am 23. August 1857 in Rom und wurde am folgenden Tag auf dem Campo Santo beigesetzt.

Hans-Georg Aschoff

Altwarmbüchen, Hl. Kreuz

Die neue Kirche Heilig Kreuz steht im Norden von Hannover in Altwarmbüchen und vereint Kirchraum und Pfarrheim unter einem Dach. Mit dem modernen Kirchenbau will die Pfarrgemeinde Heilig Geist, zu der der Kirchort Heilig Kreuz

Altwarmbüchen,
Neue Hl. Kreuz-Kirche

gehört, eine pastorale Neuausrichtung ihrer Gemeinschaft symbolisieren: Mit einer offenen Fassade und multifunktionalen Nutzungsmöglichkeiten will sie sich noch stärker gegenüber der Stadtgesellschaft öffnen.

Indirekte Beleuchtung durch Deckenfenster, raue Wände und warmes Eichenholz – der Kirchenneubau in Altwarmbüchen ist schlicht und wirkt doch sakral. In den großen Rahmen aus Eichenholz verstecken sich mobile Wände, die den Kirchenraum je nach Bedarf vergrößern und verkleinern. Der Kirchraum kann durch verstellbare Wände eine Größe von 50 oder 150 Quadratmetern einnehmen. Warme Holztöne, schroffer Beton und indirektes Licht dominieren ihn. Alle Eingänge zur neuen Kirche sind ebenerdig, die Kirche liegt direkt am Bürgersteig, so dass Passanten in die Gemeinderäume und Flure schauen können. Im Vorraum der Kirche wird ein Café eingerichtet, in dem die Menschen nach einem Einkauf im gegenüberliegenden Zentrum verweilen können.

Möglich wurde der erste Kirchenneubau im Bistum Hildesheim seit mehr als 20 Jahren vor allem deshalb, weil der Stadtteil mit Neubausiedlungen im Aufbruch ist und Kirche hier weiter präsent sein soll. Die bisherige Kirche, die in den 1970er Jahren eigentlich nur als Provisorium errichtet worden war, hatte aber erhebliche bauliche Mängel. Mit dem Verkauf des alten Grundstückes in unmittelbarer Nähe zum jetzigen Standort konnte ein Großteil der Kosten für einen Neubau refinanziert werden. Nach der Profanierung der alten Heilig-Kreuz-Kirche begannen im September 2015 auch die Arbeiten für die neue Kirche. Deren Bau kostet rund 1,9 Millionen Euro, der Verkauf des alten Grundstücks hat 1,03 Millionen Euro erbracht. Die restlichen Baukosten tragen das Bistum Hildesheim und die Pfarrgemeinde Heilig Geist – als Bauherr – gemeinsam.

Marie Kleine

Werner Benetz
Verantwortung im kirchlichen Dienst

Aus dem Badischen hatte es Werner Benetz (11.2.1926–15.2.2004) im Jahr 1963 nach Hannover geführt. Ein Buchhändler mit Leib und Seele in einer katholischen Buchhandlung in der Diaspora – der sich intensiv mit der Theologie des II. Vatikanums und mit dem daraus resultierenden pastoralen Neuaufbruch identifizierte. Durch seine berufliche Tätigkeit pflegte Werner Benetz mit vielen Katholiken einen intensiven Kontakt. So wurde auch der in Hannover tätige Weihbischof Heinrich Pachowiak auf ihn aufmerksam, hatte dieser doch von seinem

Werner Benetz (1926–2004),
1969–1993 Referent des
Bischofsvikars in Hannover

Diözesanbischof den Auftrag, das Gebiet der Landeshauptstadt zusammen mit dem Landkreis Hannover zu einer katholischen Region aufzubauen und neu zu ordnen. Im Jahr 1969 entschied sich Werner Benetz dann, als Referent des Bischofsvikars tätig zu sein. Ein Amt, das er fast 25 Jahre ausübte.

Die erste Herausforderung für Werner Benetz war die Gebietsreform in Niedersachsen, die die Neuordnung des Großraumes Hannover mit sich brachte. Noch bevor die Verwaltungsreformer die staatliche Region Hannover gebildet hatten, hatte Werner Benetz mit Vertretern der hannoverschen Dekanate und des bischöflichen Generalvikariates in Hildesheim die kirchliche Struktur und Repräsentanz entwickelt. Zunächst mit drei, später mit sechs Dekanaten. Es folgten der Aufbau einer kirchlichen Verwaltung für diese neu geschaffene Katholische Region Hannover und die Vernetzung der Dekanate. Werner Benetz forderte die Pfarrgemeinden und Dekanate immer wieder auf, den Blick über ihren eigenen Kirchturm zu werfen, innerkirchlich die pastorale Arbeit gemeinsam abzustimmen und gleichzeitig einen Beitrag der Katholischen Kirche im großstädtischen Ballungsraum zu leisten. Dazu gehörte auch die Erstellung der Broschüre „Katholische Informationen", die er redaktionell vorantrieb und die Daten und Fakten der Katholischen Kirche präsentierte. Beim legendären Katholikenball im Kuppelsaal zeigte Werner Benetz sein ausgesprochenes Organisationstalent.

Zu den Aufgaben von Werner Benetz gehörte der kirchliche Messedienst auf dem hannoverschen Messegelände und die Organisation ökumenischer Aktivitäten zusammen mit den Einrichtungen der Evangelisch-lutherischen Kirche auf Stadtebene.

Als Geschäftsführer des Katholikenausschusses Hannover gestaltete Werner Benetz die regelmäßigen Begegnungen der Gremien und Verwaltungsorgane der Stadt und dem Landkreis Hannover, um gemeinsame Fragen von Kirche und Kommunen zu besprechen. Das Katholische Bildungswerk im Großraum Hannover, dessen Geschäftsführung Werner Benetz wahrnahm, entwickelte eine eigenständige Erwachsenenbildung in kirchlicher Trägerschaft. Ein besonderes Anliegen waren ihm dabei die Bildungsprogramme der Pfarrgemeinden.

Viele Jahre arbeitete Werner Benetz im Vorstand des Studierendenwohnheimes Clemensburse. Es war ihm immer wichtig, junge Menschen von den Themen der Kirche zu begeistern. So unterstützte er mit den Ressourcen seiner Dienststelle auch intensiv die jeweiligen Jugendseelsorger in ihrer Arbeit.

Was machte den Menschen Werner Benetz aus? Seine Zeitgenossen beschreiben ihn als ausgesprochen geradlinig, zielstrebig und ehrgeizig. Aufgaben lagen nicht lange auf seinem Schreibtisch. Innovationen und Veränderungen wurden zügig umgesetzt. Er war kritisch gegenüber Kirche und Gesellschaft. Werner Benetz konnte sehr gut kontern – manchmal auch mit spitzen Worten, aber nie verletzend.

Horst Vorderwülbecke

Joop Bergsma
„Alles schon gemeinsam tun, was nicht unbedingt getrennt geschehen muss"

Der am 1. Februar 1928 in Rotterdam/NL geborene Joop (Johannes) Bergsma entschied sich aufgrund seiner als Jugendlicher gemachten Erfahrungen im Zweiten Weltkrieg in Deutschland als Priester zu arbeiten. Die Erinnerungen an die NS-Verbrechen hatten ihn überzeugt, dass nur durch Versöhnung ein Neuanfang möglich ist. Die Aussöhnung mit dem jüdischen Volk war ihm dabei ein zentrales Anliegen.

Joop Bergsma wurde 1952 in Hildesheim zum Priester geweiht. Nach verschiedenen Stationen in der Diözese Hildesheim berief ihn Bischof Josef Homeyer 1986 als Nachfolger des Bischofvikars Weihbischof Heinrich Pachowiak zum Propst an der Propsteikirche St. Clemens und zum Regionaldechant für die Katholische Kirche in der Region Hannover. Gleichzeitig nahm er das Amt eines nichtresidierenden Domkapitulars (1986–1997) am Hildesheimer Dom wahr und gehörte damit zum Beraterstab des Diözesanbischofs.

Joop Bergsma (1928–2011), 1986–1996 Propst in Hannover

Dr. Joop Bergsma setzte die Arbeit seines Vorgängers fort, indem er die Kontakte zur Gesellschaft intensiv weiter pflegte und ausbaute und so der Katholischen Kirche in der Region „ein Gesicht gab". Immer hatte er ein offenes Ohr für die Probleme und Sorgen der Menschen – und oft erhielt er dank einer häufig eher unkonventionellen Kontaktaufnahme zur kommunalen Verwaltung schnell und praktisch Hilfe und Unterstützung.

Besonders pflegte Joop Bergsma den Kontakt zu den Kirchen der Reformation, insbesondere zur Evangelisch-lutherischen Kirche. Bei ökumenischen Aktivitäten bezog er schon in der Planungsphase die Arbeitsgemeinschaft christlicher Kirchen in Hannover ein. Er verstand Ökumene als ein gemeinsames Tun – zum Wohl der Menschen.

Joop Bergsma war mit Stadtsuperintendent Hans-Werner Dannowski, Landessuperintendent Hartmut Badenhop und Landesrabbiner Henry G. Brandt von der Notwendigkeit eines gemeinsamen Dialogs der Religionen überzeugt. Sie waren in Hannover als das „vierblättrige Kleeblatt" bekannt, das sich öffentlich für einen auf gegenseitiges Verstehen begründeten Dialog einsetzte. Mit einem Sternmarsch und einer Lichterkette gegen Fremdenhass mit 120.000 Teilnehmern am 20. Dezember 1992 legten diese vier Religionsvertreter den Grundstein für das organisierte interreligiöse Miteinander in Hannover. Dieser Impuls setzt sich bis heute im interreligiösen Dialog der Weltreligionen fort.

Durch seine einfühlsamen Predigten in St. Clemens und an anderen Orten der Region Hannover wurden viele Menschen auf Joop Bergsma aufmerksam.

In der Liturgie wagte er sich auch an den Rand des Erlaubten. Er berief sich dann auf das, was die Katholische Kirche in anderen Ländern erlaubt habe und, wie er betonte, dann doch auch für Deutschland einen Rahmen darstelle. Joop Bergsma war ein einfühlsamer Seelsorger, den viele Menschen als Beichtvater aufsuchten.

Als Propst an der Propsteikirche St. Clemens nahm Joop Bergsma auch Kontakt zum damaligen Kardinalstaatssekretär der römischen Kurie – Angelo Sodano – auf, den er noch aus dem gemeinsamen Studium in Rom kannte. Über ihn stellte er den Antrag, die Propsteikirche St. Clemens zur „basilika minor" zu erheben – was Papst Johannes Paul II. dann im Jahr 1998 auch getan hat.

Als Regionaldechant pflegte Joop Bergsma regelmäßig den Kontakt zu den Mitbrüdern im priesterlichen und diakonalen Dienst, zu den Ordensgemeinschaften und zu den Einrichtungen der Katholischen Kirche in der Region Hannover. Er nahm deren Sorgen und Nöte auf und trug besondere Anliegen in den Abteilungen des Bischöflichen Generalvikariates in Hildesheim vor.

Neben seinen vielen Aufgaben als Regionaldechant war Joop Bergsma als Propst seiner Gemeinde St. Clemens unterwegs. Dort fühlte er sich als „Pastor". Die Gemeinde bedeutete ihm ein Ausgleich angesichts der intensiveren Arbeit, die ihn in der Funktion als Regionaldechant und als Domkapitular forderte.

Mit Eintritt in den Ruhestand im Jahr 1996 war Joop Bergsma weiter als Seelsorger tätig. Er war ein gefragter Theologe, der sich weiter einmischte und Zeichen setzte. So weihte er in Hannover die neue Beratungsstelle der von Laien getragenen Beratungsinitiative „humanae vitae" ein, nachdem die Schwangerschaftsberatung auf Beschluss der Bischofskonferenz eingestellt worden war.

Joop Bergsma lebte zuletzt in Harsum. Er starb dort am 8. Juli 2011. Sein Grab befindet sich auf dem Friedhof von St. Godehard in Hildesheim.

Horst Vorderwülbecke

Adolf Bolte

Adolf Bolte ist der erste Hannoveraner, der in der neueren Zeit Bischof einer deutschen Diözese wurde. Er wurde am 15. November 1901 in Hannover geboren und einige Tage später in der Marienkirche getauft; seine Eltern Josef Bolte und Maria Josefine Emma Keseling stammten aus dem Eichsfeld und hatten sechs Kinder. Josef Bolte betrieb als Maurermeister ein Baugeschäft. Nach dem frühen Tod seiner Ehefrau heiratete er 1909 Therese Höppner und wanderte

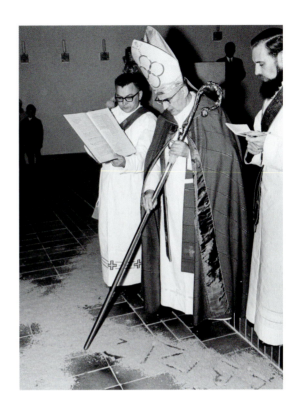

Adolf Bolte (1901–1974), 1959–1974
Bischof von Fulda

nach dem Zusammenbruch seines Geschäftes nach Südamerika aus, um seiner Familie dort eine neue Existenz aufzubauen. Adolf Bolte besuchte von 1913 bis 1922 das Gymnasium in Heiligenstadt und wohnte im Bischöflichen Konvikt. Nach dem Abitur studierte er Philosophie und Theologie an der Erzbischöflichen Akademie Paderborn sowie an den Universitäten Freiburg im Breisgau und Innsbruck. Am 24. März 1928 erteilte ihm Bischof Kaspar Klein in Paderborn die Priesterweihe. Bolte war anschließend als Vikar in Dingelstädt, als Präfekt des Heiligenstädter Konviktes (1931–1935) sowie als Kaplan an St. Marien in Heiligenstadt und Sekretär des Bischöflichen Kommissariats tätig. 1941 erfolgte seine Ernennung zum Propst in Heiligenstadt und Bischöflichen Kommissar für das Eichsfeld. Während dieser Zeit kam es wiederholt zu Auseinandersetzungen mit Vertretern des NS-Regimes; am Widerstand Boltes und der eichsfeldischen Bevölkerung scheiterten die Versuche, die Palmsonntags- und die Fronleichnamsprozession in Heiligenstadt zu verbieten. Seinem energischen Einsatz war es mit zu verdanken, dass der Stadtkommandant am Ende des Krieges Kampfhandlungen verhinderte und Heiligenstadt am 9. April 1945 den anrückenden amerikanischen Truppen kampflos übergeben werden konnte.

Bereits am 22. Februar 1945 hatte Papst Pius XII. Bolte zum Titularbischof von Cibyra und Weihbischof in Fulda ernannt. Die Bischofsweihe spendete ihm am 29. Juni 1945 im zerstörten Dom der damalige Bischof von Fulda, Johann Baptist Dietz; Mitkonsekratoren waren der Hildesheimer Bischof Joseph Godehard Machens und der Paderborner Weihbischof Augustinus Philipp Baumann. Wie das Bistum Hildesheim erlebte Fulda nach dem Zweiten Weltkrieg durch das Einströmen von Flüchtlingen und Vertriebenen eine weitgehende Umgestaltung; erschwert wurde die Situation durch die Aufteilung der Diözese auf die amerikanische und die sowjetische Zone. Die Zahl der Katholiken wuchs im Westen von 206.000 (1940) auf 403.000 (1950) und im Osten von 164.000 auf 350.000; mit einem katholischen Bevölkerungsanteil von 23 Prozent blieb Fulda ein typisches Diasporabistum. Aufgrund der Teilung wurde das Wirken der Fuldaer Bistumsleitung immer mehr auf den Westen eingeschränkt, so dass Boltes Tätigkeit im Thüringer Bistumsteil erschwert und hier 1953 mit Joseph Freusberg in Erfurt ein eigener Weihbischof eingesetzt wurde. Bischof Dietz übertrug Bolte, der seit 1945 auch das Amt des Domdekans bekleidete, die Leitung des Frauenreferates und des kirchlichen Bauwesens; in dieser Funktion oblag ihm die Aufsicht über den Wiederaufbau des Fuldaer Domes, der zum Bonifatiusjubiläum 1954 abgeschlossen werden konnte. 1955 wurde Bolte zum Generalvikar ernannt.

Nach der Resignation von Bischof Dietz aus Altersgründen am 24. Oktober 1958 wählte das Domkapitel Bolte zum Kapitularvikar und am 25. Juni 1959 zum Bischof von Fulda. Die Amtseinführung fand am 2. August durch den Paderborner Erzbischof Lorenz Jäger statt. Die DDR-Behörden verweigerten Bolte in der Folgezeit die Einreise als Bischof. Während seiner Amtszeit entstanden weit über 100 Kirchen und Kapellen sowie viele Pfarrhäuser und Pfarrheime vornehmlich für die Flüchtlingsgemeinden in den Diasporagebieten des Bistums. Bolte gründete das Religionssoziographische Institut der Diözese und wandelte 1965 die Philosophisch-Theologische Lehranstalt in Fulda in eine Hochschule um. Er nahm an den vier Sessionen des Zweiten Vatikanischen Konzils teil und war Mitglied der Kommission für die Mission. Die Fuldaer Bischofskonferenz bestellte ihn zum Protektor der Männerseelsorge und wählte ihn in die Pastoralkommission und die Kommission für die Mission.

1960 verlieh die Theologische Fakultät der Universität Mainz Bolte die Ehrendoktorwürde. Er war Ehrenringträger und Ehrenbürger der Stadt Fulda sowie Träger des Großen Verdienstkreuzes mit Stern des Verdienstordens der Bundesrepublik Deutschland (1969). Seit 1968 litt Bolte an den Folgen eines Schlaganfalls. Er starb am 5. April 1974 nach einem Herzinfarkt auf dem Michaelshof bei Unterbernhards (Rhön) und wurde in der Johanneskapelle des Fuldaer Domes beigesetzt.

Hans-Georg Aschoff

Hannover, Bonifatiusschule

Meine erste Begegnung mit der Bonifatiusschule erzeugte ein anderes „Schulgefühl". „Irgendwie" habe ich mich gleich zu Hause gefühlt. Was ist das „Andere" einer katholischen Grundschule, die seit 1974 keine kirchliche Schule mehr, sondern eine staatliche Schule ist? Bischof Homeyer beschrieb das einmal knapp: Nicht jede gute Schule sei eine katholische Schule. Selbstverständlich habe aber jede katholische Schule eine gute Schule zu sein.

Was macht eine gute Schule aus? Die Geschichte der Bonifatiusschule zeigt, dass sie auf die Bedürfnisse von Menschen ausgerichtet gebaut und hoffentlich dann in diesem Sinn „belebt" wurde und wird. 1902 gebaut sollte sie schulische Heimat für katholische Kinder aus dem Eichsfeld sein, deren Eltern auf Arbeitssuche nach Hannover kamen. Christliche Heimat während der Nazizeit zu sein, war der Schule nur wenige Jahre möglich, 1939 wurde sie wie alle Bekenntnisschulen aufgelöst. Viele Aktivitäten waren nötig, um 1959 am gleichen Standort wieder eine katholische Schule einzurichten.

Heimat und Wandel machen die Schule aus: „Wollekinder" aus dem Eichsfeld kamen, dann Kinder aus Gastarbeiterfamilien, die hier auch herkunftssprachlichen Unterricht erhielten. Heute besuchen Kinder aus aller Welt die Bonifatiusschule. Zu den Herkunftssprachen Italienisch und Spanisch kam Polnisch hinzu. Nichtkatholische Familien mit dem Wunsch nach einer christlichen Erziehung melden ihre Kinder hier an. Gewandelt hat sich vieles. Aus einer siebenjährigen Bürgerschule wurde eine neunklassige Volksschule, nun eine Volle Halbtagsschule, die sich zu einer Ganztagsschule entwickeln wird.

Hannover, Bonifatiusschule

Was macht eine gute Schule aus? Menschen machen Schule, das ist nicht gemeint als Entschuldigung für Unzulänglichkeiten. Wie im Leitbild beschrieben, ist das Kind der Mittelpunkt der Arbeit. In einer guten Schule treffen Kinder auf Erwachsene, die ihnen Orientierung geben, bei denen sie sich zu Hause fühlen und einen Standpunkt erkennen können. Wandel, aber Konstanz im Wesentlichen, macht eine solche Schule aus: Heute benötigen viele Kinder Förderung beim Erlernen der deutschen Sprache, Kinder mit Handicaps werden an Grundschulen unterrichtet, Familien benötigen Unterstützung im Erziehungshandeln. Die Angebote der Schule sind mit Sprachförderung, herkunftssprachlichem Unterricht, musischen und sportlichen Angeboten breiter gefächert. Religiöse Erziehung ist an einer katholischen Grundschule aber nach wie vor das wichtigste Angebot. Hier können Kinder ihre religiösen Anlagen entfalten, ein Angebot, das sie in verlässlich erteiltem Religionsunterricht und gelebter Schulkultur orientiert am christlichen Jahreskreis anderswo so nicht erleben können.

Felizitas Teske

Raimund (Raymundus) Bruns

Raymundus Bruns wurde am 3. Januar 1706 als Sohn des Unterleutnants Heinrich Wilhelm Bruns und dessen zum Katholizismus konvertierten Ehefrau Margarethe Elisabeth geb. Röbers in Hannover geboren. Sein Bruder Crispian (1708–1767) wurde Franziskaner. Nach dem Schulbesuch in Hildesheim und Osnabrück trat Bruns 1722 in das Benediktinerkloster Huysburg bei Halberstadt ein, wechselte jedoch schon ein Jahr später ins Halberstädter Kloster der Dominikaner. Nach dem Noviziat in Trier und dem Studium der Philosophie und Theologie in Dortmund und Münster empfing er am 24. Februar 1729 in der Zisterzienserabtei Marienfeld durch den Münsteraner Weihbischof Ferdinand Oesterhoff die Priesterweihe. Aufgrund eines königlichen Dekretes vom 13. Dezember 1731 übernahm er die Pfarrstelle in der katholischen Gemeinde in Potsdam, die sich hauptsächlich aus zugewanderten, in der dortigen Waffenfabrik beschäftigten flämischen Facharbeitern und aus Soldaten, vornehmlich den „Langen Kerls", zusammensetzte, was Bruns veranlasste, etliche fremde Sprachen zu lernen. Ihm gelang es, ein persönliches Vertrauensverhältnis zum preußischen König Friedrich Wilhelm I. (1688–1740) aufzubauen, der sich mit ihm über Glaubensfragen unterhielt und ihn zum Mitglied seines legendären

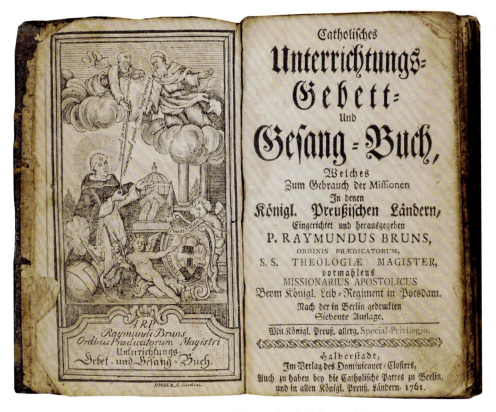

P. Raymundus Bruns OP, Katholisches Gebet- und Gesangbuch, Halberstadt 1761

„Tabakskollegiums" machte. Dadurch konnte Bruns eine Reihe von Vorteilen für die katholische Gemeinde erwirken. Er erreichte den Bau der repräsentativen St. Peter-und-Paulskirche auf Kosten des Königs, die die marode Fachwerkkapelle ersetzte; die Weihe nahm er 1738 selbst vor, weil der König jegliche pontifikale Handlung des zuständigen, aber auswärtigen Apostolischen Vikars Leopold Heinrich Wilhelm von Schorror untersagte. Bruns setzte sich außerdem für die Einrichtung einer festen Seelsorgestelle in Stettin ein und wirkte mit, dass der Halberstädter Dominikanerkonvent die Seelsorge in Magdeburg übernehmen konnte. Mit Genehmigung des Königs konnte er Gebetsbücher und Katechismen veröffentlichen, die in besonderer Weise die Situation der Diasporakatholiken berücksichtigten. Unter diesen Werken ragte sein „Großer Katechismus", das „Catholische Unterrichtungs-, Gebeth- und Gesangbuch" von 1738, heraus, das zahlreiche Auflagen erfuhr, in mehrere Sprachen übersetzt wurde und Bruns über Deutschland hinaus bekannt machte.

Bruns Beziehungen zu König Friedrich II. (1712–1786), der 1740 Friedrich Wilhelm I. nachfolgte, waren außerordentlich gespannt. Im Oktober 1742 ließ der König ihn wegen angeblicher Begünstigung eines Fahnenflüchtigen in einem Akt der Willkür verhaften und in Spandau inhaftieren. Im August 1743 kam Bruns, nach Interventionen Papst Benedikts XIV. und Kaiserin Maria Theresias, wieder frei, durfte jedoch nicht in Potsdam wirken. Er kehrte in den Halberstädter Konvent zurück, wo er in der Folgezeit wiederholt das Priorenamt innehatte. Neben den Leitungs- und Seelsorgeaufgaben widmete er sich wissenschaftlichen Studien; so verfasste er eine Geschichte des Halberstädter Klosters und der katholischen Missionen in Brandenburg. 1762 übernahm er das Amt des Propstes im Dominikanerinnenkloster Paradiese bei Soest, das er bis 1777 ausübte. Hier starb er im Mai 1780.

Hans-Georg Aschoff

Martin Charbonnier

Die Erweiterung des Großen Gartens in Herrenhausen war im Wesentlichen das Werk Martin Charbonniers, der um 1655 vermutlich in Frankreich in eher bescheidenen Verhältnissen geboren worden war. 1677 trat er in den Dienst des späteren hannoverschen Kurfürsten Ernst August und seiner Ehefrau Sophie, die zu diesem Zeitpunkt noch in Osnabrück residierten. Hier legte Charbonnier als fürstbischöflicher Gärtner den Renaissancegarten an, für den er auch nach seiner Übersiedlung nach Hannover bis 1706/07 zuständig blieb. In Osnabrück wurden seine beiden Söhne Ernst August (1677), bei dem Herzogin Sophie Pate stand, und Georg Ludwig (1678) sowie die Zwillingstöchter Katharina und Maria geboren. 1682 holte ihn das Herzogspaar nach Hannover, wo er ein Haus neben dem Großen Garten bezog (heute befindet sich hier das Hardenbergsche Haus, Alte Herrenhäuserstr. 10). Unter maßgeblichem Einwirken Sophies gestaltete er den weitgehend von Henri Peronnet († 1690) geprägten Herrenhäuser Garten, dem bis dahin im Wesentlichen die Gestaltungsprinzipien des klassischen französischen Gartens zugrunde gelegt worden waren. Nach Reisen in die Niederlande und Beratung durch holländische und englische Gärtner wurde der Garten unter Charbonniers Leitung nach 1696 auf die doppelte Größe erweitert und im niederländischen Stil neugeformt. Charbonnier arbeitete außerdem 1689 an der Gestaltung des Gartens Salzdahlum, der Sommerresidenz der Wolfenbütteler Herzöge, und der Gartenanlagen des herzoglichen Jagdschlosses Linsburg bei Neustadt a. Rbge. (1696). 1717 wurde er pensioniert und starb nach

Empfang der Sterbesakramente am 18. September 1720; er wurde auf dem Katholischen Friedhof in Hannover beigesetzt.

Sein Nachfolger als Hofgärtner in Herrenhausen wurde 1717 sein ältester Sohn Ernst August, der bereits 1713 im Französischen Garten in Celle tätig gewesen war. 1726/27 legte er die fast zweieinhalb Kilometer lange Allee von der Stadt nach Herrenhausen an. Ebenso gehen auf ihn der barocke Garten des hannoverschen Oberkammerherrn Ernst August von Platen beim Schloss Montbrillant (1720), der Vorläufer des heutigen Welfengartens, und die vierreihige Lindenallee im Berggarten, dem herzoglichen Küchengarten, zurück. Nach seinem Tod (24. Mai 1747) übernahm sein Sohn Matthias (um 1709/10–12. Februar 1750) seine Aufgaben als Hofgärtner in Herrenhausen. Er hatte auf mehreren Reisen nach England die neue Gartenkunst des frühen landschaftlichen Stils kennen gelernt.

Hans-Georg Aschoff

Kurt Dehne

P. Kurt Dehne prägte in den Aufbaujahren nach dem Zweiten Weltkrieg zukunftsweisend das katholische Leben im Bistum Hildesheim, vor allem die Vereine und Verbände, und verlieh der Männerseelsorge im Bistum Hildesheim entscheidende Impulse. Er wurde am 30. Mai 1901 in Hannover als Sohn eines Arztes geboren und wuchs in der St. Marien-Gemeinde auf. Nach dem Abitur am Goethe-Gymnasium begann er auf Wunsch seines Vaters ein Medizinstudium in Freiburg, wechselte aber bald als Hildesheimer Theologiestudent an die Universität Münster. Am 29. April 1924 trat er in s'Heerenberg (Niederlande) in den Jesuitenorden ein und setzte seine Studien im Ordenshaus in Valkenburg fort. Hier empfing er am 27. August 1932 die Priesterweihe. Die Letzten Gelübde legte er 1939 ab.

Der Orden setzte Dehne zunächst in der Jugendseelsorge (Bund Neudeutschland) ein; 1935 wurde er dem Rednerteam im Ordenshaus in Düsseldorf zugeteilt und mit regelmäßigen Vorträgen über aktuelle Weltanschauungsfragen in ganz Deutschland beauftragt. Wegen seiner Kritik an der Kirchenpolitik des NS-Regimes erhielt er 1939 Redeverbot durch die Gestapo. Dehne wurde daraufhin zum Spiritual und Professor für Homiletik und Aszetik an der „Philosophisch-Theologischen Lehranstalt Sankt Georgen" in Frankfurt am Main ernannt. Wegen der Vervielfältigung von Predigten und Briefen des Bischofs von Münster, Clemens

P. Kurt Dehne SJ
(1901–1990),
1945–1989 Seelsorger
in Hannover

August Graf von Galen, wurde er 1943 nach einer Denunzierung durch Theologiestudenten von St. Georgen von der Gestapo ins Frankfurter Polizeigefängnis und dann ohne gerichtliches Verfahren am 26. Dezember 1943 in das KZ Dachau eingewiesen, wo er sich einen Leberschaden zuzog. Im April 1945 wurde er von amerikanischen Truppen befreit.

Dehne wirkte nach Kriegsende bis 1989 in seiner Heimatstadt, wo er als Superior (1947–1950) den Wiederaufbau der Ordensniederlassung in der Hildesheimer Straße betrieb, wobei er als ehemaliger Gefangener von Dachau von den Behörden wahrscheinlich bevorzugt behandelt wurde. Durch den Erwerb eines benachbarten Grundstücks konnte der Komplex erweitert werden und diente als „Friedrich von Spee-Haus" als Lehrlings- und Studentenwohnheim, aber auch als ein geistliches Zentrum der Stadt. Von 1945 bis 1968 wirkte Dehne als Männerseelsorger für die Diözese Hildesheim, dann nur noch für Hannover. Zu seinen vielfältigen Aktivitäten gehörte auch die Polizeiseelsorge für Niedersachsen in den Jahren von 1968 bis 1973 und von 1980 bis 1989. Sein Wirken wurde durch eine Vielzahl hoher Auszeichnungen durch Bund, Land und Bistum gewürdigt.

Seit April 1989 lebte Dehne im ordenseigenen Alten- und Pflegeheim Haus Sentmaring in Münster; hier starb er am 2. März 1990. Er wurde auf dem Friedhof im Park von Haus Sentmaring beigesetzt.

Hans-Georg Aschoff

Heinrich Dunkelberg

Am 10. Juli 1855 wurde Heinrich Dunkelberg in Berlingerode im thüringischen Teil des Eichsfeldes geboren. Er zog nach Linden, das damals eine aufstrebende und selbständige Industriestadt vor den Toren Hannovers war. Dort wurde er 1899 als Bürgervorsteher (heutige Bezeichnung: Ratsherr) in das Städtische Kollegium gewählt. Vor allem seiner Initiative sind die Eingemeindungen der damals selbständigen Dörfer Limmer, Badenstedt, Davenstedt, Bornum und Ricklingen in die Stadt Linden vor dem Ersten Weltkrieg zu verdanken.

Als Bürgervorsteher vertrat Dunkelberg erfolgreich die Interessen der Stadt Linden, vor allem bezüglich der Verbesserung der Eisenbahn-Infrastruktur, der Realisierung des Mittellandkanals sowie bei der Anlage der örtlichen Kanalisation. Schon Anfang des 20. Jahrhunderts votierte er für die Vereinigung von Linden mit Hannover, was der hannoversche Stadtdirektor Heinrich Tramm jedoch im Blick auf die seines Erachtens zu hohen finanziellen Folgelasten für die ehemalige Residenzstadt sowie ein wahrscheinliches Anwachsen der sozialdemokratischen Wählerschaft ablehnte. Erst nach den politischen Veränderungen am Ende des Ersten Weltkrieges wurde der Weg für eine freiwillige Vereinigung beider Städte frei. Als am 1. Januar 1920 Linden Teil Hannovers wurde, gelangte auch Heinrich Dunkelberg als Bürgervorsteher in das hannoversche Stadtparlament.

Nur ein Jahr später erfolgte seine Wahl zum Senator der niedersächsischen Metropole. Mit seinem ausgeprägten Gemeinsinn, seinem Verständnis für die Kultur und Wirtschaft sowie seinen Kenntnissen im Grundstückswesen wurde der gebürtige Eichsfelder ein gefragter Berater in Hannover bis zum Ende der Weimarer Republik. Heinrich Dunkelberg starb am 25. Juni 1934 in Bad Ems.

Alexander Dylong

Seelsorge an anderen Orten

… auf dem hannoverschen Messegelände

Mit Beginn der Hannover-Messe nach dem Krieg waren die Katholische und die Evangelische Kirche beim Messegeschehen vertreten. Bis in die frühen 1970er Jahre boten beide Kirchen mit sogenannten Kapellenwagen an den Sonntagen mehrmals auf dem Messegelände Heilige Messen und evangelische Gottesdienste an, an denen Hunderte von Messebesuchern teilnahmen.

Hannover, Ökumenisches Kirchenzentrum auf dem Messegelände

Zur Weiterentwicklung dieses Angebotes nahmen beide Kirchen gemeinsam den Kontakt mit der Messegesellschaft auf mit dem Ziel, einen festen Raum für Gottesdienste und Seelsorge einrichten zu können. Angeboten wurde ihnen hierfür eine der Messehallen, was jedoch aufgrund der Nähe zum quirligen Messebetrieb und zu dem damit einhergehenden Lärm auf Dauer kein für eine würdige Feier der Liturgie geeigneter Bereich war. Stattdessen erhielten die Kirchen dann jedoch im Jahr 1985 im Zusammenhang mit der Errichtung des Informationszentrums (Nähe Halle 7) einen geeigneten Raum, der bis heute als Ökumenisches Kirchencenter auf dem hannoverschen Messegelände genutzt wird; der Raum wird von der Messe AG unentgeltlich zur Verfügung gestellt.

Beide Kirchen sind an ca. 30 Messetagen im Jahr mit hauptberuflichen und ehrenamtlichen Mitarbeiterinnen und Mitarbeitern präsent. Die Kirche auf dem Messegelände ist ein Ort der Stille und Besinnung. Mehrmals täglich findet eine ökumenische Andacht statt, wie die Mitarbeiterinnen und Mitarbeiter der beiden Kirchen den Messebesuchern und Ausstellern auch durchgängig zum Gespräch zur Verfügung stehen.

… am Flughafen Hannover

Zum Evangelischen Kirchentag 2005 signalisierte die Flughafen AG den Kirchen, einen Raum als Flughafenkapelle zur Verfügung stellen zu wollen. Vorausgegan-

Langenhagen, Flughafenkapelle

gen waren viele Anfragen von Reisenden, ob an einem internationalen Flughafen ein solcher Raum angeboten werden könne. Die Evangelische und Katholische Kirche verständigten sich, gemeinsam bis zum Kirchentag einen Gebetsraum herzurichten und ein seelsorgliches Angebot zu sichern. Die zentral im Flughafengelände auf der Ankunftsebene zwischen den Terminals A und B gelegene Kapelle wurde durch Landesbischöfin Margot Käßmann, Regionaldechant Propst Klaus Funke und den serbisch-orthodoxen Erzpriester Milan Pejic eingeweiht.

Von Seiten der Katholischen Kirche betreuen drei hauptberufliche Mitarbeiter mit wenigen Zeitanteilen die Flughafenseelsorge. Die Evangelische Kirche stellt einen Mitarbeiter mit halber Stelle, der gleichzeitig die Betriebsseelsorge übernommen hat. Unterstützt wird das ökumenische Team von mehreren ehrenamtlich tätigen Damen und Herren.

Die Flughafenkapelle wird von Reisenden, Mitarbeiterinnen und Mitarbeitern am Flughafen sowie Flughafenbesuchern genutzt. Sie ist ein Ort des Gebets und der Stille. Pilger- und andere Reisegruppen starten oftmals ihre gemeinsame Flugreise an diesem Ort. Zu Ferienzeiten finden besondere Aktionen im Boarding-Bereich statt. Reisende erhalten einen Segenswunsch zum Flug und zum Urlaub.

Horst Vorderwülbecke

Hannover, FORUM St. Joseph

Die Idee eines römischen Marktplatzes, eines Forums eben, stand Pate bei der Errichtung des Begegnungszentrums der Kirchengemeinde St. Joseph. Ein Ort gemeinschaftlichen religiösen und kulturellen Handelns, wo man sich trifft und austauscht, gemeinsam feiert, aber auch das gesellschaftliche Gespräch sucht – kurz: der Mittelpunkt einer Stadt.

Davon ausgehend wurde das FORUM St. Joseph als ein modernes, lichtdurchflutetes Haus gestaltet, mit großzügigen Räumen, die eine große Offenheit erlauben und zur Begegnung einladen. Die Lage und axiale Anordnung gegenüber der Kirche verdeutlichen die Wurzeln und Zusammenhänge dieses Gebäudes, gleichzeitig liegt das FORUM quasi im städtischen Vahrenwalder Park und zeigt damit die Zuwendung zum Stadtteil und zur Gesellschaft um St. Joseph herum.

Von vornherein war den Verantwortlichen in der Gemeinde klar, dass ein solches Konzept nicht in einem reinen Gemeindehaus zum Tragen kommen kann. Viele Jahre wurde daher mit den Verantwortlichen von Bistum Hildesheim und Stadt Hannover um die Errichtung einer Kindertagesstätte gerungen. Diese befindet sich nun im Erdgeschoss und ihre vier Gruppen öffnen sich zur „Piazza" hin, die zu gemeinsamen Aktionen einlädt und so kindliches Erleben über den engen Rahmen der Gruppe hinaus ermöglicht, die aber auch für Eltern die Möglichkeit zu Begegnung und Austausch bietet.

Hannover, Forum St. Joseph

Im Obergeschoss des FORUMs stellt das Begegnungszentrum Räume für vielfältige Nutzungen zur Verfügung; Besprechungs- und Seminarräume sowie der unterteilbare Saal bieten Raum für Gruppen von 4 bis zu 220 Personen. Besonderheit und Herzstück ist jedoch auch hier der geräumige und helle Zentralbereich, der mit Tresen, Cafe-Bestuhlung und Lounge-Möblierung selber zum Verweilen einlädt, aber auch zum Saal hin geöffnet werden kann, so dass ein großzügiger Raum entsteht, der zu allen Seiten hin den Blick auf die umgebende Stadt ermöglicht.

Dieses Konzept hat sich seit der Eröffnung im August 2016 mehr und mehr verwirklicht. Die Gemeinde selber hat ihr Haus begeistert in Besitz genommen und nutzt das FORUM für „klassische" Angebote, aber auch für neue Formate wie den „SonnTalk", ein Podiumsgespräch gerahmt von einem musikalischen und kulinarischen Angebot – und das alles sonntags nach der Feier der Messe. Es gibt Konzerte, Kabarett und Theater, und schließlich stellen wir die Räume auch anderen, vor allem kirchlichen und gemeinnützigen Gruppen für Tagungen und Konferenzen zur Verfügung. Auf diese Weise durften wir schon zahlreiche Gäste hier willkommen heißen und ihnen in der einmaligen Atmosphäre dieses Hauses mit der Offenheit unserer Kirche begegnen.

Paul Sander

Louis Remy de la Fosse

Am 1. Januar 1706 trat der Franzose in Hannover seinen Dienst als „Hof- und Premierarchitekt" an. Kurfürst Georg Ludwig hatte ihn berufen; zuvor wirkte Louis Remy de la Fosse in Berlin an den Planungen für Schloss Charlottenburg mit.

Wann genau (um 1659) und wo der französische Architekt geboren wurde, ist nicht bekannt; wohl aber, dass er 1729 in Darmstadt „als Katholik beerdigt" wurde – auf dem Friedhof neben der evangelischen Hauptkirche der Stadt. Dort hatte Louis Remy de la Fosse als Oberbaumeister im Dienste des Landgrafen Ernst-Ludwig von Hessen-Darmstadt bis zu seinem Tod das gesamte Zivil- und Militärbauwesen geleitet.

Hannover ließ Remy de la Fosse 1714 hinter sich, nachdem der hannoversche Kurfürst als König von England nach London übergesiedelt war. Vier Jahre zuvor hatte der französische Architekt Pläne vorgelegt, die eine Ausdehnung der Stadt vom Steintor nach Norden vorsahen und eine Vergrößerung des Stadtgebietes um annähernd das doppelte zur Folge gehabt hätte. Doch die Planungen scheiterten vor allem wegen der Verlegung des Hofes nach London.

Das Hauptwerk des Architekten in Hannover, eine dreiflügelige Hausanlage im Stil eines französischen Adelspalais, ist nicht mehr erhalten. Im Großen Garten in Hannover-Herrenhausen sind noch die von ihm entworfenen Eckpavillons an der Graft zu sehen. Westlich vom Herrenhäuser Schloss wurde nach Plänen von Remy de la Fosse ein Pagenhaus errichtet; neben dem Historischen Museum in Hannovers Altstadt steht am Hohen Ufer der Leine das von Remy de la Fosse entworfene Tor zum Neuen Marstall.

Für das heute noch genutzte Hauptgebäude des Niedersächsischen Landesarchivs, als erster deutscher Archiv-Zweckbau ab 1713 errichtet, hatte Remy de la Fosse hatte einen Vorentwurf geliefert. Und von ihm stammt ein weiterer Vorentwurf – für den Bau der Clemenskirche. Umgesetzt wurde dieser Plan allerdings nicht, denn zum Zuge kam vor 300 Jahren ein Plan seines italienischen Kollegen und Nachfolgers im Amt als hannoverscher Hofarchitekt, Tommaso Giusti. Von ihm wiederum stammt ein Freskenzyklus im Barockbau des Jagdschlosses Göhrde im Wendland, das Anfang des 18. Jahrhunderts nach Plänen von Louis Remy de la Fosse errichtet worden war.

In den Kirchenbüchern von St. Clemens ist de la Fosse als Pate erwähnt und die Taufe seiner Tochter Charlotta Adolphina verzeichnet.

Bernward Kalbhenn

Garbsen, St. Raphael

Vor dem Zweiten Weltkrieg war der Anteil von Katholiken an der Garbsener Bevölkerung äußerst gering: Im Jahr 1895 lebte gerade einmal ein Katholik im Gebiet des heutigen Alt-Garbsen … Nach der Jahrhundertwende setzte ein insgesamt überschaubarer Zuzug katholischer Arbeitskräfte ein, die sowohl in den Garbsener Hartsteinwerken und Ziegeleien als auch in den verschiedenen Industriebetrieben der angrenzenden Ortschaften tätig waren. Deren seelsorgliche Betreuung fiel zwar eigentlich in den Zuständigkeitsbereich von Neustadt am Rübenberge, erfolgte aber zu großen Teilen in der bzw. über die weitaus näher gelegene Dreifaltigkeitskirche in Seelze.

Erst mit der Aufnahme von Heimatvertriebenen und Flüchtlingen ab 1944 nahm die katholische Bevölkerung in Garbsen ebenso sprunghaft wie enorm zu. Viele der katholischen Vertriebenen, die häufig in der Industrie Arbeit fanden,

Garbsen, St. Raphael-Kirche

ließen sich dauerhaft in den verschiedenen Neubaugebieten wie „Auf der Horst", „Pottberg" und „Kronsberg" nieder. Deswegen kam 1965 ein Pfarrvikar nach Garbsen und wurden zwischen 1967 und 1968 die katholischen Kirchen St. Raphael „Auf der Horst" und St. Johannes Ev. auf dem „Pottberg" erbaut. Von diesen erhielt die Kirchengemeinde St. Raphael 1973 den Status einer Pfarrei. Die Kirche St. Johannes Ev. wurde 2007 profaniert, auf dem Grundstück errichtete das Heimatwerk Hannover eine Seniorenwohnanlage.

1968 erlangte Garbsen den Stadtstatus, nachdem es im Jahr zuvor zum Zusammenschluss mit dem auf der anderen Seite des Mittellandkanals gelegenen Havelse gekommen war. Ähnlich wie in (Alt-)Garbsen führte auch dort die Ansiedlung zahlreicher Flüchtlinge und Heimatvertriebener zur Entstehung einer katholischen Gemeinde. Zwischen 1961 und 1965 wurden Kirche und Kirchengemeinde Corpus Christi errichtet, die 1976 zur Pfarrei erhoben wurde. Zunächst also noch völlig eigenständig, erfolgte die seelsorgliche Betreuung Havelses zwischen 1986 und 2004 von St. Raphael aus im Rahmen einer Seelsorgeeinheit.

Ebenfalls als Flüchtlingsgemeinde in einem städtischen Ballungsraum entstand die Gemeinde St. Maria Regina in Berenbostel, das erst 1974 nach Garbsen eingemeindet wurde. Bereits 1954 wurde eine katholische Kirche in Berenbostel erbaut, 1970 erhielt St. Maria Regina den Pfarreistatus. Da die Kirche sich bald als zu klein für die stark anwachsende Gemeinde erwies, wurde sie 1972/ 73 durch einen größeren Neubau ersetzt.

Aus den drei Kirchengemeinden St. Raphael (mit St. Johannes Ev.), Corpus Christi und St. Maria Regina wurde 2004 die Pfarrgemeinde St. Raphael gebildet. Für diese seit nunmehr 14 Jahren bestehende Großpfarrei hält das Jahr 2018 einen besonderen Grund zum Feiern bereit: Das 50-jährige Jubiläum der Pfarrkirche St. Raphael.

Michaela Golnik

Tommaso Giusti

Als Bühnendekorationsmaler an den hannoverschen Fürstenhof berufen, entwarf und installierte der um 1644 in Venedig geborene Sohn eines Baumeisters auch die Bühnenmaschinerie des Opernhauses im Leineschloss, das 1689 mit der Oper „Enrique Leone" von Agostino Steffani eröffnet wurde. Für die Reise des Universalgelehrten Leibniz nach Venedig fertigte Tommaso Giusti 1694 zwei Himmelsgloben an. Erhalten geblieben sind die Illusionsmalereien nach seinen Plänen im Galeriegebäude der Herrenhäuser Gärten.

Giustis Landsmann Agostino Steffani, zunächst herzoglicher Kapellmeister und später als Bischof Apostolischer Vikar für Hoch- und Niedersachsen, hatte ihn nach Hannover geholt und später als Architekten für den Bau der St. Clemens-Kirche gewinnen können. Tommaso Giusti übernahm die Aufgabe, „die Arbeiter anzuführen und den Bau zu dirigieren", ist dazu im Kirchenbuch von 1712 vermerkt, „ohne einzige Eigennützigkeit und aus lauter Religionseifer".

Das hölzerne Baumodell Giustis, heute im Bestand des hannoverschen Historischen Museums, zeigt nach dem Vorbild venezianischer Barockkirchen einen von zwei Glockentürmen flankierten Zentralbau mit Kuppel, auf die bei der Fertigstellung der Kirche 1718 allerdings verzichtet werden musste – „aus Mangel an Mitteln", wie es im Baubericht heißt. Die inneren Gewölbe unter einem einfachen Satteldach bestanden aus Holz mit einem Stucküberzug. Kuppel und Türme wurden erst 250 Jahre später errichtet, beim Wiederaufbau von St. Clemens nach der Zerstörung im Zweiten Weltkrieg in Anlehnung an die Pläne Tommaso Giustis nach einem Entwurf von Otto Fiederling.

Im „Bericht über den Wiederaufbau in bautechnischer Beziehung" schreiben die Bauleiter, die beratenden Ingenieure August Henkes und Heinrich Wisserodt,

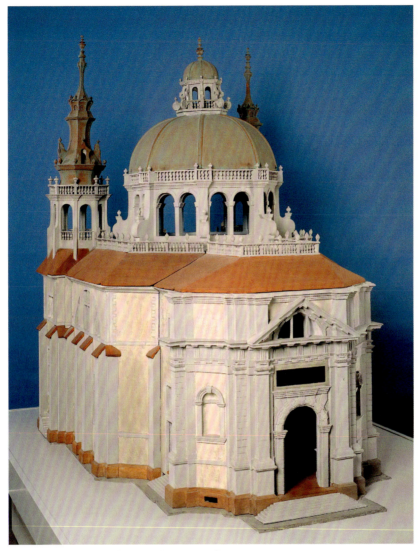

Tommaso Giusti, Modell der St. Clemens-Kirche

Tommaso Giusti habe sich 1714–1718 als Bauleiter „bestens bewährt"; sein Modell der Kirche allerdings zeige, dass er „wohl weniger für die architektonische Planung als für die praktische technische Ausführung geeignet war."

Tommaso Giusti starb am 24. September 1729 und wurde in der Krypta von St. Clemens beigesetzt.

Bernward Kalbhenn

Pfarrer Christoph Hackethal

Am 28. März 1899 in Hannover geboren, studierte Christoph Hackethal nach dem Abitur in Münster Theologie, trat Ostern 1922 ins Hildesheimer Priesterseminar ein und wurde am 24. Februar 1923 durch Diözesanbischof Joseph Ernst zum Priester geweiht. Als Kaplan arbeitete er zunächst ein Jahr lang in Wilhelmsburg/Hamburg und dann drei Jahre in Hannover St. Elisabeth, wo ihm neben der allgemeinen seelsorglichen Arbeit auch der Religionsunterricht am Kaiser-Wilhelm-Gymnasium oblag. Nach einem weiteren Jahre als Kaplan in Hildesheim St. Elisabeth übernahm er im Mai 1929 die Stelle eines Krankenhausseelsorgers im St. Bernward-Krankenhaus, wo er u. a. – eine Neuerung – Gottesdienste und Andachten per Lautsprecher in die Krankenzimmer übertragen ließ.

Zum 1. Oktober 1934 wechselte Pastor Hackethal nach Bad Harzburg-Bündheim: eine Diasporagemeinde im Harz mit mehreren kleinen Gottesdienststationen, u. a.

Christoph Hackethal (1899–1942), 1934–1941/42 Pfarrer in Bad Harzburg-Bündheim

im 24 km entfernten Braunlage. Relativ offen kritisierte er hier schon im Februar 1937 die „besonderen Hindernisse infolge der herrschenden antikatholischen Propaganda", wobei er sich selbst jedoch in keiner Weise einschüchtern ließ und seinen bisherigen Weg einer den Menschen zugewandten Seelsorge weiterging.

Am 18. April 1941 wurde Pastor Hackethal wegen angeblich „staatsabträglichen Verhaltens und defaitistischer Äußerungen" in seinem Pfarrhaus verhaftet und in das berüchtigte Gestapo-Straflager Hallendorf (bei Salzgitter) gebracht, in dem er bis Mitte Juli blieb und dann ins Konzentrationslager Dachau überstellt wurde, wo er wegen seines gesundheitlichen Zustands zunächst auf die Krankenstation und dann in den sog. Priesterblock 26 kam.

Aus Pastor Hackethals Haftzeit sind einige Gebete und Meditationen erhalten geblieben, die einen Einblick in seine persönliche Spiritualität geben. So lautet etwa ein Ostergebet: „Auf deinen Lebensweg fällt heute Osterlicht. Gib deinem Sinne, deiner Seele weite Sicht! Du bist für diese Erde nicht, du bist für mich allein – spricht Gott – und weißt, warum hier vieles dir gebricht. Erkenne, Seele, dein Gewicht und dein Gericht."

Christoph Hackethal starb am 25. August 1942, seine Urne wurde am 23. September 1942 nach einem Requiem in seiner Heimatkirche Hannover St. Marien auf dem hannoverschen Stadtfriedhof Strangriede beigesetzt.

Thomas Scharf-Wrede

Louis Hackethal

Louis (Ludwig) Hackethal trat mit einer Reihe von Erfindungen zur Weiterentwicklung des Telegraphen- und Fernsprechwesens hervor und war entscheidend daran beteiligt, dass sich ein hannoversches Unternehmen einen weltweiten Markt schaffen konnte. Er wurde am 30. Januar 1837 als zweiter Sohn des Lehrers Carl Hackethal und dessen Ehefrau Christiane, geb. Hacke, in Duderstadt geboren und am 12. Februar in der dortigen St. Cyriakus-Kirche getauft. Nach dem Abitur 1855 trat er in Hannover in die „Königliche Post- und Telegraphenverwaltung" ein. Von 1875 bis 1899 war er Telegraphendirektor und Vorsteher der Fernsprechämter in Hannover und Bremen. Während dieser Zeit und im Ruhestand war er auf der Suche nach einem wetterfesten Isoliermaterial für elektrische Apparate und Leitungsdrähte, das u. a. störungsfreies Telefonieren garantieren sollte. Seine Erfindung ließ er sich 1900 patentieren; ein weiteres Patent erhielt er 1910 für einen Isolator mit seitlichen Ansätzen zur Aufnahme von Doppelleitungen.

Hannover-Vinnhorst, Hackethalstraße

Hackethals Erfindungen fanden ihre Verwirklichung durch die Brüder Jacob und Joseph Berliner, die 1900 die „Hackethal-Draht-Gesellschaft mbH" in Hannover gründeten und zunächst bis zur Errichtung einer eigenen Fabrik 1903 den von anderen Firmen hergestellten „Hackethal-Draht" vertrieben. Um die finanziellen Voraussetzungen für die Weiterentwicklung seiner Erfindungen zu schaffen, nahmen sie Hackethal 1906 als Gesellschafter in ihre Firma auf, die im folgenden Jahr in die „Hackethal-Draht- und Kabelwerke AG" umgewandelt wurde und sich in den folgenden Jahrzehnten zu einem der bedeutendsten Kabel- und Metallwerke Europas entwickelte. Hackethal starb am 8. April 1911 in Hannover. 1946 wurde eine Straße in Hannover-Vinnhorst nach ihm benannt.

Hans-Georg Aschoff

Heinrich Happe

In Heinrich Happe darf man einen der „profiliertesten Vertreter der katholischen Laienbewegung im Bistum Hildesheim nach dem Zweiten Weltkrieg" sehen (Thomas Scharf-Wrede). Er wurde am 28. November 1898 im Sauerland geboren und kam als Diplomingenieur im Auftrag seiner Firma nach Hannover, wo St. Elisabeth zu seiner Heimatpfarrei wurde. Als ein zentrales Anliegen galt ihm, katholisches Leben in der Öffentlichkeit sichtbar zu machen. Zusammen mit Propst

Joseph Ludewig war Happe im April 1945 maßgeblich an der Konstituierung des „Kuratoriums der Katholikenausschüsse in Hannover" beteiligt, das sich als Repräsentation der katholischen Laien zum Ziel gesetzt hatte, das kirchliche Leben in Hannover wesentlich mitzugestalten, die Interessen der Katholiken nach außen hin zu vertreten und in die politische Entwicklung einzugreifen. Unter Happes Vorsitz entwickelte es sich zu einem Vorkämpfer des katholischen Schulwesens in Hannover und Niedersachsen; in Happes Händen lag die Vorbereitung der großen Protestdemonstration von über 60.000 Katholiken gegen das niedersächsische Schulgesetz im März 1954 in Hannover, die einen Anstoß für die späteren Konkordatsverhandlungen gab. Auch die Organisation der Diözesankatholikentage von 1950 und 1953 in Hannover, die eine integrierende Wirkung im Bistum ausüben und das Gemeinschaftsbewusstsein der Katholiken in der Diaspora stärken sollten, war im Wesentlichen Happes Werk.

Maßgeblich wirkte Happe am Entstehen mehrerer kirchlicher Einrichtungen in Hannover mit; dazu gehörten die Wiedereröffnung der St. Ursula-Schule sowie der Bau des Studentenwohnheims „Clemensburse" und des neuen Vinzenzkrankenhauses, dessen Grundstück durch seine Vermittlung erworben werden konnte. Happe rief den „Orden der Ritter vom Hl. Grab" in Norddeutschland ins Leben, dessen soziales Engagement er betonte. Als CVer galt sein besonderer Einsatz der Unterstützung katholischer Studierender und der akademischen Bildungsarbeit. Darüber hinaus leistete er in der Stille viel Gutes, insbesondere für ältere Menschen. Happe starb am 6. März 1983 in Hannover und wurde auf dem Stadtfriedhof Seelhorst beigesetzt.

Hans-Georg Aschoff

Hannover, Hl. Geist

Nachdem die Einwohnerzahl in Bothfeld, Klein-Buchholz und Lahe zwischen 1939 und 1946 bereits moderat von 5661 auf 8746 Einwohner angestiegen war, nahm sie bis 1950 noch einmal deutlich auf nunmehr 13.341 zu – weswegen der seit 1943 in der St. Konrad-Gemeinde in der List tätige Pastor Dr. Carl Morotini ab Ostersonntag 1947 in der Volksschule am Grimsehlweg bzw. im Festsaal der Gaststätte Stöckmann katholischen Gottesdienst feierte. Auf längere Sicht war dies natürlich keine Lösung, so dass Propst Joseph Ludewig in Absprache mit Pastor Morotini Ende 1949 mit der Bauverwaltung der Stadt Hannover Gespräche wegen des Baues einer katholischen Kirche aufnahm, der dann bereits Anfang

Hannover-Bothfeld, Hl. Geist

Mai 1952 an der Kurze-Kamp-Straße in Bothfeld begann. Dank des immensen Eigenengagements der Gemeinde – „man" machte fast alles selbst – konnte bereits am 14. September desselben Jahres durch Bischof Dr. Joseph Godehard Machens geweiht werden.

Auch wenn die kirchliche Binnenstruktur in Hannover in den folgenden Jahren immer weiter ausgestaltet wurde, wuchs die Gemeinde Hl. Geist immer weiter, weswegen man die bisherige Kirche schon Anfang der 1960er Jahre zugunsten eines Neubaus– einschließlich eines geräumigen Gemeindezentrums – an der Niggemannstraße aufgab. Am 7. Dezember 1963 weihte Bischof Heinrich Maria Janssen die neue Hl. Geist-Kirche; aufgrund der Mitfunktion der Kirche als Garnisonskirche bestimmte man den Hl. Erzengel Michael als Schutzheiligen der Soldaten zum Nebenpatron, wie man ihr auch im Blick auf die Herkunft vieler Gemeindemitglieder aus den vormaligen deutschen Ostgebieten das Nebenpatrozinium des hl. Johannes der Täufer zuwies, des Schutzheiligen des Erzbistums Breslau.

Die Innenausstattung der neuen Kirche erfolgte durch namhafte zeitgenössische Künstler: So fertigte der Kölner Goldschmied Hein Wimmer u. a. das große Kreuz über dem Altar, den Deckel des Taufbeckens sowie den Tabernakel und Ludwig Schaffrath aus Aachen die große Fensterfront an der Kirchenostseite, wie

Hannover-Bothfeld, Hl. Geist

Ferdinand Selgrad aus Neukirchen den Kreuzweg an der Westseite und die Dreifaltigkeits-Darstellung am Eingang der Taufkapelle schuf.

Unter der über 30-jährigen Leitung von Pastor bzw. Pfarrer Georg Buchta (1955–1987) und Pfarrer Dr. Reinhold Bellwon (1987–2009) nahm die Hl. Geist-Gemeinde eine gute Entwicklung, wobei den verschiedenen Vereinen und Verbänden sowie einer intensiven Kinder- und Jugendarbeit stets besondere Bedeutung zukam. Im Zuge der Neustrukturierung der Pfarreien auch in der Region Hannover wurde die bisherige Hl. Geist Pfarrei 2009 mit den Pfarreien St. Bruder Konrad in der List, St. Franziskus in Vahrenheide sowie Hl. Kreuz in Altwarmbüchen zu einer neuen Pfarrei Hl. Geist zusammengeschlossen.

Thomas Scharf-Wrede

Hannover-Herrenhausen, St. Adalbert

Vor dem Zweiten Weltkrieg wurden die Katholiken, die sich infolge von Industrieansiedlungen im Nordwesten Hannovers niedergelassen hatten, von St. Maria seelsorglich betreut. Nach dem Krieg wuchs ihre Zahl durch die Zuwanderung von Flüchtlingen auf über 4000 an, so dass 1949 die selbständige Kirchengemeinde

St. Adalbert errichtet wurde. Sie wurde nach dem Prager Bischof Adalbert († 997), einem Zeitgenossen des hl. Bernward, sowie in Erinnerung an den Pfarrer von St. Maria, Adalbert Gerhardy, benannt.

Die heutige Kirche des Architekten Paul Wolters galt bei ihrer Konsekration am 26. Mai 1958 als „hochmodern". Der Stahlbetonbau erhebt sich auf elliptischem Grundriss. Zwei hoch aufragende, gekrümmte Wände führen durch den trichterförmig zurückliegenden Eingang in den stützenfreien Kirchenraum. Dieser wird von zwei Betonschalen überspannt, von denen sich die Kirchendecke nach innen wölbt, während das Dach die Form einer flachen Kuppel hat. Fensterschlitze trennen als Lichtband die Kirchendecke von den Wänden und leiten das Licht zusammen mit den drei großen Chorfenstern auf den Altar als Bedeutungsmittelpunkt der Kirche. Die Altarwand nimmt ein Sgrafitto mit der Darstellung der Verherrlichung des Lammes ein. Die Taufkapelle und die Marienkapelle sowie die Treppen zur Empore und zur Krypta sind zwischen die Außen- und Innenschale der Wand so eingebaut, dass sie die Geschlossenheit des Kirchenraumes nicht stören. Anklänge an die Wallfahrtskirche Notre Dame du Haut in Ronchamp von Le Corbusier (1950–1954) sind unverkennbar. Heute ist die Kirchengemeinde St. Adalbert Teil der Pfarrei St. Maria.

Hans-Georg Aschoff

Hannover-Herrenhausen, St. Adalbert

Hannover, St. Bernward

Den Anlass zum Bau der St. Bernward-Kirche, die nach einem der bedeutendsten Hildesheimer Bischöfe (um 960–1022) benannt wurde, bot der Zuzug von Katholiken vornehmlich aus dem Eichsfeld; sie fanden in der 1868 gegründeten „Döhrener Wollwäscherei und -kämmerei" Arbeit. Die staatlichen Stellen verweigerten anfangs die Baugenehmigung, weil man bezweifelte, dass die Gemeindemitglieder die Kosten für den Bau und dessen Unterhaltung aufbringen könnten. Die am 8. September 1893 konsekrierte Kirche, der Pläne des hannoverschen Architekten Christoph Hehl zugrunde lagen, war eine dreischiffige flachgedeckte neuromanische Basilika mit sehr breitem Mittelschiff, einer offenen Vorhalle und einem asymetrisch in die Nordwestecke eingefügten Turm. Die St. Bernward-Kirche, die im Zweiten Weltkrieg nur beschädigt wurde, erlebte mehrere bauliche Veränderungen. 1959/60 wurde mit Rücksicht auf die auf über 7000 Mitglieder angewachsene Gemeinde das bereits von Hehl geplante Querhaus mit Altarraum errichtet, wobei die ursprüngliche historische Ausmalung von Oscar Wichtendahl entfernt wurde. Infolge der Liturgiereform nach dem Zweiten Vatikanischen Konzil wurde der Altar nach vorn gezogen und eine Krypta geschaffen. Zum 100. Jubiläum wurde der Innenraum erneut umgestaltet. Auf einer

Hannover-Döhren, St. Bernward

halbrunden „Altarinsel" rückte der Altar in die Vierung der Kirche. Für die Rückwand des Altarraumes schufen die hannoverschen Künstler Dagmar Gallinger und Hanns Joachim Klug eine Ikone mit dem Antlitz Christi. Das Original befindet sich im Kloster Watopedi (Berg Athos) und soll ein im 6. Jahrhundert in Edessa wiederentdecktes Tuch als Ursprung haben, das in der Tradition des „nicht von Menschenhand" geschaffenen Abbildes Christi steht. Die Kreuzwegstationen stammen ebenfalls von Klug.

Hans-Georg Aschoff

Hannover, St. Elisabeth

Bedingt durch die Zunahme der Bevölkerung in der zweiten Hälfte des 19. Jahrhunderts reichte auch das durch Bau der der St. Godehard-Kirche in Linden, den Bau der St. Marien-Kirche in Hannover-Nord und den Bau der St. Bernward-Kirche in Döhren kontinuierlich erweiterte „Kirchennetz" in Großhannover immer noch nicht – auch in der Mitte Hannovers bedurfte es einer weiteren katholischen Kirche, reichten doch die Plätze in der St. Clemens-Kirche selbst werktags häufig nicht für die Gottesdienstbesucher aus. Diese Kirche wurde 1894/95 – wie eigentlich immer in dieser Zeit in Eigenverantwortung des Kirchenvorstands und ohne wirkliche Unterstützung des Bischöflichen Generalvikariats in Hildesheim – nach sich an der aus dem 11. Jahrhundert stammenden Basilika Santa Fosca bei Venedig orientierten Plänen des renommierten Architekten Christoph Hehl in neoromanischem Stil an der Gellertstraße errichtet und am 20. November 1895 der hl. Elisabeth geweiht; mit der Wahl dieses Patroziniums griff Propst Wilhelm Schreiber eine Anregung von Bischof Wilhelm Sommerwerck aus dessen Fastenhirtenbrief des Vorjahres auf.

Zwischen 1898 und 1905 wurde die St. Elisabeth-Kirche, deren Gemeindebezirk zur Pfarrei St. Clemens durch den Raschplatz, die Joachim- und die Marienstraßen sowie zur St. Marien-Kirche durch die Celler Straße begrenzt wurde und dann Misburg, Kleefeld und Kirchrode reichte, durch den Historienmaler Oskar Wichtendahl mit Szenen aus dem Leben der hl. Elisabeth ausgemalt; nach entsprechenden Vorgaben von Adolf Bertram, dem späteren Bischof von Hildesheim resp. Fürstbischof von Breslau.

Dem Kirchenverständnis und der Religiosität der Zeit entsprechend bildeten sich in der St. Elisabeth-Gemeinde im ersten Viertel des 20. Jahrhunderts verschiedene Vereine und Bruderschaften, u. a. eine Herz-Jesu-Bruderschaft, ein

Hannover-Mitte, St. Elisabeth

Borromäus-Verein, ein Paramentenverein, ein Kindheit-Jesu-Verein sowie „Zweigverein" des Bonifatiusvereins und des Volksvereins, wie es hier natürlich auch je einen Frauen-, Jungfrauen-, Männer- und Jungmännerverein gab.

Trotz der widrigen Zeitumstände wurde der 50. Geburtstag der St. Elisabeth-Kirche im Jahr 1935 – gleichzeitig das Jahr des 700. Jahrestags der Heiligsprechung der Kirchenpatronin – in besonderer Weise gefeiert, wobei Pfarrer Joseph Ludewig die Gemeinde in sehr eindrücklicher Weise zum „Bleiben beim Evange-

Hannover-Mitte, St. Elisabeth

lium" aufforderte; was diese auch tat, blieb der Gottesdienstbesuch doch auch in der Zeit des Nationalsozialismus hoch und die Zahl der Kirchenaustritte gering. Im Zweiten Weltkrieg wurde die St. Elisabeth-Kirche als einzige Kirche in der Innenstadt Hannovers nicht zerstört, weswegen sie nach 1945 zunächst als „provisorisches Zentrum" des hannoverschen Katholizismus diente. Auch in den 1950- und 1960er Jahren nahm die Gemeinde eine gute Entwicklung, in der ein konstruktives Miteinander der Geistlichen und der Gemeindemitglieder selbstverständlich war – wozu sicherlich die Bereitschaft, von der einen oder anderen nicht mehr lebendigen Tradition auch einmal Abschied zu nehmen, ihren Beitrag leistete.

Im Zusammenhang mit den liturgischen Veränderungen des II. Vatikanums wurde (auch) die St. Elisabeth-Kirche 1970 deutlich umgestaltet – wie die Gemeinde 1974 auch endlich ein bis dahin stets schmerzlich vermisstes Gemeindezentrum erhielt, als – wie es in der Kirchenzeitung hieß – „offenes System, in dem jeder zu jeder Zeit willkommen ist". Seit 2010 gehört die St. Elisabeth-Kirche zur Pfarrei St. Heinrich – ohne dabei an Lebendigkeit verloren zu haben.

Thomas Scharf-Wrede

Hannover, St. Heinrich

Die Planungen zum Bau einer katholischen Kirche in der Südstadt gingen bis zum Ende des 19. Jahrhunderts zurück; sie wurden aber nicht ausgeführt, weil sich Hannover nach Norden und Westen hin entwickelte. Der Ausbruch des Ersten Weltkrieges und die Inflation von 1923, die den angesammelten Baufonds vernichtete, verzögerten den Baubeginn. 1925 wurde der Rektoratsbezirk St. Heinrich geschaffen, der Teil der Pfarrei St. Clemens blieb; der Gottesdienst fand in einer Notkapelle in der Albert-Niemann-Straße statt. Die Kirche, denen der Plan des Kölner Architekten Eduard Endler zugrunde liegt, wurde am 27. Oktober 1929 geweiht. Die Feier des 900. Todestages des hl. Kaisers Heinrich (973 o. 978–1024) und seine Beziehungen zum Hildesheimer Bischof Godehard legten die Namensgebung nahe. Der konservative und moderne Elemente sakraler Architektur verbindende Kirchenbau fügt sich in die Straßenfront zwischen vierstöckigen Wohngebäuden ein; der 30 Meter hohe, blockhafte, durch drei steile Arkaden gegliederte Turm erscheint als ein Bollwerk des christlichen Glaubens in der Großstadt. Der sich anschließende Saalraum ähnelt einer dreischiffigen Basilika. Mit einer ursprünglichen Aufnahmefähigkeit von 1200 Personen war St. Heinrich eine der größten Kirche der Region Hannover. Während des Zweiten Weltkrieges brannte die Kirche in den Bombennächten von 1943 und 1945 vollständig aus. Zum großen Teil aus eigenen Mitteln der Gemeindemitglieder und unter

Hannover-Südstadt, St. Heinrich

Mithilfe einer großen Zahl von Gläubigen wurde sie bis 1949 wiederaufgebaut. Auf pfarreigenem Grundstück in der Simrockstraße konnte in den 1950er Jahren das vom Ursulinenorden geführte Gymnasium St. Ursula errichtet werden, weil die Gemeinde auf den Bau eines Pfarrhauses und eines Pfarrheimes verzichtet hatte. Erst 1981 entstand mit dem „Franz-Ludewig-Haus" ein eigenes Pfarrzentrum in der Jordanstraße. In den 1950er und 1960er Jahren fand in der St. Heinrich-Kirche monatlich am Sonntagnachmittag ein Gottesdienst für Vertriebene und Flüchtlinge der Region statt.

Die Kirche erlebte nach dem Krieg eine Reihe von Renovierungen. Die letzte erfolgte in den Jahren 1996 bis 2003 unter der Leitung von Christoph Gerlach. Sie stellte den ursprünglichen Zustand der Säulen, des Chorraumes und der Decke weitgehend wieder her. Der Altarsockel wurde in den Kirchenraum hineingezogen, so dass sich die Gemeinde um den Altar versammeln kann. Ein zwölfflammiger Radleuchter betont das Zentrum. Von der Ausstattung sind der ausdrucksstarke triumphierende Christus (von Heinrich Waldmann 1949) im Chorraum, die Pietà (schwäbisch, 17. Jahrhundert), die Kreuzwegstationen von Alfred Gottwald (1938) und die Fenster von Dorothee Aschoff in der Anbetungskapelle hervorzuheben. Nach der Zusammenlegung mit den Innenstadtpfarreien St. Clemens und St. Elisabeth zum 1. September 2010 wurde St. Heinrich Sitz und Namensgeber der neuen Pfarrgemeinde.

Hans-Georg Aschoff

Hannover, St. Maria

Als Mitte der 1880er Jahre die katholische Pfarrei St. Clemens ca. 10.000 Gläubige aufwies, wurde der Bau einer zweiten Kirche im Norden Hannovers notwendig, wo sich in den Arbeiterwohngebieten eine größere Anzahl von Katholiken niedergelassen hatte. Die Marienkirche verdankte ihre zügige Fertigstellung dem Engagement Ludwig Windthorsts (1812–1891), einem der bedeutendsten deutschen Parlamentarier und wichtigsten innenpolitischen Gegenspieler Bismarcks. Aufgrund von Spenden aus ganz Deutschland und aus dem Ausland konnte man der Kirche eine ihrer „Lage und Bedeutung entsprechende monumentale Gestalt" (Adolf Bertram) geben, in der das Siegesbewusstsein der Katholiken nach dem Kulturkampf zum Ausdruck kam. Der hannoversche Architekt Christoph Hehl orientierte sich an den niedersächsischen Backsteinkirchen des 15. Jahrhunderts und entwarf eine neugotische, dreischiffige gewölbte Hallen-

Hannover-Nordstadt, St. Maria, Ansicht vor und nach dem Zweiten Weltkrieg

kirche mit ausladenden Querhausarmen und polygonalem Chorabschluss; der Fassadenturm erreichte eine Höhe von 94 Meter. Am 20. Mai 1890 erfolgte die Konsekration durch den Hildesheimer Bischof Daniel Wilhelm Sommerwerck. Den Hauptaltar hatte Papst Leo XIII. anlässlich der Goldenen Hochzeit Windthorsts gestiftet; die Seitenaltäre waren Stiftungen der Bischöfe Sommerwerck und Georg Kopp von Fulda; die Orgel war ein Geschenk des bayerischen Prinzregenten Luitpold, während die Kanzel aus einer Kollekte des Bochumer Katholikentages von 1889 stammte; die Zentrumsfraktionen des Reichstages und des preußischen Abgeordnetenhauses schenkten eine Monstranz. Wahrscheinlich geht die Namensgebung der Kirche, St. Maria, auf eine Anregung Windthorsts zurück, der damit einem Wunsch seiner Tochter nachkam. Von den Pfarrern von St. Maria ist insbesondere Wilhelm Maxen (1867–1946) zu erwähnen, der als Organisator des hannoverschen Vereinskatholizismus hervortrat und als ein Wegbereiter moderner Großstadtseelsorge über die Grenzen der Region hinaus bekannt wurde. Nach dem Zweiten Weltkrieg errichtete man auf den Fundamenten der zerstörten Kirche unter Fortfall des

Querschiffes nach den Plänen des Architekten Wilhelm Fricke einen klar gegliederten dreischiffigen Bau. Die unter Denkmalschutz gestellte Orgel aus dem Braunschweiger Dom wurde Anfang der 1960er Jahre aufgestellt. Eine Bronzeplatte vor dem Hauptaltar markiert die Begräbnisstätte Windthorsts.

Hans-Georg Aschoff

Hannover-Misburg, Hl. Herz Jesu

Die Kirchengemeinde Hl. Herz Jesu in Misburg verdankt ihr Entstehen dem Aufschwung der dortigen Zementindustrie, die gegen Ende des 19. Jahrhunderts die Zuwanderung von katholischen, meist polnischsprachigen Arbeitern und ihren Familien aus Posen, Westpreußen und Schlesien veranlasste. Zeitweise stellten diese Zuwanderer sogar die Bevölkerungsmehrheit in Misburg dar; seit der Jahrhundertwende machten sie gut ein Drittel aus. Wegen des hohen polnischen Anteils verweigerte die preußische Regierung längere Zeit die Genehmigung zur Eröffnung einer katholischen Schule; sie war davon überzeugt, dass eine derartige Einrichtung mit einer Mehrheit an polnischsprachigen Kindern die Integration erschweren und „nationalpolnische Bestrebungen" fördern würde. Erst 1905 wurde wegen der rasch wachsenden Schülerzahlen die Genehmigung zum Bau einer katholischen Schule erteilt.

Seit 1901 besaß die ca. 1000 Gläubige zählende katholische Gemeinde in Misburg mit Pastor Karl Kopp einen ortsansässigen Seelsorger, der den Gottesdienst anfangs in einem Gasthaussaal feierte. Durch seine unermüdliche Sammeltätigkeit gelang es Kopp, in kurzer Zeit einen Großteil der finanziellen Mittel für den Bauplatz und die Kirche zu beschaffen. Das Grundstück lag ca. 2 km vom Ortskern entfernt an der Grenze zu Anderten; Wegen seiner erhöhten Lage wurde dieses Gebiet im Volksmund als „Jerusalem" bezeichnet, wo sich der „katholische Tempel" befand. In Vertretung des Diözesanbischofs Daniel Wilhelm Sommerwerck, der durch Alter und Krankheit verhindert war, nahm der preußische Armeebischof Heinrich Vollmar am 8. Oktober 1905 die Weihe der Herz-Jesu-Kirche vor. Diese war nach den Plänen der hannoverschen Architekten Maximilian Jagielski und Georg Thofehrn als dreischiffige im frühgotischen Stil gehaltene Basilika errichtet worden. 1910 wurde die Kirchengemeinde zur Pfarrei erhoben. Kopps Bestrebungen, seiner Gemeinde ein deutsch geprägtes katholisches Profil zu geben, blieben nicht ohne Kritik bei den polnischen Pfarreiangehörigen.

Hannover-Misburg,
Hl. Herz Jesu

Nach schwerer Beschädigung in den letzten Wochen des Zweiten Weltkrieges wurde die Herz-Jesu-Kirche wieder aufgebaut und am 18. Juli 1948 durch den Hildesheimer Generalvikar Wilhelm Offenstein konsekriert. In den folgenden Jahrzehnten wurde das Kircheninnere mehrfach umgestaltet und modernisiert. Als Ende der 1960er Jahre die Zahl der Gemeindemitglieder auf über 5000 angestiegen war, erfolgte im Norden des Pfarrgebietes die Abtrennung der Kuratie St. Anna, so dass in der Folgezeit knapp 2.000 Katholiken der Mutterpfarrei angehörten. Im Juli 2004 gliederte man Herz Jesu der Großpfarrei St. Martin, Hannover-Ost ein. Dennoch war der Kirchort finanziell nicht mehr zu halten. Am 24. Juni 2009 wurde die Herz-Jesu-Kirche zugunsten eines Kolumbariums und Zentrums für Trauerarbeit und Totengedenken entwidmet, das der Hildesheimer Bischof Norbert Trelle am 20. Februar 2010 feierlich eröffnete. Das Misburger Kolumbarium, dessen Raumkonzept von Christoph Palmen und Arne Kesten entwickelt wurde, ist für die Aufnahme von 1500 Urnen vorgesehen; es war die erste Einrichtung dieser Art in einer Kirche in Norddeutschland.

Hans-Georg Aschoff

Christoph Hehl

Am 11. Oktober 1847 in Kassel geboren, erhielt Christoph Hehl von 1862 bis 1866 an der dortigen Höheren Gewerbeschule seine „Basisausbildung" im Architektur- und Bauwesen, vor allem durch Georg Gottlieb Ungewitter und Paul Zindel, um seine Studien dann nach der Ableistung des Militärdienstes in London bei George Gilbert Scott und Edward Welby Pugin fortzusetzen. Aus England ging Hehl nach Hannover und arbeitete hier zunächst eine Zeit lang im Architekturbüro von Edwin Oppler, bevor er sich 1872 mit einem eigenen Architekturbüro selbständig machte und rasch eine Vielzahl an Aufträgen für profane und sakrale Bauten erhielt. 1894 übernahm Christoph Hehl die Professur für mittelalterliche Baukunst an der Technischen Hochschule (Berlin-)Charlottenburg, wo er mit bedeutenden Künstlern zusammenarbeitete und zahlreiche Architekten ausbildete. Christoph Hehl starb am 18. Juni 1911 und wurde in Berlin beigesetzt.

Während Christoph Hehl seine Profanbauten vorzugsweise in neugotischem Stil konzipierte und errichtete, sind die meisten seiner Sakralbauten neuromanisch ausgerichtet. Zu seinen bedeutendsten katholischen Kirchbauten gehören u. a. die St. Godehard-Kirche in (Hannover-)Linden (1873/74), die St. Cäcilia-Kirche

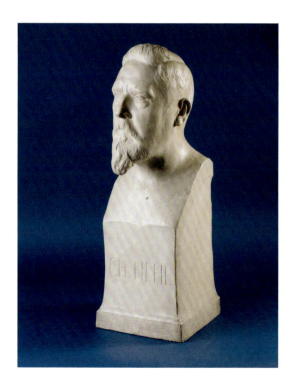

Christoph Hehl (1847–1911), Architekt
u. a. der hannoverschen Kirchen
St. Godehard, St. Maria, St. Bernward,
St. Elisabeth und St. Benno

in Harsum (1884/86), die St. Marien-Kirche in Hannover (1885/90), die St. Bernward-Kirche in (Hannover-)Döhren (1892/93), die St. Elisabeth-Kirche in Hannover (1894/95) und die St. Benno-Kirche in (Hannover-)Linden (1900/01) im Bistum Hildesheim sowie in Berlin die Herz Jesu-Kirche am Prenzlauer Berg (1897/98), die Kirche zur Hl. Familie in Lichterfelde (1904), die Kirche Maria Hilfe der Christen in Spandau (1908) und die Kirche St. Maria Mater Dolora in Lankwitz (1912); wie Hehl in Hannover auch für den Bau bzw. Umbau des St. Vinzenz-Stifts der Vinzentinerinnen verantwortlich zeichnete und in Hildesheim die Entwürfe für das Postament des Bernward-Denkmals auf dem Domhof und die Umgestaltung der Bernward-Gruft in der St. Michaelis-Kirche wie auch der Domkrypta fertigte. Der Katholik Christoph Hehl hat darüber hinaus auch für verschiedene evangelische Kirchen die Baupläne gefertigt, so u. a. für die Dreifaltigkeitskirche in Hannover (1880/83), die Hauskapelle im Clementinen-Krankenhaus (1885/87) und die Garnisonskirche (1891/96).

Thomas Scharf-Wrede

Bewusst christliche Grundhaltung: die Heimatwerk Hannover eG

Lange hatte das Kuratorium der Katholiken von Hannover beratschlagt. Die Not in der durch die Bombenangriffe des Zweiten Weltkriegs stark zerstörten Stadt war unermesslich. Auch vier Jahre nach Kriegsende prägten Trümmerhaufen und notdürftig gesicherte Ruinen das Stadtbild, häufig mussten sich mehrere Familien einen einzigen Raum zum Leben teilen. Und es wurden immer mehr: Heimatvertriebene und Flüchtlinge strömten in die Stadt. Deswegen fasste das Kuratorium einen Entschluss: die engagierten Männer wollten eine Wohnungsgenossenschaft gründen, die „Heimatwerk Hannover eingetragene Wohnungsgenossenschaft mbH". Den Gründungsvertrag unterzeichneten sie am 27. April 1949.

„Oberstes Leitmotiv und Wille der Gründer war es, aus einer bewusst christlichen Grundhaltung heraus, ein menschenwürdiges, familiengerechtes Heim für alle zu schaffen, die ihrerseits bereit waren, kein Opfer zu scheuen", schrieb Heinz Happe, seit 1949 Mitglied im Aufsichtsrat des Heimatwerks, in der Erinnerungsschrift anlässlich des zehnjährigen Bestehens. Ein erstes Darlehen in Höhe von 1301,53 DM erhielt das Heimatwerk von der Wohnbauhilfe, die ebenfalls vom Kuratorium ins Leben gerufen worden war. Das erste Grundstück erwarb das Heimatwerk in der Jacobsstraße 15 in Hannover-Linden.

Hannover, Heimatwerk Hannover eG ???

Aus diesen Wurzeln ist die Heimatwerk Hannover eG hervorgegangen. Heute steht sie als moderner, zuverlässiger und selbstbewusster Dienstleister mit mehr als 1500 eigenen Mietwohnungen solide am Wohnungsmarkt von Stadt und Region Hannover. Die Herausforderungen der Gegenwart haben sich verändert. Aber die Genossenschaft richtet weiter ihr gesamtes Handeln an den Grundsäulen Wertbeständigkeit, Wohnsicherheit und Wirtschaftlichkeit aus. Sie legt Wert auf Gemeinschaftssinn, gegenseitige Rücksichtnahme und gute Nachbarschaft und fördert diese Werte aktiv.

Bis heute steht das Heimatwerk der Katholischen Kirche Hannover nah. Die Genossenschaft hat zwar auch Wohnungen im Bestand, die nicht mehr „vom Ruf der Kirchenglocke erreicht werden" können (so schrieb Aufsichtsratsmitglied Dr. Johannes Niggemann in der Erinnerungsschrift). Doch zum Beispiel in Altgarbsen ist auf dem ehemaligen Grundstück der katholischen St. Johanneskirche an der Mozartstraße eine moderne Seniorenwohnanlage entstanden, die architektonisch das Kirchenkreuz aufgenommen und einige Kirchenfenster integriert hat.

Melanie Mahn

Maria Henze

Am 11. April 1972 wurde die Flagge auf dem Bundeshaus in Bonn auf Halbmast gesetzt. Dem Bundestag war eines seiner jüngsten Mitglieder, Frau Dr. Maria Henze, durch ein schweres Krebsleiden entrissen worden. Auf ihr hatten große Erwartungen geruht. Die Bundesfamilienministerin Aenne Brauksiepe hatte in ihr nicht nur eine „jüngere Schwester", sondern auch eine kommende Leitfigur für die Frauen in der CDU gesehen. Auch für Hannovers Katholiken war ihr früher Tod ein bitterer Verlust: Sie war bekannt als beliebte Lehrerin am St. Ursula-Gymnasium.

Maria Henze wurde am 28. Januar 1926 als Tochter des späteren Amtsgerichtsdirektors Dr. Leonhard Henze in Hildesheim geboren. Als Kind erlebte sie im Elternhaus das Stehen zu Glaube und Kirche – und draußen den Ungeist des Nationalsozialismus, zum Beispiel die Schließung der Fritzlarer Ursulinenschule, die sie bis 1940 besuchte. Dieses Erleben hat sie geprägt. Christentum, das hieß für sie: zur Überzeugung stehen und sich uneigennützig einsetzen.

Die Wahl ihrer Studien- und späteren Unterrichtsfächer kennzeichnete bereits die Schwerpunkte ihrer Interessen: Geschichte, Gemeinschaftskunde, Geographie, Englisch. Ihre Lebensaufgabe fand sie als beliebte Lehrerin am St. Ursula-Gymnasium in Hannover.

Maria Henze (1926–1972),
Lehrerin und Politikerin

Ihre Mitarbeit im Katholischen Frauenbund führte sie zur praktischen Politik. In ihrer Wohnung in der Böhmerstraße nahe der St. Heinrich-Kirche bildete sich um die Mitte der 60er Jahre eine Gruppe junger Leute mit dem Plan, christliche Werte in die Politik zu tragen. Dazu gehörte Werner Remmers (später Kultusminister), Heiner Herbst (später Präsident des Landesrechnungshofes), Hubertus Brandenburg (später Bischof von Stockholm), Ursula Benedix (später MdB und Vorsitzende der Frauen in der CDU).

1969 zog Maria Henze auf der Niedersächsischen CDU-Landesliste in den Bundestag ein, übernahm dort sofort harte Arbeit, sprach im Plenum, arbeitete in Ausschüssen als Berichterstatterin. Sie mühte sich um den Schutz der Jugend vor Rauschgiftgefahr, kämpfte für die gerechte soziale Stellung der Familie, die Eingliederung der Spätaussiedler. Im Fernsehen verteidigte sie gegen die damals überall herumgereichte FDP-Abgeordnete Funke das Lebensrecht der Ungeborenen. Sie verstand Politik als Dienst für die Menschen.

Thomas Scharf-Wrede

Katholische Hochschulgemeinde Hannover

Mit der Leibniz Universität, der Tierärztlichen und der Medizinischen Hochschule, der Hochschule für Musik und Theater sowie verschiedenen Fachhochschulen besitzt die Landeshauptstadt Hannover eine Reihe akademischer Einrichtungen mit fast 50.000 Studierenden, von denen der Anteil der Katholiken bei 10–15 Prozent geschätzt wird. Die seelsorgliche Betreuung der Hochschulangehörigen ist das Anliegen der Katholischen Hochschulgemeinde, die, vergleichbar mit der Militärseelsorge, keine Territorialpfarrei darstellt, sondern in den Bereich der Kategorialseelsorge fällt. Ansätze einer Studenten- und Akademikerseelsorge finden sich in Hannover bereits in der zweiten Hälfte des 19. Jahrhunderts, wenn diese sich auch noch nicht in organisierten Formen vollzog. Der 1865 von dem Kaplan an St. Clemens, Johannes Bettels, gegründete Kasino-Verein „Constantia" vereinigte Männer, die aufgrund ihrer sozialen Stellung „an der Spitze der Gemeinde standen" und sich zu freundschaftlicher Geselligkeit und zu religiöser Unterweisung und Betätigung trafen; vor der Bildung der Studentenverbindungen gehörten dem Kasino eine Reihe Studierender der Polytechnischen Schule, dem Vorläufer der TH Hannover, an. 1876 bildete sich die Gothia, K.V. als erste katholische Studentenverbindung an der TH Hannover; ihr folgten die Frisia, C.V (1902) und die Rheno-Guestphalia, K.V. (1903) sowie an der Tierärztlichen Hochschule die

Saxo-Silesia, C.V. (1887) und die Visurgia, K.V. (1907); der an St. Clemens angesiedelte Akademische Bonifatius-Verein hatte sich die Unterstützung der Studentenseelsorge in der Diaspora zum Ziel gesetzt. Die Studierenden, insbesondere die Mitglieder der Verbindungen, feierten die gemeinsame Sonntagsmesse anfangs in der St. Clemens-Kirche; nach der Jahrhundertwende entwickelte sich St. Elisabeth wegen der größeren Anzahl der in der Umgebung wohnenden Akademiker zum Mittelpunkt der frühen Studentenseelsorge; hier wurde die Messe um 11.15 Uhr bis in die 1950er Jahre als der Akademiker- und Studentengottesdienst betrachtet.

Erst nach dem Ersten Weltkrieg nahm die Studentenseelsorge in Hannover festere Formen an, indem einzelne Priester mit dem pastoralen Dienst an den Studierenden vom Bischof beauftragt wurden. Diese Priester waren noch keine Studentenpfarrer, die eine kirchenamtlich eingerichtete Studenten- und Hochschulgemeinde leiteten, vielmehr versuchten sie, auf verschiedenen Wegen Kontakte mit den katholischen Studenten aufzunehmen und geistliche oder bildungsmäßige Angebote zu machen; Ansprechpartner waren zunächst vornehmlich die katholischen Studentenverbindungen. Mit der Seelsorge wurden in Hannover die Jesuiten betraut, die Ende der 1920er Jahre ein Haus an der Hildesheimer Straße erwarben, das sie zunächst nach dem Jesuiten Robert Bellarmin (1542–1621), 1936 nach dem Jesuiten Friedrich Spee von Langenfeld (1591–1631) benannten. Als Studenten- und Akademikerseelsorger amtierten bis 1945 die Patres Gerhard Veltmann (1926–1930), Hermann Grünewald (1930–1937) und Hans Wulf (1937–1945).

Nach dem Zweiten Weltkrieg erwuchs aus der Studentenseelsorge die eigenständige Studentengemeinde (KSG). Diese etablierte sich in Hannover unter den Jesuiten Wilhelm Kohlen (1945–1949), Walter Mariaux (1949–1953), Wilhelm Hausmann (1953–1956) und Ernst Röttges (1956–1960). Den geistlichen Mittelpunkt bildete die Jesuitenniederlassung in der Hildesheimer Straße, die auch ein Lehrlings- und Studentenwohnheim umfasste. Als 1961 neben der St. Clemens-Kirche mit der „Clemensburse", deren Träger ein aus katholischen Akademikern bestehender eingetragener Verein war, ein neues Studentenheim mit gut 80 Einzelzimmern sowie Arbeits- und Freizeiträumen bezogen werden konnte, verlagerte sich auch das Zentrum der Katholischen Studenten- und Hochschulgemeinde nach dort. Diese wurde in den 1970er Jahren von den Auswirkungen der 68er Bewegung erfasst. Allerdings wusste der amtierende Studentenpfarrer, P. Siegfried Feige (1970–1979), nach Ansicht des damaligen Bischofsvikars in Hannover, Weihbischof Heinrich Pachowiak, „mit den Vertretern der Studentengemeinde umzugehen und prekäre Vorstellungen in vernünftige Bahnen zu lenken". Feige, unter dem sich die Hochschulgemeinde über den engeren Kreis von

Hochschulangehörigen hinaus ausweitete, entwickelte eigene Ideen für den sonntäglichen Hochschulgottesdienst; dazu gehörte auch ein eigener Credo-Text, den der Bischofsvikar für die Studentenmesse genehmigte.

In eine Krise geriet die KSG unter Feiges zweitem Nachfolger, P. Hermann Josef Repplinger (1985–1994), der die Gemeinde recht unkonventionell leitete und dabei mit Bestimmungen des Kirchenrechts in Konflikt geriet. Während seiner Amtszeit wurde die KSG 1991 in „Friedrich Spee von Langefeld" umbenannt und ein Statut verabschiedet, das dem Bischof bei der Wahl des Hochschulpfarrers nur noch ein Vorschlagsrecht einräumte. Sowohl Bischof Josef Homeyer als auch der Provinzial Götz Werner beschlossen die Abberufung Repplingers, die mit der regelmäßigen Versetzung von Ordensangehörigen gerechtfertigt wurde; der Anweisung des Provinzials, öffentliche Erklärungen zu unterlassen, kam Repplinger nicht nach. Er verließ Hannover und trat später aus dem Jesuitenorden aus. Etliche Mitglieder der Hochschulgemeinde verharrten in Opposition zu der kirchenamtlichen Entscheidung; eine Weiterbenutzung der Clemenskirche und der Räume des Gemeindezentrums wurde ihnen untersagt, so dass sie eine Zeitlang ihren Gottesdienst, der von einem suspendierten Priester zelebriert wurde, vor der Kirche feierten. Erst später räumte man ihnen die Möglichkeit ein, den sonntäglichen Wortgottesdienst mit anschließender Agape im St. Clemens-Haus neben der Basilika zu halten. Im Dezember 2002 wurde die Gruppe unter der Bezeichnung „Katholische Gemeinschaft Friedrich Spee Hannover" bischöflicherseits als private juristische Person des kanonischen Rechts anerkannt.

Repplingers Nachfolgern im Amt des Studentenpfarrers, den Jesuiten Hermann Breulmann (1994–1996) und Andreas Leblang (1996–2002) gelang ein weitgehender Neuaufbau der hannoverschen Hochschulgemeinde, die gegen Ende der 1990er Jahre als „Katholisches Universitäts- und Hochschulzentrum (KHG) Hannover" firmierte. In dieser Zeit wurde der sonntägliche Hochschulgottesdienst vom späten Vormittag auf den Abend verlegt. Aufgrund der „Rahmenordnung für die Katholischen Universitäts- und Hochschulzentren im Bistum Hildesheim" vom 28. August 1997 und der „Satzung für die Katholischen Universitäts- und Hochschulzentren im Bistum Hildesheim" vom 28. Juni 2002 konnte deren Leitung von einem Priester oder von einem Laien wahrgenommen werden. Als die Jesuiten ihre Niederlassung in Hannover aufgaben, fiel die Leitung der Hochschulgemeinde 2002 an den Pastoralreferenten Stephan Ohlendorf und 2017 an Ines Klepka; die priesterlichen Dienste nahmen in der Rechtsstellung eines „cappellanus", zum Teil im Nebenamt, die Geistlichen Peter Hofmann, Wolfgang Beck und Dieter W. Haite wahr.

Hans-Georg Aschoff

Das Hospiz Luise in Hannover-Kirchrode

Die Kongregation der Barmherzigen Schwestern vom hl. Vinzenz von Paul in Hildesheim hat am 3. November 1994 das erste stationäre Hospiz in Niedersachsen in der Brakestr. 2d in Hannover-Kirchrode feierlich eröffnet. Es steht in der Tradition der Hospize des Mittelalters, in denen Menschen für ihre Weiterreise gestärkt wurden. Das Hospiz Luise begleitet schwerkranke Menschen und ihre Angehörigen. Es will somit „Raststätte" auf dem letzten Stück des Lebenswegs sein.

Die Idee entstand innerhalb der Ordensgemeinschaft bereits Mitte der 1980er Jahre. „Es ist ein Wagnis", so schrieb es die damalige Generaloberin Sr. M. Isidora Hebenstreit in ihrer Dankesrede, „dass wir dieses Haus eröffnet haben." Denn seinerzeit gab es noch keine Regelfinanzierung stationärer Hospizversorgung. Erst 1998 wurde, auch mit Hilfe des Engagements der Hospizgründerin Schwester Katharina Maria Hanne, eine Rahmenvereinbarung zu dem neu in das Sozialgesetzbuch V aufgenommenen § 39a unterzeichnet, die die Hospizversorgung in das Gesundheitswesen der Bundesrepublik integriert und aktuell eine Finanzierung zu 95 Prozent sicherstellt.

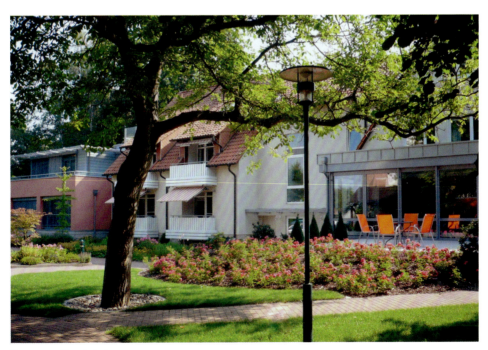

Hannover, Hospiz Luise

Hannover,
Hospiz Luise

Hannover,
Hospiz Luise

Das Hospiz Luise gehört zu den Pionieren einer neuen Kultur des Umgangs mit Sterben, Tod und Trauer, die an alte christliche Werte anknüpft und sie neu belebt. Durch Begleitung, palliative Pflege, Schmerztherapie und Kontrolle anderer Krankheitssymptome möchte das Hospiz es den Patienten ermöglichen, die letzte Phase ihres Lebens bewusst und selbstbestimmt zu gestalten. Das Hospiz unterstützt Menschen darin, ihren Tagesablauf, ihre Speisewünsche, ihre spirituellen Bedürfnisse und Beziehungen weitgehend zu erhalten. Das Hospiz betreut und begleitet aber nicht nur die Patienten, sondern ebenso deren An- und Zugehörige. Mit der Gründung des Ambulanten Palliativdienstes 1998 und des Ambulanten Hospizdienstes Luise 2015 kann eine Betreuung aus diesem Geist heraus auch in der häuslichen Umgebung der Menschen angeboten werden.

Mit seiner christlichen Grundhaltung und dem Dienst der Seelsorge bleibt dem Hospiz der ganzheitliche Blick auf die ihm anvertrauten Menschen ein großes Anliegen.

Kurt Bliefernicht

Die Bulle „Impensa Romanorum Pontificum" (26. März 1824)

Die Säkularisation (1802/03) und die auf dem Wiener Kongress (1814/15) vereinbarten territorialen Veränderungen machten eine Neuordnung der Diözesanverhältnisse in Deutschland erforderlich. Dies geschah durch Verhandlungen zwischen dem Hl. Stuhl und den Regierungen der deutschen Einzelstaaten, denen insbesondere an einer Angleichung der Bistums- an die Staatsgrenzen und einer Einflussnahme auf die Besetzung der geistlichen Stellen lag. Als erster protestantischer Staat des Deutschen Bundes leitete Hannover im Frühjahr 1817 Verhandlungen mit der Kurie zur Regelung des Staat-Kirche-Verhältnisses ein. Der Abschluss eines umfassenden Vertrages in Form eines Konkordates kam aufgrund unterschiedlicher prinzipieller Standpunkte nicht zustande; während die hannoversche Regierung an staatskirchlichen Auffassungen festhielt, die weite Bereiche des kirchlichen Lebens einer staatlichen Kontrolle unterwarfen, erhob die Kurie den Anspruch auf kirchliche Autonomie und Koordination mit der staatlichen Gewalt. Die Verhandlungen richteten sich deshalb seit Dezember 1821 auf die Vereinbarung einer Zirkumskriptionsbulle, die nur die äußeren Verhältnisse der Kirche in einem Staat, wie die Umschreibung der Diözesen, den Modus der Bischofswahl und die Besetzung der Domkapitel sowie die Dotation der Diözesaneinrichtungen, regelte, wozu der Staat aufgrund des Reichsdeputationshauptschlusses von 1803 verpflichtet war. Das Ergebnis der römisch-hannoverschen Verhandlungen war die Bulle „Impensa Romanorum Pontificum", die Papst Leo XII. unter dem 26. März 1824 verkündete.

Die Bulle teilte das Königreich Hannover in die beiden exemten Diözesen Hildesheim und Osnabrück ein, deren Grenze die Weser bildete. Auf Drängen der hannoverschen Regierung, die aus fiskalischen und kirchenpolitischen Gründen anfangs nur eine Diözese zugestehen wollte, wurde vorerst lediglich das Bistum Hildesheim aus staatlichen Mitteln dotiert. Das neue Hildesheimer Domkapitel bestand aus einem Dechanten, sechs Kanonikern und vier Vikaren, deren Besoldung dem

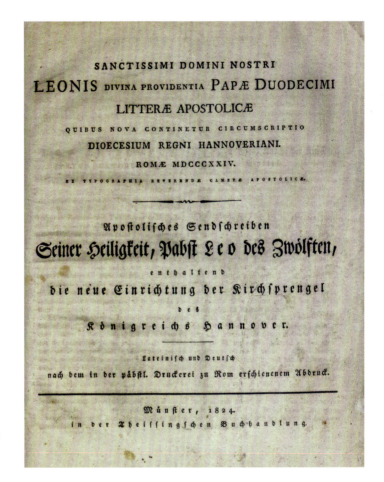

Lateinisch-Deutscher Druck der Zirkumskriptionsbulle „Impensa Romanorum Pontificum" vom 26. März 1824

Staat oblag. Das Einkommen des Bischofs wurde auf 4.000 Rtlr. festgesetzt; außerdem wurden ihm und den Mitgliedern des Kapitels, mit Ausnahme der beiden jüngsten Domvikare, Wohnungen zugewiesen. Als Gegenleistung für die Dotation des Bistums erhielt die Regierung ein Mitwirkungsrecht bei der Bischofswahl und der Besetzung des Domkapitels.

Das durch die Bulle neuumschriebene Bistum Hildesheim umfasste ein Territorium von ca. 32.000 km² und gehörte damit flächenmäßig zu den größten deutschen Diözesen; da der Anteil der Katholiken an der Gesamtbevölkerung unter zehn Prozent lag, stellte Hildesheim ein typisches Diasporabistums dar. Die 1824 bestehenden 78 Pfarreien konzentrierten sich auf das ehemalige Hildesheimer Stiftsgebiet und das nördliche Eichsfeld; außerhalb dieser katholischen Kerngebiete gab es katholische Gemeinden nur in Hannover, Celle und Göttingen. Diese wurden durch die Neuordnung aus der Jurisdiktion des Vikariates der Nordischen Missionen herausgenommen und der Diözese Hildesheim einverleibt. Die Gemeinde in Hannover, die während der westfälischen Zeit von der Regierung als Parochie mit allen Rechten anerkannt worden war, wurde am 18. Juli 1825 auch bischöflicherseits zur Pfarrei erhoben.

Die Zirkumskriptionsbulle verlieh dem katholischen Kirchenwesen Hannovers eine Grundordnung, auf der eine geregelte Seelsorge aufgebaut werden konnte. Bis zur Revolution von 1848/49 blieb trotz rechtlicher Gleichstellung der Katholiken und ihrer kirchlichen Einrichtungen mit den protestantischen Kirchen ein Element des Misstrauens der hannoverschen Regierung bestehen, das sich u. a. in dem Ausschluss von Katholiken vom höheren Staatsdienst und in der strengen Ausübung der kirchenhoheitlichen Rechte des Staates äußerte.

Hans-Georg Aschoff

Maximilian Jagielski: Kirchenbau zwischen Historismus und Jugendstil

Neben Richard Herzig und Christoph Hehl ist Maximilian Jagielski der dritte Architekt, der in der Zeit der Konsolidierung und Vergrößerung des Bistums Hildesheim den Kirchenbau prägte. Jagielski wurde 1876 in Zerbst geboren, er ließ sich

Süpplingen, Pfarrhaus

Gehrden,
St. Bonifatius

im Jahr 1901 in Hannover nieder, wo er bereits 1912 mit nur 36 Jahren verstarb. Für das Bistum Hildesheim baute er zwischen 1905 und 1912 Kirchen in Hannover-Misburg, Schöningen, Bremerhaven-Lehe, Gehrden, Stadtoldendorf und Hannover-List, außerdem in Süpplingen einen Sakristeianbau und ein Pfarrhaus.

Charakteristisch für die Bauweise Jagielskis, der das Vertrauen Bischof Bertrams genoss, ist die Vereinigung verschiedener Stilformen und Materialien in jeweils einem Bauwerk. Jagielski verband historistische Stilelemente (neoromanische, -gotische und -barocke) mit Motiven des Jugendstils, bezüglich der verwendeten Materialien kombinierte er unbehauene Natursteinquader mit verputzten Flächen und gebrannten, farblich variierenden Klinkern; im Hausbau (Pfarrhaus in Süpplingen) setzte er die Geschosse des repräsentativen Gebäudes durch die Verwendung von Ziegelmauerwerk, Elmkalkstein (verputzt) und Fachwerk gegeneinander ab. Treppen wurden häufig in angebaute Treppentürme gelegt, die den Bauten einen burgartigen, altertümlichen Charakter verleihen.

Jagielski entwarf nicht nur den Kirchenbau und – falls erforderlich – das zugehörige Pfarrhaus, sondern er zeichnete auch die Entwürfe für die Prinzipalstücke (Altar, Kanzel, Gestühl, Kommunionbank, Beichtstuhl u. a.), so dass seine Kirchen ein einheitliches Gesamtkunstwerk bilden. Dies gilt in besonderer Weise für die hannoversche Kirche St. Joseph, die – nach dem Erwerb eines Baugrundstücks im prosperierenden neuen Stadtteil List durch den katholischen Gesamtverband 1909 – in den Jahren 1911/12 an der Isernhagener Straße errichtet wurde und am 4. Dezember 1912 durch Bischof Dr. Adolf Bertram geweiht wurde.

Die Kirchenbauten Jagielskis bilden, auch bedingt durch ihren engen zeitlichen Entstehungsrahmen, eine bedeutende, künstlerisch hochrangige Architekturgruppe von stilistischer Eigenständigkeit, die nach dem frühen Tod des Architekten und dem Ersten Weltkrieg keine Fortsetzung erfuhr.

Maria Kapp (†) / Thomas Scharf-Wrede

Johann Friedrich, Herzog zu Braunschweig und Lüneburg, und Herzogin Benedikta Henriette

Herzog Johann Friedrich zu Braunschweig-Lüneburg gilt als der Wiederbegründer der katholischen Gemeinde in Hannover nach der Reformation. Er wurde am 25. April 1625 als dritter von vier Söhnen Herzog Georgs zu Braunschweig-Lüneburg im Schloss Herzberg geboren und von seiner Mutter Anna Eleonore, Landgräfin von Hessen-Darmstadt, im lutherischen Glauben erzogen. Der Prinz galt als feinfühlig, kunstsinnig und interessiert an wissenschaftlichen Problemen. Die geringen Aussichten auf eine Regierungsübernahme verstärkten seinen Hang zu mehrmonatigen Auslandsaufenthalten, besonders in Italien. In Assisi trat er im Februar 1651 zur Katholischen Kirche über. Einfluss auf seine Konversion hatten u. a. der Leiter der Vatikanischen Bibliothek, der Hamburger Konvertit Lucas Holstenius, sowie eine Reihe von Jesuiten, darunter der spätere Ordensgeneral Gian Paolo Oliva (1600–1681), vor allem der Franziskaner-Konventuale Joseph von Copertino (1603–1663) ausgeübt. Da er keine unmittelbaren Vorteile aus seiner Konversion ziehen konnte, kann man davon ausgehen, dass ihr echte religiöse Motive zugrunde lagen. Johann Friedrich war von der Identität der römischen und der alten Kirche sowie von der Notwendigkeit der kirchlichen Lehrautorität als einheitsverbürgendes Element überzeugt; die Faszination, die er für das strenge Ordensleben empfand, das er vor allem bei den Franziskanern in Assisi kennen gelernt hatte, gab den letzten Anstoß zur Konversion. Alle Bemühungen

Johann Friedrich Herzog zu Braunschweig und Lüneburg (1625–1679)

seiner Familie, ihn vom Glaubenswechsel abzuhalten bzw. ihn zur Rückkehr in die Evangelische Kirche zu bewegen, schlugen fehl.

Nach dem Tod seines älteren Bruders Christian Ludwig fiel Johann Friedrich 1665 die Regierung im Fürstentum Calenberg-Göttingen-Grubenhagen mit der Residenz Hannover zu. Der hochgebildete und tolerante Fürst ließ seine Untertanen und die Beamtenschaft bei ihrem lutherischen Glauben, richtete aber für sich eine Hofhaltung ein, die seiner Konfession entsprach. So wurde die Schlosskapelle dem katholischen Kultus zugeführt und der sich bildenden, vom Hof geprägten katholischen Gemeinde geöffnet. Auf Betreiben Johann Friedrichs hin schuf die Kurie das Apostolische Vikariat der Nordischen Mission, das als Jurisdiktionsbezirk die wenigen katholischen Gemeinden in den weiten Diasporagebieten Norddeutschlands und Skandinaviens umfasste, und ernannte auf

Bitten des Herzogs 1667 seinen Geheimsekretär Valerio Maccioni und nach dessen Tod 1677 den dänischen Konvertiten Niels Stensen zum Apostolischen Vikar.

In seinem Fürstentum trieb Johann Friedrich die Entwicklung im Zeichen des Absolutismus voran, indem er den politischen Einfluss der Landstände beschnitt und die Einrichtung des stehenden Heeres auf der Grundlage der Regimentsordnung von 1670, der Schaffung eines einheitlichen Militärrechts und einer Kriegskasse festigte, den Hof ausbaute und Kunst und Wissenschaft förderte. In diesem Zusammenhang sind die Anlage der Herrenhäuser Gärten mit seiner Sommerresidenz, die Gründung der Oper sowie die Berufung berühmter Persönlichkeiten, wie Gottfried Wilhem Leibniz und Niels Stensen, zu sehen. Johann Friedrich starb auf dem Weg nach Italien am 18./28. Dezember 1679 in Augsburg. Sein Leichnam wurde nach Hannover überführt und nach einer prachtvollen Veranstaltung der Funeralien in der von ihm errichteten Fürstengruft unter dem Chor der Schlosskirche beigesetzt; nach dem Zweiten Weltkrieg gelangten seine sterblichen Überreste in das Mausoleum im Berggarten von Herrenhausen.

Am 30. November 1668 hatte Johann Friedrich Pfalzgräfin Benedikta Henriette Philippine von Pfalz-Simmern geheiratet. Sie war am 14. März 1652 als jüngstes Kind des Prinzen Eduard von der Pfalz (1625–1663), einem Sohn des „Winterkönigs" Friedrich V., der 1645 in Frankreich vom Calvinismus zum Katholizismus konvertiert war, und dessen Ehefrau Anna von Gonzaga-Nevers in Paris geboren und im katholischen Glauben erzogen worden. Die Ehe mit Johann Friedrich schien auf einem ungetrübten Einvernehmen zu beruhen. Benedikta Henriette mischte sich nicht in die Staatsgeschäfte ein, stärkte aber das französische Element am hannoverschen Hof, indem Johann Friedrich auf ihren Wunsch hin im französischen Stil gebildete Musiker verpflichtete. Die Herzogin gebar zwischen 1670 und 1673 vier Mädchen – von denen eines kurz nach der Geburt starb –, aber nicht den erhofften männlichen Thronfolger.

Noch vor Johann Friedrichs Ableben zog sie 1679 mit ihren Töchtern nach Paris, wo sie bei ihren Verwandten, den Familien Guise und Condé, lebte; hier starb 1687 ihre Tochter Henriette. Anfeindungen und Schikanen seitens des Pariser Hofes während des Pfälzischen Erbfolgekrieges veranlassten Benedikta Henriette, im November 1693 nach Hannover zurückzukehren und in einem der stattlichsten Adelshäuser, dem Redenhof in der Osterstraße, Wohnung zu nehmen. Während dieser Zeit wurden vor allem von Kurfürst Ernst August, dem Schwager der Herzogin, Heiratspläne für ihre Töchter Charlotte Felicitas (1671–1710) und Wilhelmine Amalie (1673–1742) geschmiedet, die durch die Einheirat in katholische Fürstenhäuser deren Beziehungen zu Hannover festigen sollten. Charlotte Felicitas heiratete 1696 Herzog Rinaldo III. von Este-Modena, Wilhelmine Amalie 1699 den römischen König und den späteren Kaiser Joseph I. (1678–1711). Benedicta

Henriette verließ Hannover 1697 erneut und nahm ihren Wohnsitz in Modena. Schwierigkeiten mit ihrem Schwiegersohn bewogen sie zur Rückkehr nach Frankreich, wo sie zeitweise bei ihrer Schwester Anna Henriette de Condé in Paris lebte. Benedikta Henriette starb am 12. August 1730 in Asnières-sur-Seine.

Hans-Georg Aschoff

Ernst Jünger

Auf der Liste bedeutender hannoverscher Katholiken würde man den Namen Ernst Jünger sicherlich nicht vermuten. Am 26. September 1996, in seinem 102. Lebensjahr, trat er zur Römisch-katholischen Kirche über. Der Öffentlichkeit bekannt wurde dieser Schritt jedoch erst eineinhalb Jahre später, als der Jahrhundertmensch Jünger mit einem katholischen Requiem im württembergischen Wülfingen zu Grabe geleitet wurde.

Jüngers Vater kam in Hannover zur Welt, wo dessen Vater an einem Gymnasium lehrte. Seine Mutter, eine Münchener Katholikin, konnte die katholische Taufe ihres Sohnes nicht durchsetzen. Jünger wuchs auf unter der naturwissenschaftlichen und religiös indifferenten Prägung seines Vaters. In Hannover lebte er selbst nur in den Jahren zwischen 1897 und 1907, danach bis 1917 in Rehburg. 1939 bezog er mit seiner eigenen Familie ein leerstehendes Pfarrhaus in Kirchhorst. Der hochdekorierte Soldat des Ersten Weltkrieges wandelte sich zum Sympathisanten des militärischen Widerstands gegen Hitler. Er folgte den Fußspuren seines Vaters und Großvaters zum Naturwissenschaftler und studierte in den 20er Jahren Zoologie. Seine berühmtesten und auf der ganzen Welt verbreiteten Bücher entstehen in dieser Zeit: „In Stahlgewittern" (1920), „Der Arbeiter" (1932) und „Auf den Marmorklippen" (1939). Er blieb ein Einzelgänger, obwohl ihn viele konservative Antidemokraten und militaristische Nationalisten auf ihre Seite zu ziehen versuchten.

Ernst Jünger hat seinen Übertritt zum katholischen Bekenntnis nicht öffentlich begründet. Aus seiner Biographie weiß man, dass er als Kind mit seiner Mutter katholische Kirchen und Gottesdienste in Bayern besucht hat. In seinem Jugendroman „Die Zwille", erst 1973 geschrieben, stellt er die Evangelische Kirche als spirituell verarmt dar. 1934 ließ Jünger seinen zweiten Sohn katholisch taufen. Seinen Tagebüchern ist zu entnehmen, dass er zweimal die ganze Bibel gelesen hat, sich aber nicht klar und eindeutig als Christ bezeichnen lassen wollte. In den Jahren um das Kriegsende herum thematisiert Jünger ausdrücklich die

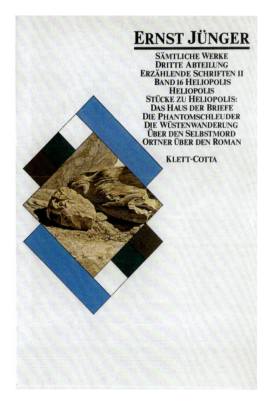

Ernst Jünger (1895–1998),
Werkausgabe

Bedeutung von Religion und Kirche. Seine Schrift „Der Friede", die seit Ende 1943 in oppositionellen Kreisen zirkuliert, misst den Kirchen eine stabilisierende Funktion beim Wiederaufbau von Staat und Gesellschaft sowie als Bollwerk gegen den Nihilismus zu. 1949 erschien dann seine durchaus katholische Utopie „Heliopolis", die sich auf die seelsorgliche Kraft der Kirche gründet.

Ernst Jünger bewegte nicht das Christusbekenntnis, sondern die Katholische Kirche als Raum und Zeit übergreifende Ordnungsinstanz, als Autorität der Traditionen, der Symbole und der theologischen Lehre. Es dürften wohl insbesondere Jüngers botanische und zoologische Interessen gewesen sein, seine lebenslange Beschäftigung mit der Ordnung der Natur, die ihn zu einer Metaphysik des Vorgegebenen hinführten. Sein ideales Selbstbild fand er in den mönchischen Gestalten, die er in den „Marmorklippen" und in „Heliopolis" beschreibt: Gebildete Naturforscher, sich ganz der Sammlung und Ordnung von Insekten und Pflanzen widmend, gleichzeitig aber eine große spirituelle Tiefe ausstrahlend und sich mit wohlüberlegtem Mut den weltlichen Herausforderungen stellend. Einen solchen Naturforscher und Priester dürfte Jünger in Johannes Leunis (1802–1873) vor

Augen gehabt haben. Dieser geistliche Lehrer am Bischöflichen Gymnasium Josephinum in Hildesheim war Jünger bekannt, denn bereits sein Vater besaß die umfangreiche „Synopsis der drei Naturreiche" dieses „deutschen Linné", wie ihn 1939 die „Hildesheimer Allgemeine Zeitung" nannte. Vielleicht ist doch Leunis der „alte Meister Linneaus" aus den „Marmorklippen".

Benno Haunhorst

Kirche auf neuen Wegen: Der Ka:punkt

Eine Idee, ein verlassenes Teppichgeschäft, eine Marienmedaille und die zielstrebige Hoffnung einiger Menschen waren die Zutaten, die zu der Entstehung des [ka:punkt] in der Grupenstraße in Hannover gebraucht wurden.

Die Idee war es, einen katholischen Ort innerhalb der Stadtmauern Hannovers zu gründen, der für die Menschen der Stadt da ist. Es sollte ein Haus werden, in dem Menschen in verschiedenen Notlagen geholfen wird, in dem sie auf ganz

Hannover, [ka:punkt]

Hannover, [ka:punkt]

offene und neue Weise Kontakt zur Katholischen Kirche knüpfen können, in dem sie bei verschiedenen künstlerischen und kulturellen Angeboten Freude und Entspannung erleben, in dem sie willkommen sind. Ein Forum, in dem sie Platz nehmen können mit Kaffee, Zeitung, Gespräch oder auch einfach nur so. Ein Raum der Stille, in dem sie Gott und sich begegnen können.

Für dieses Projekt bot sich eine Immobilie in der Grupenstraße 8 an, die lange Zeit einen Teppichladen beherbergt hatte, nun aber leer stand und auf eine neue Bestimmung wartete. In dem Ringen um Finanzierbarkeit, Machbarkeit und Kooperationspartnern gab eine Marienmedaille den Akteuren Mut und Ausdauer. Ihre Zielstrebigkeit wurde belohnt, als der Gesamtverband katholischer Kirchengemeinden in der Region Hannover den [ka:punkt] im November 2000 für die Menschen in der Stadt öffnen konnte.

Der [ka:punkt] ist ein Ort der Gastfreundschaft und Hilfe für jedermann – ein Willkommensort der Katholischen Kirche mitten in der Stadt –, ein Ort, an dem man Glauben erleben kann im Handeln. Das Bistum stellt in diesem Haus die Ehe-, Familien-und Lebensberatung, die offene Beratung im Forum und die seelsorglichen Angebote zur Verfügung. Ergänzt wird dies durch drei Beratungsstellen des Caritasverbandes Hannover: Suchtberatung und -behandlung, Schuldnerberatung und Krebsberatung. Es gibt ein breit gefächertes kulturelles Angebot zur Freude und Erholung der Gäste. Dass jeden Mittag um 12.30 Uhr im Raum der Stille gebetet wird, ist der „geistliche Anker" des Hauses. Darüber hinaus bietet es mit innovativer Gestaltung immer wieder auch den Dialog an zu religiösen und kirchlichen Themen. Im Schnitt nehmen monatlich rund 5.000 Gäste das Haus in Anspruch. Der [ka:punkt] war und ist eine richtig gute Idee der katholischen Kirche in Hannover!

Jutta Johannwerner

Hannover, Teresianischer Karmel

Auf ausdrücklichen Wunsch von Bischof Heinrich Maria Janssen kamen 1959 Klarissen nach Hannover-Misburg, wo an der Milanstraße – in der Nähe des Mittellandkanals – für sie ein Kloster errichtet wurde. Knapp 40 Jahre später – 1998 – verließen die Schwestern die Stadt wieder, doch blieb das monastische Leben hier dank polnischer – aus Island hierhergekommener – Karmelitinnen lebendig. Als ihr Konvent zahlenmäßig zu klein wurde, mussten sie ihr Kloster allerdings 2012 aufgeben, woraufhin jetzt elf Karmelitinnen aus Lembeck (Bistum Münster) hierherkamen.

Die Ordensgemeinschaft der Karmelitinnen hat ihren Anfang im 12. Jahrhundert am Berg Karmel genommen, als sich abendländische Eremiten im Zuge der Eroberung Palästinas hier niederließen, um wie der Prophet Elija ein Leben in Einsamkeit und Gebet zu führen. Die Brüder weihten sich der Jungfrau Maria und nannten sich „Brüder unserer Lieben Frau vom Berge Karmel". Die erste offizielle Aufnahme einer Gemeinschaft von Frauen in den Orden erfolgte 1452.

1562 gründete die hl. Teresa von Avila, bereits seit 1535 Mitglied der Gemeinschaft, das erste Kloster der Reform: Sie begründete eine neue Weise, mit Christus zu leben in Beziehung zu und mit ihm. In einem Karmel sollte die Freundschaft mit Gott und den Menschen erfahrbar werden: „Hier haben alle einander Freundinnen zu sein, alle sich einander zu lieben, alle sich zu mögen und alle sich zu helfen."

Das innere Beten prägte Teresas Leben. Ihre Definition „Inneres Beten ist Verweilen bei einem Freund, mit dem wir oft allein zusammenkommen, einfach um bei ihm zu sein, weil wir sicher wissen, dass er uns liebt", ist auch heute noch der Kernsatz des Lebens aller Karmelitinnen: Christus als Mitte, von der her Leben, Arbeit, Gebet und Erholung gestaltet werden.

Achtmal am Tag kommen die Schwestern in Hannover gemeinsam zum Gebet zusammen, dazu gehören jeweils morgens und abends eine Stunde inneren Betens und die Feier der Eucharistie. Die Gemeinschaft im Karmel ist eine Lebens- und Arbeitsgemeinschaft; ein gesunder Ausgleich zwischen Nähe und Distanz ist erforderlich für ein gutes Miteinander.

Hannover-Buchholz, Teresianischer Karmel

Der gemeinsame christliche Glaube, das Charisma des Karmel – Leben in Stille, Gebet, Gottsuche, Freundschaft – sind die Quellen, aus denen die Schwestern leben. Die personale Beziehung zu Gott, das Freundschaftsverhältnis zu ihm bestimmt das ganze Leben der Karmelitinnen. Dabei möchten die Schwestern als Glaubens- und Gebetsgemeinschaft präsent sein, offen für die Anliegen und Nöte der Menschen – wie sie sich auch einem verantwortungsbewussten Umgang mit Gottes Schöpfung und einer gelebten Ökumene verpflichtet sehen.

Sr. Sara Schlegel OCD

Ständige Vertretung der niedersächsischen Bischöfe in Hannover: Das Katholische Büro Niedersachsen

Das Katholische Büro Niedersachsen wurde im Februar 1964 in Hannover im Zusammenhang mit dem ein Jahr später abgeschlossenen Konkordat zwischen dem Heiligen Stuhl und dem Land Niedersachsen (sog. Niedersachsenkonkordat) errichtet. In diesem Vertrag wurde vereinbart, über alle Fragen der Beziehungen zwischen der Katholischen Kirche und dem Land Niedersachsen einen regelmäßigen Gedankenaustausch zu pflegen. Sollte es bei der Auslegung der konkordatären Regelungen zwischen den Vertragspartnern zu Meinungsverschiedenheiten kommen, sind diese auf freundschaftliche Weise aufzulösen (Freundschaftsklausel des Konkordats).

Für die drei niedersächsischen Bistümer (Hildesheim, Osnabrück und der niedersächsische Teil des Bistums Münster) ist das Katholische Büro, das auch Kommissariat der katholischen Bischöfe Niedersachsens genannt wird, die Kontaktstelle bei der Landesregierung, dem Parlament, den Behörden des Landes und den evangelischen Landeskirchen in Niedersachsen.

Dem Katholischen Büro ist die Koordinierung in allen grundsätzlichen, insbesondere die Gesetzgebung berührenden Fragen aus dem Bereich Kirche, Staat und Politik übertragen. Hierzu gehören vor allem die Fragen der Sozial-, Kultur-, Schul- und Hochschulpolitik sowie die alle drei Diözesen betreffenden Angelegenheiten der Schulverwaltung. Aber auch für die Gefängnis- und Polizeiseelsorge setzt sich das Katholische Büro ein. Der Schutz der Sonn- und Feiertage und damit verbunden die Frage nach den Ladenöffnungszeiten und der Sonntagsarbeit stellen eine bleibende Herausforderung für das Katholische Büro dar. Ein Mitwirken an Runden Tischen und Regierungskommissionen, wie z. B. zur Energiewende, zur Nachhaltigkeitsstrategie und zum demografischen Wandel (Zukunftsforum) sowie in dem Bündnis „Niedersachsen packt an" zur Aufnahme und Integration von Flüchtlingen gehört zum Aufgabengebiet der ständigen Vertretung der Bischöfe.

Ein Katholisches Büro gibt es sowohl in jeder Landeshauptstadt als auch in der Bundeshauptstadt. Nicht zuletzt das ist ein Zeichen dafür, dass das Verhältnis von Kirche und Staat in Deutschland auf eine partnerschaftliche Kooperation angelegt ist.

Felix Bernard

Das Katholische Internationale Zentrum Hannover (KIZH)

Am 29. Oktober 2006 wurde per Vertrag zwischen der katholischen Pfarrei St. Maria in der Nordstadt von Hannover, der Italienischen Katholischen Mission, der Spanischsprachigen Katholischen Mission und der Kroatischen Katholischen Mission sowie dem Bistum Hildesheim und dem Gesamtverband der Katholischen Kirchengemeinden in der Region Hannover das „Katholische Internationale Zentrum Hannover (KIZH)" gegründet.

Neben der St. Marienkirche war bereits Anfang der 1970er Jahre ein sogenanntes Gastarbeiterzentrum errichtet worden, welches bis zu seinem Umbau die Italienische und die Spanische – später Spanischsprachige – Katholische Mission beherbergte. Seit 2013 wird das Gebäude vom Katholisch-Internationalen

Familienzentrum St. Maria genutzt, einer Kindertagesstätte für 100 Kinder. Sie war bereits lange vor Gründung des KIZH am Standort in den Gemeinderäumen der Pfarrei St. Maria aktiv und wurde als integraler Bestandteil des KIZH bei dessen Gründung im Vertrag eigens erwähnt.

Während die spanischsprachige Gemeinde ihre Gottesdienste stets in der Basilika St. Clemens feierte, war die italienische in St. Marien zuhause, nicht anders als die kroatische. Die hatte allerdings ihre sonstigen Räumlichkeiten im nahegelegenen Niels-Stensen-Haus am Engelbosteler Damm, einer ehemaligen Fabrik, die ansonsten von den Caritaswerkstätten genutzt wurde. 2004 kündigte die Caritas den bestehenden Mietvertrag wegen Eigenbedarf, und die Kroaten suchten in der Folge neue Räumlichkeiten.

In Gesprächen mit der Pfarrei St. Maria, dem Bistum und den anderen beiden Missionen entstand die Idee, die vorhandenen Gebäude am Standort St. Marien gemeinsam zu nutzen. Aus diesem Grund wurde die Stelle eines Koordinators geschaffen, dem wesentliche Vorarbeiten für den notwendigen Umbau zufielen – kurz nach Beschluss der mittelfristigen Finanz- und Strukturplanung des Bistums („Eckpunkte 2020") Ende 2003 kein leichtes Unterfangen. Nach langen Verhandlungen konnte der Umbau 2011 begonnen und Ende 2013 abgeschlossen werden. Seither nutzen die Gemeinden das Pfarrhaus als Verwaltungszentrum und teilen sich die Veranstaltungsräume des Gemeindezentrums. Auch tamilische, französisch- und englischsprachige Katholiken versammeln sich im KIZH zu regelmäßigen Gottesdiensten und Treffen.

Markus Breuckmann

Deutsche Katholikentage in Hannover

Zu den besonderen Höhepunkten im Leben der hannoverschen Katholiken – und des Bistums Hildesheim insgesamt – gehören sicherlich die beiden großen Deutschen Katholikentage, die 1924 und 1962 in Hannover stattgefunden haben; wie auch die diözesanen und regionalen Katholikentage 1920 und 1950 sowie die verschiedenen Treffen u. a. der katholischen Flüchtlinge und Vertriebenen erhebliche Bedeutung für die Entwicklung resp. Weiterentwicklung der Katholischen Kirche in der Region Hannover gehabt haben.

Die konkrete Vorbereitung der „63. Generalversammlung der Katholiken Deutschlands" 1924 in Hannover oblag einem aus angesehenen Vertretern des hannoverschen Katholizismus gebildeten Lokalkomitee, das unter dem Vorsitz

Hannover, Deutscher Katholikentag 1924:
Nuntius Eugenio

Hannover, Deutscher Katholikentag 1924:
Mitgliedskarte von Bischof Joseph Ernst

Hannover, Deutscher Katholikentag 1924: Festgottesdienst auf dem Schützenplatz

Deutscher Katholikentag
1962: Impressionen

Deutscher Katholikentag
1962: Begegnungen

Hannover, Deutscher Katholikentag 1962: Programmheft

Hannover, Deutscher Katholikentag 1962: Gottesdienst im Niedersachsenstadion

Hannover, Deutscher Katholikentag 1962: Gottesdienst

von Heinrich Steiger – Zentrumsabgeordneter im Reichstag und späterer preußischer Landwirtschaftsminister – das Leitmotiv für den Katholikentag entwickelte: „Höret die Kirche. Die Sendung der Kirche an die Nöte, Fragen, Aufgaben der Gegenwart". Doch wer sollte dazu in den verschiedenen Veranstaltungen sprechen, welche Räumlichkeiten standen überhaupt zur Verfügung? Wo konnten auswärtige Besucher übernachten, waren Sonderzüge notwendig? Gab es einen öffentlichen Platz für den großen Festgottesdienst? Dank breiter Unterstützung durch die hannoverschen Katholiken konnten all diese Fragen bis zum Begrüßungsabend des Katholikentags am 30. August 1924 geklärt werden. Für damalige Verhältnisse beachtlich war die Zahl der Dauerteilnehmer: u. a. 436 Katholiken aus dem Rheinland, 531 aus Westfalen, 974 aus der Provinz Hannover, 1888 aus der Stadt Hannover, 54 aus Oldenburg, 123 aus Brandenburg und Berlin, 76 aus Schlesien, 179 aus Sachsen, 33 aus Braunschweig, 159 aus Bayern und sogar einer aus Indien; insgesamt addierte sich ihre Zahl auf 4.910. Äußerer Glanz- und Höhepunkt des Katholikentags war der von rund 60.000 Gläubigen besuchte Festgottesdienst am Sonntagmorgen auf dem Schützenplatz, den der Apostolische Nuntius in Deutschland Eugenio Pacelli zelebrierte und in dem der Meißener Bischof Dr. Christian Schreiber die Predigt hielt. Auch die

Nachmittagsveranstaltungen in der Stadthalle erfreuten sich regen Zuspruchs: Über 30.000 Katholiken feierten vor allem Nuntius Pacelli, der mit großem Nachdruck für eine „Rückkehr zu Christus, nicht nur im Leben des einzelnen, sondern ebenso in Staat und Gesellschaft, in allen Beziehungen und Auswirkungen des öffentlichen Lebens" warb – gerade auch in der Diaspora. Der zweite Versammlungstag beschäftigte sich u. a. mit sozial- und arbeitspolitischen Fragen: „Keinesfalls dürfen wir uns verleiten lassen, unter dem Vorwand der wirtschaftlichen Notwendigkeiten in dem schweren wirtschaftlichen Ringen der Gegenwart einseitig alle Lasten auf die Schultern des arbeitenden Standes zu legen. Das Interesse des Privatbesitzes muss seine Grenzen finden am Wohl des Gesamtvolkes. Die Versöhnung von Kapital und Arbeit kann nur der Geist des Christentums bringen, der beiden Elementen unter dem ewigen Sittengesetz die entsprechende Geltung zuweist", so ein katholischer Gewerkschaftsführer. Unter ausdrücklichem Bezug auf Ludwig Windthorst ging es in der Generalversammlung des „Volksvereins für das katholische Deutschland" vornehmlich um „intersoziale Toleranz" und den richtigen Weg der Auseinandersetzung mit Andersdenkenden, während eine Abendveranstaltung der „Katholischen Schulorganisation" mit Reichskanzler Wilhelm Marx als Protagonisten allen Zuhörern noch einmal die grundsätzliche Bedeutung eines konfessionell gebundenen Schulwesens vor Augen stellte.

Der Katholikentag von 1924 war ein voller Erfolg. So stellte die „Hannoversche Volkszeitung" fest: „Der Katholikentag war richtungs- und wegweisend für die Zukunft. Bedeutungsvolle Themen und brennende Zeitfragen wurden in den Beratungen und in den großen Reden behandelt. Ehe und Familie, Jugend und Nationalismus, Schule und Kirche, Soziale Frage, Kapital und Arbeit, die Friedensfragen – in all diesen Fragen leuchteten die ehernen Grundsätze des katholischen Glaubens hell auf."

Und auch Diözesanbischof Ernst zog ein positives Fazit: „Im Blick auf die vielfältigen Belastungen, die mit der Durchführung eines Katholikentags verbunden sind, hatte ich erst große Bedenken. Aber ich bin angenehm enttäuscht worden. Nichts ist vorgekommen, worüber ich zu klagen hätte. Die Beteiligung war – gerade für eine Diasporastadt – unerwartet groß und die Stimmung ausgezeichnet."

Vom 22. bis 26. August 1962 war das Bistum Hildesheim zum zweiten Mal Gastgeber eines Deutschen Katholikentags, wobei wieder die „Wirklichkeit der Diaspora" gleichermaßen den äußeren Rahmen wie Inhalt bildete: „Hannover ist die Großstadt an der Zonengrenze. Wie in einem Brennspiegel werden hier die Spannungen zwischen West und Ost aufgefangen, insbesondere, wenn man bedenkt, dass ein Drittel seiner Einwohner Heimatvertriebene und Flüchtlinge aus der Sowjetzone sind. Hier drängen sich auch die weltanschaulichen Probleme für uns Katholiken auf. In unserer Zeit, in der gerade in den letzten Jahren und im Vorfeld des Zweiten Vatikanischen Konzils um gegenseitiges tieferes Verständnis der Konfessionen gerungen wird, bieten das überwiegend evangelische Hannover und das ganze Land Niedersachsen Anregung zu aufrichtigem Verstehen und zur Erneuerung des recht verstandenen Gebotes des Liebe. Gerade hier kann bewusst werden, dass wir als Katholiken zusammen mit unseren evangelischen Brüdern als Christen im größeren Diasporaraum einer gottlosen Welt beten und ringen müssen", so der Vorsitzende des Lokalkomitees, Dr. Richard Skiba, in dessen konstituierender Sitzung.

Das Katholikentagsmotto „Glauben, Danken, Dienen" wurde in den diversen Vortrags- und Diskussionsveranstaltungen konkretisiert: „Was macht dem heutigen Menschen das Glauben schwer?", „Wie sieht lebendiger Glaube im 20. Jahrhundert aus?", „Wie erweist sich der Glaube im Dienen?". Neu in das Programm des Katholikentags aufgenommen waren eine pastoraltheologische Konferenz für Priester, eine Senioren-Versammlung sowie eigene Veranstaltungen für italienische, spanische und polnische Gastarbeiter; auch gab es in Hannover zum ersten Mal seit vielen Jahren wieder eine Delegiertenkonferenz der katholischen Organisationen und Verbände.

Zu den besonderen gottesdienstlichen Feiern des Katholikentags gehörte der Kindergottesdienst mit über 30.000 Teilnehmern an dessen Eröffnungstag. In einer Vigilfeier im Niedersachsenstadion beschäftigte sich Prof. Dr. Otto B. Roegele mit dem unmittelbar bevorstehenden Zweiten Vatikanischen Konzil: „Das Vatikanum soll eine innere Erneuerung und Verlebendigung der Kirche bringen, es soll die Kirche aktivieren und mobilisieren, soll sie fähiger machen, die moderne Welt zu verstehen und ihr zu geben – nicht was sie will, sondern was sie braucht. … So wenig übertriebene Erwartungen berechtigt sind – das kommende Konzil wird keineswegs alle Probleme von Kirche und Welt zu Ende lösen können –, so wenig brauchen wir kleinmütig zu sein, wenn wir an Ergebnis und Erfolg des Konzils denken. Dass fast 1.000 Theologen aus aller Welt regelmäßig in Rom zusammenkommen und ihre Erfahrungen austauschen, ist ein Erfolg des Konzils, der schon jetzt feststeht. Dass die ganze Christenheit in Bewegung gekommen ist, dass ein ökumenischer Frühling angebrochen ist, dass Rom in Gesinnung und Sprechweise liebevolle Rücksicht nimmt auf Christen anderer Konfessionen, wie andererseits Protestanten ihr Verhältnis zur katholischen Kirche überprüfen und versachlichen, auch das ist ein Erfolg des Konzils, der schon heute feststeht."

Ebenfalls nachhaltig beeindruckend war die Buß- und Sühnefeier im ehemaligen Konzentrationslager Bergen-Belsen, in der Weihbischof Heinrich Pachowiak u. a. ausführte: „Wir müssen mit Scham und Abscheu feststellen, dass Unmenschlich-Grausames in unserer Mitte geschehen ist. Unschuldiges Blut ist hier und in anderen Lagern vergossen worden. Auch wenn wir in den Jahren der Drangsal nicht wussten, was alles an den Stätten des Grauens geschah, so müssen wir doch bekennen: Die Kraft unseres christlichen Glaubens war in jenen Tagen zu schwach; das Zeugnis der christlichen Liebe haben wir nicht ernst genug genommen; die Wachsamkeit, die der Herr von uns fordert, hatte unser Herz nicht ergriffen; die Verantwortung für den Widerstand war in uns zu wenig lebendig. So wurde das Böse übermächtig in unserem Volk, und die Stunde der Finsternis kam über uns. ... Was hier und anderswo geschah, kann nur verhindert werden, wenn wir als Christen die vom Herrn geforderte Wachsamkeit üben."

Auf dem Katholikentag kam es auch zu wichtigen ökumenischen Begegnungen und Gesprächen, allen voran der intensive Meinungsaustausch zwischen Augustin Kardinal Bea SJ, Leiter des Konzilssekretariats für die Einheit der Christen, Erzbischof Corrado Bafile, Päpstlicher Nuntius in Deutschland, Bischof Heinrich Maria Janssen und dem hannoverschen Landesbischof Dr. Hanns Lilje. Dabei wies Kardinal Bea u. a. darauf hin, „dass uns oft genug nicht Unterschied in der Lehre selbst trennt, sondern Unkenntnis oder Missverständnis dessen, was der andere glaubt und bekennt. Hier gilt es vor allem, diese Missverständnisse und falschen Deutungen zu beseitigen; Missverständnisse, die teilweise schon vom Anfang der Glaubensspaltung herrühren, teilweise in den nachfolgenden Jahrhunderten entstanden oder verstärkt worden sind. Hier gilt es, richtig zu erkennen, was der getrennte Bruder glaubt, und dies auf Grund soliden Studiums, einer objektiven, ruhigen Geschichtsdarstellung, die nicht aus den trüben Quellen der Polemik schöpft, sondern aus echtem, gründlichem Wissen, das durch sachliche Darlegung, durch Studium aus den Quellen selbst, durch ruhiges und verständnisvolles Gespräch erworben wird."

Feierlicher Schlusspunkt des hannoverschen Katholikentags war ein Pontifikalamt auf dem Schützenplatz mit über 150.000 Teilnehmern, in dessen Predigt Bischof Janssen die Gläubigen aufforderte, die vielen positiven Erfahrungen und Anregungen mit in den Alltag und in die Gemeinden zu nehmen: „Lasst uns der trostlosen Verdrossenheit entgegenwirken, die in unseren Tagen auch unter Christen umgeht und so viel gutes Wollen lähmt. [...] Wir Christen sind keine Utopisten, wir Christen bejahen die Welt, wie sie ist – auch mit ihren Nöten." Womit Bischof Heinrich Maria Janssen – ganz bewusst natürlich – Gedanken Papst Johannes' XXIII. aus der Einberufungsbulle des am 11. Oktober 1962 in Rom eröffneten Zweiten Vatikanischen Konzils aufgriff, dem bis zu seinem feierlichen Abschluss am 8. Dezember 1965 ja eine ungemein intensive Vergewisserung und weitreichende Erneuerung der Kirche von ihrer geistlich-theologischen Mitte her gelang.

Thomas Scharf-Wrede

Altenheime in (katholisch-) kirchlicher Trägerschaft

Den meisten Menschen ist es bewusst, dass bei einem Einzug in eine Pflegeeinrichtung diese ihre letzte Adresse ist. Menschen in dieser Zeit zu begleiten, ist Aufgabe der katholischen Altenheime. Damit kommt die Kirche ihrem Sendungsauftrag an alten Menschen nach, die nicht mehr am Gemeindeleben teilnehmen können. Aber auch für Angehörige, die sich fragen und sorgen, ob sie mit der Entscheidung für eine Heimunterbringung den richtigen Weg eingeschlagen haben, ist Sorge zu tragen.

Wenn man solch eine Institution betritt, ist zunächst nicht gleich erkennbar, wo der Unterschied zu anderen, nicht konfessionell gebundenen Einrichtungen liegt. Gute Pflege und Betreuung – und hierauf kommt es primär an – kann zunächst jede Einrichtung leisten.

Aber beim Gang durch die Einrichtung fällt an Äußerlichem doch das eine oder andere Kreuz auf, welches in den Fluren und Zimmern zu finden ist. Auch die Hauskapelle ist in jeder katholischen Einrichtung anzutreffen und ist gewissermaßen gestern wie heute ein integraler Bestandteil der Einrichtung. Nicht nur hier wird die Nähe Gottes für den Menschen spürbar. Er kann die Kapelle aufsuchen und dort in Stille verweilen, aber auch an vielen religiösen und seelsorglichen Angeboten teilnehmen.

Außerdem fällt dem langjährigen Besucher auf, dass er stets auf ein Stammpersonal trifft, das auch nach Jahren noch an derselben Arbeitsstelle verweilt. Fragt man den Mitarbeiter, warum das so ist, ist überwiegende Zufriedenheit und Verbundenheit mit der Einrichtung und ihren darin wohnenden Menschen festzustellen. Das liegt nicht nur an der tariflichen Vergütung, die solch eine schwere Arbeit mehr als rechtfertigt, sondern auch am gemeinsamen Miteinander in der Sorge um jede einzelne Bewohnerin und jeden einzelnen Bewohner.

Diese Sorge spiegelt auch das Wort CARITAS wieder, bedeutet es doch Hochachtung, Wertschätzung, Wohltätigkeit, Mildtätigkeit, Liebe, göttliche Liebe, aber vor allen Dingen christliche Nächstenliebe und Wohltätigkeit. All diese Wertvorstellungen lassen sich in den meisten Leitbildern dieser Einrichtungen wiederfinden. So wird CARITAS ein praktischer Auftrag der Katholischen Kirche in Wort und Tat.

Man tritt damit in direkte Nachfolge der früheren Armenspitäler oder wohltätigen Stifte, die es allerorts gab. Meist wurden sie von Ordensschwestern geführt, die den Menschen ihre Fürsorge gaben. Noch weit bis in die 1980er Jahre waren in den katholischen Einrichtungen der Altenhilfe fast überall Ordensschwestern anzutreffen, die mit ihrer Kontinuität des Daseins den Bewohnern, aber auch den weltlichen Mitarbeitern Vorbild waren. Der respekt- und verantwortungsvolle

Hannover-Linden, St. Godehardi-Stift

Rodewald, Seniorenzentrum Hl. Familie

Umgang mit den Bewohnern leitet die Mitarbeiter bei der Betreuung und Pflege. Mit den gegebenen Kräften und Möglichkeiten versuchen sie den Bewohnern Vertrauen und Sicherheit zu vermitteln. Die Menschen sollen sich in den Einrichtungen wohl und geborgen fühlen.

Der Bedarf an Nachwuchs in den sogenannten Pflegeorden war schon seit den 1960er Jahren nicht mehr so vorhanden, wie es noch vor dem Zweiten Welt-

Hannover-Misburg, Seniorenzentrum St. Martinshof

Garbsen, Seniorenzentrum Wilhelm-Maxen-Haus

krieg der Fall war, und so musste sich manch eine Ordensgemeinschaft aus der Pflege und Betreuung zurückziehen und diese Aufgabe weltlichen Mitarbeitern überlassen. Diese stehen gestern wie heute immer vor der Frage, sich in hohem Maße einzubringen. Sie wollen die ihnen anvertrauten alten Menschen darin unterstützen, trotz Hilfebedürftigkeit ihr Leben nach ihren eigenen Bedürfnissen zu verwirklichen. Dabei steht immer das Ziel im Vordergrund, die Einzigartigkeit jedes Menschen zu achten. Für jeden Menschen gilt, dass er Geschöpf und Ebenbild Gottes ist, dem Heil zugesagt wird.

So haben sie es in der Nachfolge verstanden, diese „geerbten" Werte fortzuführen, und wussten dabei um die Unterstützung durch kirchliche Strukturen wie dem Bistum, der Pfarrgemeinde oder den örtlichen Caritasverbänden und Caritashelferkreisen. Durch gemeindebezogene Arbeit fördern die Einrichtungen die soziale Integration der ihnen anvertrauten Menschen und tragen so auch mit zu einer sozialen Kultur in der Gemeinde bei. Sie werden zu Orten der Begegnung, der sozialen, kulturellen und religiösen Erfahrungen und Erlebnisse.

Katholische Altenheimarbeit geht davon aus, dass alle Menschen ohne Einschränkungen und Voraussetzungen von Gott nach seinem Bilde geschaffen und von ihm geliebt sind. Schwäche und Hilfsbedürftigkeit gehören zum Wesen des Menschen und können seine Würde nicht beeinträchtigen. Deshalb gilt die Hilfe allen, unabhängig von Herkunft, Nationalität oder Religion. Die Würde des Menschen steht im Mittelpunkt der täglichen Arbeit.

Unseren Auftrag sehen wir in der Pflege, Versorgung und Betreuung alter, kranker oder körperlich behinderter Menschen. Finanzielle Rahmenbedingungen spielten früher wie heute natürlich auch eine große Rolle, nicht aber unbedingt die entscheidende; wobei es natürlich eines guten finanziellen Rahmens bedarf, der allerdings realiter nicht immer gegeben ist.

Stationäre Einrichtungen der Altenhilfe sind Orte der Kirche, in denen die Verheißung erfahrbar wird, dass Gott mit den Menschen ist. Gott wird erfahren durch Menschen, die einen diakonischen Dienst verrichten, durch Menschen, die der Verletzlichkeit und Endlichkeit des Lebens begegnen. So kann man für die Zukunft gewiss sein, dass das kirchliche Plus der Einrichtungen weiterhin ein Garant dafür ist, dass Bewohner und Mitarbeiter sich dafür entscheiden, dort ihren Lebensabend zu verbringen bzw. zu arbeiten.

Michael Sackmann

Der katholische Friedhof in Hannover

Der Katholische Friedhof erstreckte sich in der heutigen Südstadt Hannovers von der Höltystraße über die Hildesheimer Straße bis zur Maschstraße. Er lag an der Landstraße nach Hildesheim unmittelbar neben dem Invaliden- oder Soldatenfriedhof, auf dem auch Reformierte beigesetzt wurden. In dieser Gegend vor dem Aegidientor besaßen die 1668 von Herzog Johann Friedrich nach Hannover

Blick auf das Gelände des vormaligen Katholischen Friedhofs an der heutigen „Hildesheimer Straße"

gerufenen Kapuziner einen Garten mit einem Sommerhaus. Sie stellten 1669 einen Teil dieses Geländes für einen Friedhof den Katholiken zur Verfügung, die bis dahin auf den evangelischen Friedhöfen, u. a. vor dem Clevertor, bestattet worden waren. Die Einweihung des Katholischen Friedhofs nahm der Apostolische Vikar Valerio Maccioni am 21. April 1673 in besonders feierlicher Weise im Beisein des gesamten katholischen Klerus vor; anwesend war auch eine Reiterabteilung, weil der Fähnrich Johannes von Zinnenburg zugleich und als Erster auf dem neuen Friedhof beerdigt wurde. Auch in den folgenden Jahren geschahen die Beerdigungen außerordentlich feierlich, unter Glockengeläut und Gesang der Scholaren und seit 1679 der katholischen Schulkinder. Nach Johann Friedrichs Tod vollzogen sich die Beisetzungen in der Regel in stiller Form. Der Friedhof, der nach dem Namenspatron des regierenden Herzogs, Johannes d. Täufer, benannt wurde, wurde 1692 zur heutigen Maschstraße hin erweitert. Während auch Katholiken aus Celle hier beigesetzt wurden, blieb er für andere katholische Gläubige außerhalb Hannovers verschlossen. Unter Johann Friedrich besaßen Katholiken höherer Gesellschaftsschichten die Möglichkeit, sich in der Schlosskapelle beisetzen zu lassen; nach der Weihe der St. Clemens-Kirche war dies auch in der dortigen Krypta möglich.

Bei der Anlage der neuen Hildesheimer Straße in den 1860er Jahren gab man den östlichen, bis zur Höltystraße reichenden Teil des Katholischen Friedhofes auf und ließ zusammen mit dem Invalidenfriedhof 1864 auch den Rest auf. Pläne, auf diesem Areal die zweite katholische Kirche der Stadt zu errichten, scheiterten an der Verweigerung der Baugenehmigung durch den Magistrat. Nachdem das Gelände 1926 zur Bebauung freigegeben worden war, entstanden hier unter der Leitung des Stadtbaurates Karl Elkart in den Jahren 1929 bis 1931 nach den Plänen des Architekten Hans Bettex die Stadtbibliothek sowie das Magazin und die Werkstätten der Städtischen Bühnen.

Hans-Georg Aschoff

Begegnung – Bildung – Perspektiven
Katholische Erwachsenenbildung in Hannover

Erwachsenenbildung war im 19. und 20. Jahrhundert auch in Hannover eine wichtige Säule des deutschen Katholizismus, z. B. im Rahmen des „Volksvereins für das Katholische Deutschland", der „Sozialen Seminare" oder des Vereinswesens überhaupt.

Mit der Gründung eines „Katholischen Bildungswerks im Großraum Hannover e. V." – heute: „Katholische Erwachsenenbildung Region Hannover e. V." – im Jahr 1966 wurden diese Traditionsstränge in eine verfasste Form gebracht. Grund

Hannover, Absolventinnen eines Kurses des „Katholischen Bildungswerks im Großraum Hannover"

Vortragsprogramm der Katholischen Erwachsenenbildung Hannover anlässlich des 300. Geburtstags der St. Clemens-Basilika in Hannover, 2018

hierfür waren die staatlichen und kirchlichen Bildungsoffensiven der 1960er Jahre und das Niedersachsenkonkordat von 1965, das der Katholischen Kirche das Recht einräumte, „an der Erwachsenbildung mit eigenen Einrichtungen teilzunehmen". In der Folge entstanden überall in Niedersachsen katholische Bildungswerke.

Bildungsveranstaltungen wurden in den ersten Jahren primär als zentrale Vortragsveranstaltungen, orientiert an den Themen des Zweiten Vatikanischen Konzils, in der Clemensburse, dem katholischen Studentenwohnheim, durchgeführt. Aufgrund der Weiträumigkeit des Großraumes versuchte man aber schon bald, in Pfarrgemeinden Erwachsenenbildungsinitiativen anzuregen und finanziell zu unterstützen. Ein zentrales Instrument war dabei über lange Jahre ein „Themen- und Referentenverzeichnis", aus dem Referent*innen und Veranstaltungen gebucht werden konnten.

In den 1970er Jahren reagierte Erwachsenenbildung auf sich verändernde Bildungsbedarfe von neuen Zielgruppen. So wurden zusammen mit dem Caritasverband „Sprachkurse für Gastarbeiter" angeboten und es begann die inhaltliche Begleitung der Arbeit von Selbsthilfegruppen für Suchtkranke und deren Angehörige (Kreuzbund). Zeitgleich wurde hauptamtliches pädagogisches Personal angestellt, was zu einer Professionalisierung der Bildungsarbeit führte: So wurden in den 1980er Jahren erstmals berufliche Fortbildungen durchgeführt und auf den Zuzug von Aussiedlerinnen und Aussiedlern Ende der 1980er Jahre reagierte die Katholische Erwachsenenbildung mit „Orientierungskursen". Nach dem Fall der Mauer führten persönliche Beziehungen nach Magdeburg dazu, dass Erfahrungen aus der Erwachsenenbildung in Hannover und Niedersachsen dort einflossen, was in der Folge zur Gründung der KEB Sachsen-Anhalt führte.

Schwerpunkt in den 1990er Jahren war eine Intensivierung und Professionalisierung der Arbeit in den Kirchengemeinden und mit den Zielgruppen. Darüber hinaus bot die Katholische Erwachsenenbildung in Hannover ein Forum für kontroverse kirchliche und gesellschaftliche Diskussionen (z. B. „Kirchenvolksbegehren", „Homosexualität und Kirche" oder die „Wehrmachtsausstellung"). Anlässlich der EXPO 2000 engagierte sie sich mit Führungen und entwicklungspolitischen Begleitveranstaltungen.

Der Beginn des neuen Jahrtausends war geprägt von gravierenden Rückgängen in der öffentlichen und kirchlichen Förderung. Hierauf galt es innovativ zu reagieren. Ein Schritt dazu war die Weiterentwicklung des Clemenshauses zum modernen „Tagungshaus St. Clemens". Fortbildungen zur Qualifizierung des professionellen Handelns haben hier ihren Ort. Mit seinen KOMPETENZ-Bereichen Pädagogik, Beruf – Gesellschaft – Politik, Konzept und Kooperation, Interkulturalität sowie Religion und Kirche ermöglicht die Katholische Erwachsenenbildung als wertorientierter innovativer und flexibler Träger der Erwachsenenbildung hier, aber auch an anderen Orten: Begegnung, Bildung, Perspektiven.

Karl-Heinz Meilwes

Proprium Katholischer Kindergärten – gestern, heute und morgen
Im Mittelpunkt steht die Würde des Kindes

Religiöse Bildung und Erziehung kennzeichnen das Profil der 41 katholischen Kindertagesstätten in der Stadt und Region Hannover. In 175 Gruppen werden 3797 Kinder betreut. Betrieben werden die Kindertagesstätten vom Caritasverband Hannover, der Trägergemeinschaft des Gesamtverbandes oder Pfarrgemeinden.

Als erste Stufe im Bildungssystem kommt den Tageseinrichtungen für die individuelle Förderung von Kindern eine wichtige Rolle zu. Hier werden grundlegende soziale und kognitive Kompetenzen vermittelt.

Katholische Kindertagesstätten sind Orte, in denen der Glaube gelebt und erfahren wird. Hier erwerben Kinder ein Verständnis für andere Kulturen und Religionen.

Katholische Kindertagesstätten stärken damit nicht nur das Recht auf Bildung des Kindes und ermöglichen verlässliche Beziehungen, sondern sie stärken gleichzeitig das Recht des Kindes auf Religion. Sie sind Orte mit und für Familien, in denen jedes Kind willkommen ist. Dadurch wird dem Kind Sicherheit vermittelt, es geht in Beziehung und entwickelt Vertrauen in sich und in andere.

Im Mittelpunkt steht die Würde des Kindes. Dem Kind etwas zuzutrauen und mit ihm aus seiner Perspektive die Welt zu entdecken, ist im Alltag leitend. Erziehung in christlicher Verantwortung heißt, das Kind so anzunehmen, wie es ist. So wird es dem Kind immer mehr ermöglicht, seinen Mitmenschen in Liebe zu begegnen. Dafür geben katholische Einrichtungen Raum zum Forschen und zum Staunen in Gemeinschaft.

Religiöse Erziehung ist ein durchgängiges Prinzip des Alltags. Es geht nicht um die abstrakte Vermittlung von Werten, sondern um das Mit-Erleben. Die Orientierung am Kirchenjahr, der Umgang und die Erfahrung mit Krankheit, Tod und anderen im alltäglichen Leben vorkommenden Begebenheiten, Werte wie Nächstenliebe, Toleranz gegenüber Andersdenkenden und die Frage nach dem Sinn des Lebens, sind selbstverständliche Inhalte gelebter Religionspädagogik.

Die pädagogische Fachkraft unterstützt und begleitet jedes Kind in der Entwicklung und ist im Austausch mit den Eltern. Dazu gehört, dass sie ihre eigene Haltung reflektiert und ihre eigenen Werte und ihre Religiosität mit einbringt. Eltern tauschen sich mit der pädagogischen Fachkraft über die Entwicklung ihres Kindes und über ihre Erfahrungen mit dem eigenen Glauben aus. Gemeinsam gilt es, die Erfahrungen, Erlebnisse und Themen aufzugreifen und zu begleiten.

Im Alltag stehen die pädagogischen Fachkräfte häufig in dem Spannungsfeld, dass einige Eltern (noch) keinen Zugang zu Religiosität haben und sich andere Eltern bewusst für eine katholische Einrichtung entschieden haben. Diese Spannung gilt es auszuhalten und erfordert von jeder pädagogischen Fachkraft Zuhörer und Ratgeber zu sein, der den individuellen Weg begleitet. Hinzu kommt die Vielfalt unterschiedlicher Kulturen und Religionen in den Einrichtungen. Diese erfordert ein grundlegendes Wissen um die Religionen und die Entwicklung einer religions- und kultursensiblen Erziehung.

In den katholischen Kindertagesstätten begann 1973 die Auseinandersetzung mit der Pädagogik der Reformpädagogin Mater Margarete Schörl, einer Ordensfrau aus dem Orden der englischen Fräulein (Congregatio Jesu). Das christliche Menschenbild ist integraler Bestandteil ihrer Pädagogik.

Die Methode der nachgehenden Führung ermöglicht in Verbindung mit einer ressourcenorientierten Beobachtung, die Stärken der Kinder zu erkennen und mit der Raumaufteilung im Gruppenraum Strukturen zu schaffen, so dass jedes

Kind selbständig an seinen Themen arbeiten kann: allein, zu zweit oder mit mehreren zusammen. Rituale und der Tagesablauf bilden den Rahmen zur Förderung des Spiels des Kindes als dessen elementare Form des Lernens.

Unterstützt wird diese Pädagogik durch die Bildungsarbeit der Erzieherin. So gelingt es, jedes Kind ganzheitlich zu fördern, indem Lernsituationen geschaffen werden, in denen es seine Fähigkeiten engagiert entwickeln, seine Lernschritte erkennen und selbstbewusst fortsetzen kann.

Dieser pädagogische Ansatz wird bis heute in den katholischen Kindertageseinrichtungen gelebt und weiterentwickelt. Zusammen mit der Fachberatung werden die Erkenntnisse der Pädagogik oder Entwicklungspsychologie analysiert, in die Pädagogik integriert und vor allem kontinuierlich als Handlungswissen den Mitarbeitenden in Fortbildungen vermittelt. Zusammen mit der Katholischen Erwachsenenbildung wurde der Zertifikatskurs der Schörlpädagogik entwickelt, der den Stellenwert und das Alleinstellungsmerkmal dieser Pädagogik für die katholischen Kindertagesstätten verdeutlicht.

Den roten Faden zwischen Pädagogik, Religion, Elternpartnerschaft, aber auch für die Zusammenarbeit im Team oder mit dem Träger, spannt das Qualitätsmanagementsystem, das auf dem KTK-Gütesiegel aufbaut. Entwickelt vom Fachverband im Deutschen Caritasverband, wird es in fast allen katholischen Kindertageseinrichtungen bundesweit umgesetzt und die Standards werden kontinuierlich weiterentwickelt.

Der Stellenwert für die Zusammenarbeit mit den Eltern nimmt kontinuierlich zu. Junge Familien sind herausgefordert, ihre beruflichen Belastungen, die Bedingungen bei der Rückkehr an den Arbeitsplatz nach der Elternzeit oder ihre Rolle als Eltern zu finden. In Entwicklungsgesprächen wird partnerschaftlich die Entwicklung des Kindes besprochen und die nächsten Entwicklungsschritte werden gemeinsam vereinbart.

Die Pfarrgemeinden, der Caritasverband Hannover e. V. und die Kindertageseinrichtungen sind verlässliche Partner für die Familie. Lokale Kirchenentwicklung ist dabei ebenso ein gemeinsames Thema wie die vernetzte Zusammenarbeit aller Einrichtungen mit den Anbietern im Sozialraum.

2014 haben sich die katholischen Kindertageseinrichtungen der Kirchengemeinden, des Gesamtverbandes und des Caritasverbandes in der Region Hannover zur Arbeitsgemeinschaft katholischer Kindertagesstätten zusammengeschlossen.

Angesichts der Veränderungen in Kirche, Gesellschaft und Politik ist es erforderlich, das caritative und kirchliche Engagement im Bereich der Kindertagesstätten angemessen zu steuern und den Bedarf zu planen. Bei dem gleichzeitigen Engagement der lokalen Kirchenentwicklung im Bistum Hildesheim ist es für alle Akteure eine große Chance, dieses nicht nebeneinander zu tun, sondern die Schnittstellen und Synergien gemeinsam auszuloten. So lassen sich Kindertageseinrichtungen als Anders-Orte von Kirche für Familien als sozial-pastoraler Ort erfahrbar gestalten und geben Raum für individuelle Wege zur Spiritualität

Im Jahr 2018 wurde das in dieser AG gemeinsam erarbeitete katholische Profil aller Kindertageseinrichtungen veröffentlicht und bildet damit eine Grundlage unabhängig davon, ob eine Pfarrgemeinde, der Gesamtverband mit der Trägergemeinschaft oder der Caritasverband Träger der Einrichtung ist.

Der Blick in die Zukunft verdeutlicht, dass es weiterhin großer gemeinsamer Anstrengungen bedarf, gemeinsame Strategien gegen den Fachkräftemangel zu entwickeln, die Schulkindbetreuung zu erhalten, die Zusammenarbeit am Kirchort weiter auszubauen, mit Erfahrung und Qualität zu überzeugen und dieses mit der Unterstützung durch professionelle Träger.

Thea Heusler

Kirchenmusik in Hannover

Die Kirchenmusik ist zunächst die Musik, die in den christlichen Gottesdiensten erklingt. Die Orgel ist das Instrument der Kirche und fest verankert in unserer christlich abendländischen Tradition. Kantoren und Sängerchor sind wesentlicher Bestandteil der liturgischen Feiern – so ist es auch im Zweiten Vatikanischen Konzil bestätigt worden. Aber auch die sonntägliche Gemeinde nimmt eine kirchenmusikalische Aufgabe wahr, indem sie mit ihrem Gesang eine aktive Rolle am liturgischen Geschehen einnimmt.

In der Abschlusserklärung der Gemeinsamen Synode der Bistümer in der Bundesrepublik Deutschland heißt es: „Eine auf das gesprochene Wort reduzierte Gemeindeliturgie ist nicht nur stimmungsmäßig eine Verarmung, sondern hier sind Verkündigung und Lobpreis um eine ganze Dimension menschlicher Ausdrucksfähigkeit verkürzt."

Aber nicht nur die Kirchenmusik im Gottesdienst, sondern auch die Ausübung kirchenmusikalischer Instrumental- und Chorwerke außerhalb des Gottesdienstes bildet einen wichtigen Aspekt kirchenmusikalischer Arbeit. Musik hat eine emotionale Funktion und transportiert die christliche Botschaft auf einer anders wahrnehmbaren Ebene. Zudem ist Kirchenmusik Kulturträger in unserer Gesellschaft. Gerade in Kirchenkonzerten wird der jahrhundertealte Schatz der Kirchenmusik gepflegt und aufrecht erhalten.

Hannover, St. Clemens-Basilika: Konzert des Propsteichors St. Clemens, 2017

Das kirchenmusikalische Leben heute in der katholischen Region Hannover wird bestimmt durch das Ehrenamt und die nebenberufliche Tätigkeit der KirchenmusikerInnen. In der Diaspora tragen nicht wie in manch anderen Regionen Deutschlands Hauptamtliche, sondern gerade diese nebenberuflichen Kirchenmusiker die Kirchenmusik und füllen sie mit Leben. St. Clemens als Mutterkirche der Katholiken in Hannover spielt in diesem Reigen eine besondere Rolle, da dort die einzige Stelle für einen hauptberuflichen Kirchenmusiker in der Region verortet ist.

Die Geschichte der katholischen Kirchenmusik in Hannover ist engstens mit dem Namen Agostino Steffani verbunden, der vor seiner Tätigkeit als Weihbischof in Hannover als Diplomat und Komponist am Hannoveraner Hof wirkte

Hannover, St. Clemens-Kirche, Blick zur Orgel, um 1900

und hier mehrere Opern komponierte, die u. a. auch Georg Friedrich Händel begeisterten; in seiner Oper "Rinaldo" bediente sich Händel eines Themas von Steffani. Auch verschiedene kirchenmusikalische Werke schuf Agostino Steffani, von denen das bekannteste wohl sein "Stabat Mater" für sechs Sänger und sieben Instrumentalisten ist.

Bereits mit dem Bau der St. Clemens-Kirche wurde eine Orgel geplant. Diese befand sich bis zur Zerstörung der Kirche im Zweiten Weltkrieg auf einer Empore über dem Hauptportal. Als Orgelbauer gilt Christian Vater (1679–1756), der seit 1708/09 als Organist an der Neustädter Hof- und Stadtkirche tätig war und eine bedeutende Orgelbauwerkstatt führte. Die damals vorhandene Disposition umfasste insgesamt 20 Register verteilt auf Hauptwerk, Brustwerk und Pedal. Im Jahr 1839 wurde die Orgel dem Zeitgeschmack entsprechend umgebaut. Die Abnahme durch den Hildesheimer Domorganisten Philipp Liste vom 10. Dezember 1840 fiel jedoch nicht zur vollen Zufriedenheit aus. So habe das Werk «nicht die Kraft und Fülle, die es seinem Stimmenbestand nach wohl haben müßte». In den Jahren 1900–1903 erfolgte dann ein kompletter Neubau der Orgel, wobei der barocke Prospekt – die Ansicht der Orgel – erhalten blieb; ein weiterer Neubau wurde nach der Zwangsablieferung der Metallpfeifen im Ersten Weltkrieg 1918 notwendig. Schließlich ging mit der Zerstörung der barocken Kirche im Jahr 1943 auch die Orgel und der aus der Gründerzeit des Kirchenraums stammende Orgelprospekt verloren.

Nach den Kriegswirren und noch vor der Wiedererrichtung der Propsteikirche fand sich eine Gruppe junger Menschen zusammen, die sich dem Chorgesang widmeten. Unter widrigen Bedingungen wurde unter Siegfried Strohbach, später Professor für Musiktheorie an der Hochschule für Musik, Theater und Medien Hannover, der Propsteichor Hannover gegründet. In den ersten Nachkriegsjahren, noch unter dem Eindruck einer zerstörten Stadt, formierte sich im Schatten der Kirchenruine St. Clemens ein neuer Chor, der sowohl das kirchenmusikalische als auch das stadtgesellschaftliche Leben bereicherte.

Der Propsteichor Hannover wurde nach nur zehn Jahren seiner Tätigkeit wieder aufgelöst. Anfang der 70er Jahre wurde eine neuer Chor an St. Clemens ins Leben gerufen. Gymnasiallehrer Arno Creutzmann zeichnete sich für dieses Ensemble verantwortlich. Er wurde später von Klaus-Hermann Anschütz abgelöst, der heute als Dekanatskirchenmusiker in Celle tätig ist. Prägend für die Kirchenmusik an St. Clemens aber auch darüber hinaus für die ganze Region war sicher das Wirken von Lothar Rückert, der als Gymnasiallehrer an der Schule St. Ursula sowie als Referent für Kirchenmusik bis zum Jahr 2013 an der Propsteikirche St. Clemens wirkte und zudem auch für die Aus- und Weiterbildung der nebenberuflichen Kirchenmusiker in der Region verantwortlich war.

Mit der Zerstörung der Kirche im Zweiten Weltkrieg war die alte Orgel mit dem Prospekt von Christian Vater verloren. Es dauerte einige Zeit, bis nach dem Wiederaufbau der Kirche erneut Orgelmusik in St. Clemens erklingen konnte. Zunächst behalf man sich mit einer «Notorgel», einem Orgelpositiv, das seinen Platz seitlich auf der neuen, höher angebrachten Empore fand. Erst im Jahr 1973 konnten Pläne für eine neue Hauptorgel in der Kirche verwirklicht werden. Mit der Planung und dem Bau wurde die Orgelbauwerkstatt Klais (Bonn) beauftragt. Dieses Instrument verfügte über 32 Register, verteilt auf Hauptwerk, Schwellwerk und Pedal. Seit ihrer Weihe 1973 ist die Klais-Orgel eine tragende Säule der kirchenmusikalischen Arbeit, der Verkündigung durch Musik, geworden. Im Jahr 1984 wurden bei einer Renovierung vergoldete Schleierbretter mit angedeuteten Zimbelsternen und Pinienzapfen angebracht. Sie sollen an die ehemals barocke Ausstattung der Kirche erinnern.

Neben der Hauptorgel verfügt die Kirche über ein Orgelpositiv, das auf der Empore steht und eine Truhenorgel aus der Orgelbauwerkstatt Hammer. Die Truhenorgel findet Verwendung in den Wochentagsgottesdiensten in der Krypta sowie zu Konzerten in der Basilika.

Hannover, St. Clemens-Kirche, Orgel (Detail), um 1900

Mit der Einrichtung einer neuen Regionalkantorenstelle in Hannover nach der Pensionierung Lothar Rückerts wurde St. Clemens, ohnehin Ort lebendiger und qualitativer Kirchenmusik, auch formell aufgewertet; im September 2013 trat Nico Miller diese neue Stelle an, zu dessen ersten Initiativen der Aufbau des Propsteichors St. Clemens gehörte, der seitdem die Kirchenmusik an der Basilika in Gottesdienst und Konzert bereichert.

St. Clemens wird als Hauptkirche der Katholiken auch in Zukunft zentraler Ort für katholische Kirchenmusik in Hannover sein. Doch die Stärke der kirchenmusikalischen Region zeigt sich besonders in der Vielfalt und dem großen Engagement der ehrenamtlichen Kirchenmusiker, der Leiter von Chören und Bands, den Kantoren und den zahlreichen Sängern und Instrumentalisten, die in den Ensembles der Region wirken.

Im Jahr 1988 gründete Studiendirektor Winfried Dahn an St. Augustinus in Ricklingen die Konzertreihe «Musik in St. Augustinus», in der über Jahrzehnte hinweg Gastorganisten und Ensembles aus Deutschland und Europa eingeladen wurden. Bis heute wirkten dort in über 250 Konzerten mehr als 600 Mitwirkende mit. Unter anderem wurde das gesamte Orgelwerk von Johann Sebastian Bach dort aufgeführt. Mit der 1991 errichteten Orgel aus der Orgelbauwerkstatt Lobback verfügt die Kirche St. Augustinus auch über eines der bemerkenswertesten

Instrumente in der katholischen Region. In der Pfarrgemeinde St. Joseph findet sich jährlich ein Projektchor unter der Leitung von Werner Nienhaus, der immer wieder große Werke, die oft auch orchesterbegleitet sind, zur Aufführung bringt.

Die Benediktinermönche im Stadtkloster „Cella St. Benedikt" in Hannover-List leisten ebenfalls einen lebendigen Beitrag zum kirchenmusikalischen Leben in Hannover. Vor allem das gesungene Stundengebet wird dort gepflegt und in musikalisch besonders gestalteten Gottesdiensten werden regelmäßig Künstler in die Hauskapelle eingeladen. Darüber hinaus sind Karl-Leo Heller OSB und Nikolaus Nonn OSB sowohl in der akademischen wie auch nebenberuflichen Ausbildung von Kirchenmusikern engagiert tätig.

In St. Antonius in Hannover-Kleefeld wirkt Martin Beßmann als langjähriger ehrenamtlicher Organist und Chorleiter des Kirchenchores. Sein Vater begründete im Jahr 1963 die Tradition von Orchestermessen an hohen Feiertagen, die durch ihn seit 1980 weitergeführt wird. Lebendige und aktive Kirchenmusik ist auch an der Kirche Heilige Engel in Kirchrode zu finden. Der Kirchenchor Zu den Heiligen Engeln prägt hier mit seiner klassischen Chorarbeit eine jahrzehntelange Tradition. Zudem gibt es mit jährlich zwei Chorprojekten Angebote für junge Menschen, die keine Zeit für regelmäßige Chorproben haben. Große überregionale Bekanntheit erlangte der jährlich angebotene Workshop mit namhaften Referenten und regelmäßig über hundert Teilnehmern. Die Gruppe Just-4-fun bedient den Bereich des Neuen Geistlichen Liedes und haben genauso ihren festen Platz am Kirchort wie die Teenangel, eine Teenager-Band. Beim jährlichen Krippenspiel, das als Kinderchorprojekt gestaltet wird, nehmen regelmäßig 50 Kinder teil. Und schließlich findet mit der Kulturbühne Heilige Engel ein vielfältiges und buntes Kulturprogramm am Kirchort statt. Ein gelungenes Beispiel für vielfältige kirchenmusikalische Arbeit.

Damit Musik in der Kirche erklingen kann, bedarf es gut ausgebildeter Menschen, die diesen kirchenmusikalischen Dienst ausführen. In der Region Hannover geschieht diese Ausbildung in zwei Ausbildungsgängen. Die D-Ausbildung bildet die Basisausbildung im kirchenmusikalischen Bereich. Darin werden die Grundlagen im Orgelspiel und in der Anleitung von Gesangsgruppen gelegt. In der weiterführenden C-Ausbildung, die sich über zwei Jahre erstreckt, wird der Fächerkanon erweitert. Die Auszubildenden beschäftigen sich mit Liturgik, Gregorianik, Musiktheorie, Kirchenmusikgeschichte und einigen weiteren Fachgebieten der Kirchenmusik. Einen großen Wert hat dabei die Zusammenarbeit auf ökumenischer Ebene, denn der C-Kurs wird zwar konfessionell angeboten, aber überkonfessionell unterrichtet.

Gerade in der Diaspora der Katholischen Kirche in Hannover ist die Aufgabe, die ehrenamtliche und nebenberufliche OrganistInnen, ChorleiterInnen, BandleiterInnen und KantorInnen ausüben, eine sehr wichtige. Ohne sie würde das kirchenmusikalische Leben in den Gottesdiensten nicht stattfinden. Damit sich aber auch in Zukunft Menschen auf den Weg machen und eine kirchenmusikalische Ausbildung beginnen, die sowohl zeit- als auch kostenintensiv ist, bedarf es verstärkt grundlegender Überlegungen, wie man die Attraktivität des kirchenmusikalischen Dienstes aufrecht erhalten und sogar verstärken kann. Wie in vielen Bereichen spielt die Wertschätzung dieser Tätigkeit eine wichtige Rolle.

Nico Miller

Friedrich Kochheim

Sein tiefer christlicher Glaube und die Verankerung in der katholischen Soziallehre ließen den Industriellen Friedrich Kochheim zu einem Gegner des Nationalsozialismus werden. Er wurde am 15. Dezember 1891 als jüngstes von vier Geschwistern in Dortmund geboren. Seine Eltern stammten aus westfälischen Tagelöhnerfamilien, hatten jedoch durch das Betreiben einer Bäckerei den Aufstieg in die Mittelschicht geschafft. Mit gutem Erfolg absolvierte Kochheim die Gewerbeschule in Dortmund und war seit 1910 als technischer Mitarbeiter in einer hannoverschen Eisenbaufirma beschäftigt. Aus der 1912 geschlossenen Ehe mit Dorothea Bussmann gingen fünf Kinder hervor. Nach dem Ersten Weltkrieg übernahm er die Leitung der Heißluftherde und Haushaltsgeräte produzierenden „Tänzers Original-Grudeofen-Fabrik GmbH". Kochheim führte ein großzügiges Haus am Georgengarten in Hannover und nahm rege am kirchlichen Leben der St. Marien-Gemeinde teil, deren Kirchenvorstand er angehörte.

Nach der Machtergreifung zwang man Kochheim, förderndes Mitglied der SS zu werden; er versuchte aber, sein Unternehmen von nationalsozialistischen Einflüssen freizuhalten und wurde zwischen 1934 und 1939 viermal von der Gestapo vernommen, u. a. weil er jüdische Mitarbeiter in seiner Firma eingestellt hatte und seine Geschäftsbeziehungen zu jüdischen Handelsvertretern nicht abbrach. Da er auch Personen beschäftigte, die wegen politischer Delikte Haftstrafen verbüßt hatten, galt sein Unternehmen in den Augen der Nationalsozialisten als „Sammelbecken von Staatsfeinden" (Detlef Schmiechen-Ackermann). Kochheim bezog in Briefen, aber auch öffentlich Stellung gegen den Nationalsozialismus und ließ die Predigten Bischof Clemens August Graf von Galens in seinem Betrieb kursieren. Im August 1942 wurde er von seiner

Wirtschafterin und seinem Verwalter wegen unvorsichtiger Äußerungen denunziert. Er war zweieinhalb Wochen im „SS-Lager 21" in Hallendorf bei Salzgitter inhaftiert; dann folgte die Untersuchungshaft in Braunschweig und Hannover. Das Sondergericht Braunschweig verurteilte Kochheim am 5. März 1943 u. a. wegen staatsfeindlicher Äußerungen zu einer Zuchthausstrafe von mindestens fünf Jahren. Über die Haftanstalten in Köln und Frankfurt/M., das Arbeitslager Rollwald (Hessen) und Buchenwald gelangte er in das Konzentrationslager Dora-Mittelbau, wo die V 2-Waffe hergestellt wurde. Hier arbeitete er anfangs im unterirdischen Stollen; wegen seiner wertvollen Kenntnisse wurde er schließlich als „Bürohäftling" im oberen Teil des Lagers eingesetzt. Nach der Evakuierung Dora-Mittelbaus im April 1945 verlegte man Kochheim, dessen Söhne Fritz und Rudolf unterdessen an der Ostfront gefallen waren, in ein Außenlager des KZ Mauthausen, von wo er kurz vor Kriegsende nach Niedersachsen fliehen konnte.

Nach dem Krieg erreichte Kochheim nur eine teilweise juristische Rehabilitierung; von einer Haftentschädigung blieb er ausgeschlossen. In seinem autobiographischen Buch „Bilanz: Erlebnisse und Gedanken" (Hannover 1952), das als wichtige zeithistorische Quelle gilt, beschrieb er die Zustände in den Konzentrationslagern. Kochheim starb am 23. August 1955 und wurde in einem Familiengrab auf dem Neuen St. Nikolai-Friedhof in Hannover bestattet.

Hans-Georg Aschoff

Klinikseelsorge

Die Sorge um die Kranken gehört von Anfang an zum Wesen und zum Selbstverständnis von Kirche. Sie steht darin in der Nachfolge Jesu, der sich in besonderer Weise auch den Kranken zugewandt und ihnen darin Erfahrungen vom Reich Gottes vermittelt hat und sie erfüllt in der Sorge um die Kranken den Auftrag Jesu: „Ich war krank und ihr habt mich besucht"(Mt 25,6). Die altkirchliche Praxis der Sorge um die Kranken bezeugt auch der Verfasser des Jakobusbriefes: „Ist einer von euch krank? Dann rufe er die Ältesten der Gemeinde zu sich; sie sollen Gebete über ihn sprechen und ihn im Namen Jesu mit Öl salben" (Jak 5,14).

Klinikseelsorge vollzieht sich heute nicht in häuslicher Privatatmosphäre, sondern in einem hochspezialisierten und interdisziplinär vernetzten und handelnden Umfeld. Dort hinein trägt die Klinikseelsorge den wichtigen Gedanken der

Spiritualität: Der Mensch ist mehr als seine Krankheit, mehr als eine Fallnummer, die abgerechnet werden kann und muss; der Mensch ist Geschöpf Gottes.

In Tagen oder gar Wochen der Krankheit erfahren Menschen – wie selten zuvor in ihrem Leben – Grenzen, brechen Fragen nach dem Sinn des Lebens auf und ist die Auseinandersetzung mit Sterben und Tod unausweichlich.

In solchen und anderen Krisensituationen sind die KlinikseelsorgerInnen sensible und gerade darin kompetente Zuhörer, Gesprächspartner, Fürsprecher und – wo gewünscht – auch Mitbetende der Kranken. „Da-Sein" – der Name Gottes aus dem Alten Testament – wird hier erfahrbare Wirklichkeit. Darum ist ein wesentlicher Dienst der Klinikseelsorge eine 24-stündige Rufbereitschaft an allen Tagen der Woche und auch an den Wochenenden.

Dieses Da-Sein gilt neben den Patienten auch deren Angehörigen, denen es oft nicht leichtfällt, die gegenwärtige Situation eines Familienmitglieds zu verstehen oder gar zu akzeptieren

KlinikseelsorgerInnen verstehen sich als Begleiter in der Zeit des Krankenhausaufenthaltes vor oder nach einer schweren Operation, bei der Verarbeitung einer negativen Diagnose, aber auch im Aushalten von Situationen, wo Worte fehlen oder nicht angebracht sind.

Auf ihre spezielle Weise ergänzt, führt fort oder vertieft Klinikseelsorge das, was Mediziner nicht leisten können oder nicht im Blick haben.

Klinikseelsorge ist auch kritisches Korrektiv und Vorbild für das, was Johann-Christoph Student in seinem Buch „Sterben, Tod und Trauer. Handbuch für Begleitende" fordert, nämlich „die Notwendigkeit einer Beziehungsmedizin, die therapeutische Begleitung als wichtige Aufgabe der Krankenhausmedizin versteht." Die Klinikseelsorge arbeitet daher im Ethikkomitee mit, in dem solche und andere wichtige Themen zur Sprache kommen, z. B. in der Art und Weise einer Therapiefortsetzung oder Veränderung – um dem Patientenwillen gerecht zu werden.

Die Klinikseelsorge arbeitet in einem komplexen System in allen medizinischen Bereichen – besonders auch im Bereich der Palliativmedizin – ökumenisch. Regelmäßige Treffen, Aussprachen und Absprachen fördern die Zusammenarbeit zwischen katholischer und evangelischer Klinikseelsorge. Die christliche Seelsorge in Krankenhäusern ist offen und ansprechbar für alle Menschen – gleich welcher Konfession oder Religion.

Zur weiteren Sicherstellung in der Erfüllung ihrer Aufgaben und im Hinblick auf das Selbstverständnis von Kirche ist zu hoffen und zu wünschen, dass es der Bistumsleitung auch in Zukunft ein Anliegen ist, das entsprechend geschultes Personal für die vielfältigen Aufgaben der Klinikseelsorge zu berufen.

Wolfgang Langer

Laatzen, St. Mathilde

Als eine Art „industrieller Vorort" der Stadt Hannover erfuhr Laatzen nach dem Ersten Weltkrieg einen deutlichen Aufschwung, der 1936/ 37 durch den Bau der „Vereinigten Leichtmetallwerke" im „Laatzener Holz" – den heutigen Messegelände – und die in etwa zeitgleiche Expansion der „Eisenwerke Wülfel" noch einmal verstärkt wurde. Unter den „Neu-Laatzenern" waren natürlich auch viele Katholiken, für welche die Gottesdienstmöglichkeiten in Döhren (St. Bernward) und Wülfel (St. Michael) nicht ausreichend waren, weswegen der „Gesamtverband der katholischen Kirchengemeinden Hannovers" ein bereits in den 1920er Jahren erworbenes Grundstück an der Hildesheimer Straße 1936 gegen ein günstiger gelegenes und noch dazu größeres an der Eichstraße tauschte, auf dem dann nach Plänen des Hildesheimer Architekten Heinrich Stübe die Kirche St. Mathilde errichtet wurde.

Die feierliche Grundsteinlegung durch Generalvikar Dr. Wilhelm Offenstein fand am 4. Juli 1937 statt – und bereits am 13. März 1938 konnte Bischof Dr. Joseph

Laatzen,
St. Mathilde

Laatzen, St. Mathilde,
Gottesdienst um 1955

Godehard Machens die Kirche zu Ehren der hl. Mathilde weihen; als eine von lediglich neun dezidierten Kirchenneubauten im Bistum Hildesheim zwischen 1933 und 1945. Was bei der Grundsteinlegung auffällig war: dass im Kirchenschiff zwei Hakenkreuzfahnen hingen, was allerdings nicht als kirchliche Anpassung an das nationalsozialistische Unrechtsregime fehlinterpretiert werden darf. Keiner der kirchlicherseits Beteiligten besaß irgendeine Nähe zur nationalsozialistischen Partei oder Ideologie, wohl aber war der hannoversche Propst Heinrich Leupke aufgrund einer seines Erachtens nach formal begründeten Verhaftung einige Zeit zuvor bemüht, dem Staat und der Partei keinerlei antikirchliche Angriffspunkte zu bieten, weswegen bei der Kirchweihe denn auch einige Gottesdienstteilnehmer in NS-Uniform geduldet wurden – wie bezüglich der Wahl des Kirchenpatroziniums anzumerken ist, dass dieses lediglich die hannoversche „Heiligenreihe" von Godehard über Bernward, Benno, Heinrich und Elisabeth fortsetzen sollte.

Menschen und Orte des Glaubens · **265**

Als Seelsorgebezirk der St. Mathilden-Kirche bestimmte Bischof Dr. Machens im März 1939 – also erst ein Jahr nach der Kirchweihe – die Ortschaften Laatzen und Grasdorf, erster Seelsorger wurde Otto Heitkamp; er blieb hier bis zu seinem Tod im Februar 1949. Von rund 1100 Gemeindemitgliedern kamen im Jahr 1938 durchschnittlich 280 zum sonntäglichen Gottesdienst, davon 100 in die Frühmesse um 7.00 Uhr und 180 ins Hochamt um 10.00 Uhr, wie auch 75 an der Nachmittagsandacht um 14.00 Uhr teilnahmen – eine für das Bistum Hildesheim in dieser Zeit durchaus typische Statistik.

1954 erhielt die St. Mathilde – wo es inzwischen auch einen Kindergarten gab – den Status einer selbständigen Kirchengemeinde, 1985 folgte die Erhebung zur Pfarrei. Im Zuge der räumlichen wie bevölkerungsmäßigen Entwicklung Laatzens wurde 1975–1977 eine neue Kirche in Laatzen errichtet: die St. Oliver-Kirche, die von 1982 an als Pfarrkirche für die Katholiken in Laatzen und Umgebung fungierte und dies nach den strukturbedingten Fusionen im Bistum Hildesheim in noch einmal deutlich größerem Rahmen auch heute noch tut.

Thomas Scharf-Wrede

Sr. M. Theresia Leineweber OSU

Diejenigen, die Mater Theresia, wie sie respektvoll genannt wurde, erleben durften, schildern sie als starke, strenge, aber liebevolle Persönlichkeit. Ihr Lebenslauf ist in der Chronik des hannoverschen Ursulinenkonvents von ihrer Nachfolgerin in der Leitung der St. Ursula-Schule Hannover, Sr. Justina Kaboth, kurz zusammengefasst.

Am 26. Dezember 1895 in Hannover geboren, besuchte Emma Leineweber zunächst die katholische Volksschule an der Clemenskirche und verbrachte ihre letzten Schuljahre dann im Internat der Ursulinen in Duderstadt, wo sie am dortigen Lehrerinnenseminar die Lehrerprüfung ablegte. Mit 21 Jahren trat sie in das Ursulinenkloster Duderstadt ein und legte 1921 die feierliche Profess ab. Sr. M. Theresia studierte Deutsch, Englisch und Erdkunde in Münster und Göttingen. Danach wirkte sie zunächst als Lehrerin, seit 1936 als Leiterin an der Marienschule in Hildesheim. Bedingt durch die Schließung der Privatschulen durch die Nationalsozialisten war Sr. Theresia seit 1940 als Pfarrhelferin in der Gemeinde St. Heinrich in Hannover tätig. Nach der Bombardierung der Stadt stellte sie in den Trümmern der Kirche einen Gottesdienstraum her und hielt in der Sakristei Religions-

Sr. M. Theresia Leineweber OSU
(1895–1983), Leiterin der
St. Ursula-Schule 1946–1971

unterricht. 1945 half sie dem neuen Pfarrer Franz Ludewig, Nachfolger von Pfarrer Sauermost, in der Gemeinde Fuß zu fassen.

Ostern 1946 wurde sie mit der Leitung der wieder eröffneten St. Ursula-Schule beauftragt. Zuerst musste sie einen neuen Standort suchen: An der Clemenskirche durfte die Schule aus städtebaulichen Gründen nicht wiedererrichtet werden. Die Pfarrei St. Heinrich stellte zunächst ihr Haus in der Albert-Niemann-Str. 3, dann das Grundstück Simrockstraße 20 als Bauplatz zur Verfügung. 1950 wurde dort das neue Schulgebäude errichtet.

Neben dem äußeren Aufbau galt es, der katholischen Schule Profil zu geben. Darüber hinaus sorgte Sr. Theresia dafür, dass die Privatschulen in Niedersachsen einen festen Platz in der Öffentlichkeit bekamen. Durch ihre Initiative schlossen sie sich zu einer Arbeitsgemeinschaft zusammen. 1960 wurde Sr. Theresia in Anerkennung ihrer grundlegenden Arbeit bei der Abfassung des ersten Niedersächsischen Privatschulgesetzes mit dem Bundesverdienstkreuz erster Klasse ausgezeichnet.

Nach 25 Jahren legte Sr. Theresia 1971 ihr Amt als Schulleiterin nieder und widmete sich seit 1975 noch einmal ganz dem Pfarrdienst in St. Heinrich, sammelte

Spenden für bedrängte Menschen in Polen und vieles mehr. Aus der Tätigkeit heraus starb sie überraschend am Morgen des 3. Januar 1983.

Bettina Bommer

Heinrich Leupke

Am 30. Juni 1871 in Barienrode (bei Hildesheim) geboren, studierte Heinrich Leupke nach dem Abitur von 1893 bis 1896 in Würzburg Theologie und wurde nach einem weiteren Studienjahr im Hildesheimer Priesterseminar am 28. März 1897 durch Bischof Daniel Wilhelm Sommerwerck zum Priester geweiht. Als Kaplan wirkte Heinrich Leupke in Helmstedt, Goslar und Peine, Pfarrer war er in Obernfeld und Peine – um von hier aus am 1. März 1932 als Propst nach Hannover St. Clemens zu wechseln, wo er bis zum 11. März 1941 blieb. Durch Bischof Joseph Godehard Machens zum Ehrendomkapitular am Hohen Dom zu Hildesheim ernannt, zog Leupke nach Hannover-Linden und engagierte sich nach dem Zweiten Weltkrieg in erheblicher Weise in der Organisation der Flüchtlings- und Vertriebenenseelsorge, bevor er am 16. Mai 1952 verstarb.

Heinrich Leupke (1871–1952), Propst in Hannover 1932–1941

Als Propst der St. Clemens-Kirche und Dechant des Dekanats Hannover war Heinrich Leupke in der Zeit der nationalsozialistischen Gewaltherrschaft ein mutiger Verteidiger der Katholischen Kirche und ihrer Mitglieder, wobei seine besondere Aufmerksamkeit den katholischen Vereinen und Verbänden sowie der praktischen Caritasarbeit galt, wie er sich auch – wenn auch vergeblich – um den Erhalt der katholischen Volksschulen und der St. Ursula-Schule in Hannover bemühte. In seinen Predigten und im persönlichen Gespräch mit den Mitgliedern seiner Gemeinde wie auch in verschiedenen – allen Repressionen zum Trotz durchgeführten – „Eucharistischen Familienwochen" wies er immer wieder auf die unbedingte Gültigkeit des Evangeliums hin, das für alle Menschen eine verlässliche „Alltags-Richtschnur" sei. In schwieriger Zeit war Propst Heinrich Leupke immer nah bei den Menschen, wobei er sich in im engeren Sinn politischen Belangen meist zurückhielt.

Thomas Scharf-Wrede

Hannover-Linden, St. Godehard

Während des deutschen Kaiserreiches erlebten sowohl die Stadt Hannover wie auch ihr Umland einen rasanten wirtschaftlichen Aufschwung. Besonders stark wurde das westlich der Stadt gelegene, erst 1920 nach Hannover eingemeindete Linden von der Industrialisierung geprägt. Die entscheidenden Weichen für die Entwicklung Lindens zur Industriestadt wurden durch die Fabrikantenfamilie Egestorff und die Gründung der Hanomag 1846 gestellt.

Bedingt durch den Zuzug von Arbeitskräften aus dem Eichsfeld, Rheinland, Westfalen und Schlesien wuchs der katholische Bevölkerungsanteil in Linden und Hannover während der zweiten Hälfte des 19. Jahrhunderts enorm an. Als Linden 1884/85 den Stadtstatus erlangte, lag der Katholikenanteil sogar höher als in Hannover. Das fortwährende Anwachsen der katholischen Bevölkerung im Großraum Hannover führte dazu, dass deren seelsorgliche Betreuung nicht mehr nur allein in bzw. von St. Clemens aus geleistet werden konnte. Die Errichtung einer zweiten katholischen Kirche in oder bei Hannover wurde zwingend notwendig.

Bereits in den 1860er Jahren wurde Linden als ein möglicher Standort ins Auge gefasst. Mit dem Bau einer Kirche konnte indes erst 1873 begonnen werden, nachdem Finanzierungsschwierigkeiten vor allem mit Unterstützung von Bischof Sommerwerck ausgeräumt werden konnten. Am 4. Oktober 1874 erfolgte die

Hannover-Linden, St. Godehard

Konsekration der nach Plänen Christoph Hehls im neogotischen Stil erbauten St. Godehard-Kirche. Diese hatte zunächst den Status einer Missionskirche, die Erhebung zur Pfarrei erfolgte aufgrund des Kulturkampfes erst 1891. Die weiterhin stark anwachsende Zahl von Katholiken im Pfarrbezirk von St. Godehard machte schon bald die Gründung von Tochtergemeinden erforderlich, deren älteste die 1902 errichtete und im selben Jahr zur Pfarrei erhobene St. Benno-Gemeinde im nördlichen Linden ist.

Der starke Zuzug katholischer Arbeitskräfte in bis dato mehrheitlich protestantische Gebiete sowie die damit zusammenhängende Entstehung industriell geprägter Städte und Großstädte wie Linden und Hannover stellte die Katholische Kirche vor völlig neue Aufgaben und Probleme. Einer, der den Herausforderungen der modernen Diaspora gleichermaßen entschlossen wie kreativ begegnete, war Dr. Wilhelm Maxen, von 1906 bis 1917 Pfarrer von St. Godehard. Während seiner Zeit in Linden förderte er dort insbesondere auch das Vereinswesen, das aufgrund des hohen Arbeiteranteils ein reges Leben entwickelte und vor allem durch den Katholischen Arbeiterverein und die Kolpingfamilie geprägt wurde.

Während des Zweiten Weltkrieges wurde die St. Godehard-Kirche fast vollständig zerstört, ein neuer Kirchbau konnte 1950 geweiht werden. Nach 1945 entstanden als „Flüchtlingsgemeinden" in den Seelsorgebezirken von St. Godehard und St. Benno die Gemeinden Christ König in Badenstedt und Maria Trost in Ahlem. Im Jahr 2010 wurde aus diesen vier Standorten die neue Pfarrei St. Godehard in Hannover gebildet.

Michaela Golnik

Valerio Maccioni

Valerio Maccioni war der erste „Pfarrer" der katholischen Gemeinde Hannovers nach der Reformation. Er war 1622 als Spross eines aus San Marino stammenden Adelsgeschlechtes geboren worden. Nach der Priesterweihe erwarb er den theologischen Doktorgrad an der Universität Padua. Seit 1662 befand er sich als geistlicher Beistand und später als Geheimsekretär im Dienst des Herzogs Johann Friedrich von Braunschweig-Lüneburg, der über manche seiner Schwächen, wie seine Titelsucht, hinwegsah. Aufgrund seiner Liebenswürdigkeit und seines noblen Auftretens gewann Maccioni auch bei Nichtkatholiken Sympathien. Nachdem Johann Friedrich Maccioni 1662 am dänischen Hof eingeführt hatte, widmete sich dieser der seelsorglichen Betreuung der wenigen Katholiken in Kopenhagen. Hier gab er auch die kleine Schrift „Nubes lucida" heraus, in der er sich mit der Theologie des protestantischen Helmstedter Professors Georg Calixt auseinandersetzte. Hoffnungen auf eine Konversion des dänischen Königs zum Katholizismus erfüllten sich jedoch nicht.

Nach Antritt der Landesherrschaft 1665 verlieh Johann Friedrich Maccioni in Anlehnung an den französischen Hof den Titel eines Almoseniers und übertrug ihm die Leitung der katholischen Gemeinde der Residenzstadt. Um die Jurisdiktion auswärtiger Bischöfe auszuschalten, bemühte sich der Herzog bei der römischen Kurie um die Errichtung eines Apostolischen Vikariates für seine Lande und speziell für Hannover. Am 28. April 1667 ernannte Papst Alexander VII. Maccioni zum Apostolischen Vikar für die herzoglichen Territorien Calenberg, Göttingen und Grubenhagen. Auf Drängen Johann Friedrichs erfolgte am 17. September 1668 Maccionis Ernennung zum Titularbischof von Marocco. Die Bischofsweihe erhielt er am Ostersonntag 1669 durch den Mainzer Erzbischof Johann Philipp von Schönborn im Dom zu Würzburg. In der Folgezeit wurde Maccionis Vikariat auf das Gebiet der ehemaligen Diözesen Halberstadt, Magdeburg und

Valerio Maccioni (1622–1676), Weihbischof in Hannover

Bremen sowie auf Mecklenburg, Altona und Glückstadt ausgeweitet, wodurch die Grundlage für das „Apostolische Vikariat des Nordens" gelegt wurde. Maccioni veranlasste die Herausgabe mehrerer Katechismen und Kontroversschriften. Den Zugang zu den Höfen in Celle und Osnabrück, wo die Brüder Johann Friedrichs residierten, benutzte er, um Zugeständnisse für die Katholische Kirche zu erreichen. Ansonsten war Maccioni, der auch mehrere Firmungsreisen in seinem Vikariat unternahm, außerhalb Hannovers nur eine eingeschränkte geistliche Tätigkeit möglich, weil die Landesherren zur Wahrung ihrer Kirchenhoheit die Vornahme bischöflicher Funktionen durch auswärtige Prälaten nahezu ausschlossen.

Maccionis seelsorglicher Eifer, sein Bemühen um Sammlung und Betreuung der Diasporakatholiken und seine Lebensführung wurden von den Nuntien und der Propagandakongregation anerkannt. Er starb am 5. September 1676 in Hannover und wurde in der dortigen Schlosskirche am Eingang zur Fürstengruft beigesetzt.

Hans-Georg Aschoff

Norbert Magis

Norbert Magis wurde am 18. November 1907 in Münster geboren. Sein Vater Hans (1878–1970) war Geschäftsführer im Essener Kaufhaus Sinn und eröffnete 1932 in Oberhausen das Zentralkaufhaus Magis. Nach dem ersten Staatsexamen und der Promotion in Rechtswissenschaften an der Universität Köln setzte Norbert Magis aufgrund von Vorbehalten gegen den Nationalsozialismus seine juristische Laufbahn nicht fort, sondern durchlief eine fünfjährige Ausbildung im Familienbetrieb in Oberhausen. Im Juni 1938 einigte er sich mit Louis Sternheim, dem Eigentümer des 1886 gegründeten Manufaktur- und Modewarenhauses Sternheim & Emanuel in der Großen Packhofstraße in Hannover, auf die Pachtung des Kaufhauses und die Übernahme des Inventars und Warenlagers. Sternheim hatte wegen Anfeindungen und Boykottaufrufen seit mehreren Jahren vergeblich versucht, sein Geschäft zu verkaufen. Magis konnte bei diesem Handel von einem von der „Arisierungsbehörde" herabgedrückten Preis profitieren; dies glich er aber zumindest teilweise durch Zahlungen in die Schweiz aus, wohin Sternheim 1939 floh. Wegen der Einigung mit Sternheim wurde Magis mehrmals von der Gestapo verhört und musste sich auch rechtfertigen, warum er nicht Mitglied der NSDAP war.

Während des Bombenangriffs auf Hannover in der Nacht vom 8./9. Oktober 1943 wurde das nun „Magis" genannte Modehaus erheblich beschädigt, so dass das Geschäft in ein Gebäude in der Nähe der Marktkirche verlegt werden musste, das im November ebenfalls von einer Mine getroffen wurde. Nach der Entlassung aus der Gefangenschaft widmete sich Magis, der an der Gründung der CDU in Hannover mitwirkte, dem raschen Wiederaufbau seines Geschäftes, das anfangs in dem schon teilweise wiederhergestellten Kaufhaus Otto Werner in der Osterstraße 95/97 zusammen mit anderen Unternehmen untergebracht war. Da der Vertrag bei Otto Werner lediglich bis 1951 verlängert werden konnte, ließ Magis durch die Architekten Ludwig Thiele und Paul und Rudolf Brandes am Kröpke einen Neubau errichten. Dieser orientierte sich an den Warenhausentwürfen des Architekten Erich Mendelsohn aus der Mitte der 1920er Jahre und in besonderer Weise an dem Warenhaus Jelmodi in Zürich. Das Kaufhaus, das am 31. Oktober 1951 eröffnet wurde, galt als „Flaggschiff der hannoverschen Nachkriegsarchitektur" (Waldemar R. Röhrbein) und kann „einen Platz in der Kunstgeschichte beanspruchen" (Rebekka Magis). Magis führte im Vollsortiment Bekleidung für die ganze Familie, aber auch Heimtextilien und Wollwaren. In den 1970er Jahren geriet das mittelständische Familienunternehmen trotz Umbau und Vergrößerung der Verkaufsfläche vor dem Hintergrund des Warenhaus- und Verbrauchermarktbooms in eine Krise. Nach dem Tod Norbert Magis' am 8. August 1970 in Tübingen übernahm sein Sohn Gerhard (geb. 5. Januar 1945) den Betrieb. 1988 gründete er eine neue Firma, die nur noch die Hälfte der Verkaufsfläche benutzte und sich schließlich unter dem Namen „Scala" auf Braut- und Abendmoden spezialisierte. Dieses Geschäft schloss im April 1997.

Hans-Georg Aschoff

Hortensio Mauro

Hortensio Bartolomeo Mauro wurde 1634 (Taufe am 24. August) in Verona geboren und lebte nach dem Studium in Padua, wo die Grundlage seiner breiten humanistischen Bildung gelegt wurde, an den Höfen in Paderborn und ab 1663 in Celle. 1674 ging er als Hofsekretär, Hofdichter und Zeremonienmeister nach Hannover und erhielt vom Apostolischen Vikar Valerio Maccioni die Tonsur und damit den Titel Abate, möglicherweise in der Hoffnung auf eine Pfründe. In Hannover trat er in Kontakt zu Niels Stensen, der ihn Zeit seines Lebens schätzte.

Titelblatt des Librettos von Hortensio Mauro für Agostino Steffanis Oper „Enrico Leone"

Nach dem Ableben Herzog Johann Friedrichs 1679 hielt sich Mauro wieder in Paderborn auf, wo er vor allem die römische Korrespondenz Fürstbischof Ferdinand von Fürstenbergs (1626–1683) erledigte, der sich bemühte, ihm ein Kanonikat am Münsteraner Stift St. Paul zu verschaffen, wo er allerdings nicht emanzipiert wurde. 1683 wechselte Mauro nach Fürstenbergs Tod erneut an den hannoverschen Hof, in dessen Auftrag er etliche Libretti schrieb, u. a. zu den Opern seines Landsmannes Agostino Steffani, an dessen Berufung nach Hannover er vermutlich Anteil hatte. Als herausragendes Werk gilt das Libretto zu Steffanis Oper „Enrico Leone", mit der am 30. Januar 1689 das Opernhaus im Leineschloss eröffnet wurde.

Mauros Dichtungen waren über Hannover hinaus weit verbreitet. Seine angenehmen Umgangsformen und seine Lebensart verschafften ihm die Sympathien der fürstlichen Familie und der hannoverschen Hofgesellschaft. Unter Kurfürst Georg Ludwig, der 1698 seinem Vater Ernst August nachfolgte, leitete Mauro das „Italienische Sekretariat", das den Schriftverkehr mit den italienischen Fürstenhäusern führte. Mauro gehörte mit Leibniz, dem Oberhofbaudirektor Giacomo Querini und Agostino Steffani zum „engeren Kreis" um die hochgebildete Kurfürstin Sophie und prägte als „Schöngeist" das intellektuelle Klima der „Goldenen Tage von Herrenhausen" mit. Zeitweise hielt er sich am Hof der Tochter Sophies und preußischen Königin Sophie Charlotte in Lietzenburg (Charlottenburg) auf. Aufgrund seiner guten Beziehungen zum Hof konnte Mauro für die Katholiken in Hannover und in Celle eine Reihe von „Gunstbezeugungen des Landesherrn" (Franz Wilhelm Woker) erwirken; so gelang es ihm, u. a. in Zusammenarbeit mit Steffani die Ausweisung der Jesuiten aus Celle immer wieder hinauszuzögern. Auch als 1724/25 die Ausweisung der Missionare in Hannover drohte, setzte sich Mauro bei der Regierung für ihr Verbleiben ein. Anscheinend führte eine schwere Krankheit 1716 zu einer Intensivierung seiner Religiosität. Als die Krankheit seit 1722 heftiger wurde, widmeten sich Gräfin Sophie Karoline von Platen und Maria Johanna Henriette von Bennigsen seiner Pflege. Mauro starb am 14. September 1725 in Hannover und wurde in der St. Clemens-Kirche beigesetzt.

Hans-Georg Aschoff

Seiner Zeit weit voraus: Pfarrer Wilhelm Maxen

Wilhelm Maxen, am 30. Juli 1867 in Hildesheim geboren, studierte nach seinem Abitur am Gymnasium Josephinum von 1888 bis 1895 in Rom Theologie, promo-

Wilhelm Maxen (1867–1946), Kaplan, Caritassekretär und Pfarrer in Hannover 1895–1938

vierte dort auch zum Doktor der Theologie und Philosophie und trat am 16. Dezember 1895 eine Stelle als Kaplan an der erst wenige Jahre zuvor errichteten St. Marien-Gemeinde in Hannover an. 1903 übernahm Maxen die Leitung des neu gegründeten Caritasverbands Hannover, um dann 1906 die Leitung der Pfarrei St. Godehard in Hannover-Linden zu übernehmen. Am 18. März 1917 wurde er Pfarrer in Hannover St. Marien, was er bis zu seinem gesundheitsbedingten Verzicht auf diese Pfarrstelle 1938 blieb. Seit 1936 auch Ehrendomherr am Hildesheimer Mariendom, lebte Wilhelm Maxen bis 1943 im hannoverschen St. Vinzenzstift und schließlich bis zu seinem Tod am 21. November 1946 in Dingelbe bei Hildesheim.

Als Kaplan in St. Marien hat sich Wilhelm Maxen in erheblicher Weise im „Volksverein für das katholische Deutschland" engagiert: durch zahlreiche Vorträge resp. die Organisation von Vortragsveranstaltungen mit bedeutenden Politikern der Zentrumspartei, wie ihm das katholische Vereinswesen sowieso besonders am Herzen lag. Ein „Katholik-Sein-im-Alltag" war seines Erachtens nach ohne die Arbeit der Vereine nicht möglich. Erhebliche – und nachhaltige – „Außenwirkung" erzielte Wilhelm Maxen durch sein Engagement bei der „Hannoverschen Volkszeitung", einem „Ableger" der katholischen „Hildesheim'schen (Kornacker'schen) Zeitung": Verlässliche und verständliche Informationen über das Geschehen in der Welt und in der Kirche hielt er für unabdingbar, gerade im Konstrukt einer Großstadt wie Hannover; einige Jahre agierte er nebenamtlich als Hauptschriftleiter dieser Zeitung.

Im Blick auf die besonderen sozialen und caritativen Herausforderungen der um die Jahrhundertwende boomenden Provinzhauptstadt Hannover baute Wilhelm Maxen ab 1903 den hannoverschen Caritasverband auf, wobei ihm die kontinuierliche Einbindung von Ehrenamtlichen besonders am Herzen lag – wie er die caritative Arbeit auch stets als seelsorgliche Arbeit verstand. 1906 wechselte Wilhelm Maxen als Pfarrer nach Linden St. Godehard, wo die pastorale Begleitung polnischer und italienischer Arbeiter, die in der Landwirtschaft oder beim Bau des Mittellandkanals tätig waren, zu seinen besonderen Aufgaben gehörte. Der Caritas-Arbeit blieb er natürlich treu, „im Kleinen" u. a. durch ein weiterhin sehr umfangreiches Engagement in sozialcaritativen Vereinen und „im Großen" durch Referate auf Deutschen Katholiken- und Caritastagen – wie sich Wilhelm Maxen auch zeitlebens politisch engagierte, verstand er Kirche doch stets als Teil der Gesellschaft insgesamt.

Seelsorge war für Wilhelm Maxen zuvorderst ein Für-die-Menschen-Dasein, was der mit ihm befreundete Berliner „Großstadtapostel" Carl Sonnenschein einmal so zusammengefasst hat: „Das Pfarrhaus in der Marschnerstraße: ein Haus ohne Riegel. Wer nicht gerade bloß Brot heischt, kommt zu Pastor Maxen selber. Kann sein Herz bei ihm ausschütten. Er hat Zeit für Dich! Schon das ist wichtig, dass Menschen sich aussprechen können. Um dieses Pfarrhaus liegt kein Gürtel der Einsamkeit. Freilich muss man die Menschen holen, der Not muss man nachsteigen. So ist dieses Haus zur Gemeinde geöffnet."

Pfarrer Wilhelm Maxen hat im Anschluss an den Deutschen Katholikentag in Hannover 1924 in seiner Gemeinde eine Haus- und Kapellenmission durchgeführt, die erste Mission dieser Art in Deutschland überhaupt. Anders als bei den traditionellen Volksmissionen, bei denen die Gläubigen zur Teilnahme an verschiedenen Angeboten in der Pfarrkirche eingeladen wurden, gab es im Herbst 1924 in der Pfarrei St. Marien ein vielfältiges Angebot in verschiedenen „Stützpunkten" (Gasthäusern, Schulen usw.) im gesamten Gemeindebezirk: Die Kirche machte sich auf den Weg zu den Menschen – weil Kirchenentfremdung nach Ansicht von Pfarrer Maxen weniger eine wirkliche Glaubensentscheidung war, sondern eher in der individuellen Bequemlichkeit und Gleichgültigkeit des Einzelnen gründete; die Haus- und Kapellenmission hatte in besonderer Weise die Kirchenfernen im Blick.

Im Wissen um die Notwendigkeit einer kontinuierlichen Kommunikation zwischen Pfarrer resp. Pfarrei und den im Pfarrbezirk wohnenden Katholiken begründete Pfarrer Maxen 1924 ein Gemeindeblatt: Die „Grüße aus der Mariengemeinde", die bis in die Zeit des Nationalsozialismus erschienen, informierten in anschaulicher Weise über das Geschehen in der Weltkirche, im Bistum und in der Pfarrei, wie sie stets auch einen kleinen Unterhaltungsteil enthielten. Sein eigenes Kirchenverständnis hat Wilhelm Maxen 1924 so zusammengefasst: „Nicht Lehren, nicht Flugblätter, nicht Versammlungen, nicht Festzüge beweisen die Lebenskraft des Christentums. Nur Leben erzeugt Leben! Weder aus der Krippe noch vom Kreuz starrt uns ein Buch oder ein Paragraph, eine Resolution entgegen! Nein, ausgebreitete Arme. Leuchtende Augen, glühender Atem, wogende Pulse rufen uns allen zu: ‚Kommt! Seht! Prüft! Kostet! Nehmt und esst! Bleibt bei mir! Bringt die Kinder! Holt die Armen! Holt die Hirten! Holt die Herde!'"

Pfarrer Wilhelm Maxen hat sich zeit seines Lebens um eine aktive, sich nicht mit sich selbst zufriedengebende Kirche bemüht – um eine Kirche mit einem wachen Auge und offenem Herzen für die Belange der Menschen.

Thomas Scharf-Wrede

Maria Meyer-Sevenich

Maria Meyer-Sevenich war eine der schillerndsten und umstrittensten Persönlichkeiten des politischen Lebens in Niedersachsen, die im Laufe ihres Lebens mehrmals ihre politische Gesinnung und die Partei wechselte. Sie wurde am 27. April 1907 als Tochter eines Schmiedemeisters in einem katholisch und sozialdemokratisch geprägten Elternhaus in Köln geboren. Nach dem Besuch der Volksschule und der Handelsschule sowie einer Beschäftigung als Büroangestellte holte sie das Abitur am Abendgymnasium nach und begann 1929 mit dem Studium der Philosophie und Rechtswissenschaft in Frankfurt/M., das sie nach der Machtergreifung der Nationalsozialisten nicht abschließen konnte. Im Januar 1933 trat Meyer-Sevenich der KPD bei, nachdem sie zuvor ihre Mitgliedschaft in der SPD aufgegeben hatte. Die Denunziation durch einen KPD-Genossen führte zu zwei Verhaftungen; es gelang ihr jedoch in die Schweiz und 1937 nach Frankreich zu emigrieren. Hier schwor sie dem Kommunismus ab und wandte sich erneut der Katholischen Kirche zu. 1942 wurde sie von der Gestapo verhaftet, wegen Hochverrats angeklagt und zu einer zweijährigen Haftstrafe verurteilt; diese verbüßte sie in der Justizvollzugsanstalt Schwalmstadt und eine weitere Gestapohaft im Zuchthaus in Darmstadt, aus dem sie 1945 beim Einmarsch amerikanischer Truppen befreit wurde.

Nach Kriegsende war die praktizierende Katholikin Meyer-Sevenich, die einen „Sozialismus aus christlicher Verantwortung" vertrat, maßgeblich an der Gründung der CDU in Hessen beteiligt, die sie 1946 in die Verfassungsberatende Landesversammlung Groß-Hessen entsandte. Ihr rhetorisches Talent machte sie bald über die amerikanische Besatzungszone hinaus bekannt. Die Bemühungen des hessischen CDU-Vorsitzenden Werner Hilpert um eine Große Koalition stießen auf Meyer-Sevenichs entschiedene Ablehnung, weil sich die SPD ihrer Meinung nach noch nicht eindeutig vom Kommunismus distanziert hatte. Mit Unterstützung Konrad Adenauers siedelte sie im August 1946 nach Niedersachsen über, wo sie im April 1947 über die Landesliste in den Landtag gewählt wurde. Größeres Aufsehen hatte Meyer-Sevenich im November 1946 erregt, als sie mit einem 30-tägigen Hungerstreik die Besatzungsmacht auf die katastrophale Versorgungslage hinweisen wollte.

1947 heiratete Meyer-Sevenich den in der Jungen Union tätigen Werner Meyer. Beide verließen im folgenden Jahr die CDU aus Protest gegen die von Ludwig Erhard repräsentierte Politik der freien Marktwirtschaft. Meyer-Sevenich schloss sich 1949 im Landtag der SPD-Fraktion an. Im Landtag vertrat sie den sicheren SPD-Wahlkreis Sarstedt. Ihre Schwerpunktthemen legte sie auf die Flüchtlings- und Vertriebenenpolitik. Allerdings waren ihre Einflussmöglichkeiten in der Partei begrenzt, was möglicherweise aus ihrer entschieden katholischen Grundhaltung herrührte. Gegen Proteste in der SPD-Landtagsfraktion wurde sie im Oktober 1965 zur Ministerin für Bundesangelegenheiten, Vertriebene und Flüchtlinge in der Großen Koalition ernannt. In diesem Amt, das sie bis zur Regierungsumbildung im Juli 1967 innehatte, kämpfte sie für die materielle Gleichbehandlung von Vertriebenen und Aussiedlern. Kurz vor ihrem Tod wechselte Meyer-Sevenich erneut die Partei; aus Protest gegen die Ostpolitik der sozialliberalen Koalition, die sie als Ausverkauf deutscher Interessen bezeichnete, trat sie am 17. Februar 1970 wieder der CDU bei. Sie starb am 3. März 1970 in Hannover an den Folgen einer Diabetes-Erkrankung.

Hans-Georg Aschoff

St. Monika in Hannover-Ricklingen. Von der Kaffeewirtschaft zum Seniorenheim und zur Kindertagesstätte

Die Entstehung der Kirchengemeinde St. Augustinus im hannoverschen Stadtteil Ricklingen ist eng mit den Anfängen einer kirchlichen Präsenz am Standort des heutigen Seniorenheims St. Monika und der dort ansässigen Kindertagesstätte verbunden.

Hannover-Ricklingen, St. Monika-Erholungsheim, um 1935

Im Jahr 1910 wurde in Ricklingen im Gesellschaftshaus „Wrampenhof" wurde zum ersten Mal nach der Reformation wieder ein katholischer Gottesdienst gefeiert. In den folgenden Jahren wuchs die Zahl der Kirchgänger, die von Geistlichen der St. Godehardgemeinde in Linden betreut wurden, ständig an. Der schon am 27. Juni 1913 gegründete „Katholische Männerverein" war eine tragende Größe für die Entwicklung eines frühen Gemeindelebens. Weil das Geld für eine neue Kirche fehlte, entschloss sich der 1925 gebildete Kirchbauverein zum Kauf der Kaffee- und Gartenwirtschaft „Ricklinger Turm" mit dem dazugehörenden großen Kino- und Festsaal. Bischof Nikolaus Bares errichtete am 26. August 1930 in Ricklingen eine eigene Seelsorgestelle und weihte die Kirche am 31. August 1930. Sie erhielt den Namen St. Augustinus.

Die anderen zum „Ricklinger Turm" gehörenden Gebäudeteile und die daneben stehende Villa der „Herrschaftlichen Diener-, Reit- und Fahrschule" wurden gleichzeitig von der „Kongregation der Barmherzigen Schwestern von heiligen Vinzenz von Paul" erworben. Es entstand zunächst das „Erholungsheim St. Monika" für – wie es in der „Hannoverschen Volkszeitung vom 30. August 1930 hieß – „die da allein stehen, für Frauen und Mütter und Kinder, die eine auswärtige Erholung nicht ermöglichen können". Darüber hinaus wurden die weitläufigen Außenanlagen von Kindern, Jugendlichen und Erwachsenen aus der Gemeinde und den hannoverschen Gemeinden besonders an den Wochenenden zu Spiel und Sport und zur Erholung genutzt. Im Laufe der Jahre entstand dann

Hannover-Ricklingen, St. Augustinus-Kirche und St. Monika-Erholungsheim, um 1935

dort das Altenheim und der Kindergarten, das St. Monikastift, das von den Nonnen betreut wurde.

Nach dem Krieg wuchs die Zahl der Gemeindemitglieder durch den Zuzug von Heimatvertriebenen sehr stark an, weswegen an der Göttinger Chaussee 1955 eine größere St. Augustinus-Kirche. Errichtet wurde Die alte Kirche mit dem noch heute dort sichtbaren charakteristischen Turm erhielt den Namen St. Monika.

Das Seniorenheim und die Kindertagesstätte St. Monika erhielten 2010 einen umfassenden Neubau. Im März 2017 verließen die letzten Ordensschwestern Ricklingen und beide Einrichtungen wurden in den Vinzenzverbund überführt.

In der Nähe des Monikaheims befanden sich weitläufige Grünanlagen, die z. T. von Sportvereinen zum Training benutzt wurden. Am Mühlenholzweg 42 betrieb die katholische Kirchengemeinde St. Godehard (Hannover-Linden) die Godehardiwiese, die zu Sport und Spiel genutzt wurde. Die im Jahr 1949 gegründete Kolpingfamilie Hannover-Ricklingen pachtete 1953 dieses Gelände mit dem dort befindlichen Sporthaus „Waldfrieden", um ein Kolpingheim zu betreiben. Ein eigenes Pfarrheim bestand in Ricklingen noch nicht. Die Größe und die Lebendigkeit der Kolpingfamilie erforderten aber einen Treffpunkt für Bildungsveranstaltungen, geselliges Beisammensein und sportliche Aktivitäten. Die Kolpingfamilie hatte eine eigene Hand- und Faustballabteilung gegründet, die später in den kirchlichen Sportverein DJK Saxonia überführt wurde.

Nachdem um die neue St. Augustinus-Kirche an der Göttinger Chaussee ein Pfarrheim entstanden war, wurde das Kolpingheim im August 1966 aufgegeben. Die im Heim befindlichen Umkleideräume und der Sportplatz waren schon 1954 an die „Turn- und Spielvereinigung ‚Saxonia' 1912 zu Hannover-Linden" verpachtet worden.

Horst Vorderwülbecke

Prälat Dr. Carl Morotini

Hannover am Weltmissions-Sonntag 1963. Thema eines Tischgesprächs von Prälat Dr. Morotini mit seinem Kaplan: „Priesterlicher Lebensstil heute". Da fällt der Satz: „Wir müssten in die Mission gehen – dort werden wir gebraucht. In Nigeria/Westafrika könnten wir für den einheimischen Priesternachwuchs etwas tun." Bischof Heinrich Maria Janssen akzeptiert schließlich dieses Vorhaben.

Seit 1. Mai 1965 steht Morotini als Lehrer vor nigerianischen Gymnasiasten und versucht von nun an, ihnen religiöses Wissen und Englisch beizubringen. Die

Prälat Carl Morotini (1909–1968, links), Gründer des Niels-Stensen-Kollegs in Hannover

Schule dient vornehmlich zur Vorbereitung auf ein mögliches Theologie-Studium. Abends fährt Morotini in die benachbarten Dörfer, feiert die heilige Messe, unterweist einheimische Kinder, kümmert sich um Kranke. Der Neubau von Kirchen beginnt. Hierbei kommen Morotini die Erfahrungen seiner reichen Bautätigkeit in Hannover zugute. Nach zwei Jahren stehen neun neue Kirchen.

Beim Ausbruch des Biafra-Bürgerkrieges fährt er in abgelegene Buschdörfer und bringt Halbtote zum Krankenhaus. „Er schien mit unbegrenzter Energie begnadet," schrieb der Missionsbischof von Jos an Bischof Heinrich Maria, als er ihm die Nachricht vom Tode des Prälaten mitteilte (10. März 1968). Diese zielgerichtete Kraft kennen alle, die Morotini, geboren am 3. Mai 1909 in Göttingen, begegnet sind: Mitschüler am Josephinum in Hildesheim, Mitstudenten in Frankfurt, Göttingen, Münster. Die Priesterweihe am 24. Februar 1935 verhilft seiner Begabung und seinem Tatendrang zur Entfaltung. Kaplan an St. Paulus in Göttingen, Promotion zum Dr. phil., Kaplan an St. Elisabeth in Hannover, Seelsorger der St. Konrad-Gemeinde, 1953 Päpstlicher Hausprälat, Oberstudienrat.

Als einer der ersten Priester in Deutschland erkennt er, dass man auch jungen Berufstätigen den Weg zum Priestertum ebnen sollte. So gründet er in Hannover das Niels-Stensen-Kolleg für Spätberufene (1950). Später nimmt er sogar geistig behinderte Kinder in sein Haus auf.

Wer zusätzlich zum Wirken am Kaiser-Wilhelm-Gymnasium und am Ratsgymnasium in Hannover noch Fachberater für Katholische Religion in Niedersachsen ist und im Stadtteil Bothfeld eine Kirche und das Klarissenkloster mit erbaut, könnte auf seine Leistung stolz sein. Prälat Morotini war das nie. Die Fülle der Aufgaben ließ ihm keine Zeit für unwesentliche Dinge. Gesellschaftliche Verpflichtungen wies er ebenso zurück wie manche Ehrungen. Kompromisse und Diplomatie waren nicht seine Sache. Ein Mann der Gegensätze: zermürbende Härte – grenzenlose Hilfsbereitschaft. Beides aus demselben Herzen.

Hans-Georg Koitz

Nienburg, St. Bernward

Nach Einführung der Reformation in Nienburg 1525 blieb katholisches Leben bis zu Beginn des 19. Jahrhunderts weitgehend erloschen. Nach der Eingliederung der Stadt und ihrer Umgebung in das Bistum Hildesheim aufgrund der Zirkumskriptionsbulle „Impensa Romanorum Pontificum" vom 26. März 1824 und der Verlegung des 9. Hannoverschen Infanterieregimentes von Stade nach Nienburg

Nienburg. St. Bernward

hielten hier ab 1825 die Hildesheimer Schulinspektoren und Missionare Friedrich Ferdinand Kather und Thomas Wiederholt für die katholischen Soldaten mehrmals im Jahr Gottesdienst. 1849 wurde ein eigener Garnisonsgeistlicher mit der Seelsorge des katholischen Militärs in Nienburg und Verden betraut, der abwechselnd in einem der beiden Orte den sonntäglichen Gottesdienst feierte, bis beide Städte 1856 einen eigenen Seelsorger erhielten. Der Garnisonsgeistliche in Nienburg betreute auch die wenigen katholischen Zivilpersonen, deren Anzahl 1857 bei knapp 140 lag, während die Zahl der katholischen Soldaten 78 betrug. Als Gottesdienstraum diente zuerst der Rathaussaal, dann der alte Gefängnisturm am Weserwall, der dem Militärfiskus gehörte, und ab 1853 ein Saal im Haus eines evangelischen Gutsbesitzers, bis 1862 die einschiffige, neuromanische Kirche am Stahnwall fertiggestellt war, die als erste im Bistum Hildesheim das Patrozinium St. Bernward erhielt. Sie erfuhr in den folgenden Jahrzehnten eine Reihe von Erweiterungen und stand der Nienburger Gemeinde bis 1957 zur Verfügung.

Nienburg. St. Bernward

Bereits im November 1855 war die „Concessionierte katholische Privatschule" eröffnet worden, in der die Geistlichen bis zu ihrer Kommunalisierung 1873 den gesamten Unterricht erteilten. Die Ansiedlung industrieller Unternehmen führte in Nienburg zu einer Zunahme der Katholikenzahl, die sich um die Jahrhundertwende auf ca. 400 belief. Wegen geringer finanzieller Leistungsfähigkeit äußerte der hannoverische Regierungspräsident Bedenken gegen die Erhebung des Missionsbezirkes zur Pfarrei. Diese erfolgte 1892 nach der Gewährung einer bischöflichen Finanzbürgschaft. Die Pfarrei umfasste praktisch das ganze Gebiet von Wunstorf bis südlich von Verden. Zeitweilig betreute der Nienburger Geistliche auch die Gottesdienstgemeinde in Neustadt a. Rbge.

Während der nationalsozialistischen Zeit fielen dem Pfarrer neben der Betreuung seiner eigentlichen Gemeinde auch die Aufgaben als Standortgeistlicher des Pionierbataillons sowie als Seelsorger der zahlreichen Arbeitsverpflichteten in den Munitionsanstalten und Treibstofflager und der Inhaftierten des Nienburger Kriegsgefangenenlagers zu. Nach dem Ende des Zweiten Weltkrieges stieg die Zahl der Katholiken durch die Aufnahme von Vertriebenen und Flüchtlingen auf 2.000, die sich auf 70 Ortschaften in einem Gebiet von 900 km² verteilten. Es entstanden eigene Seelsorgebezirke im nördlichen Teil der Pfarrei zwischen

Drakenburg und Eystrup und im Süden um Rehburg. Ein Jesuitenpater mit Amtssitz in Stolzenau, das zur Diözese Osnabrück gehörte, nahm die Seelsorge in Leese und Landesbergen wahr. Von Nienburg aus wurden katholische Gottesdienste in den evangelischen Kirchen in Holtorf, Erichshagen, Stöckse, Husum, Estorf und Steimbke gefeiert. Bis in die 1990er Jahre bestanden Gottesdienststationen in Steimbke, Langendamm, Landesbergen und Drakenburg. Aufgrund des Niedersachsenkonkordates von 1965 wurden die sich links der Weser befindenden Teile der Nienburger Pfarrei dem Bistum Osnabrück zugewiesen; das gesamte Stadtgebiet von Nienburg, auch der Teil links der Weser, blieb dagegen beim Bistum Hildesheim.

Das Wachstum der Gemeinde machte den Bau einer neuen Kirche unabdingbar. Diese entstand nach den Plänen des Diözesanbaumeisters Joseph Fehlig an der Stettiner Straße und wurde am 30. Juni 1958 vom Hildesheimer Bischof Heinrich Maria Janssen geweiht. Sie erhielt erst 1980 einen Glockenturm, weil man die für diesen Zweck gesammelten finanziellen Mittel für die Errichtung einer Anlage mit 30 Altenwohnungen verwandte, die 1970 bezogen werden konnten. Zu diesem Zeitpunkt gehörten zur Pfarrei ca. 4.600 Katholiken, von denen im Unterschied zur Nachkriegszeit fast 80 Prozent in Nienburg und nur 20 Prozent in den ländlichen Gemeinden wohnten. Im Zuge der Neustrukturierung der Pfarreien im Bistum Hildesheim wurde der Kirchort Rodewald, der zur Kirchengemeinde Mandelsloh gehörte, nach der Jahrtausendwende der Pfarrgemeinde in Nienburg zugeordnet; die Kirche Hl. Familie in Rodewald wurde 2015 verkauft. Außerhalb der Pfarrkirche werden 2018 regelmäßige monatliche Gottesdienste im DRK-Heim Nienburg, in den Altenzentren Hildegard von Bingen in Steimbke und Hl. Familie in Rodewald sowie in der evangelischen Kirche St. Johannis in Rodewald gehalten.

Hans-Georg Aschoff

Benedikt Andreas Kaspar Baron Nomis

Benedikt Andreas Kaspar Baron Nomis, Marchese della Banditella-Pelusi war eines der „vornehmsten" und aktivsten Mitglieder der katholischen Gemeinde in ihrer Gründungsphase. Er stammte aus Orbitello bei Florenz und war ein Neffe von Pompeo und Giovanni Battista Scarlatti, den bayerischen Residenten in Rom, sowie weitläufig mit der Familie Albani und damit mit Papst Clemens XI. verwandt. Auf Fürsprache Agostino Steffanis wurde er 1695 als Hofjunker in

Hannover angestellt und stieg später zum Kammerherrn auf. Steffani, der Nomis eng verbunden war, setzte sich auch später für seine Karriere am Hof ein. Als nach dem Thronwechsel von 1698 eine Reduzierung des Hofpersonals durchgeführt wurde, konnte Nomis gegen den Rat der Minister seine Position behalten. Auf Steffanis Empfehlung hin wurde Nomis in diplomatischen Missionen an katholische Reichsstände gesandt und konnte „das Ohr und Wohlwollen des Fürsten und die Freundschaft der Minister" (Franz Wilhelm Woker) gewinnen; so sollte er 1707 als Verbindungsoffizier zwischen der von Kurfürst Georg Ludwig geführten Rheinarmee und der kaiserlichen Armee in Italien fungieren. Steffanis Bemühungen, Nomis 1713 eine ertragreiche Stelle an einem katholischen Hof zu verschaffen, blieben erfolglos.

Während Steffanis Abwesenheit verhandelte Nomis in dessen Auftrag mit der hannoverschen Regierung, bei der er sich zugunsten der katholischen Gemeinde in Hannover einsetzte. Besonders intensiv bemühte er sich zusammen mit dem Apostolischen Vikar um eine Abmilderung des kurfürstlichen Ediktes von 1713, das die Freiheit der Katholiken einschränkte. Im Auftrag des Mainzer Kurfürsten Lothar Franz von Schönborn, den der Kaiser zum Protektor des Baus der St. Clemens-Kirche in Hannover ernannt hatte, führte Nomis seit 1710 die Baurechnungen. Als nach Vollendung des Baus sich eine Differenz zwischen den Einnahmen und den Ausgaben zeigte, wurde diese durch einen Vorschuss Nomis' gedeckt, der seiner Witwe erst 1745 nach einer gerichtlichen Entscheidung vom Kirchenvorstand zurückgezahlt wurde.

Nomis hatte 1712 die nicht unvermögende Protestantin Sophie Eleonore Dorothea von Bothmer-Lauenbrück (1692–1762) nach katholischem Ritus geheiratet. Die Braut war eine Tochter des hannoverschen Generalleutnants und späteren Gesandten am dänischen Hof Friedrich Johann von Bothmer (1658–1729) und eine Nichte des führenden hannoverschen Ministers Hans Kaspar von Bothmer. Aus der Ehe gingen zwei Söhne und zwei Töchter hervor, die entsprechend vorheriger Vereinbarung katholisch getauft wurden. 1721 bestanden sowohl Nomis' Schwiegervater als auch seine Ehefrau entsprechend den Bestimmungen des Ediktes von 1713 auf der protestantischen Erziehung der Töchter und sandten deshalb die älteste Tochter nach Dänemark. Nachdem Gesuche an König Georg I. abschlägig beschieden worden und Gerichtsurteile zu seinen Ungunsten ergangen waren, bat Nomis, der die katholische Erziehung eingefordert hatte, 1723 um Entlassung aus dem Dienst und verließ nach der Gewährung einer Pension Hannover. Er reiste nach Italien, wo er Steffani traf, und fand im folgenden Jahr eine Stellung am Hof des Kölner Kurfürsten. Nomis muss kurz darauf gestorben sein, während seine Frau in Hannover blieb.

Hans-Georg Aschoff

Das Ökumenische Kirchencentrum Hannover-Mühlenberg

Die meisten Ökumenischen Zentren in Deutschland entstanden in den 1970/80er Jahren und nahmen Entwicklungen in Folge des II. Vatikanums und aus dem Städtebau auf.

Ursprung des Ökumenischen Zentrums auf dem Mühlenberg war eine Baracke in der Beckstr. 32, die von der evangelisch-lutherischen und der römisch-katholischen Gemeinde gemeinsam genutzt wurde. Sie war zu gleichen Teilen von der Evangelisch-lutherischen Landeskirche Hannovers und dem Bistum Hildesheim finanziert. Die Einweihung erfolgte am 4. Advent 1971 durch Landessuperintendent Schnübbe und Weihbischof Pachowiak. Im größten der neun Räume, direkt neben der Eucharistiekapelle, wurden konfessionelle und ökumenische Gottesdienste gefeiert. Neben einem ökumenischen Gesprächskreis lag der Schwerpunkt der gemeinsamen Arbeit auf der Jugend- und Sozialarbeit.

Nach den positiven Erfahrungen im Provisorium verfolgten die Gemeinden das Ziel, ein gemeinsames Kirchenzentrum am Mühlenberger Markt zu errichten. 1976 kam die Genehmigung durch die Kirchenleitungen. Am 2. Mai 1982 wurde

Hannover-Mühlenberg, Ökumenisches Kirchencentrum

das Ökumenische Kirchencentrum der evangelisch-lutherischen Bonhoeffer-Gemeinde und der römisch-katholischen St. Maximilian Kolbe-Gemeinde übergeben. Beide wurden nach in Konzentrationslagern ermordeten Christen benannt, da der Stadtteil auf dem Gelände eines Arbeitslagers und KZ-Außenlagers entstanden war. Das Kirchenzentrum vereint unter einem Dach zwei Kirchen, ein gemeinsames Foyer, Büros, Gruppenräume und Wohnungen. Auf Wunsch der Kirchenleitungen wurde es so angelegt, dass es „notfalls durch eine Mauer getrennt werden könnte" – von den Gemeinden wurde das damals belächelt.

Mehrere Faktoren wurden in den folgenden Jahrzehnten zur Herausforderung. Zu nennen sind die soziologischen Veränderungen der Gemeinden durch den Zuzug der Aussiedler aus Polen und Russland; ihnen liegt der ökumenische Gedanke wegen ihrer mitgebrachten nationalen Identitäten meist fern. Die vom ökumenischen Aufbruch bewegte Gründergeneration hat die Verantwortung weitergegeben. Heute sehen sich die Verantwortlichen mit Themen konfrontiert, die aus strukturellen Veränderungen – bedingt durch Mitgliederrückgang und Priestermangel – erwachsen und das ökumenische Miteinander vor neue Fragen stellen. Schließlich gilt, dass ökumenische Arbeit – ob unter einem Dach oder nicht – immer von den Einstellungen der Leitungspersonen vor Ort und dem fördernden Willen der Kirchenleitungen abhängig ist.

Anja Peycke

Heinrich Pachowiak

Heinrich Pachowiak wurde am 25. März 1916 in Hamburg-Harburg geboren. Nach dem Abitur am Hamburger Wilhelm-Gymnasium (1935) studierte er Philosophie und Theologie in Frankfurt/St. Georgen und Hildesheim, wo er am 15. Mai 1940 durch Bischof Joseph Godehard Machens die Priesterweihe empfing. Unmittelbar nach seiner Primiz wurde er als Sanitätssoldat eingezogen und geriet 1944 in Frankreich in Kriegsgefangenschaft. Nach einer kurzen Tätigkeit als Kaplan in Celle (1945) bestellte ihn Machens in rascher Folge zum Bischöflichen Kaplan und Sekretär (1946–1952), zum Domvikar (1947), Subregens am Priesterseminar (1952) und zum Diözesanjugendseelsorger (1953–1958). In diesem Amt bewies Pachowiak, der im Umgang mit Menschen bescheiden und zurückhaltend auftrat, sein Organisationstalent und Einfühlungsvermögen und wurde für zahlreiche Jugendliche u. a. durch Begegnungen in der diözesanen Jugendbildungsstätte Burg Wohldenberg ein prägendes Leitbild. Pachowiak war das jüngste

Heinrich Pachowiak (1916–2000), 1958–1992
Weihbischof in Hildesheim und 1967–1986
Bischofsvikar in Hannover

Mitglied unter den deutschen Bischöfen, als ihn Papst Pius XII. am 27. Mai 1958 zum Titularbischof von Phytea und Weihbischof in Hildesheim ernannte; am 15. Juli 1958 erteilte ihm Bischof Heinrich Maria Janssen unter Mitwirkung des Osnabrücker Bischofs Helmut Hermann Wittler und des Fuldaer Weihbischofs Adolf Bolte die bischöfliche Konsekration und übertrug ihm 1960 die Leitung des Seelsorgeamtes. Ein entscheidendes Erlebnis war für Pachowiak die Teilnahme am Zweiten Vatikanischen Konzil (1962–1965), dessen Beschlüsse umzusetzen für ihn ein Hauptanliegen war.

Das Konzil hatte die Stellung der Weihbischöfe gestärkt und es den Diözesanbischöfen ermöglicht, ihnen als Bischofsvikare sachliche und räumliche Kompetenzen zuzuweisen. Am 1. Oktober 1967 ernannte Janssen Pachowiak zum Bischofsvikar für die drei hannoverschen Dekanate, womit die Bedeutung der Region mit gut 50 Kirchengemeinden und über 170.000 Katholiken unterstrichen wurde. In seinem Amt, das die Befugnisse eines Weihbischofs mit denen eines Generalvikars verband, setzte Pachowiak bis 1986 vor allem in der Organisation der überpfarrlichen Seelsorge, der ökumenischen Arbeit und durch die Einbeziehung der Gläubigen in kirchliche Entscheidungsprozesse wegweisende Akzente. Von 1965 bis 1987 war Pachowiak Beauftragter der Deutschen Bischofskonferenz für die Bundesgrenzschutzseelsorge. Wesentlichen Anteil hatte er an den Hildesheimer Diözesansynoden von 1968/69 und 1989/90.

Auch nach seiner Emeritierung als Weihbischof 1992 war Pachowiak in Liturgie und Seelsorge tätig. Er starb nach kurzer schwerer Krankheit am 22. November 2000 in Hildesheim; seine Beisetzung fand unter großer Anteilnahme der Bevölkerung statt.

Hans-Georg Aschoff

Das Leben soll gelingen: Karla Pachowiak

Am 27. Juli 1920 in Wilhelmsburg/Hamburg geboren, bildete sich Karla (eigentlich: Katharina) Pachowiak nach dem Schulbesuch mit Unterstützung eines Jesuitenpaters als Religionspädagogin fort und fand Arbeit als katechetische Lehrkraft in einer Kirchengemeinde, in der sie katholische Gymnasiastinnen unterrichtete, die an ihrer Schule keinen Religionsunterricht erhielten. Nach dem Zweiten Weltkrieg ließ sie sich in Frankfurt zur Jugendleiterin (spätere Berufsbezeichnung: Sozialpädagogin) ausbilden und arbeitete anschließend mehrere Jahre im Bistum Limburg als Frauenreferentin.

Karla Pachowiak (1920–2012), 1972–1985 Leiterin der „Katholischen Familienbildungsstätte Hannover"

Als ihr um vier Jahre älterer Bruder Heinrich Pachowiak, seit 1958 Weihbischof im Bistum Hildesheim, 1967 zum Bischofsvikar in Hannover ernannt wurde, zog Karla Pachowiak zu ihm in die Landeshauptstadt. Hier übernahm sie 1968 als erste hauptamtliche Mitarbeiterin die Leitung der zwei Jahre zuvor gegründeten „Katholischen Mütterschule Hannover e.V.", in der junge Frauen „neben ihrem erlernten Beruf die nötige Vorbereitung auf Ehe und Familie erfahren" sollten. Auf ihre Initiative hin wurde am 10. November 1970 der Grundstein für ein diesem Zweck dienendes Gebäude in der Goethestraße 31 gelegt, wo Anfang 1972 die Arbeit in eigenen Räumen beginnen konnte. Gleichzeitig bekam die Einrichtung einen neuen Namen: „Katholische Familienbildungsstätte Hannover e.V.", da sich ihr breit gefächertes Angebot jetzt an die gesamte Familie richtete.

Bis zu ihrem 65. Lebensjahr prägte Karla Pachowiak die „Fabi" mit ihrem großen Engagement für kirchliche Familien- und Bildungsarbeit. Ihr Herzensanliegen war es, Hilfestellung zu geben für ein Leben aus dem Glauben, weswegen sie das Programmangebot der „Fabi" auch um Seminare zur Erweiterung des Glaubenswissens und Vertiefung des Glaubenslebens erweiterte – wie sie sich „nebenbei" auch von 1963 bis 1990 als erste Vorsitzende der „Gemeinschaft der Pfarrhaushälterinnen Diözese Hildesheim" engagierte; für ihre vielfältige Arbeit wurde sie mit der Bistumsmedaille ausgezeichnet wurde.

1985 ging Karla Pachowiak in den Ruhestand und zog 1986 nach Hildesheim. Im Alter von 70 Jahren zog sie sich 1990 von allen ihren bisherigen Aufgaben zurück. Sie starb am 4. April 2012 und wurde auf dem Magdalenen-Friedhof in Hildesheim beigesetzt.

Ewa Karolczak

Bernhard Pfad

Bernhard Pfad war eine der bestimmenden Persönlichkeiten im Gründerkreis der Christlich Demokratischen Union Deutschlands (CDU) in Hannover und ein Wegbereiter der Christlichen Demokratie in Niedersachsen. Er wurde am 19. Februar 1885 in Heiligenstadt geboren und studierte nach dem Abitur am dortigen Humanistischen Gymnasium 1905 Rechtswissenschaft in München, Wien, Berlin und Halle. 1914 ließ er sich als Rechtsanwalt in Hannover nieder. Im Ersten Weltkrieg bekam er das Eiserne Kreuz erster und zweiter Klasse verliehen. Während der Weimarer Republik fiel ihm die Führung der Zentrumspartei in Stadt und Region Hannover zu. Von 1927 bis 1933 war er deren Vorsitzender und Mitglied des Hauptaus-

Hannover, Niedersächsischer Landtag

schusses auf Reichsebene sowie Mitglied des Preußischen Staatsrates. Während der NS-Zeit trat er als Verteidiger von Oppositionellen u. a. vor dem Reichsgericht und dem Volksgerichtshof auf. Als dezidierter „Vertreter des Politischen Katholizismus" wurde er dreimal von der Gestapo verhaftet; auf Anordnung des Sicherheitsdienstes der SS hielt man ihn vom 22. August bis zum 15. September 1944 im Polizei-Ersatzgefängnis Ahlem fest; nur durch Zufall entging er der befohlenen Liquidation. Pfad hatte Kontakt zu dem informellen Oppositionszirkel um den Sozialdemokraten und früheren Gewerkschaftsfunktionär Albin Karl.

Im Sommer 1945 war Pfads Haus in Hannover-Kirchrode Ort mehrerer Treffen mit lokalen evangelischen Repräsentanten, wie Adolph Cillien, auf denen die Gründung einer christlichen Partei diskutiert wurde. Im Unterschied zu ehemaligen Christlichen Gewerkschaftler, wie Anton Storch und Hans Wellmann, die eindeutig Position zugunsten einer überkonfessionellen Partei bezogen, favorisierte Pfad einige Zeit die Wiederbegründung des Zentrums, gab aber im Herbst diese Idee auf und trieb die Bildung des Provinzial- und späteren Landesverbandes Hannover der CDU voran, der am 18. November 1945 unter seinem Vorsitz ins Leben gerufen wurde. Wirkungsvolle Unterstützung erhielt er in seiner politischen Tätigkeit von seiner Ehefrau Dr. Martha Pfad, die sich in der Folgezeit in der

Frauenarbeit der CDU engagierte. In den Anfangsjahren war Konrad Adenauer häufiger zu Gast im Hause des Ehepaares.

Pfad war Mitglied verschiedener politischer Gremien: Oktober 1945 bis Oktober 1946 im ernannten hannoverschen Rat; 23. August 1946 bis 29. Oktober 1946 im ernannten hannoverschen Landtag; 23. August bis 25. November 1946 Innenminister in der von Ministerpräsident Hinrich Wilhelm Kopf geführten Regierung des Landes Hannover; 9. Dezember 1946 bis 28. März 1947 Mitglied des ernannten Niedersächsischen Landtages; 20. April 1947 bis 30. April 1951 des gewählten Niedersächsischen Landtages; 1946 bis 1951 Vizepräsident des ernannten bzw. gewählten Niedersächsischen Landtages; 20. April 1947 bis 30. April 1951 Stellvertretender Vorsitzender der CDU- bzw. DP/CDU-Landtagsfraktion.

Pfad starb am 2. Mai 1966 in Hannover und erhielt ein Ehrengrab auf dem Stadtfriedhof Engesohde.

Hans-Georg Aschoff

Das Forschungsinstitut für Philosophie Hannover – Philosophieren mit und für Gesellschaft

Das Forschungsinstitut für Philosophie Hannover (fiph) ist eine wissenschaftliche Einrichtung des Bistums Hildesheim. Unter dem Motto „weiter denken" befasst sich das *fiph* mit zentralen Problemen der gegenwärtigen Welt und entwickelt Lösungsstrategien. Dabei werden die besten christlichen, insbesondere katholischen Traditionen und die in ihnen angelegte Vermittlung von Glaube und Vernunft einbezogen. Ethischer Maßstab der Arbeit ist die Unantastbarkeit der Menschenwürde. Die Ergebnisse der Forschungen werden konstruktiv in die politische, gesellschaftliche und kirchliche Öffentlichkeit hineingetragen. Das *fiph* berät Bischöfe, PolitikerInnen und BürgerInnen. Es kooperiert mit verschiedenen Universitäten im In- und Ausland sowie mit Institutionen aus Wissenschaft, Politik, Erwachsenenbildung und Kirche.

Das *fiph* ist eine gemeinnützige Kirchliche Stiftung des öffentlichen Rechts. Sie wurde am 8. September 1988 durch den Bischof von Hildesheim, Dr. Josef Homeyer, errichtet und am 23. September 1988 eröffnet. Begleitet wird die Arbeit des *fiph* durch einen mit hochkarätigen Wissenschaftler*innen besetzten Stiftungsvorstand.

Das Forschungsprogramm des *fiph* ist interdisziplinär ausgerichtet. Es stellt Instrumente, Methoden und Kategorien bereit, die helfen, die Gesamtsituation von

Hannover,
Forschungsinstitut
für Philosophie
Hannover

Menschen heute zu berücksichtigen. Im Fokus der gegenwärtigen Forschung zu neuen Demokratietheorien, Rassismus, Umweltphilosophie und Wirtschaftsphilosophie stehen folgende Fragestellungen: Wie können wir gut zusammenleben? Welche Formen der Exklusion und Diskriminierung verhindern das Miteinander? Wie kann eine Gesellschaft aussehen, die nicht auf Machbarkeit und Ressourcenverschwendung beruht? Hier geht es um den Entwurf einer neuen

Humanökologie, wie sie auch in der Enzyklika Laudato Si gefordert wird. Wer ist der Mensch, wenn er wirtschaftlich handelt? Während sich die Diskussionen der letzten Jahre vor allem um den Homo oeconomicus drehten, wird hier auch der Homo cooperativus in den Blick genommen. Darüber hinaus befasst sich das *fiph* mit medizinethischen Fragestellungen, bspw. Fragen der Reproduktionsmedizin sowie des Lebens mit chronischen Krankheiten und der Sterbehilfe.

Jürgen Manemann

Dietrich Reseler

Dietrich Reseler wurde um das Jahr 1365 als Sohn einer anscheinend aus Northeim nach Hannover zugewanderten Bürgerfamilie geboren. Er erwarb 1389 an der Universität Prag den Grad eines Baccalaureus der Künste und supplizierte noch im gleichen Jahr als Domvikar zu Verden erstmals beim Hl. Stuhl um die Verleihung von Benefizien, nämlich um Kanonikate an den Domstiften Bremen und Hamburg, beim Stift Bardowick sowie beim St. Moritzstift in Hildesheim. 1392 war er Notar bei dem Rotarichter Paulus de Dugnano aus Mailand, eines in Stellvertretung des Papstes die ordentliche Gerichtsbarkeit ausübenden Juristen.

Die Ansprüche Reselers wurden bei den ab 1396 folgenden Gesuchen größer, indem er beim Papst um die Verleihung von Domkanonikaten in Bremen, Lübeck und Halberstadt nachsuchte. 1397 wurde ihm ein Domkanonikat in Minden verliehen, zu dieser Diözese gehörte Reselers Heimatstadt Hannover in vorreformatorischer Zeit. Vermutlich als Parteigänger des Dompropsts Willekin von Büschen, der sich 1398 gegen den vom Papst providierten Gegenkandidaten Markward von Randegg als Bischof von Minden durchsetzen konnte, erhielt Reseler das Archidiakonat Pattensen, in dessen Sprengel Hannover lag. Bischof Willekin ernannte Reseler auch im Jahr 1402 zu seinem Generalvikar; als solcher diente Reseler bis 1412 auch Willekins Nachfolgern Otto von Rietberg und Wilbrand von Hallermund.

Angesichts des Ausfalls des römisch-deutschen Königshofes als politische Kraft unter dem schließlich wegen Untätigkeit abgesetzten König Wenzel spielten gegen Ende des 14. Jahrhunderts Provisionen und Expektanzen der seit 1378 durch das Abendländische Schisma allerdings ebenfalls geschwächten Kurie bei der Vergabe der norddeutschen Bischofsstühle und sonstigen hohen Kirchenpfründen eine immer größere Rolle. Reseler war zunächst Parteigänger des römischen Papstes Bonifaz IX. sowie seiner Nachfolger Innozenz VII. und Gregor XII. Seit 1398 war er als Abbreviator der päpstlichen Kanzlei für die Anfertigung der Konzepte für päpstliche Bullen sowie für die Bearbeitung einfacher Justizangelegenheiten zuständig.

Seit 1404 war Reseler Familiar Bonifaz' IX. und damit Mitglied des päpstlichen Hofes. Ab 1403 erhielt er von Bonifaz IX. Expektanzen auf Kanonikate in Dorpat, St. Andreas in Köln und St. Marien in Erfurt sowie v. a. auf die Mindener Domdekanei. Ab 1407 setzte Reseler seine Studien an der päpstlichen Universität in Bologna fort. Nachdem Papst Gregor XII. dem bei dieser Gelegenheit als Magister Scriptorum, Abbreviator, Domscholaster zu Bremen und Archidiakon zu Pattensen bezeichneten Reseler am 16. Januar 1408 die Erlaubnis erteilt hatte, das rechtswissenschaftliche Studium aufzunehmen, promovierte dieser dort 1411 zum Doktor des Kirchenrechts.

Schon 1412 aber war Reseler zu dem in Pisa residierenden Gegenpapst Johannes XXIII. übergegangen und dessen Geheimkämmerer und Referendar geworden. Im Dienst Johannes' XXIII. wiederum vermochte sich Reseler anscheinend so auszuzeichnen, dass er als geeignet für die Besetzung eines Bischofsstuhles erschien. Nach dem Tod des Dorpater Bischofs Bernhard von Bülow wurde Reseler am 14. April 1413 von Johannes XXIII. zu dessen Nachfolger ernannt. Reseler konnte sich dabei gegen den Versuch des Hochmeisters des Deutschen Ordens, mit dem Würzburger Domherrn Günther von Schwarzburg einen Verwandten auf diesen Bischofsstuhl zu bringen, durchsetzen. Dies wurde durch den Umstand erleichtert, dass sowohl der in Livland einflussreiche Orden als auch das Dorpater Domkapitel den in Pisa residierenden Papst anerkannten. Johannes XXIII. gewährte Reseler zur Sicherung seiner Stellung den Fortbesitz eigentlich inkompatibler Benefizien sowie die Erlaubnis, zwei Domkanonikate und weitere zwölf Benefizien in der Diözese Dorpat zu vergeben.

Reseler nutzte dies vorrangig für Verwandte und Freunde, u. a. für den ebenfalls aus Hannover stammenden späteren Lübecker Bischof Johannes Schele, der sich von 1415 bis 1418 als Rechtsbeistand Reselers in Dorpat aufhielt. Ferner ernannte der Papst den neuen Bischof am 11. Juli 1413 zu seinem Gesandten im Reich, um seine politische Autonomie gegenüber dem Deutschen Orden zu stärken. Zur Sicherung seiner außenpolitischen Stellung im Grenzbereich zwischen dem Deutschen Orden und dem Großfürstentum Litauen ließ sich Reseler durch den römisch-deutschen König Sigismund im Jahr 1425 mit dem Bistum Dorpat belehnen. In der Folge konnte er den Ansprüchen des Deutschen Ordens auf eine Unterstellung seines Bistums wirkungsvoll entgegentreten. Nach einem 28-jährigen Pontifikat starb Reseler am 18. März 1441.

Christian Hoffmann

Hieronymo und Antonio Sartorio

Hieronymo Sartonio (auch Geromino, Girolamo) war von 1667 bis 1685 der leitende Architekt der Herzöge Johann Friedrich und Ernst August von Braunschweig-Lüneburg; seine klassizistische Bauweise orientierte sich an Andrea Palladio. Sartorio stammte aus Venedig; die Umstände seiner Berufung nach Hannover sind nicht bekannt. Am 17. Juni 1673 heiratete er Emerentia Gertrud Wintheim, die einer alteingesessenen hannoverschen Patrizierfamilie entstammte; die Trauung vollzog der Propst des Hildesheimer Klosters der Magdalenerinnen Matthäus Bahrs im Haus der Brauteltern am Neustädter Markt in Hannover; 1674 erwarb er mit Johann Friedrichs Unterstützung das hannoversche Bürgerrecht. Wesentlichen Anteil hatte Sartorio am umfangreichen Ausbau des Leineschlosses, insbesondere an der Errichtung des Kapuzinerflügels und in der Nachfolge seines Vorgängers Lorenzo Bedogni am Umbau der Schlosskirche, für deren Hochaltar er das Modell anfertigte. Möglicherweise gehen auf ihn auch die Pläne für das Große Schlosstheater zurück, das Johann Peter Wachter 1688/89 vollendete. Unter Sartorios

Hannover-Calenberger Neustadt, Neustädter Hof- und Stadtkirche St. Johannis

Leitung entstand zwischen 1667 und 1670 die protestantische Hof- und Stadtkirche St. Johannis in der Calenberger Neustadt als Ersatz für die dem katholischen Kultus überlassene Schlosskirche. Seit 1676 arbeitete er am Schloss und an den Wasserkünsten in Herrenhausen; wahrscheinlich stammen von ihm auch Entwürfe für den Großen Garten. 1685 schied Sartorio aus dem hannoverschen Dienst aus. In den folgenden Jahren wirkte er u. a. in Sachsen, wo er 1692/93 das Opernhaus in Leipzig baute, und seit 1696 in Erfurt. Hier war er als kurfürstlich-mainzischer Oberbaumeister mit Zivil- und Militärbauten befasst, über die er 1704 die Oberaufsicht erhielt. Vermutlich starb Sartorio im April 1707 in Erfurt.

Hieronymo war der Bruder des um 1630 in Venedig geborenen Antonio Sartorio, der als einer der führenden Opernkomponisten seiner Heimatstadt galt. Johann Friedrich berief ihn 1666 als ersten festangestellten Hofkapellmeister nach Hannover und übertrug ihm die Leitung der gesamten musikalischen Tätigkeit am Hof und deren Verwaltungsangelegenheiten. Wiederholt räumte ihm der Herzog die Möglichkeit zu längeren Heimaturlauben ein, die Sartorio zur Anwerbung von Musikern nutzte. Unter Sartorio und seinem Nachfolger Vincenzo de Grandis (1631–1708) wurde eine vornehmlich aus Italienern bestehende Hofkapelle von „hohem künstlerischen Rang" (Renato de'Grandis) aufgebaut, der die musikalische Gestaltung des katholischen Gottesdienstes in der Schlosskapelle oblag. Sartorio verließ Hannover 1675, nachdem er zum Vizekapellmeister an San Marco in Venedig berufen worden war. Hier starb er am 30. Dezember 1680.

Hans-Georg Aschoff

Johannes Schele

Johannes Schele wurde um das Jahr 1375 als Sohn des hannoverschen Bürgers Helmold Schele geboren. Er besuchte offenbar zunächst die Domschule zu Paderborn und immatrikulierte sich 1397 für das Studium an der Universität Erfurt. Schele fungierte 1398 als Notar Papst Bonifaz' IX. und hatte 1399 die Pfarrstelle in Soltau inne. Von 1402 bis 1407 hielt er sich am päpstlichen Hof in Rom auf und war als Abbreviator für die Anfertigung von Entwürfen für päpstliche Bullen und für die Bearbeitung einfacher Rechtsfragen zuständig.

Im Lauf der Zeit sammelte Schele eine größere Zahl von Benefizien, u. a. erwarb er Domkanonikate in Bremen, Dorpat, Hildesheim, Lübeck und Minden. 1411 nahm er das Studium des Kirchenrechts an der Universität Padua auf. Als er 1412 an die päpstliche Universität Bologna wechselte, stand diese bereits unter der Kontrolle des vorwiegend in Pisa sitzenden Gegenpapstes Johannes XXIII. 1417 erwarb Schele hier das Lizentiat des Kirchenrechts. Im Herbst 1415 begab sich Schele nach Dorpat in die Dienste des wie er aus Hannover stammenden dortigen Bischofs Dietrich Reseler.

Schon bald nach dem Tod des Lübecker Bischofs Johannes Hundebeke am 1. Januar 1420 wurde Schele zu dessen Nachfolger gewählt. Umgehend wandte sich Schele an die Kurie und erreichte am 13. März 1420 nicht nur die Bestätigung seiner Wahl durch Papst Martin V., sondern auch die Ernennung zum Referendar, zum Kollektor der päpstlichen Kammer in Skandinavien sowie zum Nuntius. Auf der Rückreise nach Lübeck promovierte Schele in Bologna zum Doktor des Kirchenrechts.

Als Bischof machte er sich durch die Durchführung von Diözesansynoden und den Erlass von umfangreichen Synodalstatuten um die Reorganisation seines Bistums verdient. Er verbesserte die Wirtschaftsführung der bischöflichen Güterverwaltung und forcierte den Ausbau des Bischofshofs in Eutin. In der langjährigen Fehde gegen den als Statthalter der verwitweten Herzogin Katharina von Mecklenburg und ihrer unmündigen Söhne das Herzogtum regierenden Ritter Matthias Axkow konnte er sich durchsetzen; seine Bemühungen um eine dauerhafte Befriedung Schleswig-Holsteins allerdings blieben vergeblich.

Die Berufung zur Teilnahme am Basler Konzil markierte am 19. Juni 1433 einen Wendepunkt in Scheles Biografie. Wenngleich er sein Bistum nicht aus dem Blick verlor, so hielt sich Schele doch ab Sommer 1433 nur noch einmal – von Juni bis September 1438 – in seiner Diözese auf. In erster Linie trat er nun als Diplomat, nämlich als Gesandter des Reiches und des Konzils, auf, waren seine Ambitionen auf die Erneuerung von Reich und Kirche gerichtet.

Wie Nikolaus von Kues war Schele ein überzeugter Vertreter des Konziliarismus. Während Cusanus jedoch 1436 eine Kehrtwende vollzog und ins päpstliche Lager wechselte, vertrat Schele zeitlebens die Position, dass der Papst sich Konzilsentscheidungen unterordnen müsse. Während so zwischen Papst Eugen IV. und dem Konzil ein Spannungsverhältnis herrschte, nahm das Reichsoberhaupt, zunächst König Sigismund, dann König Albrecht II., eine neutrale Haltung ein, die aber jeweils dazu dienen sollte, den Papst zur Akzeptanz der vom Konzil getroffenen Beschlüsse zu bewegen.

Eine 1434 von Schele dem Konzil vorgelegte Reformschrift diente anscheinend als Vorlage für die sogenannte „Reformatio Sigismundi" von 1439, die umfangreiche Vorschläge zur Reform von Kirche und Reich unterbreitete. König Sigismund, an dessen Hof Schele sich bereits 1424 und 1429 aufgehalten hatte, ernannte ihn 1434 zu seinem Konzilsgesandten und betraute ihn mit wichtigen diplomatischen Missionen.

Das neue Schisma, welches das Basler Konzil am 24. Juni 1439 mit der Absetzung Papst Eugens IV. und der Wahl Felix' V. am 5. November 1439 einleitete, sollte Schele nur noch in den Anfängen erleben. Eugen IV. hatte formale Streitigkeiten über die Frage der Wiedervereinigung der römischen mit der griechisch-orthodoxen Kirche zum Anlass genommen, das Konzil am 18. September 1437 nach Ferrara zu verlegen. Die Mehrheit der Konzilsteilnehmer, u. a. Schele, blieb jedoch in Basel und wurde deswegen exkommuniziert.

Im unmittelbaren Anschluss an die Absetzung Eugens IV. begab sich Schele wieder an den Hof Albrechts II., wo der Bischof allerdings nicht nur um Unterstützung für das Konzil warb, sondern auch die Ernennung seines Neffen Brand Schele zum Familiar des Königs und eine Wappenverbesserung für die Familie sowie Privilegienbestätigungen für die Lübecker Kirche und für seine Heimatstadt Hannover erwirkte.

Kurz nach Antritt der Rückreise starb Schele am 8. September 1439 noch in Ungarn an der Pest. Sein Leichnam wurde nach Wien überführt und im dortigen Schottenkloster beigesetzt. Damit blieb ihm auch die Erkenntnis erspart, dass seine Reichs- und Kirchenpolitik zum Scheitern verurteilt war. Nur sieben Wochen später starb am 27. Oktober 1439 auch sein Förderer, König Albrecht II. Albrechts Nachfolger Friedrich III. suchte – zu Lasten des Konzils – den unmittelbaren Ausgleich mit Papst Eugen IV. Trotz seines posthumen Scheiterns zählt der gebürtige Hannoveraner Schele aber zu den bedeutendsten deutschen Bischöfen des 15. Jahrhunderts.

Christian Hoffmann

Joseph Schlaberg

Mit Joseph Schlaberg beginnt ein neuer Abschnitt in der Geschichte der katholischen Gemeinde in Hannover. Er wurde am 3. Juli 1816 als Sohn des Schneidermeisters Benedikt Schlaberg und dessen Ehefrau Wilhelmine Hoff in Hildesheim geboren; nach dem Besuch des Gymnasium Josephinum ging er 1832 zum Theologiestudium in die Schweiz und beabsichtigte, in den Jesuitenorden einzutreten. Er schloss sich nach seiner Priesterweihe 1843 durch Bischof Pierre-Tobie Yenni von Lausanne jedoch nicht der Gesellschaft Jesu an, sondern suchte nach einer kurzen Tätigkeit als Hausgeistlicher einer adeligen Familie in Posen um eine Anstellung in seiner Heimatdiözese nach. Hier war er seit 1848 als Lehrer am Bischöflichen Progymnasium in Duderstadt und als Kaplan in Gerblingerode und

Joseph Schlaberg (1816–1873),
Pfarrer in Hannover 1854–1866

Westerode, ab 1850 als Pfarrer in Söder tätig. 1854 wurde er auf die Pfarrstelle in Hannover berufen, für die ihn Bischof Eduard Jacob Wedekin „sowohl nach seiner wissenschaftlichen Ausbildung als nach seinem umsichtigen und besonnenen Eifer" für ganz besonders geeignet hielt. In Hannover legte er wesentliche Grundlagen für eine Seelsorge, die den Herausforderungen der wachsenden Stadt gerecht wurde. Ihm ist u. a. die Berufung der Vinzentinerinnen und der Ursulinen zu verdanken; er förderte das katholische Vereinswesen und ließ die erste Volksmission durch Jesuiten durchführen. Seine Bemühungen um die Errichtung einer zweiten Kirche scheiterten u. a. an seinem erzwungenen Weggang und an den politischen Ereignissen des Jahres 1866.

Schalberg lehnte wie die Mehrheit der hannoverschen Katholiken aus Loyalität gegenüber dem welfischen Königshaus und aus rechtlichen Gründen die Annexion des Königreiches Hannover durch Preußen ab. Als er seiner Protesthaltung am 7. Oktober 1866 mit deutlichen Worten in einer Predigt, die in mehreren Auflagen veröffentlicht wurde, Ausdruck verlieh und den von Beamten und Geistlichen zu leistenden Huldigungseid auf den preußischen König als einziger Priester der Hildesheimer Diözese aus Gewissensgründen verweigerte, wurde er am

12. Juli 1867 von der preußischen Regierung des Landes verwiesen. Bischof Wedekin, dem aus kirchenpolitischen Rücksichten an einem guten Verhältnis zur neuen Staatsgewalt gelegen war, wies die Behörden zwar darauf hin, dass eine Amtssuspension katholischer Geistlicher durch die Staatsgewalt nach den Grundsätzen der Katholischen Kirche unstatthaft sei, erkannte aber die faktische Behinderung der pfarramtlichen Tätigkeit Schlabergs an. Da sich dieser äußerst aggressiv gegenüber Wedekin äußerte, wurde ihm der Aufenthalt im Pfarrhaus von St. Clemens untersagt und sein Gehalt erheblich reduziert. Wedekins Vorgehen wurde von der Römischen Kurie gebilligt, an die sich Schlaberg Beschwerde führend gewandt hatte.

Schlaberg ging nach seiner Landesverweisung nach Österreich, wo er zuerst in Ober-St. Veit bei Wien eine Anstellung als Hilfsgeistlicher fand nur und dann in Unter-St. Veit Direktor eines „Rettungshauses" wurde. Unermüdlich stritt er weiterhin für sein „Recht" und sandte mehrere Eingaben ohne Erfolg an die preußische Regierung und die Hildesheimer Bistumsleitung, die ihm ungebührliches Verhalten gegen den verstorbenen Bischof Wedekin vorwarf. Schlaberg starb am 3. März 1873 an Typhus in Unter-St. Veit. König Georg V. übernahm die Kosten für seine Überführung nach Hannover, wo er unter Beteiligung zahlreicher hannoverscher Katholiken auf dem Nikolaifriedhof an der Strangriede beigesetzt wurde. Gut siebzig Jahre später wurde an der gleichen Stelle Pfarrer Wilhelm Maxen bestattet.

Hans-Georg Aschoff

Wilhelm Schreiber

Wilhelm Schreiber war der erste Propst an St. Clemens und erwies sich als „tatkräftiger und weitsichtiger Organisator der katholischen Kirchengemeinden Hannovers" (Hermann Seeland). Er wurde am 17. Februar 1848 in Hildesheim geboren und trat nach dem Besuch des Gymnasium Josephinum 1865 in die dortige Philosophisch-Theologische Lehranstalt ein; 1868 wurde er in das Priesterseminar in Hildesheim aufgenommen und empfing am 11. August 1870 die Priesterweihe. Nach einer kurzen Zeit als Seminargeistlicher übertrug ihm Bischof Eduard Jakob Wedekin am 1. November 1870 die dritte Kaplanstelle an St. Clemens in Hannover. Am 1. Juni 1872 übernahm Schreiber die zweite Kaplanstelle und wurde nach dem Ableben Pfarrer Franz Albrechts 1882 Pfarradministrator. Seine Ernennung zum Pfarrer von St. Clemens erfolgte am 4. Mai 1890 und zum Propst am 13. Juni 1894.

Wilhelm Schreiber (1848–1918),
1870–1916 Kaplan, Pfarrer und Propst in Hannover St. Clemens

Als Kaplan engagierte sich Schreiber im katholischen Vereinswesen. 1870 wurde er Präses des Katholischen Arbeitervereins, der unter seiner Leitung einen beachtlichen Aufschwung erlebte, und 1880 Präses des Katholischen Kaufmännischen Vereins (KKV) in Hannover; 1884 wurde er zum Diözesanpräses des Gesellenvereins für die Bistümer Hildesheim und Osnabrück sowie der Nordischen Missionen bestellt. Verdienste erwarb er sich auch um die Errichtung von St. Godehard in Linden. Als Pfarrer waren seinen Bemühungen der Bau von St. Marien, St. Elisabeth und St. Bernward sowie die Sicherung von Bauplätzen für weitere Kirchenbauten zu verdanken; erheblichen Anteil hatte er darüber hinaus an der Gründung des Waisenhauses St. Joseph in Döhren. Seine Leistungen wurden auch von staatlicher Seite anerkannt; jedoch sahen die Behörden in ihm einen „eifrigen Anhänger der streng ultramontanen Richtung", und von evangelischer Seite wurde ihm ein unduldsames Verhalten gegenüber den Mitgliedern der anderen Konfessionen nachgesagt. Deshalb empfahl der hannoversche Oberpräsident Richard Wentzel, Schreiber, der wegen seiner Gegnerschaft zur Sozialdemokratie zwar als politisch zuverlässig galt, bei der Hildesheimer Bischofswahl 1906 von der Liste möglicher Kandidaten zu streichen. Allerdings folgte die Berliner Regierung dieser Empfehlung nicht.

Schreiber wurde am 8. April 1916 zum Domkapitular in Hildesheim ernannt. Er starb am 8. August 1918 in Haus Kannen bei Münster und wurde am 13. August auf dem St. Annen-Friedhof in Hildesheim beigesetzt.

Hans-Georg Aschoff

Moritz von Soden

Ein herausragendes Beispiel für die Stiftungstätigkeit auf katholischer Seite der nachreformatorischen Zeit stellte Moritz von Soden dar. Er war 1527 als jüngster Sohn Hans von Sodens und der Katharina Krudener als Mitglied einer Kaufmanns- und Patrizierfamilie geboren worden, die seit Beginn des 14. Jahrhunderts in Hannover nachweisbar ist. Moritz immatrikulierte sich im Oktober 1549 an der Universität Köln und erwarb dort 1551 das Lizentiat der Theologie. Vor 1563 wurde er Kanoniker am Heilig-Kreuz-Stift in Hildesheim und 1575 Propst des dortigen Klosters Maria Magdalena; dieses Amt hatte er bis 1595 inne. Soden galt als sehr reicher Mann; seine Spenden und Stiftungen, die in einem eigenen Summarium zusammengestellt sind, umfassten caritative Einrichtungen, Anniversarien, gottesdienstliche Aufgaben, Kirchenausstattungen und Kunstwerke. 1581 ließ er dem Kreuzstift 50 Reichstaler zukommen; er finanzierte die Ausmalung der Kirche und stiftete das dortige Taufbecken des Hildesheimer Gießers Mante Pelckinck sowie die Standbilder der Apostel Petrus und Paulus am Treppenaufgang zum Westportal. 1591 fundierte er die Vikarie St. Peter und Paul im Kreuzstift. Das Michaelskloster erhielt 1571 300 Gulden; 1578 finanzierte Soden eine Memorie in der Hildesheimer Neustadt; 1600 erfolgte eine Stiftung zugunsten des Magdalenenklosters. Hinzu kamen mehrere Stipendienstiftungen für arme Studenten; dazu gehörten 2000 Reichstaler für Studierende in Hannover, 1604 ein Kapital von 3000 Reichstalern, dessen Zinsen Schülern des Hildesheimer Jesuitenkollegs und der Domschule zugutekommen sollten, sowie 1200 Reichstaler für das von Tilo Brandis gegründete Collegium Saxonum in Erfurt. Möglicherweise ging auch eine 1000-Taler-Stiftung für die vier Hildesheimer Hospitäler St. Johannis, Barbara, Nikolai und Hl. Geist im Brühl auf Soden zurück. Zu Sodens Hinterlassenschaft zählte darüber hinaus eine Stiftung zur Besserung der Wege und Straßen außerhalb Hildesheims, besonders des Weges zwischen Hasede und Förste.

Seine Heimatstadt Hannover bedachte Soden 1605 mit einer Butterspende für Arme an der Marktkirche, vor allem aber mit der Errichtung des „Sodenklosters", eine der ersten bürgerlichen Stiftungen nach der Reformation. Für die Gründung dieses Hospitals stellte ihm der Rat ein Grundstück bei dem ehemaligen Barfüßerkloster zur Verfügung und befreite es von allen bürgerlichen Lasten und Abgaben. Nach der Gründungsurkunde vom 12. September 1587 sollte das Hospital je neun bedürftigen Männern und Frauen Unterkunft bieten. Das Stiftungskapital betrug 500 Taler; später stiftete Moritz von Soden noch einmal 1040 Taler und 3000 Taler für die dortigen Armen. Das Sodenkloster wurde im 20. Jahrhundert mit dem 1551 eingerichteten Ratskloster zum „Rats- und von-Soden-Kloster" vereinigt und besteht in dieser Form bis heute. Moritz von Soden starb am 20. März 1606 und wurde in der Heilig-Kreuz-Kirche in Hildesheim beigesetzt.

Hans-Georg Aschoff

Francesco Maria Capellini, gen. Stechinelli

Eine der steilsten Karrieren im Dienste der welfischen Herzöge machte Francesco Maria Capellini, gen. Stechinelli, der einen ungeheuren Reichtum anhäufte. Er war am 18. o. 25. April 1640 in Rimini geboren worden und entstammte einem Adelsgeschlecht der Emilia. Als Fünfzehnjähriger lernte er in Rom oder Venedig Herzog Georg Wilhelm von Braunschweig-Lüneburg kennen, der ihn mit nach Hannover nahm, als Kammerdiener beschäftigte und ihm 1664 den Ballhof schenkte, den dieser vier Jahre später weiterverkaufte. 1665 siedelte Stechinelli mit Georg Wilhelm nach Celle über. 1675 wurde er anlässlich seiner Heirat mit der Tochter eines Celler Hofrates als Pfandinhaber des Amtes Klötze zum Drosten ernannt. Als Generalpostmeister der welfischen Territorien erwarb er sich seit 1678 durch die Organisation des gesamten Postwesens große Verdienste; er verkaufte das einträgliche Amt vier Jahre später an Franz Ernst Graf von Platen. Als Generalagent führte er die Einkäufe für die Celler Hofhaltung durch. Aus dieser Tätigkeit entwickelte sich vermutlich sein Hauptunternehmen, das Handelsgeschäft mit Korn und ausländischen Waren, vor allem Tuche, Bier und Wein, wofür er zeitweise das Monopol im Fürstentum Lüneburg besaß. Er betätigte sich erfolgreich als Haus- und Grundstücksmakler und erwarb dabei für sich selbst große, über die welfischen Lande verteilte Liegenschaften. Als einer der bedeutendsten Geldgeber der Welfen lieh er den Herzögen Georg Wilhelm und Ernst August größere Summen. 1688 erhob Kaiser Leopold I. Stechinelli in den Reichsadelsstand und verlieh seiner Familie das Recht, sich „von Wickenburg" zu nennen. Auf seinem Gut in Wieckenberg bei Celle trafen sich die Welfenherzöge und ihre Regierungen zu Konferenzen. Als Nichtjurist und Katholik konnte Ste-

Francesco Maria Capellini, gen. Stechinelli (1640–1694)

chinelli zwar nicht dem Geheimen Rat angehören. Dennoch wurde er häufiger in Staatsangelegenheiten herangezogen; die Herzöge beauftragten ihn mehrmals mit diplomatischen Missionen.

1680 erteilte Herzog Georg Wilhelm Stechinelli die Genehmigung, auf seinem Grundstück in Celle eine katholische Hauskapelle einzurichten und Geistliche aufzunehmen, an deren Gottesdienst auch andere Katholiken teilnehmen durften. Das gleiche Privileg erhielt er für seinen Sommersitz Wieckenberg, wo die prächtig ausgestattete barocke Kapelle allerdings nach außen nicht als solche in Erscheinung treten durfte. Ebenso wurde in seinem Haus am Altstadtmarkt in Braunschweig seit 1691 auch bei seiner Abwesenheit die Messe gefeiert. Stechinelli starb am 26. November 1694 in Celle und wurde vier Tage später in der Magdalenenkirche in Hildesheim beigesetzt, wo eine seiner Töchter als Ordensfrau im angeschlossenen Kloster lebte.

Hans-Georg Aschoff

Agostino Steffani

Agostino Steffani wurde am 25. Juli 1654 in Castelfranco Veneto in der Nähe Paduas als fünftes von sieben Kindern einer bürgerlichen Familie geboren. Der bayerische Kurfürst Ferdinand Maria lernte ihn 1667 als Sängerknaben an der Antoniusbasilika in Padua kennen und nahm ihn wegen seiner musikalischen Begabung mit nach München, wo er auf Kosten des Kurfürsten eine vorzügliche theologische und musische Ausbildung erhielt. Bereits 1675 wurde Steffani zum Hoforganisten und 1681 zum kurfürstlichen Kammermusikdirektor ernannt; im Jahr zuvor hatte er die Priesterweihe empfangen, von der er möglicherweise eine Förderung seiner Karriere erwartete. Im Dezember 1682 und im Februar 1683 hielt sich Steffani in Hannover auf, um die Ehe zwischen Kurfürst Maximilian Emanuel von Bayern und der welfischen Prinzessin Sophie Charlotte zu vermitteln. Die Heiratspläne schlugen allerdings fehl; doch verschaffte die diplomatische Mission dem ehrgeizigen Steffani wichtige Kontakte an den Höfen von Hannover und Düsseldorf. 1688 folgte er der Einladung Herzog Ernst Augusts nach Hannover, wo er das Amt des Hofkapellmeisters übernahm. Mit ihm gewann der hannoversche Hof nicht nur einen Musiker „mit höchstem künstlerischen Potential, sondern auch eine Persönlichkeit mit außergewöhnlicher Intelligenz, Vielseitigkeit und weitem Bildungsradius" (Lajos Rovatkay).

Von 1695 bis 1702 war Steffani hannoverscher Gesandter am Hof Maximilian Emanuels, der als Statthalter der Spanischen Niederlande bis 1701 in Brüssel und dann in München residierte. Eine seiner Hauptaufgabe bestand darin, die Schwierigkeiten beheben zu helfen, die von Seiten der katholischen Kurfürsten der Einführung Hannovers in das Kurkolleg bereitet wurden. Steffani brachte als katholischer Priester und wegen seiner früheren Beziehungen zum Wittelsbacher Hof für diese Aufgabe gute Voraussetzungen mit; darüber hinaus vereinte er in sich alle wichtigen Eigenschaften eines Diplomaten, wie Anpassungsfähigkeit, gewandtes Auftreten, Liebenswürdigkeit und Erfassen der politischen Situation. Mit seiner diplomatischen Tätigkeit war man in Hannover durchaus zufrieden.

1703 trat Steffani in den Dienst des in Düsseldorf residierenden Kurfürsten Johann Wilhelm von Pfalz-Neuburg (1658–1716). Er wurde Geheimer Rat, Präsident des Geistlichen Rates und der Regierung. Da die Bemühungen des Kurfürsten, Steffani zu seinem Hofbischof zu bestellen, scheiterten, wurden Verhandlungen mit der Kurie über seine Ernennung zum Apostolischen Vikar eingeleitet. 1709 wurden die Territorien der Kurfürsten von Pfalz-Neuburg und Brandenburg sowie der Herzöge von Braunschweig-Lüneburg als „Vikariat von Ober- und Niedersachsen" aus dem Apostolischen Vikariat der Nordischen Missionen ausgegliedert und Steffani übertragen, während die dänischen und schwedischen Gebiete, einschließlich der ehemaligen Diözesen Bremen, Lübeck und Schwerin, unter der Verwaltung des Osnabrücker Weihbischofs Otto von Bronckhorst-Gronsfeld verblieben. Im Hinblick auf diese Neuordnung des Vikariates hatte Papst Clemens XI. (1649, 1700–1721) Steffani bereits am 13. September 1706 zum

Agostino Steffani (1654–1728),
Weihbischof in Hannover

Titularbischof von Spiga in Kleinasien ernannt. Am 2. Januar 1707 erteilte ihm der Mainzer Erzbischof Lothar Franz von Schönborn (1655–1729) im Dom zu Bamberg die Bischofsweihe.

Auch als Vikar behielt Steffani zunächst einen Teil seiner kurpfälzischen Ämter und Würden bei, wovon man sich einen leichteren Zugang zu den protestantischen Höfen erhoffte, und besorgte neben seinen kirchlichen Aufgaben auch diplomatische und politische Geschäfte des Kurfürsten. Außer seinem kurpfälzischen Gehalt und seinen Einkünften als Kommendatarabt von Lepsing verfügte er über die Einnahmen als Abt von St. Stephan zu Carrara und als Propst von Selz sowie über zwei kleine Benefizien in Lüttich und Hildesheim. Die Sorge um die Sicherung und Vermehrung der Einkünfte, die Steffani für seinen recht aufwendigen Lebensstil, aber auch zur Förderung kirchlicher Projekte benötigte, sollte ihn während seiner gesamten Amtszeit als Apostolischer Vikar begleiten.

Steffani trat sein Amt mit hohen Erwartungen und ausgreifenden Zielsetzungen an. Er beabsichtigte, neue Missionsstationen zu gründen, die Anerkennung seiner Jurisdiktion in den brandenburgischen Ländern zu erreichen, Kirchen zu errichten, Konvertiten zu gewinnen und einen Beitrag zur Wiedervereinigung der Konfessionen zu leisten. Doch sollte sich seine Tätigkeit vor allem auf den regulären bischöflichen Dienst, insbesondere auf Visitationsreisen, Einstellung von Missionaren und die Vornahme von Weihehandlungen beschränken. Die Konsekration von Kirchen, deren Errichtung sein tatkräftiges Engagement z. T. erst ermöglichte, nahm er in Celle (29. Juni 1711), in Braunschweig (3. Dezember 1712) und in Hannover (4. November 1718) vor.

Als Residenz wählte Steffani Hannover. Trotz seiner guten Beziehungen zum Hof war es ihm nicht möglich, ein kurfürstliches Dekret (1713) abzuwenden, das die rechtliche Lage der katholischen Einwohner umfassend regelte, den Freiheitsraum der Katholischen Kirche in Hannover erheblich einengte und empfindliche Eingriffe in die freie Religionsausübung vornahm. Seinem guten Verhältnis zum Kurfürsten Georg Ludwig (1660, 1698–1727; seit 1714 auch König von Großbritannien) und zur Regierung war es zu verdanken, dass eine eidliche Verpflichtung der Geistlichen auf diese Verordnung abgewendet werden konnte. Ein weiteres Verdienst Steffanis lag darin, dass der im Kurkontrakt von 1692 vorgesehene, von Ernst August und Georg Ludwig stets verzögerte Bau einer katholischen Kirche in Hannover vorangetrieben und 1718 die nach den Plänen des Italieners Tommaso Giusti erbaute Clemenskirche konsekriert wurde.

Nach 1713 hielt sich Steffani nur noch sporadisch in Hannover auf. Zeitweise reiste er als Gesandter des Fürstbischofs von Münster und Paderborn, Franz Arnold von Wolff-Metternich (1658–1718), in politischen Angelegenheiten. Die Residenz des Paderborner Bischofs, Schloss Neuhaus, wurde sein dauernder Wohnsitz. Als Gegenleistung nahm er in Franz Arnolds Bistümern weihbischöfliche Aufgaben wahr. Seit dieser Zeit trug er sich mit dem Gedanken, das Apostolische Vikariat niederzulegen. Neben den finanziellen Schwierigkeiten lag ein wichtiger Grund für seine Resignationsabsichten in der Enttäuschung über seine Arbeit als Apostolischer Vikar. Die Erwartungen, die die Kurie und er selbst an seine Ernennung geknüpft hatten, blieben im großen Ganzen unerfüllt. In seinem Vikariatsgebiet, dem 1715 das Kurfürstentum Sachsen und 1721 die Herzogtümer Bremen und Verden zugewiesen worden waren, kam es während seiner Amtszeit nur in Halle und in Dessau zur Gründung von Missionsstationen. Die Teile des Herzogtums Braunschweig-Wolfenbüttel, die zu Steffanis Vikariat gehörten und wo er vereinzelte Weihehandlungen vorgenommen hatte, unterstellte die Kurie auf Ersuchen Herzog Anton Ulrichs (1633–1714) 1714 dem Bischof von Hildesheim. Weder in Sachsen noch in Preußen erlangte er die staatliche Anerkennung und damit die Erlaubnis zur Wahrnehmung bischöflicher Funktionen. 1723 entband ihn der Hl. Stuhl von der Verwaltung des Vikariates; um die Existenz der hannoverschen Gemeinde nicht zu gefährden, übernahm er es 1726 aber noch einmal.

Die finanzielle Notlage, Gebrechlichkeit und Alter sowie die Sehnsucht nach Italien bewogen Steffani, Hannover im Oktober 1727 endgültig zu verlassen. Er hielt sich einige Zeit in Frankfurt auf. Hier starb er am 12. Februar 1728 im Dompfarrhaus an den Folgen eines Schlaganfalls und wurde zwei Tage später in der

Kapelle St. Maria Magdalena der dortigen Kollegiatkirche St. Bartholomäus beigesetzt. Die Grabstelle wurde 1867 während der Feuersbrunst zerstört. Bei Bauarbeiten fand man 1953 im Südschiff, nicht in der Magdalenenkapelle, einen Steinsarkophag mit einem Bischofsstab, einem Kelch aus Holz und Silberbeschlägen. Daneben lagen die sterblichen Überreste des Bischofs von Spiga. Wie sein heiligmäßiger Vorgänger Niels Stensen erzielte Steffani nicht die erhofften Erfolge; dennoch leisteten beide Apostolischen Vikare einen wichtigen Beitrag zur Existenzsicherung der katholischen Diasporagemeinden im Gebiet der Nordischen Missionen.

Hans-Georg Aschoff

Heinrich Steiger

Heinrich Steiger wurde am 18. Mai 1862 als Sohn eines katholischen Landwirtes in Schönau/Baden geboren. Nach dem Abschluss seines Studiums an der Landwirtschaftlichen Hochschule Hohenheim 1886 nahm er eine Lehrtätigkeit an der Landwirtschaftlichen Lehranstalt in Hohenwestedt/Holstein auf. Zwei Jahre später wurde er Direktor der Landwirtschaftsschule Bassum (Provinz Hannover) und 1894 Generalsekretär des Reichsverbandes der landwirtschaftlichen Genossenschaften in Offenbach am Main. Von dort wechselte er 1896 zur Königlichen Landwirtschaftsgesellschaft in Hannover und wurde 1899 Generalsekretär der Landwirtschaftskammer für die Provinz Hannover, ein Amt, das er bis 1924 bekleidete; bis 1923 gehörte er dem Vorstand der Landesgenossenschaftsbank Hannover an. 1924 wurde er Mitglied des Verwaltungsrats der Provinzial-Landeskreditanstalt Hannover.

Steiger war Mitglied der Zentrumspartei und vertrat von Mai 1924 bis 1928 den Wahlkreis 16 (Südhannover-Braunschweig) im Reichstag und anschließend bis 1933 den Wahlkreis 16 (Süd-Hannover) im Preußischen Landtag. Am 18. Februar 1925 erfolgte seine Ernennung zum preußischen Staatsminister für Landwirtschaft, Domänen und Forsten im Kabinett des Ministerpräsidenten Wilhelm Marx; er leitete dieses Ministerium in der von Ministerpräsident Otto Braun geführten Folgeregierung bis zum 25. März 1933; nach dem Staatsstreich Reichskanzler Franz von Papens vom 20. Juli 1932 geschah dies geschäftsführend. Als Minister trug Steiger wesentlich zur Erhöhung der Zahl der Landwirtschaftsschulen und Wirtschaftsberatungsstellen in Preußen und zur Förderung der Tierzucht und des landwirtschaftlichen Bauwesens bei. Die Landwirtschaftliche Hochschule Bonn-Poppelsdorf verlieh ihm 1925 die Ehrendoktorwürde in Anerkennung seiner Verdienste als „tatkräftiger Förderer des Bauerntums und der zielbewussten Durchführung des preußischen Siedlungswesens in Verbindung mit großzügigen Landesmeliorationen sowie der Gesetzgebung zur Verbesserung der rheinischen Weinbaubetriebe".

Nach seiner Entlassung als Minister durch die Nationalsozialisten widmete sich Steiger der Abfassung seiner Lebenserinnerungen. Sein Sohn, der ebenfalls dem Zentrum angehörte, wurde 1933 amtsentlassen und mehrmals in der Berliner Gestapo-Zentrale in der Prinz-Albrecht-Straße verhört; dabei sollen auch Drohungen gegen seinen Vater gefallen sein. Steiger starb am 5. März 1943 in Berlin-Lichterfelde.

Hans-Georg Aschoff

Paul Steinmann und Johannes Steinmann

Paul Steinmann wurde am 30. Oktober 1871 in Hannover geboren. Am 25. Juli 1896 erfolgte seine Priesterweihe in Fulda. Anschließend wirkte er zwei Jahre als Konviktor des Kollegs der Anima in Rom und studierte gleichzeitig an der dortigen Gregoriana kanonisches Recht.

1898 erhielt Paul Steinmann eine Stelle als Kaplan im niederschlesischen Liegnitz und wurde nur ein Jahr später Kaplan an St. Hedwig in Berlin, der damals noch zum Fürstbistum Breslau gehörenden katholischen „Muttergemeinde" der Reichshauptstadt. Darüber hinaus bekleidete er die Position eines Sekretärs der Fürstbischöflichen Delegatur. 1907 wurde Paul Steinmann Pfarrer an der Stettiner Pfarrkirche St. Johann Baptist. 1918 erfolgte seine Ernennung zum Erzpriester sowie 1922 zum Propst in Stettin. Nach der Errichtung des Bistums Berlin durch das Preußenkonkordat 1929 wurde er dessen erster Dompropst. Seit dem 2. Februar 1931 wirkte er dort als Generalvikar unter den Bischöfen Schreiber, Bares – vorher Bischof von Hildesheim – und Preysing sowie zweimal als Kapitularvikar. In diesen Funktionen hatte er entscheidenden Anteil an Aufbau und Konsolidierung des Bistums Berlin und seiner Einrichtungen. Paul Steinmann starb am 8. November 1937 in Berlin.

Johannes Steinmann, der Bruder von Paul Steinmann, ist 1870 in Hannover geboren und wurde 1894 nach seinem Studium der Theologie in Fulda zum Priester geweiht. Noch im selben Jahr wurde er Geheimsekretär von Kardinal Georg Kopp, dem Fürstbischof von Breslau. In der schlesischen Hauptstadt wurde er 1904 Domkapitular sowie Direktor des Fürstbischöflichen Theologenkonviktes.

Zwischen 1921 und 1925 wirkte Johannes Steinmann als Domdechant in Breslau. Ferner war er von 1921 bis 1940 als Konsultor an der Preußischen Gesandtschaft bzw. ab 1933 an der Deutschen Botschaft beim Heiligen Stuhl tätig. Johannes Steinmann starb im Jahr 1940.

Alexander Dylong

Niels Stensen

Niels Stensen zählte zu den renommierten Gelehrten seiner Zeit. Er war am 1./11. Januar 1638 in Kopenhagen geboren worden. Nach dem Besuch der Lateinschule begann er in seiner Heimatstadt das Studium der Anatomie und der Medizin, das er von 1660 bis 1662 in Amsterdam und Leiden fortsetzte, wo er 1664 in absentia zum Dr. med. promoviert wurde. Durch eine Reihe wichtiger Entdeckungen auf dem Gebiet der Anatomie erwarb er sich den Ruf eines bedeutenden Wissenschaftlers. Aufgrund weiterer Beobachtungen und Veröffentlichungen wurde er zu einem Mitbegründer wissenschaftlicher Fachgebiete wie Geologie, Paläontologie und Kristallographie. Seit 1666 hielt sich Stensen überwiegend in Italien auf. In Florenz förderte ihn Großherzog Ferdinand II. (1610, 1621–1670) und gab ihm eine Anstellung als Anatom am Hospital Sta. Maria Nuova. Hier fasste er nach reiflicher Überlegung den Entschluss, zum Katholizismus zu konvertieren, und legte im November 1667 das katholische Glaubensbekenntnis ab. Eine logische Folge seiner Konversion war für ihn die Priesterweihe, die er 1675 in Florenz empfing. Danach gab er seine naturwissenschaftliche Tätigkeit weitgehend auf und stellte seine Person als praktischer Seelsorger in den Dienst der Kirche.

Auf Bitten Herzog Johann Friedrichs von Braunschweig-Lüneburg ernannte Papst Innozenz XI. Stensen am 21. August 1677 als Nachfolger Valerio Maccionis zum Apostolischen Vikar in Hannover und am 13. September zum Titularbischof von Titiopolis; die Bischofsweihe empfing er am 19. September in Rom durch Kardinal Gregorio Barbarigo (1625–1697). In Hannover widmete sich Stensen der Seelsorge an der Hofgemeinde. Nach Johann Friedrichs Ableben siedelte er im Sommer 1680 als Weihbischof von Ferdinand von Fürstenberg nach Münster über und bemühte sich um die Fortführung der tridentinischen Kirchenreform. Nach Fürstenbergs Tod verließ er 1683 aus Protest gegen die simonistische Wahl des Kölner Kurfürsten Maximilian Heinrich von Bayern Münster und begab sich nach Hamburg; doch wurde seine Tätigkeit dort durch die Behörden und Auseinandersetzungen mit den für die Seelsorge verantwortlichen Jesuiten erschwert.

Niels Stensen (1638–1686),
Weihbischof in Hannover

Trotz großen Einsatzes erzielte er auch in seinem Vikariatsgebiet keine greifbaren Erfolge. 1685 siedelte er nach Schwerin über, wo er eine vom Hof unabhängige katholische Gemeinde gründen wollte. In seinen Hoffnungen enttäuscht starb er hier nach schmerzlicher Krankheit und in äußerster Dürftigkeit am 5. Dezember 1686. Sein Leichnam wurde auf Veranlassung Großherzog Cosimos III. nach Florenz überführt und im Oktober 1687 in San Lorenzo beigesetzt.

Stensens vorbildliches christliches und priesterliches Leben fand schon bei seinen Zeitgenossen über die konfessionellen Grenzen hinweg Anerkennung. Seine persönliche Lebensführung, die von rigoroser Askese und strenger ethischer Entscheidung geprägt war, und sein unermüdlicher pastoraler Einsatz, der sich am tridentinischen Bischofsideal orientierte, machten ihn zu einem herausragenden Vertreter der kirchlichen Reform trotz häufiger pastoraler Misserfolge. Im Oktober 1988 erfolgte Stensens Seligsprechung durch Papst Johannes Paul II.

Hans-Georg Aschoff

Anton Storch

Unter der Federführung Anton Storchs als ersten Bundesminister für Arbeit entstanden zahlreiche Gesetzeswerke, die die sozialstaatliche Struktur der Bundesrepublik Deutschland grundlegend bestimmten. Storch wurde am 1. April 1892 als Sohn einer in Not geratenen Arbeiterfamilie in Fulda geboren und mit zwölf Jahren in das städtische Waisenhaus eingeliefert. Nach der Volksschule erlernte er von 1906 bis 1909 das Tischlerhandwerk; er wurde Mitglied des Windthorstbundes, der Jugendorganisation der Zentrumspartei, und des Katholischen Gesellenvereins, von dessen Bildungsarbeit er profitierte. Nach dem Militärdienst im Ersten Weltkrieg ließ er sich als Tischler in Ahlen (Westfalen) nieder und übernahm Funktionen in der Christlichen Gewerkschaftsbewegung. Von 1921 bis 1933 war Storch hauptberuflich als Leiter des Christlichen Holzarbeiterverbandes in Hannover tätig und übernahm 1931 den Landesvorsitz des Dachverbandes der Christlichen Gewerkschaften in der Provinz Hannover. Nach der Machtergreifung 1933 verlor er seine Gewerkschaftsämter und arbeitete als Versicherungsvertreter. Bei Kriegsausbruch wurde er bei der hannoverschen Feuerschutzpolizei dienstverpflichtet. Storch wurde zwar mehrfach wegen angeblich „staatsfeindlicher Reden" denunziert, ohne dass es zu einer Verurteilung kam. Über Hans Wellmann hatte er Kontakt zu dem Oppositionszirkel um den Sozialdemokraten Albin Karl.

Nach dem Krieg setzte sich Storch vorbehaltlos für die Bildung einer überkonfessionellen christlichen Partei ein und war maßgeblich an der Gründung der CDU in Hannover beteiligt. Außerdem widmete er sich tatkräftig der Schaffung einer Einheitsgewerkschaft und erlebte als Exponent der christlichen Richtung einen raschen Aufstieg, der ihn im April 1947 an die Spitze der Hauptabteilung Sozialpolitik im DGB in der britischen Zone führte. Damit war die Ausgangsbasis für seine Berufung zum Direktor der Verwaltung für Arbeit im Vereinigten Wirtschaftsgebiet 1948 geschaffen, in dem man einen Vorläufer des bundesrepublikanischen Arbeitsministers sehen kann; in dieser Funktion näherte er sich dem neoliberalen Kurs Ludwig Erhards an. Bei der ersten Wahl zum Deutschen Bundestag 1949 gewann Storch das Direktmandat für Osnabrück Stadt und Land.

Um die linken Kräfte in der Union zu binden, berief Konrad Adenauer Storch trotz Vorbehalte und gegen den Widerstand von FDP, DP und Teilen der CSU als Arbeitsminister in sein erstes Kabinett. In die Amtszeit Storchs, der in seinem sozialpolitischen Engagement von der katholischen Soziallehre geprägt war und Problemlösungen eher pragmatisch als theoretisch anging, fielen u. a. die sozialpolitische Bewältigung der Kriegsfolgen in Form von Lastenausgleich, Kriegsopferversorgung und sozialem Wohnungsbau, der Wiederaufbau der Sozialversicherung, die Verankerung der Tarifautonomie, die Montanmitbestimmung (1951), das Betriebsverfassungsgesetz (1952) und die Einführung der eigenständigen Sozialgerichtsbarkeit und des Kindergeldes. Als Hauptverdienst galt Storchs Mitwirkung an der Rentenreform von 1957, die die dynamische, lohnbezogene Rente einführte. Storch, dessen Politik wesentlich zur Minderung sozialer Spannungen in der frühen Bundesrepublik beitrug, schied 1957 aus dem Kabinett aus. Von 1958 bis 1965 war er Mitglied des Europaparlamentes. Er starb am 26. November 1975 in Fulda.

Hans-Georg Aschoff

Josefa Anna Strodt

Am 1. September 1926 im katholischen Emsland geboren, entschied sich Josefa Anna Strodt nach ihrer Schul- und Berufsausbildung sehr bewusst für die Arbeit als Seelsorgehelferin (heute Gemeindereferentin) im Bistum Hildesheim, wo sie in verschiedenen Pfarrgemeinden wirkte – 1956–1965 in Zeven Christ König, 1956–1968 in Langenhagen Liebfrauen und 1968–1991 in Hannover-Linden St. Benno.

Die Weitergabe des Glaubens, insbesondere an die junge Generation lag ihr am Herzen. Menschen, die an der Pfarrhaustür klingelten und um soziale Unterstützung baten, stand Josefa Strodt mit Wort und Tat zur Seite. Unkompliziert und couragiert und mit viel Einfallsreichtum unterstützte sie Hilfesuchende.

Josefa Anna Strodt (1926–2016), Gemeindereferentin in Hannover

Aus tiefer Freude am Glauben und mit großer Leidenschaft wirkte Josefa Strodt. Sie liebte ihre Kirche mit allen Stärken, aber auch mit ihren Schwächen. Kritisch beobachtete sie die Entwicklung der Kirche – und manchem Pfarrer sagte sie, „wo es langgeht". Ihre Worte waren direkt, und unverstellt sprach Josefa Strodt das aus, was sie dachte.

Sehr lange wohnte Josefa Strodt im Schatten der Propsteikirche Basilika St. Clemens. Sie engagierte sich ehrenamtlich in der Gemeinde und nahm Anteil am Gemeindeleben. Dabei lag ihr die Kirche St. Clemens sehr am Herzen. Nach Eintritt in den Ruhestand nahm sie über 25 Jahre Küsteraufgaben wahr. Äußerst verlässlich und mit Herzblut engagierte sich Josefa Strodt für „ihre" Kirche. Manchem Kirchenbesucher bot sie eine Kirchenführung an, die dann in einer Katechese für Erwachsene endete.

Mit Senioren machte sie, selbst im hohen Alter, Gedächtnistraining. Sie war davon überzeugt, dass das Geschenk ihres Herrgotts, ein hohes Alter in geistiger und körperlicher Fitness erreicht zu haben, für sie auch Auftrag war, das Empfangene so lange wie möglich selbst weiter zu schenken.

Josefa Strodt starb am 9. November 2016 im Alter von 90 Jahren, bestattet wurde sie auf dem St. Josefs-Friedhof in Lingen-Laxten.

Horst Vorderwülbecke

Jugendpastorales Zentrum „TABOR"

Zentral gelegen in der Nähe des Aegidientorplatzes liegt an der Hildesheimer Straße bei Hausnummer 32 das Jugendpastorale Zentrum TABOR. Gegründet 2005 findet seither in den ehemaligen Geschäftsräumen kirchliche Jugendarbeit in all ihren Facetten statt. Hinter dem Schaufenster lädt ein warmer und gemütlicher Raum gestaltet als Schüler- und Jugendcafé am Nachmittag zum Verweilen ein. Gemeinsam wird hier gespielt, gekrökelt, gelacht, gekocht und vieles mehr. Über das offene Angebot des Cafés hinaus bieten Ehrenamtliche kostenlos eine Hausaufgabenbetreuung an, für die eigene Lernräume zur Verfügung stehen.

Neben den regulären Öffnungszeiten am Nachmittag finden im einladenden Cafébereich regelmäßig Konzerte von jungen Künstlerinnen und Künstlern statt, zu denen sich dann Freitagabends Studenten und junge Erwachsene im TABOR verabreden. Ferienmaßnahmen und Fahrten runden das Beschäftigungs- und Freizeitangebot für die Kinder und Jugendlichen ab.

Hannover, Jugendpastorales Zentrum „TABOR"

Einen zweiten Schwerpunkt stellen Aktivitäten rund um den Themenbereich Spiritualität dar. Zum einen durch einen intensiven Kontakt mit den in naher Umgebung gelegenen weiterführenden katholischen Schulen: Gemeinsam mit der Ludwig-Windthorst-Schule und der St. Ursula-Schule werden Tage religiöser Orientierung, Oasentage, spirituelle Auszeiten und ein Projekt zur Firmvorbereitung an der Schule durchgeführt. Zum anderen finden Filmabende mit theologischen Schwerpunkten oder Exerzitien für junge Erwachsene statt. Für Jugendliche, die sich auf das Sakrament der Firmung vorbereiten, hält das Jugendpastorale Zentrum in Kooperation mit den Pfarreien des Regionaldekanats Hannover ein gezieltes Angebot zum Thema Versöhnung bereit, welches gerne in Anspruch genommen und hauptsächlich durch ehrenamtliche Engagierte mitgestaltet wird.

Das TABOR hat sich in den vergangenen 13 Jahren als feste Größe der (katholischen) Jugendarbeit in Hannover etabliert. Dabei wird es nicht nur von den Kindern und Jugendlichen oder den Gemeinden des Dekanats geschätzt, sondern auch von kommunalen oder anderen kirchlichen Kooperationspartnern wie beispielsweise von den katholischen Jugendverbänden. Das Jugendpastorale Zentrum unterliegt dabei trotz des etablierten Angebots einem ständigen Wandel, da die Arbeit hier nicht nur *für* Kinder und Jugendliche gemacht wird, sondern vor allen Dingen gemeinsam *mit* ihnen. So ist es ein kirchlicher Ort, der ein junges und sich immer wieder wandelndes Gesicht hat; in der Hoffnung, dass ein Besuch auf dem oder im TABOR tatsächlich etwas bei beziehungsweise in seinen Besuchern verwandelt.

Johannes Ebbersmeyer

Katholische Theologie studieren in Hannover

Nicht nur im Schatten des Doms von Hildesheim lässt sich katholische Theologie studieren, auch in der Landeshauptstadt an der Leibniz-Universität – fußläufig von der Clemensbasilika entfernt – gehört Katholische Theologie zum Studienangebot.

Das Fach blickt in Hannover auf eine bewegte Geschichte zurück. Als Studienfach im Rahmen der Grund- Haupt- und Realschullehrerbildung war es zunächst an der Pädagogischen Schule Abteilung Niedersachsen in der Bismarckstraße angesiedelt. Im Zuge der Integration Pädagogischer Hochschulen in Universitäten blieb das Fach erhalten, fand sich aber in neuen Konstellationen wieder. Der Wunsch des Hildesheimer Bischofs Josef Homeyer, auch in seinem Bistum das Studium der Katholischen Theologie für den gymnasialen Bereich zu ermöglichen, führte zu einer schrittweisen Etablierung des Faches in Hannover über den Primar- und Sekundarbereich hinaus. Zunächst als Kombinationsmöglichkeit mit Musik gedacht, sollte Katholische Theologie zum regulären Studienfach für angehende Lehrerinnen und Lehrer an Gymnasien werden. Dazu war es notwendig Strukturen zu schaffen, die die Breite der fachlichen Ausrichtung gewährleisten konnten. Als Lösung bot es sich an, in Kooperation mit den Theologieprofessoren der Universität Hildesheim ein entsprechendes weit gefächertes Studienangebot vorzuhalten. Durch die an der Universität Hannover gebotene Infrastruktur konnte von nun an Katholische Theologie als Unterrichtsfach in allen Lehramtsstudiengängen gewählt werden. Schulformübergreifende Seminarveranstaltungen erforderten einerseits zwar erhebliche Differenzierungsmaßnahmen, führten aber auch zu einem intensiven und fruchtbaren Dialog zwischen den zukünftigen Religionslehrerinnen und -lehrern.

Dieses umfassende Studienangebot für alle Schulformen existierte, bis die Grund-, Haupt- und Realschullehrerbildung von Hannover nach Hildesheim verlagert wurde. Heute ist es möglich, in Hannover Katholische Theologie für das Lehramt an Gymnasien und berufsbildenden Schulen zu studieren. Darüber hinaus können Sonderpädagogikstudierende das Fach belegen, um ihre Lehrbefähigung für Religion in der Förderschule zu erwerben. Zudem ist die Katholische Theologie an dem Masterstudiengang „Religion im kulturellen Kontext" beteiligt, der die Möglichkeit eröffnet, akademisch auch außerhalb der Lehramtsmasterstudiengänge mit der Katholischen Theologie auf Tuchfühlung zu gehen.

Christina Kalloch

Barmherzige Schwestern in Hannover – zum Beispiel Schwester Virginie

Seit 1862 sind viele, sehr viele Schwestern der Kongregation vom hl. Vinzenz von Paul in Hannover tätig gewesen – ohne sie hätte die Katholische Kirche in Stadt und Region Hannover sicherlich eine andere Entwicklung genommen. Eine von ihnen war Schwester Virginie, 1833 als Sophie Stahlhut in Hildesheim geboren und seit 1858 Mitglied der Kongregation.

Ein Bericht über ihr Leben, der etwa 30 Jahre nach ihrem Tod verfasst wurde, schildert sie als eine selbstbewusste und tatkräftige Persönlichkeit, die über Organisationstalent und Führungsqualitäten verfügte und auf praktischem Gebiet vielseitig begabt war. Was sie als richtig und notwendig erkannte, begann sie im Vertrauen auf Gottes Hilfe.

Als erste Oberin der Niederlassungen in Wiedelah und Celle agierte sie sehr eigenständig, was an beiden Einsatzorten zu Konflikten mit der örtlichen Obrigkeit und ihrer Generaloberin sowie letztlich zu ihrer Versetzung führte. Auf eben diese Weise kam Schwester Virginie 1872 in das (erste) St. Vincenz-Stift am Kreuzkirchhof in Hannover, dessen Entwicklung sie insbesondere als Hausoberin ab 1877 maßgeblich gestaltet hat.

1883 übernahm die Kongregation mit dem neuen St. Vincenz-Stift an der Scharnhorststraße ein großes, nicht nur finanzielles Risiko. Schwester Virginie konnte hier ihre reichen Gaben voll entfalten, angefangen von der Bauplanung bis zur Organisation des Krankenhausbetriebs. Um die finanzielle Belastung zu mindern, betrieb sie Fundraising, indem sie Lotterien veranstaltete und einen Förderverein initiierte.

Hannover, St. Vinzenz-Stift, um 1920

Dabei war die geistliche Dimension ihres Lebens stets Hintergrund und Motivation ihrer wirtschaftlichen Aktivitäten, ihren immensen Einsatz verstand sie stets als Dienst für andere. Wichtig war ihr das Bewusstsein, dass die Liebe zu Jesus Christus und die gleiche Berufung zum Dienst der Barmherzigkeit alle Schwestern miteinander verbindet. Daraus erwuchs eine gute Atmosphäre im Schwesternkreis.

Bis 1892 konnte Schwester Virginie ihre von Gott geschenkten Talente und Fähigkeiten zum Wohle des St. Vincenzstifts und damit der Menschen in Hannover einsetzen. Sie starb 65-jährig 1899 in Gronau.

Sr. Regina-Maria Lührsen

August Weber

Ein halbes Jahrhundert nahm August Weber den Küster- und Organistendienst an der St. Heinrich-Kirche in Hannover wahr. Er wurde am 14. Dezember 1899 in Hannover-Linden geboren und wuchs in der St. Godehardi- und dann in der St. Benno-Gemeinde in einem musikalisch aufgeschlossenen Elternhaus auf. Frühzeitig lernte er das Harmonium- und Orgelspielen. Am 3. Oktober 1926 erhielt er eine Anstellung als Organist an der damaligen St. Heinrich-Kapelle in der Albert-Niemann-Straße. Im Mai 1932 übernahm er auch den Küsterdienst in der 1929 errichteten St. Heinrich-Kirche. Von etwa 1935 bis zur Auflösung Ende der 1960er Jahre leitete er mit nur kurzen Unterbrechungen auch den Kirchenchor. Der tieffromme August Weber vollzog gewissenhaft und mit Freude den Küsterdienst; zu den Hochfesten sorgte er für eine besonders prächtige Ausstattung von Kirche und Altar. Unterstützung erhielt er von Familienmitgliedern; seine Ehefrau Elisabeth, geb. Fahlbusch, die er 1925 geheiratet hatte, war für den Blumenschmuck verantwortlich, leitete die Reinigung des Kirche und stellte mit einer kleinen Frauengruppe Paramente her bzw. besserte sie aus; seine Tochter Anna vertrat ihn bei Abwesenheit, während sein Sohn August Wilhelm zuweilen die Orgel spielte. Als schweren Schicksalsschlag empfand Weber, der dem nationalsozialistischen Regime kritisch gegenüberstand, die Zerstörung „seiner" Kirche durch den Großangriff auf Hannover in der Nacht vom 8./9. Oktober 1943; er bemühte sich, Teile des Gotteshauses als Notkirche für den Gottesdienst brauchbar zu machen.

Besondere Aufmerksamkeit widmete Weber der Schulung und Betreuung der Messdiener, die „sein ganzer Stolz" waren. Neben den notwendigen Handlungen und Gebeten, die die Ministranten in lateinischer Sprache lernen mussten, führte

Hannover, St. Heinrich

er sie in die Liturgie und den Ablauf des Kirchenjahres ein. Intensiv engagierte er sich in den Übungsstunden vor den Festtagen. Eine übergroße Freude empfand er, wenn einer „seiner" Messdiener die Priesterweihe empfing. Versuche der Hildesheimer Bistumsleitung, die Ministrantenseelsorge dem Kaplan zu übertragen, konnte der damalige Pfarrer Franz Ludewig zugunsten Webers abwenden.

Im Oktober 1966 zeichnete der Niedersächsische Ministerpräsident Weber mit dem Verdienstkreuz am Bande des Niedersächsischen Verdienstordens aus; 1974 erhielt er die Medaille des Bistums Hildesheim. August Weber starb am 22. Juni 1976 in Hannover kurz vor seinem 50-jährigen Dienstjubiläum; er wurde auf dem Stadtfriedhof Engesohde bestattet.

Hans-Georg Aschoff

Georg Wengler

Georg Wengler ist ein herausragendes Beispiel für einen „Flüchtlingspriester", der nach dem Zweiten Weltkrieg einen maßgeblichen Beitrag zur gesellschaftlichen und kirchlichen Integration der Vertriebenen in Niedersachsen leistete. Er wurde am 9. Juni 1905 in Walditz, Grafschaft Glatz, geboren, das kirchlich zum Erzbistum Prag gehörte. Die Priesterweihe empfing er am 26. Juli 1930 in Innsbruck. 1940 erfolgte seine Ernennung zum Pfarrer in Eckersdorf; wegen seiner Predigten für die Jugend wurde er neun Mal von der Gestapo verhört, ohne dass es zu einer Verurteilung kam. Im März 1946 gelangte er mit 800 schlesischen Vertriebenen, die zu einem großen Teil Pfarrangehörige seiner Gemeinde waren, in den Landkreis Neustadt a. Rbge. Wengler beteiligte sich an deren Unterbringung und kümmerte sich um die persönlichen Anliegen. Zum 1. März 1946 ernannte ihn der Hildesheimer Bischof Joseph Godehard Machens zum Pastor in Mandelsloh, wo er im evangelischen Pfarrhaus wohnte und das Pfarrbüro einrichtete. Seine Gemeinde umfasste ca. 3000 Katholiken in über 30 Orten, die bis zu 50 km auseinander lagen. Er teilte dieses Gebiet in acht Bezirke ein, die jeweils eine Gottesdienststation aufwiesen und von einer Caritashelferin und einem Helferkreis aus etlichen Laien betreut wurden; auf den monatlichen Zusammenkünften der Caritashelferinnen wurden unter seiner Leitung die Angelegenheiten der einzelnen Ortschaften besprochen. Die Gottesdienste fanden anfangs in Gasthäusern, später in den evangelischen Kirchen statt. 1958 erwarb Wengler das Lehrerhaus in Mandelsloh, das in eine katholische Kirche umgebaut wurde und damit eine Kapelle, die an sein Wohnhaus angebaut worden war, ablöste. Der Kirchenneubau „Unbeflecktes Herz Mariä" entstand in Mandelsloh erst 1976, während die zur Kuratie gehörenden Kirchen „Hl. Familie" in Rodewald und „Herz-Jesu" in Hagen noch in Wenglers Amtszeit 1962 bzw. 1965 errichtet wurden. Sein Vorhaben, eine vierte Kirche mit Pfarrhaus und Kindergarten in Helstorf zu bauen, kam nicht zuletzt wegen der abnehmenden Zahl der Katholiken (1950: 2000) nicht zur Ausführung.

Neben der Einrichtung von Gottesdienststationen und dem Bau von Kirchen entstand auf Initiative Wenglers, der langjähriges Mitglied des Kreistages war, in Rodewald eine Siedlung für Flüchtlinge und ein Altenzentrum in der Trägerschaft des Katholischen Kirchbauvereins. Zur Sicherung der Nahrungsgrundlage gründete er zusammen mit dem Bund der Vertriebenen eine Konsumgenossenschaft mit fünf Filialen, die günstige Einkaufsmöglichkeiten bot. Seine Verdienste wurden durch die Verleihung des Bundesverdienstkreuzes Erster Klasse anerkannt. Wengler starb am 13. September 1971 in Bad Lauterberg.

Hans-Georg Aschoff

Ludwig Windthorst

Ludwig Windthorst gilt als eine der bedeutendsten Persönlichkeiten in der Geschichte des deutschen Parlamentarismus. Seine Popularität, der er sich im katholischen Bevölkerungsteil über seinen Tod hinaus erfreute, resultierte vor allem aus seinem unerschrockenen Auftreten und unermüdlichen Einsatz für die Rechte der Kirche und für die Gewährleistung von Grund- und Menschenrechten während des Kulturkampfes; dies machte ihn zum „gefährlichsten innenpolitischen Gegner Bismarcks" (Walther Bußmann), aber auch zur bedeutendsten politischen Führungspersönlichkeit des katholischen Bevölkerungsteils Deutschlands und zu einem „Wegbereiter des demokratischen Rechtsstaates" (Waldemar Röhrbein).

Windthorst wurde am 17. Januar 1812 in Ostercappeln bei Osnabrück geboren. Nach dem Studium der Rechtswissenschaften in Göttingen und Heidelberg ließ er sich 1836 in Osnabrück als Rechtsanwalt nieder. Unter dem letzten hannoverschen König, Georg V., wurde er zweimal zum Justizminister ernannt (1851–1853, 1862–1865), womit zum ersten Mal ein Katholik im Königreich Hannover in ein Ministeramt gelangte. In dieser Funktion verfolgte er einen moderaten Reformkurs im Zeichen eines gemäßigten Konstitutionalismus. Wenn Windthorst während seiner langjährigen späteren politischen Tätigkeit vorbehaltlos für die Respektierung der Glaubens- und Gewissensfreiheit und für den Grundsatz staatsbürgerlicher Parität der Angehörigen aller Bekenntnisse eintrat, so lagen diesem Einsatz Erfahrungen aus dem Königreich Hannover zugrunde, wo die Katholiken als konfessionelle Minderheit in einem protestantisch bestimmten Staat im öffentlichen Leben benachteiligt waren.

Die Einverleibung des Königreiches Hannover durch Preußen im Zuge des Deutschen Krieges von 1866 erlebte Windthorst als Kronoberanwalt in Celle. Aus rechtlichen Gründen lehnte er diese Annexion ab und beteiligte sich aktiv an der Formierung einer Oppositionsbewegung gegen die preußische Regierung. Dennoch bewahrte ihn sein Realitätssinn davor, an eine Wiederherstellung der Selbständigkeit Hannovers zu glauben; er erkannte die durch die Ereignisse des Jahres 1866 geschaffenen politischen Zustände, neben der Annexion die Auflösung des Deutschen Bundes und die Gründung des Norddeutschen Bundes als Vorform des kleindeutschen Reiches, an und hielt sich aufgrund eines ausgeprägten christlichen Verantwortungsgefühls für verpflichtet, an deren weiterer Ausgestaltung mitzuwirken. 1867 ließ er sich für den emsländischen Wahlkreis in den Reichstag und für den Wahlkreis Meppen in das preußische Abgeordnetenhaus wählen. Beide Mandate fielen ihm in der Folgezeit bis zu seinem Tod regelmäßig mit überwältigenden Mehrheiten bei den Wahlen zu.

Ludwig Windthorst (1812–1891)

In den politischen Auseinandersetzungen war Windthorst immer dort zu finden, wo es um die Sicherung staatsbürgerlicher Rechtsgleichheit, den Ausbau des Föderalismus und die Zurückdrängung staatlicher Machtansprüche ging. Dabei fand er entscheidenden parlamentarischen Rückhalt an der Zentrumspartei, die sich 1870/71 im Zuge der Reichsgründung gebildet hatte. Seit Mitte der 1870er Jahre nahm Windthorst in ihr eine allseits anerkannte Führungsposition ein. Seine Versuche, der Partei, die sich lediglich auf katholische Wähler stützen konnte, einen überkonfessionellen Charakter zu verleihen, um ihre parlamentarische Position zu stärken, aber auch um Katholiken und Protestanten im Kampf für rechtsstaatliche Ziele zu vereinen, scheiterten an den ausgeprägten konfessionellen Gegensätzen der damaligen Zeit. Durch kluges parlamentarisches Taktieren gelang es ihm, das Zentrum vor einer prinzipiell oppositionellen Haltung zu bewahren und die Regierung zeitweise in Abhängigkeit von der Partei zu bringen. Windthorsts Hauptverdienste lagen vor allem in der Schärfung des Rechtsbewusstseins, das ihn zur Ablehnung des Sozialistengesetzes, der antipolnischen Maßnahmen der preußischen Regierung und der ersten Zeichen eines politischen Antisemitismus führte, in der Stärkung des Parlamentes gegenüber der Exekutive, vor allem durch die kontinuierliche Forderung nach Diskussion aller wesentlichen politischen Entscheidungen in den parlamentarischen Gremien, aber auch in der Sicherung der Unabhängigkeit der Zentrumspartei; diese war durch verschiedene

Einwirkungsversuche kurialer Stellen gefährdet, die die Partei als ausführendes Organ vatikanischer Vorstellungen ansahen. In seiner Unterscheidung zwischen kirchlich-religiösen Materien, in denen er und die Partei die Entscheidungskompetenz der Hierarchie anerkannten, und rein politischen Gegenständen, die zu entscheiden in der Eigenverantwortung der Laien lagen, wies er die kirchliche Gewalt auf ihre Grenzen im politischen Bereich hin. Zu diesem Prinzip der Subsidiarität und Eigenverantwortlichkeit der Laien hat sich in der Katholischen Kirche erst das Zweite Vatikanische Konzil (1962–1965) mit aller Deutlichkeit bekannt. Windthorst begründete eine Tradition, der sich herausragende christlich-demokratische Politiker der folgenden Generationen, wie Matthias Erzberger, Heinrich Brüning und Konrad Adenauer, verpflichtet fühlten.

Windthorst starb am 14. März 1891 und wurde in der Marienkirche in Hannover beigesetzt, deren Bau im Wesentlichen durch eine von ihm initiierte Spendenaktion finanziert worden war.

Hans-Georg Aschoff

Hans-Georg Aschoff

Caritasarbeit in der Stadt und Region Hannover

1. Caritas im Mittelalter und in der Frühen Neuzeit

Die Fürsorge für Arme, Kranke und Notleidende ist eine Grundfunktion der Kirche und seit Beginn der christlichen Gemeindebildung „zentrales Element des Christseins".[1] Seit dem frühen Mittelalter engagierten sich die Klöster in wachsendem Maße in der Fürsorge für Notleidende. Die Benediktusregel schrieb explizit vor, dass jedes Kloster zur Verpflegung von Kranken und Pilgern verpflichtet sei. Neben den Klöstern leisteten auch viele Stifte Hilfsmaßnahmen und gründeten Wohlfahrtseinrichtungen. Die wichtigste Form der institutionalisierten Fürsorge stellten die Hospitäler dar, die „keine Krankenhäuser in unserem heutigen Sinn, sondern Multifunktionsanstalten" waren.[2] Sie standen ursprünglich allen Bedürftigen ohne Einschränkungen zur Verfügung und nahmen neben Kranken und Armen auch wandernde Handwerker, Reisende, Pilger, Scholaren, elternlose Kinder, Schwangere und Arbeitsunfähige auf; häufig betrieben sie darüber hinaus auch eine offene Armenfürsorge. In Hannover waren die wichtigsten Hospitäler das Heilig-Geist-Stift und das Nikolaistift, die im 13. Jahrhundert gegründet worden waren und sich reicher Stiftungen der Bürger erfreuten. Auch entfalteten die Franziskaner eine rege caritative Tätigkeit und unterhielten u. a. ein Siechenhaus. Darüber hinaus erfüllten etliche Bruderschaften und in der Umgebung der Stadt die Klöster caritative Aufgaben.[3]

Armut im Sinne der Unfähigkeit, den Lebensunterhalt zu sichern, stellte in der Frühen Neuzeit kein Randphänomen dar; der Großteil der Gesamtbevölkerung war zumindest zeitweilig von Armut bedroht. Hinsichtlich der Lösung des Armenproblems setzten Katholiken und Protestanten unterschiedliche Schwerpunkte.

---

1 Allgemein: Erwin Gatz (Hg.), Geschichte des kirchlichen Lebens in den deutschsprachigen Ländern seit dem 18. Jahrhundert, Bd. 5: Caritas und soziale Dienste, Freiburg u. a. 1997, hier S. 21.
2 Sebastian Schmidt, Caritas, Die Sorge um Arme und Kranke, in: Bernhard Schneider (Hg.), Kirchenreform und Konfessionsstaat 1500–1801 (Geschichte des Bistums Trier III), Tier 2010, S. 124–161, hier S. 141.
3 Siehe in diesem Band: Hans-Georg Aschoff, Die Katholische Kirche in der Region Hannover vom Mittelalter bis zur Gegenwart.

Die Säkularisation von Stiften und Klöstern und die Verwerfung der Heilsnotwendigkeit der Guten Werke durch die Reformation begünstigten in den lutherischen und calvinistischen Städten und Territorien ein stärkeres kommunales und staatliches Engagement in der Armenfürsorge und entzogen dieser „ihre bisherige Volkstümlichkeit".[4] Demgegenüber blieb die Armenfürsorge in den katholischen Ländern weithin in kirchlicher Trägerschaft. Das Konzil von Trient bestätigte die Bedeutung des Almosens und der Guten Werke und trug dazu bei, dass Stiftungen in katholischen Gegenden einen Aufschwung erlebten. Ein bedeutender Beitrag des nachtridentinischen Katholizismus zur Linderung der sozialen Not war die Bildung neuer Orden, die sich auf den Armen- und Krankendienst spezialisierten. Dazu gehörten vor allem die verschiedenen Werke des hl. Vinzenz von Paul (1581–1660), des Begründers der modernen Caritas. Aber auch der Jesuitenorden, der primär als Seelsorge- und Lehrorden wahrgenommen wird, zeichnete sich durch ein starkes soziales Engagement aus ebenso wie die Kapuziner, die als Bettelorden zwar selbst auf Almosen angewiesen waren, diese aber zugleich an Arme vergaben und sich um Notleidende kümmerten. Man kann davon ausgehen, dass sich auch die von Herzog Johann Friedrich[5] 1666/67 nach Hannover berufenen Kapuziner caritativ betätigten. Der Apostolische Vikar Niels Stensen[6] widmete einen Teil seines Gehaltes, das er von Johann Friedrich bezog, caritativen Zwecken. Im 18. Jahrhundert, als sich nach der Verlegung des Hofes nach London auch der Charakter der katholischen Gemeinde veränderte und diese sich immer mehr aus den unteren Bevölkerungsschichten rekrutierte, nahm sie sich der Armen, Kranken und Notleidenden an, soweit es die beschränkten Mittel zuließen.

2. Die Entwicklung der Caritas vor dem Zweiten Weltkrieg

a. Die Vinzenz- und Elisabethvereine

Bis in die Gegenwart hinein ist der hannoversche Katholizismus mit seinen beachtlichen Leitungen auf sozialcaritativem Gebiet im kommunalen Leben besonders in Erscheinung getreten. In der Diaspora erhielt die caritative Hilfe

---

4 Hans Jürgen Brandt u. Karl Hengst, Geschichte des Erzbistums Paderborn, Bd. 2: Das Bistum Paderborn von der Reformation bis zur Säkularisation 1532–1802/21, Paderborn 2007, S. 548.

5 Siehe in diesem Band: Hans-Georg Aschoff, Johann Friedrich, Herzog zu Braunschweig und Lüneburg, und Herzogin Benedikta Henriette.

6 Siehe in diesem Band: Hans-Georg Aschoff, Niels Stensen.

Hannover-Linden, Godehardistift, um 1920

eine besondere Bedeutung als Mittel der Seelsorge und der Repräsentation in einer nichtkatholischen Umwelt. Vor dem Hintergrund der Industrialisierung weitete sich das caritative Wirken des Katholizismus in Deutschland erheblich aus. Die caritativen Aktionen erfolgten in der Regel nicht auf Weisung von Kirchenautoritäten, sondern entstanden auf die Initiative einzelner engagierter Priester und Laien hin. Dabei erfuhr die kirchliche Sozialarbeit einen tiefgreifenden Wandel; man löste sich von der traditionellen Armenpflege mit Konzentration auf den elementaren Lebensunterhalt und wandte sich durch eine differenziertere und spezialisiertere Sorge den Menschen in ihren verschiedenen Nöten zu. Dies geschah durch eine Reihe von Neugründungen katholischer Frauen- und Männerorden, die spezielle sozialpädagogische und krankenpflegerische Ziele verfolgten. Zu den frühen caritativen Laienorganisationen gehörten die Vinzenz- und Elisabethvereine, die die praktische und alltägliche Caritasarbeit vor allem auf der Pfarrebene ausführten.[7] In Anlehnung an die vinzentinischen Frauenvereinigungen schlossen sich in den Elisabethkonferenzen Frauen zur persönlichen Hilfe für Notleidende, Familien,

---

7 Alfred Kall, Katholische Frauenbewegung in Deutschland. Eine Untersuchung zur Gründung katholischer Frauenvereine im 19. Jahrhundert, Paderborn u. a. 1983, S. 23–71.

Alleinstehende, Kranke und Alte zusammen; sie trafen sich regelmäßig zur Pflege ihres religiösen Lebens und zur praktischen Schulung für caritative Aufgaben. Eine Reihe von Elisabethkonferenzen unterhielt Einrichtungen, wie Nähstuben, Speisungen sowie Stationen für Haus- und Familienpflege.

Der erste Elisabethverein in Hannover wurde 1866 in St. Clemens gegründet.[8] Es folgten weitere Gründungen in St. Godehard (1882), St. Elisabeth (1896), St. Marien (1896), St. Benno (1903), St. Bernward (1906) und St. Joseph (1913).[9] Bis 1930 entstanden in allen Pfarreien des Großraumes Hannover Elisabethvereine. Vor dem Ersten Weltkrieg war eines ihrer Betätigungsfelder die Unterhaltung von „Suppenküchen", in denen bedürftige Menschen während der Wintermonate eine warme Mahlzeit erhielten. Außerdem beschafften und verteilten ihre Mitglieder Lebensmittel, Kleidung und Feuerungsmaterial, die durch Vereinsbeiträge und private Spenden finanziert wurden.

Ähnliche Ziele wie die Elisabethkonferenzen verfolgten die in der Regel aus Männern bestehenden Vinzenzkonferenzen. Sie gingen auf Antoine-Frédéric Ozanam (1813–1853) zurück. In Pfarreien, Betrieben und Universitäten versuchten die Mitglieder, materielle und geistig-seelische Not zu beheben oder zu lindern. Im Mittelpunkt ihrer Bemühungen stand die Familienpflege; dabei war der Hausbesuch die bevorzugte Methode. Von den Vinzenzvereinen gingen häufig Anregungen zur Gründung von Fürsorgevereinen aus, denen unter den caritativen Laienorganisationen eine besondere Bedeutung zukam. In Hannover bildete sich 1864 in St. Clemens der erste Vinzenzverein; er übernahm als besondere Aufgabe die Unterstützung bedürftiger Familien durch Mietzuschüsse, was zur Einrichtung einer „Mietsparkasse" führte. In der St. Benno-Gemeinde trat die Konferenz regelmäßig am Sonntag nach dem Hochamt zusammen und besprach die Unterstützungsfälle und die Art der Hilfe.[10]

---

8 Über die Caritasarbeit in Hannover vor dem Zweiten Weltkrieg: Caritasverband in Hannover (Hg.), Caritaspfade in Hannover, o. O. 1931; Hans-Georg Aschoff, Um des Menschen willen, Die Entwicklung der katholischen Kirche in der Region Hannover, Hildesheim [1983], S. 84f.; Johannes Müllmann, Mit dem Caritasverband durch die Jahrzehnte. 100 Jahre Caritasverband Hannover e. V., Hannover 2003, S. 11–69; Thomas Scharf-Wrede, Das Bistum Hildesheim 1866–1914. Kirchenführung, Organisation, Gemeindeleben, Hannover 1995, passim; Ders., Caritasarbeit im Bistum Hildesheim von 1850 bis 1945, in: Heribert Schlensok (Red.), Die großen Linien. 100 Jahre Caritasverband für die Diözese Hildesheim e. V., Hildesheim 2017, S. 24–77.

9 Karl Henkel, Handbuch der Diözese Hildesheim II, Hildesheim 1917, S. 93, 97, 101, 105, 107.

10 Scharf-Wrede, Bistum Hildesheim (wie Anm. 8), S. 378; Pfarrchronik und Festschrift zum goldenen Kirchweih-Jubiläum der katholischen Pfarrkirche St. Benno, Hannover-Linden, Hannover 1952, S. 66.

Hannover-Linden, St. Joseph-Stift, um 1910

b. Die Kongregation der Barmherzigen Schwestern vom hl. Vinzenz von Paul

Zum wichtigsten Träger der organisierten Caritas wurde im Raum Hannover der Orden der Barmherzigen Schwestern vom hl. Vinzenz von Paul (Vinzentinerinnen), der seit 1857 eine eigenständige Kongregation im Bistum Hildesheim bildete.[11] In Hannover arbeiteten am Vorabend des Ersten Weltkrieges gut 100 Vinzentinerinnen; am Ende der Weimarer Republik waren es über 130. Auf die Initiative Pastor Joseph Schlabergs hin nahmen hier 1862 die ersten drei Ordensfrauen aus Hildesheim ihre Tätigkeit auf. Sie wohnten in einem bescheidenen Haus in der Andertenschen Wiese, das mit Hilfe eines bischöflichen Darlehns von Schlaberg auf den Namen der Clemenskirche gekauft worden war. Die Schwestern widmeten sich vornehmlich der ambulanten Krankenpflege, richteten aber auch

---

11 Lieselotte Sterner, Die Kongregation der Barmherzigen Schwester vom hl. Vinzenz von Paul in Hildesheim von 1852 bis zum Zweiten Vatikanischen Konzil. Untersuchung einer karitativen Ordensgemeinschaft vor dem Hintergrund der sozialen und politischen Entwicklung im 19. und 20. Jahrhundert, Hannover 1999, bes. S. 203–215.

bald nach ihrer Ankunft eine Nähschule für schulentlassene Mädchen ein. Dem häufig geäußerten Wunsch, einige Kranke in ihrer Niederlassung aufzunehmen und zu pflegen, konnte wegen der Enge des Hauses und der Unzuträglichkeit der Räume nicht entsprochen werden. Die Stadt Hannover bot den Vinzentinerinnen ein weites Betätigungsfeld, so dass der Erwerb eines größeren Hauses notwendig wurde. 1869 erfolgte der Kauf des alten Amtshauses „Im Kreuzkirchhof". In dieser neuen Niederlassung, die ursprünglich „Marienhof" hieß, dann den Namen „Vinzenzstift" erhielt, konnten etwa 20 Kranke stationär behandelt werden. Dies geschah ohne Rücksicht auf die Konfession, so dass in den Anfangsjahren der Anteil der Nichtkatholiken den der Katholiken bei weitem übertraf.

Bald machte sich im alten Vinzenzstift wegen der großen Zahl pflegebedürftiger Kranker Raummangel bemerkbar; die Lage des Gebäudes inmitten der engen Straßen der Altstadt erwies sich als ungünstig. 1882 erwarb die Kongregation die Villa des Verlagsbuchhändlers Karl Rümpler am Neuen Haus, nahe der Eilenriede, die nach den Plänen des Architekten Christoph Hehl in ein Krankenhaus umgebaut wurde. Durch den Kauf benachbarter Grundstücke konnte die Einrichtung erweitert werden, so dass sich die Bettenzahl von 60 bis 80 auf 200 um 1930 erhöhte. An die Stelle der reinen Krankenpflege trat die Krankenhausbehandlung, die den Anforderungen der damaligen medizinischen Wissenschaft und Praxis entsprach. Als zweites katholisches Krankenhaus, das ebenfalls von Vinzentinerinnen betreut wurde, entstand 1904 neben der St. Benno-Kirche in Linden das St. Joseph-Stift. Auch diese Einrichtung musste in den folgenden Jahren wegen des Andrangs von Patienten durch An- und Umbauten vergrößert werden. Die Bettenzahl stieg von ursprünglich 40 auf 120 Anfang der 1930er Jahre.

Neben den beiden Krankenhäusern standen unter der Leitung der Vinzentinerinnen das Godehardistift (Allerweg, gegründet 1893), das Stift Mariahilf (Escherstraße, 1896), das St. Benno-Stift (Bennostraße, 1906), das Stift Maria-Elisabeth (Gerhardstraße, 1907) und das Marienhaus (Gellertstraße, 1911). Diese Einrichtungen waren Stützpunkte für die ambulante Krankenpflege; sie wiesen in der Regel Kindergärten und -horte auf, besaßen eine Näh- und Haushaltsschule und boten ledigen und älteren Menschen Unterkunft; allein das Marienhaus beherbergte 1930 fast 100 weibliche Personen. Das Godehardistift diente außerdem noch als Waisenhaus und „Kommunikantenanstalt", in der Kinder aus der Diaspora für die letzten Jahre ihrer Schulpflicht aufgenommen und auf die Erste hl. Kommunion vorbereitet wurden. Die gleichen Aufgaben nahm das 1895 eröffnete St. Joseph-Heim in Hannover-Döhren wahr; die Zahl der betreuten Kinder stieg von 130 (1910) auf 200 (1930). Im selben Jahr wurde das Monikaheim in Hannover-Ricklingen als Altenheim und Stätte der örtlichen Kindererholungsfürsorge eröffnet. Weitere Ambulanzstationen der Vinzentinerinnen entstanden

Pfarrer Wilhelm Maxen (1867–1946), Gründungsvorsitzender des Caritasverbands Hannover

im Adalbertstift (Hannover-Herrenhausen, 1931, mit Kindergarten und Nähschule), in der St. Joseph-Gemeinde (1933) und in der Gemeinde St. Konrad (1937). Diese Einrichtungen wurden durch öffentliche Mittel, private Zuwendungen und Kollekten finanziert.[12]

c. Das Caritassekretariat Hannover

Um die vielfältigen caritativen Initiativen sowie die katholischen Verbände und Einrichtungen der Sozialhilfe, die im 19. Jahrhundert im deutschen Katholizismus entstanden, einer organisatorischen Vernetzung zuzuführen und ihre Aktivitäten zu koordinieren, gründete der Limburger Priester Lorenz Werthmann 1897 den „Caritasverband für das katholische Deutschland" mit Sitz in Freiburg i. Br. Der zweite Präsident des Verbandes, Benedikt Kreutz, führte 1921 den heute üblichen

---

12 Caritaspfade (wie Anm. 8), S. 10–15; Sterner, Kongregation (wie Anm. 11), S. 364f.

13 Scharf-Wrede, Caritasarbeit (wie Anm. 8), S. 43–50.

Namen „Deutscher Caritasverband" (DCV) ein. Der Verband untergliederte sich in der Folgezeit in Diözesancaritasverbände. Die Erweiterung der Sozialgesetzgebung und der Ausbau des öffentlichen Wohlfahrtswesens während der Weimarer Republik ließen eine Untergliederung der Diözesancaritasverbände auf Kreis- und Lokalebene als notwendig erscheinen, um gegenüber den Jugendämtern, Wohlfahrtsausschüssen und Fürsorgebehörden die Interessen der Caritas vertreten zu können. Am 1. Mai 1917 wurde von Bischof Joseph Ernst der „Caritas-Verband für die Diözese Hildesheim" ins Leben gerufen.[13] Dieser sollte die unterschiedlichen sozialen Aufgaben und Aktivitäten der katholischen Wohlfahrtseinrichtungen der Diözese zusammenführen und koordinieren, der katholischen Wohlfahrtspflege nach außen hin ein stärkeres Gewicht verleihen und ihre Interessen bei staatlichen und kommunalen Behörden vertreten. Der Verband hatte die Funktion einer Dachorganisation, war gleichzeitig als eingetragener Verein auch Träger caritativer Einrichtungen und Tätigkeiten. Ernst forderte in seinem „Gründungshirtenbrief", dass auch auf der lokalen Ebene „die einzelnen Wohltätigkeitsvereine, Anstalten und Stiftungen [...] unter voller Wahrung ihrer Selbständigkeit zu einem örtlichen Caritasverbande zusammengefasst" wurden.[14]

Zu diesem Zeitpunkt bestand bereits für Hannover und Linden ein lokaler Caritasverband als erste Gründung in der Diözese. Seine Bildung ging auf die Initiative Wilhelm Maxens[15] zurück, der am 7. August 1903 vom Hildesheimer Bischof Daniel Wilhelm Sommerwerck zum Caritassekretär berufen wurde. Die Aufgabe des Caritassekretariates, das in Maxens Dreizimmerwohnung in der Clemensstraße 5 untergebracht war, war „die gegenseitige Information und Koordination sozialkaritativer Unternehmungen [...] – und nicht die Durchführung eigener Projekte";[16] Schwerpunkte der Caritasarbeit waren die Stellenvermittlung, Jugendfürsorge (in Zusammenarbeit mit dem städtischen Jugendamt) sowie die Unterstützung der Arbeit der katholischen Arbeitervereine und Christlichen Gewerkschaften.

Unter Maxens Nachfolgern im Amt des Caritassekretärs, Hugo Feltmann (1906–1909), Gustav Steinbach (1909–1919), Alban Wüstefeld (1919–1925) und Josef Sprenger (1925–1932), schuf der Caritasverband Hannover (CVH), der seit 1925 seine Hauptniederlassung in der Escherstraße 13 und 15 besaß, bis 1930 folgende sieben Abteilungen, in denen eine nebenamtliche und sieben hauptamtliche Kräfte arbeiteten:[17] 1. Verbindungsstelle für den Verkehr mit den Staats-

---

14 Zitiert nach Scharf-Wrede, Caritasarbeit (wie Anm. 8), S. 45.

15 Siehe in diesem Band: Thomas Scharf-Wrede, Seiner Zeit weit voraus: Pfarrer Wilhelm Maxen.

16 Scharf-Wrede, Caritasarbeit (wie Anm. 8), S. 39.

17 Caritaspfade (wie Anm. 8), S. 9; Müllmann, Caritasverband (wie Anm. 8), S. 51f.

Propst Heinrich Leupke (1871–1952), 1932–1941 Propst von St. Clemens und anschließend Ehrendomherr am Hildesheimer Mariendom

und Kommunalbehörden, den einzelnen Pfarrgemeinden, den übrigen caritativen Organisationen und Einrichtungen in der Stadt; die Sammel-Auskunftsstelle; Zusammenarbeit mit dem Katholischen Fürsorgeverein bei der Bestellung eines katholischen Vormundes oder einer katholischen Pflegestelle für katholische Kinder (Büro in der Escherstraße 13); 2. Bahnhofsmission (Büro: in einem Zimmer des Wartesaales IV. Klasse am Ernst-August-Platz); 3. Büro für einschlägige Fragen der Kindererholungsfürsorge (Escherstraße 15); 4. Hauptkartei der katholischen Pfarrgemeinden (Bäckerstraße 31); 5. Weibliche Stellenvermittlung (Marienhaus, Gellertstraße 3); 6. Strafanstaltsentlassenenhilfe und 7. Männliche Jugendgerichtshilfe und soziale Gerichtshilfe. Neben den geringen Mitgliedsbeiträgen stellte die jährliche Caritaskollekte eine wichtige Einnahmequelle dar, von der allerdings die Hälfte dem „Katholischen Fürsorgeverein für Frauen, Mädchen und Kinder" überwiesen werden musste; die andere Hälfte wurde nochmals zwischen dem Katholischen Jugendsekretariat und dem eigentlichen Caritassekretariat geteilt, so dass diesem 1925 lediglich ein Betrag von 750,- RM zukam. Dennoch gelang es dem Caritassekretariat eine Art Rücklage, den „Caritashilfsfonds", zu bilden, der 1932: 26.000 RM aufwies.[18] Neben den Mitarbeiterinnen

---

18 Müllmann, Caritasverband (wie Anm. 8), S. 44, 62.

und Mitarbeitern des Sekretariates sowie den gut 130 Vinzentinerinnen war zu diesem Zeitpunkt noch eine große Zahl Ehrenamtlicher in den einzelnen Abteilungen, in Pfarrgemeinden und Vereinen tätig. Jährlich wurden etwa 5000 Hilfesuchende in den Büros empfangen.[19]

d. Weitere caritative Einrichtungen

Zu den caritativen Einrichtungen und Organisationen, die in enger Beziehung zum Caritasverband Hannover standen und von ihm in der Öffentlichkeit und gegenüber den staatlichen Behörden vertreten wurden, gehörte das 1900 von Maxen eröffnete Volksbüro, eine der wichtigsten Einrichtungen des „Volksvereins für das Katholische Deutschland" in Hannover.[20] Ohne Unterschied der Konfession wurde jährlich mehreren Tausend meist den unteren Bevölkerungsschichten entstammenden Hilfesuchenden, darunter auch Ausländer, vornehmlich Italiener, unentgeltlich Rechtsberatung erteilt und zur Durchsetzung ihrer Rechtsansprüche in wirtschaftlichen und sozialen Angelegenheiten die Korrespondenz mit Behörden im Reich und im Ausland, mit Arbeitgebern und Berufsgenossenschaften geführt.

1907 bildete sich in Hannover eine Gruppe des „Katholischen Mädchenschutzvereins".[21] Er sah seine Aufgabe in der vorbeugenden Mädchenhilfe, der individuellen Beratung in Berufsfragen sowie in der Betreuung alleinstehender Mädchen im In- und Ausland. Außerdem war er Träger der Katholischen Bahnhofsmission; eine hauptamtliche „Bahnhofsmissionarin" und zwölf Ehrenamtliche erteilten den auf dem Bahnhof ankommenden Mädchen und Frauen Schutz und Hilfe, u. a. durch die Auskunft über günstige Zugverbindungen, durch die Besorgung von Fahrkarten und Geleit zu den Bahnsteigen. Außerdem standen seit Januar 1926 14 Doppelzimmer für die Unterbringung zugereister Mädchen im Bennostift gegen ein geringes Entgelt, in vielen Fällen auch kostenlos zur Verfügung. Um männliche Reisende kümmerte sich eine weitere hauptamtliche Kraft. Darüber hinaus unterhielt der Mädchenschutzverein im Marienhaus eine Vermittlung von Stellen, die von den öffentlichen Arbeitsämtern unberücksichtigt blieben.

1903 gründete Agnes Neuhaus in Dortmund den „Katholischen Fürsorgeverein für Mädchen, Frauen und Kinder" (heute: „Sozialdienst katholischer Frauen", SkF), dessen Anliegen es war, „frauenspezifischen Notsituationen mit frauen-

---

19 Müllmann, Caritasverband (wie Anm. 8), S. 52.
20 Caritaspfade (wie Anm. 8), S. 24; Scharf-Wrede, Caritasarbeit (wie Anm. 8), S. 37f.
21 Caritaspfade (wie Anm. 8), S. 25–27.

Hannover-Linden, Godehardistift, Hofansicht

spezifischer Hilfe zu begegnen".²² Bereits fünf Jahre später trat der Verein in Hannover ins Leben.²³ Im Mittelpunkt seiner Arbeit stand die Gefährdetenfürsorge; dazu gehörte die Betreuung unehelicher Mütter und Kinder und „sittlich verwahrloster" Mädchen und Frauen, die Jugendgerichtshilfe, die soziale Gerichtshilfe für Erwachsene sowie die Gefangenen- und Strafentlassenenfürsorge. 1930 betreute die Ortsgruppe über 500 Personen, meist im Alter von 15 bis 25 Jahren; sie kamen aus allen Berufen, besonders stark waren Hausangestellte vertreten. Die Mädchen und Frauen wurden dem Verein u. a. von den Jugend-, Pflege- oder Wohlfahrtsämtern sowie vom Vormundschafts- und Jugendgericht zur Betreuung übergeben. Konkrete Hilfe bestand in der vorläufigen Unterbringung in Vorasylen, der Vermittlung von Dienststellen, der Unterbringung unehelicher Kinder in katholischen Pflege- und Adoptionsstellen, in der Vermittlung von Unterstützung und der Übernahme von Schutzaufsichten. Außerdem führte der Verein über 50 Vormundschaften und Pflegschaften. Im „Agnes-Neuhaus-Heim"

---

22 Maria Elisabeth Thoma, Sozialdienst katholischer Frauen, in: Lexikon für Theologie und Kirche, Bd. 9, Freiburg u. a. ³2000, Sp. 753.

23 Caritaspfade (wie Anm. 8), S. 27–29.

in der Meterstraße konnte er kurzfristig Hilfsbedürftige unterbringen, aber auch erwerbstätigen Mädchen Unterkunft bieten.

Bereits vor dem Ersten Weltkrieg existierte in Hannover eine Ortsgruppe des „Kreuzbundes" als Selbsthilfe- und Helfergemeinschaft für Suchtgefährdete und Suchtkranke und ihre Angehörigen, die bis in die Gegenwart hier tätig ist.[24] Das „Katholische Hilfswerk" war ein Zusammenschluss von Pfarreimitgliedern zur gegenseitigen Unterstützung bei Sterbefällen; es leistete u. a. finanzielle Beihilfen für Beerdigungskosten. In der Gemeinde St. Benno gehörten ihm in den 1920er Jahren ca. 2400 Mitglieder an. In ähnlicher Weise richteten verschiedene katholische Vereine Sterbekassen ein.[25]

Auch das Kolpingwerk unterhielt in Hannover soziale Einrichtungen.[26] Dazu gehörten das 1892/93 in der Clemensstraße errichtete Gesellenhaus, das Übernachtungsmöglichkeiten bot und wo auch die Bildungsarbeit des Vereins stattfand sowie die Verwaltung der vereinseigenen Spar- und Unterstützungskasse ihren Sitz hatte, und der 1928 eröffnete „Kolpinghof" in der Escherstraße, der in 35 Zimmern mit je drei Betten Unterkunft für gut 100 ortsfremde Lehrlinge zur Verfügung stellte.

e. Beschwernisse im Drittes Reich

Entsprechend dem nationalsozialistischen Totalitätsanspruch wurden nach der Machtergreifung planmäßig Versuche unternommen, die gesamte Wohlfahrtspflege unter die Kontrolle des NS-Regimes zu bringen und die Tätigkeit der freien Wohlfahrtsverbände zurückzudrängen.[27] Als freie Wohlfahrtsverbände bestanden nach 1933 nur das Deutsche Rote Kreuz, die Innere Mission und der Deutsche Caritasverband fort. Mit Hilfe der regierungsseitig geförderten Nationalsozialistischen Volkswohlfahrt (NSV) sollten auch diese Verbände verdrängt bzw. gleichgeschaltet und die Wohlfahrtspflege monopolisiert werden. Die Arbeit der NSV war in enger Anlehnung an die nationalsozialistische Ideologie von rasse- und erbbiologischen Kriterien bestimmt; ihre Hilfe richtete sich nur an „rassisch wertvolle", vorübergehend in eine Notlage geratene Bedürftige, während „Minderwertige", „Asoziale", Alte und Behinderte einstweilen der öffentlichen Fürsorge, vor allem den freien Wohlfahrtsverbänden überlassen bleiben sollten.

---

24 Henkel, Handbuch II (wie Anm. 9), S. 95, 97, 99, 101, 107.

25 Caritaspfade (wie Anm. 8), S. 22; Pfarrchronik St. Benno (wie Anm. 10), S. 54f.

26 Caritaspfade (wie Anm. 8), S. 23f.

27 Allgemein: Hans Otte u. Thomas Scharf-Wrede (Hg.), Caritas und Diakonie in der NS-Zeit. Beispiele aus Niedersachsen, Hildesheim u. a. 2001.

Aufgrund dieser Zielsetzung war die NSV bestrebt, die kirchlichen Wohlfahrtsverbände aus den öffentlichkeitswirksamen Arbeitsbereichen der Kleinkindpädagogik, der Kinder-, Jugend- und Erholungsfürsorge und der Gemeindepflege hinauszudrängen und ihre Ausbildungsstätten für pflege- und sozialfürsorgerisches Personal zu reduzieren. Dass die kirchlichen Wohlfahrtsverbände dennoch im großen Ganzen das Dritte Reich überdauerten, war nicht zuletzt taktischen Erwägungen des nationalsozialistischen Regimes geschuldet. Ihr „umfassendes Angebot" sozialer Dienste und Erfahrungen sowie das gut ausgebildete Fachpersonal konnten mittelfristig nicht ersetzt werden. Hinzu kamen das hohe öffentliche Ansehen und die Rückbindung an die kirchentreue Bevölkerung. Der Deutsche Caritasverband und seine Untergliederungen waren darüber hinaus aufgrund Art. 31 des Reichskonkordates vom 20. Juli 1933 in ihrem Bestand rechtlich garantiert und besaßen in der kirchlichen Hierarchie einen vehementen Verteidiger ihrer Rechte.

In Hannover lag die koordinierende caritative Tätigkeit unter der Aufsicht und Leitung Propst Heinrich Leupkes als Vorsitzenden des Ortscaritasverbandes von 1932 bis 1939 bei Caritassekretär Wilhelm Unverhau, zugleich Kaplan an St. Clemens und seit 1936 auch Diözesancaritasdirektor, und von 1940 bis 1945 bei Caritassekretär Wilhelm Kirsch. Das zentrale Büro wurde 1940 aus dem Stift Mariahilf nach einer kurzen Unterbringung im aufgehobenen Ursula-Lyzeum in das Katholische Vereinshaus, Bäckerstraße 31 verlegt; nach dessen Zerstörung im Oktober 1943 brachte man es im Marienhaus, Gellerstraße 3 unter.

Zu den Drangsalierungen, die die Caritas in Hannover erlitt, gehörte die Einschränkung der Sammeltätigkeit durch das Sammlungsgesetz von 1934; drei Jahre später trat ein generelles Verbot öffentlicher Caritassammlungen in Kraft und wurden nur noch kircheninterne Kollekten zugestanden. 1934 hatte die Caritashaus- und -straßensammlung in Hannover einen Ertrag von 16.933,65 RM eingebracht, von dem 9788,62 RM an den Stadtcaritasverband flossen, der davon die Ausgaben für Abzeichen, Ansteckblumen usw. in Höhe von 2801,65 RM decken musste, während 7145,03 RM an die Pfarrcaritas gingen. Nach dem Verbot der Haus- und Straßensammlung bildete die Diözesankollekte am Caritassonntag eine wichtige Einnahmequelle.[28] Weitere Maßnahmen zur Einschränkung der caritativen Tätigkeit waren die Aufhebung der Bahnhofsmission (1939) und das Verbot von Stellenvermittlungen durch den Mädchenschutz- und den Fürsorgeverein. 1938 mussten der Kolpinghof und das Stift Mariahilf zwangsweise verkauft werden.[29] Im folgenden Jahr wurde der Kongregation der Vinzentinerinnen

---

28 Scharf-Wrede, Caritasarbeit (wie Anm. 8), S. 64.   29 Müllmann, Caritasverband (wie Anm. 8), S. 63.

Hannover-Mitte, St. Vinzenz-Stift: Krankenhaus der Hildesheimer Vinzentinerinnen 1882–1972

die Gemeinnützigkeit aberkannt, was die Besteuerung jeder einzelnen Niederlassung rückwirkend bis 1934 bedeutete.[30] Noch nicht unmittelbare gravierende Auswirkungen hatte der Geheimerlass des Reichsarbeitsministers vom 29. September 1940 und die „Reichsverordnung zur Verhinderung des Klosternachwuchses" (1941), die unter Hinweis auf die Kriegssituation und wirtschaftliche Engpässe den Eintritt in einen Orden untersagten; dieses Aufnahmeverbot trug zum Rückgang des Ordensnachwuchses bei, der sich in der Nachkriegszeit weiter verschärfte.

Von der nach 1935 in vielen Orten durchgeführten Aufhebung bzw. Verstaatlichung der katholischen Kindergärten scheinen diese Einrichtungen in Hannover verschont geblieben zu sein. Jedoch waren sie, wie das Beispiel im Godehardistift zeigt, ständig der Gefahr ausgesetzt, auf Anweisung Gauleiter Hartmann

---

30 Sterner, Kongregation (wie Anm. 11), S. 73.

Lauterbachers geschlossen zu werden.[31] Trotz Verbots setzte der Caritasverband im Geheimen unter der Verantwortung von Privatpersonen die Kindererholungsfürsorge fort; so konnten noch 1941 185 Kinder und 20 Mütter an zehn Erholungsorte geschickt werden.[32]

Eine erhebliche Beeinträchtigung der caritativen Tätigkeit brachte der Zweite Weltkrieg. Der Bombardierung fielen die Stifte Mariahilf und Maria-Elisabeth sowie das Agnes-Neuhaus-Heim zum Opfer; die Kinder des Döhrener Waisenhauses mussten auf verschiedene Häuser der Vinzentinerinnen im südlichen Niedersachsen verteilt werden. Schweren Schaden erlitten auch die katholischen Krankenhäuser, das Vinzenzstift und das Josephstift; nach Beseitigung der Schäden konnte der Krankenhausbetrieb, wenn auch in eingeschränktem Maße, wieder aufgenommen werden.

3. Caritasarbeit nach 1945

a. Aufgaben der unmittelbaren Nachkriegszeit

Die Zeit nach dem Zweiten Weltkrieg stellte das Wirken der Caritas durch das Zusammentreffen verschiedener scheinbar unüberwindbarer Probleme vor gewaltige Herausforderungen.[33] Zu diesen Problemen zählten der hohe Zerstörungsgrad der Städte und die Vernichtung des Wohnungsbestandes, erhebliche Schäden an der Infrastruktur, die Rückführung der Evakuierten und die Rückkehr der Kriegsgefangenen. Die Engpässe in der Versorgung der Bevölkerung mit Kleidung, Heizmaterial und Nahrungsmitteln erreichten ein derartiges Ausmaß, dass es im Verlauf des Jahres 1946 zu einer der schwersten Ernährungskrisen der jüngeren deutschen Geschichte kam. Hinzu traten die gesundheitliche Gefährdung und das Fehlen regulärer Arbeitsbedingungen. Diese Probleme verschärften sich durch das Einströmen der Flüchtlinge und Vertriebenen. Durch die Auslandshilfe, die Kriegsgefangenenhilfe, den Suchdienst und vor allem die Flüchtlingsbetreuung bewirkte die Nachkriegszeit eine erhebliche Ausweitung des Arbeitsfeldes der Caritas.

---

31 Caritasverband Hannover e. V. (Hg.), 100 Jahre Godehardistift. 100 Jahre Miteinander in Linden, Kissing 1993, S. 10; Sterner, Kongregation (wie Anm. 11), S. 266f.
32 Müllmann, Caritasverband (wie Anm. 8), S. 66.
33 Hans-Georg Aschoff, Caritasarbeit in der Stadt Hannover nach dem Zweiten Weltkrieg, in: Die Diözese Hildesheim in Vergangenheit und Gegenwart 63, 1995, S. 231–256; Ders., Caritasarbeit im Bistum Hildesheim vom Ende des Zweiten Weltkrieges bis 1990, in: Schlensok, Linien (wie Anm. 8), S. 83–125, bes. S. 98–105; Müllmann, Caritasverband (wie Anm. 8), S. 71–106.

Trotz erheblicher Verluste an Personal, Gebäuden und Finanzen infolge nationalsozialistischer Maßnahmen und des Krieges waren die Caritasverbände in ihren Organisationsstrukturen 1945 weitgehend intakt geblieben; sie waren somit zur Soforthilfe imstande, während große Teile des staatlichen und kommunalen Verwaltungs- und Wohlfahrtswesens ausfielen. Deshalb förderte die Militärregierung die Arbeit der freien Wohlfahrtspflege; außerdem sollte der Staat von manchen Aufgaben entlastet und diese sollten die auf Organe der freien Wohlfahrtspflege verlagert werden.

Bereits im Frühsommer 1945 wurden vom CVH und einzelnen Pfarreien Sammelaktionen in den katholischen Landgemeinden des Stiftes Hildesheim und des Eichsfeldes durchgeführt und die Spenden in Form von Lebensmitteln, Kleidung und Hausrat an die städtische Bevölkerung weitergeleitet. Diese Aktionen führten alles in allem nicht zuletzt wegen der Unterstützung durch die Pfarrer und der Gebefreudigkeit der Gemeindemitglieder zu einem befriedigenden Ergebnis. Allerdings wurden sie von erheblichen Schwierigkeiten begleitet, wie die Beschaffung der Transportmittel und die sichere Überführung der Spenden.

Das schwierigste Problem stellte nach dem Krieg für die Caritas die Betreuung und Versorgung der Vertriebenen und Flüchtlinge dar, die in das Bistum Hildesheim und damit auch in den Großraum Hannover einströmten. Als Behelfsunterkünfte dienten häufig ehemalige Luftschutzbunker. In Hannover wurden der Caritas die Bunker am Pfarrlandplatz, Im Wölpfelde und am Ballhof in der Knochenhauerstraße übertragen; hinzu kam das Lager in der Schule Am Lindenhof in Döhren. Bis zur Auflösung des Wölpfelder Bunkers im Sommer 1947 waren dem Caritasstadtverband ständig 800 bis 1.000 Personen anvertraut. Noch Ende 1947 musste er rund 500 Menschen betreuen. Im Pfarrlandbunker fanden im Zeitraum vom 1. August 1946 bis 16. Januar 1947 ca. 1.400 Personen eine vorläufige Unterkunft. Danach wurde der Bunker nicht mehr mit Familien belegt, sondern stand männlichen Einzelpersonen, meist Flüchtlingen, aber auch Obdachlosen zur Verfügung. 1947 wurden fast 7.000 Übernachtungen gezählt. An diese Bunker wurden die von der Flüchtlingsgroßküche des Caritasverbandes zubereiteten Tagesverpflegungen abgegeben; diese betrugen im August 1946 7400 Portionen und umfassten Morgenkaffee, warmes Mittagessen und kalte Abendkost; im November 1946 waren es 29.975 Warm- und 14.860 Kaltverpflegungen. Im folgenden Jahr erreichte die Anzahl der Personen, die volle Tagesverpflegung erhielten, 158.500.

In den Städten waren die Bahnhöfe „Brennpunkte der Not".[34] Unmittelbar nach Kriegsende konnte die Bahnhofsmission ihre Tätigkeit wieder aufnehmen.

---

34 Wolfgang Reusch, Bahnhofsmission in Deutschland 1897–1987. Sozialwissenschaftliche Analyse einer diakonisch-caritativen Einrichtung im sozialen Wandel, Frankfurt/M. u. a. 1988, S. 70.

Hannover-Kirchrode, St. Vinzenz-Krankenhaus

Wie vor dem Verbot von 1939 arbeiteten die evangelische und die katholische Bahnhofsmission eng zusammen. Ihre Aufgaben waren äußerst vielfältig; dazu gehörten Geleitdienste, Erste Hilfe, Beschaffung von Übernachtungsmöglichkeiten, Verpflegung und Versorgung mit Bekleidung, Familienzusammenführung, Hilfeleistung bei Behörden, Arbeitsvermittlung sowie die Betreuung von Kindertransporten. Die Bahnhofsmission war häufig die erste Anlaufstelle für Menschen mit unterschiedlichen Problemen; in mancher Hinsicht kam ihr die Funktion der „Offenen Tür" zu. Während unmittelbar nach Kriegsende das Schwergewicht auf der Betreuung von Evakuierten und entlassenen Kriegsgefangenen lag, kam mit der Wiederherstellung der Verkehrsverbindungen ab 1946 und der verstärkten Massenbewegung von Ost nach West der Betreuung von Vertriebenen und Flüchtlingen besondere Bedeutung zu; diese wurden auf dem Weg ins Auffanglager von der Bahnhofsmission mit Getränken, Mahlzeiten und Kleidung versorgt. Weitere Gruppen waren Nichtsesshafte, vor allem streunende Jugendliche ohne Arbeit, Obdach und Familie.

Aufgrund der Nähe zur Demarkationslinie und zu Berlin und wegen der verkehrsgünstigen Lage als Knotenpunkt der Ost-West- und der Nord-Süd-Eisenbahnverbindungen kam Hannover eine besondere Bedeutung zu. Seit Sommer 1945 war es Durchgangsstation für deutsche Kriegsgefangene. Ein großer Teil von ihnen wurde hier offiziell entlassen, wodurch die Stadt kurzfristig Aufenthaltsort für sie wurde. Über Hannover wurden auch die meisten Flüchtlingstransporte geleitet; dies bedeutete, dass die nach oft wochenlanger Bahnreise total erschöpften Menschen während ihres häufig tagelangen Aufenthalts in Hannover mit dem Nötigsten versorgt werden mussten. Wegen des hohen Zerstörungsgrades spielte sich die Arbeit auf dem Bahnhof unter außerordentlich erschwerten Bedingungen und unter primitiven Verhältnissen ab. Bereits nach Kriegsende betreute die Katholische Bahnhofsmission, für die der CVH und nicht mehr der Katholische Mädchenschutzverein zuständig war, täglich 200 bis 300 Menschen aller Altersstufen. Ab Februar 1947 stand der Bahnhofsmission ein Schlafraum mit 28 Betten zur Verfügung. In diesem Jahr registrierte sie 35.212 Betreuungen; 1948 wurden wöchentlich 1.400 Menschen betreut, unter ihnen ungefähr 900 Flüchtlinge, 150 Jugendliche und 50 Heimkehrer. Neben den fünf hauptamtlichen Mitarbeitern stellten sich der Bahnhofsmission 80 bis 100 ehrenamtliche Helferinnen und Helfer zur Verfügung, die aus den katholischen Pfarreien und Verbänden kamen und verschiedene Aufgaben, u. a. die Sammeltätigkeit, wahrnahmen. Eine Sonderaufgabe stellte die Rückführung deutscher Kinder aus polnischen Gebieten dar, die bei der Ausweisung ihrer Eltern willkürlich zurückgehalten oder zum Arbeitsdienst gezwungen worden waren, ihre Eltern im Durcheinander von Flucht und Vertreibung verloren oder als Evakuierte im Osten gelebt hatten. Allein in den Jahren 1948 und 1949 wurden in Hannover 15 Transporte mit 5.392 Kindern und 4.824 Erwachsenen abgewickelt, bei denen die Federführung beim CVH lag.[35]

In den 1950er Jahren gestaltete sich die Betreuung von Flüchtlingen aus der Sowjetisch besetzten Zone zu einer Hauptaufgabe der Bahnhofsmission mit steigender Tendenz bis zur Wiedervereinigung 1990; die Flüchtlinge kamen in der Regel mit dem Flugzeug von Berlin nach Hannover und wurden von hier aus weitergeleitet. Bis 1997 arbeiteten die evangelische und katholische Bahnhofsmission noch getrennt und benutzten eigene Räume; dann schloss man sich in der „Ökumenischen Arbeitsgemeinschaft der kirchlichen Bahnhofsmission in Hannover" zusammen, die im Mai 2000 neue Räume bezog. Diese wurden in der Folgezeit jährlich von weit über 30.000 Menschen in verschiedensten Anliegen besucht.[36]

---

35 Aschoff, Caritasarbeit Hannover (wie Anm. 33), S. 251–253.

36 Müllmann, Caritasverband (wie Anm. 8), S. 278f.

Neben der Verteilung von Spenden verschiedener ausländischer Hilfswerke bestanden weitere Schwerpunkte der hannoverschen Caritasarbeit in der Erholungsfürsorge, der Verschickung von Kindern während der Sommermonate, und der Jugendfürsorge; der CVH verhandelte erfolgreich mit dem Volkswagenwerk, um männliche Jugendliche in betriebseigenen Gebäuden unterzubringen, und stellte die beiden Bunker am Ballhof und Pfarrlandplatz für eine erste Unterbringung zur Verfügung. In Hannover-Kleefeld richtete der Diözesancaritasverband eine Suchdienststelle ein, die vor allem für die Kriegsgefangenenbetreuung in den ersten beiden Nachkriegsjahren wertvolle Arbeit leistete; in Zusammenarbeit mit dem Vatikanischen Hilfsdienst konnte diese Stelle Zehntausende von Nachrichten hauptsächlich aus Italien, Frankreich, Nordafrika und vom Balkan vermitteln. Aus dem Caritassuchdienst entstand später die Heimatortskartei für das Wartheland und Polen; bis 1958 konnten mit Hilfe dieser Kartei rund 30.000 Menschen gefunden werden.[37]

Die Währungsreform von 1948 stellte eine ungeheure Belastung für die Caritasarbeit im Bistum Hildesheim dar; sie brachte für die caritativen Einrichtungen erhebliche Schwierigkeiten bei der Deckung der Personal- und Unterhaltungskosten mit sich. Zeitweise schien es, dass weite Bereiche der Caritasarbeit in Frage gestellt waren. Hoffnungen auf eine bevorzugte Behandlung der Wohlfahrtseinrichtungen beim Währungsschnitt und auf eine großzügige Kreditgewährung erfüllten sich nicht. Es mussten energische Sparmaßnahmen ergriffen, Mitarbeiter entlassen und einzelne Arbeitsbereiche aufgelöst werden. Dass ein großer Teil dieser Einrichtungen trotzdem erhalten blieb, war zu einem großen Teil der Opferbereitschaft der Ordensleute zu danken. Allerdings trugen die rechtliche Sicherheit, die die Verabschiedung des Grundgesetzes 1949 mit sich brachte, der einsetzende Wirtschaftsaufschwung und die umfassende Sozialgesetzgebung, die nach der Gründung der Bundesrepublik initiiert wurde, erheblich zur Überwindung dieser Schwierigkeiten bei und führten, begünstigt durch umfangreiche finanzielle Hilfen der Öffentlichen Hand, zu einer massiven Ausweitung der caritativen Tätigkeit. Vor allem aufgrund des Lastenausgleichsgesetzes vom 14. August 1952 und der Gesetze über den sozialen Wohnungsbau wurden den Caritasverbänden Mittel zur Verfügung gestellt, die den Bau oder die Erweiterung einer Reihe von Einrichtungen ermöglichten. Während Aufgaben, die aus den Problemen der unmittelbaren Nachkriegszeit resultierten, wie die Unterhaltung der Caritas-Großküche und des Paketdienstes, wegfielen, eröffne-

---

37 Adalbert Sendker, Die Entwicklung der kirchlichen Liebestätigkeit im Bistum Hildesheim 1948–1959, in: Unsere Diözese in Vergangenheit und Gegenwart 28, 1959, S. 87–123, hier S. 114.

ten sich der Caritas nach 1950 neue Arbeitsbereiche; dazu gehörten die Familienhilfe, die Hilfe für Schwangere in Konfliktsituationen, für Spätaussiedler, Asylanten und Flüchtlinge sowie für Nichtsesshafte und Wohnungslose, das Jugendgemeinschaftswerk für geflüchtete und spätausgesiedelte Jugendliche sowie für ausländische Kinder und Jugendliche, die Erholungsfürsorge für Kinder, Mütter und Familien, die Leitung von Kindergärten und -tagesstätten sowie von Familien- und Altenzentren, die Offene Altenhilfe und Erholungsangebote für Senioren, die Sucht- und Schuldnerberatung, die Jugend- und Eltern- sowie die Eheberatung und die Behindertenhilfe.

b. Die Vinzentinerinnen

Auch nach dem Krieg blieben die Hildesheimer Vinzentinerinnen für das caritative Wirken in Hannover von Bedeutung.[38] Nach dem Zusammenbruch wirkten sie in folgenden hannoverschen Einrichtungen:[39]

St. Adalbert-Stift	1931–1961
St. Godehardi-Stift	1893–1977
Hospiz Haus Luise	1994
St. Joseph-Gemeinde	1930–1955
St. Joseph-Stift	1904–2008
St. Konrad, Schwesternstation	1937–1961
Marienhaus	1911–2017
St. Monikaheim	1930
St. Joseph, Waisenhaus	1893–1972

Der Schwerpunkt der Arbeit der Vinzentinerinnen in Hannover blieb das St. Vinzenz-Stift.[40] Wegen fehlender Freiflächen untersagte das städtische Planungsamt die Erweiterung des Krankenhauses entlang der Scharnhorststraße, so dass die Suche nach einem geeigneten Grundstück für den Neubau begann. 1963 konnte die Kongregation der Vinzentinerinnen unter Vermittlung Heinrich Happes ein rund 50.000 m² großes Grundstück an der Lange-Feld-Straße in Hannover-Kirchrode erwerben, das in einem bevorzugten Wohngebiet der Stadt und in günstiger Verbindung zum Zentrum lag. Das neue Vinzenzkrankenhaus, das 1971

---

38 Sterner, Kongregation (wie Anm. 11), S. 79–90; Aschoff, Um des Menschen (wie Anm. 8), S. 129–134; Ders., Caritasarbeit Bistum Hildesheim (wie Anm. 33), S. 94–96; Für den Menschen. 150 Jahre Kongregation der Barmherzigen Schwester vom hl. Vinzenz von Paul in Hildesheim, Hildesheim 2007, S. 62–88.
39 Sterner, Kongregation (wie Anm. 11), S. 364f.
40 Sterner, Kongregation (wie Anm. 11), S. 203–215.

Mutterhaus der Barmherzigen Schwestern vom hl. Vinzenz von Paul in Hildesheim

seiner Bestimmung übergeben wurde, umfasste ein siebenstöckiges Bettenhaus sowie in Verbindung dazu einen viergeschossigen Behandlungstrakt. Im Osten schloss sich das dreigeschossige Ordenshaus an, das einen kreuzgangähnlichen Innenhof für die Ordensschwestern enthielt. Das Krankenhaus besaß sechs Fachdisziplinen (Innere Medizin, Chirurgie, Gynäkologie, Urologie, Intensivstation, HNO) bei einer Gesamtbettenzahl von 422, womit diese sich im Vergleich zum alten Vinzenzstift (245) fast verdoppelte.

Wegen Überalterung und Nachwuchsmangels mussten die Vinzentinerinnen seit den 1960er Jahren ihre Tätigkeit in Hannover einschränken und einen Teil der von ihnen betreuten Einrichtungen, wie das Kinderheim St. Joseph in Döhren und das St. Godehardi-Stift in Linden, anderen Kräften übertragen. Die Kongregation reagierte z. T. außerordentlich flexibel und kreativ u. a. durch Konzentration ihrer Tätigkeit und neue Schwerpunktsetzung auf die Veränderungen der Zeit. So weitete sie ihr Engagement für die Ausbildung von Pflegekräften aus und richtete beim Vinzenzkrankenhaus in Hannover 1973 eine Schule für Krankenpflegehilfe mit einjähriger Ausbildung ein. 1979 wurde es Lehrkrankenhaus der Medizinischen Hochschule Hannover. 1992 erhielt es eine Krankenpflegeschule mit einer dreijährigen Ausbildung. 2004 wurde das Vinzenzkrankenhaus, an dem seit 2011 umfangreiche Sanierungs- und Umbauarbeiten vorgenommen werden, in eine GmbH umgewandelt; seit 2013 gehörte es der Vinzenz-Verbund Hildesheim gGmbH an, einer gemeinnützigen Trägergesellschaft, deren einzige Gesellschafterin die Kongregation der Hildesheimer Vinzentinerinnen ist, und schloss sich später dem Elisabeth Vinzenz Verbund an, einem Unternehmensverbund des Gesundheits- und Sozialwesens, den die Katholische Wohltätigkeitsanstalt zur heiligen Elisabeth Reinbek (KWA) und die Kirchliche Stiftung St. Bernward Hildesheim gegründet hatten.

Etliche Einrichtungen der Kongregation wurden umgewidmet. Das Krankenhaus St. Joseph-Stift wurde zu einem Altenheim. 1994 eröffnete die Kongregation das Hospiz Luise als erstes stationäres Hospiz in Niedersachsen, dem einige Zeit später ein Ambulanter Palliativdienst zur Unterstützung von Schwerstkranken und deren Angehörige bei der Pflege im häuslichen Umfeld angeschlossen wurde. 2017 zog die Kongregation ihre Ordensmitglieder aus dem Monikaheim zurück, nachdem die Einrichtung Teil des Elisabeth Vinzenz Verbundes geworden war. 2018 siedelten auch die Schwestern aus dem mit dem Vinzenzkrankenhaus verbundenen Altenheim nach Hildesheim über, so dass die Anwesenheit der Vinzentinerinnen in Hannover nach einer Tätigkeit von über 150 Jahren endete.

Überalterung und Nachwuchsmangel führten auch dazu, dass die Vinzentinerinnen sich seit den 1960er Jahren aus der ambulanten Kranken-, Alten-, Haus- und Familienpflege zurückzogen. Diese Aufgaben wurden seit Ende der 1970er Jahre in verstärktem Maße von den Sozialstationen übernommen.[41] 1982 waren katholische Organisationen an knapp 30 Sozialstationen in der Region Hannover beteiligt. Die Trägerschaft der Stationen lag entweder beim CVH oder bei den im Einzugsbereich liegenden katholischen Pfarrgemeinden, häufig in Kooperation mit evangelischen Kirchengemeinden, dem Deutschen Roten Kreuz oder anderen Verbänden der Wohlfahrtspflege. Die im CVH vorhandenen Haus- und Familienpflegekräfte (1974: eine hauptamtliche und zwanzig nebenamtliche Familienpflegerinnen) sowie die Krankenschwestern aus den Kirchengemeinden wurden unter Beibehaltung der bisherigen Anstellung in den Dienst der Stationen eingebracht. Die federführende administrative Arbeit übernahm jeweils ein Mitglied der an der Sozialstation beteiligten Organisationen als „geschäftsführender Kooperationspartner". Der CVH übte diese Funktion bei den Sozial- und Diakoniestationen in Döhren (bis 2009) und Mühlenberg-Wettbergen mit den Außenstellen in Garbsen und Seelze aus. Ohne Zweifel brachten die Sozialstationen einen Fortschritt in der Kranken- und Altenpflege; in der Diskussion stand

---

41 Aschoff, Caritasarbeim Bistum Hildesheim (wie Anm. 33), S. 125; Müllmann, Caritasverband (wie Anm. 8), S. 200–204.

Hannover-Ricklingen, St. Monikaheim, um 1935

jedoch, inwieweit sie in ihrer Arbeit auch eine seelsorgliche Dimension berücksichtigen können.

Zeitweise waren noch andere weibliche caritative Orden, wie die „Grauen Schwestern von der hl. Elisabeth" und die „Franziskanerinnen von der Buße und der christlichen Liebe", in der Region Hannover tätig.[42]

c. Der Caritasverband Hannover e. V.

Neben der Kongregation der Vinzentinerinnen waren der örtliche Caritasverband und der Diözesancaritasverband Hildesheim die wichtigsten Träger der Caritasarbeit im Großraum Hannover.[43] Am 23. September 1948 wurde die hannoversche Caritasorganisation als „Caritasverband Stadt-Hannover e. V." (CVH) ins

---

42 Siehe in diesem Band: Hans-Georg Aschoff, Ordensgemeinschaften und Ordensleben in der Stadt Hannover und Umgebung.

43 Die folgenden Ausführungen stützen sich im Wesentlichen auf Müllmann, Caritasverband (wie Anm. 8) sowie auf die Schematismen der Diözese Hildesheim und die „Katholischen Informationen für die Region Hannover" 1970/71–2007/08; für das Bistum Hildesheim: Aschoff, Caritasarbeit Bistum Hildesheim (wie Anm. 33). Frau Christiane Kemper lieferte freundlicherweise den „Zeitstrahl Caritasverband Hannover e. V." von 1999 bis 2018.

Vereinsregister des Amtsgerichts Hannover eingetragen. In den folgenden Jahren erfuhr der CVH eine erhebliche Zunahme seiner Aufgaben sowie eine geographische Ausweitung. 1966 dehnte er seine Arbeit auf den Landkreis Hannover und im folgenden Jahr auf den Landkreis Neustadt a. Rbge. (mit Ausnahme von Mandelsloh), dann in den 1970er Jahre auf den gesamten Großraum Hannover aus.[44] Dem ging ein erheblicher Anstieg der Zahl der Mitarbeiterinnen und Mitarbeiter einher. Während 1945 drei hauptamtliche Kräfte zur Verfügung standen, war deren Zahl zwei Jahre später auf 52 angewachsen; dabei handelte es sich um alle Mitarbeiterinnen und Mitarbeiter, die über die Gehaltslisten des Ortsverbandes geführt wurden, ohne dass dieser auch unmittelbarer Anstellungsträger war. 1983 waren ca. 600 Personen beim CVH angestellt;[45] 2001 betrug ihre Zahl 972, von denen 577 in der Abteilung Senioren beschäftigt waren.[46] Ökonomische Zwänge erforderten im folgenden Jahr ein erstes Sparprogramm, so dass die Zahl der Bediensteten auf 950 sank, von denen 38 Prozent in Vollzeit und 62 Prozent in Teilzeit tätig waren. Kostendruck und Sparzwänge führten zu einem weiteren Sinken der Beschäftigungszahl, die 2006 bei 889 lag; von den Mitarbeiterinnen und Mitarbeiter waren zu diesem Zeitpunkt etwa 40 Prozent katholisch und 50 Prozent evangelisch; die restlichen 10 Prozent gehörten einer anderen Glaubensrichtung an. Als Ende 2007 die Seniorenheime aus dem CVH ausgegliedert und in die gemeinnützige Betreibergesellschaft „Caritas Seniordienste Hannover" (CSH) überführt wurden, zählte der CVH 355 und die CSH 559 Bedienstete. Die Verbesserung der finanziellen Lage führte zu einem Ausbau der Dienste beim CVH und einem Anstieg der Beschäftigungszahl, die Ende 2015 bei 454 (307,99 volle Stellen) lag und bis 2018 auf rund 500 stieg; zu diesen hauptamtlichen kamen noch ca. 200 ehrenamtliche Mitarbeiterinnen und Mitarbeiter hinzu.

Bedingt durch die Ausweitung der Tätigkeitsfelder und den Anstieg der Zahl der Beschäftigten erfuhr der CVH eine Reihe von Änderungen in seiner Organisation und Satzung. Hinsichtlich der Organisationsstruktur zeigte sich die Tendenz, die verschiedenen Aufgaben in Fachbereichen und Abteilungen mit eigens berufenen Abteilungsleitern zusammenzufassen. Gegenwärtig (2018) gliedert sich der CVH in die Abteilungen Soziale Dienste (mit den Unterabteilungen Beratung und Begegnung; Gesundheit und Senioren; Seniorendienste; Bildung und Ausbildung; Migration und Flucht; Wohnheime für Aussiedler und Flüchtlinge), Kinder und Jugend (Kindertagesstätten; Familienzentren) und Verwaltung

---

44 Müllmann, Caritasverband (wie Anm. 8), S. 158, 312.

45 Müllmann, Caritasverband (wie Anm. 8), S. 89, 216.

46 Die folgenden Zahlen nach dem „Zeitstrahl Caritasverband Hannover e. V." von 1999 bis 2018 (wie Anm. 43).

Kleiderkammer des Caritasverbands Hannover, um 1965

sowie den Referaten Öffentlichkeitsarbeit und Fundraising, Risiko- und Beschwerdemanagement, Kirche und Caritas, Freiwilligendienste und Ehrenamt sowie Qualitätsmanagement und Wirkungscontrolling. Nach der Satzung vom 1. Januar 2012 sind die Organe des CVH die Mitgliederversammlung, der Caritasrat und der Vorstand. Wichtige Aufgabe der Mitgliederversammlung ist die Wahl des Caritasrates, der als Aufsichtsgremium an die Stelle des bisher ehrenamtlich tätigen Vorstandes trat. Er beruft den hauptamtlich tätigen geschäftsführenden Vorstand; dieser besteht aus maximal zwei Mitgliedern und löste den bisherigen Geschäftsführer ab. Nach den Caritasdirektoren Andreas Marxen (1945–1963) und Heinrich Schildt (1963–1986) wurde 1988 Albrecht Przyrembel zum Caritaspfarrer berufen, dem die Funktion eines „geistlichen Leiters" zukam, der an den Beratungen und Entscheidungen des Vorstandes sowie an Dienstbesprechungen des Geschäftsführers mit den Mitarbeiterinnen und Mitarbeitern teilnahm und diese geistlich begleiten sollte. Przyrembel nahm diese Aufgabe bis 1999 wahr; die Stelle eines geistlichen Leiters wurde nach seinem Weggang nicht wieder besetzt. Die Geschäftsführung des CVH lag von 1984 bis 1999 bei Johannes Müllmann; ihm folgten Manfred Becher (1999–2009), Gerhard Jürgens

(2009–2011) und Andreas Schubert. Die Geschäftsstelle des Verbandes befand sich von 1949 bis 1975 im Caritashaus, Ellernstraße 28 und zog im März 1975 in das Gebäude Leibnizufer 13–15 um.

d. Fachverbände und Pfarrcaritas

Neben dem CVH wirkt in der Region Hannover noch eine Reihe caritativer Fachverbände, die als Organisationen selbständig sind, aber eng mit dem Verband zusammenarbeiten und von diesem Beratung und Unterstützung erhalten.[47] Zu den Fachverbänden gehört der „Sozialdienst katholischer Frauen" (SkF), die Nachfolgeorganisation des „Katholischen Fürsorgevereins für Mädchen, Frauen und Kinder", der nach 1945 wieder ungehindert seine Tätigkeit aufnehmen konnte. Die Schwerpunkte seiner Arbeit umfassen die Jugend-, Gefährdetenund Familienhilfe, die Arbeit mit alleinstehenden, unverheirateten, geschiedenen und getrennt lebenden Frauen sowie mit Alleinerziehenden, die Schwangerschaftskonfliktberatung, die Führung von Vormundschaften und Pflegschaften sowie die Betreuung von Frauen in Justizvollzugsanstalten. Die Ortsgruppe Hannover war als Außenstelle des Diözesancaritasverbandes im Bereich des Adoptions- und Pflegekinderwesens tätig; 1992 wurde sie als selbständige Adoptionsvermittlungsstelle anerkannt. Im Agnes-Neuhaus-Heim in der Alten Döhrener Straße unterhielt der SkF bis Anfang der 1970er Jahre ein Haus für alleinstehende Mütter.

Nach dem Krieg wurde eine vom Diözesancaritasverband unterhaltene Zweigstelle des Raphaelsvereins in Hannover eröffnet. Die Beratung des Raphaelsvereins erstreckte sich auf alle Personen, die aus- und weiterwandern wollten, im Ausland kurzfristig tätig waren, bi-kulturelle Bindungen eingegangen waren oder eingehen wollten oder beabsichtigten bzw. gezwungen waren, in ihre Heimatländer zurückzukehren. In den 1980er Jahren gestaltete sich die Arbeit wegen der Verschlechterung der Auswanderungsmöglichkeiten in die klassischen Einwanderungsländer schwieriger. 1984 betreute die Geschäftsstelle in Hannover u. a. ca. 700 Flüchtlinge und vermittelte mehr als 400 Personen ins Ausland. In den 1970er Jahre etablierte sich der Malteser-Hilfsdienst (MHD) im Bistum Hildesheim; Mitte der 1980er Jahre entstand ein Ortsverband in Hannover, der u. a. Sanitätsdienste bei öffentlichen Veranstaltungen und Unfallhilfe leistet, in Erster

---

47 Aschoff, Caritasarbeit Bistum Hildesheim (wie Anm. 33), S. 90–94.

Hilfe und in Soforthilfe am Unfallort ausbildet und in der Malteser Migranten Medizin (MMM) Menschen ohne gültigen Aufenthaltsstatus bzw. ohne Krankenversicherung ärztliche Betreuung gewährt.

Neben den hauptamtlichen Kräften der Verbände war eine große Anzahl ehrenamtlicher Helfer in der Caritasarbeit tätig; dies geschah in den überpfarrlich ausgerichteten Fachverbänden und auf der Pfarrebene, wo nach Kriegsende in den Pfarrcaritasausschüssen die Caritasarbeit koordiniert wurde. Das caritative Engagement konnte in den fester organisierten Elisabeth- und Vinzenzkonferenzen oder in den lose strukturierten, freien Helfergruppen stattfinden. Anfang der 1960er Jahre bestand in fast jeder Gemeinde ein Helferkreis, in dem die weiblichen Mitarbeiter eindeutig dominierten. Die Helfergruppen engagierten sich vor allem in der Alten- und Familienhilfe, der Betreuung von Kranken und der Mitarbeit in der Erholungsfürsorge für Kinder, Mütter und ältere Menschen sowie in der Betreuung von Aussiedlern und Asylanten. Der Schwerpunkt der Arbeit lag bei den Besuchsdiensten. Die Kreise finanzierten ihre Arbeit vornehmlich aus den Caritaskollekten sowie den Haus- und Straßensammlungen, von denen 40 bis 50 Prozent der Einnahmen den Pfarrgemeinden verblieben. Eine Ausweitung der Caritasarbeit auf der Pfarrebene wurde u. a. dadurch behindert, dass die Gewinnung von Mitarbeitern auf Schwierigkeiten stieß. Neben der Zurückhaltung der Männer waren viele Frauen durch die Doppelbelastung in Beruf und Familie überfordert und benötigten nach der Beendigung ihres Berufslebens erst einmal eine „Auszeit". Hinzu kam, dass der Caritas nicht die gleiche Bedeutung als Grundfunktion der Kirche wie der Liturgie und der Verkündigung zugemessen wurde und man häufig geneigt war, caritative Dienste an die verbandliche Caritas zu verweisen.

4. Spezielle Bereiche der Caritasarbeit

Aus der Vielzahl von Maßnahmen und Einrichtungen, die die Caritas in Hannover nach 1950 bis heute durchführte bzw. unterhielt, können hier nur einige wenige, besonders aufschlussreiche aufgeführt werden.

a. Vertriebenen-, Flüchtlings- und Aussiedlerarbeit

Die Vertriebenen- und Flüchtlingshilfe blieb auch nach der Gründung der Bundesrepublik ein zentrales Arbeitsgebiet der Caritas. Nachdem die Flüchtlingsströme aus den ehemaligen deutschen Ostgebieten abgeebbt waren, kamen bis zum Bau der Berliner Mauer 1961 über 2,6 Mio. DDR-Flüchtlinge in den Westen. Während deren Anzahl in den 1960er Jahren zurückging, hielt die Zuwanderung von Spätaussiedlern aus den ehemaligen deutschen Ostgebieten, aus Jugoslawien, der Tschechoslowakei und Ungarn an, unter denen sich ein besonders hoher Anteil von Katholiken befand. Durch etliche Maßnahmen beteiligte sich die Caritas an der Sesshaftmachung, Eingliederung und Beseitigung der Arbeitslosigkeit dieser Bevölkerungsgruppen. Ein besonderes Problem stellte die Einschulung und Berufsausbildung von Kindern und Jugendlichen dar, die die deutsche Sprache überhaupt nicht oder nur unvollkommen beherrschten. Hier setzten die Bemühungen in der Form von Förderschulunterricht ein; in Hannover befanden sich Fördereinrichtungen im St. Joseph-Kinderheim in Döhren (21 Plätze für schulpflichtige Mädchen) und im Niels-Stensen-Kolleg (23 Plätze für schulpflichtige Jungen). Neue Aktualität gewann die Aussiedlerfrage vor dem Hintergrund der politischen Öffnung Mittel- und Osteuropas und des Zerfalls der Sowjetunion Ende der 1980er Jahre. Der CVH weitete daraufhin den „Sozialdienst für Aussiedler", der bei ihm eine lange Tradition besaß und den Schwerpunkt auf die Beratung legte, personell aus und übernahm die Leitung eines Wohnheimes für Aussiedler und Flüchtlinge in der Rumannstraße. Der Beratung und Unterstützung bei der schulischen, beruflichen und gesellschaftlichen Eingliederung von jungen Aussiedlern und Aussiedlerinnen diente das vom CVH getragene Jugendgemeinschaftswerk.[48]

Als Folge des Militärputsches in der Türkei (1980) und der Solidarność-Bewegung in Polen sowie des Bürgerkrieges im ehemaligen Jugoslawien in den 1990er Jahren stieg die Zahl der Asylbewerber. Mit Hilfe öffentlicher Mittel des Landes Niedersachsen konnte der CVH seine Möglichkeiten zur Beratung und Hilfe in asyl- und aufenthaltsrechtlichen Fragen, bei Behördenangelegenheiten, bei der Bewältigung von besonderen Lebenssituationen, wie psychischen Erkrankungen und sozialer Isolation, und bei Weiterwanderungs- und Rückkehrwünschen ausweiten. Der Zuzug von Flüchtlingen in den letzten Jahren führte dazu, dass der CVH neben der Einrichtung in der Rumannstraße auch die Wohnheime in der Hischestraße und im Ordenshaus der Schwestern der Congregatio Jesu in der Hildesheimer Straße sowie das Wohnprojekt Cäcilienstraße leitet. 2016 übernahm er die soziale Betreuung von bis zu 200 Flüchtlingen in einer kommunalen Notunterkunft der Stadt Lehrte, deren Umbau der Malteser Hilfsdienst ausführte. Mit Unterstützung der Ricarda-und-Udo-Niedergerke-Stiftung baute er

---

48 Müllmann, Caritasverband (wie Anm. 8), S. 255–263.

seit 2013 das Modellprojekt „Raphaelo" auf, das den Bewohnern der Flüchtlingswohnheime beim Auszug Wohnbegleitung bietet. Mit Hilfe des 2015 ins Leben gerufenen „Netzwerkes Katholische Flüchtlingsarbeit Hannover" koordinieren der CVH und die Katholische Kirche in der Region Hannover die Arbeit der in den katholischen Pfarrgemeinden und Einrichtungen in der Flüchtlingshilfe ehrenamtlich Tätigen.

b. Sozialdienst für Ausländer

Nach dem Erreichen der Vollbeschäftigung (1957/58) und dem Versiegen der Zuwanderung aus der DDR war die Bundesrepublik Deutschland auf eine große Zahl ausländischer Arbeitskräfte angewiesen. In Hannover war ihr Anteil fast doppelt so hoch wie in Gesamtniedersachsen. Die starke Zuwanderung aus Italien, Spanien und Jugoslawien trug dazu bei, dass der Anteil der Katholiken unter den ausländischen Arbeitnehmern erheblich wuchs. Die Mehrzahl der Gastarbeiter waren anfangs alleinstehende oder verheiratete Männer ohne Familienanhang; häufig besaßen sie keine grundlegende Schulbildung und wurden als Hilfsarbeiter oder angelernte Arbeitskräfte in verschiedenen Bereichen der industriellen Produktion und des Dienstleistungssektors eingesetzt. Durch die verstärkte Familienzusammenführung im Laufe der 1960er Jahre entstanden Probleme vor allem im Hinblick auf die schulische und berufliche Ausbildung der Kinder. In besonderem Maße machte der Katholikentag 1962 in Hannover auf diese Gegebenheiten aufmerksam; von ihm gingen wichtige Impulse für die Ausländerseelsorge und -betreuung im Bistum Hildesheim aus.[49]

Für die größeren Gruppen katholischer Ausländer richtete man seit Ende der 1950er Jahre besondere Sozialbetreuungs- und Beratungsstellen mit zweisprachigen Mitarbeitern ein, deren Anstellung das Bischöfliche Generalvikariat vornahm, während die Dienstaufsicht sowie die Beratung, Koordination und Weiterentwicklung dieser Einrichtungen beim Diözesancaritasverband lag, der darüber hinaus auch die Kontakte zu den deutschen Arbeits- und Gesundheitsbehörden, den Betrieben, den Krankenkassen und Krankenhäusern, den Wohnungsämtern, Schulen und Kindergärten unterhielt. In Hannover wurden in enger Zusammenarbeit mit dem Hildesheimer Diözesancaritasverband und

---

49 Aschoff, Um des Menschen (wie Anm. 8), S. 136f.; Ders., Caritasarbeit Bistum Hildesheim (wie Anm. 33), S. 114f.

dem CVH entsprechende Sozialberatungsstellen für Italiener, Spanier, Portugiesen, Kroaten und Koreaner eingerichtet.

Standen am Anfang wirtschaftliche Fragen und Orientierungshilfen bei der Betreuung der ausländischen Arbeitnehmer im Vordergrund, so sahen sich die Mitarbeiter im Sozialdienst nicht zuletzt durch die zahlenmäßige Zunahme ausländischer Familien mit Ehe- und Erziehungsschwierigkeiten – häufig bedingt durch unterschiedliche Wertorientierungen der der heimatlichen Kulturwelt noch verbundenen Eltern und der Kinder, die sich an den Idealen des Gastlandes orientierten – sowie mit psychischen und Suchtproblemen konfrontiert. Die Sozialberater versuchten, bei den familiären Problemen Hilfe zu leisten und die Integration von ausländischen Jugendlichen zu befördern; sie berieten in Fragen der Rückkehr in die Heimat, boten Unterstützung bei arbeitsrechtlichen Problemen und bei Arbeitslosigkeit an und engagierten sich bei der Realisierung von Rentenansprüchen. 1989 wurde in Hannover eine zusätzliche nationalübergreifende Beratungsstelle für Frauen eingerichtet, die durch illegale Heiratsvermittlung und Zwangsprostitution belastet waren; zwei Jahre später erfolgte die Einstellung einer mehrsprachigen Psychologin für die sozialpsychologische Beratung von Ausländern. Zu den spezifischen Einrichtungen der jüngsten Vergangenheit, die sich an Ausländer richten, gehören das 1999 gegründete Centro de Dìa, eine Begegnungsstätte für spanische Senioren, der JugendMigrationsdienst, der u. a. Sprachförderung betreibt, das Beratungs- und Integrationsprojekt für osteuropäische Migranten, insbesondere für die Volksgruppe der Sinti und Roma, „OSiRo", und das Projekt „Adelante y Vamos", in dem der CVH zusammen mit der Industrie- und Handelskammer seit 2012 jungen Spanierinnen und Spaniern in der Region Hannover Ausbildungsplätze vermittelt.

c. Beratungsdienste und Wohnungslosenhilfe

Seit den 1960er Jahren stand die beratende Tätigkeit weit stärker im Vordergrund caritativer Arbeit als früher; ein Großteil der speziellen Beratungsdienste war beim CVH angesiedelt, wie die Katholische Eheberatungsstelle, die bereits im Juni 1950 ihre Arbeit aufgenommen hatte; ebenso hatte der CVH 1961 die Erziehungsberatung (später „Jugend- und Elternberatung", seit 2002 „Familien- und Elternberatungstelle") eingerichtet.[50] 1969 eröffneten die Jesuiten auf Ersuchen

---

50 Müllmann, Caritasverband (wie Anm. 8), S. 112, 134f.

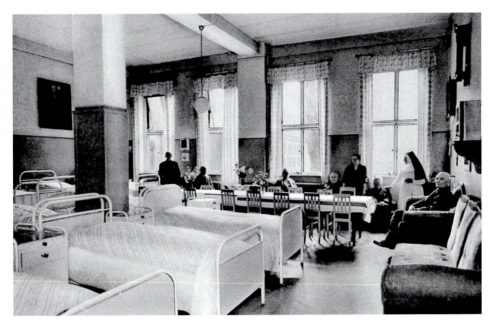

Hannover-Mitte, St. Vinzenz-Stift, um 1955

Bischof Heinrich Maria Janssens die Lebensberatungsstelle „Offene Tür Hannover" in der Lavesstraße, in der ein Mitarbeiterteam von Priestern, Psychologen, Ärzten und Juristen Besuchern in ihren persönlichen Anliegen kostenlos Hilfe anbot. Anfang der 1990er Jahre wurde die Einrichtung, die nun nicht mehr von Jesuiten geleitet wurde, in die Walter-Gieseking-Straße verlegt. 2000 verlagerte sich diese Aufgabe in den von der Katholischen Kirche in der Region Hannover getragenen „ka:punkt" in der Grupenstraße. Im „ka:punkt" unterhält auch der CVH die Beratungsstellen für Krebskranke und ihre Angehörigen, die Schuldnerberatung sowie die Psychosoziale Beratungsstelle für Suchtkranke und ihre Angehörigen, die zuvor in der Albert-Niemann-Straße untergebracht war.[51]

Eine besondere Bedeutung kam den Beratungsstellen für werdende Mütter im Rahmen der Schwangerschaftskonfliktberatung gem. § 218 StGB zu.[52] Der CVH erhielt im März 1977 die staatliche Anerkennung als „Katholische Beratungsstelle für werdende Mütter" und schloss sich mit dem evangelische Frauenwerk der Landeskirche Hannover und dem „Sozialdienst katholischer Frauen

---

51 Müllmann, Caritasverband (wie Anm. 8), 302f.

52 Müllmann, Caritasverband (wie Anm. 8), S. 208–210; Aschoff, Caritasarbeit Bistum Hildesheim (wie Anm. 33), S. 121f.

Hannover" zur Arbeitsgemeinschaft „Pro Vita" mit dem Untertitel „Für das Leben von Mutter und Kind" zusammen. Die Beratungsstellen sahen ihre Aufgabe neben dem psychosozialen Beratungsgespräch in der konkreten Begleitung und Unterstützung während der Schwangerschaft und darüber hinaus nach der Geburt des Kindes bzw. nach dem Schwangerschaftsabbruch. Die Beratungsfälle stiegen beim CVH von gut 70 (1980) auf über 500 (1990), während die Zahl der Abbrüche sank. Zur Behebung wirtschaftlicher Schwierigkeiten, die häufig ein Grund für einen beabsichtigten Schwangerschaftsabbruch waren, vermittelten die Beratungsstellen Anfang der 1990er finanzielle Hilfe aus gesetzlichen Fonds, aus der Bundesstiftung „Mutter und Kind – Schutz des ungeborenen Lebens" und aus dem Bischöflichen Hilfsfonds. Das im Sommer 1992 in Kraft getretene Schwangeren- und Familienhilfegesetz weichte die bis dahin geltende Indikationsregelung zugunsten der Fristenregelung auf, band aber die Straffreiheit an den Nachweis über ein Beratungsgespräch, der von einer staatlich anerkannten Beratungsstelle ausgestellt wurde. Das neue Gesetz führte zur innerkirchlichen Diskussion über die ethische Vertretbarkeit einer weiteren Beteiligung der Beratungsstellen an der Pflichtberatung. Die Entscheidung fiel Ende der 1990er Jahre zugunsten eines Ausstiegs aus der staatlichen Schwangerschaftskonfliktberatung. Der CVH teilte der Bezirksregierung mit, dass ab 1. Januar 2001 kein Beratungsschein mehr ausgestellt werde, die Beratung durch ihn und den Sozialdienst katholischer Frauen aber fortgesetzt würde. Der CVH hatte daraufhin einen Rückgang der Beratungszahlen von 639 (1997) auf 375 (2000) zu verzeichnen.

Eine Ausweitung erfuhr 1999 die Wohnungslosenhilfe, die zuvor unter der Bezeichnung „Sozialdienst für Männer" geleistet wurde, durch die Einrichtung der Straßenambulanz;[53] dabei handelte es sich um den Einsatz eines Kleinbusses für eine niederschwellige medizinische Betreuung durch ehrenamtlich tätige Ärzte und Helfer. Bereits im ersten Jahr fanden rund 700 Behandlungen statt; bis 2009 war ihre Anzahl auf jährlich ca. 2000 gestiegen; die Behandlungen erfolgten sowohl im Mobil als auch in Räumen der Notunterkünfte und in der Geschäftsstelle des CVH. In Zusammenarbeit mit dem Malteser Hilfsdienst konnten hier 2012 die Räume erweitert und die Behandlung auf Menschen ohne Papiere ausgedehnt werden. 2017 stellte der CVH einen eigenen Arzt für die medizinische Versorgung von Wohnungslosen und von Armut betroffenen Menschen ein. Im Juni 2011 wurde im Souterrain der Geschäftsstelle eine Essensausgabe für Wohnungslose

---

53 Müllmann, Caritasverband (wie Anm. 8), S. 243–247.

eingerichtet, die in den Wintermonaten bis zu 180 Portionen austeilte; dabei handelt es sich um eine ökumenische Hilfsmaßnahme. Ein weiteres ökumenisches Projekt ist die 2007 gegründete *fair*Kauf Waren- und Dienstleistungsgenossenschaft e G., die das erste Sozialkaufhaus Hannovers einrichtete und an der sich neben dem CVH die Diakonie und der Verein Werkheim e. V. beteiligten. In Kooperation mit *fair*Kauf übernahm der CVH 2014 die Einrichtung „Lichtpunkt" in Linden-Süd, eine Kombination aus sozialem Kaufhaus und sozialer Beratungsstelle für die Menschen im Stadtteil.

d. Kindergärten, Kindertagesstätten, Familienzentren

Besondere Aufmerksamkeit widmete man aus sozialen, pädagogischen und seelsorglichen Gründen kirchlicherseits vor allem nach dem Zweiten Weltkrieg der Einrichtung von Kindergärten, deren Anzahl parallel zum Ausbau des Pfarreienwesens im Bistum Hildesheim und in der Region Hannover einen enormen Anstieg erlebte. Dabei galt als Ideal, dass jede Pfarrei über einen Kindergarten verfügte, der auch einen Ansatzpunkt für die religiöse Bildungsarbeit an den Eltern bieten konnte. Zuvor gab es nur eine geringe Anzahl derartiger Einrichtungen. In Hannover entstand die erste katholische „Kinderbewahrschule" 1894 im St. Godehardi-Stift in Linden, wo durchschnittlich 60 Kinder betreut wurden. 1909 wurde hier ein von den Vinzentinerinnen geführter Kinderhort eingerichtet, der 1918: 130 Kinder aufnahm.[54] Weitere Kindergärten befanden sich im St. Joseph-Stift (seit 1904) und im St. Adalbert-Stift (1931). 1950 gab es im Stadtgebiet bereits elf katholische Kindergärten, von denen sich drei in der Trägerschaft des CVH, sechs in der der Vinzentinerinnen und je einer in der der Elisabethschwestern und der Pfarrei St. Elisabeth befanden.[55] Bis 1971 war ihre Zahl auf 25 angewachsen, nachdem häufig Auseinandersetzungen um städtische Zuschüsse und gegen übertriebene Forderungen des Jugendamtes geführt werden mussten. Bis in die 1960er Jahre strebte man die Errichtung von kleineren Kindergärten mit ca. 30 in der Regel katholischen Kindern an. Außerdem sprach man sich für einen Halbtagsbesuch aus, um die Eltern nicht von ihrem Erziehungsauftrag zu entbinden; im Ganztagsbesuch sah man eine physische und psychische Überforderung vieler Kinder. In der Folgezeit setzte man sich die altersgemäße Mischung der

---

54 100 Jahre Godehardistift (wie Anm. 31), S. 8f.

55 Für das Folgende: Müllmann, Caritasverband (wie Anm. 8), S. 120–124, 144–153, 168–173, 266–274.

Gruppen zum Ziel, von der man erwartete, dass die jüngeren Kinder von den älteren Bildungsanreize erhielten.

1964 übernahm der CVH mit dem „Friedtjof-Nansen-Haus" die Betriebsträgerschaft einer städtischen Kindertagesstätte (Kita); diese war zur Betreuung von Flüchtlingsfamilien eingerichtet worden, die bisher im Lager am Misburger Mühlenweg untergebracht waren und dann im nahe gelegenen Wohnquartier lebten.

Die Übernahme der Trägerschaft weiterer Kitas durch den CVH, die in der Regel nach der Pädagogik der österreichischen Ordensfrau Margarete Schörl geführt wurden und von denen ein Großteil städtische Einrichtungen waren, musste zuweilen gegen den politischen Widerstand im Stadtteil durchgesetzt werden, wie dies in den 1990er Jahren in Wettbergen der Fall war. Als nach der Jahrtausendwende die ersten Familienzentren eröffnet wurden, in denen zusätzlich zur Betreuung, Bildung und Erziehung von Kindern Angebote für die ganze Familie, wie Babygruppen, Sprachkurse, Beratung zu vielfältigen Lebensfragen und zur Gesunderhaltung, bereit stehen, übernahm der CVH die Zentren St. Maximilian Kolbe (Mühlenberg), Carl-Sonnenschein-Haus (Vahrenheide), St. Franziskus (Vahrenheide), St. Vinzenz (Linden-Süd), St. Godehard (Linden-Süd), St. Josefina (List) und St. Margarete in Isernhagen. 2018 gab es in der Stadt und Region Hannover 41 katholische Kindertagesstätten in unterschiedlicher Trägerschaft, in denen in 175 Gruppen knapp 3800 Kinder betreut wurden.[56]

e. Jugend- und Lehrlingswohnheime

Nach der Währungsreform entstanden in Hannover auch wieder verschiedene Wohnheime, die von kirchlichen Organisationen unterhalten werden. 1959 konnte das „Kolpinghaus" in der Escherstraße mit 140 Plätzen, vornehmlich für junge Arbeitsnehmer, eingeweiht werden; es entstand auf dem Grundstück des im Krieg zerstörten Kolping-Lehrlings-Heimes. Der CVH richtete das „Theresienhaus" (Plathnerstraße) als Berufstätigenwohnheim und das Haus „St. Elisabeth" (Ellernstraße) als Mädchenwohn- und Studentinnenheim ein (bis 1991). Mittelpunkt der hannoverschen Studentenseelsorge wurde die „Clemensburse" (Leibnizufer), die seit 1963 ein Studentenwohnheim und das Sekretariat der Studentengemeinde beherbergt. Die Pallottiner unterhielten von 1958 bis Ende der

---

56 Siehe in diesem Band: Thea Heusler, Proprium Katholischer Kindergärten.

1980er Jahre ein Jungarbeiterwohnheim in Hannover-Stöcken („Pallottihaus", Moosbergstraße), die Salesianer von 1951 bis 1976 das „Lehrlingsheim Don Bosco" in Hannover-Ricklingen (Göttinger Chaussee).[57]

Das von der Kongregation der Vinzentinerinnen geführte Waisenhaus St. Joseph in Hannover-Döhren nahm seit 1955 auch Nicht-Waisen auf und hieß jetzt „Kinderheim St. Joseph"; zu diesem Zeitpunkt arbeiteten 14 Schwestern und 45 andere Kräfte in der Betreuung von 175 Kindern.[58] 1972 ging die Einrichtung als „Caritas Kinder- und Jugendheim St. Joseph" in die Leitung des Diözesancaritasverbandes über und betreute seit den 1980er Jahre auch unbegleitete Flüchtlingskinder sowie Kinder ausländischer Eltern unabhängig von der Konfessionszugehörigkeit. Um den Bedürfnissen familienähnlicher Wohngruppen gerecht zu werden, erfolgten mehrere Umbauten; 1995 wies das Heim 51 Plätze in Wohngruppen und sechs Plätze im Betreuten Wohnen auf; es beschäftigte 40 Mitarbeiterinnen und Mitarbeiter, die vorwiegend im Erziehungsbereich tätig waren. Die Bewohner verblieben in der Regel bis zum 18. Lebensjahr im Heim. Seit 2009 bemühte sich die Heimleitung um eine Aufarbeitung von möglichen Misshandlungen während der 1950er und 1960er Jahre; in diesem Zusammenhang berichteten ehemalige Bewohnerinnen und Bewohner von vielen positiven, aber auch negativen Erfahrungen aus ihrer Zeit im Heim. 2011 erfolgte ein Trägerwechsel, indem das Heim als „St. Joseph Kinder- und Jugendhilfe" in die „Stiftung Kath. Kinder- und Jugendhilfe im Bistum Hildesheim" aufgenommen wurde. Zu den jüngsten Veränderungen gehörte 2015 der Umzug der Mädchengruppe aus dem Haupthaus in ein Haus nach Kleefeld.

f. Altenhilfe

Wesentliche Veränderungen vollzogen sich nach dem Krieg in der Altenhilfe. In der geschlossenen Altenhilfe unterschied man drei Formen: a. das Altenwohnheim, das alten Menschen ihren Bedürfnissen entsprechend angepasste Wohnmöglichkeiten bietet, b. das Alters- oder Altenheim, in dem alte Menschen gemeinsam leben, versorgt und betreut werden und c. das Altenpflegeheim, in dem pflegebedürftige alte Menschen Unterkunft finden. Neben die-

---

57 Siehe in diesem Band: Hans-Georg Aschoff, Ordensgemeinschaften und Ordensleben in der Stadt Hannover und Umgebung.
58 Wolfgang Almstedt, Das Caritas Kinder- und Jugendheim St. Joseph, in: Kath. Pfarrgemeinde St. Bernward, Hannover-Döhren (Hg.), Was ist das, St. Bernward? Auf der Suche nach einer katholischen Pfarrgemeinde, Hannover 1993, S. 169–171; www.st-joseph-jugendhilfe.de, Geschichte von St. Joseph.

sen Alteneinrichtungen wurde die „Offene Altenhilfe" seit den 1960er Jahren in Form von Altentages- und Begegnungsstätten sowie von Altenkreisen bzw. Altenklubs ausgebaut, die in fast allen Kirchengemeinden des Großraumes Hannover geschaffen wurden. Der CVH beteiligte sich an der Offenen Altenhilfe durch Altenberatung, Durchführung von Altenkuren und -erholung sowie durch die Aus- und Weiterbildung der ehrenamtlichen Mitarbeiter in den Kirchengemeinden.

Die bereits vor dem Zweiten Weltkrieg in Hannover eingerichteten und von den Vinzentinerinnen betreuten Altenheime, das Marienhaus und das Monikaheim sowie das Godehardistift, setzten ihre Arbeit fort. Letzteres lag mit 180 Plätzen Anfang der 1950er Jahre an zweiter Stelle unter den Altenheimen des Bistums Hildesheim; 1977 wurde es als Altenzentrum mit einer Vielzahl stadtteilbezogener offener Angebote vom Allerweg in die Posthornstraße verlegt; die Trägerschaft ging von der Kongregation der Vinzentinerinnen auf den CVH über. 1979 wandelte die Kongregation das Krankenhaus St. Joseph-Stift in ein Alten- und Pflegeheim um. Dieses bestand bis zum Herbst 2008, als der Orden das Gebäude an die Stadt verkaufte. Das Marienhaus gab die Kongregation 2017 auf; das Monikaheim wurde dem Elisabeth Vinzenz Verbund angegliedert.

Als neues Altenheim nach dem Krieg entstand 1959 in der Trägerschaft des CVH der „St. Martinshof" in Misburg.[59] Unter den gut 60 Bewohnern befanden sich 25 ehemalige polnische Zwangsarbeiter. In mehreren Bauabschnitten wurde die Einrichtung von 1957 bis Dezember 1963 zu einer Modelleinrichtung im Dreistufensystem Altenwohnungen, Altenheim und Pflegestation mit ca. 100 Plätzen ausgebaut. In den 1980er Jahren konnte man den Martinshof durch einen Neubau erweitern und den Altbau zeitgemäß umgestalten. Im Mai 1973 eröffnete der CVH das „Wilhelm-Maxen-Haus" in Garbsen, das über 100 Heim- und Pflegeplätze und zehn Altenwohnungen aufwies; seit Ende der 1980er Jahre bot es auch Kurzzeit- und Tagespflege an. Zu einem Drittel ist der CVH am „Ökumenischen Altenzentrum Ansgar-Haus" in Hannover-Döhren beteiligt, das 1975 mit 84 Heim- und Pflegeplätzen und 59 Wohnungen eröffnet wurde und in der Rechtsform eines öffentlichen Vereins von den evangelischen und katholischen Gemeinden Döhrens, der Inneren Mission und dem Städtischen Sozialamt getragen wird.

Außerhalb Hannovers entstand 1966 auf die Initiative Pfarrer Georg Wenglers[60] in Rodewald das dreistufige Altenzentrum „Heilige Familie", das vom dortigen

---

59 Müllmann, Caritasverband (wie Anm. 8), S. 136, 163–168, 288f., 292–296.

60 Siehe in diesem Band: Hans-Georg Aschoff, Georg Wengler.

Hannover-Linden, St. Godehardi-Stift, um 1920

Katholischen Kirchbauverein e. V. getragen und vom Altenwerk Hl. Familie e. V. betrieben wurde. In den 1970er und 1980er Jahren nahm man erhebliche Erweiterungsmaßnahmen vor. Allerdings veranlasste ein beträchtlicher Sanierungsstau 1998 die Übernahme des Altenzentrums, das der größte Arbeitgeber in Rodewald war, durch den CVH. 2006 eröffnete der CVH das Seniorenzentrum „Hildegard von Bingen" in Steimbke, wo pflegebedürftige und demenzkranke ältere Menschen aller Pflegestufen Aufnahme fanden; in vier kleineren Hausgemeinschaften wurden jeweils 11 Bewohnerinnen und Bewohner von einer festen Bezugsperson betreut.[61] Auf Beschluss des Kirchenvorstandes der St. Bernward-Pfarrei in Nienburg wurden hier 1969/70 30 Altenwohnungen für Ehepaare und Alleinstehende errichtet, von denen ein Teil 2003/04 umfassend saniert und modernisiert wurde.[62] Weitere Altenwohnungen richtete der CVH im „Propst-Ludewig-Haus" (Hannover,

---

61 „Zeitstrahl Caritasverband Hannover e. V." von 1999 bis 2018 (wie Anm. 43), S. 5.

62 Andreas Cebulla u. a. (Red.), 50 Jahre Pfarrkirche St. Bernward. Über 150 Jahre katholische Kirchengemeinde St. Bernward Nienburg/Weser, [Nienburg 2006], S. 54f.

63 Johannes Kirchner, 40 Jahre Heimatwerk Hannover 1949–1989, [Hannover 1989], S. 22; siehe in diesem Band: Melanie Mahn, Bewusst christliche Grundhaltung: die Heimatwerk Hannover eG.

Plathnerstraße) ein und erbaute das Heimatwerk Hannover u. a. in Garbsen, Berenbostel, Lehrte, Barsinghausen und Altwarmbüchen.[63]

Mit dem Ziel, die wirtschaftliche Situation der Einrichtungen der Altenhilfe zu verbessern, wurden 2007 die Seniorenheime des CVH, das Godehardistift, der Martinshof, das Altenzentrum „Heilige Familie", das Wilhelm-Maxen-Haus und das Seniorenzentrum „Hildegard von Bingen", mit ihren ca. 550 Mitarbeitenden aus dem Verband ausgegliedert und in die gemeinnützige Betreibergesellschaft (gGmbH) „Caritas Seniorendienste Hannover (CSH)" überführt. Allerdings traten die erhofften wirtschaftlichen Verbesserungen nicht zuletzt aufgrund der hohen tariflich verpflichtenden Lohnkosten der beschäftigten Pflegekräfte und der niedrigen Pflegesätze in Niedersachsen nicht ein. Um eine drohende Insolvenz abzuwenden, wurde nach intensiven Verhandlungen ein 90prozentiger Anteil der CSH 2009 an das „Evangelische Johannesstift Berlin" verkauft, was die Fortexistenz der CSH-Einrichtungen sicherte. Mit 10 Prozent blieb der CVH als Minderheitsgesellschafter an den umbenannten „Christlichen Seniorendiensten Hannover gGmbH" beteiligt. Ende 2010 erfolgte der Verkauf der betroffenen Immobilien.[64]

g. Hilfen für Menschen mit Beeinträchtigungen

Seit den 1960er Jahre verstärkte sich das Engagement der Caritas im Bistum Hildesheim in der Behindertenhilfe mit dem Schwerpunkt auf der Betreuung geistig Behinderter. Die wichtigste Einrichtung der Behindertenhilfe in Hannover ist das „Niels-Stensen-Haus".[65] Als das 1947/48 von Carl Morotini gegründete Heim für Priesterspätberufene in der Spitzwegstraße in Hannover für diese Zwecke nicht mehr benötigt wurde, zogen 1964 die ersten geistig behinderten Kinder in das Niels-Stensen-Haus ein, das der Diözesancaritasverband drei Jahre später als heimpädagogisches Kinderheim weiterführte. 1971 wechselten die Kinder in die neuerstellte „Heimstatt Röderhof" in Egenstedt bei Hildesheim über. Aus dem Niels-Stensen-Haus wurde eine Eingliederungswerkstatt für geistig behinderte Jugendliche. Bischof Janssen kaufte das 1976 freigewordene Gebäude der ehemaligen Feinkostfabrik Appel am Engelbosteler Damm, gab ihm den Namen „Carl-Morotini-Haus" und vermietete es an den Diözesancaritasverband. Neben weiteren rechtlich selbständigen Institutionen, wie der „Berufsbildungsstätte des

---

64 „Zeitstrahl Caritasverband Hannover e. V." von 1999 bis 2018 (wie Anm. 43), S. 6, 9f.

65 Aschoff, Um des Menschen (wie Anm. 8), S. 132f.; Ders., Caritasarbeit Bistum Hildesheim (wie Anm. 33), S. 123f.

Caritasverbandes für die Diözese Hildesheim", beherbergte es in der Folgezeit auch das Niels-Stensen-Haus als eine Folgeeinrichtung der Heimstatt Röderhof; das Niels-Stensen-Haus übernahm die der Heimstatt entwachsenen Kinder, soweit sie praktisch bildbar waren, und bereitete sie auf das Berufsleben auf dem freien Arbeitsmarkt oder auf einen Arbeitsplatz in einer Werkstatt für Behinderte vor. In den 1970er Jahren erhielten zeitweise über 50 Prozent der Betreuten einen Arbeitsplatz auf dem Arbeitsmarkt. Dem Niels-Stensen-Haus, das über 150 Werkstattplätze verfügte, ist seit 1971 das vom Sozialdienst katholischer Frauen erworbene „Agnes-Neuhaus-Heim" (Alte Döhrener Straße) als Wohnheim zugeordnet; dieses wies 36 Plätze auf; außerdem konnten in seiner Außenstelle Pallottihaus in Hannover-Stöcken weitere 18 geistig behinderte Jugendliche untergebracht werden. Zu den jüngeren Maßnahmen des Niels-Stensen-Hauses gehört die Eröffnung einer Wäscherei im Mai 2005, die rund 40 neue Arbeitsplätze schuf.

Horst Vorderwülbecke

Gremienarbeit in der Katholischen Kirche in der Region Hannover – Verfasste Laienmitverantwortung

Kirchenvorstand und Gesamtverband

Der Kirchenvorstand ist für die vermögensrechtlichen Belange einer Kirchengemeinde zuständig. Die konkreten Aufgaben umfassen die Aufstellung des Haushaltsplanes, dessen Überwachung und die Feststellung des Jahresabschlusses. Außerdem ist der Kirchenvorstand für alle Personalentscheidungen zuständig. Ihm obliegt die Verantwortung für den Immobilienbestand der Kirchengemeinde und, soweit vorhanden, die Betriebsträgerschaft einer kirchlichen Kindertagesstätte und weiterer Einrichtungen der Kirchengemeinde. Als Körperschaft des öffentlichen Rechts vertritt der Kirchenvorstand die Kirchengemeinde nach Außen und handelt als juristische Person.

Durch eine Wahlordnung, die auf Bistumsebene mit der Landesregierung abgestimmt wird, werden Gemeindemitglieder gewählt, die für einen festgelegten Zeitraum Verantwortung für die jeweiligen Kirchengemeinden übernehmen. Der Vorsitz des Kirchenvorstandes liegt beim Pfarrer, der allerdings auf das Amt verzichten kann. In diesem Fall wählt der Kirchenvorstand ein Mitglied aus seinen Reihen zur/ zum Vorsitzenden.

Schon 1908 hatten die katholischen Kirchengemeinden im Stadtgebiet Hannovers den „Gesamtverband der Katholischen Kirchengemeinden in Hannover" gebildet. Als Körperschaft des öffentlichen Rechts sollte dieser die Aufgaben übernehmen, „die von einer einzelnen Gemeinde nicht leistbar sind" (s. Regulativ vom 1. März 1908). Neu entstandene Kirchengemeinden wurden auf bischöfliche Anordnung dem Gesamtverband angegliedert. In die Verbandsvertretung entsandte jede Kirchengemeinde den Pfarrer und zwei Delegierte des Kirchenvorstands.

Bis heute nimmt der Gesamtverband die Verwaltung der Meldedaten der katholischen Bevölkerung wahr und veröffentlicht die Gottesdienstzeiten aller katholischen Kirchen in den Medien.

In den Nachkriegsjahren war der Gesamtverband für die Verteilung der Kirchensteuern auf die katholischen Kirchengemeinden in der Stadt zuständig. Als die Weiterleitung der Kirchensteuern an die Kirchengemeinden in den 1960er Jahren zentral vom Bistum Hildesheim wahrgenommen wurde, verblieben die aufgelaufenen Gelder durch Anordnung des damaligen Generalvikars beim Gesamtverband. Bis heute gewährt der Gesamtverband seinen Mitgliedsgemeinden aus diesen Mitteln Finanzhilfen, die nach einer vereinbarten Zeit dem Gesamtverband zurückgezahlt werden. Der Gesamtverband erbte 1968 ein Grundstück in der Innenstadt, auf dem sich heute die katholische Familienbildungsstätte befindet. In den Nachkriegsjahren entstanden in Hannover neue Wohngebiete. Dort sicherte sich der Gesamtverband zunächst kirchliche Grundstücke, mit dem Ziel, beim Anwachsen der katholischen Bevölkerung eine Kirche mit Pfarrhaus und Pfarrheim zu errichten.

Seit den 1980er Jahren entschieden sich auch Kirchengemeinden aus dem ehemaligen Landkreis Hannover, dem Gesamtverband beizutreten. Das Regulativ aus dem Jahr 1908 bekam erst in den 1980er Jahren eine besondere Bedeutung in der Wahrnehmung von Aufgaben als Träger und Vermögensverwalter überpfarrlicher Einrichtungen in der Region Hannover. Infolge der Neuordnung des katholischen Schulwesens (1974) wurde es erforderlich, regelmäßig Gespräche zwischen der Stadt und der Katholischen Kirche bezüglich der Neuerrichtung und der Zügigkeit der katholischen Schulen im Stadtgebiet Hannovers zentral zu führen. Diese Aufgabe nimmt der Gesamtverband anstelle der bislang handelnden Territorialgemeinden wahr. Im Jahr 1998 entschied der Gesamtverband, die Betriebsträgerschaft für den [ka:punkt] (Katholische Kirche in der City) zu übernehmen, nachdem die zuständige Territorialgemeinde St. Clemens sich dieser Aufgabe nicht gewachsen sah. Im Jahr 2006 erfolgte die Übernahme der Verwaltungsaufgaben für das neu entstandene Katholische Internationale Zentrum (KIZH) für die muttersprachlichen Gemeinden und Missionen. Der Gesamtverband gründete die Stiftung „Kirche sein – Region Hannover" (2005), um der katholischen Region Hannover gespendete Mittel für zentrale kirchliche Aufgaben langfristig zu sichern.

Als besondere Herausforderung erwies sich für einzelne Kirchengemeinden die Betriebsträgerschaft für pfarreigene Kindertagesstätten. Die Administration mit einer komplizierten Finanzierung, der Überblick über pädagogische Weiterentwicklungen, die Einhaltung gesetzlicher Auflagen und die Zuständigkeit für das angestellte Personal führte zur Überlegung, beim Gesamtverband eine Trägergemeinschaft der katholischen Kindertagesstätten einzurichten. Die seit 2006 bestehende Trägergemeinschaft unterhält heute 8 Kindertagestätten (Stand 1. Juni 2018). Mit der Geschäftsführung hat der Gesamtverband den Caritasverband Hannover e.V. beauftragt.

Durch die Bildung der neuen Innenstadtgemeinde St. Heinrich im Jahr 2010 war zunächst unklar, wie die Verwaltung der katholischen Hauptkirche – der Propsteikirche Basilika St. Clemens – und des Sitzes des Regionaldechanten erfolgen könnte. Nach intensiven Beratungen zwischen der zuständigen Kirchengemeinde St. Heinrich, dem Bistum Hildesheim und dem Gesamtverband wurde mit bischöflicher Entscheidung dem Gesamtverband die Verwaltung der Basilika übertragen. Seitdem nimmt dieser mit den Rechten und Pflichten eines Kirchenvorstandes diese Aufgabe wahr und hat dafür einen eigenen Ausschuss gebildet.

Dem „Gesamtverband der Katholischen Kirchengemeinden in der Region Hannover", so die aktuelle Bezeichnung, gehören zur Zeit 16 der 23 Kirchengemeinden des Regionaldekanats Hannover an. Die aktuelle Satzung regelt die Vertretung jeder Kirchengemeinde mit einer delegierten Person in der Verbandsvertretung. Vorsitzender des Gesamtverbandes ist der jeweilige Regionaldechant, zur Zeit Propst Martin Tenge. Die laufenden Geschäfte übernimmt ein/e vom Bischof ernannte/r Geschäftsführer/ in. Zu Verwaltungsvereinfachung bildet die Verbandsvertretung Fachausschüsse.

Pfarrgemeinderat und Dekanatspastoralrat

Seit der Hildesheimer Diözesansynode 1968/69 und seit der Gemeinsamen Würzburger Synode der deutschen Bistümer 1971–1975 werden in allen Pfarrgemeinden Wahlen zu den Pfarrkomitees/Pfarrgemeinderäten durchgeführt. Die Pfarrgemeinderäte, mit ihren Vorsitzenden, die aus den Gremienmitgliedern gewählt werden, haben die Aufgabe, die Pfarrer zu beraten und zu unterstützen und in allen pastoralen und gesellschaftlichen Anliegen der Pfarrgemeinde beratend oder beschließend mitzuwirken.

Auf der Ebene der Dekanate entstanden Dekanatsräte, in denen Delegierte der einzelnen Pfarrgemeinden tätig waren. Im Jahr 1970 wurde auf bischöfliche Anordnung auf dem Gebiet der damaligen drei hannoverschen Dekanate (später sechs Dekanate) die „Seelsorgeregion", die „Katholische Region Hannover" gebildet. Für diesen Raum wurde ein Mitwirkungsgremium eingerichtet, „der Katholikenausschuss für den Raum Hannover". Ihm oblag die Aufgabe, den zuständigen Bischofsvikar Weihbischof Heinrich Pachowiak (1967–1986) zu beraten und die Anliegen der Katholischen Kirche in Gesellschaft und Politik zu vertreten. Zentrale pastorale Aufgaben und Projekte wurden gemeinsam für alle Pfarrgemeinden des Großraums Hannover entwickelt. Der Katholikenrat für die Region Hannover, so die spätere Bezeichnung bis 2007, hatte eine eigene vom Bischof erlassene

Satzung erhalten. Mit der Bildung des Regionaldekanats Hannover (2007) wurde die „Ordnung für die Dekanate des Bistums" auch auf das neue Regionaldekanat Hannover übertragen. Aus der Tradition des ehemaligen Katholikenrates wurden für Hannover einzelne Besonderheiten der alten Satzung übernommen: Die zahlenmäßige Berücksichtigung der hannoverschen Verbände, die Einbindung der katholischen Einrichtungen sowie die Vertretung der einzelnen muttersprachlichen Gemeinden in Hannover. Einer hannoverschen Besonderheit folgend wurde auch eine delegierte Person aus dem evangelisch-lutherischen Stadtkirchentag mit Gastrecht in das Gremium entsandt. Zu den Gremienwahlen im Herbst 2018 wird diese Ordnung nochmals im Hinblick auf eine Reduzierung der Anzahl der Mitglieder in der Vollversammlung überprüft. Es hat sich herausgestellt, dass der Dekanatspastoralrat mit ca.80 Personen nicht optimal arbeitsfähig ist.

Der Katholikenrat wurde von einer/m ehrenamtlichen Vorsitzenden geleitet. Dieses Amt nahmen wahr: Paul Müller-Kemmler (bis 1975), Franz-Hermann Kuhl (bis 1979), Wilhelm Grote (bis 1987), Hans-Jürgen Pokall (bis 1992), Bernhard Fedder (bis 2000) und Prof. Dr. Christine Swientek (bis 2007). Die aktuelle Ordnung für die Dekanate im Bistum Hildesheim sieht die Funktion des Vorsitzes beim jeweiligen Dechanten: Propst Klaus Funke (bis 2008), Propst Martin Tenge (seit 2008). Das Amt der/des 2. Vorsitzenden wird von einem gewählten Mitglied des Dekanatspastoralrates wahrgenommen: Söhncke Schmidt (2007–2008), Gerald Hannig (2009–2011) und Felizitas Teske (seit 2011).

Die jährlich dreimal tagende Vollversammlung bildet einen Vorstand, dem ein/e Dekanatspastoralreferent/in als GeschäftsführerIn angehört. Für eine effiziente Arbeit hat der Dekanatspastoralrat Ausschüsse und Projektgruppen gebildet, die dem Gremium zuarbeiten.

Der Dekanatspastoralrat wirkt mit bei der Leitung des Dekanats und trägt zusammen mit dem Regionaldechanten Verantwortung für die Erfüllung der Aufgaben des Dekanats. Dazu fasst er notwendige Beschlüsse und sorgt für deren Durchführung.

Besondere Aktivitäten und Entscheidungen in den letzten Jahrzehnten betrafen u. a.: die Herausgabe der Broschüre „Katholische Informationen", die Durchführung der jährlich stattfindenden interkulturellen Woche, der hannoversche Beitrag zum „Sozialwort der Kirchen", die Errichtung und Entwicklung des [ka:punkt], die Kategorisierung von Kirchen mit der Empfehlung der Schließung und die Aufstellung des Personalplans 2025 mit der zukünftigen Bildung von acht Pastoralbereichen in der Region Hannover.

Manfred Köhler

Geschichte der katholischen Schulen Hannovers

1. Die Gründung katholischer Gemeinden und ihrer Schulen

Die Anfänge

Der zum Katholizismus konvertierte Sohn des Herzogs Georg von Calenberg, der im Jahre 1636 seine Residenz in die Stadt Hannover verlegt hatte, Herzog Johann Friedrich stellte nach seinem Regierungsantritt 1665 in Hannover nicht nur den katholischen Kultus wieder her, sondern richtete auch eine katholische Elementarschule ein, die allerdings wegen fehlender Subsistenzmittel für den Lehrer nach seinem Tod 1679 wieder geschlossen wurde.[1]

Nach dem plötzlichen Tode Johann Friedrichs übernahm sein protestantischer Bruder Ernst August, der bis dahin das Hochstift Osnabrück regiert hatte, das Fürstentum. Obwohl in religiösen Fragen eher gleichgültig, wurde die Schlosskapelle wieder dem evangelischen Kultus zugeführt. Als Ersatz für die Kapuziner, die bis dahin die etwa 150-köpfige Gemeinde, die sich in der Regierungszeit Johann Friedrichs aus Kreisen des Hofes, Soldaten, Künstler und Handwerker gebildet hatte, betreuten, kamen im Jahr 1680 erstmals Jesuiten nach Hannover, die in zwei bis drei angemieteten Räumen Gottesdienst halten konnten. Die Anzahl der Mitglieder der kleinen Gemeinde war inzwischen durch die Erweiterung des Hofes, den Ausbau des Theaters und die Einführung der italienischen Oper sowie durch Zuwanderung sowohl aus deutschen als auch aus französischen Gebieten angestiegen.[2] 1690 gelang es den Patres in der Neustadt wiederum eine Elementarschule einzurichten, die in eine französische und eine lateinisch-deutsche Schule geteilt wurde. Mitte der neunziger Jahre zählte man 100 Schüler in der lateinisch-deutschen Schule, von denen jährlich einige an das Gymnasium Josephinum nach Hildesheim geschickt wurden.

---

1 Die politische Vorgeschichte der Stadt Hannover und des Fürstenhauses ist an anderer Stelle in diesem Buch dokumentiert.

2 Hans-Georg Aschoff, Um des Menschen willen. Die Entwicklung der katholischen Kirche in der Region Hannover, Hildesheim (1983), S. 24.

Seit dem 18. Jahrhundert war eine Elementarschule für die katholischen Kinder Hannovers mit der St. Clemens-Kirche verbunden, die vornehmlich aus Mitteln der Gemeinde unterhalten wurde und in der den Kindern vom 7. bis zum 14. Lebensjahr unentgeltlich Unterricht in Lesen, Schreiben, biblischer Geschichte, Religion, Verfassung deutscher Aufsätze und den Anfangsgründen der Erd- und Naturkunde erteilt wurde.[3] Die knapp 100 Schüler unterrichtete in den 20er Jahren des 19. Jahrhunderts ein Lehrer, der gleichzeitig den Küsterdienst an der Kirche versah. 1826 wurden zwei Lehrer angestellt, die aus Mitteln des Kirchenarars, des bischöflichen Kartausfonds und aus staatlichen Kassen besoldet wurden; eine Trennung in eine Jungen- und eine Mädchenschule wurde vorgenommen. Nach einer Visitation im Jahr 1853 durch das Hildesheimer Konsistorium wurde festgestellt, dass sowohl im personellen Bereich als auch bei den Unterrichtsräumen Handlungsbedarf herrschte. Allein für die Jungenklasse wurden 80 Schüler angegeben. Sie befand sich im Pfarrhaus, während die Mädchenklasse in einem der Häuser untergebracht war, die der Gemeinde gehörten. Die Visitationskommission hielt es für notwendig, dass zwei weitere Klassen eingerichtet und für die Mädchenschule Lehrerinnen eingestellt würden.

Die Gründung neuer Volksschulen

Die Vergrößerung Hannovers war eine Folge seines industriellen Aufschwungs, aber auch seiner Stellung als Metropole und Hauptstadt verschiedener politischer Einheiten. Sie erfolgte durch Zuzug von Menschen, die auf der Suche nach Arbeit waren, und Eingemeindungen von Vororten. Von 1859 bis 1919 wuchs die Einwohnerzahl von 35.000 auf über 400.000 Menschen.[4] Entsprechend dieser Zunahme der Bewohner entwickelten sich auch die Schülerzahlen. Eine Übersicht über die Volksschülerzahlen zwischen 1850 und 1952 zeigt auf, dass die Zahlen von 1387 im Jahr 1856 auf 46.413 Schülerinnen und Schüler im Jahr 1914 geklettert waren. Durch die Kriegsjahre und Nachkriegsjahre fielen die Werte im Jahr 1945 auf 17.842 ab, stiegen dann aber wieder auf 48.000.[5]

Vor allem in den (damaligen) Vororten Hannovers bildeten sich im 19. Jahrhundert rund um Fabrikanlagen Siedlungen auch mit katholischen Arbeitern und Arbeiterinnen und ihren Familien. Für die Kinder dieser Familien war es dringend notwendig, Beschulungsmöglichkeiten zu schaffen. Die Volksschulen des

---

3   Das Folgende nach Aschoff, ebd., S. 49.
4   Die Zahlen sind entnommen der Chronik der Website „Hannover.de" (01.02.2018).
5   Die Statistik lag der Chronik der Kardinal-Bertram-Schule bei.

Hannover-Linden, Katholische Volksschule, um 1925

19. Jahrhunderts waren überwiegend – vor allem in Preußen – konfessionell ausgeprägt. Deshalb mussten und wollten die Zuwanderer eigene Gemeinden gründen und eigene Schulen errichten. Zunächst standen für die Zuwanderer der ersten Stunde die katholischen Volksschulen im Bereich der Clemenskirche zur Verfügung.[6] Diese waren aber sehr schnell völlig überfüllt.[7] Hinzu kamen für viele Kinder die weiten Anfahrtswege. Die schnelle Errichtung wohnortnaher eigener Schulen hatte für die jungen Gemeinden oberste Priorität.

---

6 Vgl. Aschoff (wie Anm. 2), S. 25 und S. 49.

7 Die mangelhaften Zustände dieser Schulen hat starke Proteste provoziert. Vgl. Aschoff (wie Anm. 2), S. 50.

Die Gründung einer neuen Schule war in Preußen relativ einfach. Gemäß Art. 22 der Preußischen Verfassung von 1850 stand es jedem frei, „Unterrichtsanstalten zu gründen und zu leiten, wenn er seine sittliche, wissenschaftliche und technische Befähigung den betreffenden Staatsbehörden nachgewiesen hat."[8] Die Schulaufsicht verblieb beim Staat (Art. 23). Die Kirchengemeinde stellte also einen Antrag, bildete einen Schulvorstand (in der Regel mit dem jeweiligen Pfarrer an der Spitze) und einen Schulverband, der als Träger der neuen Schule fungierte. Die örtliche Gemeinde genehmigte den Antrag meistens mit Auflagen. Diese (privaten) Gemeindeschulen waren aber ungeheuer kostspielig, selbst wenn man die relativ geringen Lehrergehälter der damaligen Zeit und die sehr großen Klassen berücksichtigt. Die Schulverbände mussten nämlich fast immer neue Schulgebäude errichten, die enorme Kosten verursachten. Die geringen Löhne damaliger Arbeiter ließen auch keine hohen Schulgeldbeiträge zu. Am Ende verblieben oft nur Bittbriefe um Unterstützung an kirchliche oder staatliche Stellen. Deshalb bemühten sich die Schulvorstände darum, dass die jeweilige Kommune oder Stadt die eigene Gemeindeschule in ihre Trägerschaft übernahm. Das gelang mal früher und mal später.

Zunächst verhinderte allerdings der Kulturkampf (seit 1872) die rasche Übernahme von Gemeindeschulen durch die Stadt Hannover. Zu groß waren die Animositäten und das gegenseitige Misstrauen. Besonders die 1875 geschaffene Stelle eines Stadtschulinspektors stärkte auf katholischer Seite die Befürchtung, die Kommunalisierung könne den katholischen Charakter einer Schule gefährden. „Erst im Zuge der Beilegung des Kulturkampfes kamen die Verhandlungen in der hannoverschen Schulfrage wieder in Gang. Die sich aufgrund der wachsenden Schülerzahl ständig verschlechternde Lage der katholischen Schulen veranlasste das Eingreifen des Kultusministeriums; eine Verfügung des Oberpräsidenten vom 15. März 1881 zog einen Schlussstrich unter die Verhandlungen. Sie setzte fest, dass der Magistrat an dem staatlichen Aufsichtsrecht über die katholische Schule beteiligt werden müsse; die Wahrnehmung der staatlichen Lokal- und Kreisschulinspektion wurde widerruflich dem Pfarrer von St. Clemens übertragen. Diese Vorschriften gingen in die Verträge zwischen dem Magistrat und dem Schulvorstand ein; die endgültige Übergabe der katholischen (Volks-)Schulen an die Stadt erfolgte am 14. April 1881."[9]

„Für die weitere Entwicklung des katholischen Elementarschulwesens in Hannover war das preußische Volksschulunterhaltungsgesetz von 1906 von Bedeu-

---

8 Verfassungsurkunde für den Preußischen Staat (1850): www.verfassungen.de/preußen/preußen50_vom 03.01.2011.

9 Aschoff (wie Anm. 2), S. 78

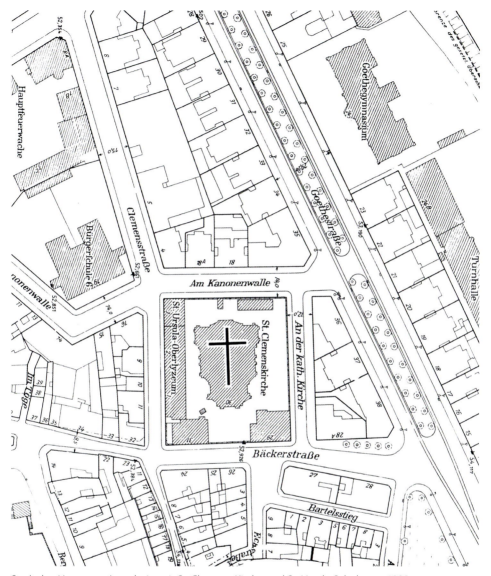

Stadtplan Hannover, Ausschnitt mit St. Clemens-Kirche und St. Ursula-Schule, um 1900

tung. Es bestimmte die Konfessionsschule als Regelschule in Preußen, räumte konfessionellen Minderheiten das Recht zur Errichtung eigener Schulen ein und übertrug die finanziellen Aufwendungen für die Volksschulen den Kommunen, setzte aber bei schwacher Finanzkraft der Gemeinden staatliche Zuschüsse fest. Im Stadtgebiet Hannover bestanden am Ende des Kaiserreiches vier katholische

Volksschulen: die Katholische Städtische Bürgerschule 6 (Kanonenwall; für St. Clemens; 850 Schüler), die Bürgerschule 16 (Hainhölzer Straße; für St. Marien; 885 Schüler), Bürgerschule 23 (Bonifatiusplatz; für St. Joseph und St. Elisabeth; 822 Schüler) und Bürgerschule 37 (Hildesheimer Chaussee; für St. Bernward; 1.200 Schüler)."[10]

Die heutigen katholischen Grundschulen Hannovers stehen in der Tradition der alten katholischen Volksschulen (in Hannover „Bürgerschulen"), die allerdings nicht alle wieder nach dem Dritten Reich ihren Unterricht aufnehmen konnten. Die Grundschulen führen ihre Tradition auf das Gründungsdatum ihrer Schule im jeweiligen Stadtteil oder Stadtbezirk zurück. Die Namen der Schulen entstammen den 1950er Jahren, werden aber hier der besseren Orientierung wegen von Anfang an benutzt.

Kardinal-Bertram-Schule

Wie in vielen katholischen Missionsgemeinden wurde auch in Döhren zunächst eine Schule für die Kinder der eigenen Gemeinde errichtet, bevor man an einen Kirchbau denken konnte. Dem Antrag auf Genehmigung einer katholischen Privatschule wurde am 14. August 1884 stattgegeben, am 14. Oktober desselben Jahres wurde ein Schulraum für zunächst 34 Kinder im Hause des Tischlermeisters Köppe angemietet. Am 5. September 1886 gelang es, ein günstig gelegenes Grundstück von 6 Morgen an der Hildesheimer Straße für 18.000 Mark zu erwerben. Als erstes Gebäude wurde eine einklassige Schule mit Lehrerwohnung errichtet. Von Anfang an musste in zwei Halbtagsschichten unterrichtet werden, weil die 118 Kinder nicht anders unterzubringen waren. Am 1. April 1899 wurde die Schule für die Schulgemeinde Döhren/Wülfel/Laatzen in öffentliche Trägerschaft übernommen und am 1. April 1900 ein Schulneubau in der Querstraße 12 bezogen. Fast alljährlich wurde wegen steigender Schülerzahlen eine neue Klasse eingerichtet. Im Jahr 1903 war die achtklassige Schule wieder zu klein. 1911 wurde ein Schulneubau an der Hildesheimer Straße unter der Bezeichnung Bürgerschule 37 fertiggestellt. Die ehemalige katholische Schule in der Querstraße wurde eine Mädchenschule.[11]

---

10 Aschoff (wie Anm. 2), S. 78
11 Angaben aus: Aus der Geschichte der katholischen Gemeinde St. Bernward in Döhren (kopiertes Manuskript) sowie Abschriften aus der Schulchronik.

Bonifatiusschule

Die Einweihung des viergeschossigen repräsentativen Schulgebäudes im Listerfelde erfolgte am 9. April 1902. Die Bürgerschule 23 – wie sie offiziell hieß – war eine vollausgebaute Volksschule mit den Jahrgängen 7–1 (damals war Klasse 7 der 1. Jahrgang) mit insgesamt 20 Klassen. Die Kosten für den Neubau beliefen sich auf 283.000 Mark – ohne Grund und Boden.[12]

Jungen und Mädchen wurden getrennt unterrichtet, selbst im Pausenhof befand sich eine Trennungslinie.[13] Die Jungen erhielten in den oberen Klassen Unterricht in Naturlehre (Biologie) und Raumlehre (Geometrie), während bei den Mädchen Handarbeit und Hauswirtschaft auf dem Stundenplan stand. Die religiöse Erziehung wurde überwiegend von Geistlichen übernommen.

Im Ersten Weltkrieg wurde die Bürgerschule 23 zur Kaserne. Der Schulbetrieb fand gegenüber in der heutigen Ricarda-Huch-Schule statt, die fünf Jahre nach der späteren Bonifatiusschule ebenfalls von Paul Rowald (1850–1920) erbaut worden war.[14]

Nach dem Ersten Weltkrieg – Anfang der 1920er Jahre – gab es für die Schülerinnen und Schüler ein- bis zweimal wöchentlich die sogenannte Quäkerspeisung (US-amerikanische Hilfsorganisation).

Der religiösen Erziehung wurde sehr große Aufmerksamkeit geschenkt: Wesentliche Teile des Katechismus und der Schulbibel wurden von den Kindern auswendig gelernt, der regelmäßige Kirchenbesuch wurde zensiert, die Disziplin (nicht nur) während des Gottesdienstes sorgfältig beobachtet.[15]

Erstes Schulsystem in Linden

Nachdem die katholischen Kinder aus Linden bis 1877 die Gemeindeschule bei St. Clemens besucht hatten, musste Linden wegen Überfüllung dieser zentralen Gemeindeschule und der Umwandlung dieser Schule in eine Bürgerschule einen eigenen Schulverband gründen. Zum 1. April 1878 wurde der Schulneubau in der Kaplanstraße – das Grundstück hatte Baron von Alten bereits früher für 6.000 Mark gekauft – vollendet. Das Gebäude hatte 69.000 Mark gekostet. Die Schule umfasste beim Einzug vier Klassen mit 440 Kindern. Die Schüler- und Klassenzahlen stiegen rasant an. 1881 gab es bereits fünf Klassen, die sich innerhalb weniger

---

12 Angaben aus: Festschrift: 100 Jahre Bonifatiusschule (Hannover 2002), Felizitas Teske: Die Boni erzählt, S. 1.
13 Ebd., S. 2.
14 Ebd.
15 Ebd., S. 11–14.

Hannover-Linden, Eichendorffschule

Jahre verdoppelten. Die Gemeinde Linden finanzierte zwar die evangelischen Volksschulen zu 100 Prozent aufgrund früherer Vereinbarungen, gab aber für die katholische Gemeindeschule nur einen geringen Zuschuss von 600 Mark jährlich. Erst nachdem Linden 1884 zur Stadt erhoben worden war, nahm die Gemeinde nach schwierigen Verhandlungen mit der Katholischen Kirche und auf Druck der königlichen Regierung auch die katholische Gemeindeschule zum 1. April 1891 in ihre Trägerschaft.[16] Die Übernahme der Schulden, die das größte Hindernis bei den Kaufverhandlungen bildete, wurde schließlich durch einen Zuschuss aus „Berlin" möglich gemacht.

1899 umfasste die Godehardischule 20 Klassen mit 1.218 Schülerinnen und Schülern, die von 20 Lehrkräften an zwei Standorten (Kaplanstraße und Posthornstraße) unterrichtet wurden. Um dem wachsenden Schülerstrom gerecht zu werden, musste eine Filialschule – Grundstock der späteren St. Benno-Schule – gegründet werden. Diese zweite Schule wurde am 20. Juni 1899 mit acht Schulklassen eingerichtet. Trotz der damit verbundenen Schülereinbuße der Gode-

---

16 Vgl. Aschoff (wie Anm. 2), S. 78.

Hannover-Misburg, Kardinal-Galen-Schule, Schulprojekt

hardischule stieg die Schülerzahl in dieser Schule bis 1917 wieder auf 17 Klassen mit 900 Schülerinnen und Schülern. Beide Schulsysteme erhielten im Jahr 1911 auch noch eine „Hilfsschule".[17]

Eichendorffschule

Im Jahre 1908 entstand neben der St. Benno-Kirche ein neuer Schulbau in der damaligen Ottenstraße (heute: Hennigesstraße 3) mit 28 Klassenräumen als Katholische Bürgerschule II und III. Nachdem Linden 1920 in Hannover eingemeindet worden war, hieß sie Bürgerschule 52. Sie wurde von rund 1.000 Schülerinnen und Schülern besucht und nahm auch die Kinder aus Limmer auf. Dieses Datum gilt als Gründungsdatum der späteren Eichendorffschule.[18] 1924 wurde die Aula zur Turnhalle umfunktioniert, 1926 forderte eine Typhus-Epidemie so

---

[17] Internetseite der Eichendorffschule/Download/ Fahlbuschchronik „Die katholische Schule in Linden".

[18] Jubiläumsausgabe „Eichen-Blatt", Schulzeitung der GS Eichendorffschule Hannover vom Juni 2008.

viele Opfer, dass die Krankenhäuser nicht alle Erkrankten aufnehmen konnten. Deshalb mussten auch Schulen als Ersatzkrankenhäuser eingerichtet werden: dazu gehörte auch die Schule in der Hennigesstraße. Nach Abklingen der Epidemie musste das Schulgebäude von Grund auf renoviert werden.[19]

Kardinal-Galen-Schule

Die Kardinal-Galen-Schule in Misburg feierte am 5. August 1907 die Einweihung eines neuen Schulgebäudes mit 310 Schülerinnen und Schülern in fünf Klassen. Die Stadt Misburg wurde erst mit der Kommunalreform im Jahr 1974 mit Hannover vereinigt.[20]

2. Die Gründung der St. Ursula-Schule

Anders als im Volksschulbereich war die St. Ursula-Schule keine Gemeindeschule. Der Impetus zur Errichtung des Gymnasiums erwuchs aus mehreren Quellen. Zum einen stieg der Bedarf nach höherer Bildung für Kinder auch im katholischen Volksteil. Zum anderen wurde aber im 19. Jahrhundert im Zuge der sich langsam entwickelnden Frauenemanzipation der Ruf nach höherer Bildung für Mädchen immer lauter. Gymnasien waren zunächst ausschließlich den Jungen vorbehalten.

So entstand aus der katholischen Elementarschule an der St. Clemens-Kirche (seit 1826 geteilt in Mädchen- und Knabenschule) im Jahr 1851 eine Höhere Töchterschule, ebenfalls im Gebäude in der Bäckerstraße neben der Propsteikirche. Dort waren Klassen- und Wohnräume. 1853 leitete die Lehrerin Theodora von der Forst diese Schule mit Genehmigung des Bischöflichen Generalvikariates.[21]

Im Jahr 1860 gelang es dem Pastor Schlaberg, „Ursulinen aus Duderstadt und Hildesheim nach Hannover zu holen." Als Leiterin der Elementarschule fungierte bis 1869 Mater Xaveria Graen. M. Walburga Aue und M. Bernwarde Theele übernahmen die Lehrtätigkeit in der Höheren Töchterschule. Die Weihe ihrer „armseligen" Zimmer in der Bäckerstraße zum Kloster erfolgte am 14. Oktober 1860.[22]

---

19 Ebd.
20 www.kardinal-galen-schule.de/Chronik, S. 1.
21 Gemeinsam unterwegs, Festschrift aus Anlass des 150jährigen Jubiläums der St. Ursula-Schule Hannover, hg. von Ingeborg Wirz OSU und Thomas Scharf-Wrede, Hildesheim 2001, S. 14 und Chronik, S. 105.
22 Ebd., S. 105.

Für die wachsende Zahl der Schülerinnen wurde ein größeres Gebäude notwendig. Mit Hilfe von Spenden (u. a. der Königinnen von Preußen und von Sachsen) konnte in der Clemensstraße ein Neubau im Jahr 1865 entstehen, der „Schulräume, Klausur und einige Räume für Pensionärinnen" enthielt. Die Einrichtung einer dritten Klasse der Töchterschule und die Gründung eines Pensionates erfolgten zeitnah.[23]

Bald nach Gründung des Deutschen Kaiserreiches 1871 begann der „Kulturkampf", den der Kanzler des Reiches Otto von Bismarck vor allem in Preußen gegen die Katholische Kirche führte. Eine ganze Reihe von Gesetzen schränkte die Tätigkeiten der Kirche erheblich ein, u. a. wurden auch alle Orden verboten, die nicht unmittelbar eine reine Liebestätigkeit wie die Krankenpflege ausübten. Dieses Gesetz traf auch die Ursulinen, die 1875 des Landes verwiesen wurden. Die hannoverschen Ursulinen gingen nach Bauffe in Belgien, wo sie ein Pensionat eröffneten. Die höhere Töchterschule in Hannover wurde von „weltlichen" Lehrerinnen weitergeführt.

Unter der Leitung von Katharina Philipps und Anna Stoevener wurde die Schule im Jahr 1908 gemäß den Bestimmungen des preußischen Kultusministeriums über die Neuordnung des höheren Mädchenschulwesens vom 18. August 1906 zu einem staatlich anerkannten zehnklassigen Lyzeum ausgebaut: drei Klassen Vorschule und sieben Klassen Lyzeum. „Allerdings entsprachen die verfügbaren Geldmittel keineswegs den Anforderungen, wie sie an ein Lyzeum gestellt wurden. Die Einnahmen der Schule bestanden vornehmlich aus dem Schulgeld und einem staatlichen Zuschuss; eine Beihilfe von Seiten der Stadt wurde nicht gegeben. Aufgrund der finanziellen Schwierigkeiten konnten die Lehrkräfte nicht entsprechend besoldet werden, was zu einem häufigen Wechsel führte. Die Zusammensetzung des Lehrerkollegiums und die im Unterricht erbrachten Leistungen, die ‚vielfach unter den Durchschnitt zurückgegangen' waren, veranlassten die Schulaufsichtsbehörde, das Provinzialschulkollegium, die Schließung der Schule als Lyzeum in Betracht zu ziehen. Die Kriegssituation bewahrte die Schule einstweilen vor diesem Schicksal."[24]

Auf Bitten des „Vereins für das katholische Lyzeum", der 1916 vor allem aufgrund der finanziellen Probleme gegründet worden war, des Bischofs Ernst und vieler Gemeinden kehrten die Ursulinen im Jahr 1917 nach Hannover zurück und übernahmen die Schule, die nun den Namen *St. Ursula-Lyzeum* erhielt. Die ministerielle Genehmigung zur Niederlassung der Ursulinen in Hannover und zur Erteilung des Unterrichts war am 7. Juni 1917 erfolgt.[25]

---

23 Ebd.
24 Aschoff (wie Anm. 2), S. 79.
25 Ebd., S. 79.

Hannover-List, Bonifatiusschule

Im Jahr 1924 wurden die Vorklassen gemäß dem Gesetz über die Grundschulen und die Aufhebung der Vorschulen vom 28. April 1920 aufgelöst. 1926 erfolgte der Ausbau der Schule zum Oberlyzeum, d. h. die Absolventinnen erwarben das Zeugnis der Hochschulreife. Seit dieser Zeit wurden auch nicht-katholische Schülerinnen aufgenommen. 1929 fand die erste Reifeprüfung statt.[26]

3. Die katholischen Schulen Hannovers und das Dritte Reich

Die Ideologie der Nationalsozialisten und die nachfolgende Praxis des Handelns sahen die absolute Gleichschaltung der Gesellschaft vor, die nach Belieben für jedes Ziel manipuliert werden konnte. Die Katholische Kirche hatte seit 1930 vor Hitler und seiner Partei in Richtlinien, Predigten, pastoralen Anweisungen bis hin zur Ablehnung der „Irrlehre" des Nationalsozialismus durch die Fuldaer Bischofs-

---

26 Gemeinsam unterwegs (wie Anm. 21), S. 106.

konferenz 1932 gewarnt, musste sich aber nach der Machtübernahme der NSdAP der neuen Situation stellen.

Da die Katholische Kirche nicht „gleichgeschaltet" werden konnte, vollzog sich der Kampf gegen den „ideologischen Fremdkörper" nach dem Prinzip von „Zuckerbrot und Peitsche". Der Abschluss des Reichskonkordates vom 20. Juli 1933 brachte der Kirche zwar zunächst die staatliche Zusage ihres Bestandes und der ihr zugehörigen Organisationen und Verbände, wurde aber andererseits zur Vernichtung des politischen Katholizismus (Zentrumspartei) und zur Herstellung internationaler Glaubwürdigkeit missbraucht. Die Zusagen der Nationalsozialisten erwiesen sich bald als reine Zwecklügen: Die Attacken gegen das katholische Verbands- und Pressewesen, gegen Religionsunterricht und konfessionelle Schulen und schließlich gegen die Priester selbst (Devisen- und Sittlichkeitsprozesse) führten zu einem (fast) totalen Rückzug der Kirche aus der Öffentlichkeit. Alle Proteste der Kirche, gipfelnd in der Enzyklika Pius' XI. „Mit brennender Sorge" vom 14. März 1937, nutzten nichts. Trotzdem muss der nationalsozialistische Kirchenkampf als gescheitert angesehen werden, weil das Kirchenvolk in ungebrochener Treue während der ganzen Zeit des Nationalsozialismus zur Kirche stand (Kirchenbesuch, Wallfahrten, Einsatz vieler Gläubiger für religiöse Belange).

Der Kampf der Nationalsozialisten gegen Religionsunterricht und konfessionelle Schulen vollzog sich in Hannover wie überall im Reich bzw. in Preußen.

Seit 1935 setzte die Herausdrängung der Priester aus den Schulen ein. Seit der hannoverschen Zeit war es in den katholischen Schulen des Bistums üblich, dass vier Religionsstunden dergestalt aufgeteilt wurden, dass die Lehrer zwei Stunden Bibelunterricht (Biblische Geschichte) und die Geistlichen zwei Stunden Katechismusunterricht erteilten. Nunmehr mussten die Geistlichen beim Regierungspräsidenten einen Antrag auf Zulassung stellen. Später wurde die Bedürfnisfrage gestellt, was ein klarer Verstoß gegen Art. 22 Reichskonkordat darstellte. Im Juli 1937 (also nach Erscheinen der Enzyklika) wurde den Geistlichen die Erteilung von Unterricht in Schulen verboten, d. h. dass die Lehrerinnen und Lehrer den Religionsunterricht komplett übernehmen mussten. Im Protokollbuch der Bonifatiusschule findet sich ein entsprechender Hinweis durch eine Eintragung vom 21. April 1938. Neben einer ganzen Reihe weiterer Maßnahmen gegen den Religionsunterricht und gegen die Lehrkräfte, die ihn erteilten, wurde im Jahr 1941 bestimmt, dass in den offiziellen Zeugnissen das Fach „Evangelische/Katholische Religion" künftig wegzufallen habe. Lediglich die Benotung auf einem besonderen Blatt könne noch erfolgen.

Die Umwandlung der Konfessionsschulen in Gemeinschaftsschulen erfolgte ebenfalls in mehreren Schritten. Von 1935 bis 1937 kam es zu der Auflösung von kleinen Schulen (Zwergschulen) z. B. in Bilderlahe, Grasdorf und Westfeld.

Von Anfang an versuchte das Generalvikariat in Hildesheim dagegen vorzugehen. Allerdings stellte sich im Laufe der Zeit heraus, dass der Versuch, mit juristischen Mitteln gegen die Maßnahmen anzukämpfen, vollkommen vergeblich war. Die Weimarer Reichsverfassung war ja bereits 1933 „bis auf Weiteres" dispensiert worden, das Reichskonkordat wurde dahingehend „interpretiert", dass seine Bestimmungen internationales Recht und für die deutsche Rechtsprechung nicht bindend sei und das Preußische Volksschulunterhaltungsgesetz von 1906, das eindeutig für die Konfessionsschule votierte, wurde insofern umgedeutet, dass finanzielle Gründe sehr wohl für eine Umwandlung in eine Gemeinschaftsschule herangezogen werden könnten (Uminterpretation des § 36 VUG). Um plebiszitären „Entscheidungen" – wie sie in West- und Süddeutschland seit etwa 1936 angewendet wurden – zuvorzukommen, ging die Katholische Kirche dazu über, während des Gottesdienstes Abstimmungen für die Erhaltung der Konfessionsschulen in der Form vorzunehmen, dass sich die Gläubigen in ausgelegte Listen eintragen konnten. Für Hannover erfolgte dieses Referendum am 26. März 1939. Die Eltern votierten im Bistum Hildesheim als auch anderswo in so hohem Maße für die Beibehaltung der Konfessionsschule, dass die Reichspressekammer 1937 der katholischen Presse verbot, die Ergebnisse derartiger Abstimmungen zu publizieren. Aber auch diese Abstimmungen nützten letztlich nichts.[27]

Die Auflösung der heutigen Kardinal-Galen-Schule in Misburg erfolgte 1938; sie wurde in Volksschule II umbenannt.[28]

In Hannover wurden die 47 evangelischen Bürgerschulen, die sechs katholischen Bürgerschulen sowie die acht evangelischen Sonderschulen und die katholische Sonderschule zum 1. April 1939 auf Antrag des Stadtschulrates Dr. Fischer nach Anhörung der Beiräte in der Ratssitzung vom 17. Februar 1939 von Oberbürgermeister Dr. Haltenhoff gemäß § 36 Abs. 4 des Volksschulunterhaltungsgesetzes aufgehoben und zum gleichen Zeitpunkt Gemeinschaftsschulen gem. § 36 Abs. 1 VUG errichtet.[29]

Als besondere Gründe für die Einführung von Gemeinschaftsschulen wurden in einem Aktenvermerk des Städtischen Schulamtes vom 1. Februar 1939 genannt, dass durch den Anstieg der Schülerzahlen die Unterbringung immer schwieriger und dass deshalb durch die Einführung der Gemeinschaftsschule die

---

27 Zur gesamten Passage über die Schulsituation im Dritten Reich vgl. Manfred Köhler, Die Volksschule Harsum im Dritten Reich. Widerstand und Anpassung einer katholischen Dorfschule, Hildesheim 1985, S. 122–125.

28 Chronik der Kardinal-Bertram-Schule.

29 Aufhebung konfessioneller Schulen. In: Jubiläumsausgabe „Eichen-Blatt", Schulzeitung der GS Eichendorffschule Hannover, 6/2008, S. 7.

Organisation des Schulwesens einfacher werde. Außerdem müssten aus baupolizeilicher und gesundheitlicher Hinsicht demnächst Schulgebäude geschlossen und Neubauten errichtet werden. Bei der derzeitigen Lage des Baumarktes sei es aber nicht zu verantworten, Neubauten zu errichten, die durch eine zweckmäßigere Organisation hätten vermieden werden können.[30] In der Ratssitzung selbst wurde auch auf die zum Teil sehr weiten Schulwege und die damit verbundenen Gefährdungen für die Schulkinder hingewiesen.

Neben dem Hildesheimer Bischof Joseph Godehard Machens,[31] der während des ganzen Dritten Reiches vehement gegen die unrechtmäßigen Angriffe auf die katholischen Schulen protestiert und gepredigt hatte, protestierte auch Propst Leuke in einem flammenden Schreiben vom 14. April 1939, in dem er noch einmal auf die geltende Rechtslage hinwies, die diesem Akt diametral entgegenstand. Er erinnerte an die Abstimmung der Gläubigen vom 26. März 1939, die damit ihren Willen auf Erhalt der katholischen Schulen zum Ausdruck gebracht hätten. Er erhob Einspruch im Namen der Gewissensfreiheit.[32]

Für die in Trägerschaft der Ursulinen befindliche St. Ursula-Schule stellte sich die Situation noch komplizierter dar. Da sie ihre Klientel häufig aus Akademiker- und Beamtenfamilien bezog, traf sie die Anordnung des neuen Staates, dass Beamtenkinder keine katholischen Schulen mehr besuchen durften, besonders hart. Deshalb sank die Schülerzahl stark ab. Im Jahr 1937 durfte die Schule keine Neuaufnahmen mehr in der Unter- und Obersekunda (Klasse 10 und 11) tätigen,[33] 1938 auch nicht mehr in der Sexta. Im Jahr 1939 erfolgte das letzte Abitur an der Schule, die verbliebenen Schülerinnen mussten auf andere Schulen übergehen. Die Schule wurde aufgelöst, die Gebäude wurden anderweitig kirchlich genutzt. Nur wenige Schwestern blieben in Hannover und richteten ein Heim für ältere Damen ein, die übrigen gingen ins Exil nach Belgien, Australien und Südamerika.[34] Bei einem schweren Bombenangriff am 9. Oktober 1943 brannten die Clemenskirche und das ehemalige Gebäude des früheren Oberlyzeums der Ursulinen bis auf die Umfassungsmauern aus.

---

30 Vgl. 100 Jahre Bonifatiusschule (wie Anm.12), S. 41f.

31 Gabriele Vogt, Streiter für Gott. Das bewegte Leben des Hildesheimer Bischofs Joseph Godehard Machens, Hildesheim 2018.

32 Vgl. 100 Jahre Bonifatiusschule (wie Anm. 12), S. 43f.

33 Gemeinsam unterwegs, Chronik (wie Anm. 21), S. 106.

34 Vgl. „Gemeinsam unterwegs" (wie Anm. 21), S. 106f.

4. Die Wiedererrichtung der katholischen Schulen nach dem Zweiten Weltkrieg

Nach Ende des Zweiten Weltkrieges besetzten amerikanische Truppen im April 1945 die zerstörte und entvölkerte Stadt, in der noch 217.000 von ehemals 470.000 Menschen lebten. Rund sechs Millionen Kubikmeter Schutt lagen auf den Straßen und Plätzen. Am 1. November 1946 wurde das neue Land Niedersachsen gebildet (Ministerpräsident: Hinrich Wilhelm Kopf), dessen Hauptstadt Hannover wurde.[35]

Die St. Ursula-Schule

Der Neubeginn der St. Ursula-Schule begann abenteuerlich: Der Pastor der Gemeinde St. Konrad – Dr. Carl Morotini – hatte einen Lagerschuppen in der Spitzwegstraße (heute Overbeckstraße) zu mehreren Klassenzimmern ausgebaut. Für die Einrichtung einer „Privatschule für Jungen und Mädchen" stellte er drei Lehrkräfte ein. Den Antrag Morotinis auf Erteilung einer Unterrichtsgenehmigung lehnte die Militärregierung allerdings ab, weil nur eine „Wiedergutmachungsschule für Ursulinen" zur Disposition stehen könne. Durch Vermittlung des Hildesheimer Bischofs Joseph Godehard kamen zwei Schwestern des Ursulinenordens abermals nach Hannover. Nunmehr konnte die „St. Ursula-Oberschule für Jungen und Mädchen" im September 1945 vom Oberpräsidenten genehmigt werden und am 2. Oktober 1945 den Unterricht mit 155 Schülerinnen und Schülern aufnehmen.[36]

Die Koedukation dauerte nicht lange. Bereits im April 1947 mussten „die Jungen auf andere Schulen übergehen, da nur eine Mädchenschule wie vor dem Krieg wieder entstehen durfte".

Zwei Jahre später stellte „die Pfarrei St. Heinrich unter Leitung von Pfarrer Ludewig im früheren Pfarrhaus in der Albert-Niemann-Straße einige Klassenräume und dann im Dachgeschoss eine Konventswohnung zur Verfügung". Als die Räume in dem Haus an der Konradkirche für andere Zwecke gebraucht wurden, zog die Ursulaschule 1949 ganz in die Albert-Niemann-Straße (wieder war Schichtunterricht nötig). Letztlich aber löste nur der Neubau in der Simrockstraße – wesentlich gefördert durch die Hilfe der Pfarrei St. Heinrich – die immen-

---

35 Die politischen Hintergründe des Zeitraums von 1945 bis zu Beginn der 80er Jahre beschreibt Hans-Georg Aschoff in dem Kapitel „Das Schulwesen" (wie Anm. 2), S. 117–129.

sen Raumprobleme: „acht Klassenräume, ein Lehrerzimmer, ein Verwaltungsraum und eine kleine Wohnung für die Schwestern samt Kapelle" bildeten den räumlichen Grundstock für die künftige Entwicklung. Nach Überprüfung der Schule durch den Dezernenten erneuerte das Kultusministerium seine Zusage von 1929, die Reifeprüfung abzunehmen. Am 21. Oktober 1950 wurde ein „Schulverein" aus der Taufe gehoben.

Im Jahre 1951 bestanden sieben Schülerinnen das erste Nachkriegs-Abitur. Im selben Jahr wurde ein Nebengebäude mit drei Klassenräumen bezogen. In den folgenden Jahren erfolgten ständig neue An- und Ausbauten: 1956 der „Starenkasten", 1957 ein Zwischentrakt zum Hauptgebäude, der „vom 1. Stock des Nebengebäudes aus auf schlanken Säulen in den Schulhof hineingebaut'" war „mit vier Klassenräumen, Zeichensaal und Kapelle", 1959 dann noch der Vorbau mit zwei Klassenräumen.[37]

Zehn Jahre später wurden die Wohnhäuser in der Bandelstraße 32/34 erworben und im für die Schule notwenigen Bereich umgebaut.[38]

Im Jahr 1971 übernahm Schwester Justina Kaboth „die Schulleitung von Schwester Theresia, die in 25-jähriger Amtszeit den inneren und äußeren Aufbau mit starker Hand geführt" hatte. Im selben Jahr wurde die Koedukation wieder (wie unmittelbar nach dem Kriege) eingeführt. Dies entsprach dem Wunsch vieler Eltern, die sich seit langem für ein katholisches Gymnasium auch für Jungen in Hannover eingesetzt hatten.

Nach vielen Umbauarbeiten weihte Weihbischof Heinrich Pachowiak die neuen Schulräume in den Unterkünften der Bandelstraße: Fachräume für die Naturwissenschaften, einen großzügigen Musiksaal, neun größere und kleinere Klassenräume und viele andere kleine Nebenräume wie Bibliothek, Kartenzimmer, „Medienraum, Büro und eine Wohnung für den Hausmeister".[39]

Im Jahr 1976 begann „die Umgestaltung der gymnasialen Oberstufe": Aufbauend auf ein Vorsemester im ersten Halbjahr für die 11. Klassen folgte im 2. Schulhalbjahr die Kursstufe, in der alle Schülerinnen und Schüler zwei Leistungskurse und Grundkurse belegen mussten. – Das 125-jährige Bestehen der St. Ursula-Schule wurde am 21. Oktober mit einem Festhochamt in der St. Heinrich-Kirche von Bischof Heinrich Maria Janssen zelebriert. „Der Festakt mit zahlreichen Gästen – aus dem öffentlichen Leben – fand in der Aula der Waldorfschule statt." Den geselligen Abschluss feierten 900 Gäste im Kuppelsaal der Stadthalle.

---

36 Vgl. „Gemeinsam unterwegs", Chronik (wie Anm. 21), S. 107.
37 Ebd., S. 107f. (alle Zitate).
38 Ebd., S. 108.
39 Ebd. (alle Zitate).

Im Schuljahr 1977/78 drückte trotz aller Baumaßnahmen wiederum eine große Raumnot: „778 Schülerinnen und Schüler (befanden sich) in 24 Klassen und 5 Kursgruppen."[40]

Der Kampf um die Wiedererrichtung der konfessionellen Volksschulen

Während die St. Ursula-Schule als Schule in freier Trägerschaft (nach heutigem Sprachgebrauch) „nur" eine Unterrichtsgenehmigung für die Aufnahme des Unterrichtsbetriebes benötigte (alle materiellen Voraussetzungen musste sie nämlich – zunächst – selbst schaffen), waren die Volksschulen in kommunaler, also staatlicher Trägerschaft. Hier konnte die Stadt entscheiden, ob und eventuell wann diese Schulen wieder als konfessionelle Schulen unterrichten durften.

Viele ehemalige konfessionelle Volksschulen wurden in den Jahren 1945–1950 in Niedersachsen wiedererrichtet. Das hing einmal mit dem Stichwort „Wiedergutmachung" des von den Nazis verübten Unrechts an den katholischen Schulen zusammen, andererseits auch damit, dass die Briten als Besatzungsmacht in Niedersachsen dem konfessionellen Schulgedanken durchaus aufgeschlossen gegenüberstanden. Sie hofften, dass eine religiöse Erziehung der Kinder auch einen Beitrag zur Entnazifizierung der Deutschen leisten könnte.

Am 22. November 1945 hatten die Alliierten eine Übereinkunft zur Bekenntnisschule getroffen. Unter Berücksichtigung der regional unterschiedlichen und traditionell bestimmten Gegebenheiten sowie des Elternwunsches sollten vorläufige Regelungen erfolgen. Bereits zwei Monate später – am 14. Januar 1946 – erließ die englische Besatzungsmacht die Erziehungsanordnung Nr. 1 an die deutschen Behörden (Educational Instruction to German Authorities No. 1 = EIGA I), die eine Elternbefragung in den Städten der britischen Zone verfügte, in denen vor der Machtübernahme der Nationalsozialisten Konfessionsschulen bestanden hatten. Die Erziehungsberechtigten konnten in dieser Befragung ihrem Wunsch nach einer Bekenntnisschule Ausdruck verleihen. Eine endgültige Entscheidung bedeutete das Referendum jedoch nicht, denn diese sollte einer repräsentativen deutschen Regierung überlassen bleiben.[41]

Die EIGA I löste hektische Aktivitäten aus. Nach der Abstimmung wurden in vielen niedersächsischen Gemeinden die Konfessionsschulen wieder eingeführt,

---

40 Ebd., S. 108 (alle Zitate).
41 Vgl. Manfred Köhler, Der Kampf um die Wiedererrichtung der Katholischen Volksschule in Sarstedt von 1945 bis 1958 – Ein demokratisches Lehrstück?, in: Jahrbuch für Geschichte und Kunst im Bistum Hildesheim 2016/17, Hildesheim 2018, S. 192.

so auch in Lehrte und Misburg. Als in Misburg im November 1946 die katholische Volksschule wiedereröffnet wurde, waren 60 Flüchtlinge unter den 300 Schülerinnen und Schülern. Im Jahr 1955 erhielt die Misburger Schule ein neues Schulgebäude (in dem sie bis heute lebt und arbeitet) und den neuen Namen: *Kardinal-Galen-Schule.*[42]

Um eine einheitliche Umsetzung der Abstimmungsergebnisse in neu zu errichtenden Bekenntnisschulen in der preußischen Provinz Hannover zu gewährleisten, gab die Abteilung für Wissenschaft, Kunst und Volksbildung (ab 21. Dezember 1946 „Niedersächsisches Kultusministerium") mit Datum vom 21. Juni 1946 einen Erlass heraus, der noch einmal die „Grundsätze" für die Einrichtung von Bekenntnisschulen benannte. In seiner Einleitung wurde darauf hingewiesen, dass die „durch Verwaltungsmaßnahmen der nationalsozialistischen Zeit vorgenommene Schaffung von Gemeinschaftsschulen in der überwiegenden Mehrzahl aller Fälle der rechtlichen Grundlage entbehrt habe. Die Bekenntnisschule sei nach dem ursprünglich in Hannover bestehenden Rechtszustand die Regelschule gewesen, während die Simultanschule (= Gemeinschaftsschule) nur in Ausnahmefällen bestanden hätte." Trotzdem gebe es aufgrund der eingereichten Berichte zwei Gründe, die einer rein formalen Durchführung der Wiedereinrichtung von Bekenntnisschulen entgegen stünden: „Das sind erstens das erzieherische Bedenken, dass die Einrichtung von mehreren ein- oder wenigklassigen Schulen anstelle einer mehrklassigen Schule erfahrungsgemäß ein Absinken des Erziehungsstandes bewirkt, und zweitens ganz erhebliche finanzielle Bedenken", die weder Staat noch Kommunen zur Zeit übersehen und die deshalb einer Umwandlung von Schulen entgegenstehen könnten.[43] Natürlich war die Raumnot nach dem Krieg ein riesengroßes Problem. Erschwerend zu den Zerstörungen an Gebäuden kam der Flüchtlingsstrom aus dem Osten dazu. Mehr Menschen mussten mit weniger Wohnraum, mehr Schülerinnen und Schüler mit weniger Schulen auskommen. Aber trotzdem war es letztlich gelungen, durch Schichtunterricht und größere Klassen alle Kinder zu beschulen.

Der Erlass vom Juni 1946 war folgenschwer. Während er auf der einen Seite ausdrücklich bestätigte, dass die Entkonfessionalisierungen von Schulen im Dritten Reich Unrecht war, ließ er auf der anderen Seite Hintertüren offen, die Wiedereinführung dieser Schulen zu torpedieren.

---

42 www.kardinal-galen-schule.de/Chronik.

43 Zu dem ganzen Abschnitt vgl. Köhler, Der Kampf um die Wiedererrichtung (wie Anm. 41), S. 183–260.

Bischof Joseph Godehard Machens hatte seine kompromisslose Haltung für den Einsatz für die Bekenntnisschulen beibehalten.[44] Bereits in seinem ersten Hirtenbrief von 1945 forderte er die Neuerrichtung der Konfessionsschulen als Wiedergutmachung erlittenen Unrechts und als Umsetzung geltenden Rechts (Schulgesetz und Konkordat). Auch unterstützte er die Bemühungen von Klerus und Laien in Hannover in Briefen an den Oberpräsidenten und den Stadtschulrat Dr. Roeder. In Hannover hatten sich zwar bereits im Juni 1945 in Abstimmungen nach den Gottesdiensten über 8.000 Gottesdienstbesucher für die Einrichtung von Konfessionsschulen ausgesprochen, jedoch ohne nennenswerten Erfolg. So blieb den Katholiken Hannovers (durch die Heimatvertriebenen hatte sich deren Zahl von 70.800 im Jahre 1940 auf 127.000 im Jahre 1948 erhöht!) nichts anderes übrig, als in Vorträgen und Aktionen für die Bekenntnisschule zu werben. „Sie bildeten bereits am 27. April 1945 das ‚Kuratorium der Katholikenausschüsse in Hannover', in dem ihr Vorsitzender Dipl.-Ing. Heinrich Happe eine entscheidende Rolle spielte."[45] Aber alle Versuche mit Eingaben an den Rat (z. B. 1947 mit dem Ziel, wenigstens eine katholische Schule in Döhren zu installieren oder dem Versuch, katholische Kinder in Sammelklassen zu unterrichten) scheiterten. Die Hildesheimer Diözesansynode von 1948 zog Bilanz: bisher konnten 81 katholische Schulen in der Diözese wiedereröffnet werden. „An vielen Orten, darunter die Hauptstadt Hannover, seien die Widerstände aber zu groß gewesen, so dass die Synode zu weiteren intensiven Bemühungen aufrufen musste."[46] Neben unzähligen Beratungen, Entschließungen und Anträgen gab es in Hannover im Mai 1949 einen eindrücklichen Schulstreik evangelischer und katholischer Eltern. „Der Bischof unterstützte die Forderungen der christlichen Eltern massiv in seiner Rede vor 30.000 Menschen auf dem Diözesantag 1950."[47] Auch andere Initiativen (z. B. des Elternausschusses der St. Joseph-Gemeinde Anfang 1953) scheiterten.

Dann wurde die Lage explosiv. Die Landesregierung plante schon seit längerem, ein neues Schulgesetz zu erlassen. Dieses Schulgesetz sollte vor allem den konfessionellen Bereich „bereinigen". Herzstück dieses Schulgesetzes sollte sein, dass die Konfessionsschulen nicht mehr Regelschulen, sondern nur noch Angebotsschulen sein sollten. Das Quorum zur Einführung einer Konfessionsschule wurde von 120 auf 240 Schüler heraufgesetzt, womit vor allem in kleineren Gemeinden ein Antrag auf eine solche Schule praktisch unmöglich gemacht wurde.

---

44 Die folgenden Ausführungen lehnen sich an den Aufsatz von Julius Seiters an „Der Kampf um die katholischen Bekenntnisschulen Hannovers nach dem Zweiten Weltkrieg", in: 100 Jahre Bonifatiusschule (wie Anm. 12), S. 57–67.

45 Julius Seiters (wie Anm. 44), S. 58.
46 Ebd., S. 59.
47 Ebd., S. 59.

Außerdem wurde festgelegt, dass in Gemeinden mit nur einer Schule nur eine Gemeinschaftsschule möglich sein sollte. Damit wurde de facto ein Großteil der bisherigen Konfessionsschulen wieder abgeschafft.[48]

„Wenige Tage vor dem Diözesan-Katholikentag in Hannover 1953 wurde der Gesetzentwurf bekannt und Bischof Machens nutzte deshalb die Schlussfeier mit 35.000 Gläubigen, um das geplante Gesetz als ‚demokratiefeindlich und diktatorisch' zu brandmarken."[49] In den folgenden Monaten kam es im ganzen Lande zu Hirtenworten, Protesten und Resolutionen. Der Apostolische Nuntius legte eine Protestnote unter Bezug auf das Reichskonkordat im Auswärtigem Amt in Bonn vor. Auf dem Höhepunkt der Auseinandersetzungen protestierten über 50.000 Katholiken am 7. März 1954 vor der Niedersachsenhalle und dem Kultusministerium. Letztlich konnte aber die Verabschiedung des „Schulverwaltungsgesetzes" und des „Gesetzes über das öffentliche Schulwesen" von 1954 nicht verhindert werden.[50]

In den folgenden Jahren verlagerte sich die Auseinandersetzung zwischen Kirche und Staat eher in den gerichtlichen und vor allem politischen Bereich. Das Bundesverfassungsgericht sprach 1957 dem Bund „nicht das Recht zu, das Land Niedersachsen zur Einhaltung der (an sich gültigen) Konkordatsvorschriften zu zwingen".[51] Andererseits kam es „in den Jahren von 1955 bis 1959 zu Landesregierungen, die von Heinrich Hellweg (Deutsche Partei) geführt wurde und denen auch die CDU angehörte".[52] Zwischen „Staatssekretär Dr. Berning vom Kultusministerium und den Generalvikaren" der Bistümer kam es zu mehreren Gesprächen, von denen auch Hannover, wo sich die politischen Verhältnisse nicht geändert hatten, profitierte. Auch das Kuratorium der Katholikenausschüsse unter Happe versuchte weiterhin, die Basis zu motivieren und weiterzukämpfen. „In Flugblättern wurde im Juni 1955 zu einer Anmeldung an noch nicht bestehende Konfessionsschulen aufgerufen. Für 3058 katholische Volksschüler stellten die Eltern den Antrag, das entsprach ca. 60% aller katholischen Schülerinnen und Schüler."[53]

In einem Schreiben an Heinrich Happe listete Bürgermeister Holweg am 27. Juni 1958 die Anzahl der katholischen Schüler, die in die Volksschulen gingen, nach der Statistik vom 15. Mai auf: Die Gesamtschülerzahl betrug 36.625, davon waren 5547 (=15,5 Prozent) katholisch.[54]

---

48 Köhler, Der Kampf um die Wiedererrichtung (wie Anm. 41), S. 244f.
49 Julius Seiters (wie Anm. 44), S. 62.
50 Ebd., S. 63.
51 Ebd., S. 63.
52 Julius Seiters (wie Anm. 44), S. 64.
53 Ebd., S. 64.
54 Bistumsarchiv Hildesheim, Best. Stadtdekanat Hannover, Titel: Errichtung der Kath. Schulen, Sign. 5.

So konnte der Schulausschuss der Stadt nicht anders, als im „Oktober 1955 dem Rat vorzuschlagen, drei Konfessionsschulen einzurichten: an der Hildesheimer Chaussee in Döhren, in der Fröbelstraße und am Bonifatiusplatz."[55] Nun aber äußerte der evangelische Stadtsuperintendent Bedenken gegen die Einrichtung von katholischen Konfessionsschulen: Er befürchtete „starke Benachteiligungen von evangelischen Kindern". Deshalb „gab der Rat der Stadt – am 31. Januar 1956 nur sein Einverständnis für die Umwandlung der Schule in Döhren"[56]. Diese Schule gab sich im Jahr 1959 anlässlich des 50-jährigen Bestehens des Gebäudes ihren neuen Namen: *Kardinal-Bertram-Schule*. Weitere katholische Schulen lehnte die Ratsmehrheit ab. Erst nach dem Einwirken der Bezirksregierung war der Rat bereit, zwei weitere Bekenntnisschulen für die nächsten Jahre in Aussicht zu stellen. „Im Frühjahr 1958 beschloss der Rat dann wiederum nur eine katholische Schule zu genehmigen. Sie sollte im Norden Lindens im Schulgebäude an der Hennigesstraße entstehen."[57] Im Jahr 1963 erhielt die Schule den Namen *Eichendorffschule*. Die Volksschule am Bonifatiusplatz musste noch ein Jahr länger darauf warten, Konfessionsschule zu werden. Zu Ostern 1959 wurde die „II. Volksschule Bonifatiusplatz" errichtet, „obwohl das Kollegium den Antrag auf Namensgebung ‚Katholische Volksschule St. Bonifatius' gestellt hatte. Dazu konnte sich aber die Stadt nicht ‚durchringen'; erst 1967 erfolgte die Umbenennung in ‚Bonifatiusschule'".[58]

Die hannoverschen Volksschulen waren (vermutlich) die letzten Volksschulen des Bistums Hildesheim, die wieder ihren „alten" Status als Konfessionsschulen erhielten. Sie waren gleichzeitig die ersten Schulen, die nach dem neuen Schulgesetz von 1954 als Antragsschulen behandelt wurden.

5. Das Niedersachsenkonkordat und seine Auswirkungen auf die katholischen Schulen Hannovers

Bereits im Jahr 1955 hatte das Land Niedersachsen mit den evangelischen Landeskirchen den Loccumer Vertrag geschlossen. Dieser Staatskirchenvertrag beendete die Differenzen zwischen den Partnern bezüglich der Konfessionsschulen und sicherte der Evangelischen Kirche u. a. die freie Gestaltung des Religionsunterrichtes in den Gemeinschaftsschulen zu. (Nach Abschluss des Konkordates

---

55 Julius Seiters (wie Anm. 12), S. 64f.
56 Ebd., S. 65.
57 Ebd., S. 65.
58 Ebd., S. 65.

ist auch der Loccumer Vertrag noch einmal entsprechend diesen Bestimmungen ergänzt worden.) Auch in der Katholischen Kirche begann nach dem Tode von Bischof Machens mit dem neuen Bischof Heinrich Maria Janssen nach 1957 langsam ein Umdenken und eine größere Konzilianz in der Schulfrage. Beide Partner näherten sich im Laufe der nächsten Jahre in der Schulfrage an, bis es im Jahr 1965 zu einem Konkordat zwischen dem Heiligen Stuhl und dem Land Niedersachsen kam, das am 26. Februar von Ministerpräsident Dr. Georg Diederichs (SPD) und Nuntius Erzbischof Corrado Bafile feierlich unterzeichnet wurde.[59] Ziel des Vertrages war die Schaffung eines Schulfriedens. Deshalb war die Bestimmung des Artikel 19 von ganz besonderer Bedeutung: „Die Vertragsschließenden werden einen ständigen Kontakt herstellen. Sie werden eine etwa in Zukunft zwischen ihnen entstehende Meinungsverschiedenheit über die Auslegung einer Bestimmung dieses Vertrages auf freundschaftliche Weise beseitigen." Dieser Passus war keineswegs nur eine freundliche Floskel, sondern wurde durch die Errichtung des Katholischen Büros (bereits im Jahr 1964) mit kräftigem Leben erfüllt. Das Katholische Büro fungierte in den folgenden Jahrzehnten als Diskussions- und Diplomatieforum – nicht nur – für Schulfragen und war von größter Bedeutung.[60]

Die für die Schulfrage wichtigste Aussage stand in Artikel 6: „Das Land gewährleistet die Beibehaltung und Neuerrichtung von katholischen Bekenntnisschulen."[61] Faktisch ist allerdings von dem Recht der Neuerrichtung von Bekenntnisschulen – entgegen der Befürchtung vieler Kritiker – von der Katholischen Kirche kein Gebrauch mehr gemacht worden.

Tatsächlich ging die Schulentwicklung in eine ganz andere Richtung.[62] Zwar war 1962 noch die verbindliche Einführung eines 9. Schuljahres an Volksschulen in Niedersachsen vorgenommen worden, aber Pichts Ausrufung der deutschen Bildungskatastrophe im Jahr 1964 und Ralf Dahrendorfs Suche nach Arbeiterkindern an den Universitäten (1965) lösten eine lebhafte Debatte um Mängel im Bildungswesen im internationalen Vergleich sowie um die systematische Benachteiligung von Kindern aus bildungsfernen Schichten aus.[63]

Aufgrund des Hamburger Abkommens der Länder zur Vereinheitlichung auf dem Gebiet des Schulwesens von 1964[64] legte das Niedersächsische Kultus-

---

59 Staat und Kirche in Niedersachsen. 50 Jahre Niedersachsenkonkordat, hg. vom Kath. Büro Niedersachsen, Hildesheim 2015, S. 5.
60 Staat und Kirche (wie Anm 59), Johannes Niemeyer: Die Freundschaftsklausel: Das „Herz" des Niedersachsenkonkordats, S. 81–85.
61 Konkordat zwischen dem Hl. Stuhl und dem Lande Niedersachsen. www.vatican.va/roman_curia. 2018.
62 Für die folgenden Ausführungen habe ich eigene Aufzeichnungen benutzt.
63 Wikipedia.org/wiki/Bildungskatastrophe.
64 Wikipedia.org/wiki/Hamburger Abkommen.

ministerium für den Übergang aus Klasse 4 der Volksschule zu den weiterführenden Schulen fest, dass Eingangsstufen eingeführt werden. Erst am Ende der Eingangsstufe sollte die Klassenkonferenz beschließen, welche Schülerinnen und Schüler in den 7. Schuljahrgang versetzt werden. Die Arbeit in der Förderstufe (5. und 6. Jahrgang der Volksschule) war in Kern- und Kursunterricht gegliedert. Im Kursunterricht wurden die Kinder unter Berücksichtigung der Anforderungen der weiterführenden Schulen im sprachlichen und mathematischen Unterrichtsbereich zusätzlich gefördert. Schülerinnen und Schüler, die mit Erfolg den Kursunterricht der Förderstufe besucht hatten, konnten ohne Prüfung in die 7. Klasse einer Realschule oder eines Gymnasiums übergehen.

Mit zwei Kurzschuljahren 1966/67 wurde der Schuljahresbeginn auf den Sommer umgestellt.

6. Die Gründung der Region Hannover und die Lehrter Schule

Die Dekanatsstruktur der Stadt Hannover war durch die ständige Steigerung der Katholikenzahlen und den Aufbau weiterer Kirchengemeinden mehrfach geändert worden. Ende der 1960er Jahre gab es 60 selbstständige Gemeinden im Großraum Hannover; dort lebte ein Fünftel der Katholiken des Bistums Hildesheim. Deshalb machte Bischof Janssen den Weihbischof Heinrich Pachowiak zum Bischofsvikar in Hannover. Der Großraum musste kirchlich enger zusammengefasst werden, so dass hier neue Initiativen entstehen und regionale Probleme gelöst werden konnten. Zusammen mit der Schaffung des Bischofsvikariates war mit Wirkung vom 1. Oktober 1967 die Region Hannover de facto errichtet worden. Nach der Neuordnung der hannoverschen Dekanate 1958 wurde 15 Jahre später abermals durch die zunehmende Verstädterung des Umlandes von Hannover eine weitere Neugliederung notwendig. Die neue kirchliche Gliederung in der Region Hannover wurde von Bischof Janssen mit Wirkung vom 1. Oktober 1974 in Kraft gesetzt. Die Anzahl der Dekanate war demnach von drei auf sechs erhöht worden.[65] Zum Dekanat Hannover-Ost gehörte auch die Gemeinde Lehrte, die ebenfalls eine katholische Bekenntnisschule besitzt. Die Schule ist Mitglied im Hannoverschen Schulverbund, viele Schülerinnen und Schüler der Schule besuchten auch in Hannover weiterführende katholische Schulen. Deshalb soll an dieser Stelle eine kurze Chronologie der Schule erfolgen.

---

65 Vgl. Handbuch des Bistums Hildesheim, Teil 2 – Region Hannover, Hildesheim 1994, S. 12.

St. Bernward-Schule in Lehrte

1889: Genehmigung und Errichtung der katholischen Gemeindeschule. „Träger und Inhaber dieser Privatschule ist der jeweilige Lehrer." 1890 begann „der erste Schulunterricht im neuen Schulgebäude in der Feldstraße 4". Fünf Jahre später wurde die Privatschule kommunalisiert. Im Jahr 1900 wurde die Schule dreiklassig und 1924 erhielt „die katholische Schule – einen Klassenraum in der Volksschule II".

Auf Beschluss des Gemeinderates wurden die Konfessionsschulen 1939 aufgelöst und nach Ende der NS-Zeit wurde die katholische Volksschule 1948 mit drei Klassenräumen wiedergegründet. 1950 erhielt die Schule „zwei weitere freie Klassenräume im Gebäude an der Feldstraße".

Im Jahr 1965 beschloss der Rat der Stadt Lehrte „den Neubau eines Gebäudes für die Volksschule II an der Südstraße und die Übergabe des bisherigen Gebäudes dieser Schule an die katholische Schule". Drei Jahre später wurde „das Gebäude der Volksschule II umgebaut und an die voll ausgebaute katholische Schule übergeben. Seitdem heißt dieses Gebäude Volksschule III."

Mit Einführung der Orientierungsstufe verlor die katholische Schule die Oberstufenklassen. „1982 wurde die letzte Klasse 9 feierlich entlassen. Die nunmehr katholische Grundschule gab sich den Namen ‚St. Bernward-Schule'".

Im Jahr 2000 wurden „alle Lehrter Grundschulen verlässliche Grundschulen. Das Modell garantiert eine hundertprozentige Unterrichtsversorgung und einen verlässlichen Zeitrahmen" für den Schulbesuch.

2001 entstand der Förderverein. Zwei Jahre später beantragten die Schulen der Stadt Lehrte „die Gründung eines Kooperationsverbundes für Hochbegabte".

Da sich im Jahr 2004 das Bistum Hildesheim aus der Finanzierung der Schülerbeförderung zurückzog, rief „der Förderverein den ‚Runden Tisch' ins Leben", um Alternativen zu diskutieren.

Im Jahr 2008 wurde die Schülerbetreuung „auf die Zeit vor Unterrichtsbeginn ausgedehnt (ab 7.30 Uhr)"; Gerald Becker trat seinen Dienst als Schulleiter an (bis 2015). Zwei Jahre später wurde „der Kooperationsvertrag des Katholischen Schulverbandes unterzeichnet".[66] Heutige Schulleiterin der Schule ist Frau Melanie Thorey-Vodovoz.

---

66 Alle Daten und wörtlichen Zitate sind entnommen der Festschrift „125 Jahre Katholische Schule in Lehrte", Garbsen 2014, S. 12–17.

7. Die Novellierung des Konkordates und das Niedersächsische Schulgesetz

Im Jahr 1970 erschien der „Strukturplan für das deutsche Bildungswesen",[67] den der 1965 eingerichtete Deutsche Bildungsrat (als Nachfolgeorganisation des „Deutschen Ausschusses") erstellt hatte. Dieser Strukturplan sah eine Stufengliederung des Schulwesens und die Entwicklung integrativer Schulformen vor. Damit fiel die klassische vertikale Dreigliederung des Schulwesens (Volksschule, Realschule, Gymnasium) einem stufenförmigen Aufbau des Schulwesens (Grundschule, Orientierungsstufe, Haupt-, Realschule und Gymnasium ab Klasse 7) sowie einem zusätzlichen integriertem System (IGS und KGS) zum Opfer. Dieser „Strukturplan" mündete 1973 in den „Bildungsgesamtplan" der Bund-Länder-Kommission, der die wesentlichen Ergebnisse des Strukturplans übernahm. Während es von den CDU-geführten Ländern abweichende Voten gab, war das Land Niedersachsen Willens, diesen Weg konsequent zu gehen.

Bereits 1971 waren die „Vorläufigen Handreichungen für die Orientierungsstufe" herausgegeben worden. Damit wurden die schulformunabhängige Orientierungsstufe (Jahrgänge 5 und 6) in Niedersachsen schrittweise eingeführt und das Ende der alten Volksschule eingeläutet.

Um die Orientierungsstufe flächendeckend einschließlich der Konfessionsschulen in ganz Niedersachsen einführen zu können, musste das Konkordat novelliert werden. Die Ergebnisse wurden in der Durchführungsvereinbarung zum Konkordat aus dem Jahr 1974 festgehalten. Der Schutz der Bekenntnisschulen von Artikel 6 wurde auf die Grundschulen begrenzt, die Oberstufen der ehemaligen Volksschulen abgeschafft. Dafür erhielt die Kirche die Möglichkeit, Hauptschulen mit Orientierungsstufen für Schüler des katholischen Bekenntnisses zu errichten, die wiederum konkordatären Schutz genossen. Am Ende wurden an 13 Standorten 15 solcher Schulen realisiert. Das war die Geburtsstunde der sogenannten „Konkordatsschulen", zu denen auch die Ludwig-Windthorst-Schule in Hannover gehörte. Im Unterschied zu den bisherigen konfessionellen Volksschulen waren diese Schulen keine Gemeindeschulen und auch nicht in staatlich-kommunaler Trägerschaft. Träger dieser Schulen war das Bistum Hildesheim, d. h. es waren Schulen in freier Trägerschaft.

Das neue Niedersächsische Schulgesetz übernahm im Jahr 1974 diese Statusveränderungen und hatte damit erstmalig alle wesentlichen schulorganisatorischen Bestimmungen in einem Gesetz vereinigt. Ein derart umgreifendes Schul-

---

67 Wikipedia.org/wiki/Strukturplan für das deutsche Bildungswesen.

gesetz war zu diesem Zeitpunkt ein bundespolitisches Novum. Es löste nochmals eine heftige Debatte über schulpolitische Fragen aus.

Das Bischöfliche Generalvikariat Hildesheim schloss mit den betroffenen Kommunen Verträge ab, die den Übergang der ehemaligen Volksschuloberstufen von einem Träger zum anderen regelte. Das Land hatte seine Unterstützung für die Übergabe zugesagt. Für Hannover kam es am 27. November 1975 zu einem entsprechenden Abkommen. Es regelte die Trägerschaften, die Standorte, die Übergabe der „Lotte-Kestner-Schule", die bauliche Unterhaltung und den Zuschuss zu den Sachkosten, den die Stadt gemäß den Konkordatsvereinbarungen zu tragen hatte.[68] In Hannover wurde die Orientierungsstufe im Jahr 1978 eingeführt.

Für die katholischen Schulen Hannovers ergaben sich in diesen Jahren folgende Veränderungen:

Die *Eichendorffschule* in Linden hatte bereits im Jahre 1969 einen neuen Weg eingeschlagen. Aufgrund zurückgehender Schülerzahlen hatte sie an einem Schulversuch als Grundschule mit „Tagesheimschule" (Ganztagsschule) teilgenommen. 1970 wurde sie „um Schulkindergarten und Vorklasse" erweitert. 1977 war die Versuchsphase beendet. Die Eichendorffschule war nun eine ganz „reguläre Angebotsschule" als Ganztagsschule. Nachdem die Handelslehranstalt – mit der die Eichendorffschule bisher ihr Gebäude teilen musste – 1979 ausgezogen war, konnte der „Vorschulbereich in das eigene Gebäude" integriert werden. 1982 war „der Anteil ausländischer Schülerinnen und Schüler" auf über 50 Prozent der Schülerschaft angewachsen; durch die Doppelzählung der ausländischen Kinder wurden kleinere Klassen eingerichtet. 1985/86 erfolgte der Wechsel in der Schulleitung von Herrn Schädel zu Dr. Oertel. Aufgrund des pädagogischen Modells als Ganztagsgrundschule wurde die Nachfrage nach Plätzen größer: 1989 konnte der Busbetrieb ausgeweitet werden. Im selben Jahr gab es neben Spanisch und Portugiesisch muttersprachlichen Unterricht auch „in Italienisch, Serbokroatisch und später auch in Serbisch". Im Jahr 1991 wurde die Kooperation mit dem Katholischen Schulverbund durch eine besondere Vereinbarung abgesichert und seit 1993 war auch eine viertägige Nachmittagsbegleitung der Kinder möglich. Aufgrund des Erlasses „Die Arbeit in der öffentlichen Ganztagsschule" traf die Eichendorffschule eine Modellentscheidung und wurde 1994 „teilweise offene Ganztagsschule". Ab dem Schuljahr 1995/96 erreichte die Schule eine Vierzügigkeit, die auch offiziell genehmigt wurde.[69] Am 8. Juli 2003

---

68 Bistumsarchiv Hildesheim, Best. Schulabteilung, Titel: Kath. Grundschulen in Hannover …, Sign. 86.

69 Die Angaben und wörtlichen Zitate sind entnommen der Jubiläumsausgabe des „Eichen-Blattes" (wie Anm. 18), S. 39.

wurde der langjährige Schulleiter Dr. Frithjof Oertel verabschiedet, Nachfolgerin wurde Ursula Starker. Heute wird die Schule von Wolfgang Schiecke geleitet.

Für die anderen Volksschulen bedeutete das neue Schulgesetz den Abschied von der jeweiligen Oberstufe und die Konzentration auf die Grundschule.

Die *Kardinal-Bertram-Schule* musste 1978 ihren Standort wegen der Einrichtung einer Orientierungsstufe verlassen und zog in die Olbersstraße 33. Das neue Gebäude hatte sie sich mit der Heinrich-Wilhelm-Olbers Grundschule zu teilen. Sie war in diesem Schuljahr – wie überhaupt in den nächsten Jahren – zweizügig und hatte daher acht Klassen mit 204 Schülerinnen und Schülern. Erst im Jahr 2014 sollte sie ein eigenes Gebäude in der Loccumer Straße in Wülfel erhalten. In diesem Gebäude war vorher die Christian-Andersen-Förderschule gewesen. Der erste Schulleiter der KBS war Herr Muth, dem Hannelore Wiechers folgte. 1995 wurde Michael Müller Schulleiter; sein Nachfolger wiederum wurde im Jahre 2005 Ulrich Zimmer. Seit 2010 leitet Andrea Urlaub die Schule.[70]

Da Misburg erst im Jahr 1974 von der Stadt Hannover eingemeindet worden war, lief auch die Einführung der Orientierungsstufe in der Stadt Misburg bereits im Jahr 1973. Der letzte Jahrgang der Oberstufe wurde 1977 verabschiedet. Seitdem war die *Kardinal-Galen-Schule* eine zweizügige Grundschule unter der Leitung von Herrn Hunfeld. Ihm folgten Werner Steinwachs (1979–1986) und später Heinz Höxtermann (1987–2011) nach.[71]

Für die *Bonifatiusschule* hatte die Einführung der Orientierungsstufe eine ganz besondere Bedeutung. Die Grundschule verblieb aufgrund der Vereinbarungen zwischen Kirche und Land als öffentlich-rechtliche Bekenntnisschule in dem Gebäude, die Klassen 5–9 wurden abgespalten und in eine „Hauptschule in kirchlicher Trägerschaft" umgewidmet. „Der 01. 08. 1975 war nach Einigung aller Gremien und der Zustimmung von mindestens 50% der Elternschaft als Gründungstag der Angebotsschule vorgesehen. Standort für die neue Schule war das Gebäude der GS Bonifatius. Somit gab es zwei selbstständige Schulen" am Bonifatiusplatz. „Für das Kollegium war die Trennung schmerzlich", weil sich jeder einzelne Lehrer für eine Schule entscheiden musste. Wer in die Hauptschule gehen wollte, „musste um seine Beurlaubung aus dem Staatsdienst bitten, wenn auch der Regierungspräsident oberster Dienstherr blieb und das Gehalt weiterhin vom Staat bezahlt wurde". Schließlich folgten nur zwei Lehrkräfte der Schulleiterin Frau Schwantes an die Hauptschule. „Am Ende des Schuljahres 1977/78 verabschiedete sich die Ludwig-Windthorst-Schule mit einem gemeinsamen

---

70 Vgl. Chronik der Kardinal-Bertram-Schule.
71 www.kardinal-galen-schule.de/Chronik.

Gottesdienst von der GS Bonifatius in der List."[72] Aus dieser Entwicklung ging der „Katholische Schulverbund in der Region Hannover" hervor.

„Die Bonifatiusschule war Grundschule geworden." Neuer Schulleiter der Grundschule wurde Theodor Steinwege. Unter seiner Leitung hatten sich viele „Festpunkte und Rituale" des Schullebens entwickelt: „Schulfeste, Projektwochen, Ausflüge mit Schülern und Eltern, Schulgottesdienste, Patenschaften für Schulen in Entwicklungsländern." Aus der „Restschule" war „eine funktionierende Grundschule" geworden.[73] Die Schülerzahl schwankte in den folgenden Jahren zwischen 250 und 270 Kindern, sie war zunächst zweieinhalbzügig und ab 1996 drei- bis dreieinhalbzügig geworden. 1994 wurde die Schule nach zweijähriger Erprobungsphase eine „Volle Halbtagsgrundschule" für alle Schuljahrgänge. Engagierte Eltern widmeten sich der kindgerechten Umgestaltung des Schulhofes. Im Jahr 1996 wurde Felizitas Teske Rektorin an der Bonifatiusschule. 2010 schließlich erfolgte die Umwandlung der Schule von der „Vollen Halbtagsschule" zur „Verlässlichen Grundschule".[74]

Ludwig-Windthorst-Schule

Wie oben unter dem Stichwort Bonifatiusschule bereits berichtet, wurde die Oberstufe der alten Volksschule zum 1. August 1975 zur „Hauptschule Bonifatiusplatz" noch im selben Gebäude ausgegliedert.[75] In die neun Klassen umfassende Schule unter der Leitung von Sigrid Schwantes gingen 225 Schülerinnen und Schüler. Die neunte Klasse war als Vorlaufklasse für ein freiwilliges 10. Schuljahr genehmigt worden, das zum 1. August 1976 startete. Am 17. Januar 1977 erhielt die Schule ihren neuen Namen in St. Marien, Windthorsts letzter Ruhestätte: *Ludwig-Windthorst-Schule*. Dann begannen die Vorbereitungen für die neu einzuführende Orientierungsstufe, die zwar schulformunabhängig, aber natürlich Teil und insofern auch Eingangsstufe der LWS war. Im Herbst 1977 wurden 28 Informationsabende in den Kirchengemeinden durchgeführt. Die Resonanz der Anmeldungen war überwältigend: 430 Kinder wurden angemeldet, 356 konnten in zwölf parallelen 5. Klassen aufgenommen werden. (Die St. Ursula-Schule hatte wegen der Orientierungsstufe auf ihre eigene Unterstufe – Klasse 5 und 6 – ver-

---

72 Die Angaben und wörtlichen Zitate sind entnommen: 100 Jahre Bonifatiusschule (wie Anm. 12), S. 70f.
73 Ebd., S. 71f.
74 Vgl. www.bonifatiusschule-hannover.de/schulprofil/geschichte-der-schule, 01.03.2018.
75 Die folgenden Daten sind entnommen der Festschrift „10 Jahre Ludwig-Windthorst-Schule", Hannover 1986, Chronik.

zichtet!) Am 26. Juli 1978 erfolgte der Umzug der Schule zum Altenbekener Damm, der ehemaligen Lotte-Kestner-Schule. Mit dem neuen Schuljahr 1978/79 hatte die Schule neben den 356 OS-Schülern auch noch 352 Hauptschüler, also insgesamt 708 Schülerinnen und Schüler. Entgegen ursprünglichen Planungen hatte das Land 1979 die Freigabe des Elternwillens beschlossen, d. h. dass die Eltern bei der Anmeldung für weiterführende Schulen nicht mehr an das Votum der Orientierungsstufe gebunden waren.

Eine Novellierung des Schulgesetzes zum 1. August 1980 eröffnete den meisten Konkordatsschulen die Möglichkeit, Realschulen ab dem Schuljahr 1980/81 einzuführen. Im Herbst 1979 startete der Neubau des C-Traktes (7 Klassenräume, Biologiebereich, Werkbereich, 3 Gruppenräume), der für die Einführung des Realschulzweiges dringend erforderlich war. Diese Baumaßnahme wurde ebenfalls mit der Stadt vertraglich geregelt.[76] Zwar hatte im Rahmen der gesamten Schulumstrukturierungen in Hannover die Stadt das Gebäude kostenlos zur Verfügung gestellt, die gesamten Unterhaltungs- und Ausbaukosten musste allerdings das Bistum tragen; dies galt auch für den neuen Anbau.[77]

In der Ludwig-Windthorst-Schule konnten am 28. August 1980 in vier 7. Klassen 109 Realschüler begrüßt werden.

In den folgenden Jahren fand ein reges Schulleben in der Ludwig-Windthorst-Schule statt: Schulfeste, „Frühschichten" für Schüler und Lehrer in der Fastenzeit, Weihnachtsmusik in der St. Bernward-Kirche, Lehrer-Eltern-Treff, Sportfeste der Bistumsschulen (1981 in Hannover), Teilnahme am Tag der Freien Schulen, Mitwirkung beim Tag der hannoverschen Schulen vor dem Opernhaus, Schüleraustausch mit Polen (1985) und Frankreich (1986) usw.[78]

Am 30. Januar 1987 wurde Sigrid Schwantes in den Ruhestand verabschiedet. Nachfolgerin wurde Maria Anna Kursawe.

In den nächsten Jahren fand ein sogenannter Bistumstag der 6. Klassen der Konkordatsschulen im Bistum Hildesheim statt. Die Schülerinnen und Schüler der Orientierungsstufen fuhren nach einer entsprechenden Vorbereitung im Unterricht nach Hildesheim, um dort einen Bischofsgottesdienst im Dom zu erleben und anschließend die Stadt unter sachkundiger Führung zu erkunden. Ziel dieser Aktion war, ein Gemeinschaftsgefühl und eine Sensibilisierung für das, was „Bistum" meint, zu bekommen. Dem gleichen Ziel dienten auch das Bistumssportfest und die musischen Tage für höhere Klassen.

---

76 Ergänzungsvertrag zum Vertrag vom 27.11.75. Bistumsarchiv Hildesheim, Best. Schulabteilung, Titel: Kath. Grundschulen in Hannover –, Sign. 86.

77 Vgl. Festschrift „10 Jahre Ludwig-Windthorst-Schule" (wie Anm. 75).

78 Ebd.

Hannover-Südstadt, Ludwig-Windthorst-Schule

Natürlich gab es auch etliche Neubauten und Renovierungen. So wurden im Juni 1991 der neue Gottesdienstraum im F-Trakt eingeweiht, 1995 der Leseclub-Raum und 1998 die neue dreiteilige Sporthalle, die so dringend benötigt wurde.

Das eigentliche Aushängeschild und Markenzeichen der Ludwig-Windthorst-Schule wurde aber der Neujahrsempfang, der am 17. Januar 1992 (dem Geburtstag von Ludwig Windthorst) erstmalig mit einem Referat über die Bedeutung des Politikers begangen wurde. Zu diesem Empfang waren nicht nur alle Lehrkräfte und Eltern, alle Ehemaligen, sondern auch Repräsentanten von Ortskirche, Bistum und Stadt und von anderen Schulen eingeladen. So wurde dieser Empfang im Laufe der nächsten Jahre zu einem Vorzeigeobjekt der Katholischen Kirche Hannovers und zu einem Markt der Informationen und Begegnungen. Es gab immer prominente Redner und aktuelle Themen aus Kirche und Politik.[79]

---

79 Alle Daten aus: Durchblick Nr. 13 (Juni 2004): 29 Jahre Ludwig-Windthorst-Schule, S. 5–7.

St. Ursula-Schule

Auch für die St. Ursula-Schule war die Einführung der Orientierungsstufe eine einschneidende Maßnahme. Sie verzichtete zugunsten der neuen Schulform an der Ludwig-Windthorst-Schule auf eigene 5. und 6. Klassen und damit auf ihre traditionelle Unterstufe. Dadurch sank die Schülerzahl im Schuljahr 1978/79 auf 691 Schülerinnen und Schüler. Die freigewordenen Lehrkräfte wurden teilweise abgeordnet und unterrichteten an der Orientierungsstufe der LWS, weil nach dem Konzept der Orientierungsstufe auch Lehrkräfte aller Schulformen an ihr unterrichten sollten. Außerdem konnten die Gymnasiallehrkräfte ihre künftigen Schülerinnen und Schüler bereits früh kennenlernen.

Ein Jahr später machte „die letzte ‚reine' Mädchenklasse das erste Abitur nach der neuen Oberstufenordnung. Nach ihrem Weggang stieg der Anteil der Jungen auf 33 Prozent der Schülerschaft."

Im Jahr 1980 wurde wieder viel gebaut: Im Wohnhaus Simrockstraße 17 wurden Kursräume für die Oberstufe mit den räumlichen Ergänzungen eingerichtet. Der Grundstein für den Bau der neuen Sporthalle wurde in der Seestraße gelegt. Außerdem erfolgte die Aufnahme der neuen 7. Klassen, die erstmalig aus der Orientierungsstufe übernommen worden waren: Gleich fünf neue Klassen mussten wegen des Andrangs gebildet werden.

1981 wurde die Oberstufe erneut reformiert: Erhalt der Mittelstufenklassen bis Jahrgang 11, danach der Beginn des Kurssystems.

In den folgenden Jahren kam es zu einer Vielzahl von Aktivitäten: Elterngesprächskreise, Podiumsdiskussionen der Schülervertretung, Fremdsprachen-Wettbewerbe, Projektwochen, Tage der Orientierung, Waldpraktikum und schließlich luden im Januar 1989 die Elternvertreter das erste Mal zu einem Neujahrsempfang ein.

Im Jahr 1990 übergab Schwester Justina Kaboth die Schulleitung an Schwester Ingeborg Wirz.

Eine große finanzielle Gefahr drohte im Jahr 1994, als die Landesregierung eine Kürzung der Finanzhilfe für die Freien Schulen ankündigte. „Nach einer eindrucksvollen Demonstration von mehr als 10.000 Teilnehmern aus etwa 150 Freien Schulen aus ganz Niedersachsen" wurden die Kürzungspläne zurückgezogen. Organisiert hatte die Demonstration die Arbeitsgemeinschaft Freier Schulen Niedersachsens. Sie vertrat als Interessenvertretung der Freien Schulen über 100 allgemeinbildende und berufsbildende Schulen. Der Verein setzt sich für eine angemessene Finanzierung und größtmögliche staatliche Unterstützung der Schulen in freier Trägerschaft ein und trifft sich zu einer großen Fachtagung jährlich in einer anderen freien Schule Niedersachsens. Durch die enge Vernet-

Hannover-Südstadt, St. Ursula-Schule

zung der Schulen können juristische, finanzielle und organisatorische Probleme schnell abgeglichen, geklärt und eventuell durch gemeinsame Aktionen in Angriff genommen werden.

Im Herbst desselben Jahres fand „die erste Arbeitstagung des Europäischen Schulnetzwerkes im Kloster St. Marienthal statt. Dort, im Dreiländerdreieck von Sachsen, Polen, Tschechien treffen sich Vertreter aus England, Frankreich, Schweden, Polen, Tschechien und Österreich, um mit gemeinsamen Projekten einen Beitrag zum Zusammenwachsen Europas zu leisten." Dieser interreligiöse Dialog fand anschließend jährlich statt, sofern die Finanzierung durch EU-Mittel gelang. Das Seminar fand auf Englisch statt. Referenten der fünf Weltreligionen präsentierten den Teilnehmern ihren Glauben. Die gleichnamige AG der St. Ursula-Schule bereitete sich ein Jahr auf die Tagung vor und lud Schülerinnen aus den 8 Partnerschulen der SUS dazu ein. 1998 wurde die St. Ursula-Schule „Europaschule".[80] Der Schüleraustausch mit bislang sieben Ländern schaffte vielfältige

---

80 Die Daten und wörtlichen Zitate sind entnommen dem Buch „150 Jahre St. Ursula-Schule in Hannover", Hildesheimer Chronik 8, ebd., S. 109f.

Kontakte zu Menschen anderer Nationen. Die St. Ursula-Schule versteht diesen Austausch als Beitrag zur Völkerverständigung.

Zwei ganz wichtige Daten für die St. Ursula-Schule markierten die folgenden Jahre: „Am 31. Juli 1996 ist die Trägerschaft der Schule vom Konvent der Ursulinen auf die neu gegründete ‚Stiftung Katholische Schule in der Diözese Hildesheim' übergegangen und damit der weitere Bestand der beiden Ursulinen-Gymnasien in Hildesheim und Hannover gesichert." Die Ursulinen mussten sich aus finanziellen und personellen Gründen aus der langen Tradition ihrer Trägerschaft von katholischen Schulen im Bistum Hildesheim zurückziehen. 2003 verließen die Ursulinen Hannover. Im Jahr 1996 wurde auch das Kuratorium St. Ursula-Schule als beratendes Gremium des Schulleiters unter Vorsitz des hannoverschen Propstes ins Leben gerufen. Ein Jahr später wurde auf Anregung von Kuratorium und Schulelternrat eine (unselbständige) „Stiftung St. Ursula-Schule" gegründet, aus deren Kapitalerträgen die Schule unterstützt werden sollte.[81] Der Konvent der Ursulinen in Duderstadt legte mit 30.000 DM das Grundkapital für die Stiftung. Schüler, Eltern und Lehrkräfte und nicht zuletzt auch die Ursulinen hatten in der Zeit bis Ende 2016 mit zahlreichen Veranstaltungen und viel Einsatz das Stiftungskapital auf einen sechsstelligen Betrag anwachsen lassen. Für Stipendien, Zuschüsse und Hilfen sowie Sozialpreise konnte die Stiftung bis Ende 2016 knapp 250.000 Euro zur Verfügung stellen.[82]

Im Jahr 2003 – nach dem Ausscheiden von Schwester Ingeborg Wirtz – übernahm Ewald Wirth als erster „weltlicher Lehrer" die Funktion des Schulleiters. Er wurde am 1. Juli 2011 in den Ruhestand verabschiedet. Sein Nachfolger wurde Norbert Junker.

8. Die katholischen Schulen im Schulverbund

Ende der 1970er Jahre – nach Gründung der Ludwig-Windthorst-Schule – hatten sich die katholischen Schulen in der Region Hannover nach Vorbild der Schwesternschulen in Hildesheim zu einem „Katholischen Schulverbund Hannover" zusammengeschlossen. Die Schulleiter und Schulleiterinnen der Grundschulen Bonifatiusschule, Eichendorffschule, Kardinal-Galen-Schule, Kardinal-Bertram-Schule und der St. Bernward-Schule in Lehrte sowie der Ludwig-Windthorst-Schule und der St. Ursula-Schule trafen sich in der Regel zweimal jährlich, um

---

81 Ebd., S. 110.   82 HAZ vom 11.05.2017.

gemeinsame schulische Probleme zu besprechen und ggf. Aktionen abzustimmen, Schülerzahlen auszutauschen, sich gegenseitig über Neuerungen zu informieren und Termine für Informationsabende bei der Neuaufnahme von Schülern in den weiterführenden Schulen zu vereinbaren. Später gab es auch gemeinsame Arbeitsgruppen von Lehrkräften für bestimmte Fächer. Die Schulen entwarfen gemeinsame Flyer für Informationsveranstaltungen und Elternabende. Die Flyer wurden von der Katholischen Region Hannover konzipiert, gedruckt und verantwortet.[83] Sie nannten sieben Gründe für den Besuch der katholischen Schulen, z. B. Gemeinschaft im Glauben, lebendiges Schulleben, Antwort auf Lebensfragen, „Wohlfühlschulen". Im Jahr 1991 wurde die Kooperation mit der Orientierungsstufe der LWS durch eine schriftliche Vereinbarung abgesichert. Nicht zuletzt wurde das Zusammengehörigkeitsgefühl der Schulen durch diese regelmäßigen Treffen deutlich gestärkt, manche Probleme z. B. beim Übergang von Schülern von einer Schule zur anderen konnten „auf dem kurzen Dienstweg" besser behoben werden. Eine weitere wichtige Diskussionsplattform bildete der „Sachausschuss Erziehung, Bildung, Schule" des Katholikenrates der Region Hannover. Er zeichnete nicht nur für die Herausgabe des Flyers zum Schulverbund für 2005 verantwortlich, sondern sorgte mit einer breiten Aufstellung von kompetenten Gesprächspartnern wie etwa einem kirchlichen Schulrat für die katholischen Schulen aus dem Generalvikariat, den Schulleitern der katholischen Schulen und gelegentlich anderen fachkompetenten Teilnehmern sowie zeitweilig einem staatlichen Schulaufsichtsbeamten für wichtige Impulse.

Eines der Probleme, das im Schulverbund angesprochen wurde, war die Schülerbeförderung mit Schulbussen. Nach Einführung der Grundschulen war ein Bussystem auf Bitten dieser Schulen vom Bischöflichen Generalvikariat in Hildesheim eingerichtet worden, das die Schülerbeförderung auch aus Bereichen und Stadtteilen, die weiter entfernt von den katholischen Schulen lagen, ermöglichte. Morgens wurden die Kinder zu den Schulen auf verschiedenen Linien hingefahren und mittags wieder nach Hause gebracht. Einen Teil der Kosten übernahm der Bonifatiusverein aus Paderborn, der sich auch um die Förderung von Kirchen und Pfarrzentren in der Diaspora bemühte. Im Jahr 1989 bestand dieser Busbetrieb – der einmal „unbegrenzt" war und bis zu 23 Linien umfasste – noch aus 16 Linien. Die Gesamtkosten betrugen im Schuljahr 1997/98 1,25 Millionen Mark, davon trugen die Eltern 120.000 DM, die Kommunen erstatteten einen Anteil von 350.000 Mark. Im folgenden Schuljahr wurde die Anzahl der

---

83 Vgl. z. B. die Flyer von 2005 und 2010, herausgegeben vom Katholikenrat bzw. Dekanatspastoralrat der Region Hannover.

Linien auf 13 begrenzt. Trotzdem mussten Bistum und Bonifatiusverein im Schuljahr 1999/2000 insgesamt 910.000 DM aufbringen.[84] Deshalb hatten Bistum und Bonifatiusverein signalisiert, dass sie die Beförderungskosten aufgrund zurückgehender Kirchensteuereinnahmen und zurückgehender Spendentätigkeit wohl nicht mehr lange ermöglichen könnten. 1998 wurde das „Sparkonzept II" von Bischof Josef Homeyer erlassen, das den katholischen Schulen ein Sparvolumen von rund 1,4 Mio. DM auferlegen wollte. Im Jahr 2003 folgte dann der Beschluss von „Eckpunkte 2020" als zentrale Spar- und Planungsgrundlage des Bistums für die nächsten Jahre. Auch dort wurden den katholischen Schulen Sparzwänge auferlegt. Schließlich wurde – trotz Protesten – die Schülerbeförderung in Hannover aus Bistumsmitteln im Jahr 2004 gänzlich abgeschafft.[85]

Ein weiteres Problem, das den Schulverbund immer wieder beschäftigt hatte, war die Aufnahme von nicht-katholischen Kindern in den Grundschulen bzw. der Ludwig-Windthorst-Schule. Ursprünglich sahen die schulgesetzlichen Vorschriften vor, dass an niedersächsischen Konfessionsschulen (Grundschulen) nicht mehr als 11 Schüler einer nicht-katholischen Konfession oder Religion aufgenommen werden durften. (Ab 12 Schülerinnen und Schüler einer Konfession in einer Schule musste konfessioneller Religionsunterricht eingerichtet werden.) Diese Regelung verlor angesichts einer immer größer werdenden Zahl von Kindern, die keiner Religion angehörten, zunehmend an Sinn. Deswegen ging der Gesetzgeber dazu über, prozentuale Größen nicht-katholischer Schüler festzulegen, die maximal eine Bekenntnisschule besuchen durften. Die Zahlen stiegen von zunächst zehn Prozent (1974 bei der Einführung der Konkordatsschulen) über 15 Prozent (für die Grundschulen ab 1998[86]) bis 20 Prozent (1994 bei den Konkordatsschulen und im Jahr 2009 bei den Grundschulen). Seit 2011 liegt dieser Wert einheitlich für die LWS und die katholischen Grundschulen bei 30 Proztent.[87] Der Grund für diese Obergrenzen lag darin, dass die Finanzierung dieser Konkordatsschulen zu einem erheblichen Anteil beim Land liegt und dass diese Schulen aus staatlichen Volksschuloberstufen hervorgegangen sind. Im Gegensatz dazu sind die anderen freien Schulen wie z. B. die St. Ursula-Schule nie in staatlicher Trägerschaft gewesen; sie weisen deshalb auch eine deutlich schlechtere Finanzierung durch den Staat aus. Dafür hat diese Schule auch keine konfessionellen Aufnahmebeschränkungen.

---

84 Kirchenzeitung vom 21.11.1999.
85 Eigene Aufzeichnungen.
86 Kommentar zum 6. Gesetz zur Änderung des Nieders. Schulgesetzes vom 10.12.1997 in Nieders. Gesetz- und Verwaltungsblattes 1/1998, S. 31.
87 Kommentar zum § 129 NSchG von Brockmann, Littmann und Schippmann, Wiesbaden 2017.

Eng verbunden hiermit war ein weiteres Aufnahmeproblem der katholischen Grundschulen in Hannover. Lange Jahre galt in der Stadt die Zehnzügigkeit aller Grundschulen als Richtziel, obwohl dieser Wert nie konsequent eingehalten wurde. Insbesondere die Vierzügigkeit der Eichendorffschule seit dem Schuljahr 1995/96, aber auch die faktische 3,5-Zügigkeit der Bonifatiusschule in den Jahren 1997 bis 2012 erlaubten keine so starren Regeln mehr. Trotzdem wurde dieses Ziel von der Stadt wie z. B. in dem Gespräch über die Standortproblematik der Kardinal-Bertram-Schule vom 21. Januar 2010 immer wieder angemahnt.[88] Dabei ging es vor allem darum, mögliche Raumforderungen der katholischen Grundschulen zu unterbinden. Mit der Übernahme eines eigenen Gebäudes durch die Kardinal-Bertram-Schule in der Loccumer Straße war dieses Problem obsolet geworden.

9. Das Ende der Orientierungsstufe

Einen gewaltigen Einschnitt in das niedersächsische Schulsystem bedeutete der Wegfall der Orientierungsstufe im Jahr 2004. In der entsprechenden Novelle zum Schulgesetz vom 2. Juli 2003 war aber nicht nur die Abschaffung der Orientierungsstufe festgelegt worden, sondern auch die Verkürzung der Dauer der Schulzeit bis zum Erwerb der allgemeinen Hochschulreife auf zwölf Schuljahre. Gleichzeitig wurde die gymnasiale Oberstufe neu gestaltet, u. a. wurde ab 2006 eine zentrale Abiturprüfung durchgeführt. Die Bezirksregierungen als bisherige „Mittelbehörde" wurden zum 31. Dezember 2004 aufgelöst und am 1. Mai 2005 die Schulinspektion mit Sitz in Bad Iburg eingeführt. Auch für die Haupt- und Realschulen galten ab 2007 erstmalig zentrale Abschlussprüfungen in den Fächern Deutsch, Mathematik und Englisch.

Besondere Bedeutung hatte die Abschaffung der Orientierungsstufe für die Ludwig-Windthorst-Schule und die St. Ursula-Schule. Die St. Ursula-Schule hatte ja während der Orientierungsstufenzeit keine 5. und 6. Klassen geführt und deshalb alle vorhandenen Unterrichtsräume für den Ausbau der Vierzügigkeit genutzt. Nach Wegfall der Orientierungsstufe aber wollte und sollte die St. Ursula-Schule natürlich ihre Unterstufe zurückerhalten. Aus Platzmangel verblieben aber die acht Klassen zunächst im Gebäude der Ludwig-Windthorst-Schule. Durch glückliche Umstände konnte der Schulträger für die St. Ursula-Schule ein angren-

---

88 Gesprächsnotiz des Schulrates i.K. Franz Thalmann vom 29.01.2010.

zendes Gebäude in der Sallstraße erwerben und dort weitere Klassenräume ausbauen. Am 9. September 2009 wurde der Neubau eingeweiht.[89] Alle 5. und 6. Klassen waren nunmehr wieder in der Stammschule beheimatet, die dann rund 1000 Schülerinnen und Schüler umfasste.

Das pädagogische Profil der St. Ursula-Schule hatte sich – wie bei allen Schulen – in den letzten Jahren ständig erweitert: Neben einer umfangreichen religiösen Orientierung (Morgengebet, wöchentlicher Gottesdienst, Orientierungstage im 12. Jahrgang) legte die Schule Wert auf eine solide Allgemeinbildung, aber auch auf die Förderung individueller Begabungen und Interessen durch ein vielfältiges Angebot an Arbeitsgemeinschaften, Wettbewerben und Projekten. Auch die Kooperation mit Hochschulen und der Wirtschaft ist ständig ausgebaut worden. Gerade in den Klassen 5 und 6 wurde die Nachmittagsbetreuung durch Mittagessen und Hausaufgabenbetreuung deutlich verbessert, die Unterstützung der neuen Schüler durch Patenschüler und den Aufbau von Lernkompetenzen vorangetrieben. Den Freiraum als freie Schule nutzte die Schule für ein zusätzliches Angebot für eine individualisierte Schullaufbahn (Abitur nach acht oder neun Jahren), für ein umfangreiches Förderangebot in den Kernfächern, für ein zertifiziertes Programm zur Berufsorientierung und für ein Waldpraktikum im 9. Jahrgang.[90]

Aber auch für die Ludwig-Windthorst-Schule stellte die jahrelange Entbehrung von acht Klassenräumen eine besondere Härte dar. Zwar war die Orientierungsstufe weggefallen, aber die Haupt- und Realschule nahmen nunmehr ebenfalls wieder 5. und 6. Klassen auf, die untergebracht werden mussten. Zum Beginn dieses neuen Abschnitts gab es einen Wechsel in der Schulleitung: Maria Anna Kursawe trat im Jahr 2004 in den Ruhestand, ihr folgte Gabriele Herzberg. Mit Beginn des Schuljahres 2007/08 begann die Ludwig-Windthorst-Schule, ihre 5. Klassen nach der Konzeption des „Marchtaler Planes" zu unterrichten.[91] Dieses pädagogische Modell, das von der Kirchlichen Akademie der Lehrerfortbildung der Diözese Rottenburg/Stuttgart entwickelt worden war, sah „Morgenkreis", „Freie Stillarbeit" und „Vernetzten Unterricht" als wesentliche Elemente vor. Durch den Weggang der St. Ursula-Schule konnte der Umbau der Klassenräume für den Marchtaler Plan fortgeführt und die Neugestaltung von naturwissenschaftlichen Räumen in Angriff genommen werden. Auch die Pausenhalle wurde renoviert und in die Neukonzeption der Schule eingebunden.

Im Jahr 2011 erfolgte die Einführung der neuen Schulform „Oberschule" in Niedersachsen, ein (freiwilliger) Zusammenschluss der bisherigen Schulformen

---

89 Wikipedia.org/wiki/St._Ursula-Schule_Hannover.

90 Flyer der St. Ursula-Schule.

91 „Marchtaler Plan", wikipedia.org, 08.01.2019.

Hauptschule und Realschule. Im Einzelfall konnte die Oberschule auch einen Gymnasialzweig im Sekundarbereich I erhalten. 132 neue Oberschulen starteten zu Beginn des Schuljahres, davon 17 mit einem Gymnasialzweig.

Am 8. Mai 2012 wurde eine weitere Änderung zum Niedersachsenkonkordat von Ministerpräsident David McAllister und dem apostolischen Nuntius EB Dr. Jean-Claude Périsset in Hannover unterzeichnet. Damit erhielten auch die Konkordatsschulen die Möglichkeit, in Oberschulen umgewandelt zu werden. Diese Möglichkeit nutzte auch die Ludwig-Windthorst-Schule und wurde zum 1. August 2014 Oberschule mit gymnasialem Angebot. Damit änderte sich nicht nur die Bezeichnung der Schulform im Untertitel, sondern die Schülerinnen und Schüler können nach erfolgreichem Abschluss des 10. Schuljahrgangs in die Qualifikationsphase der gymnasialen Oberstufe übergehen und haben die Möglichkeit, das Abitur nach zwölf Schuljahren zu erwerben. In Kombination mit dem moderaten Doppelstundensystem (seit 2011/12), dem Ganztagsbereich für die Klassen 5 und 6 an drei Wochentagen und den Neigungsklassen im Eingangsbereich stellt die Schule ein attraktives Angebot für Schülerinnen und Schüler dar.[92] Die Schulleiterin Gabriele Herzberg verabschiedete sich im Jahr 2017 in den Ruhestand, kommissarische Nachfolger waren Siegfried Heinemann und Endrik Wiegmann. Seit 2018 leitet Heike Braun die Schule.

Für die Grundschulen änderte sich insofern etwas, als nunmehr die Übergänge vom 4. Schuljahr in die weiterführenden Schulen wieder etwas komplizierter wurden. Nicht der Übergang in eine Orientierungsstufe stand an, sondern mehrere Schulformen warben um die Schülerinnen und Schüler. Es bedurfte intensiver Terminabsprachen, um die Informationsabende für die Eltern gut vorzubereiten. Parallel wurden nun Schnuppertage/Kennenlerntage für die Schüler der 4. Klassen eingerichtet, damit sie einen Eindruck von der möglichen neuen Schule bekommen konnten. Für die weiterführenden Schulen bedeutete das, dass sie mehrere Termine für die verschiedenen Grundschulen anbieten mussten, was einen erhöhten organisatorischen Aufwand bedeutete.

Größere Diskussionen gab es um die Kardinal-Galen-Schule im Jahr 2003 um einen möglichen Standortwechsel. Letztlich konnte die Schule aber an ihrem Standort verbleiben. In den Jahren 2008 und 2009 fanden große Renovierungsarbeiten in beiden Etagen und auf dem Außengelände der Schule statt. Einige Klassen mussten in Räume des Gymnasiums ausgelagert werden. Von 2013 bis 2018 war Ulrike Ksoll Schulleiterin.[93] Seit 2019 übt dieses Amt Frau Katrin Krause aus.

---

92 http://luwi-hannover.de/oberschule, 01.03.2018.

93 www.kardinal-galen-schule.de/Chronik vom 28.02.2018.

10. Ausblick

Seit Ende des 17. Jahrhunderts gibt es katholische Schulen in Hannover. Ab Mitte des 19. Jahrhunderts differenzierte sich das Schulsystem allmählich. Waren die Schulen im 19. Jahrhundert und in den ersten Jahrzehnten des 20. Jahrhunderts ein Zeichen von großer Glaubenstreue der Menschen, aber auch ein Ausdruck von Suche nach Heimat und Identität in einer durch die Industrialisierung entwurzelten Gesellschaft, so haben sich die gesellschaftlichen Verhältnisse und damit verbunden die rechtlichen und pädagogischen Implikationen etwa seit den 60er Jahren des vorigen Jahrhunderts stark verändert. Religion ist keine Selbstverständlichkeit mehr, die einfach „vererbt" wird. Der Dreiklang von Kirche, Familie und Schule in der religiösen Erziehung ist in der alten Selbstverständlichkeit zerbrochen. Heute sind konfessionelle Schulen Angebote in einer pluralistischen Gesellschaft, die dazu einladen, über Sinnfragen in einem religiösen Kontext nachzudenken. Sie können aber auch als schülerzugewandte Institutionen Raum für persönliche Entfaltung in der notwendigen Geborgenheit bieten. Die Annahme dieses Angebotes von sehr vielen Eltern und Schülern hat im Einzelfall sehr unterschiedliche Gründe. Aber insgesamt ist sie ein Zeichen christlicher Hoffnung und ein Ausdruck der Wertschätzung dieser Schulen gerade auch in einer Zeit, in der das Schiff „Kirche" durchaus mit Untiefen zu kämpfen hat.

Joanna Konopinska

Basilika St. Clemens – Eine Kirche für Migranten in Hannover

„Unam sanctam catholicam et apostolicam ecclesiam"

Das Wort „Basilika" stammt vom altgriechischen *basiliké* („königlich") ab und steht einerseits für einen architektonischen Bautyp, andererseits ist es in der Römisch-katholischen Kirche ein Ehrentitel für besonders bedeutende Kirchbauten. Die Propsteikirche St. Clemens wurde 1998 durch Papst Johannes Paul II. zur „Basilika minor" erhoben – und ihr damit eine besondere Bedeutung im Gesamt der Weltkirche zugesprochen.

St. Clemens wurde ursprünglich von und für Migranten konzipiert und gebaut, denn es gab nach der Reformation keine katholische Gemeinde mehr in Hannover. Es waren ausländische Berater, Geistliche und Bedienstete am Hofe des Herzogs Johann Friedrich von Hannover, für die St. Clemens gebaut wurde. Der Begriff „Migrant" (das lateinische Verb *migrare* bedeutet *auswandern, wandern, reisen*) ist ein unpräziser Sammelbegriff für Personen, die zu einer Migrationsbewegung gehören. Unter einer Migrationsbewegung, auch als Wanderungsbewegung bezeichnet, wird gemeinhin die auf Dauer angelegte Verlagerung des Lebensmittelpunktes größerer Menschengruppen in neue Gebiete verstanden. Es bedeutet nicht zwingend, dass es sich um Ausländer handeln muss. In der heutigen Zeit bezieht sich der Begriff „Migration" jedoch überwiegend auf Ausländer aus EU- und nicht EU-Staaten.

In Deutschland hat es im 20. Jahrhundert mehrere große Migrationsbewegungen gegeben, die im Folgenden überblicksmäßig skizziert seien. Eine erste Migrationswelle begann hier mit der Hochphase der Industrialisierung gegen Ende des 19. Jahrhunderts. Dadurch wurden verstärkt Arbeitskräfte gebraucht: Innerhalb weniger Jahre wurde das Deutsche Reich so vom Auswanderungsland zum weltweit zweitwichtigsten Einwanderungsland, gleich nach den USA. Die sogenannten „Ruhrpolen", wanderten aus dem damals preußischen Teil Polens in das westdeutsche Industriegebiet ein. Sie waren polnischsprachige preußische

Staatsbürger, es handelte sich also um eine Binnenmigration. Aber auch Ostpreußen wurde zum Zielpunkt von Wanderarbeitern aus dem russischen Teil Polens sowie aus Italien und Österreich-Ungarn. Vor allem die ausländischen Polen stießen hier auf eine nationalistisch geprägte „Abwehrpolitik". 1914 gab es 1,2 Millionen ausländische Wanderarbeiter im Deutschen Reich. Im Ersten Weltkrieg wurden weiter ausländische Arbeiter angeworben. Hinzu kamen 1,5 Millionen Kriegsgefangene, die zur Arbeit in Deutschland gezwungen wurden.[1]

Die kriegsbedingte Umsiedlung der Vertriebenen aus Ost-, Westpreußen, Schlesien und aus dem Sudetenland in den 1940/50er Jahren bildete die zweite Migrationswelle. Die Vertreibung der Deutschen geschah zum einen spontan durch Polen und Tschechien und zum anderen generalstabsmäßig gemäß dem Potsdamer Abkommen vom August 1945. Dabei deportierten die neuen Behörden in den früheren deutschen Ostgebieten planmäßig Ortschaft für Ortschaft nach vorab zugestellten Räumungsbefehlen. Die Menschen bekamen Fahrkarten für Viehwaggons und durften nur wenige persönliche Sachen mitnehmen. Niedersachsen war eines der Hauptaufnahmeländer. Dort stellten im Jahre 1949 die Vertriebenen vor allem aus Schlesien 38,8 Prozent der Bevölkerung. In manchen Dörfern lebten mehr Vertriebene als Einheimische.[2]

Man muss sich vor Augen führen, vor welchen Problemen die Einheimischen und die Zugezogenen standen: Hannover war durch Bombenangriffe zerstört. Die Infrastruktur musste erst mühsam neu aufgebaut werden. Wohnraumknappheit führte zu Zwangszuteilungen in unzerstörten Wohnungen. Viele Vertriebene waren auch in Notquartieren untergebracht: auf Bauernhöfen in Scheunen, in Kriegsbunkern, in Baracken und Wellblechhütten.

Obwohl Einheimische und Vertriebene Deutsche waren, unterschieden sie sich doch stark durch Mentalität und Sprachfärbung voneinander. Aber beide Gruppen waren traumatisiert. Die Vertriebenen noch mehr, weil sie ihre Heimat und alles, was sie sich aufgebaut hatten, verloren hatten. Sie wurden gegen ihren Willen in eine für sie fremde Gegend „verpflanzt". Die Volkszugehörigkeit sowie die Kirche bzw. die Heiligen Messen waren das gemeinsame Bindeglied. Was sie zusammenschweißte, war jedoch der feste Wille, nach dem Krieg neu anzufangen.

Mitte der 1950er Jahre begann im Westen Deutschlands ein dynamischer wirtschaftlicher Aufschwung, der bis zur Ölpreiskrise im Jahr 1973 anhielt; die dritte Migrationswelle. Bereits in ihrem Gründungsjahr 1949 hatte die Bundesrepublik „das Wohlstandsniveau und den Grad der Modernität" erreicht wie vor dem

---

1 Bade, Klaus J. et al (Hg.), Enzyklopädie Migration in Europa. Vom 17. Jahrhundert bis zur Gegenwart, Paderborn 2010.

2 Simon Benne, Fremde Heimat – als die Vertriebenen nach Hannover kamen, Hannover 2017.

Krieg.[3] Die Zahl der Arbeitslosen lag Anfang der 1950er Jahre noch bei über zwei Millionen, wurde aber ab 1952 zunehmend kleiner. Der Arbeitskräftebedarf der aufstrebenden Wirtschaft war enorm. Der Bedarf an Arbeitskräften konnte trotz der Zuwanderung aus den ehemaligen deutschen Ostgebieten und durch die Flucht aus der Sowjetischen Besatzungszone und der DDR nicht mehr gedeckt werden, das Wirtschaftswachstum schien in Gefahr. Besonders die sogenannten Übersiedler aus der DDR waren für das Wirtschaftswunder aufgrund ihrer überdurchschnittlichen Qualifizierung von besonderer Bedeutung: Hunderttausende von Akademikern, Selbstständigen und Handwerkern kamen bis zum Mauerbau 1961 in den Westen.

Am 20. Dezember 1955 wurde unter Konrad Adenauer das erste Anwerbeabkommen mit Italien geschlossen. Darin wurde vereinbart, dass die Nürnberger Bundesanstalt für Arbeit in Italien gemeinsam mit der italienischen Arbeitsverwaltung Arbeitskräfte auswählen und anwerben solle.

Eine Umfrage des Allensbacher Instituts vom März 1956 ergab, dass 55 Prozent der befragten Bürger mit „Dagegen" antworteten, als sie gefragt wurden: „Sind Sie dafür oder dagegen, dass italienische Arbeiter nach Deutschland geholt werden?" „Dafür" waren 20 Prozent. Von den 55 Prozent ablehnenden Antworten gab die große Mehrheit (41 Prozent) als Begründung an, es gebe genügend deutsche Arbeitskräfte.

In den folgenden Jahren wurden weitere Anwerbeabkommen zwischen der Bundesrepublik und den Entsendeländern geschlossen: 1960 mit Spanien und mit Griechenland, 1961 mit der Türkei, danach mit Marokko, Portugal, Tunesien und Jugoslawien. Am 10. September 1964 wurde der Portugiese Armando Rodrigues de Sá als millionster Gastarbeiter in Deutschland feierlich begrüßt.

In den 1960er Jahren erhielten die Gastarbeiter zumeist als un- oder angelernte Arbeiter einen Arbeitsplatz in der Industrie. Dabei arbeiteten sie vor allem in Bereichen, in denen schwere und schmutzige Arbeit verrichtet werden musste und wo das Schichtsystem, serielle Produktionsformen mit niedrigen Qualifikationsanforderungen (Fließbandarbeit) sowie der Akkordlohn den Arbeitsalltag bestimmten. Für die Unternehmen als Nachfrager von Arbeitskräften hatte die Rekrutierung von Gastarbeitern finanzielle Vorteile, weil aus ihrer Perspektive deutsche Arbeiter dieselben Arbeitsplätze nur mit erheblichen Lohnzugeständnissen angenommen hätten.

---

3 Axel Schildt, Die Sozialgeschichte der Bundesrepublik Deutschland bis 1989/90, Oldenburg 2007.

Der Begriff des „Gastarbeiters" spiegelte vortrefflich die Einstellung der deutschen Aufnahmegesellschaft gegenüber den angeworbenen Migranten. Geplant war, dass diese Arbeiter nur vorübergehend und so lange in der Bundesrepublik bleiben, wie sie benötigt werden. Sie waren eben nur „Gäste". Dabei ist diese Einstellung verständlich. Denn Fremdes ruft bei den Menschen unterschiedliche Reaktionen hervor. Es stellt Gewohntes und Vertrautes in Frage. Fremde Menschen aus anderen Kulturkreisen mit ihrem Aussehen, ihrer Sprache, ihrer Mentalität, ihren Sitten und Bräuchen können verunsichern, Angst erwecken und als Bedrohung empfunden werden. Gegen solche Irritationen und Aversionen ist im Grunde niemand immun.[4] Angst vor dem Andersartigen ist eine natürliche menschliche Regung. Auf der anderen Seite kann Fremdes jedoch auch faszinieren, neugierig machen und zu einer Öffnung gegenüber dem Unbekannten bewegen. Somit hat sich auch die deutsche Aufnahmegesellschaft in Laufe der Jahrzehnte verändert. Man übernahm zum Beispiel mediterrane Bräuche, wie abends im Restaurant auf der Straße zu sitzen und mit Freunden zu essen und zu trinken. Interessanterweise sehen Einheimische, die oft selbst als Zugewanderte (Vertriebene, Übersiedler, Aussiedler, Arbeitsmigranten) noch nicht so lange in Deutschland sein mögen, in den Fremden auch Konkurrenten. Vor allem diejenigen, deren Leben eher von sozialer Unsicherheit als von Wohlstand gekennzeichnet ist.

Die Rückwanderung der sogenannten Aussiedler und Spätaussiedler Anfang der 90er Jahre durch die Regierung Helmut Kohl und die Übersiedlung der Deutschen aus den ehemaligen DDR-Gebieten kann als vierte Migrationswelle bezeichnet werden. Aussiedler sind nach den Bestimmungen des Kriegsfolgenbereinigungsgesetzes von 1993 Vertriebene deutscher Staatsangehörigkeit oder Volkszugehörigkeit, die vor dem 8. Mai 1945 ihren Wohnsitz in den ehemaligen deutschen Ostgebieten bzw. Polen, der ehemaligen Sowjetunion, der Tschechoslowakei, dem ehemaligen Jugoslawien, Ungarn, Rumänien, Estland, Lettland, Litauen, Bulgarien, Albanien oder China hatten und nach Abschluss der Vertreibungen diese Länder verlassen haben. Außerdem ist das subjektive Bekenntnis zum Deutschtum Voraussetzung für die Anerkennung als Aussiedler. Es muss durch den Nachweis der Abstammung, der deutschen Sprache und einer erkennbaren Pflege deutschen Brauchtums bestätigt werden.[5]

Von 1950 bis 1992 kamen 2,8 Millionen Aussiedler in die Bundesrepublik. Ungefähr die Hälfte davon aus Polen, der ehemaligen Sowjetunion und aus Rumä-

---

4 Klaus J. Bade (Hg.), Deutsche im Ausland – Fremde in Deutschland. Migration und Geschichte und Gegenwart, München 1993.

5 Klaus J. Bade, Europa in Bewegung. Migration vom späten 18. Jahrhundert bis zur Gegenwart, München 2000.

nien. Durch den Fall des sogenannten Eisernen Vorhangs stieg die Zahl der Aussiedler prompt an. Die Gründe für die Übersiedlung von Menschen nach Deutschland sind vielschichtig. Lange Zeit waren Zwangsumsiedlungen in abgelegene Gebiete, Verfolgungen und Diskriminierungen, denen Menschen mit deutschen Wurzeln in Osteuropa nach dem Zweiten Weltkrieg ausgesetzt waren, ausschlaggebend. Auch die Behinderung eines Lebens in den selbstverwalteten deutschen Gemeinden und die Unterdrückung der deutschen Sprachkultur von staatlicher Seite waren für die Übersiedlung ausschlaggebend. Die osteuropäischen Staaten verlangten von den Deutschen eine Assimilierung, was jedoch strenggenommen die Verleumdung der ursprünglichen Herkunft bedeutet. Die Aussicht auf eine bessere wirtschaftliche Zukunft war ein zusätzlicher Ansporn, das angestammte Land zu verlassen. In Russland wurden die Deutschstämmigen beispielsweise als Nazis und Faschisten beschimpft[6].

Im vorhergehenden Abschnitt wurde der Begriff der Assimilation erwähnt. Er ist der Gegenpol zur Integration. *Assimilation* meint „Anpassung bis hin zum Aufgehen in einer neuen Umgebung", also Übernahme der Gebräuche, Regeln und Verhaltensweisen der Aufnahmegesellschaft. Assimilation bedeutet ursprünglich, dass etwas einem anderen ähnlich (lateinisch *similis*) gemacht wird. Biologisch versteht man darunter, dass aufgenommene körperfremde Stoffe unter Energiezuführung schrittweise in körpereigene Verbindungen umgewandelt werden. Assimilation ist auch ein soziologisches Konzept, das die kulturelle und sprachliche Anpassung einer Minderheit an eine Mehrheit meint, also die Aufhebung der Grenzen durch Aufgabe des Eigenen, die dann auch eine neue soziale Identität erzeugt.[7] *Integration* bedeutet Einbeziehung, Eingliederung in ein größeres Ganzes[8] und meint einen langfristigen Prozess. Sein Ziel ist es, alle Menschen, die dauerhaft und rechtmäßig in Deutschland leben, in die Gesellschaft einzubeziehen. Zugewanderten soll eine umfassende und gleichberechtigte Teilhabe in allen gesellschaftlichen Bereichen ermöglicht werden. Sie stehen dafür in der Pflicht, Deutsch zu lernen sowie die Verfassung und die Gesetze zu kennen, zu respektieren und zu befolgen.[9]

Integration kann gelingen, wenn man sich seiner Herkunft bewusst ist und sie nicht verleugnet, sich aber auf die Aufnahmegesellschaft einlassen kann und

---

6 Hier geblieben. Zuwanderung und Integration in Niedersachsen von 1945 bis heute. Eine Ausstellung der Niedersächsischen Landeszentrale für politische Bildung in Kooperation mit dem Historischen Museum Hannover, 2002.

7 http://home.edo.tu-dortmund.de/~hoffmann/ABC/Assimilation.html.

8 https://de.wiktionary.org/wiki/Integration.

9 https://www.bamf.de/DE/Service/Left/Glossary/_function/glossar.html?lv3=1504494&lv2=5831826.

bereit ist, ihre Regeln zu befolgen und Bräuche zu übernehmen. Dabei spielt die eigene, christliche Religion eine große Rolle.

Der verstorbene Papst Johannes Paul II. hat anlässlich seines Besuches in Deutschland bei einer Ansprache an polnische Landsleute auf dem Domplatz in Mainz am 16. November 1980 den Zusammenhang von Herkunft, Religion und Integration wie folgt beschrieben:

> „[…] Ihr alle, ohne Rücksicht auf die Umstände und den Zeitpunkt Eurer Ankunft in Deutschland, schreibt hier Eure Geschichte, führt hier Euren Dialog mit Gott, mit den Menschen, mit der Welt. Ihr möchtet vollwertige Bürger sein und zur vielseitigen Entwicklung dieses Landes beitragen, in welchem ihr lebt. Ihr möchtet Euren Kindern und Enkeln eine bessere Zukunft sichern.
>
> Jeder von Euch hinterlässt hier einzigartige Spuren seines Daseins, seines Lebens, seines Glaubens, seiner Wahlen, seiner Entscheidungen. Er muss also schützen, erkennen und entwickeln, was in seinem Innern ist, was in seinem Herzen geschrieben steht, er muss an der Erde, an seinem übernommenen Erbe festhalten, das ihn selbst geprägt hat und welches ein integraler Teil seines Geistes und seiner Persönlichkeit ist.
>
> In diesem Sinne äußern sich die Bischöfe unseres Kontinents in ihrem Aufruf an die Welt anlässlich des Jubiläumsjahres des hl. Benedikt, des Patrons von Europa. Wir lesen da u. a.: ‚Die Freiheit und die Gerechtigkeit fordern, dass die Menschen und Völker ihre Eigenarten entwickeln können. Jedes Volk, jede ethnische Minderheit besitzt ihre eigene Identität, ihre eigene Tradition und Kultur. Diese besonderen Werte haben große Bedeutung für den menschlichen Fortschritt und den Frieden'. [Erklärung der Bischöfe Europas vom 28. September1980].
>
> Auch die geoffenbarte Wahrheit gelangt zum Menschen im Rahmen einer bestimmten Kultur. Es besteht eine große Gefahr, dass der Verlust der ererbten Kulturwerte im Endeffekt zum Verlust des Glaubens führen kann, vor allem dann, wenn die neuen Kulturwerte, die man in der neuen Umgebung annimmt, dieses christlichen Charakters beraubt sind, welcher die eigene Kultur auszeichnete.
>
> Es gibt noch eine andere Gefahr. Man soll nicht alles kritiklos hinnehmen und sich der technischen Zivilisation nicht einverleiben lassen, weil man dann gleichzeitig den Glauben, die Fähigkeit zu lieben, mit einem Wort all das, was über das Menschsein entscheidet, über die vollen Ausmaße und die Berufung des Menschen, der Gefahr des Verlustes aussetzt.

> Eben die Stütze auf die Tradition, die Kultur, welche so wie die polnische Kultur von religiösen Werten durchdrungen ist, bewirkt, dass ‚die egoistische Kultur und die technisierte Arbeitswelt den Menschen nicht zum Produktionswerkzeug reduzieren können' [Rede in Salvador].
>
> Über den Wert des Menschen entscheidet letzten Endes das, was er ist und nicht das, was er hat. Und wenn der Mensch seine Würde, seinen Glauben und sein nationales Bewusstsein nur deshalb aufgibt, um mehr zu besitzen, dann muss diese Haltung schließlich zu einer Selbstverachtung führen. Ein Mensch dagegen, der sich seiner Identität, die aus einem Glauben fließt, aus der christlichen Kultur seiner Väter und Ahnen, bewusst ist, bewahrt seine Würde, wird von den Menschen geachtet und wird zum vollwertigen Mitglied der Gesellschaft, in der er lebt. […]"

Die Bedeutung der eigenen Religion für den Integrationsprozess lässt sich gut an den im Laufe der Jahrhunderte nach Deutschland eingewanderten Polen beobachten. Wie oben beschrieben, reisten zeitgleich mit der industriellen Entwicklung Deutschlands Polen nach Deutschland ein, die in den verschiedenen Bereichen der Industrie in Hannover und Umland Arbeit fanden. Sie waren in der Zementindustrie (in den heutigen Stadtteilen Misburg und Anderten) sowie bei der Zuckerernte beschäftigt.

Oftmals heirateten diese Menschen untereinander und ließen sich mit ihren hier gegründeten Familien für immer in Deutschland nieder. Nur in den seltensten Fällen ergaben sich polnisch-deutsch gemischte Ehen, was eigentlich gegen eine gelungene Integration spricht. Man bleibt unter Seinesgleichen. Trotz der Tatsache, dass die Polen sich recht schnell einleben konnten und auch als solide Arbeiter galten, standen sie mit dem in der neuen Heimat üblichen Glaubensleben nie in Einklang, da Norddeutschland überwiegend evangelisch geprägt war und ist. Ende des 19. Jahrhunderts bemühten sich daher die ersten polnischen Mitbürger Hannovers um den Bau einer katholischen Kirche im Stadtteil Misburg. Die Protestanten waren mit dem Bau einer katholischen Kirche in der Nähe ihrer Kirche, der Johanniskirche, nicht einverstanden. Im Jahre 1905 wurde die neue Kirche geweiht und es entstand die neue Pfarrgemeinde „Herz Jesu", wo mehr als die Hälfte der Gläubigen aus Polen stammte.

Nach dem Ersten Weltkrieg hat sich die allgemeine Situation in Europa stabilisiert. Viele Polen kehrten in ihre Heimat zurück, um wieder dort zu arbeiten.

Nach Ende des Zweiten Weltkrieges bauten die in Hannover lebenden Polen – auch ehemalige Lagerbewohner und Zwangsarbeiter – eine Holzkapelle. Da es nicht genügend Kirchen gab, wurde die Kapelle in der Milanstraße ebenfalls von deutschen Katholiken genutzt.

In den Jahren 1963–1965 wurde die Kirche „Maria Frieden" in Hannover-Groß-Buchholz erbaut. Mit Beschluss des Hildesheimer Bischofs Janssen wurde ein Teil der Kirche für die polnische Seelsorge bestimmt. Die heutige polnische Mission nutzt die gesamte Kirche „Maria Frieden". Ihr langjähriger Pfarrer und Seelsorger Tadeusz Kluba hat die Kirche auch zu einem Zentrum für vielfältige soziale Aktivitäten ausgebaut und sorgt für den Zusammenhalt der Polen untereinander.

Hannover ist zugleich Sitz der Delegatur der Deutschen Bischofskonferenz für die polnischsprachige Seelsorge in Deutschland. Ihr Leiter ist Prälat Stanisław Budyn.

Niedersachsen ist ein überwiegend protestantisch geprägtes Bundesland. So bekannten sich im Jahre 2011 50,5 Prozent der Menschen zum protestantischen Glauben und nur 18 Prozent waren katholisch.[10] Es ist bezeichnend für religiöse Diaspora, dass ihre Einrichtungen einen Anziehungspunkt für Menschen verschiedener Herkunft bilden. So auch die Kirche St. Clemens in Hannover. Sie liegt im Zentrum der geographischen Magistralen Ost-West und Nord-Süd. Konfessionsbezogen ist sie auf dem Gebiet der Evangelisch-Lutherischen Kirche angesiedelt. Jedoch gewinnt sie an Bedeutung durch den Zuzug von Katholiken aus den umliegenden EU-Nachbarstaaten. Vor allem Polen, Spanier, Italiener und Lateinamerikaner sind nach Hannover zugezogen. Laut Statistik der Stadt Hannover, Stand 1. Januar 2017, leben 8290 Polen, 3180 Italiener, 2080 Spanier und 1960 Kroaten in Hannover.

Die Basilika St. Clemens wird auch traditionell von Gläubigen aus den in der Region Hannover umliegenden katholischen Gemeinden besucht. Die Autorin dieses Artikels hat als aus Polen in die Region Hannover zugewanderte Migrantin die Basilika St. Clemens sehr früh als „ihre Hauptkirche" entdeckt. Ihre Firmung durch Weihbischof Koitz fand dort im Jahre 1992 statt. Ihre Familie hat dort mindestens einmal im Monat an Sonntagsgottesdiensten teilgenommen. Das war sozusagen „ihr Dom" von Hannover.

Primär sind – wie gesagt – die nationalen Katholischen Missionen für ihre jeweiligen Gläubigen zuständig. Jedoch hat es sich im Laufe der Jahrzehnte herauskristallisiert, dass die Basilika St. Clemens ein spiritueller Ort für alle Katholiken in Hannover wurde. Eine zentrale Hauptkirche für die Katholiken verschiedener Ethnien. Der wunderschöne Bau, die zentrale Lokalisierung in der Stadt und auch die Möglichkeit, Messen in eigener Sprache, wie es beispielsweise die Katholische Spanische Gemeinde tut, tragen dazu bei. Ihr Seelsorger Pfarrer Salvador

---

10 Landesamt für Statistik, *https://www.statistik.niedersachsen.de/download/78265*.

Terrazas Cuellar ist Bolivianer. Seine Gottesdienste sind von spanischen und lateinamerikanischen Traditionen geprägt und farbenfroh.

Eine Kopie der Madonna von Montserrat ist ein Geschenk der Spanischen Gemeinde an die Basilika St. Clemens und befand sich bis zur Renovierung der Krypta dort.

Jedes Jahr findet im Sommer ein fröhliches und kulinarisch vielfältiges Fest für die spanischsprechenden Katholiken – die PLAZA CULTURAL IBEROAMERICA – auf dem Platz vor der Basilika St. Clemens statt.

Anlässlich des Basilika-Jubiläums fand die traditionelle schlesische Maiandacht zu Ehren der Gottesmutter Maria in der Basilika statt.

An der jährlichen Fronleichnamsprozession, die mittlerweile mit einem Gottesdienst vor der evangelisch-lutherischen Marktkirche St. Georgii et Jacobi beginnt und in einer feierlichen Prozession zur Basilika St. Clemens zieht, nehmen auch polnische, spanische, italienische und kroatische Katholiken teil.

Viele Touristen, Messebesucher aber auch ausländische Studierende, die in der benachbarten Clemensburse leben, besuchen die Gottesdienste in St. Clemens. Zu Recht kann man daher sagen, dass die Basilika eine Welt-Kirche abbildet.

Tadeusz Kluba

Polnische Katholische Mission Hannover

Die Geschichte der polnischen Seelsorge in Hannover reicht bis ins 19. Jahrhundert zurück. Nach Hannover und Umgebung kamen arbeitsuchende Polen. Zu Beginn arbeiteten sie in der Landwirtschaft (man errechnete, dass in der Saison ca. 500–1.000 Frauen und Männer hier arbeiteten), und dann im Zusammenhang mit der industriellen Entwicklung in den Zementfabriken, in den Stadtteilen Hannovers wie Misburg und Anderten. Diese Entwicklung, die Arbeitsplätze sicherte, veränderte auch die Situation der Emigranten aus Polen, aus Saisonarbeitern wurden Festangestellte. Somit stieg die Anwohnerzahl der Polen in Hannover ständig.

Die Emigranten aus Polen veränderten langsam das religiöse Bild in Hannover, denn diese Stadt war eine evangelische Stadt. Gegen Ende des 19. Jahrhunderts bemühten sich die Polen um den Bau einer katholischen Kirche, was aber den Widerspruch der evangelischen Gesellschaft hervorrief und daher die Lage erschwerte. Durch die Mithilfe der Diözese Hildesheim gelang es jedoch, dieses zu realisieren und so wurde im Jahr 1905 die Herz Jesu-Kirche geweiht und den Polen zur Verfügung gestellt. Die in Hannover wohnenden Polen waren unterschiedlich organisiert, die von ihnen gegründeten Vereinigungen und Organisationen bekamen Namen von polnischen Heiligen. Die Polen hatten eigene Schulen und Banken. Leider wurde durch den Zweiten Weltkrieg das von mehreren Generationen der Polen erworbene Eigentum vernichtet. Vieles zu diesem Thema können die Gemeindebücher der Gemeinde Herz Jesu bezeugen, ebenso die Namen auf dem Friedhof in Hannover-Misburg.

Während des Krieges hielten sich um die 60.000 Arbeiter in Hannover auf. Davon waren ca. 3.750 polnische Zwangsarbeiter, die in eigens für sie errichteten rund 500 Lagern in verschiedenen Teilen von Hannover (Döhren, Linden, Ricklingen, Stöcken, Vahrenwald und Wülfel) untergebracht waren. Außerdem befanden sich in Hannover drei Zwangsarbeiterlager, vier in der Umgebung Hannovers. Die größten Gefangenengruppen bildeten Polen und Russen. Unter ihnen wirkten vereinzelt seelsorgerisch Geistliche, die in Hannover waren. In den Archivakten der Polnischen Katholischen Mission wird Pfr. Wojciech Golus erwähnt, der im Jahr 1942 als Zwangsarbeiter nach Hannover gebracht wurde und hier bis

Oktober 1945 arbeitete – zuerst im Marienhaus und dann an der Gemeinde St. Clemens.

Nach der Befreiung wurden diese Lager in „DP-Camps" (DP = *displaced person*) umbenannt, in denen Gefangene und Zwangsarbeiter aus Hannover und Umgebung zusammengebracht wurden. Unter den Menschen, die aus unterschiedlichen Gründen nicht mehr nach Polen zurückkehren und auch nicht aus Deutschland emigrieren konnten, begannen Priester ihre Tätigkeit in der Seelsorge; diese Priester waren vorwiegend frühere Gefangene aus Konzentrationslagern.

In den Jahren 1945–1950 organisierten die polnische Seelsorge vor allem in den Lagern der DPs in Hannover und Umgebung: Pfarrer Leon Michałowski (1945–1951) und Pfarrer Lech Paluch. Die Region Hannover gehörte zum Dekanat „Seniorat Nienburg", aus dem der „Seniorat Hannover", geführt durch Pfarrer Lech Paluch, der bis zum 10. April 1945 in Hannover tätig war, ausgegliedert wurde. Die Seelsorge-Dienststelle des „Seniorates Hannover" befand sich vom 10. April bis zum 5. Dezember 1945 im polnischen Militärlager Nr. 145 in Hannover–Buchholz. Das Lager wurde am 20. Mai 1945 in Stöcken gegründet und am 15. September 1945 nach Buchholz verlegt (1.551 Soldaten, unter ihnen 15 Offiziere).

Im Bericht vom 10. April 1945 schreibt Pfarrer Paluch: „Gemeindemitglieder 1.336 alles Soldaten. Im Lager befindet sich eine Kapelle, Teilnehmer an den Sonntagsmessen 200–300 Personen, in der Woche sind es nur wenige. Der Seelsorger erfreut sich der Achtung. Der Seelsorger übernimmt außer dem Lager auch die Krankenhäuser in Linden, Nordstadt, Heidehaus, Gehrden. Sakramentales Leben – sehr gering: Ehen 4, Taufen 5, Beerdigungen 1. Während seiner seelsorgerischen Besuche wurde er freundlich aufgenommen.

Im polnischen Lager in Empelde (1.577 Personen), in Mühlenberg (1.100), Bennigsen (320) sowie das Krankenhaus in Gehrden. Als Seelsorger war hier seit dem 12. Juli 1945 Pfarrer Jan Kujawa aus der Diözese Posen, geb. am 22. März 1911, tätig.

Polnisches Lager in Bothfeld (2.500 Personen), Lager Nr. 8 an der Podbielskistraße (200), in Kirchrode (250), in Laatzen (380). Seelsorger Pfarrer Feliks Wlodarczyk aus der Diözese Posen, geb. am 15. November 1913, hier tätig seit dem 12. Juli 1945. Außerhalb von Hannover befanden sich polnische Lager in Letter, Laatzen und Bennigsen (zusammen 1.500 Personen). Die Seelsorge in diesen Lagern übernahm Pfarrer Henryk Czakański, der im Februar 1946 aus Bremen kam. Außerdem sorgte er sich um das Lager in Hannover-Mühlenberg sowie die Krankenhäuser in Hannover-Linden und in Ahlem" (nach dem Bericht von Pfarrer Paluch vom 14. Februar 1946.

Die gesamte Seelsorge umfasste 8.226 Menschen (Soldaten und Zivilpersonen) plus 1.000 weitere Polen. Alle Seelsorgepunkte hatten eine eigene Kapelle. Die Beteiligung an den Hl. Messen betrug ca. 50 Prozent. Mit der Emigration in andere

Länder verringerte sich die Anzahl der Polen, so dass im Jahr 1950 die letzten zwei Lager zurückblieben, eines in den Kasernen Hannover-Bothfeld und das zweite in Hannover-Buchholz am Misburger Mühlenweg – jetzt die Milanstraße.

Im Jahr 1959 wurde das Lager in Bothfeld aufgelöst und es blieb nur das in Buchholz, mit einer Kapelle, die sich in einer Holzbaracke befand. Diese war durch die Polen errichtet worden, aber sie wurde sowohl von deutschen Katholiken als auch von griechisch-orthodoxen Gläubigen genutzt.

Mit der Organisation der Seelsorge befassten sich damals: Pfarrer Stanisław Ren (1951–1953) und Pfarrer Stefan Dubiel (1953–1976), dem vom Jahr 1974–1976 Kazimierz Kosicki als Vikar zur Seite stand, von 1976–1982 war er sein Nachfolger in der PKM Hannover.

Eine charakteristische Sache der Lagerbewohner war in erster Linie die Bemühung um die Organisation des religiösen Lebens. Sehr schnell errichteten sie eine Kapelle, in der sie beten und an der Hl. Messe teilnehmen konnten. Sie empfingen die heiligen Sakramente und führten Religionsunterricht ein.

Ein überaus wichtiges Ereignis im Leben der Polnischen Gemeinde in Hannover war das Jahr 1963. In diesem Jahr hat das Bischöfliche Generalvikariat in Hildesheim einen Entschluss gefasst, eine Kirche unter der Anrufung Maria Frieden, im Stadtteil Hannover-Buchholz zu bauen. Nach der Kirchweihe am 8. Mai 1965 beschloss der Bischof von Hildesheim, Heinrich Maria Janssen, die Kapelle in dem nördlichen Teil der Kirche den Polen zu übergeben. Der damalige Pfarrer, Stefan Dubiel, übertrug seine Seelsorgetätigkeit aus der hölzernen Baracke in die Kapelle. Im Hauptaltar der polnischen Kapelle wurde das Bild der Mutter Gottes von Tschenstochau untergebracht. Der Initiator der Einführung des Bildes der Mutter Gottes von Tschenstochau nach Hannover war ein Franziskanerpater, Melchior Julian Fryszkiewicz. Die Inthronisation des Bildnisses von Tschenstochau in die Kapelle Hannover-Buchholz fand am 8. Dezember 1969 statt. Maria im Tschenstochauer Bild vereinigte Menschen, die aus verschiedenen Teilen Polens kamen, wie eine Mutter und erinnerte an die Familie in der Heimat. Eben mit diesem Bild aus Tschenstochau ist unsere große religiöse Feierlichkeit verbunden, die sogenannte „Hannoversche Wallfahrt".

In der Zeit des „Kalten Krieges" konnten oder wollten nur wenige unserer Landsleute in ihre Heimat fahren. In Zusammenhang damit beschlossen im Jahr 1969 die polnischen Seelsorger, ein spezielles Zentrum zur Verehrung der Mutter Gottes im Tschenstochauer Bild zu gründen. So entstanden zwei solche Zentren: eines in Mannheim für den Süden und das zweite in Hannover, für den Norden Deutschlands.

Die erste Wallfahrt der Gläubigen zu diesem Bildnis fand auf dem Gebiet des Lagers am Misburger Mühlenweg, heute Milanstraße, statt. In diesem Lager lebten Menschen mehrerer Nationalitäten, aber die größte Gruppe unter ihnen waren Polen, ca. 150 Familien. Diese Feierlichkeit wurde Wallfahrt genannt, da die Gläubigen nach Hannover kamen – sie pilgerten aus dem Norden Deutschlands: Schleswig-Holstein, Westfalen, Nordhessen und Niedersachsen. Die hannoversche Feierlichkeit hatte folgenden Verlauf: Sie begann mit einer Prozession des Marienbildes zum Feldaltar, dann ging es durch die Straßen der Stadt und zurück zur Kirche. Nach der Mittagspause fand eine Marienandacht statt. Anschließend folgten die Aussetzung des Allerheiligsten und das Zurückbringen des Bildes in die Kapelle. Die Liebe zur Mutter Gottes, aus Polen herausgetragen, überstand viele Jahre und vereinigt weiterhin Menschen verschiedener Herkunft, verschiedener Gruppierungen: ehemalige Zwangsarbeiter und deren Nachkommen, schon in zweiter, dritter und vierter Generation, die noch überlebenden KZ-Häftlinge und diejenigen, die hier eine neue Heimat gefunden haben.

Ein weiteres, sehr wichtiges Ereignis für die Polen war der Bau des Gemeindehauses. Bislang fanden der Religionsunterricht, die Pfarrgemeinderatssitzungen und die Seelsorgebesprechungen im Gemeindehaus der deutschen Gemeinde Maria Frieden oder in der Kapelle statt. Der Bau des Pfarrheimes der PKM in Hannover wurde von Prälat Stanisław Budyn angeregt (Pfarrer der Gemeinde von 1982–2002 und ab 2002 Delegat der Polnischen Katholischen Missionen in Deutschland). Die Bauarbeiten begannen im September 1984, und am 2. Juni 1985 wurde durch den Weihbischof Heinrich Pachowiak aus Hildesheim das Haus eingeweiht. Durch das neu entstandene Haus wurde das Leben der Polen belebt, es dient der Entfaltung der Religion, der Kultur und des Gemeindelebens. Systematisch wird Religionsunterricht für Kinder und Jugendliche geführt, Chorproben, Jugendbegegnungen, Seniorentreffen, Sprachunterricht: Polnisch, Deutsch und Englisch. Es finden Vorlesungen, Konzerte und Vorstellungen statt. Es wurde ebenfalls eine Bibliothek eingerichtet. Schon während der Einweihung zeigte sich, dass das Haus zu klein ist. Man sollte nicht vergessen, es waren die Jahre des Kriegszustandes in Polen, wodurch nach Deutschland, wie auch nach Hannover, Tausende Asylsuchende kamen, die vor dem kommunistischen Regime aus Polen geflohen waren. Gerade hier in der Polnischen Katholischen Mission fanden sie ein wenig Heimat, Zuflucht, geistliche Unterstützung und ebenso rechtliche und soziale Hilfe bei ihrer Wohnungssuche und beim Aufenthaltsstatus usw.

Aufgrund dessen bemühte sich Monsignore Stanisław Budyn darum, das Pfarrheim erneut erweitern zu können. Anfang März 1994 wurde mit den Umbauarbeiten begonnen und bereits am 21. August 1994 hat Bischof Tadeusz Pieronek (ehemaliger Generalsekretär der polnischen Bischofskonferenz) das neue Zentrum der Gemeinde eingeweiht.

Die Erweiterung vergrößerte die Nutzungsfläche des Pfarrheimes und ermöglichte die Gründung des Zentrums zur Förderung der polnischen Sprache und Kultur an der PKM in Hannover e.V. Von diesem Zeitpunkt an haben jährlich über 120 Kinder und Jugendliche in 14 Gruppen unter der Leitung von sechs qualifizierten Lehrkräften Polnisch, Geschichte, Geographie und Kultur erlernt. Außerdem dient das Pfarrheim als Begegnungsstätte anderen polnischen Organisationen, Verbänden und Gruppen.

Mit der Gemeinde sind folgende religiöse Gruppierungen und Organisationen verbunden: Pfarrgemeinderat, Rosenkranzgruppen, Messdiener, Kirchenchor, Kinderchor, Akademikerkreis, Familienkreise, Seniorenkreis, Jugendgruppen, Folkloregruppe „Lajkonik", Jugendtanzensemble „Polonia", Zentrum zur Förderung der polnischen Sprache und Kultur an der PKM in Hannover e.V., Verehrer von Radio Maria, Verband der polnischen Kombattanten (SPK), Verband der polnischen Flüchtlinge (ZPU). Die Banner dieser Organisationen sind in der Gemeinde untergebracht.

Ein wichtiges Element des Gemeindelebens ist die karitative Tätigkeit, die sich auf finanzielle und materielle Unterstützung konzentriert; für behinderte Kinder, die in Heimen in Brzesko und Tarnów leben sowie für Leprakranke in Kongo Brazaville. Für diesen Zweck wurden in den Jahren 1986–2005 80.000 € gespendet, an die bedürftigen Opfer während des Kriegszustandes, für Flutopfer, Unfallgeschädigte, Spenden von Krankenhausbedarf (Betten, Tische), Medikamente, Verbandsmaterial im Wert von ca. 100.000 €. Diese Hilfen sind ein Zeichen der starken und wahrhaftigen Bindung der Mission mit den Menschen in der Heimat.

Das besondere Merkmal der Polen in Hannover ist die erwähnte Kapelle, geweiht der Mutter Gottes von Tschenstochau, angelehnt an der Kirche Maria Frieden im Stadtteil Buchholz. Dank der Entscheidung Bischofs Josef Homeyer beschloss das Bischöfliche Generalvikariat Hildesheim im Jahr 1988, die Kapelle von Grund auf zu renovieren. In der Kapelle werden täglich Hl. Messen und Andachten in polnischer Sprache gehalten. In dieser Kapelle sind Schaukästen mit Geschenken der Danksagungen von Menschen, die die Hölle des Zweiten Weltkrieges überlebt haben.

An der Kapelle stehen:

1. Das Kreuz der „Solidarność", das zu Beginn des Kriegszustandes in Polen (1. Januar 1982) im Zentrum von Hannover (am Steintor), als Zeichen der Solidarität mit den Inhaftierten, aufgestellt wurde. Nach sechs Monaten wurde das Kreuz von den Stadtbehörden an uns übergeben und an unserer Kapelle aufgestellt. Auf dem Kreuz sind die Namen der Opfer des Kriegszustandes angebracht. An diesem Kreuz versammelten sich oft diejenigen, die nach dem Kriegszustand nicht in ihre Heimat, zu ihren Familien, zurückkehren konnten, die aus ihrer Heimat fliehen mussten, um ihre Freiheit und ihr Leben zu retten.

2. Das Denkmal von Papst Johannes Paul II., das an der polnischen Kapelle in Hannover steht, wurde von Prof. Czesław Dźwigaj aus Krakau entworfen. Dieses wurde von Pfr. Tadeusz Kluba, mit großer Unterstützung der Gemeindemitglieder, zum Anlass des 25-jährigen Pontifikats des Papstes initiiert und am 14. Dezember 2003 durch den Erzbischof Szczepan Wesoły aus Rom geweiht. Es ist das erste Denkmal des aus Polen stammenden Papstes, ein bemerkenswertes Symbol, das an die Lehre des Hl. Vaters erinnern soll und vor allem sein Engagement in der Sache des göttlichen Friedens unter den Völkern verbreiten soll. Auf dem Denkmalsockel befinden sich die Worte des Papstgebetes: „Gott erhöre meine Stimme und gib der Welt Deinen Frieden." So viele, in Deutschland, in Polen, auf der ganzen Welt, lebende Menschen haben das Drama des Krieges erfahren. Johannes Paul II. lehrte und lehrt uns immer weiter, wie wir im Frieden leben sollten, wie wir ihn bauen und die Verständigungsbrücke zwischen den Menschen unterschiedlicher Sprachen, Nationen und Kulturen schaffen.

Gegenwärtig umfasst die PKM in Hannover sechs Dekanate des Großraums Hannover, mit den Dekanaten Celle und Verden, und betreut 7597 Katholiken (Stand vom 20. September 2004) polnischer Nationalität, Spätaussiedler aus Polen (ca. 3000) die sich gern im religiösen Gemeindeleben engagieren, Studenten aus Polen, Touristen und eine große Anzahl von Personen, die sich vorübergehend hier aufhalten.

Die polnischen Seelsorger in Hannover:

Kurzfristig: Pfr. Bolesław Biernacki, Pfr. Wojciech Golus, Pfr. Jan Januszewski, Pfr. Jćzef Nowak, Pfr. Lech Paluch, Pfr. Piotr Szymanski, Pfr. Feliks Wlodarczyk, Pfr. Jan Wojciechowski, Pfr. Jan Kujawa, Pfr. Henryk Czakański, Pfr. Bronisław Stalkowski und Pfr. Zygmunt Krywult sowie die Ordensbrüder Stefan Stusio und Bolesław Kowalczyk.

Ständig: Pfr. Leon Michałowski (1945–1951), Pfr. Stanisław Ren (1951–1953), Pfr. Stefan Dubiel (1953–1976), Pfr. Dr. Kazimierz Kosicki (1974–1976 als Koadiutor), in den Jahren 1976–1982 als Pfarrer, Prälat Stanisław Budyn (1982–2002), seit 2002 Delegat der Polnischen Katholischen Missionen in Deutschland.

Als Kapläne waren tätig: Kpl. Sławomir Gaładzun (1987–1990), Kpl. Kan. Tadeusz Kluba (1990–1997), seit 2002 Pfr., Kpl. Mgr. Edward Kęska (1997–1998), Kpl. Mgr. Mieczysław Kamionka (1998–2000), Kpl. Mgr. Marek Bach (2000–2001), Kpl. Mgr. Zdzisław Turek (2001–2003), Kpl. Mgr. Jozef Dudzik (2003–2005).

Anja Peycke

Ökumene in Hannover

Ostern 2018: Zum zehnten Mal überreichte Propst Martin Tenge der evangelisch-lutherischen Marktkirchengemeinde eine Osterkerze. Es ist quasi eine „Zwillingskerze", denn ein identisches Exemplar steht auch in der Clemensbasilika. Zum Fronleichnamsfest, bei dem die Prozession auch an der Marktkirche Station machte, standen die Kerzen wieder nebeneinander. In der übrigen Zeit des Kirchenjahres erinnern sie in ihren jeweiligen Heimatkirchen daran, dass die Christen in Hannover als Geschwister zusammengehören. Dieses Bewusstsein ist keine Selbstverständlichkeit, sondern gewachsen und erarbeitet und hat Auswirkungen auf die Stadtgesellschaft. Ein Rückblick.

I.

Kontakte zwischen Römisch-katholischer Kirche und Evangelisch-lutherischer Kirche entstanden nicht erst nach dem Zweiten Weltkrieg, in dieser Zeit allerdings deutlich verstärkt. Die Not und die besonderen Umstände der Nachkriegszeit wiesen die Kirchen aneinander. Die damaligen zwischenkonfessionellen Kontakte hatten im Gebiet des Bistums Hildesheim einen Schwerpunkt im Bereich Kirchenmitbenutzung. Das Bistum und die Evangelisch-lutherische Landeskirche Hannovers hatten bereits im November 1944 Absprachen getroffen, die eine wechselseitige Mitbenutzung von Kirchen ermöglichten. In Hannover wurden z. B. die evangelisch-lutherische Petrus- und Paulus-Kirche Bornum und St. Johannis in Wettbergen viele Jahre für römisch-katholische Gottesdienste zur Verfügung gestellt. Die Notwendigkeit, Kirchen der anderen Konfession mitzunutzen, war dem Ausmaß der Zerstörung und der Ankunft von Flüchtlingen und Vertriebenen geschuldet. Die Flüchtlingsbewegungen in den Nachkriegsjahren führten beinahe zu einer Verdreifachung der Diözesanenzahl im Bistum Hildesheim. Wenngleich die Clemensbasilika im Stadtbild ganz sicher nicht zu übersehen war und ist, wurde römisch-katholisches Leben in Hannover und Umgebung durch die vielen neu gegründeten Gemeinden und die zahlreichen Kirchenneubauten nun je-

Hannover-Mühlenberg, Ökumenisches Kirchencentrum, mit EXPO 2000-Kreuz

doch deutlich sichtbar. Allein in den drei 1958 umschriebenen hannoverschen Dekanaten entstanden zwischen Kriegsende und 1966 insgesamt 29 neue Kirchen, wurden sieben weitere wiederaufgebaut und eine erweitert.

Sich der materiellen, geistigen und geistlichen Not der Menschen anzunehmen, erkannten beide Kirchen als Aufgabe, die sie gleichermaßen anging. Beide Kirchen engagierten sich gemeinsam in der Arbeitsgemeinschaft freier Wohlfahrtsverbände, richteten einen Suchdienst für Vermisste ein und organisierten Kindererholungsprogramme auf Langeoog. Gemeinsam wurde auch die Frage erörtert, wie das in der Vergangenheit Geschehene zukünftig verhindert werden könne. Zu diesem Zweck gründete sich am 16. Oktober 1946 ein *Evangelisch-katholischer Arbeitskreis* in Hannover. Träger dieses Arbeitskreises waren die Vereinigung katholischer Akademiker (später Thomas-Morus-Gesellschaft) und die Geschäftsstelle der Evangelischen Akademie Niedersachsen e. V. Unter den Mitgliedern waren von evangelischer Seite Oberlandeskirchenrat Heinz Brunotte und Gustav Ahlhorn, Präsident des Landeskirchenamtes; katholischerseits war u. a. Prof. Richard Finsterwalder, Technische Hochschule Hannover, beteiligt. Die Leitung des Kreises lag bei H. Bartels und Heinrich Happe. Der Arbeitskreis nannte sich später „Una Sancta-Kreis" und bestand zeitweise aus bis zu 50 Teilnehmern. Die Suche nach Voraussetzungen und Hintergründen für die Jahre nationalsozialistischer Herrschaft führte die Teilnehmer schließlich zum Werk des römisch-katholischen Kirchenhistorikers Joseph Lortz und dessen Neubewertung der Reformation in Deutschland. In der Folge verschob sich der Schwerpunkt der Vorträge und Diskussionen auf Fragen des Glaubensvollzugs in den beiden großen Konfessionen. Die Treffen begannen nun mit Schriftlesung und Vater Unser, wobei die in den Kirchen gebrauchten unterschiedlichen Fassungen des „Vater Unser" sogleich zum Thema werden mussten, wollte man tatsächlich gemeinsam beten. Die Teilnehmer einigten sich auf die römisch-katholische Fassung und schlossen das Gebet mit der Doxologie ab. Die zunehmend durch theologische Fragestellungen geprägten Treffen wurden jeweils von einem katholischen und einem evangelischen Theologen fachlich begleitet. Vor dem Hintergrund des sich in den 1950er Jahren verschärfenden Schulstreits beschäftigte sich der Arbeitskreis zunehmend mit den Gemeinsamkeiten und Unterschieden der Kirchen. Um diese besser kennenzulernen, standen gegenseitige Gottesdienstbesuche auf der Tagesordnung, denen Vorträge und Diskussionen zu den zentralen kontroverstheologischen Themen folgten: Priesterweihe und Ordination, Amtsverständnis und Papstprimat, Kirchenverständnis, Eucharistie und Abendmahl. Namhafte Referenten konnten gewonnen werden, darunter Karl Rahner S. J. und Wilhelm Stählin, Bischof von Oldenburg. Nach dem Zweiten Vatikanischen Konzil wurden die Konzilsdokumente behandelt. Ende der 1960er Jahre übernahm der Sachausschuss Ökumene des neu gebildeten Katholikenrates der Region Hannover einen großen Teil der Arbeit des Una Sancta-Kreises, der dann nicht mehr fortbestand.

Für das Verhältnis der Konfessionen in Hannover ist die Tatsache wichtig, dass Hannover niedersächsische Landeshauptstadt ist. Neben dem lokalen und regionalen kirchlichen Leben spielten auch nationale, internationale und politische Dimensionen eine Rolle. Beispielhaft für die politische Dimension steht der bereits o. g. Schulstreit mit seinen heftigen Auseinandersetzungen zwischen Römisch-katholischer Kirche und Landespolitik um die *Bekenntnisschule*. Diese Auseinandersetzungen fanden bei Demonstrationen und Kundgebungen für die Wiedereinführung der bekenntnisgebundenen Volksschule als Regelschule im März 1954 in Hannover mit bis zu 50.000 Teilnehmern ihren lautstarken Ausdruck. Ein anderes Beispiel ist der *79. Katholikentag* im August 1962 in Hannover. Während dieses Treffens gab Landesbischof Lilje am Vorabend des Konzils einen Empfang für den Apostolischen Nuntius, Erzbischof Bafile, und den Präsidenten des Sekretariats für die Einheit der Christen in Rom, Kardinal Bea, im Landeskirchenamt. Dieser Empfang steht beispielhaft für die nationale und internationale Dimension, denn in Hannover befindet sich mit der Marktkirche nicht nur die Predigtkirche des Landesbischofs einer der größten Landeskirchen in Deutschland, sondern auch der

Sitz der EKD, der VELKD und des Deutschen Nationalkomitees des Lutherischen Weltbundes. Lilje hatte die öffentliche Wirkung eines solch hochkarätig besetzten Empfangs selbstverständlich im Blick. Es war das erste Mal, dass sich anlässlich eines Katholikentages Kirchenleitungen beider Konfessionen trafen. Entsprechend groß war das Echo in den Medien am folgenden Tag. Während sich die Kirchenleitungen zum Empfang trafen, hatten viele evangelische Christen ihre Häuser als Quartiere für katholische Gäste zur Verfügung gestellt und übten dankbar angenommene Gastfreundschaft.

II.

Das Zweite Vatikanische Konzil verabschiedete im November 1964 das Ökumenismusdekret. Der darin ausgedrückte Wille, Kontakte zu den anderen Konfessionen aufzunehmen und die Beziehung zu diesen zu fördern, wirkte wie eine Initialzündung. Nicht nur die Zahl der ökumenischen Veranstaltungen und Initiativen nahm nach Abschluss des Konzils stetig zu, auch die Formen wurden vielfältiger – auch in Hannover und Umgebung. Enorme Resonanz fand das *Ökumenische Frauengebet* in Hannover, das erstmalig im März 1966 in der Clemensbasilika gehalten wurde und an dessen Wiederholung im Juni in der Marktkirche über 700 Frauen teilnahmen. Es entstand eine überkonfessionelle Frauenarbeit, deren erste gemeinsame Sitzung in Hannover im September 1966 stattfand.

Ökumenische Gesprächs- und Diskussionsveranstaltungen, Vorträge und Kurse wurden organisiert (z. B. evangelisch-lutherische Heilig-Geist-Gemeinde Hannover, November 1966; Großburgwedel, Februar 1969; Nazareth-Gemeinde Hannover, Dezember 1969; Seelze-Letter, Mai 1970; Hannover-Kleefeld, Februar 1972; Großburgwedel, November 1973; Hannover-Wettbergen, April 1973; St. Johannis-Hannover, Januar 1974). Solche öffentlichen Podiumsdiskussionen wurden zu Beginn sehr kritisch gesehen. Über das Gespräch in der evangelisch-lutherischen Heilig-Geist-Gemeinde in Hannover im November 1966 hieß es im Diözesanrat zur Förderung der oekumenischen Arbeit im Bistum Hildesheim etwa, dass derlei Veranstaltungen nicht der sachlichen Klärung dienten, v. a. nicht, wenn sie von Seiten der Landeskirche nicht autorisiert seien. Dieses Gespräch wurde moderiert von Oberkirchenrat Ernst Henze, als Diskutanten traten auf Prof. Franz Joseph Wothe, Hildesheim, und Oberlandeskirchenrat Dr. Kurt Schmidt-Clausen, Hannover. Beide Redner waren in die Leitungsstrukturen ihrer jeweiligen Kirchen eingebunden und mit Ökumenefragen betraut. Das Reden von mangelnder Autorisierung zeugt weniger von einem tatsächlichen Mangel

Hannover-Mühlenberg, katholische Kirche St. Maximilian Kolbe im Ökumenischen Kirchencentrum

Weihbischof
Heinrich Pachowiak

als vielmehr von großer Unsicherheit, wie mit den ökumenischen Initiativen kirchenleitungsseitig klug umgegangen werden sollte. 400 Personen hatten sich am 17. November 1966 versammelt. Neben den Pastoren der Gemeinde waren auch Superintendent Wolfgang Böhme und Dechant Bodenburg anwesend. Im knapp zweistündigen Gespräch ging es um das Verbindende und Trennende zwischen den Konfessionen. Beides wurde von den Gesprächspartnern anhand der Themen Schrift und Tradition, Amt und Kirchenverständnis sowie dem Dogma von der leiblichen Aufnahme Mariens in den Himmel dargestellt. Die Veranstaltung endete mit einem gemeinsam gesprochenen Vater Unser und dem häufig Franz von Assisi zugeschriebenen Gebet „Herr, mache mich zum Werkzeug deines Friedens …". Der Dialog diente dem gegenseitigen besseren Verständnis und verlief in positiver, wohlwollender Atmosphäre. Das Gespräch war nicht nur im Vorfeld inhaltlich genau mit allen Beteiligten vorbereitet und abgesprochen worden, sondern erfuhr auch eine gemeinsame Nachbereitung. Dabei wurde mitgeteilt, dass Landesbischof Lilje solche Veranstaltung grundsätzlich bejahe, sich jedoch angesichts der „innerkirchlichen Problematik" im

„persönlichen Engagement" zurückhalten wolle. Diese Zurückhaltung – vor allem in Bezug auf offizielle Treffen auf Bischofsebene – empfahl schließlich auch der Diözesanrat zur Förderung der oekumenischen Arbeit im Bistum Hildesheim. Gleichwohl fanden häufige und regelmäßige Kontakte nicht nur in den Gemeinden, sondern auch auf Kirchenleitungsebene statt.

In Burgdorf wurde im August 1971 ein *Ökumenischer Arbeitskreis* gegründet, 1972 gab es solche Kreise außerdem in Hannover, Großburgwedel, Langenhagen, Seelze und Isernhagen. Zu Ökumenischen Abenden wurde eingeladen (z. B. in Hannover, Juni 1970 und in Burgdorf, Mai 1972), man betete gemeinsam (z. B. in Großburgwedel, März 1969; Langenhagen, Ökumenische Gebetswoche Juni 1969), initiierte ökumenische Schulgottesdienste (z. B. in St. Marien Hannover-Hainholz, erster Gottesdienst im Oktober 1968) und organisierte mind. seit 1974 ökumenische Sommerfeste in der Eilenriede. Die Evangelische *Jugendakademie* in Hannover plante im August 1969 für das Winterhalbjahr gemeinsame Bibelarbeiten mit Katholiken. Für den Stadtteil Hannover-Bothfeld beispielsweise sind seit den 1960er Jahren ökumenische Kontakte belegt, die Jugendtreffen, Pfarrbriefaustausch, Bibelabende, Weltgebetstag der Frauen und einen Gesprächskreis mit Vortragsreihen genauso umfassen wie eine Ökumenische Pilgerfahrt mit 160 Teilnehmern nach Rom inkl. Papstaudienz im Oktober 1979 und informellen Austausch zwischen den Pfarrern und Pastoren beim Kegeln in den 1980er Jahren. Und natürlich wurden ökumenische Gottesdienste gefeiert: z. B. in Burgdorf und Seelze-Letter seit Mai 1968, in Großburgwedel seit Juli 1968, in der List in Hannover seit Juni 1970. Auch erste Erfahrungen mit Kanzeltausch wurden gesammelt, z. B. in Hannover-Ricklingen (Februar 1971) und Großburgwedel (November 1973). Besondere Bedeutung hat in diesem Zusammenhang wohl der gemeinsame Gottesdienst von Landesbischof Lilje und Bischof Janssen an Pfingsten 1971. Gemeinsam nahmen die Bischöfe in einem Gottesdienst in der Marktkirche das neu formulierte Glaubensbekenntnis in Gebrauch. Zu diesem Anlass predigte Bischof Janssen. Er war damit der erste römisch-katholische Bischof, der seit der Reformation auf der Kanzel der Marktkirche stand. Als Fernsehgottesdienst wurde dieses Ereignis nicht nur in Deutschland, sondern auch in der Schweiz übertragen. Im August 1974 wurde der Grundstein für das Ökumenische Altenzentrum Ansgar-Haus in Hannover-Döhren gelegt. Der Trägerverein wurde von den evangelischen und der katholischen Kirchengemeinde in Döhren, Vertretern des Stadtverbandes für Innere Mission, des Caritasverbandes, des Sozialamtes der Stadt und des Sozialministeriums gegründet. In Gang gesetzt worden waren die Überlegungen durch den Vorschlag der Stadtverwaltung, die beiden Konfessionen sollten auf benachbarten Grundstücken je eine Pflegeeinrichtung bauen – gebaut wurde schließlich eine gemeinsame Einrichtung, die 1975 bezogen und 1976 fertiggestellt wurde. Erwähnt sei auch das Ökumenische Kirchencentrum Hannover-Mühlenberg, das seit dem 2. Mai 1982 die evangelisch-lutherische Bonhoeffer-Gemeinde und die römisch-katholisch St. Maximilian-Kolbe-Gemeinde unter einem Dach beherbergt.

III.

Weder in ihrer organisatorischen Struktur noch in ihrer geographischen Zuordnung sind der Evangelisch-lutherische Stadtkirchenverband Hannover und das Römisch-katholische Regionaldekanat Hannover deckungsgleich. Der Stadtkirchenverband Hannover umfasst heute geographisch das Stadtgebiet Hannover sowie Garbsen und Seelze. Die nächsthöhere Organisationseinheit ist der Sprengel Hannover, zu dem neben dem Stadtkirchenverband das Gebiet zwischen Stolzenau, Burgdorf, Nienburg und Pattensen gehört. Das Regionaldekanat Hannover wird heute gebildet aus den hannoverschen Stadtgemeinden sowie den Pfarreien Burgdorf, Burgwedel, Garbsen, Gehrden, Laatzen, Langenhagen, Lehrte, Neustadt/Rbge., Nienburg, Seelze, Springe, Wedemark und Wunstorf. Zu diesem derzeitigen Zuschnitt führten mehrere Strukturreformen in beiden Kirchen. Für den Dialog des Römisch-katholischen Regionaldekanats Hannover mit der Evangelisch-lutherischen Kirche in der Region war unabhängig davon immer entscheidend, dass er katholischerseits mit zwei evangelisch-lutherischen Struktureinheiten zugleich geführt werden musste: dem Stadtkirchenverband Hannover und dem Sprengel Hannover. Dementsprechend gibt es auch für beide Bereiche institutionalisierte Zusammenarbeit. Seit mind. 1997 finden *Ephoren-Dechanten-Konferenzen* statt, die die Sprengelebene betreffen. Auf Stadtkirchenverbandsebene sind mind. seit Oktober 2000 zweimal jährlich stattfindende *Zwei-Kirchen-Gespräche* etabliert. An diesen Gesprächen sind neben Stadtkirchenverband und Regionaldekanat auch Vertreter von Caritas und Diakonischem Werk beteiligt. Dabei geht es sowohl um den Austausch über aktuell anliegende Fragestellungen und Probleme, als auch um die Frage, was gemeinsam getan werden kann und wo mit einer Stimme gesprochen werden muss. Die Teilnahme von Gästen der jeweils anderen Konfession an Stadtkirchentagssitzungen sowie Sitzungen des Dekanatspastoralrates wird seit Ende 1997 praktiziert. Auch in anderen Zusammenhängen sind beide großen Kirchen gemeinsam beteiligt. Zu nennen sind z. B. Krankenhausseelsorge, Bahnhofsmission, Seelsorgeangebote auf dem Messegelände, Flughafenseelsorge und die Ökumenische Essenausgabe. Die Ökumenische Essenausgabe, die sich heute in den

Landesrabbiner Henry Brandt, Propst Joop Bergsma und Stadtsuperintendent Hans-Werner Dannowski, um 1990

Räumen der Heilsarmee befindet, wird getragen von der Evangelisch-lutherischen Kirche, der Römisch-katholischen Kirche, der Evangelisch-reformierten Kirche und der Heilsarmee Hannover und unterstützt durch hannoversche Restaurants. Die heute institutionalisierten Kontakte zwischen Evangelisch-lutherischer und Römisch-katholischer Kirche in Hannover gehen zurück auf gute persönliche Kontakte zwischen den Regionaldechanten und Stadtsuperintendenten. Katholischerseits sind hier Weihbischof Heinrich Pachowiak, Joop Bergsma, Klaus Funke und Martin Tenge als Regionaldechanten und Pröpste an St. Clemens zu nennen, denen auf Seiten des Stadtkirchenverbandes Rufus Flügge, Hans-Werner Dannowski, Wolfgang Puschmann und Hans-Martin Heinemann als Stadtsuperintendenten gegenüberstanden bzw. gegenüberstehen.

Mitte der 1960er Jahre wurde die *Arbeitsgemeinschaft Christlicher Kirchen Hannover (ACKH)* gegründet. Neben der Evangelisch-lutherischen Kirche waren die Römisch-katholische Kirche, evangelische Freikirchen und orthodoxe Kirchen an der Gründung beteiligt. Gemeinsam sollte und soll die Ökumene hör- und sichtbar in der Stadtöffentlichkeit vertreten werden. Es wurden mehrsprachige Christvespern in der Marktkirche gefeiert, bei denen Persönlichkeiten des öffentlichen Lebens predigten – zu Beginn der 1990er Jahre z. B. Kultusminister Rolf Wernstedt und Oberbürgermeister Herbert Schmalstieg. 1995 wurde zum ersten Mal eine Ökumenische Woche veranstaltet. Diese wurde Ende Oktober/Anfang November begangen, da in dieser Zeit drei christliche Feiertage unmittelbar aufeinander folgen, die für die unterschiedlichen Konfessionen von unterschiedlicher Bedeutung sind: Reformationstag, Allerheiligen und Allerseelen. Wiederholt wurde in den 1990er Jahren mehrmals ein Tag der Kirchen in der Innenstadt Hannovers mit Ständen, Bühnenprogrammen und liturgischen Angeboten organisiert. Heute weist ein Ökumenischer Kirchenführer, herausgegeben von der ACKH, den Weg zu den unterschiedlichen christlichen Gemeinden Hannovers. Gemeinsam sind die beiden großen Kirchen starke Partner im *Rat der Religionen* in Hannover und als solche am *Haus der Religionen* beteiligt.

Während der Sitzung des Stadtkirchentages im September 2017 lud Propst Tenge dazu ein, auf Ebene des Stadtkirchenverbandes und des Regionaldekanats Hannover gemeinsam eine *Hannoveraner Erklärung* zum Thema Abendmahl/Eucharistie zu erarbeiten, um Klarheit für einen gemeinsamen Umgang damit zu erlangen. Dieser Vorschlag stieß in den beteiligten Gremien und der Stadtöffentlichkeit auf große Resonanz. Das Ergebnis der gemeinsamen Beratungen steht noch aus.

IV.

Das Verhältnis der Konfessionen in und um Hannover ist – wie in ganz Niedersachsen – zunächst geprägt durch die Nachkriegszeit, die Vielzahl der Flüchtlinge und Vertriebenen und das Zweite Vatikanische Konzil. Hatte die Not die Kirchen aneinander verwiesen, wuchs nach dem Konzil ein Miteinander, das mittlerweile von Selbstverständlichkeit und guter Übung bestimmt ist. Das Verhältnis der Konfessionen ist jedoch auch speziell durch die Stadt Hannover selbst geprägt: Hannover wurde nicht erst durch den Zuzug von Flüchtlingen zu einem gemischtkonfessionellen Gebiet; verschiedene Konfessionen lebten hier schon viele Jahre nebeneinander, wobei Protestanten immer in der Mehrheit waren. Hannover ist niedersächsische Landeshauptstadt. Als solche war sie Austragungsort kirchenpolitischer Auseinandersetzungen mit dem Land Niedersachsen um die Bekenntnisschule. Hannover gehört zum Bistum Hildesheim, einem Diasporabistum, und wurde u. a. aus diesem Grund als Veranstaltungsort für den 79. Katholikentag 1962 ausgewählt. Der Empfang, den Landesbischof Lilje als ‚global player' des Luthertums während des 79. Katholikentages 1962 für römisch-katholische Kirchenführer gab, war durchaus von nationaler und internationaler kirchenpolitischer Bedeutung.

Wie überall lebte und lebt auch in Hannover die Beziehung der Kirchen zueinander von persönlichen Beziehungen und funktionierenden Strukturen. Dies gilt sowohl für die Gemeinden als auch für das kirchliche Leitungspersonal, für inoffizielle Begegnungen wie für institutionalisierte Kontakte. Wo das gelang und gelingt, entstand und entsteht verbindende Vielfalt, aus der heraus Christen in der Stadtöffentlichkeit gemeinsam hörbar, ansprechbar und gestaltungsfähig wurden und werden.

Hans-Georg Aschoff

Ordensgemeinschaften und Ordensleben in der Stadt Hannover und Umgebung

1. Ordensgemeinschaften im 17./18. Jahrhundert

Die Reformation hatte zur Aufhebung der Klöster und Stifte in der Stadt und Region Hannover oder zu ihrer Umwandlung in evangelische Damenstifte und reine Versorgungsanstalten geführt. Erst nach dem Regierungsantritt Herzog Johann Friedrichs (1665) kam es wieder zur Gründung einer Ordensniederlassung.[1] Zur Wahrnehmung der Seelsorge der katholischen Gemeinde in Hannover setzte sich der Herzog, der seit seiner Konversion eine besondere Vorliebe für die Minoriten besaß, für die Berufung von Kapuzinern aus der Rheinischen Ordensprovinz ein. Dabei nahm er die Vermittlung des Heiligen Stuhles in Anspruch, weil die Provinzleitung anfangs wegen der engen Verbindung der geplanten Niederlassung mit dem Hof, die dem Ordensideal wenig entsprach, Bedenken trug, Patres nach Hannover zu senden. Nach der Zusage des Herzogs, für alle Bedürfnisse der Niederlassung Sorge zu tragen, willigte die Ordensleitung ein. Johann Friedrich ließ auf eigene Kosten das Johannes d. Täufer geweihte Konventshaus in der Leinstraße errichten; es war mit dem Chor der Schlosskirche und dem Schloss verbunden und bestand aus dem Dormitorium (zwölf Zellen für die Patres und eine Krankenzelle), der Hauskapelle, dem Refektorium, der Küche und der Pförtnerstube. Für den Lebensunterhalt der Patres gewährte der Herzog eine jährliche Zuwendung von 3000 Rthl.; hinzu kam eine Reihe kleinerer Schenkungen. Auf Wunsch des Herzogs setzte sich der Konvent aus je zwei Deutschen, Franzosen und Italienern sowie zwei weiteren „fratres clerici" deutscher Herkunft und bis zu vier Laienbrüdern zusammen. Pläne der Ordensleitung, in Hannover eine Missionsstation mit weitreichender

---

1 Karljosef Kreter, Hannover – Kapuziner (1668 bis 1680), in: Josef Dolle, Niedersächsisches Klosterbuch, Bd. 2, Bielefeld 2012, S. 586-589; J. Studtmann, Geschichte des Konventes der Kapuziner zu Hannover, in: Hannoversche Geschichtsblätter 32, 1929, S. 111–159; Franz Wilhelm Woker, Geschichte der katholischen Kirche und Gemeinde in Hannover und Celle, Paderborn 1889, S. 18–39; Hans-Georg Aschoff, Um des Menschen willen. Die Entwicklung der katholischen Kirche in der Region Hannover, Hildesheim [1983], S. 17–24.

Geschichte der Jesuitenniederlassung Hannover, Titelblatt

Ausstrahlung auf Norddeutschland und weitgehender Unabhängigkeit vom Apostolischen Vikar Valerio Maccioni zu errichten, scheiterten an dessen Widerstand und am Herzog, der Anstoß an einer exemten Prälatur nahm, die seinen absolutistischen Vorstellungen entgegenlief. Die Kapuziner unterstellten sich als Seelsorger der Autorität Maccionis, und der Konvent wurde als Hospiz geführt.

Die starke Beanspruchung der Patres in der allgemeinen und der Konvertitenseelsorge, die Feier einer Vielzahl von Gottesdiensten mit Predigt und die Auseinandersetzungen mit den Protestanten erschwerten ihnen die Führung eines regelgerechten Lebens, insbesondere in Bezug auf die Kontemplation. Ein Pater nahm von Hannover aus auch die seelsorgliche Betreuung der wenigen Katholiken in Celle wahr, wo offiziell keine öffentliche Religionsausübung erlaubt war und der Gottesdienst in einem Privathaus stattfand. Nach Herzog Johann Friedrichs Ableben (1679) konnten die Kapuziner nur noch für eine Übergangszeit die

Geschichte der Jesuitenniederlassung Hannover

Seelsorge fortführen. Ihre Bezüge erhielten sie bis Ende April 1680; ihr Hospiz wurde in eine Wohnung für die herzoglichen Prinzen umgebaut, und es war nicht möglich, eine geeignete Unterkunft zu finden. Allgemeine Anfeindungen und insbesondere das Verbot, den Habit zu tragen, ohne den sie nach der Ordensregel die Seelsorge nicht ausüben durften, zwangen sie, Hannover im Laufe des Sommers 1680 zu verlassen.

An die Stelle der Kapuziner traten Jesuiten aus dem Kolleg in Hildesheim, die wegen früherer Aushilfe in der Seelsorge mit den hannoverschen Verhältnissen vertraut waren; aufgrund ihrer Ordensregel waren sie nicht den gleichen Einschränkungen im Hinblick auf die Kleidung wie die Kapuziner unterworfen.[2]

---

2 Karljosef Kreter, Hannover – Jesuiten (1665 bis 1668), in: Dolle, Klosterbuch II (wie Anm. 1), S. 584f.; Woker, Geschichte (wie Anm. 1), S. 40–76.

Die Patres, die im Sommer 1680 in Hannover ankamen, hielten den Gottesdienst in zwei bis drei angemieteten Räumen, die sie in provisorische Kapellen umgestaltet hatten. 1690 gelang es ihnen, in der Calenberger Neustadt ein Haus zu erwerben und dort eine weitere Kapelle einzurichten. Sie stellten auch die Elementarschule wieder her, die bereits unter Johann Friedrich bestanden hatte, nach dessen Tod wegen fehlender Subsistenzmittel für den Lehrer aber eingegangen war. Den Lebensunterhalt der Patres sicherten Spenden der Gemeinde, vor allem aber Mittel aus der 1682 eingerichteten Missionsstiftung des Paderborner Bischofs Ferdinand von Fürstenberg. Einmal im Jahr bereiste einer der beiden Patres die Garnisonen der Umgebung, um die katholischen Soldaten zu pastorieren.

Unter Kurfürst Georg Ludwig verschlechterte sich die Lage der katholischen Gemeinde in Hannover und insbesondere die der Jesuiten. Im Kurvertrag von 1692 war vorgesehen worden, dass die Seelsorger in Hannover Weltgeistliche sein sollten; trotzdem ließ man die Jesuiten in Hannover einstweilen gewähren. Erst nach dem Amtsantritt des Apostolischen Vikars Agostino Steffani drang die Regierung auf ihre Ersetzung durch Weltgeistliche. Hinzu kam, dass ein Teil der Gemeinde den Jesuiten seit dem Beginn ihrer Tätigkeit in Hannover distanziert gegenübergestanden hatte und sie sogar in Rom wegen ihrer großzügigeren Haltung in der Frage der Fastendispensen und der konfessionsverschiedenen Ehen angeklagte hatte. Da Weltgeistliche der Autorität des Vikars direkt unterstellt waren, entsprach die Abberufung der Jesuiten durchaus dem Wunsch Steffanis, so dass die Patres Hannover Ostern 1711 verließen.

2. Franziskaner und Jesuiten im 20. Jahrhundert

Pfarrer Joseph Schlaberg hatte bereits nach 1850 Ursulinen[3] und Vinzentinerinnen[4] nach Hannover berufen, die im Schuldienst bzw. in der Caritas tätig waren. Nach dem Ersten Weltkrieg verstärkte sich unter dem hannoverschen Seelsorgeklerus der Wunsch nach einer Niederlassung eines männlichen Ordens. Der Hildesheimer Bischof Joseph Ernst kam diesen Bestrebungen nach und unterbreitete den Franziskanern der Thüringischen Ordensprovinz das Angebot, ein Kloster in Hannover-Kleefeld zu gründen.[5] Die Provinzialleitung fasste am 8. April

---

3 Siehe in diesem Band: Manfred Köhler, Geschichte der katholischen Schulen Hannovers.

4 Siehe in diesem Band: Hans-Georg Aschoff, Caritasarbeit in der Stadt und Region Hannover.

5 Zur Einweihung von Kirche und Kloster der Franziskaner St. Antonius in Hannover, am Sonntag, 17. Juni 1928 (Unsere Diözese in Vergangenheit und Gegenwart 2, 1928); St. Antonius. Das

Vormalige Niederlassung der Kapuziner in Hannover, Zeichnung um 1700

1926 einen derartigen Beschluss. Am 20. November 1926 erwarb der Bischöfliche Stuhl das Grundstück des früheren botanischen Schulungsgartens an der Kirchröder Straße. Nach der Grundsteinlegung für Kirche und Kloster am 31. August 1927 nahm wegen der Vakanz des Hildesheimer Bischofsstuhls der Paderborner Bischof Caspar Klein in Anwesenheit des preußischen Landwirtschaftsministers Heinrich Steiger und des hannoverschen Oberpräsidenten Gustav Noske am 17. Juni 1928 die Weihe vor. Die Gebäude standen unter dem Patronat des hl. Antonius von Padua. Den Franziskanern, deren Konvent zu diesem Zeitpunkt aus vier Priestern und fünf Laienbrüdern bestand, oblag die Seelsorge für die ca. 1000 Katholiken in den sozial heterogen, weiträumigen östlichen Stadtteilen Hannovers, die rechtlich weiterhin zur Pfarrei St. Elisabeth gehörten. Während der Zeit des Nationalsozialismus, in der die Franziskaner die Betreuung der Häftlinge in den Konzentrations- und Kriegsgefangenenlagern übernahmen, versuchte die Gestapo erfolglos, das Kloster zu beschlagnahmen und den amtierenden Pastor, P. Alban Herzig, zu verhaften. Im Zweiten Weltkrieg erlitten Kirche und Kloster nur geringen Schaden.

christliche Leben in der katholischen Pfarrei St. Antonius. Pfarrchronik zum 25jährigen Bestehen von Kirche, Kloster und Gemeinde in Hannover-Kleefeld, Hannover 1953; Anna Maria Hauk u. a., St. Antonius Hannover-Kleefeld, Hannover 2016; Willi Stoffers (Red.), Handbuch des Bistums Hildesheim, T. 2: Region Hannover, Hildesheim 1995, S. 135–138.

Joseph Ernst (1863–1928), Priesterweihe 1886 in Dillingen, 1886 Kaplan in Celle, 1889–1891 Theologisches Vertiefungsstudium in Rom, 1896 Professor am Hildesheimer Priesterseminar, 1915-1928 Bischof von Hildesheim

Nach Kriegsende überließ die Thüringische Ordensprovinz am 14. August 1946 ihre Häuser in Ottbergen (bei Hildesheim) und Hannover den vertriebenen Mitbrüdern aus der Schlesischen Provinz. Diese richteten im Kleefelder Kloster, das zeitweise 13 Franziskaner beherbergte, das Provinzialat ein, das erst 1967 nach Berlin-Tempelhof verlegt wurde. Am 1. April 1956 wurde St. Antonius als eigenständige Kuratie von der Pfarrei St. Elisabeth getrennt und am 1. März 1961 zur Pfarrei erhoben; von 1948 bis 1983 wirkte P. Karl Hoffmann als Leiter der Gemeinde. Neben der Betreuung der St. Antonius-Gemeinde betätigten sich die Franziskaner besonders in den Nachkriegsjahren weit über Hannover und das Bistum Hildesheim hinaus u. a. in Volksmissionen, Kapellenwagenmissionen, Missionserneuerungen, religiösen Wochen und Exerzitien; sie hielten Predigten (Fastenzeit, Wallfahrten) und Vorträge für Priester und Ordensfrauen und übernahmen Pfarrvertretungen und Beichtaushilfen. Im Kloster bestand eine ständige Beichtmöglichkeit. In späteren Jahren widmeten sie sich besonders der Betreuung der Kranken in den Krankenhäusern und Altenheimen sowie der Telefonseelsorge.

Zum 1. Januar 1987 erfolgte die Eingliederung der bundesrepublikanischen Klöster der Schlesischen Ordensprovinz in die Sächsische Provinz, die 1992 nach der Wiedervereinigung auch die Niederlassungen auf dem Gebiet der ehemaligen DDR aufnahm. In dieser Zeit wurden Überlegungen angestellt, das Kloster in Hannover, wo in den 1990er Jahren sechs Patres lebten, vor dem Hintergrund des Personalmangels und der Überalterung zu schließen. Die Aufhebung konnte einstweilen abgewandt werden, weil 1998 das Provinzialat der Sächsischen Provinz von Werl in das verkehrsgünstige Hannover verlegt wurde, das sich etwa in der Mitte der Saxonia befand.[6] Die Schließung des Klosters in Hannover erfolgte im Sommer 2010 im Rahmen der Fusion der vier Franziskanerprovinzen zur neuen „Deutschen Franziskanerprovinz von der heiligen Elisabeth von Thüringen". Gleichzeitig legte man die Kirchengemeinden St. Antonius und St. Anna mit St. Martin zur Großpfarrei St. Martin zusammen. Die Seelsorge in der Großpfarrei übernahmen drei polnische Oratorianer, die zuvor in Ilsede und Peine tätig waren. Im Sommer 2017 wurden sie nach Herzberg versetzt.

Bereits in den 1880er Jahren wirkten Jesuiten im Vinzenzstift in Hannover, die wegen des erst 1917 aufgehobenen Ordensverbotes in der Öffentlichkeit nicht als Angehörige der Gesellschaft Jesu auftreten durften.[7] Auf Initiative von Propst Hermann Seeland sandte der Provinzial der Westdeutschen Jesuitenprovinz Anfang Juni 1923 P. Gerhard Veltmann nach Hannover, um die Errichtung einer Residenz vorzubereiten. Veltmann wohnte bei den Vinzentinerinnen und gab Exerzitien, Schwesternvorträge, Priesterrekollektionen und half in der Seelsorge innerhalb und außerhalb der Stadt aus. Bei den Vorbereitungen für die Jesuitenniederlassung ging er ziemlich selbständig vor, ohne die Vorstellungen der Bistumsleitung und der hannoverschen Weltgeistlichen ausreichend in Betracht zu ziehen. Mit Hilfe des Hildesheimer Bischofs Nikolaus Bares erwarb der Orden im Juli 1929 ein Gebäude an der Hildesheimer Straße, das einmal einer Freimaurerloge gehört und unmittelbar zuvor eine Tanzschule beherbergt hatte. Die Niederlassung, mit der eine Kapelle verbunden war, trug anfangs zur Erinnerung an den 1930 heiliggesprochenen Jesuiten den Namen „Robert-Bellarmin-Haus"; 1936 wurde sie in „Friedrich-Spee-Haus" umbenannt, womit man nationale Gesichtspunkte berücksichtigen und an eine Persönlichkeit erinnern wollte, die in der Umgegend gewirkt hatte. Die Zahl der Patres erhöhte sich bis 1936 auf sechs bis sieben; hinzu kamen zwei Brüder. Die Patres betätigten sich

---

6   Joachim Schmiedl, Vom Zweiten vatikanischen Konzil bis zum Beginn des 21. Jahrhunderts, in: Joachim Schmiedl (Hg.), Vom Kulturkampf bis zum Anfang des 21. Jahrhunderts (Geschichte der Sächsischen Franziskaner-Provinz 3), Paderborn u. a. 2010, S. 832–834, 845, 858.

7   Aschoff, Um des Menschen (wie Anm. 1), S. 74, 93f.; Klaus Schatz, Geschichte der deutschen Jesuiten (1814–1983), Bd. 3: 1917–1945, S. 153–155, passim; Bd. 4: 1945–1983, Münster 2013, passim; Kurt Dehne, Die Jesuiten-Niederlassung in der St. Heinrichs-Gemeinde, in: 50 Jahre St. Heinrichskirche Hannover, Hannover [1979], S. 83; Gundikar Hock, 75 Jahre Jesuiten in Hannover 1929–2004, http://www.con-spiration.de/syre/files/hannover.html.

vornehmlich in der Jugendarbeit; sie führten Exerzitienkurse und religiöse Wochen durch, hielten Fastenpredigten und halfen in der Pfarrseelsorge aus; einen Schwerpunkt bildete die von P. Hermann Grünewald geleitete Akademikerseelsorge. Beim Luftangriff auf Hannover in der Nacht vom 8. zum 9. Oktober 1943 wurden das Haus und die Kapelle getroffen und brannten fast völlig aus. Drei Jesuiten blieben in Hannover und richteten im Keller eine Notkapelle ein, die Ostern 1944 geweiht und für viele Trost und Halt wurde.

Unter den Superioren Klemens Brockmöller und Kurt Dehne konnte der Wiederaufbau, z. T. gefördert durch öffentliche und private Mittel, bis 1951 abgeschlossen und das Grundstück erweitert werden. Bereits am 24. Juni 1949 hatte Bischof Joseph Godehard Machens die neuerbaute und vergrößerte Kapelle dem Hl. Herzen Jesu geweiht; ein zweites Patrozinium war „Maria am Wege". Eine Umgestaltung erfuhr die Kapelle in den 1950er Jahren durch die Architekten Dominikus und Gottfried Böhm. Bis 1958 lebten im Friedrich-Spee-Haus 13–15 Patres; danach bewegte sich ihre Anzahl um zehn Personen. Die Niederlassung entwickelte sich zu einem geistlichen Zentrum der Stadt. Sie umfasste auch ein Lehrlings- und Studentenwohnheim bis 1961, als neben der St. Clemens-Kirche mit der „Clemensburse" ein neues Studentenheim errichtet und damit auch die Studentenseelsorge nach dort verlagert wurde.

Der 1957 vollzogene Ordensaustritt und die Heirat des Studentenpfarrers P. Wilhelm Hausmann, der für viele in Hannover die Gesellschaft Jesu repräsentierte (Klaus Schatz), galt als schwerer Schlag. Die Arbeitsfelder, auf denen die Jesuiten bereits in der Zwischenkriegszeit tätig gewesen waren, wurden durch die Konvertitenseelsorge und den Religionsunterricht an Höheren Schulen erweitert. Im Auftrag Bischof Machens' wurde vom Friedrich-Spee-Haus aus die gesamte Männerarbeit der Diözese aufgebaut. Bischof Heinrich Maria Janssen veranlasste 1969 die Jesuiten, die Leitung der Lebensberatungsstelle „Offene Tür Hannover" zu übernehmen. Die täglichen Abendmessen, die seit den 1950er Jahren durch päpstliches Indult ermöglicht wurden, zogen viele Gläubige an.

1970 ging die Jesuitenresidenz in Hannover von der Westdeutschen auf die Ostdeutsche Provinz über; sowohl dieser Übergang als auch die Zusammenlegung beider Provinzen zur Norddeutschen Provinz 1978 verlief ohne Spannungen. Wegen der günstigen geographischen Lage war Hannover zeitweise als Sitz des Provinzials im Gespräch; die Entscheidung fiel für Köln, weil man in Hannover eine neue Verwaltung hätte aufbauen müssen. Wegen Nachwuchsmangels gab der Orden die Niederlassung in Hannover Ende Juni 2004 auf. Das Gebäude ging in das Eigentum des Bistums Hildesheim über, das es den Schwestern der Congregatio Jesu zur Verfügung stellte. Als schockierend erwies sich

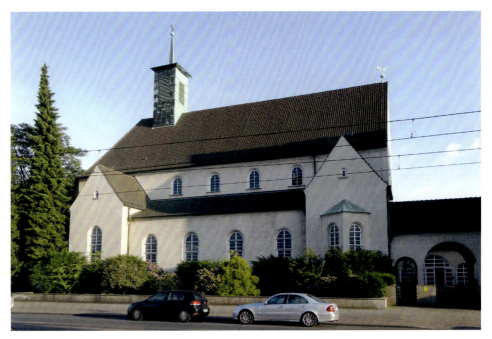

Hannover-Kleefeld, St. Antonius-Kirche mit Franziskanerkloster

2010 die Nachricht, dass es zu sexuellen Übergriffen durch den von 1971 bis 1975 für die Jugendseelsorge in Hannover verantwortlichen Pater gekommen war.

3. Ordensleben nach dem Zweiten Weltkrieg

Nach dem Zweiten Weltkrieg ließen sich weitere Ordensgemeinschaften in Hannover nieder.[8] Dazu gehörten die Salesianer, deren Orden 1859 von Giovanni Bosco gegründet wurde und sich der Betreuung von Jugendlichen in schwierigen Verhältnissen widmet. 1951 eröffneten die Ordensbrüder das Don-Bosco-Haus in Hannover-Ricklingen, wo sie in der Anfangsphase vor allem Jugendlichen, die vielfach wegen der mangelnden beruflichen Ausbildungsmöglichkeiten auf dem Lande nach Hannover gekommen waren, bei der Suche nach

---

8 Aschoff, Um des Menschen (wie Anm. 1), S. 117; siehe allgemein: Schematismen der Diözese Hildesheim; Katholische Informationen für die Region Hannover 1970/71–2007/08.

Lehrstellen halfen und pädagogisch und pastoral betreuten. Bis 1976, als die Salesianer die Leitung des Lehrlingsheimes abgaben und dieses in eine Jugendbildungsstätte für die Region Hannover umgewandelt wurde, fanden mehrere Hundert junge Männer hier Aufnahme. Seit den 1990er Jahren wirkte einer der Salesianer, deren Konvent zweitweise fünf Ordensmänner zählte, als Seelsorger an der Ludwig-Windthorst-Schule.

Den Salesianern oblag auch die Seelsorge in der seit 1950 selbständigen Kirchengemeinde St. Augustinus, die 1955 eine neue Kirche erhielt und 1962 zur Pfarrei erhoben wurde.[9] Die Patres trugen wesentlich zum Zusammenwachsen der Gemeinde bei, deren Mitglieder zu einem großen Teil aus dem Eichsfeld und den ehemaligen deutschen Ostgebieten stammten. Einer der Priester übernahm die seelsorgliche Betreuung der Bewohner des Altenheimes St. Monika. Im Zuge der Gemeindefusionen wurde St. Augustinus 2006 um die Pfarreien St. Johannes Bosco in Hemmingen und St. Maria in Pattensen erweitert. Der zahlenmäßig starke Rückgang der Mitbrüder zwang den Orden sich auf sein Kerngebiet, die Jugendarbeit, zu konzentrieren, und führte zur Schließung der Niederlassung in Ricklingen zum 31. Juli 2017. Dies kam weitgehend unerwartet für die hannoverschen Salesianer, die bereit waren, im neuen Pastoralbereich Hannover-Süd als Pastoren mitzuarbeiten.

In den 1950er Jahren hatte sich die Zahl der Katholiken in Hannover-Stöcken so vergrößert, dass 1959 die Pfarrvikarie St. Christophorus gegründet wurde, deren Gebiet zur St. Adalbert-Gemeinde in Herrenhausen gehörte.[10] Die Seelsorge wurde Pallottiner-Patres übertragen, die im Jahr zuvor das Pallotti-Haus (Moosbergstraße 14) als Wohnheim für junge Arbeiter eröffnet hatten. Einer der Patres übernahm die Leitung des Heimes, bis es Ende der 1980er Jahre als Wohnheim für Erwachsene mit geistiger Behinderung und Außenstelle des Agnes-Neuhaus-Heimes eingerichtet wurde. In der Gemeindeseelsorge war bis 2005 ein Pallottiner tätig. Im folgenden Jahr wurde St. Christophorus mit den Gemeinden St. Maria, St. Adalbert und St. Hedwig zur neuen Pfarrei St. Maria zusammengeschlossen.

1988 eröffneten die Benediktiner der Abtei Königsmünster in Meschede auf Bitten des Hildesheimer Bischofs Josef Homeyer eine Cella in einem Mehrfamilienhaus in der Vossstraße im hannoverschen Stadtteil List. Anfangs lebten sechs Brüder in der Cella Sankt Benedikt; später reduzierte sich ihre Zahl auf drei. Ihre Aufgabe sollte es sein, zeitgemäße Formen benediktinischen Lebens in einer säkularen Großstadt zu entwickeln. 2010/11 wurde nach den Plänen der Architekten Guido Hülsmann und Dirk Boländer in das Haus ein Kirchraum gebaut, der durch

---

9   Stoffers, Handbuch (wie Anm. 5), S. 214–218.   10   Stoffers, Handbuch (wie Anm. 5), S. 92–95.

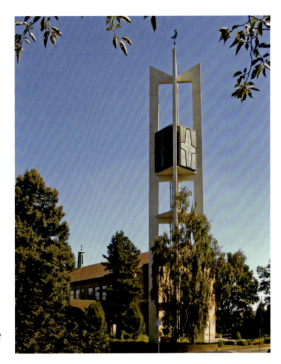

Hannover-Ricklingen, St. Augustinus-Kirche mit Niederlassung der Pallotiner

seine architektonische Klarheit beeindruckt. Die Benediktiner wirkten u. a. als Lehrbeauftragte für Gregorianik an Musikhochschulen und als Liturgiereferent für das Bistum Hildesheim; sie unterhalten seit 1997 eine logopädische Praxis und einen Klosterladen. Darüber hinaus engagieren sie sich in der geistlichen Begleitung.

Unmittelbar nach dem Krieg nahmen Ordensfrauen der Kongregation der „Schwestern von der hl. Elisabeth" (Graue Schwestern) in der Stadt und der Region Hannover ihre Tätigkeit auf; der Sitz der Norddeutschen Ordensprovinz befand sich seit 1908 in Reinbek bei Hamburg. In Empelde (1946–1952), Mandelsloh (1946–1955) und Springe (1946/47) engagierten sich die Grauen Schwestern in der Ambulanten Pflege, der Betreuung von Kindergärten oder der Gemeindearbeit. In Hannover-Mittelfeld übernahmen sie 1952 die Leitung des Altenheimes Haus Marienruh, dem ein Kinderhort angeschlossen war; 1971 gaben die Ordensfrauen diese Einrichtung auf.[11]

Die Initiative zur Errichtung einer Niederlassung für einen kontemplativen Orden in Hannover ging von dem flämischen Prämonstratenser Werenfried van

---

11 Johannes Mertens, Geschichte der Kongregation der Schwestern von der heiligen Elisabeth 1842–1992, 2 Bde., Reinbek 1998, hier: Bd. 2, S. 530–541.

Straaten aus, der sich als Gründer internationaler Hilfswerke besondere Verdienste erwarb. Er übernahm einen großen Teil der Baukosten; Mitglieder des von ihm gegründeten Internationalen Bauordens, darunter Hildesheimer Theologiestudenten und hannoversche Gymnasiasten, führten die Arbeiten an dem Klostergebäude in der Milanstraße in Hannover-Buchholz aus; es wurde nach den Plänen Otto Fiederlings und des Architekten Muth in nüchternen, klaren Formen errichtet und nach Niels Stensen benannt.[12] Im Dezember 1958 zogen zwölf Klarissen aus Düsseldorf in das Kloster ein. Ein zentrales Anliegen der Ordensfrauen, die in der Nachfolge des hl. Franziskus von Assisi und der hl. Klara nach einem strengen Armutsgebot leben, war das Gebet für die Wiedervereinigung im Glauben. Materielle Unterstützung erhielten die Klarissen von den katholischen Kirchengemeinden Hannovers, die zusammen mit dem Erzbistum Köln und dem Bistum Hildesheim den Bau der 1966 konsekrierten Klosterkirche ermöglichten (Patronat: Hl. Herz Mariä); für den Entwurf zeichnete das hannoversche Architektenbüro Brenninkmeyer verantwortlich.

Infolge Nachwuchsmangels und Überalterung verließ der Konvent im Frühjahr 1998 Hannover und zog in das Klarissenkloster in Bad Neuenahr um. Ihm folgten ein halbes Jahr später polnische Unbeschuhte Karmelitinnen. Ihr Orden hatte 1984 ein Kloster in Reykjavik (Island) gegründet und konnte von dort aus wegen ausreichenden Nachwuchses weitere Niederlassungen ins Leben rufen. Besondere Verehrung brachten die Ordensfrauen, die ein Leben in strenger Klausur und Meditation führten, der spanischen Mystikerin und Ordensreformerin Teresa von Avila (1515–1582) und der jüdischen Konvertitin und Karmelitin Edith Stein entgegen. Ende 2012 siedelten die Karmelitinnen in andere Klöster über, als ihr Konvent auf fünf Ordensfrauen geschrumpft war. Im folgenden Jahr zogen zwölf deutsche Karmelitinnen in das Buchholzer Kloster ein, die zuvor in Bonn-Pützchen und seit 1998 in Dorsten-Lembeck gelebt und die dortigen Klostergebäude wegen ihrer Größe aufgegeben hatten.

1987 ließen sich „Kleine Schwestern Jesu", die der „geistlichen Familie" Charles de Foucaulds angehören, in einem mehrstöckigen Wohnblock im Canarisweg im Stadtteil Hannover-Mühlenberg nieder und lebten hier mit Nachbarn aus den unterschiedlichsten Ländern zusammen. Die Gemeinschaft bestand aus drei bis vier Schwestern, von denen einige Rentnerinnen waren, andere als Schichtarbeiterin in einem Großlager oder als Küchenhilfe in einer Betriebskantine noch im

---

12 Hans-Georg Aschoff, Niels-Stensen-Kloster (Karmelitinnen), in: Wolfgang Puschmann (Hg.), Hannovers Kirchen. 140 Kirchen in Stadt und Umland, Hannover 2005, S. 77.

aktiven Berufsleben standen. Wegen Nachwuchsmangels musste der Standort 2017 aufgegeben werden.

1995 kamen indische Ordensfrauen der Gemeinschaft „Little Sisters of St. Therese of Lisieux", die 1988 von dem Bischof der Eparchie Gorakhpur, Dominic Kokkat, gegründet worden war, nach Lehrte und arbeiteten als Gemeindeschwestern in der Alten- und Krankenseelsorge in der Pfarrei St. Bernward. Der Konvent, der sich aus drei bis vier Schwestern zusammensetzt, lebt jetzt in einem Haus neben der Filialkirche St. Theresia in Lehrte-Ahlten.

In den 1970er Jahren wirkten Franziskanerinnen in der Pfarrei St. Konrad und Schwestern der Kongregation „Mägde Mariens von der Unbefleckten Empfängnis" in Lehrte, in den 1990er Jahren kroatische „Marienschwestern von der wundertätigen Medaille" in der List. Die jüngste Niederlassung eines Ordens in Hannover ist die der „Congregatio Jesu CJ" (Mary-Ward-Schwestern), die nach dem Weggang der Jesuiten das vom Bistum Hildesheim gekaufte Friedrich-Spee-Haus an der Hildesheimer Straße bezogen. Der Konvent, der zur Mitteleuropäischen Provinz der Congregatio Jesu gehört, setzt sich aus vier bis fünf Schwestern zusammen, die im Gästestockwerk „Oase" Möglichkeiten zur Meditation und zu Glaubensgesprächen anbieten. 2014 öffneten sie ihr Haus für Asyl suchende Frauen mit ihren Kindern.

Martin Tenge

Die Krypta von St. Clemens, Hannover
Geschichtliche Einschätzungen und Fragestellungen

Die Krypta von St. Clemens war ursprünglich wohl kein Gottesdienstort, sondern insbesondere Bestattungsort von 39 Personen, die den Bau der Kirche in besonderer Weise gefördert haben, darunter auch der Architekt Tommaso Giusti. Es liegt die Vermutung nahe, dass sich die ursprüngliche Grablege im hinteren Raum hinter der Krypta befunden hat, da auch ein gewisses Raumvolumen zur Verfügung stehen musste. Die Namen der bestatteten verstorbenen Stifter und Gründer der Clemenskirche sind dokumentiert:

„39 Verstorbene, die in der Krypta der Basilika St. Clemens in zwei Grabkammern hinter der Figurengruppe der heiligen Familie und der Orgel beigesetzt sind

1. Amonius Dominicus Guidi
   Geistlicher/der erste Verstorbene/ der in der Krypta beigesetzt wurde/† 15.10.1719

2. Dominicus Schulte
   Geistlicher/† 14.08.1720

3. Hermann Giesecke
   Vorsteher der Katholischen Gemeinde zur Zeit der Erbauung der St. Clemens-Kirche/† 1723/82 Jahre alt

4. Ferdinande Karoline Lefevre
   geb. Reichsgräfin Reuß/verw. Baronin Noirval/† 21.07.1723

5. Clara Maria Berning
   geb. Corylvy/† 08.08.1725

6. Hortensio Mauro
   Abt/Königlicher Rat und Dichter/† 1725

7. Graf Alexander Marquiti de Panulo
   parmesischer Gesandter/† 30.11.1725

8. Sophie Eva Antoinette,
   Gräfin von Platen (Hallermundt) geb. v. Offelen/† 23.01.1726/44 Jahre alt

9. Hermann d'Erleville
   Generalleutnant/† 30.11.1728

10. Tommaso Giusti
    Architekt und Maler in churfürstlichen Diensten/Baumeister der St Clemens-Kirche/† 24.09.1729/85 Jahre alt

11. Sophie Henriette Hotzen
    geb. Berninger/† 09.04.1737/ ungefähr 64 Jahre alt

12. Donatus Albemico
    beigesetzt 18.02.1739/60 Jahre alt

13. Arnold Bonier
    Geistlicher/† 10.11.1739

14. Sebastian Crotogino
    königlicher Baumeister/† 25.05.1740/ 63 Jahre alt

15. Graf Jean Antoinede Bucquci
    † 01.11.1740
16. N. N. de Frichapelle
    kurfürstlicher Oberstallmeister/06.06.1741
17. Johann Jakob Werner von Palant
    Hofmarshall Ernst August's II/* 09.05.1679/† 18.05.1742
18. Franziskas Heinrich Tüttel
    Geistlicher/† 17.11.1745
19. Maria Albonico
    Witwe/† 26.12.1745
20. von Wendt
    (de Wint)/Oberst des Kavallerie-Regiments (des späteren 5. Dragoner-Regiments)/als General der Kavallerie/† 03.07.1748
21. Gerhard Molitor
    Geistlicher/11.10.1750
22. Gerhard Stephan Marcus
    Geistlicher/† 10.06.1755/30 Jahre alt
23. Vitalis Demonts
    Hauptmann/beigesetzt 02.01.1758
24. Graf Ludwig Franziskus Hubert de Talaru
    Feldmarshall/beigesetzt 03.01.1758
25. Graf N. N. du Barhail
    Feldmarshal/† 29.01.1758
26. Wilhelm Thomas Jakobus de Longchamps
    königlicher Rat und General/† 04.02.1758
27. Remigius Moser
    Pater/† 04.02.1758
28. Johannes Jakobus Paneaux
    Pater des Franziskanerordens/17.02.1758
29. N. N. Crauder
    Intendantur-Sekretär/19.02.1758
30. Bernhard Joachim Lücken
    Geistlicher/28.02.1758
31. Blasius Crotogino
    Fahnenjunker/† 19.01.1759
32. Joseph Schädeler
    königlicher Architekt/† 28.07.1763
33. Maria Crotogino
    * Schädeler/† 21.11.1765/70 Jahre alt
34. Wilhelm Ludwig le Coq
    † 27.09.1767/60 Jahre alt
35. Franziska Antonia Adelheid Maria Martin
    * de Grootveld/† 03.01.1770
36. Catharina Elisabeth Heidelmann
    * Voß Hammensis/† 22.02.1771
37. Maria Christina Sophie Carolina Heidelmann
    Kind/† 12.05.1772/2 Jahre alt
38. Detlef Ernst Georg Wilhelm Clarnor (de) Duplat
    * 03.08.1773/† 25.09.1773
39. Johann Wilhelm Bolle
    Geistlicher/† 24.11.1774"

Bei den Sanierungsarbeiten in der Krypta in 2017 und 2018 wurden zwei Bodenbeläge gefunden. Der eine, wohl ganz ursprünglich und vollflächig verwendete, ist ein in großen Teilen erhaltener Bruchsteinbodenbelag.

Im Mittelgang und einzelnen Teilbereichen scheint erst nachträglich ein Bodenbelag aus Ziegelsteinen eingefügt worden zu sein. Es liegt die Vermutung nahe, dass dies für das Weinlager nötig wurde, um schwere Karren und Wagen auf dem Boden bewegen zu können. Eine genauere Datierung ist nicht bekannt.

In den Bereichen der Seitenbögen ist kein Bodenbelag vorhanden gewesen, da diese Bögen erst nachträglich ausgebrochen und ihre Ränder mit Ziegeln aufgemauert wurden.

Hannover, St. Clemens-Basilika, Krypta vor der Renovierung

Bei den Grabungen für die Versorgungsschächte wurde festgestellt, dass sich unter dem recht dünnen Fußbodenaufbau unter der Krypta reiner und sehr feuchter Erdboden befindet. Das Gelände war offenkundig, wie in der Gründungszeit beschrieben, unbebaut und diente als Wiese und Weide. Dies erklärt, warum in dem Erdboden vereinzelte Tierknochen gefunden wurden.

Nach der Zerstörung der Kirche durch den schweren Bombenangriff am 8./9. Oktober 1943 wurde die unversehrt gebliebene Krypta zur Notkirche umgebaut. Der Altar stand in der Mitte auf Höhe des heutigen Mittelschiffes. Dahinter befanden sich die Sakristei und ein Jugendraum.

Mit dem Hochwasser am 9./10. Februar 1946 wurde die gesamte Krypta bis unter die Decke überflutet. Ein Zeitzeugnis dafür ist das Tagebuch des Propstes von St. Clemens, in dem Propst Ludewig (in altdeutscher Schrift) beschrieb:

„Nachtrag zum 10.2.1946 (S. 386 unten):
Am Abend des 9.2.46 kam die große Wasserflut. Die ganze Krypta stand bis über den Scheitel der Wölbung im Wasser. Den 10. und 11.2. hindurch war der Wasser-

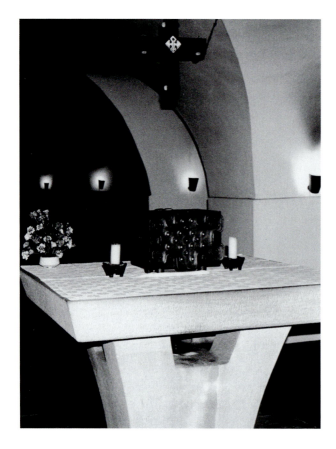

Hannover, St. Clemens-Basilika, Altar in der Krypta vor der Renovierung

stand am Eingang der Krypta auf dem Kirchplatze – cm. [sinngemäß: sehr hoch] In der folgenden Woche hat die Feuerwehr den Raum ausgepumt. Mitte März hat Kaplan Reinhard mit den Jungmännern den zähen Schlamm aus den Kapellen raus geschafft. Am Josefsfeste, 19. März, war wieder die 1. hl. Messe.

24.3.1946, 3. Fastensonntag), (S. 387)
Heute können wir unsere erste Sonntagsmesse wieder in unserer neuen Krypta feiern. Öffentlich und herzlich soll ein Wort des Dankes ausgesprochen werden unseren Jungmännern, die sich mit unserem Herrn Kaplan Reinhard zusammen und mit hilfsbereiten Jungfrauen und Frauen der so hässlichen und mühseligen Arbeit unterzogen haben, den gottesdienstlichen Raum von dem tiefen, zähen Schlamm wieder zu reinigen und würdig wieder herzurichten. Dank auch unserem treuen alten Küster. – Nach dieser neuen und hoffentlich letzten Katastrophe wollen wir nun durch festen Zusammenschluß der Gemeinde die Voraussetzung

Hannover, St. Clemens-Basilika, Blick in die neugestaltete Krypta, 2018

schaffen, dass aus der tiefsten Tiefe auch unser Gotteshaus wieder emporsteige. Laßt uns in diesem Anliegen oft und herzlich beten."

Der Propst beschreibt in seinem Tagebuch die zerstörerische Wirkung des Wassers und insbesondere des Schlamms, erwähnt die zerstörten Särge aber nicht eigens. Dieses wiederum findet in den Aufzeichnungen des Tagebuches der „Jungmannschaft von St. Clemens" Erwähnung. In der Einleitung beschreibt Alfred Ochs im Jahre 1947:

„Einleitung

Wer die folgenden Berichte liest, könnte vielleicht auf die Gedanken kommen, dass mit dem Sommer 1947 das Leben in der Pfarrjugend St. Clemens überhaupt erst angefangen habe. Um diesem Irrtum vorzubeugen, will ich kurz einen Abriss von dem geben, was schon vorher alles ‚los' war.

Die allerersten Anfänge nach der Katastrophe habe ich selbst noch nicht miterlebt. Es begann damit, dass einige Unentwegte auf Einladung des Herrn Props-

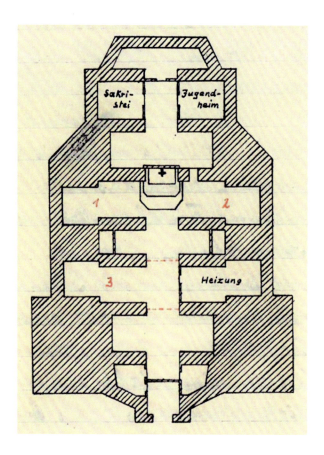

Hannover, St. Clemens-Basilika, Grundrisszeichnung der Krypta, um 1965

tes sich wöchentlich in seiner Wohnung einfanden, sich dort etwas vorlesen ließen und anschließend versuchten über das Gehörte ein Gespräch in Gang zu bringen. So stand die Sache, als ich im Oktober 1945 nach Hannover kam und von Winfried, genannt ‚Bobby', ‚geworben' wurde.

Wenig später bekam St. Clemens einen Kaplan. Herr Kaplan Reinhard, von früher her noch rühmlichst bekannt, übernahm sofort die Jugendarbeit. Als erstes kümmerte er sich um ein Heim. Er entdeckte einen Raum in dem Keller des zerstörten St-Ursula-Lyzeums, dessen Gewölbe noch hielten. Es waren allerdings ‚nur' einige Kubikmeter Schutt herauszuschaufeln und einige andere Arbeiten zu leisten, bevor der Raum benutzt werden konnte. Aber wir fingen an.

Die Hauptarbeit war bereits getan, als der 10. Februar 1946 heranrückte. Wer ihn miterlebt hat, wird ihn wohl nicht wieder vergessen. Es kam ein Hochwasser wie es noch kein Hannoveraner erlebt hatte. Nicht nur das Heim war weg, sondern natürlich auch die ganze Krypta. Im letzten Augenblick wurde das Aller-

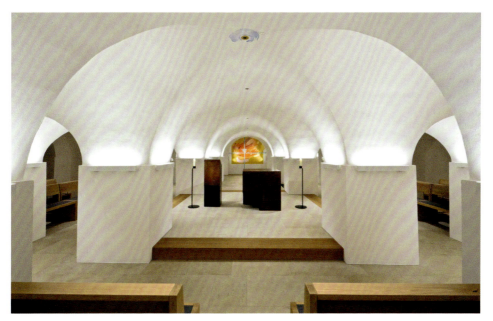
Hannover, St. Clemens-Basilika, Altarinsel in der neugestalteten Krypta, 2018

heiligste noch von Fritz Fettweiß und Friedel gerettet und durch die Fluten in die Pfarrwohnung gebracht.

Das war ein schwerer Schlag für die Gemeinde. Aus der Stadt verlief sich das Wasser zwar wieder sehr schnell, aber die Krypta musste ausgepumpt werden. Zurück blieb jedoch eine dicke Schlammschicht, bei deren Anblick einem Angst und Bange werden konnte. Alles Inventar, der Altar, der nur aus Holz war, die Bänke, die Beichtstühle, Teppiche, Schränke mit Wäsche, lag kunterbunt im Matsch. Die Särge der Stifter und Gründer der Kirche, hatten sich aufgelöst und ihrem Inhalt lieblich verteilt. – Aber wenn Herr Kaplan Reinhard PKW (paar kurze Worte) an uns richtete, hatten wir KZ (keine Zorge) mehr und fingen an, den KPD (Kry-pta-dreck) herauszuschaffen. Alles auf einmal nur natürlich nicht zu schaffen, aber es gelang uns, bis zum 19. März, dem Namenstag unseres Propstes, wenigstens den Raum 3 wieder herauszustellen, so dass man Gottesdienst darin halten konnte. Er war zwar nicht so groß wie das Querschiff 1–2, das wir vorher benutzt hatten, aber für die stark zusammengeschmolzene Gemeinde, die sich in alle Winde zerstreut hatte, genügte er vorläufig. [...]"

In diesem Tagebuch ist mit Hand sehr fein eingezeichnet eine Skizze des Zustandes der Krypta zu jener Zeit. Damit lässt sich die These bekräftigen, dass die Seitenschiffe der Krypta erst nach dem Zweiten Weltkrieg eingezogen wurden.

Hannover, St. Clemens-Basilika, Seitenkapelle mit Schutzmantelmadonna in der Krypta vor der Renovierung

Die hier vorliegende Skizze zeigt, dass es noch keine direkte Verbindung zur Oberkirche gab. Die Stufen des Hochaltars sind dort, wo heute die Altarinsel im Zentrum steht. Die Skizze lässt ferner erahnen, dass die Asymmetrie der Seitenschiffe sowie der Marien- und Taufkapelle daher rühren, dass einerseits für die Tragfähigkeit des Gewölbes (= Boden der Oberkirche) nur ein gewisser maximaler Abstand zwischen den tragenden Wänden möglich war, andererseits die beiden Wände aber nicht zu dicht stehen durften, um nach oben eine angemessene, d. h. nicht zu schmale Bogensituation bilden zu können. Somit mussten die beiden Wände, die den schmalen Bereich begrenzten, weiter auseinandergezogen werden, was in der Folge zur hier erkennbaren Asymmetrie in den Bereichen 1–3, heute aber auch im Bereich der Heizung, führt.

Was derzeit nicht bekannt ist, ist der Ort der Beisetzung des im Schlamm aufgesammelten „lieblich verteilten Inhaltes" der aufgelösten Särge. Die heutigen Grabkammern (in der schmalen Ebene zwischen 1 und 3 bzw. 2 und Heizung) können nicht schon 1946 in dieser Form angelegt worden sein.

Dafür spricht einerseits die hier vorliegende Skizze in Verbindung mit den später erfolgten Durchbrüchen in den Seiten der Krypta. Womöglich wurden die gesammelten sterblichen Überreste wiederum im hinteren Bereich beigesetzt, wiewohl die Reinigungsarbeiten laut des Tagebuches noch lange nicht fertig

Hannover, St. Clemens-Basilika, Seitenkapelle mit Schutzmantelmadonna in der neugestalteten Krypta, 2018

waren. Alternativ wären die beiden in der Skizze dargestellten dünn abgemauerten Räume im schmalen Segment denkbar. Diese wären aber von den Durchbrüchen der Seitenschiffe betroffen gewesen.

Einblicke mittels Kernbohrungen sowie einiger endoskopischer Zufallsaufnahmen in den heutigen Grabkammern lassen andererseits erkennen, dass die heutigen, geschlossenen Grabbehälter aus Kunststoff sind und an einzelnen Stellen nicht korrodierte, d. h. verzinkte Eisenbeschläge haben, was 1946 schwer vorstellbar zu realisieren gewesen wäre. Die Einblicke lassen vermuten, dass es mehrere Behälter gibt, die auf mehreren Ebenen in die Kammer eingestellt sind. Der Blick in die Grabkammern zeigt in jedem Fall eine sehr hohe Feuchtigkeit.

Aus beiden Beobachtungen liegt die Schlussfolgerung nahe, dass im Februar/März 1946 eine provisorische Grablege der sterblichen Überreste erfolgte und dass man erst später, wohl als die Seitenschiffe durchbrochen wurden, die bis heute vorhandene Lösung herbeigeführt hatte. Hier wäre sehr interessant zu erfahren, wann dies der Fall gewesen sein könnte. Vermutlich wird man die Seitenschiffe gebildet haben, um mehr Raum und Beweglichkeit für die Gottesdienste in der Krypta zu erzielen, da sie immerhin bis 1957 als Notkirche für die Gottesdienste der Gemeinde diente, bis die Clemenskirche wieder eingeweiht wurde.

Hannover, St. Clemens-Basilika, Seitenkapelle, 2018

Die Erstellung des direkten Zuganges zur Oberkirche wird im Rahmen des Wiederaufbaus bis 1957 erfolgt sein. Inwieweit die Krypta auch über 1957 als Gottesdienstort vorgesehen war, wäre zu klären.

Fragestellungen, die sich aus diesen Gedanken ergeben, sind:
– Wo war die ursprüngliche Grablege der 39 Verstorbenen?
– Welche Nutzung hatte die Krypta über die Jahrhunderte? Gibt es verlässliche Erkenntnisse über die Nutzung der Krypta als Weinlager?
– Was ist im Laufe der Jahre nach Februar 1946 mit den sterblichen Überresten der 39 in der Krypta beigesetzten Personen geschehen? Wo sind sie in welcher Zeit und in welcher Form beigesetzt gewesen? Seit wann ist der jetzige Zustand vorhanden? Wie sind die Grabkammern im Inneren aufgebaut?
– Wann und mit welchem Ziel wurden die Seitenschiffe in der Krypta erstellt?
– Was geschah mit der Krypta nach der Weihe der Kirche 1957?

Mögen diese Ausführungen im Rahmen des 300-jährigen Jubiläums der Propsteikirche Basilika St. Clemens im Jahr 2018 ein zusätzlicher Impuls sein, die Geschichte der Krypta von St. Clemens besser zu verstehen und daraus Impulse für die Zukunft abzuleiten, gemäß dem Jubiläumsmotto. „Zukunft würdigt Geschichte".

Martin Tenge

Übermorgenkirche – Herausforderungen und Anregungen für den Weg der Katholischen Kirche in der Region Hannover in die Zukunft der nächsten Jahre

Wenn man hinschaut, welche Veränderungen sich allein in den letzten zehn Jahren in der Katholischen Kirche im Bistum Hildesheim und damit auch in der Region Hannover ergeben haben, steht man in der Summe vor gewaltigen Herausforderungen und weiter mitten in z. T. sehr schmerzlichen Prozessen. Da ist die Zusammenführung von einst selbständigen katholischen Pfarrgemeinden zu größeren Einheiten (2008: 41 Pfarreien, 2018: 23 Pfarreien) und die Schließung von Kirchgebäuden (seit 2018 sind 14 von damals 77 Kirchen und Kapellen in der Region Hannover profaniert und umgebaut oder abgerissen worden, eine wurde neu gebaut). Die Zahl der aktiven Priester hat sich in zehn Jahren auf 33 Priester im aktiven Dienst fast halbiert und ist deutlich auf 45 hautberuflich Mitarbeitende in der Pastoral der Pfarrgemeinden und der kategorialen Seelsorge gesunken. Der Kirchbesuch hat sich in zehn Jahren reduziert von zehn Prozent auf sieben Prozent. Im Caritasverband musste man sich von der stationären und der ambulanten Altenpflege zurückziehen, so dass über 500 Mitarbeitende einen neuen Arbeitgeber bekommen haben. Die Hinweise, dass das System der Kirchensteuer mittelfristig nicht mehr die Möglichkeiten bieten wird, wie bisher in der Pastoral auf bezahltes Personal zurückgreifen zu können, sind unüberhörbar und plausibel. Aber nicht nur aus finanziellen Gründen ist der Nachwuchs von Priestern und pastoralem Personal eklatant gesunken. Und es wird sich auswirken, dass es bei weitem nicht mehr selbstverständlich ist, Kinder taufen zu lassen. Und die Suche nach geeigneten Personen für die Mitarbeit in ehrenamtlichen Gremien der Pfarreien erweist sich immer wieder als höchst mühsam für alle Beteiligten.

Hinter all diesen Zahlen und Fakten stehen aber in besonderer Weise Lebensgefühle von betroffenen und manchmal verletzten Menschen. Das Gefühl, dass es immer weniger wird und dass liebgewonnene, in der Geschichte aber auch höchst relevante Bilder von Kirche-Sein nicht mehr funktionieren, macht etwas mit den Menschen und dem Erleben von Kirche.

Im Jahre 2011, mitten in der sehr schmerzlichen Phase des Bekanntwerdens der Missbrauchsvorfälle in der Katholischen Kirche, tauchte ein Begriff auf, der keinen unmittelbaren Trost und auch keine Antwort auf diese schmerzlichen Erfahrungen gegeben hat, der aber versuchte und bis heute versucht, die Zukunft neu und hoffnungsvoll anzuschauen. Angelehnt an den Werbebegriff der „Übermorgenstadt" Oldenburg, die mit jungen Menschen, Wachstum und vielen familienfreundlichen Angeboten wirbt, entstand der Perspektivbegriff „Übermorgenkirche Hannover". Die Kirche von Hannover konnte und kann nicht mit großartigen Zahlen, positiven Erlebnissen und einer Aufbruchstimmung überzeugen und werben. Die o.g. Aspekte inklusiv ihrer emotionalen Belastungen sprechen eher eine Sprache des Abbruchs als des Aufbruchs. In den Überlegungen wurde aber deutlich, dass die Kirche letztlich kein Kampagne-gesteuertes Unternehmen ist, sondern eine von Gott begleitete Gemeinschaft von suchenden und zugleich vom Glauben faszinierten Menschen. Wenn dem so ist, hat die Kirche auch und gerade in Krisen eine Zukunft aus der Kraft von oben und dem damit einhergehenden Engagement von Menschen. Es wird dann auch klar, dass sich ihre Gestalt verändert, aber sie muss deshalb von ihrer Wirksamkeit und Bedeutung nicht weniger werden. Die von Prof. Manfred Zimmermann in genialer Weise gemachte Fotografie der Übermorgenkirche – einer besonderen Form der Aufnahme der Kuppel von innen, das Titelbild dieses Bandes – verdeutlicht, dass die Zukunft nicht präzise beschreibbar ist, sie hat keine klaren Konturen und ist, obwohl durch ein Objektiv aufgenommen, selber nicht „objektiv". Aber es gibt gerade in diesem Bild eine faszinierende Kraft des Hineingehens in die Zukunft, von der man das Gefühl bekommt, dass sie gut wird. Das am unteren Rand stehende Wort bringt es auf den Punkt: CREDO – ich glaube!

In diesem Sinne entwickelt sich Kirche weiter, nicht weil sie von ihren Verantwortlichen und Mitgliedern so gemacht wird, sondern weil es offenbar ein Interesse des Himmels gibt, dass sie weiter existiert und ihren Dienst für die Menschen tut. Das Bild der „Übermorgenkirche Hannover" hat in diesem Sinne viele Menschen ermutigt, sich weiter für die Kirche einzusetzen und die Verbindung zwischen dem Wirken Gottes und dem Handeln der Menschen aufrecht zu erhalten.

Planungen und Strategien, wohin sich die Kirche entwickeln soll und wie man z. B. mit den veränderten Ressourcen in guter Weise umgeht, werden weiterhin notwendig und wichtig sein. Die Widerstände und das Nicht-Gelingen solcher Prozesse macht aber deutlich, dass Prozesse der Kirchenentwicklung nicht einfach „funktionieren". Sie müssen sogar „schiefgehen", weil dies ein Konstitutivum der Kirche ist, die auf den gekreuzigten und auferstandenen Herrn setzt.

Hannover, St. Clemens-Basilika, Kuppel

Wenn hier also der Frage nachgegangen wird, wohin sich die Kirche entwickeln sollte, können letztlich nur vorsichtige Perspektiven aufgezeigt werden. Diese Perspektiven kommen aus der Haltung, die Antwort offenzulassen, so dass alle, die sich davon berühren lassen, Interesse bekommen, ihre eigenen Ideen und Antworten in einen Finde- und Entwicklungsprozess einzubringen, in dem Raum für viel gemeinsames Entdecken und Gestalten besteht.

Diese Fragestellung trifft sich in hervorragender Weise mit dem Motto des Jubiläumjahres 2018 der Basilika St. Clemens: „Zukunft würdigt Geschichte". Die Frage nach einer „neuen" Zukunft birgt ja immer die Gefahr in sich, dass das Vergangene zum „Alten" erklärt wird, dass z. B. ungewollt die „Übermorgenkirche" gegen eine „Vorgesternkirche" steht. Jede Frage nach der Zukunftsgestaltung soll deshalb zuerst eine respektvolle Würdigung des Vergangenen sein, das ja auch aus bestimmten Rahmenbedingungen heraus entstanden ist. Ob dabei etwas gut und richtig war und ist oder eben nicht, wird sich letztlich erst in der Zukunft zeigen. Die folgenden sieben Fragen nach dem „Wohin will die Katholische Kirche in Hannover in den nächsten Jahren?" sollen also den Klang einer Würdigung all dessen in sich tragen, was war und was ist und zugleich die Perspektive so nach vorne öffnen, dass man frei von dem ist, was sich bisher entwickelt hat.

1. Die inneren Bilder der Pfarrgemeinde

Eine der Kernfragen wird die nach den Bildern der pastoralen Praxis in den Pfarrgemeinden sein. Nicht zum ersten Mal gilt es zu diskutieren, wie die Pfarrgemeinde der Zukunft aussieht. Das vermeintliche Idealbild, das mit der Gemeindetheologie der 70er/80er Jahre Einzug hielt (ein Pfarrer, eine Kirche, eine überschaubare Gemeinde mit persönlichen Kontakten u.v.m.) hat sich im Grunde nie flächendeckend durchgesetzt, wirkt aber oftmals immer noch als Maßstab und „inneres Leitbild" der Pfarrei-Pastoral. Angesichts der aktuellen Größenordnungen von Pfarreien und ihrer personellen Ausstattung haben wir es dementsprechend gegenüber dem „Idealbild" mit einer gefühlten Mangel- und Defizitsituation zu tun. Aber ist das Gemeindebild der 80er Jahre heute wirklich noch zeitgemäß und den Menschen dienlich?

Es ist z. B. festzustellen, dass die Stadt und Region Hannover seit mehreren Jahren von einem Bevölkerungszuwachs geprägt sind. Das bedeutet, dass auch viele katholische Menschen zuziehen, so dass die Katholikenzahl in der Region Hannover über Jahre fast konstant ist – trotz hoher Kirchenaustrittszahlen. Aber finden diese Menschen, von denen viele durchaus kirchlich sozialisiert sind, Anschluss an das Leben einer Pfarrei? Welche Relevanz hat die Pfarrei für zugezogene Menschen überhaupt?

Es gilt, die Bilder von (Pfarr-)Gemeinden so zu reflektieren, dass zeitgemäße, energievolle und für die Menschen dienliche Bilder entstehen können. Damit zusammenhängend sind besonders auch die Erwartungen und Bilder der Priester und Hauptberuflichen sowie der ehrenamtlich Engagierten zu überprüfen, damit wieder Freude an einer lebendigen und glaubensstarken Kirche entstehen kann, in der sich alle Engagierten insbesondere durch die Sakramente der Taufe und Firmung als Träger der Gemeinde und nicht als „Helfende des überlasteten Pfarrers" verstehen.

2. Orte der Glaubensbegegnung

Die Pastoral wird auch weiterhin vorrangig vom Territorialprinzip der Pfarrgemeinden geprägt sein. Zugleich gestaltet sie sich in darüber hinaus gehenden Handlungsfeldern, wie der Kategorialseelsorge z. B. im Krankenhaus oder im Strafvollzug, den Kindertagesstätten und Schulen sowie Einrichtungen wie z. B. der ka:punkt, die Caritas, die Familienbildungsstätte oder das Jugendpastorale Zentrum TABOR. Diese Orte und Begegnungsmöglichkeiten von Menschen mit ihrer Kirche gilt es noch deutlicher als vollwertige Orte der Kirche wahrzunehmen und zu gestalten, die nicht „Zulieferer" zu den Pfarrgemeinden, sondern zu Recht eigenständige Ausdrücke von Kirche sind. Diese unterschiedlichen Ebenen zu stärken, gut zu vernetzen und mehr aufeinander zu verweisen als bisher, ist dabei eine wichtige Aufgabe in der Zukunft.

3. Caritas und Kirche

Das Sprechen des Begriffspaares „Caritas und Kirche" bedarf einer gründlichen Reflexion, dokumentiert er doch eine Exklusivität: Caritas steht neben Kirche und Kirche steht neben Caritas, sind aber nicht eins. Selbst das Begriffspaar „Caritas und Pastoral" bringt zum Ausdruck, dass die Caritas kein genuiner Ausdruck der Pastoral ist, sondern ein Handlungsfeld, das danebensteht: „Dafür ist die Caritas zuständig". Der Begriff Pastoral aber umschreibt das umfassende Handeln der Kirche an den und mit den Menschen samt des Dienstes der Nächstenliebe, der Verkündigung, der Liturgie und der Gemeinschaftsbildung. Die organisierte Form eines Caritasverbandes braucht zweifellos weiterhin spezifische Strukturen, um im gesellschaftlichen Sozialwesen ein kompetenter Akteur sein zu können. Aber das Bewusstsein, dass es um das unterstützende Handeln der Kirche für den Menschen insgesamt geht, gehört weiter in den Katalog der zu fördernden Reflexionen. Dazu müssen vor allem die vielen guten bestehenden Erfahrungen des Miteinanders von „Caritas und Pastoral" weiterentwickelt werden.

4. Die verborgenen Ressourcen heben

Beim Erspüren des Gefühls von kirchlich engagierten Menschen begegnet einem oft der Eindruck, dass Menschen der Kirche und dem Glauben durchaus mit Überzeugung treu bleiben. Aber die Energie, sich in den Gestaltungsprozess der Kirche einzubringen, ist oftmals recht begrenzt. Dieses Phänomen resultiert wohl auch aus der Erfahrung von Müdigkeit, Frustration oder dem Gefühl, nicht angemessen wahrgenommen zu werden. Ohne zu wissen, was dazu jeweils genau notwendig ist, müssen insbesondere die Frauen, die Familien, die Jugend, die Armen und die Frustrierten in der Kirche noch mehr Gehör finden und noch deutlicher eingeladen werden, sich in die Mitverantwortung der Gestaltung des kirchlichen Lebens einzubeziehen und den Raum dafür zu bekommen.

5. Kirche als Weltkirche

In der Großstadt Hannover ist das Phänomen der Migration ein täglicher Eindruck angesichts von ca. 25 Prozent Anteil von „Menschen mit Migrationshintergrund" an der Bevölkerung. Bei den dazugehörenden Integrationsdebatten müsste sich gerade die Katholische Kirche als Weltkirche mit ihrer internationalen und interkulturellen Erfahrung noch intensiver in die gesellschaftlichen Prozesse und Überlegungen einbringen. Das Katholische Internationale Zentrum, Gottesdienste in anderer Muttersprache sowie mehrsprachige Liturgien und Feiern sind Erfahrungsfelder, in denen Internationalität als Bereicherung erlebt werden kann. Ohne die sozialen Spannungen, die unsere Gesellschaft im Kontext der Integrationsdebatten offenlegt, kleinreden zu wollen, braucht es für alle Beteiligte Erfahrungen, wie gelebter Glaube und eine authentische Religiosität – nicht nur im Christentum – ein stabilisierender Faktor für die Integration sein kann.

6. Gottesberührungen

Wenn es in Pfarrgemeinden strukturelle und personelle Veränderungen gibt, steht in der Regel als erste Frage die nach der Gottesdienstordnung auf der Agenda. Ein Teil des Diskurses ist sicher bestimmt von dem (durchaus fragwürdigen) Phänomen, dass sich bei Uhrzeiten nichts verändern darf (weil es immer so war). Andererseits zeigen diese Debatten die hohe Bedeutung der Feier von Gottesdiensten, weil sie Orte der unmittelbaren Gottesbegegnung sind. Dies gilt es weiterhin zu fördern.

In diesem Zusammenhang kann es hilfreich sein, auch andere Aspekte in den Blick zu nehmen, wo es zu Gottesberührungen kommen kann. Zum Beispiel würde es sich lohnen, die Wirkung der Kirchenräume, in denen die Liturgie gefeiert wird, näher anzuschauen. Ist in unseren Kirchen auch unabhängig von Gottesdiensten Transzendenz spürbar? Finden die Menschen offene Kirchen, um sich im Gebet für sich selbst und für andere zu stärken? Vielleicht wäre es einmal spannend, selbstkritisch mit Hilfe von neuhinzugezogenen Menschen wahrzunehmen, wie unsere Gotteshäuser sakral wirken und die daraus resultierenden Erkenntnisse zu nutzen, ggf. etwas zu verbessern. In jedem Fall scheint es sinnvoll, gerade unsere Kirchen nicht nur baulich zu erhalten, sondern sie aktiv zu gestalten.

7. Kirche im Dialog

Ein bedeutsames, bereits mit viel Energie gelebtes Handlungsfeld der Katholischen Kirche ist das des Dialoges. Im Wesentlichen sind hier vier Dialogfelder zu betrachten und weiterzuentwickeln:

Im **innerkatholischen Dialog** gilt es, die lokale Verortung und die Universalität der Kirche in den Austausch zu bringen. Hier haben Gremien und Konferenzen von Hauptberuflichen und Ehrenamtlichen auf Dekanatsebene eine wichtige Funktion. Dort wird es weiterhin wichtig sein, von den vielen Wirklichkeiten der Kirche in der Region zu berichten und die Faszination weiterzutragen. Im innerkatholischen Dialog bedarf es eines transparenten und kommunikativen Umganges, Entscheidungsprozesse müssen nachvollziehbar gestaltet sein. Es braucht einen „common sense", nicht nur ein gemeinsames Wissen, sondern ein verbindendes Fühlen. Nach innen darf und muss man fragen: Gott, was hast du mit uns vor? Was ist dein Wille, der auch durch uns zum Wohl der Menschen Wirklichkeit werden kann? Wofür sind wir da?

Der **konfessionelle Dialog**, die Ökumene, insbesondere mit der Ev.-luth. Kirche in der Stadt und im Sprengel Hannover, sind mittlerweile selbstverständlich. Die freundschaftliche Beziehung lässt es sogar zu, dass schwierige Themen und gegenseitige Wahrnehmungen angesprochen werden können, ohne dass aufgezeigte Unterschiede die Beziehung belasten. Das gemeinsame Zeugnis der beiden „großen" Kirchen wird deutlich wahrgenommen und selbstverständliche Aufgabe bleiben. Zugleich ist der Austausch mit den anderen Konfessionen, die in der ACK Hannover verbunden sind, intensiver in den Blick zu nehmen.

Der **interreligiöse Dialog** gehört weiterhin zu einem spezifischen Engagement der Katholischen Kirche in Hannover. Der Dialog mit anderen Religionen im Haus der Religionen, im Rat und Forum der Religionen und bei vielen Veranstaltungen müsste sicher noch stärker in das Bewusstsein der katholischen Welt eingetragen werden. Die Befassung mit anderen Religionen führt nicht zu einer „Verwässerung" des eigenen Glaubens, sondern kann zu einer größeren Selbstvergewisserung führen und damit eine große Bereicherung darstellen.

Den **Dialog mit der Stadtgesellschaft** offensiver zu führen, wird uns von Politik und Verwaltung immer wieder ans Herz gelegt. Das vermeintliche Bild, Katholische Kirche spiele in Hannover gesellschaftlich kaum eine Rolle, ist so offenbar nicht richtig. Man muss sich aber auch aktiv einbringen und erkennbar präsent sein, womit sich die Frage verbindet, wer dies tun kann und soll. Felder wie der Sozialbereich, Integration, Kultur, Bildung und Ethik sind in jedem Fall wichtige Beispiele, in denen Katholischer Kirche eine Kompetenz zugesprochen wird und in denen sie gefragt ist.

Die Katholische Kirche in der Region Hannover wird sich weiter entwickeln. Es ist zu hoffen, dass ein Lebens- und Glaubensgefühl erwächst, das sich in den Herzen der Menschen als tragfähig für die Bewältigung des Lebens erweist. Die Faszination der „Übermorgenkirche" zeigt, dass vor allem innere, emotionale Quellen die Kraft in sich tragen, die Kirche lebendig werden zu lassen. Im Hintergrund müssen dazu auch strukturelle und konzeptionelle Fragen bearbeitet werden, aber die eigentliche Faszination der Kirche, auch in Hannover, wird in dem liegen, wo die Herzen der Menschen berührt werden, nennen wir es: Evangelium – das Leben und die Botschaft Jesu Christi.

Anhang

Abbildungsnachweise

Bistumsarchiv Hildesheim, Bilddatenbank (mit ggf. weiteren Rechtenachweisen): S. 24, 43, 59, 62, 64, 66, 71, 85, 86, 87, 88, 89, 90, 97, 103, 106, 107, 109, 115, 117, 120, 121, 126, 127, 128, 129, 130, 131, 134, 140, 147, 148, 162, 179, 186, 193, 196, 215, 200, 201, 209, 211, 223, 224, 225, 237, 238, 239, 240, 241, 246, 247, 264, 265, 276, 282, 284, 285, 290, 291, 302, 309, 314, 321, 323, 326, 331, 333, 335, 339, 342, 345, 349, 359, 430, 433, 434, 442, 443, 446

Bonifatiusschule Hannover: S. 181

Dombibliothek Hildesheim: S. 183

Forschungsinstitut für Philosophie Hannover: S. 295

Erwin Gatz (Hg): Die Bistümer des Heiligen Römischen Reiches von ihren Anfängen bis zur Säkularisation, Freiburg i. Br. 2003: S. 41

Gesamtverband der katholischen Kirchengemeinden Hannovers: S. 101, 188, 189, 280, 281, 316, 353

Andrea E. Giersbeck, Christoph Hehl (1847–1911). Ein Kirchenbaumeister zwischen Dogmatismus und Emanzipation, Regensburg 2014: S. 212

Michaela Golnik, Garbsen: S. 33, 154, 198, 270, 298

Gottfried Wilhelm Leibniz Bibliothek Hannover: S. 50, 51

Historisches Museum Hannover: S. 195, 227, 445

Hospiz Luise, Hannover: S. 219, 220, 221

Jugendpastorales Zentrum TABOR Hannover: S. 318

Ka:Punkt Hannover: S. 231, 232

Kardinal-Galen-Schule Hannover: S. 381

Katholische Erwachsenenbildung Hannover: S. 250, 251

Katholisches Heimatwerk Hannover: S. 214

Kirchenzeitung des Bistums Hildesheim: S. 149, 150, 173

Ludwig-Windthorst-Schule Hannover: S. 403

Pfarrarchiv Gehrden St. Bonifatius: S. 75

Pfarrarchiv Hannover St. Adalbert: S. 84

Pfarrarchiv Hannover St. Bernward: S. 205

Pfarrarchiv Bruder Konrad Hannover: S. 110, 112, 113

Pfarrarchiv/ Pfarrei Hannover St. Clemens: S. 57, 70, 79, 123, 124, 125, 137, 139, 155, 156, 157, 158, 159, 161, 162, 175, 177, 256, 257, 258, 268, 272, 288, 304, 337, 377, 437, 450, 457, 458, 459, 460, 461, 462, 463, 464, 467

Pfarrarchiv Hannover St. Elisabeth: S. 83

Pfarrarchiv Hannover St. Godehard: S. 73, 108, 351, 365, 375

Pfarrarchiv Hannover St. Maria: S. 69, 80

Pfarrarchiv Hohnhorst St. Petrus Canisius: S. 145

Pfarrei St. Joseph Hannover: S. 190

Stadtarchiv Celle: S. 307

Teresianischer Karmel Hannover: S. 234

Ursulinenkloster Duderstadt: S. 267

Verlag Schnell und Steiner, Kartografie: Karsten Bremer: S. 15

Dr. Albrecht Weiland, Regensburg: S. 171

Wikimedia Commons: S. 230, 249, S. 274, 293 S. 17, 203, 405: CC BY-SA 3.0, Foto: Iosch; S. 22: CC BY-SA 2.5, Foto: Ricki; S. 27: CC BY-SA 4.0, Foto: H. Helmlechner; S. 28: CC BY-SA 3.0, Foto Johan Bakker; S. 29: CC BY-SA 4.0, Foto: Carminus; S. 146: gemeinfrei;

S. 153, 206, 380, 384: CC BY-SA 4.0, Foto ChristianSchd; S. 202: CC BY-SA 4.0, Foto: Gerd Fahrenhorst; S. 207: CC BY-SA 3.0, Foto ChristianSchd; S. 270: CC BY-SA 4.0, Foto: Gunther Falchner; S. 449: CC BY-SA 3.0, Foto: Misburg 3014; S. 451: CC 0, Foto: Kirchenfan

Manfred Zimmermann, Euromediahouse GmbH: Titelseite, S. 161, 163, 165, 167, 168, 459, 461, 463, 464, 467

Literaturhinweise (Auswahl)

Hans-Georg Aschoff, Caritasarbeit im Bistum Hildesheim vom Ende des Zweiten Weltkriegs bis 1990, in: Caritasverband für die Diözese Hildesheim (Hg.), Hildesheim 2017, S. 82–125

Hans-Georg Aschoff, Heinrich Pachowiak (1916–2000). Weihbischof in Hildesheim und Bischofsvikar für Hannover, in: Jahrbuch für Geschichte und Kunst im Bistum Hildesheim 2018/19, im Druck

Hans-Georg Aschoff, Katholiken im Dienst der welfischen Höfe in Celle und Hannover zwischen 1665 und 1714, in: Markus A. Denzel u. a. (Hg.), Religiöse und konfessionelle Minderheiten als wirtschaftliche und geistige Eliten (16. bis frühes 20. Jahrhundert), St. Katharinen 2009, S. 85–118

Hans-Georg Aschoff, Der Kulturkampf in der Provinz Hannover, in: Blätter für deutsche Landesgeschichte 115 (1979), S. 15–67

Hans-Georg Aschoff, Rechtsstaatlichkeit und Emanzipation. Das politische Wirken Ludwig Windthorsts, Sögel 1988.

Hans-Georg Aschoff, Stütze der Gemeinde und Brücke in die Gesellschaft. Katholische Laien in der norddeutschen Diaspora im 18. und 19. Jahrhundert, in: Historisches Jahrbuch 130 (2010), S. 125–156

Hans-Georg Aschoff, Um des Menschen willen. Die Entwicklung der katholischen Kirche in der Region Hannover, Hildesheim 1983

Hans-Georg Aschoff, Das Verhältnis von Staat und katholischer Kirche im Königreich Hannover (1813–1866), Hildesheim 1976

Hans-Georg Aschoff, Die Welfen. Von der Reformation bis 1918, Stuttgart 2010

Sid Auffarth, Planen für die Zukunft. Das Aufbau-Konzept von Rudolf Hillebrecht, in: Stadtbilder. Zerstörung und Aufbau. Hannover 1939–1960, Historisches Museum 2013

Klaus J. Bade, Europa in Bewegung. Migration vom späten 18. Jahrhundert bis zur Gegenwart, München 2000

Simon Benne, Fremde Heimat. Als die Vertriebenen nach Hannover kamen, Hannover 2017

Adolf Bertram, Geschichte des Bistums Hildesheim. 3 Bde., Hildesheim/Leipzig 1899, 1916, 1925

Annedore Beelte-Altwig, Religionen in Hannover, Hannover 2016

Caritasverband Hannover (Hg.), Caritaspfade in Hannover, o.O. 1931

Alexander Dylong, Hannovers letzter Herrscher. König Georg V. zwischen welfischer Tradition und politischer Realität, Göttingen 2012

Josef Dolle (Bearb.), Niedersächsisches Klosterbuch. Verzeichnis der Klöster, Stifte, Kommenden und Beginenhäuser in Niedersachsen und Bremen von den Anfängen bis 1810. 4 Bde., Bielefeld 2012

Rüdiger Drews, Ludwig Windthorst. Katholischer Volkstribun gegen Bismarck. Eine Biografie, Regensburg 2011

Hermann Engfer (Hg.), Das Bistum Hildesheim 1933–1945. Eine Dokumentation, Hildesheim 1971

Thomas Flammer, Nationalsozialismus und katholische Kirche im Freistaat Braunschweig 1931–1945, Paderborn u. a. 2006

Klaus Funke/Winfried Kaldenhoff/Norbert Wollny, Die Basilika St. Clemens. Ein Führer durch die Gemeinde und die Kirche, Regensburg, 2000

Erwin Gatz (Hg.), Geschichte des kirchlichen Lebens in den deutschsprachigen Ländern seit dem Ende des 18. Jahrhunderts. 8 Bde., Freiburg u. a. 1981–2008

Erwin Gatz (Hg.), Die Katholische Kirche in Deutschland im 20. Jahrhundert, Freiburg u. a. 2009

Andrea Elisabeth Giersbeck, Christoph Hehl (1847–1911). Ein Kirchenbaumeister zwischen Dogmatismus und Emanzipation, Regensburg 2014

Carl-Hans Hauptmeyer, Calenberg. Geschichte und Gesellschaft einer niedersächsischen Landschaft, Hannover 1983

Ulrich von Hehl (Hg.), Priester unter Hitlers Terror. Eine biographische und statistische Erhebung, 2 Bde., Paderborn u. a. 1996

Karl Henkel, Handbuch der Diözese Hildesheim, Hildesheim 1917

August Henkes/Heinrich Wisserodt, Abschließender Bericht über den Wiederaufbau der St. Clemens-Propsteikirche in Hannover in bautechnischer Beziehung, Manuskript, Hannover 1959

Beatrix Herlemann, Biographisches Lexikon niedersächsischer Parlamentarier 1919–1945, Hannover 2004

Christian Hoffmann/Thomas Scharf-Wrede (Hg.), Katholische Kirche und katholische Gemeinde in Bothfeld in Mittelalter und Neuzeit. Festschrift zum 50-jährigen Weihejubiläum der Heilig-Geist-Kirche in Hannover-Bothfeld, Hannover 2013

Maria Kapp, Kirchenbau und Kirchenausstattung in der Amtszeit von Bischof Heinrich Maria Janssen, in: Thomas Scharf-Wrede (Hg.), Heinrich Maria Janssen. Bischof von Hildesheim 1957–1982, Regensburg 2008, S. 64–81

Katholisches Büro Niedersachsen (Hg.), Staat und Kirche in Niedersachsen. 50 Jahre Niedersachsenkonkordat, Hildesheim 2015

Claudia Kaufold, Ein Musiker als Diplomat. Abbé Agostino Steffani in Hannoverschen Diensten (1688–1703), Bielefeld 1997

Ulrich Knapp, Das Bistum Hildesheim und seine Kirchen, Straßburg 2004

Helmut Knocke/Hugo Thielen, Hannover. Kunst- und Kultur-Lexikon, Springe 2007

Renate Kumm, Das Bistum Hildesheim in der Nachkriegszeit. Untersuchung einer Diaspora-Diözese vom Ende des Zweiten Weltkriegs bis zum Zweiten Vatikanischen Konzil (1945–1965), Hannover 2002

Hans-Walter Krumwiede (Hg.), Die mittelalterlichen Kirchen- und Altarpatrozinien Niedersachsens, Göttingen 1960

Helmut Kulle, Katholische Kirche in Hannover. Ein Überblick von ihrer Wiederbegründung im Jahre 1665 bis hin zur Gegenwart, Hildesheim 1962

Leibniz Universität Hannover, Fakultät für Architektur und Landschaft, Abteilung Bau- und Stadtgeschichte: Ist das Baukultur oder kann das weg? Basilika St. Clemens, Bericht, Hannover 2011

Johannes Metzler, Die Apostolischen Vikariate des Nordens. Ihre Entstehung, ihre Entwicklung und ihre Verwalter. Ein Beitrag zur Geschichte der nordischen Missionen, Paderborn 1919

Klaus Mlynek/Waldemar R. Röhrbein (Hg.), Geschichte der Stadt Hannover. 2 Bde., Hannover 1992/94

Helmut Moll (Hg.), Zeugen für Christus. Das deutsche Martyrologium des 20. Jahrhunderts, Paderborn u. a. 3.2001

Johannes Müllmann, Mit dem Caritasverband durch die Jahrzehnte. 100 Jahre Caritasverband Hannover e.V., Hannover 2003

Hans Otte/Thomas Scharf-Wrede (Hg.), Caritas und Diakonie in der NS-Zeit. Beispiele aus Niedersachsen, Hildesheim 2001

Helmut Plath u. a. (Hg.), Heimatchronik der Hauptstadt Hannover, Köln 1956

Hans Potthast, Katholische Jugend zur Zeit des Nationalsozialismus in der Diözese Hildesheim. Ausgewählte Beispiele aus der Stadt Hannover, Hannover 2000 (Staatsexamensarbeit Universität Hannover, Fachbereich Erziehungswissenschaften, Masch.schr.)

Waldemar Röhrbein, Hannover. Kleine Stadtgeschichte, Regensburg 201

Matthias Rogg/Martin Winter (Hg.), Raymundus Bruns. Erinnerungen an katholisches Ordensleben und Militärseelsorge in Preußen im 18. Jahrhundert. Übersetzung aus dem Commentarium, Freiburg u. a. 2012

Thomas Scharf-Wrede, Das Bistum Hildesheim 1866–1914. Kirchenführung, Organisation, Gemeindeleben, Hannover 1995

Thomas Scharf-Wrede, Caritasarbeit im Bistum Hildesheim von 1850 bis 1945, in: Caritasverband für die Diözese Hildesheim (Hg.), Die großen Linien. 100 Jahre Caritasverband für die Diözese Hildesheim e.V., Hildesheim 2017, S. 24–77

Thomas Scharf-Wrede (Hg.), Heinrich Maria Janssen. Bischof von Hildesheim 1957–1982, Regensburg 2008

Thomas Scharf-Wrede (Bearb.), Weihbischof em. Heinrich Pachowiak. Erinnerungen, Hildesheim 2000

Thomas Scharf-Wrede (Hg.), Umbruch oder Übergang? Die Säkularisation von 1803 in Norddeutschland, Hildesheim 2004

Thomas Scharf-Wrede (Hg.), Die Welt mit Christi Augen sehen. 100 Jahre St. Elisabeth Hannover, Hannover 1995

Detlev Schmiechen-Ackermann, Kooperation und Abgrenzung. Bürgerliche Gruppen, evangelische Kirchengemeinden und katholisches Sozialmilieu in der Auseinandersetzung mit dem Nationalsozialismus in Hannover, Hannover 1999

Ernst Schubert (Hg.), Geschichte Niedersachsens. Bd. 2,1: Politik, Verfassung, Wirtschaft vom 9. bis zum ausgehenden 15. Jahrhundert, Hannover 1997

Brigide Schwarz, Alle Wege führen über Rom. Eine „Seilschaft" von Klerikern aus Hannover im späten Mittelalter, in: Hannoversche Geschichtsblätter NF 52 (1998), S. 5–87

Hermann Seeland, Die im zweiten Weltkrieg zerstörten katholischen Kirchen und kirchlichen Anstalten in Hannover, in: Unsere Diözese in Vergangenheit und Gegenwart 21 (1952), S. 93–118

Adalbert Sendker, Die Entwicklung der kirchlichen Liebestätigkeit im Bistum Hildesheim 1948–1959, in: Unsere Diözese in Vergangenheit und Gegenwart 28 (1959), S. 87–123

Peter Steiner, Glaubensästhetik. Wie sieht unser Glaube aus?, Regensburg 2008

Lieselotte Sterner, Die Kongregation der Barmherzigen Schwestern vom hl. Vinzenz von Paul in Hildesheim von 1852 bis zum Zweiten Vatikanischen Konzil. Untersuchung einer Ordensgemeinschaft vor dem Hintergrund der sozialen und politischen Entwicklung im 19. und 20. Jahrhundert, Hannover 1999

Wilhelm Stoffers, Die Neuorganisation der Diözese Hildesheim in den Jahren 1959 bis 1967, in: Die Diözese Hildesheim in Vergangenheit und Gegenwart 35 (1967), S. 120–135

Wilhelm Stoffers, Die Neuorganisation der Diözese Hildesheim in den Jahren 1949–1959, in: Unsere Diözese in Vergangenheit und Gegenwart 28 (1959), S. 122–144

Willi Stoffers (Red.), Handbuch des Bistums Hildesheim. T. 2: Region Hannover, Hildesheim 1995

Gabriele Vogt, Streiter für Gott. Das bewegte Leben des Hildesheimer Bischofs Joseph Godehard Machens (1886–1956), Hildesheim 2018

Lieselotte Vossnack, Die Propsteikirche St. Clemens in Hannover; in: Das Münster. Zeitschrift für christliche Kunst und Kunstwissenschaft, Regensburg 1958

Ingeborg Wirz/Thomas Scharf-Wrede (Hg.), Gemeinsam unterwegs. Festschrift aus Anlass des 150jährigen Jubiläums der St. Ursula-Schule Hannover, Hildesheim 2001

Franz Wilhelm Woker, Geschichte der katholischen Kirche und Gemeinde in Hannover und Celle, Paderborn 1889

Franz-Joseph Wothe, Wilhelm Maxen. Wegbereiter neuer Großstadtseelsorge, Hildesheim 1962